I0805279

תלמוד בבלי

— מהדורת נאה —

זבחים חלק ה

Steinsaltz Center

KOREN

Please note that the number ranges that appear at the bottom of each daf of the Vilna pages indicate the corresponding pages of the Koren Talmud Bavli translation and commentary.

תלמוד בבלי

הוצאת קוֹרֵן ירושלים

מהדורת נאה

מסכת זבחים

דף פג. עד דף צח:

COMMENTARY BY

Rabbi Adin Even-Israel Steinsaltz

EDITOR-IN-CHIEF

Rabbi Dr Tzvi Hersh Weinreb

EXECUTIVE EDITOR

Rabbi Joshua Schreier

•

STEINSALTZ CENTER
KOREN PUBLISHERS JERUSALEM

פ א מיי' פ"ב מהל' פסה"מ הל' יח:
פא ב מיי' פ"ה מהל' פרה הלכה ד:
א ג מיי' פ"ג מהל' פסה"מ הל"ג:
ב ד מיי' שם הל"ד:

וְהוֹצִיאָן לַמִּזְבֵּחַ וְהִכְנִיסָן, מַהוּ? הָכָא וַדַּאי חַד מָקוֹם הוּא, או א] [דִּילְמָא] אִיצִיאָה קָרֵינָא בֵּיהּ? תֵּיקוּ.§ "נִכְנַס לְכַפֵּר".§ תַּנְיָא, רַבִּי אֱלִיעֶזֶר אוֹמֵר: נֶאֱמַר כָּאן: "לְכַפֵּר בַּקּוֹדֶשׁ", וְנֶאֱמַר לְהַלָּן: °"וְכָל אָדָם לֹא יִהְיֶה בְּאֹהֶל מוֹעֵד בְּבֹאוֹ לְכַפֵּר בַּקֹּדֶשׁ", מַה לְּהַלָּן בְּשֶׁלֹּא כִּיפֵּר – אַף כָּאן בְּשֶׁלֹּא כִּיפֵּר. רַבִּי שִׁמְעוֹן אוֹמֵר: נֶאֱמַר כָּאן: "לְכַפֵּר", וְנֶאֱמַר לְהַלָּן: °"וְאֵת פַּר הַחַטָּאת וְאֵת שְׂעִיר הַחַטָּאת אֲשֶׁר הוּבָא אֶת דָּמָם לְכַפֵּר", מַה לְּהַלָּן בְּשֶׁכִּיפֵּר – אַף כָּאן בְּשֶׁכִּיפֵּר. בְּמַאי קָמִיפַּלְגִי? מ"ס: דָּנִין חוּץ מֵחוּץ, וְאֵין דָּנִין חוּץ מִבִּפְנִים. וּמ"ס: דָּנִין בְּהֵמָה מִבְּהֵמָה, וְאֵין דָּנִין בְּהֵמָה מֵאָדָם.§ "רַבִּי יְהוּדָה אוֹמֵר" כו'.§ הָא מֵזִיד – פָּסוּל. ב] בְּשֶׁכִּיפֵּר אוֹ בְּשֶׁלֹּא כִּיפֵּר? אָמַר רַבִּי יִרְמְיָה: ג] מִמַּשְׁמַע שֶׁנֶּאֱמַר: "וְאֵת פַּר הַחַטָּאת וְאֵת שְׂעִיר הַחַטָּאת אֲשֶׁר הוּבָא אֶת דָּמָם (אֶל אֹהֶל מוֹעֵד) לְכַפֵּר בַּקּוֹדֶשׁ", מַה ת"ל °"וְהַשּׂוֹרֵף"? מַה תַּלְמוּד לוֹמַר "וְהַשּׂוֹרֵף"?! לְגוּפֵיהּ אִיצְטְרִיךְ! אֶלָּא, מַה ת"ל "חַטָּאת" "חַטָּאת"? לְפִי שֶׁלֹּא לָמַדְנוּ אֶלָּא לְפַר וְשָׂעִיר שֶׁל יוֹם הַכִּפּוּרִים ד] שֶׁנִּשְׂרָפִין אַבֵּית הַדֶּשֶׁן ה] מְטַמְּאִין בְּגָדִים, שְׁאָר נִשְׂרָפִין מִנַּיִן? ת"ל: "חַטָּאת" "חַטָּאת", דִּבְרֵי רַבִּי יְהוּדָה. רַבִּי מֵאִיר אוֹמֵר: אֵינוֹ צָרִיךְ, הֲרֵי הוּא אוֹמֵר "וְאֵת פַּר הַחַטָּאת וְאֵת שְׂעִיר הַחַטָּאת", שֶׁאֵין תַּלְמוּד לוֹמַר "לְכַפֵּר", מַה תַּלְמוּד לוֹמַר "לְכַפֵּר"? בלִימֵּד עַל כָּל הַמִּתְכַּפְּרִים שֶׁהַשּׂוֹרְפָן מְטַמֵּא בְּגָדִים. וְרַבִּי יְהוּדָה "לְכַפֵּר" לָא מַשְׁמַע לֵיהּ; מַאי טַעְמָא, לָאו מִשּׁוּם דְּמִיבַּעְיָא לֵיהּ לִגְזֵירָה שָׁוָה?§

ויקרא טז / שם / שם

הדרן עלך כל הזבחים שנתערבו

הַמִּזְבֵּחַ *מְקַדֵּשׁ ו] [אֶת] הָרָאוּי לוֹ. רַבִּי יְהוֹשֻׁעַ אוֹמֵר: גכָּל הָרָאוּי לָאִישִּׁים, אִם עָלָה – לֹא יֵרֵד, שֶׁנֶּאֱמַר: °"הִיא הָעוֹלָה עַל מוֹקְדָה", מָה עוֹלָה שֶׁהִיא רְאוּיָה לָאִישִּׁים אִם עָלְתָה לֹא תֵּרֵד – אַף כָּל שֶׁהוּא רָאוּי לָאִישִּׁים אִם עָלָה לֹא יֵרֵד, רַבָּן גַּמְלִיאֵל אוֹמֵר כָּל הָרָאוּי לַמִּזְבֵּחַ אִם עָלָה לֹא יֵרֵד, שֶׁנֶּאֱמַר: "הִיא הָעוֹלָה עַל מוֹקְדָה עַל הַמִּזְבֵּחַ", מָה עוֹלָה שֶׁהִיא רְאוּיָה לַמִּזְבֵּחַ, אִם עָלְתָה לֹא תֵּרֵד – אַף כָּל דָּבָר שֶׁהוּא רָאוּי לַמִּזְבֵּחַ אִם עָלְתָה לֹא תֵּרֵד. אֵין בֵּין דִּבְרֵי רַבָּן גַּמְלִיאֵל לְדִבְרֵי רַבִּי יְהוֹשֻׁעַ אֶלָּא הַדָּם וְהַנְּסָכִים, שֶׁרַבָּן גַּמְלִיאֵל אוֹמֵר: לֹא יֵרְדוּ, וְרַבִּי יְהוֹשֻׁעַ אוֹמֵר: יֵרְדוּ. רַבִּי שִׁמְעוֹן אוֹמֵר: הַזֶּבַח כָּשֵׁר ז] וּנְסָכִים פְּסוּלִין, הַנְּסָכִים כְּשֵׁרִים וְהַזֶּבַח פָּסוּל, אֲפִי' זֶה וָזֶה פְּסוּלִין – יהַזֶּבַח לֹא יֵרֵד, וְהַנְּסָכִים יֵרְדוּ.§

גמ'

ויקרא ו

והוציאו למזבח. להזות שבע על טיהרו ומתן ד' על קרנותיו, כדכתיב: "ויצא אל המזבח אשר לפני ה' וכפר עליו", ותנן: זה מזבח הזהב, בפרק "הוציאו לו" (יומא דף נח:). ואמרינן התם: דלהכי כתיב "ויצא" – עד דנפיק מכוליה מזבח, שלא יעמוד בין המזבח ולפרכת בשעת מתנות המזבח, אלא בין המזבח ח] לפתח לצד המזרח. הכא חד מקום הוא. שאין *הפסק ט] (מזבח) בינתים, ולא הויא הכנסה שלא במקומה. או דילמא. רחמנא שוייה שני מקומות, דכתיב ביה יציאה. ה"ג בת"כ: רבי אליעזר אומר נאמר כאן לכפר בקדש ונאמר להלן לכפר בקדש מה להלן בשלא כיפר אף כאן בשלא כיפר רבי שמעון אומר נאמר כאן לכפר בקדש ונאמר להלן לכפר בקדש מה להלן בשכיפר אף כאן בשכיפר ר' אליעזר יליף "לכפר" ד"אשר יובא מדמה לכפר", מ"וכל אדם לא יהיה באהל מועד בבואו לכפר" ומזהיר שפורשין מן ההיכל בשעת הקטרה. מה להלן "בבואו לכפר" משמע: מתחילת ביאת המכפר הוזהרו חביריו לפרוש, הילכך י] כתיב "לכפר", ועדיין לא כיפר משמע – אף יא] "אשר יובא מדמה לכפר" מתחילת הבאתה ע"מ לכפר משמע שנפסל, הילכך – אע"פ שלא כיפר. *ונאמר להלן לכפר בקדש. דר' שמעון "ואת פר החטאת ואת שעיר החטאת אשר הובא" וגו', מה להלן בשכיפר הכתוב מדבר, דהא שריפה בתר כפרה היא – אף כאן בשכיפר. רבי אליעזר סבר דנין חוץ מחוץ. דם חטאת החיצונה, שהכתוב מלמדך שתעמוד בחוץ ולא יכניסוהו לפנים, מאדם זה שהכתוב מזהירו שיעמוד בחוץ. ואין דנין חוץ מבפנים. מפר יוה"כ, יב] שהבאתה כמצותה לפנים. דנין בהמה מבהמה. חטאת חיצונה מחטאת פנימי. ה"ג: [הכניס שוגג כשר] הא מזיד פסול בשכיפר או בשלא כיפר. בשכיפר וכרבי שמעון סבירא ליה, או אפי' בשלא כיפר וכרבי אליעזר. ה"ג בתורת כהנים: ואת פר החטאת וגו' והשורף אותם וגו' מה ת"ל. דמשמע דמיבעי ליה: מה ת"ל "והשורף". היינו דקפריך: מה ת"ל? הא לגופיה איצטריך, ללמדך שהשורפן מטמא בגדים! אלא מה תלמוד לומר. יג] א"חטאת" "חטאת" תרי זימני מקשי. ונשרפין אבית הדשן. כדי נסבה, דהא עיקר "על שפך הדשן ישרף" בפר העלם דבר כתיב. אלא משום דמטמא בגדים נקט לה, דלא כתיב בהו. אינו צריך. ללמד מ"חטאת" "חטאת". דממשמעותא דקרא נפקא, דתלי טעמא דטומאת בגדים משום דהובא את דמה לכפר – למדנו שכל הפנימים השורפם מטמא בגדים. שלא היה לו לכתוב "ואשר הובא" וגו' אלא: ואת פר החטאת ואת שעיר החטאת וגו'. מאי טעמא. לא נפקא ליה לר' יהודה מ"לכפר". לאו משום דמפיק ליה. להאי "לכפר" לג"ש דרבי שמעון, ללמד על דמים החיצונים שנכנס דמם לפנים שאין פסול אלא א"כ כיפר, כרבי שמעון. ולאו משום דתלי טעמא דשריפה ב"הובא את יד] דמן". הילכך, איצטריך "חטאת" "חטאת" לרבות אחר הפנימיות.

הדרן עלך כל הזבחים

המזבח מקדש. אפילו דבר פסול שעלה למזבח – קדשו המזבח ליעשות לחמו, ואין מורידין אותו. **את הראוי לו.** משהוכשר לחלקו. ובגמרא מפרש: למעוטי קמצים שלא קדשו בכלי לאחר קמיצה, שלא הוכשרו לחלק גבוה. דאע"ג דקידשה המנחה כולה בכלי – אין זה חלק גבוה ברור, שאין המנחה קריבה כולה, ובקמיצה בלא מתן כלי – אין זה מבורר למזבח. **רבי יהושע אומר כו'.** הני תנאי פליגי בפירושא ד"את הראוי לו" דסתמא דמתניתין. טו] רבי סתם מתניתין את הראוי לו – למעוטי שאין ראוי לו, והדר מפרש: ומאי ניהו ראוי לו? לרבי יהושע – ראוי לאישים שנפסל, ולא דם פסול ונסכים פסולין שאינן לאישים. ולר"ג – כל הראוי למזבח שנפסל, אפילו דם ונסכים. ואין לך למעט אלא מה שלא נברר לחלק מזבח מעולם, ומאי ניהו – קמצים שלא קידשו טז] מעולם בכלי. **לאישים.** לאש. **היא העולה על מוקדה.** דבר שהוא למוקד *ועולה יז] היא – בהווייתן יהא ולא ירד. "היא" משמע – בהווייתו תהא, משעלתה על מוקדה. **אף כל שראוי לאישים.** לאפוקי דם ונסכים (פסולים), כדמפרש בסיפא: אין בין דברי ר"ג לדברי רבי יהושע אלא הדם והנסכים. **רבי שמעון** סבירא ליה בנסכים של זבח כרבי יהושע, (ובדם) ובנסכים הבאין בפני עצמן כרבן גמליאל. ולאו מ"מוקדה" יליף אלא יח] טעמא אחרינא אית ליה, כדמפרש בגמרא. **אם הזבח כשר והנסכים פסולין.** כגון שיצאו או נטמאו. **או הזבח נפסל והנסכים כשרין.** הואיל והם באים בגללו נפסלו עמו, ובטלה תורת הקרבה מהן. **הזבח לא ירד.** דמזבח קדשו.
והנסכים

נשרפין אבית הדשן. פירש בקונטרס: כדי נסבה, דעיקר "על שפך הדשן ישרף" בפר העלם דבר כתיב. *ולא דק, דלא בפר העלם כתיב אלא בפר כהן משוח. מ"מ הדין עמו, דכדי נסבה. ויש לפרש דהכי קאמר: מאותן הנשרפין אבית הדשן לא מצינו שמטמא בגדים אלא אלו בלבד, מניין לרבות פר כהן משוח כו'. *ול"ע: אי מהך דרשה נמי נפקא לן שריפת בית הדשן בפר [יום] הכפורים.

הדרן עלך כל הזבחים

המזבח מקדש כו'. רבי יהושע ורבן גמליאל אתו לפרושי הך רישא. וכי האי גוונא ב"חזקת הבתים" (ב"ב דף כח.) דרבי ישמעאל ורבי עקיבא קמפרשי בסיפא חזקה דרישא*.

היא העולה. פירש בקונטרס "היא" – משמע בהווייתה תהא, משעלתה על מוקדה. וקשה: דבגמרא משמע ד"היא" מיעוטא הוא ולא יט] ריבויא. אלא, תנא א"זאת תורת העולה" סמיך.

הנסכין

[ועיין תוס' פסחים פג. ד"ה ר"ש עוד שם קטז: ד"ה ותותם ותוס' מו"ק כל. ד"ה ערלת ותוס' עירובין מח. ד"ה ר' יהודה]

סנהדרין לד.

יעלה בהווייתן תהא ולא ירד נ"ק
נ"ק מ"ז
נ"ק מ"ז

שיטה מקובצת

א] או דילמא יציאה קרינא: ב] בשכיפר ע' לעיל דף לו ע"א: ג] ירמיה תניא ממשמע: ד] הכפורים שהשורפו תיבות שנשרפין [אבית הדשן] נמחק: ה] מטמא בגדים ונשרפין אבית הדשן שאר: ו] מקדש את הראוי: ז] כשר והנסכים פסולין: ח] המזבח ולפתח ולצד המזרח הס"ד ומה"ד והכניסן כלומר הכנים בין מזבח לפרכת מהו הס"ד: ט] הפסק מחיצה בנתים ולא הויא הכנסה שניה שלא במקומה: י] תיבת כתיב נמחק: יא] אף כאן אשר: יב] שהבאתו כמצותו לפנים: יג] חטאת חטאת אות א' נמחק: יד] את דמם הילכך: טו] דמתני' דרבי סתם במתני': טז] תיבת מעולם נמחק: יז] ועולה הרי היא בהוייתו ולא תרד היא משמע בהווייתו תהא משתעלה על מוקדה: יח] אלא ר"ש טעמא: יט] ריבויא וגם בכמה מקומות הוי היא מיעוט לכך נראה דאזאת תורת העולה סמיך תורה אחת לכל העולין והא דמייתי היא משום דרוצה להוכיח כל הראוי לאישים אבל אם עלתה לא תרד נפקא ליה מזאת תורת העולה ותדע דהא ר"ג מוסיף עליו על המזבח להוכיח דר"ל ראוי למזבח משמע דכל חד מינייהו לא נחית אלא להוכיח דבריו לר"י ראוי לאישים ולר"ג ראוי למזבח אבל אם עלה לא תרד סמכינן אזאת תורת כדפי'. מהר"פ:

למעוטי

[שייך לעיל במשנה]
ג א מיי' פ"ג מהל' פסה"מ הל"ה:
ד ב מיי' שם הל"ב:
ה ג מיי' פ"ג מהל' מעה"ק הל"ג:
ו ד מיי' פ"ג מהל' תמידין ומוספין הל"ב:
ז ה מיי' פ"ג מהל' פסה"מ הלכה ג:
ח ו מיי' שם הל' טו:
ט ז מיי' שם ה"ט:

תורה אור

גמ' ראוי לו — אין, שאין ראוי לו — לא. למעוטי מאי? אמר רב פפא: א] למעוטי אקמצין שלא קידשו בכלי. מתקיף לה רבינא: מאי שנא מדעולא, *דאמר עולא: ב] באימורי קדשים קלין שהעלן לפני זריקת ג] דמן — לא ירדו, נעשו לחמו של מזבח? הנך לא מיחסרו מעשה בגופייהו, הני — מיחסרו מעשה בגופייהו.§ ר' יהושע אומר: כל הראוי לאישים" כו'.§ ורבן גמליאל נמי, הכתיב: "עולה על מוקדה"! ד] ההוא לאהדורי גפוקעין הוא דאתא. ואידך, לאהדורי פוקעין מנא ליה? נפקא ליה מ"אשר תאכל האש". ואידך? ההוא מיבעי ליה ה] לעכולי עולה אתה מחזיר, דואי אתה מחזיר עכולי קטורת. דתני *רבי חנינא בר מניומי בר' אליעזר בן יעקב: °"אשר תאכל האש את העולה ו] על המזבח" — עכולי עולה אתה מחזיר, ואי אתה מחזיר עכולי קטורת. ואידך: לאו ממילא ש"מ דעכולי עולה מהדרינן?!§ "רבן גמליאל אומר: כל הראוי" כו'.§ ורבי יהושע נמי, הכתיב "מזבח"! ההוא מיבעיא ליה: מאי ז] (טעמא) קאמר רחמנא כל הראוי למוקדה — מקדש מזבח. ואידך: "מזבח" אחרינא כתיב. ח] ואידך: חד להיכא ט] דהיתה לה שעת הכושר, וחד להיכא דלא י] היתה לה שעת הכושר. ואידך: כיון דפסולין נינהו, ורבינהו רחמנא — לא שנא היתה לו שעת הכושר, לא שנא לא היתה לו שעת הכושר.§ "רבי שמעון אומר: הזבח כשר" כו'.§ תניא, רבי שמעון אומר: עולה" — מה עולה הבאה בגלל עצמה — אף כל הבאין בגלל עצמן, יצאו נסכים הבאין בגלל זבח. יא] *רבי יוסי הגלילי אומר, מתוך שנאמר: °"כל הנוגע במזבח יקדש", שומע אני בין ראוי ובין שאינו ראוי — ת"ל: °"כבשים", מה כבשים ראויין, אף כל ראוי. ר"ע אומר: °"עולה" — המה עולה ראויה, אף כל ראויה. מאי בינייהו? אמר רב אדא בר אהבה: עולת העוף פסולה איכא בינייהו, מר ומייתי לה מ"עולה" ומר מייתי לה מ"כבשים". ולמאן דמייתי לה מ"כבשים" — הכתיב "עולה"! אי כתיב "כבשים" ולא כתיב "עולה" — יב] ה"א אפילו מחיים, כתב רחמנא "עולה". ולמאן דמייתי ליה מ"עולה", הא כתיב "כבשים"! אי כתיב "עולה" ולא כתיב "כבשים" — הוה אמינא: אפילו מנחה, כתב רחמנא כבשים. מאי איכא בין הני תנאי להני תנאי דמתניתין? אמר רב פפא: קמצים שקדשו בכלי איכא בינייהו, לתנאי דידן — לא ירדו, לתנאי דמתניתא — זירדו. *(ר"ל אמר:) מנחה הבאה בפני עצמה, לדברי כולן — לא תרד, יג] לדברי רבי יוסי הגלילי ור"ע — תרד

ויקרא ו | שמות כט | שם | שם

*והנסכים ירדו. שאין מזבח מקדש פסולין אלא כבאין בגלל עצמן, אבל לא הבאין בגלל אחרים. כדיליף ר"ש טעמיה בגמרא יד] (מפרש).
גמ' למעוטי מאי. טו] שלא נראה למזבח, לדברי הכל. אימורי קדשים קלים טז] לפני זריקת דמן. לא הוכררו למזבח, שזריקת דמן שלהן קובעתן לחלק גבוה לענין מעילה. מה שאין כן בקדשי קדשים — שהן מתחילתן לגבוה, ואימוריהן יז] *עולין למזבח. אבל קדשים קלים אין בהן מעילה אפי' באימוריהן, כדתניא בתורת כהנים: יח] "את קדשי ה'" — המיוחדים לשם, יצאו קדשים קלים. אבל לאחר זריקת דמים יש מעילה באימוריהן, דנפקא לן יט] מ"וכל חלב לה'" — לרבות אימורי קדשים קלים לאחר זריקת דמים, למעילה. ואפילו הכי קאמר "לא ירדו". בגופייהו. כ] *דאיפסולן בדבר אחר הוא. ההוא לאהדורי פוקעין. כא] *דלאו אפסולין קאי, אלא אכשרין שפוקעין מן היקידה = *אישיקלטי"ר. וקאמר קרא שיחזירה למוקדה, ד"על מוקדה" משמע: מוקד שהיה לה כבר כב]. אשר תאכל האש כו'. קרא יתירא הוא, דפשיטא דדשן מ"אשר תאכל האש" הוא אלא לדרשה אתא: "אשר כג] תאכל האש", ותפקעס העולה מעל המזבח — חזור והעלם על המזבח. לאו ממילא ש"מ כו'. הילכך לא בעי קרא אחרינא. מקדש מזבח. ללמדך כד] טעמא שלא ירד — משום קדושת מזבח הוא. מזבח אחרינא כתיב. "כל הנוגע במזבח יקדש" (שמות כט). שעת הכושר. להקטרה לפני פסולו, כגון: לן, ויוצא, וטמא. לא היתה לו שעת הכושר. נשחט חוץ לזמנו וחוץ למקומו. ת"ל כבשים. כה] וסמיך ליה "וזה אשר תעשה על המזבח". ר' עקיבא אומר. "עולה" בהאי קרא כתיב כו]. מר מייתי לה מעולה. דלא תרד, דאף עולת העוף משמע. ומר מייתי לה לקידושי פסולין מ"כבשים" — בהמה ולא עוף. כתב רחמנא עולה. משראוי לעלות. ה"ג: קמצים שקדשו בכלי איכא בינייהו לתנא דידן לא ירדו לתנא דמתניתא ירדו. קמצים שקידשו בכלי. ונפסלו. לתנאי דידן. רבן גמליאל ורבי יהושע, לא ירדו דגמרי לה מ"מוקדה" ומ"מזבח", והני בני מזבח ומוקדה נינהו, עד שלא נפסלו. לתנאי דמתניתא. רבי יוסי הגלילי ורבי עקיבא — ירדו, ד"עולה" בעינן, אבל מנחה — תרד. מנחה

*הנסכין כשירין והזבח פסול. אי אפשר להיות לנכסין כשירים כז] גמורין, כיון דהזבח פסול, אלא כלומר: כשירין מפסול עצמן. למעוטי מאי. אי למעוטי קטרת קאתי — הא תנא ליה סיפא. וכן רובע ונרבע קתני בסיפא. ולא הוה ליה כח] למיתניא "ראוי לו", אלא: המזבח מקדש את הפסולין.

למעוטי קמצים שלא קדשו בכלי. אפילו כט] לכאורה אליבא דר"ש קאי, דאמר לקמן (דף פד.) בנשפך דמה דלא ירד. חדא: דלכולהו תנאי מיבעי ליה לאשכוחי "שאין ראוי לו". ועוד: מדפריך עלה "מ"ש מדעולא". דההיא דעולא אתיא כר"ש. דלרבי יהודה ירדו, מדאמר עלה רבי זירא לקמן: אף אנן נמי תנינא "שנשפך דמה" כו'. וכי קאמר: למעוטי קמצים שלא קדשו בכלי – הכי נמי דהוה מצי למימר לרבי יהודה: למעוטי אימורי קדשים קלין שהעלן לפני זריקת דמים, דירדו. אלא משום דאיירי לר' שמעון נקט הכי. והקשה ה"ר חיים: דהא שמעינן לר' שמעון ב"הקומץ רבה" (מנחות דף כו.) דקומץ לא בעי קידוש כלי! וצריך לומר על כרחין דהכא אליבא דרבנן נקט דבעו בקומץ קידוש כלי כדקיימא לן בכל דוכתי, ולא כרבי שמעון. ולרבי שמעון משכחת לה "שאין ראוי לו" – כגון לבונה קודם קמיצת הסולת, שהלבונה ניתרת בקמיצת הסולת. ועוד נראה: דההיא דעולא ככולי עלמא, דבכל דוכתי מייתי לה: הכא, ובפ"ק דמעילה (דף ז:). ועוד: מדפריך "מאי שנא מדעולא" ולא פריך "מ"ש ממתני' שנשפך דמה", וכן במעילה דמייתי מדעולא ולא מייתי ממתני' ד"נשפך", אע"ג דמייתי דומה לדומה, ל] *מתמה משמע דההיא דעולא ככולי עלמא, דאפי' ר' יהודה מודה דנעשו לחמו של מזבח. ולא דמי לנשפך דמה, כיון דאיכא זריקת דמה. והא דאמר רבי זירא לקמן: אף אנן נמי תנינא – *לר"ש מוכח שפיר דנעשה לחמו של מזבח. ודחי הש"ס: דאפילו לרבי שמעון אין כאן ראיה. וה"ה דהוה מצי למימר דלר"ש פשיטא, וכי איצטריך ליה לעולא – לאשמועינן אליבא דר' יהודה.

ההוא לאהדורי פוקעין הוא דאתא. ומהא דדרשינן לקמן: "ועשית עולותיך הבשר והדם" – עיכולי עולה אתה מחזיר, ואי אתה מחזיר עיכולי גידים ועצמות – לא נפקי פוקעין, דקסבר האי תנא דלא אמרינן "ממילא שמעינן מינה". כי היכי לא] דנפקא לן בסמוך מ"אשר תאכל האש את העולה", דדרשינן: עיכולי עולה אתה מחזיר ואי אתה מחזיר עיכולי קטרת. ומאן דאית ליה "ממילא שמעת מינה" – הכי נמי הוה מצי למידרש פוקעין מ"ועשית". ומ"מ *תרוויהו צריכי מ"אשר תאכל האש", לב] דמ"ועשית" לא הוה ממעטין קטרת, כיון דבר הקרבה הוא כמו בשר ודם. *ועוד יש לומר: דהיינו טעמא דלא נפקא פוקעין מדדרשינן עיכולי עולה אתה מחזיר ואי אתה מחזיר עיכולי גידים ועצמות – משום דהוה מוקמינא ליה: משפירשו מן המערכה ועודם על גבי המזבח, ולא נפלו לארץ. אבל נפלו לארץ – לג] אפילו עיכולי עולה אי אתה מחזיר. ואי אתה מחזיר עיכולי קטרת. עיכולי לבונה לא ממעט, דמהדרינן להו כדמוכח ב"הקומץ רבה" (מנחות דף כו:). והיינו טעמא, ד"על המזבח" – כל הראוי למזבח החיצון קאמר. מה עולה ראויה. וצריך לדקדק בכולה שמעתין, דמרבינן כל הקרבנות אע"ג דכתיב "עולה". הוה אמינא אפילו מחיים. ודוקין שבעין ואליבא דרבי עקיבא, כדאמר לקמן. כתב רחמנא "עולה" – שראוי לעלות. (כל עולין) אפילו מנחה. תימה: דבפרק "שתי מדות" (מנחות דף צ:*) ממעטים מנחה מנסכים מדכתב "עולה"! ויש לומר: דשאני התם, דמסתבר עולה דווקא, דכולה כליל, דדומיא דנסכים דכולה למזבח. אי נמי: שאני הכא דכתיב "כל הנוגע במזבח יקדש", ד"כל" משמע לרבויי. אי נמי: משום דכתיב "זאת תורת", דריבה תורה אחת לכל העולין.
הלן

שייך לע"א | נ"ל שומדין | מעילה ז: לקמן פה. | נ"ל דפסולן מחמת דבר אחר הוא נ"ק | לאו כו' מן המוקדה איספיקלטי"ר בלע"ז וקאמר קרא שיחזיר למוקדה כו' נ"ק | [סנהדרין לד.] | [נ"ל אמר ריש לקיש] | [יומא מה: ע"ש מנחות כו:] | מ"מ נ"ק | נ"ל מר"ש משום דלר"ש מוכח נ"ק | לתרוייהו נ"ק | נ"א ומאשר תאכל האש לא הוה ממעטינן אלא לגיזות על מזבח החיצון אבל עיכולי גידים ועצמות לא | [וכס ד"ה אפילו]

שיטה מקובצת

א] למעוטי קמצין שלא קידשו בכלי לאחר קמיצתן ואע"ג דהמנחה נתקדשה בביסא דאל"כ חולין גמורין הן ופשיטא דתרד ומ"מ אחר שהובער חלק האישים לא נתקדשה דאותה קדושה שהיה בביסא חלק הכהנים היה מעורב בה ומשום הכי ממעט ליה תנא דמתני' כיון דלא נתקדשה אחרי שהובער חלק האישים אע"ג דנתקדשה קודם לכן כדפי' וכר"י דאי כר"ש הא לא בעי קידוש קומץ כדאיתא בפ' הקומץ קידשה שלא בכלי שרת פסולה ור' שמעון מכשיר. מהר"פ: ב] אימורי קדשים קלין כו' וקשיא לרב פפא דכי היכי דהקידוש כלי מכשיר הקומץ לקרב כך הזריקה מכשר' האימורי' ליקרב דקודם הזריקה אין בהן מעילה ואפ"ה קאמר לא ירדו וא"ת מאי פריך דילמא ר"ש היא אבל ר"י לית ליה הא דעולא וי"ל דעולא סתמא אמר למילתיה ומסתמא דברי הכל הוא וא"ת והיאך אתיא כר"י הא אמר ר"י בהדיא נשפך דמה תרד וי"ל דלא דמי כדאמרי' לקמן התם אם בא לזרוק אינו זורק כלומר אינו יכול לזרוק שהרי נשפך הדם הכא אם בא לזרוק זורק וא"ת ולר"ש מאי ממעט מלישנא דראוי לו דמשמע הא אין ראוי לו תרד וי"ל למעוטי לבונה שאינה ניתרת כי אם בקמיצת הסולת ואם עלתה קודם תרד ולא נהירא למורי דא"כ כי היכי דפריך אליבא דר"י [מ"ש מדעולא] כמו כן צריך ליישב (מאי שנא דפריך) אליבא דר"ש וא"כ מאי משני הנך לא מיחסר [illegible] כו' לבונה נמי לא מיחסר מעשה בגופיה. לכך נראה דלר"ש בא למעט בשר קדשי קדשים ובשר קדשים קלים ואע"ג דבהדיא תני לה במתני' תני והדר מפרש וא"ת א"כ אמאי אמר רב פפא למעוטי קמצים לימא [illegible] וי"ל דרב פפא רוצה להשמיענו חידוש יותר מבשר קדשי קדשים כו' דהני אינן באים לידי ראויות לעולם אבל קמצים שלא קידשו בכלי סופן באים לידי ראויות ואפ"ה לר"י אין המזבח מקדש ומ"מ [illegible] האי למעוטי הני דמתני' לר"ש כדפי' אבל הוא משמיע לנו כל החידוש שיוכל להשמיע וא"ת הא תינח רב פפא אבל מאי בעי תלמודא וכי לא היה יודע דמצי למעוטי הני דמתני' וי"ל דרב פפא עצמו בעי הכי [illegible] להשמיענו א) דאם עלו ירדו וכה"ג איתא בפ' לא יחפור ג) ע"ל הא דדייק תלמודא ראוי לו אין הא אין ראוי לו לא זה אינו אליבא דר"ש כי אם להני דאמרי במילתיהו ראוי לו אין הא אין ראוי [illegible] דסופו בא לידי ראויות אין המזבח מקדשם ומש"ה דחיק רב פפא למשכח דבר שאינו ראוי השתא וסופו להיות ראוי אבל ר"ש סבר אע"ג דאינו ראוי המזבח מקדשם ותדע מדלא הזכיר במילתיה ראוי ולא [illegible] דומיא דעולה הבאה בגלל עצמה ומ"מ צריך לדחוק דפליג ארבוותא: ג] זריקת דמם לא: ד] ההוא עי' תוס' לקמן דף קט ע"א: ה] ליה לעיכולי עולה אתה מחזיר כו' מחזיר עיכולי קטרת דתני רב חנניא בר מניומי [illegible] ו] תיבות על המזבח נמחק: ז] מאי קאמר רחמנא על מוקדה כל תיבת טעמא ל"ש ונמחק: ח] מזבח אחרינא כתיב כל הנוגע כו' והתם לא כתיב מוקדה: ט] דהיה לו שעת: י] דלא היה לו שעת: [illegible] יב] הוה אמינא אפי' מחיים וא"ת וכי באיזה פסולים מיירי דס"ד דאם עלו מחיים לא ירדו א"ת רובע ונרבע הא אמר במתני' דאפילו לאחר שחיטה ירדו וא"ת לן ויוצא הך פסול לא שייך מחיים וי"ל [illegible]

תורה אור

תֵּרֵד; מִנְחָה הַבָּאָה עִם הַזֶּבַח, לְדִבְרֵי ר"ג וְרַבִּי יְהוֹשֻׁעַ — לֹא תֵּרֵד, לְדִבְרֵי כּוּלָּן — תֵּרֵד; נְסָכִים הַבָּאִין בִּפְנֵי עַצְמָן, לְדִבְרֵי כּוּלָּן — אירְדוּ, לְדִבְרֵי ר"ג וְר"ש — לֹא יֵרְדוּ; נְסָכִין הַבָּאִין עִם הַזֶּבַח, לְדִבְרֵי כּוּלָּן — ביֵרְדוּ, לְדִבְרֵי ר"ג לְחוּדֵיהּ — לֹא יֵרְדוּ. פְּשִׁיטָא! מִנְחָה הַבָּאָה בִּפְנֵי עַצְמָהּ אִיצְטְרִיכָא לֵיהּ, וּכְדְרָבָא, דְּאָמַר רָבָא: *גמִתְנַדֵּב אָדָם מִנְחַת נְסָכִים בְּכָל יוֹם. וְנַשְׁמְעִינַן כִּדְרָבָא! נְסָכִים הַבָּאִים עִם הַזֶּבַח אִיצְטְרִיכָא לֵיהּ, דְּקָא מְקָרֵב לְהוּ לְמָחָר וּלְיוֹמָא א] *חֲרָא; ס"ד אָמִינָא, הוֹאִיל *וְאָמַר מָר: °"מִנְחָתָם וְנִסְכֵּיהֶם" — בַּלַּיְלָה, "מִנְחָתָם וְנִסְכֵּיהֶם" — לְמָחָר, (במדבר כט) כִּנְסָכִים הַבָּאִין בִּפְנֵי עַצְמָן דָּמוּ, וּמוֹדֵי ר"ש דְּלֹא יֵרְדוּ, קמ"ל.§ **מתני'** *דאֵלּוּ אִם עָלוּ לֹא יֵרְדוּ: הַלָּן, וְהַיּוֹצֵא, וְהַטָּמֵא, וְשֶׁנִּשְׁחַט חוּץ לִזְמַנּוֹ וְחוּץ לִמְקוֹמוֹ, *וְשֶׁקִּבְּלוּ פְּסוּלִין וְזָרְקוּ אֶת דָּמוֹ. רַבִּי יְהוּדָה אוֹמֵר: השֶׁנִּשְׁחַט בַּלַּיְלָה, ב] וְנִשְׁפַּךְ דָּמָהּ, וְיָצָא דָּמָהּ חוּץ לַקְּלָעִים — אִם ג] עָלְתָה תֵּרֵד. ר"ש אוֹמֵר: לֹא תֵּרֵד, *(שֶׁהָיָה ד] פְּסוּלוֹ בַּקֹּדֶשׁ). שֶׁר"ש אוֹמֵר: ה] וכָּל שֶׁפְּסוּלוֹ בַּקֹּדֶשׁ — הַקֹּדֶשׁ מְקַבְּלוֹ, לֹא הָיָה פְּסוּלוֹ בַּקֹּדֶשׁ — אֵין הַקֹּדֶשׁ מְקַבְּלוֹ. זשֶׁלֹּא הָיוּ פְּסוּלָן בַּקֹּדֶשׁ: הָרוֹבֵעַ וְהַנִּרְבָּע, וְהַמּוּקְצֶה וְהַנֶּעֱבָד, וְהָאֶתְנָן וְהַמְּחִיר, וְהַכִּלְאַיִם וְהַטְּרֵפָה, וְהַיּוֹצֵא דוֹפֶן *וּבַעֲלֵי מוּמִין. ו] *ר"ע מַכְשִׁיר בְּבַעֲלֵי מוּמִין. רַבִּי חֲנִינָא סְגַן הַכֹּהֲנִים אוֹמֵר: דּוֹחֶה הָיָה אַבָּא אֶת בַּעֲלֵי מוּמִין מֵע"ג הַמִּזְבֵּחַ. *חכְּשֵׁם שֶׁאִם עָלוּ לֹא יֵרְדוּ, כָּךְ אִם יָרְדוּ לֹא יַעֲלוּ. וְכוּלָּן שֶׁעָלוּ חַיִּים לְרֹאשׁ הַמִּזְבֵּחַ — יֵרְדוּ. טעוֹלָה שֶׁעָלְתָה חַיָּה לְרֹאשׁ הַמִּזְבֵּחַ — תֵּרֵד, ישְׁחָטָהּ בְּרֹאשׁ הַמִּזְבֵּחַ — יַפְשִׁיט וִינַתְּחָהּ בִּמְקוֹמָהּ.§ **גמ'** תַּנְיָא, *ר' יְהוּדָה אוֹמֵר: (ויקרא ו) °"זֹאת הִיא הָעוֹלָה" — הֲרֵי ז] אֵלּוּ ג' מִיעוּטִין, פְּרָט לְשֶׁנִּשְׁחֲטָה בַּלַּיְלָה, וְשֶׁנִּשְׁפַּךְ דָּמָהּ, וְשֶׁיָּצָא דָּמָהּ חוּץ לַקְּלָעִים — שֶׁאִם עָלְתָה תֵּרֵד. ר"ש אוֹמֵר: "עוֹלָה" — אֵין לִי אֶלָּא עוֹלָה כְּשֵׁרָה, מִנַּיִן לְרַבּוֹת שֶׁנִּשְׁחֲטָה בַּלַּיְלָה, וְשֶׁנִּשְׁפַּךְ דָּמָהּ, וְשֶׁיָּצָא דָּמָהּ חוּץ לַקְּלָעִים, וְהַלָּן, וְהַיּוֹצֵא, וְהַטָּמֵא, וְשֶׁנִּשְׁחַט חוּץ לִזְמַנּוֹ וְחוּץ לִמְקוֹמוֹ, וְשֶׁקִּבְּלוּ פְּסוּלִין וְזָרְקוּ אֶת דָּמוֹ, הַנִּיתָּנִין לְמַטָּה שֶׁנְּתָנָן לְמַעְלָה, וּלְמַעְלָה שֶׁנְּתָנָן לְמַטָּה, וְהַנִּיתָּנִין בַּחוּץ שֶׁנְּתָנָן בִּפְנִים, ח] בִּפְנִים שֶׁנְּתָנָן בַּחוּץ, וּפֶסַח וְחַטָּאת שֶׁשְּׁחָטָן שֶׁלֹּא לִשְׁמָן, מִנַּיִן? ת"ל: "תּוֹרַת הָעוֹלָה", רִיבָּה תּוֹרָה אַחַת לְכָל הָעוֹלִין שֶׁאִם עָלוּ לֹא יֵרְדוּ. יָכוֹל שֶׁאֲנִי מְרַבֶּה הָרוֹבֵעַ וְהַנִּרְבָּע, וְהַמּוּקְצֶה וְהַנֶּעֱבָד, וְאֶתְנָן וּמְחִיר, וְכִלְאַיִם וּטְרֵפָה וְיוֹצֵא דוֹפֶן? ת"ל: "זֹאת". וּמָה רָאִיתָ לְרַבּוֹת אֶת אֵלּוּ וּלְהוֹצִיא אֶת אֵלּוּ? אַחַר ט] שֶׁרִיבָּה הַכָּתוּב

רש"י

*מִנְחָה הַבָּאָה. י] *בְּלוּלָה כּוּלָּהּ בִּגְלַל עַצְמָהּ, כְּגוֹן הַמִּתְנַדֵּב מִנְחַת נְסָכִים בְּלֹא זֶבַח, דְּאֶפְשָׁר לַעֲשׂוֹת כֵּן כִּדְלְקַמָּן (דף מד:). לְדִבְרֵי כּוּלָּן. ר"ג ור' יְהוֹשֻׁעַ דְּמַתְנִי' דִּמְרַבֵּי כָּל הָרָאוּי לָאִשִּׁים. וּלְר"ש נַמִי דִּמְרַבֵּי כָּל הַבָּא בִּגְלַל עַצְמוֹ, אִם נִפְסְלָה וְעָלְתָה לֹא תֵּרֵד, וְכִי פָּלֵיג ר"ש — בְּבָאָה בִּגְלַל זֶבַח. לְדִבְרֵי רַבִּי יוֹסֵי הַגְּלִילִי וְר"ע תֵּרֵד. דְּהָא לָא מְרַבּוּ אֶלָּא עוֹלָה וְדוּגְמָתָהּ, מִין בְּהֵמָה וְעוֹף וְלֹא מִנְחָה. הַבָּאָה עִם הַזֶּבַח. כְּלוֹמַר בִּגְלַל זֶבַח. לְדִבְרֵי כּוּלָּן תֵּרֵד. אִם פְּסוּלָה הִיא תֵּרֵד לְרַבִּי יוֹסֵי הַגְּלִילִי ור"ע ור"ש. לְדִבְרֵי ר"ג וְרַבִּי יְהוֹשֻׁעַ לֹא תֵּרֵד, דְּהָא יא] *(כְּתִיב) מוֹקְדָהּ וּמִזְבֵּחַ הֲוַאי. נְסָכִים הַבָּאִין בִּפְנֵי עַצְמָן. כְּגוֹן הַמִּתְנַדֵּב יַיִן בְּלֹא זֶבַח. דִּתְנַן בִּמְנָחוֹת (דף קד:): מִתְנַדְּבִין יַיִן. לְדִבְרֵי כּוּלָּן. רַבִּי יוֹסֵי ור"ע ור' יְהוֹשֻׁעַ יֵרְדוּ, לְדִבְרֵי ר"ג ור"ש לֹא יֵרְדוּ. ה"ג: פְּשִׁיטָא. דְּהָכִי הוּא, דִּלְרַבִּי יְהוֹשֻׁעַ מִידֵי דְּבַר מוֹקְדָהּ אִין, דְּלָאו בַּר מוֹקְדָהּ לָא. לְר"ג כָּל דְּבַר מִזְבֵּחַ, וּלְר"ש בָּא בִּגְלַל עַצְמוֹ. וּלְתַנָּאֵי דְּמַתְנִי' מִנְחָה לָא. מִנְחָה הַבָּאָה בִּפְנֵי עַצְמָהּ אִיצְטְרִיךְ לֵיהּ. וּלְאַשְׁמוּעִינַן דְּיֵשׁ מִנְחַת נְסָכִים הַבָּאָה בִּפְנֵי עַצְמָהּ, כִּדְרָבָא. מִתְנַדֵּב אָדָם מִנְחַת נְסָכִים. בְּלֹא זֶבַח. וְאַף עַל גַּב שֶׁלֹּא אָמְרָה תּוֹרָה מִנְחַת כָּלִיל יב] (הַבָּאָה) אֶלָּא הַבָּאָה בִּגְלַל זֶבַח, הֵיכָא דְּפָרֵישׁ פָּרֵישׁ. וְנַשְׁמְעִינַן. ר"ל בְּהֶדְיָא כִּדְרָבָא. נְסָכִים הַבָּאִים בִּגְלַל זֶבַח אִצְטְרִיכָא לֵיהּ. לְר"ל, לְאַשְׁמוּעִינַן דִּלְר"ש יֵרְדוּ. וּכְגוֹן דְּקָא מַקְרִיב לְהוּ לְמָחָר וּלְיוֹמָא יג] *חֲרָא. דְּקַיְ"ל לְעֵיל (דף מד.): אָדָם מֵבִיא זִבְחוֹ הַיּוֹם וּנְסָכָיו מִכָּאן וְעַד י' יָמִים. וְנָפְקָא לָן מֵהָא דְּאָמַר מָר: "וּמִנְחָתָם וְנִסְכֵּיהֶם" יְתִירֵי דִּכְתִיבֵי בְּקָרְבְּנוֹת הֶחָג לְהָכִי כְּתִיבֵי. **מתני'** הַלָּן. בֵּין דָּם בֵּין אֵימוּרִים. רַבִּי יְהוּדָה אוֹמֵר כו'. בְּהָנָךְ תְּלָתָא פָּלֵיג וּמוֹדֵי בִּשְׁאָרָא וְטַעְמָא יָלֵיף בַּגְּמָ'. שֶׁהָיָה פְּסוּלוֹ בַּקֹּדֶשׁ. מִשֶּׁבָּאת לָעֲזָרָה נִפְסְלָה. כָּל שֶׁפְּסוּלוֹ בַּקֹּדֶשׁ כו'. בַּגְּמָ' יָלֵיף טַעְמָא. מַכְשִׁיר. דְּאִם עָלוּ לֹא יֵרְדוּ. וּבַגְּמָ' מוֹקֵי לָהּ בְּדוּקִין שֶׁבָּעַיִן, הוֹאִיל וּכְשֵׁרִין בְּעוֹפוֹת לְכַתְּחִילָּה. דּוֹחֶה. וּמוֹרִידָן. כְּשֵׁם שֶׁעָלוּ לֹא יֵרְדוּ. אַכָּל פּוֹסְלִין דִּתְנַן בְּהוּ לֹא יֵרְדוּ, כָּךְ אִם יָרְדוּ לְאַחַר שֶׁעָלוּ — לֹא יַעֲלוּ עוֹד. **גמ'** זֹאת הִיא הָעוֹלָה. "זֹאת" מִיעוּטָא, וְ"הִיא" מִיעוּטָא, וְהֵ"א דְּ"הָעוֹלָה" מִיעוּטָא, דְּמַשְׁמַע הָעוֹלָה הַמְיוּחֶדֶת, כְּשֵׁרָה וְלֹא פְּסוּלָה. לְמַעוּטֵי יד] פְּסוּלִין אֲתוּ, שֶׁאֲפִילּוּ עָלוּ יֵרְדוּ, *וְלָא תֵּימָא: "כָּל הַנּוֹגֵעַ בַּמִּזְבֵּחַ" לְכָל פְּסוּלִין אֲתָא. וּמִסְתַּבֵּר דְּהָנֵי מְמַעֵט, שֶׁפְּסוּלָן לִפְנֵי זְרִיקָה. וּלְקַמֵּיהּ מְפָרֵשׁ שְׁאָר פְּסוּלִין מְנָא לֵיהּ דְּלֹא יֵרְדוּ, טו] וְלָא מְמַעֵט לְהוּ מֵהָכָא, כְּגוֹן נִשְׁחַט חוּץ לִזְמַנּוֹ דִּפְסוּלוֹ לִפְנֵי זְרִיקָה. תּוֹרַת הָעוֹלָה. שֶׁהִיא עַל מוֹקְדָהּ — שֶׁמִּתְהֵא שָׁם טז] הַלַּיְלָה עַד הַבֹּקֶר וְלֹא תֵּרֵד. וְר'

תוספות

הלן והיוצא. אע"ג דתני "אלו" – תנא ושייר הנך דחשיב בברייתא בגמ'. ושמא משום דמהני דהכא שמעינן, יז] דכ"ש הנהו. ובברייתא נמי בגמ' דהנך דירדו לא חשיב זקן וחולה ומזוהם ונדמה וטומטום ואנדרוגינוס. ושמא הוי בכלל הנהו דחשיב*. **וחוץ** למקומו. תימה: דבפ' "התודה" (מנחות דף עט.) אמרינן: חטאת ששחטה חוץ למקומו, רבא אמר: תרד כו'! ור"ת גורס: תודה, דאיירי בה התם. ומיהו בזה לא הועיל כלום. וי"ל: דהועיל, דשאני תודה דהוי קדשים קלים וליכא מעילה באימורין מקמי זריקה, וכי שחיט חוץ למקומו – *לא מתירה הזריקה למעילה, לכך תרד, דהא חסירה זריקה החשובה בה. אבל חוץ לזמנו – לא ירד, משום דמרצה לפיגולו לקובעו בכרת, כדאי' במסכת מעילה (דף ג.) גבי מעילה, וה"ה באם עלו לא ירדו כי האי גוונא. אבל הכא בשמעתין מיירי בקדשי קדשים דאיכא מעילה קודם זריקה, להכי כי איפסלא בחוץ למקומו לא תרד, דבזריקה החסירה אין קפידא, דלא מהני מידי. וכי האי גוונא מפליג בסמוך (דף פה.) גבי אימורין שהעלן לפני זריקה בין קדשים קלים בין קדשי קדשים. וקשה לי: פסח שלא לשמו אמאי לא ירד מאי שנא משלא במקומו בתודה, דאידי ואידי קדשים קלים, ומחשבה פסולה קודם זריקה! וי"ל: פסול דשלא במקומו חמיר טפי מפסול דשלא לשמו, והוי כמו שחטן יח] בדרום בקדשי קדשים, דירדו לר' יהודה פ"ק דמעילה (דף ג:), דהיינו נמי חוץ למקומו. ובפרק "התודה" (מנחות דף עט.) נמי מוכח דחוץ למקומו נמי דירד היינו דוקא לר' יהודה, אבל לר"ש לא ירדו. אי נמי, שלא לשמו קיל לפי שכשר בכל הזבחים לבד חטאת ופסח. וצריך עיון אי מצי למימר דגבי תודה מיירי יט] דחשיב לאכול הבשר חוץ לירושלים *אין המקום ראוי לשום זבח, לכך תרד. אבל *חישב לאכול בשר חטאת ואשם חוץ לקלעים, או להקטיר אימורי קדשים קלים חוץ לקלעים – לא ירד, כיון דזה המקום ראוי לקדשים קלים לאכילת שלמים.

הגה"ה ושקבלו פסולין וזרקו דמן. בגמ' (לקמן דף פז:) פליגי ר' יוחנן ור"ל אי מיירי דקבלו וזרקו דתרווייהו נעשו בפסולין, וכמו כן מדקדק בריש מעילה (דף ה.).

כל שפסולו בקדש. שאירע לאחר שחיטה, *שנתקדש בכלי, כדפרישי' לעיל בפ' "חטאת העוף" (ד' סח: ד"ה אמר). **זאת** היא העולה. "זאת תורת העולה היא העולה", "זאת", ו"היא", וה"א ד"העולה" שני – היינו ג' מיעוטין. אבל "העולה" קמא אתא לעולה ראשונה, א) כדקאמר רבא בפ' "תמיד נשחט" (פסחי' דף נח:) ו"תורת" הוי כ] רבוי, לרבות איזה פסולין דאם עלו לא ירדו, כא] ב) כרבי יהודה דלא ממעט אלא הנך ג'. ואם תאמר: הא ר' יהודה סבר לעיל בפ"ק (דף יז.): רצפה מקדשה כב] ג) במזבח, א"כ כולן עלו, והיכי משכחת לה פסול בפיגול ונותר וטמא? וי"ל: כגון שיש הפסק בין הבהמה לרצפת העזרה. **פרט** לנשחטה בלילה. רובע ונרבע לא צריכי מיעוטא לרבי יהודה. וכל הני דמרבה ר"ש מרבה נמי רבי יהודה כדלקמן (דף פה:). ומסתבר לרבות כג] הני טפי משום דמשכח להו היכשרא. ואם תאמר: קדשי קדשים ששחטן בדרום, דקאמר בריש מעילה (דף ג:): תרד לר"י, הא לית ביה מיעוט רביעי! וי"ל: משום דדרשינן לעיל בפרק "כל הפסולין" (דף לו.): "כל דבר רע" – ריבה חטאת ששחטה בדרום כד] (דאם עלו לא ירדו) ושנכנס דמה לפנים. ואף על גב דקרא ללאו, שמעינן נמי דאם עלתה תרד. א"נ: שחט בדרום כעין כה] שחיטת חוץ היא. **הניתנין** למעלה שנתנן למטה כו'. בכל הני מודה רבי יהודה, והכי אמרינן לעיל בפרק ב' (דף כז:): קתני מיהא הניתנין למטה שנתנן למעלה ולא פליג רבי יהודה. ובפ' "כל הפסולין" (לעיל דף לו.) נמי אמרינן דלא פסל רבי יהודה במחשבה דלמטה למעלה ולמעלה למטה כי היכי דפסיל במחשבת הינות, משום דרבי יהודה לטעמיה, דאמר: שלא במקומו כבמקומו דמי. ותימה: דבריש מעילה (דף ג:) משמע דפליג רבי יהודה גבי קדשי קדשים ששחטן בדרום, דרבה אמר אם עלו ירדו, ורב יוסף

א) ראשונה שבפ' פינחס כדקאמר כו' לרבות אינך פסולין כו' כר"י נ"ק. ב) נ"א כר"ש. ג) נ"ל כמזבח כו' פסול בכל הנהו וי"ל נ"ק

שיטה מקובצת

א] וליומא אוחרא ס"ד: ב] בלילה ושנשפך דמה ושיצא דמה: ג] עלתה תרד. עי' תוס' לקמן (דף קח): ד] שהיה פסולה בקודש: ה] כל שפסולו בקודש פ"ה לאחר שבא לעזרה ולא נהירא דרובע ונרבע מי לא עסקינן בעזרה, נמי ונראה דהיינו שיש לו הכשר במקום אחר וא"ת התינח נשחטה בלילה דיש לה הכשר דכל הלילה כשרה לאיברים ופדרים ויצאה דמה (יוצאה) כשרה בבמה אבל נשפך דמה באיזה מקום יש לה הכשר במקום אחר וי"ל דדוקא גבי שחיטה בלילה צריך שיהא לה הכשר במקום אחר לפי שעדיין לא נעשה בה עבודה בהכשר ואם לא היתה לה הכשר במקום אחר לא היה מכשיר ר"ש אבל נשפך דמה שכבר נשחטה בהכשר כה"ג קרי לה שפיר פסולו בקודש: ו] מומין. לעיל (דף לה ע"ב): ז] הרי אלו ג' מיעוטין. וא"ת ר"י דמוקי זאת למעוטי נשפך דמה מהיכא ממעיט רובע ונרבע וי"ל דנשפך דמה ורובע ונרבע ממעט מחדא מיעוטא דשקולין הן דכי היכי דנשפך דמה אין לו הכשר במקום אחר כמו כן רובע ונרבע אין לו הכשר במקום אחר דאע"ג דפי' דנשפך דמה קרי ליה הכשר במקום אחר הואיל והיא אחר שחיטה שנעשית בהכשר היינו לר"ש אבל ר"י לית ליה האי סברא ושוין שאין להן הכשר במקום אחר: ח] בפנים והניתנין: ט] שריבה. גליון. שריבה ואמר תורת העולה מיעט ואמר זאת: י] הבאה כליל כולה בגלל ותיבת כתיב נמחק: יא] בת מוקדה ותיבת בלולה נמחק: יב] תיבת הבאה נמחק: יג] וליומא אוחרא דקי"ל: יד] למעוטי הני פסולין: טו] דלא ירדו דלא ממעט: טז] שם כל הלילה: יז] שמעינן להו דכ"ש: יח] שחטן. עי' תוס' (דף סח): יט] מיירי דחשבו לאכול: כ] ריבויא לר' יהודה לאינך פסולין. תיבות לרבות איזה נמחק: כא] ירדו כר"ש תיבת כר"י ל"ש ונמחק: כב] מקדשה כמזבח אות ב' נמחק: כג] לרבות אינך טפי: כד] תיבות דאם עלו לא ירדו נמחק: כה] שחיטת. עיין תוס' (לעיל דף סח):

עין משפט נר מצוה

י א ב מיי' פ"ט מהלכות פסה"מ הלכה יד:
יא ג מיי' פי"ד מהל' מעשה"ק הלכה ח: [וע"ע תוס' יבמות פד: ד"ה אלא לאו ותוס' כתובות כט. סד"ה ועל הכותית ותוס' שבועות לב. ד"ה ואלו נאמרין]
יב ד מיי' פ"ט מהלכות פסה"מ הלכה ז:
נ"ל לא מייתי הזריקה כו' נ"ק וע' בתוס' מנחות עט. ד"ה והדר
יג ה מיי' שם הלכה ו:
יד ו מיי' שם הל' ח:
טו ז מיי' שם הל' ה:
טז ח מיי' שם הל' ה:
יז ט מיי' שם הלכה ד:
יח י מיי' שם הל' ב:
[מזכר בפסחים עג. מנחות עט.]
שאין נ"ק
נ"ל כאן מיירי דחושב נ"ק

מסורת הש"ס

שייך לעיל
כלומר בגלל עצמה כנ"ל נ"ק
[מנחות קד: קו.]
אוחרא נ"ק
לעיל ת. תמורה יד: [תענית כו.] מנחות מד: נב.
לעיל מג.
[לקמן פז:]
[כמשנה שבמשניות ליתא]
נ"ק מ"ז
אוחרא נ"ק [לעיל לה:]
לעיל מג.
נדה מ. ע"ש לעיל כז: [הוריות ב: ע"ש]
דלא נ"ק

יט א מיי' פי"ח מהל' מעה"ק הלכה יז:

הכתוב ומיעט, מרבה אני את אלו שהיה פסולן בקדש, ומוציא אני את אלו שלא היה פסולן בקודש. ורבי יהודה מייתי לה מהכא: *מפני מה אמרו לן בדם כשר – שהרי לן כשר באימורין, לן באימורין כשר – שהרי לן כשר בבשר, *יוצא – שהיוצא כשר בבמה, טמא – הואיל והותר לעבודת ציבור, חוץ לזמנו – הואיל ומרצה לפיגולו, חוץ למקומו – הואיל ואיתקש לחוץ לזמנו, שקבלו פסולין וזרקו את דמו – בהנך פסולי א] דחזו לעבודת ציבור. *וכי דנין דבר שלא בהכשירו מדבר שבהכשירו? תנא א"זאת תורת העולה" ריבה סמיך ליה. א"ר יוחנן: *אהשוחט בהמה בלילה בפנים, ב] (המעלה בחוץ – פטור. בחוץ) והעלה בחוץ – חייב. לא

[לעיל נח.]

ור' יהודה מייתי לה. לשאר פסולין מהכא. לן בדם כשר. שאם עלה – לא ירד. שהרי לן כשר באימורין. שאם עלו – לא ירדו. שהרי לן כשר בבשר. כגון בשר שלמים, הנאכלין לשני ימים. יוצא כו'. וביוצא ג] דאימורי עולה ואימורי קדשים. אבל יוצא דדם – (א) ד] פוסל רבי יהודה. דנפקי לה תלתא פסולי מתלתא מיעוטי, ומסתברא למעוטי יוצא *דדם ה] מדנשחט חוץ לזמנו, דאשכחן ליה ריצוי אפילו בפנים, שמרצה לפיגולו ליענש כרת. דחזו לעבודת ציבור. כגון טמא. דבר שלא בהכשירו. כגון לן באימורין. מדבר שבהכשירו. לן בבשר, ויוצא דמקדש מיוצא דבמה, שאין שם מחילה. סמיך ליה. לאסמכתא למילתיה. השוחט בהמה בלילה בפנים. והעלה אותה בחוץ – חייב משום מעלה בחוץ, ואפילו לר' יהודה דאמר: אם עלתה בפנים תרד. ולא מיבעיא הנך דאם עלו לא ירדו – דחייב על העלאתן בחוץ, כדאמרינן בפ' "השוחט" (לקמן דף קיא:), דהא מתקבלין בפנים, אלא אפילו הך ו] לר' יהודה חייב. לא

יוסף ז] *לא ירדו. וקאמר: אליבא דרבי יהודה – כ"ע לא פליגי דירדו, כי פליגי – אליבא דר"ש, רב יוסף כר"ש, ורבה אמר לך: ע"כ לא קאמר ר"ש אלא בניתנין למטה שנתנן למעלה כו', ולעולם בנשחטין בצפון וקבל דמן בצפון. ומדנקט למטה שנתנן למעלה – משמע דפליגי בה, דה"ל למנקט נשחטה בלילה ונשפך דמה ויצא דמה! וי"ל, דהכי פי': רב יוסף כר"ש, דמשמע ליה ניתנין למעלה שנתנן למטה – אפילו עולת העוף שמלקה ומילה דמה למטה, דהוי כעין שינוי מקום דשחיטת קדשי קדשים וקבלת דמן מצפון לדרום. ורבה אמר: ע"כ לא קאמר ר"ש אלא בזבחים הניתנין למטה שנתנן למעלה, ולעולם ח] בשחטה בצפון. אבל בעולת העוף שעשאה למטה, ובקדשי קדשים ששחטן בדרום מודה ר"ש לרבי יהודה שירדו. והא דקאמר לעיל בפרק שני (דף כז:): קתני מיהא הניתנין למטה שנתנן למעלה ולא פליג רבי יהודה, אע"ג דלרב יוסף יש במשמע ניתנין למעלה שנתנן למטה אפילו עולת העוף שעשאה למטה דפליג ר' יהודה, כיון דמודה בדמי זבחים – שייך שפיר לומר דלא פליג ר' יהודה, אלא ירדו דניתנין למעלה שנתנן למטה, כמו בקבלו פסולין וזרקו את דמן דקאמר בסמוך דלא פליג רבי יהודה, אע"ג דלא מודה לר"ש אלא בהנך דחזו לעבודת ציבור. ור"ש אפילו בהנך דלא חזו לעבודת ציבור קאמר דלא ירדו, דלא גרע משנשפך הדם ונאבד לגמרי, דלא ירדו לר"ש. ומיהו, צריך עיון: כי שמא בשנשפך הדם ונאבד קודם קבלה לא יאמר ר"ש לא ירדו בשביל שחיטה לבדה, אלא בשנשפך מן הכלי ונאבד אחר קבלה. ופסולין דלא חזו לעבודת ציבור, דלא אשכחן להו הכשר בשום מקום, אם קבלו נמי את הדם – לא יאמר ר"ש אם עלו לא ירדו, דמשום שחיטה *לבדה שחיטה כשרה לא יחשבנו פסולו בקדש, כדמשמע בריש מעילה (דף ב: וג.) שאפילו שחט בצפון וקבל בדרום לא היה ט] חושבן רבה פסולו בקדש. דקמותיב ליה רב יוסף ממתני' דחטאת העוף (לעיל דף סו:): י] וכולן אין מטמאין בגדים אבית הבליעה בעולת העוף שעשה למטה. ולעיל מוקמינן לה בגמ' במילוי ולא במליקה. ומייתי מינה ראיה לדרום יא] *וגבי קדשי קדשים, דחשיב פסולו בקדש. א"כ אע"פ שנעשית המליקה בהכשר, יב] שהיה במקום שחיטה – לא היה חושבו פסולו בקדש לרבה עד דאותביה רב יוסף, אלמא בשחיטה לבדה בהכשר לא חשיב לרבה פסולו בקדש. ומיהו, יש לדמות פסול מילוי לפסול שחיטה יותר יג] מקבלה, כיון שבמילוי הוא ממצה ומוציא דם מן הגוף, כמו שעושה בשחיטה. **ומוציא** אני את שלו שלא היה פסולן בקדש. בריש פרק "יוצא דופן" (נדה דף מא.) משמע דלא איצטריך יד] האי קרא לנפסלו כשהן חולין, אלא לנפסלו לאחר שהוקדשו. והשתא רובע ונרבע טו] דיאסרו – ניחא. אבל מוקצה ונעבד קשה, דאין אדם אוסר דבר שאינו שלו! וי"ל: דאיירי בקדשים קלים, ואליבא דר' יוסי הגלילי דאמר: ממון בעלים הוא. וכן מפרש בפרק בתרא (לקמן דף קיד.). וא"ת: אתנן ומחיר, אי לאחר שהוקדשו נתן לזונה, ובקדשים קלים כרבי יוסי הגלילי – הא לא הוי אתנן, כדדרשינן בשלהי "כל האסורין" (תמורה דף ל:): "לכל נדר" – פרט לנדור! וי"ל: בבהמת קדשים מעוברת, ונתן לה העובר. וקסבר: וולדות קדשים בהווייתן הן קדושים, לאחר שילאו לאויר העולם, ומ"מ הוי כלאחר שהוקדש, כיון דקדיש אגב אימיה. וכן בפ' בתרא (לקמן דף קיד.) קרי ליה "ראוי לפתח אהל מועד", אע"ג דהוי חולין עד שעת יציאתו. וכלאים ויוצא דופן, בולדות קדשים. והתם בפ' "יוצא דופן" (נדה דף מא.) פי' בקונטרס: דל"ג "בהווייתן הן קדושים". טז] ולפי מה שפירשתי ניחא. וע"כ הא שמעינן לר"ש בסוף "דם שחיטה" (כריתות דף כג:) דקסבר: בהווייתן הן *קדושים, יז] מה אמר דאם עלו – ירדו. וגם משום הך דאתנן ומחיר דשמעתין, דלא משכחת לה אלא בולדות קדשים, ובהווייתן הן קדושים. אבל קשה: כלאים ויוצא דופן היכי משכחת לה דקדושים הוולדות? דכיון דלא חזו להקרבה, וגם קסבר בהווייתן קדושים – לא חל על וולדות קדושה כלל. כדתנן פרק "כילד מערימין" (תמורה דף כד:), רשב"ג אומר: ילדה טומטום ואנדרוגינוס – אין קדושה יח] [חלה] עליהן, *וקסבר: בהווייתן [הן] קדושים, ולא חלה אפילו קדושת דמים! יט] וי"ל: דמקדישן בבטן קדושת הפה. וקשה על ר"ש דסבר "בהווייתן" ממתני' דסוף תמורה (דף לג:): כ] אלו הנקברין – קדשים שהפילו. ובלאו הכי קשה מבשר בחלב דתני בהדייהו, דמשמע דלא פליג עלייהו ר"ש אלא על חולין שנשחטו בעזרה, *ואילו קדשים שהפילו – אין קדושה חלה עליהן, כיון דסבר בהווייתן קדושים, כמו טומטום ואנדרוגינוס. וגם *בשר בחלב אמר ר"ש דמותר בהנאה בפ"ק דבכורות (דף י.) – א"כ אמאי הוו בקבורה? וי"ל: דפליג עלייהו ר"ש, ולא ליהוו בקבורה. א"נ: בקדשים שהפילו מודה דבקבורה, *דקדושין, משום דאי הוו בר קיימא – הוו חזו להקרבה, להכי לא דמו לטומטום ואנדרוגינוס. והכי צריך לפרש שילהי "בהמה המקשה" (חולין דף עז.) גבי הפילה שליא במוקדשים – תקבר. ומפרש טעמא – משום דרובא בר הקדש הוא. וקשיא לר"ת: אי סבר וולדות קדשים ממעי אמן קדושין – אפילו כולן קדושין, ואי סבר בהווייתן קדושין – אין חלה קדושה על שום דבר דלא חזי להקרבה, כדאמר רשב"ג גבי טומטום ואנדרוגינוס! אלא י"ל: דנפלים עדיפי, כיון דאי הוו בר קיימא הוו חזו להקרבה, וחל עלייהו קדושה. והיינו כא] [דאמר] התם: רובא בר מקדש, ♁לאפוקי טומטום ואנדרוגינוס*. הגה"ה: יוצא שהרי יוצא כשר בבמה. – יוצא דאברי עולה ואימורין קאמר, אבל יוצא דדם (ג) פסיל ר' יהודה. וא"ת: מהאי טעמא נמי כב] ליתכשר יוצא דדם! וי"ל: דהכשר דם חמור, ולא ילפינן מבמה אם לא נמצא לו הכשר בפנים. ועוד י"ל: דבבמה הוי בהכשרו. ואע"ג דבאימורין ילפינן שלא בהכשרו מבהכשרו ע"י ריבוי "תורת" – מיהו בדם המתיר לא ילפינן, כדפירשנו לעיל בפ' "איזהו מקומן" (דף נא. ד"ה מפני) דדייק דבר הלמד בבנין אב חוזר ומלמד בבנין אב, מדילפינן לן דמה מלן דאימורין, ולן דאימורין מלן דבשר. ואמאי? נילף דם שנפסל בשקיעת החמה *מאימורין דכשרין, דלא מיפסלי אלא בעמוד השחר! כג] וכ"ת: משום דלן בדם אחר עמוד השחר לא מצי גמר מאימורין – מה בכך? הא לא מצינו פסול עמוד השחר בדם כלל! ועוד: כיון שלמדנו דאחר שנפסל לא ירד, אין חילוק בין שקיעת החמה לעמוד השחר. דאי לא תימא הכי, לן בדם שתי *לינות מנין? הא אין כיוצא בו כד] בבשר! אלא ודאי לא גמרינן (ג) דם מהכשרו, ולהכי חשיב ליה בנין אב מבנין אב, דלא מצי למילף אלא מלן דעמוד השחר דאימורין. ולהכי נמי לא כייל להו דילמא לן בדם ובאימורין כשר – שהרי לן כשר בבשר. ולכך נמי אצטריך למימר: חוץ למקומו הואיל ואיתקש לחוץ לזמנו, דלא מצי למימר: הואיל וכשר בבמה וכן קבלו פסולין – לא מכשר אלא בהנך דחזו לעבודת ציבור, אבל זר – לא, אף על גב דכשר בבמה. ומיהו, אשכחן דילפינן (ד) מהכשרו בדם מדם, כגון ניתנין למעלה ולמטה, לפי שכל אחד כשר בחבירו. וגם לא הוצרך כאן לפרש הטעם, לפי שהוא פשוט. כה] ושלא לשמו דפסח וחטאת, שכשר בשאר קרבנות. ומיהו קשה: דלעיל בפרק "חטאת העוף" (דף סח:) גבי זר וסכין מטמאין בבית הבליעה, פריך דנילף זר מבמה, דתניא: מנין ליוצא כו'. ומאי קושיא? הא האי תנא גופיה לא יליף, כדפי' דמוקי בחזו לעבודת לבור, ולא גמרי נמי דם מבמה! ועוד: הא דמכשר התם מליקת שמאל – משום דאשכחן ליה הכשירא ביוה"כ. הא לא ילפינן מבהכשרו! וכן *לינה מאברים ופדרים, הא רבי יהודה פסיל ליה הכא! וי"ל: דלעיל פירשתי דההיא סוגיא כר"ש, וכולה מתני' דהתם דמפלגא לענין כו]* בליעה (ה) לענין בין פסולו בקדש – כר"ש דהכא. דבריש מעילה מדמי כז] בית הבליעה ואם עלה לא ירד להדדי, וה"ק: נילף מבמה לר"ש, כי היכי דגמר בברייתא פסול *דאימורים לרבי יהודה. ומיהו לא לגמרי אתיא כר"ש, מדפסלה מליקת שמאל, ור"ש מכשר לה לפי גירסת ר"ת דלעיל בפרק שני (דף כד:*), דגרים: והא תנן מלק בשמאל כו'. ♁א"נ, י"ל: דלרבי יהודה לא יעמיד המיעוטין בעוף. מיהו, לעיל (דף פג:) פסלינן בעוף טפי מבהמה גבי פולגתא דרבי יוסי הגלילי ור"ע, דמה כבשים ראוים כו'. ומיהו, קשה: לרבי יהודה ילא דמה ליתכשר, דנילף מיוצא דאימורים, ואימורים מבמה, כמו לן דדם מאימורים ולן דאימורים מבשר. א"נ, ילא דאימורים מבשר שלמים דכשרים חוץ לקלעים, וממילא שמעת חוץ לירושלים, דאין חילוק בין חד פסולא לתרי פסולי, כדפירשנו! והא דנקט *הכא קרא מבמה – ניחא לאשכוחי הכשירא ביוצא דאימורין גופייהו. אבל גבי לן דגמר מבשר – לא הוה מצי לאשכוחי באימורין לן כח] בבמה דכשר, דהא תנן בפ' בתרא (לקמן דף קיג.): הזמן הנותר והטמא – שוין בזה ובזה. לא

אמר לא נ"ק

גליון הש"ס
תוס' ד"ה ומוציא וכו' לאפוקי טומטום ואנדרוגינוס. ע' לקמן דף קיד ע"א תו' ד"ה וקסבר: **בא"ד** אי נמי י"ל דלר"י לא יעמיד המיעוטין. ע"ל דף סח ע"א תוס' ד"ה מלק:

נ"ל לבדו שנעשה בהכשר לא כו' נ"ק
גבי נ"ק
קדושים וגם משום כו' כצ"ל נ"ק
דקסבר בהווייתן הן קדושים כו' נ"ק
והלא קדשים נ"ק

שיטה מקובצת
א] דחזו. עי' תוס' מנחות (דף ו ע"ב): ב] תיבות המעלה בחוץ פטור בחוץ נמחק: ג] וביוצא דאיברי עולה. תיבת דאימורי נמחק: ד] דדם פסיל ר' יהודה דנפקא ליה תלתא: ה] ונשחט חוץ אות מ' ד' נמחק: ו] הך דלר' יהודה תרד חייב: ז] יוסף אמר לא: ח] ולעולם דשחטה בצפון: ט] לא היה חושבו: י] העוף דקתני וכולן: יא] לדרום גבי קדשי: יב] בהכשר שהיא במקום: יג] יותר מלקבלה כיון: יד] תיבת האי ל"ש ונמחק: טו] תיבת דיאסרו ל"ש: טז] קדושים דהא כ"ש למ"ד במעי אמן הן קדושים דאצטריך למעוטי מוזאת ויש לפרש דה"ק דאפי' קסבר בהווייתן הן קדושים ניחא דאצטריך קרא למעוטי כיון דהפסול לא בא תחילה אלא בבת אחת אבל לא מצי למיגרס קסבר במעי אמן הן קדושים דע"כ הא שמעינן וכו': יז] מה. ס"א ומיהו אמר: יח] אין קדושה חלה עליהן וקאמר דאף על גב דאין קדושת אמן חלה עליהן קדושת פה חלה עליהן דקסבר בהווייתן קדושים ולא חלה עליהן אפילו: יט] וי"ל דמקדיש בבטן: כ] תמורה דתנן אלי: כא] והיינו דאמר התם רובא בר מוקדש: כב] נמי דתני ליתכשר. עיין תוס' (מנחות דף ו): כג] ולן בדם אחר עמוד השחר דלא מצי ותיבות וכ"ת משום ואות ד' נמחק: כד] בו כשר בבשר: כה] פשוט וכן שלא לשמו דפסח וחטאת לפי שכשר בשאר: כו] לענין בית הבליעה בין פסולו: כז] מדמי טומאת בית הבליעה ואם עלה לא ירד אהדדי וה"ק: כח] לן כשר בבמה דהא:

גירסת הצ"ק דדם הס"ד ואח"כ מה"ד לעבודת כו' טמא הס"ד ואח"כ מה"ד חוץ לזמנו כו' כרת הס"ד ותיבת מדנשחט ותיבת לחזו יש למחוק

[לעיל סח: סט. מנחות ו: מח:]
[לעיל נח. סט.]
לקמן קיא: ע"ש

הגהות הב"ח
(א) רש"י ד"ה יוצא וכו' פסול לר' יהודה וכו' יוצא דדם הס"ד ואח"כ מ"ה ונשחט חוץ: (ב) תום' ד"ה ומוציא וכו' פסול לר' יהודה וכו' ועוד י"ל דפסול דם לא ילפינן מבמה משום דהוי הכשירו בכך ואע"ג דבאימורין ילפינן וכו' מיהו בדם התמור לא ילפינן וכו' דדייק דדבר הלמד: (ג) בא"ד אלא ודאי לא גמרינן פסול דם מהכשרו וכו' ולהכי נמי לא כייל להו לימא לן בדם: (ד) בא"ד ומיהו אשכחן דילפינן פסול מהכשרו בכך בדם מדם: (ה) בא"ד לענין בליעה בין פסולו כצ"ל ותיבת לענין נמחק:

בבשר נ"ק
גי' הצ"ק דקדושה חלה עילויה משום דאי הוו בר קיימא חזו כו'
[ועיין היטב תוס' חולין עז: ד"ה רובא ותוס' לקמן קיד. ד"ה וקסבר ותו' נדה מא. ד"ה קסבר]
דאם עלו לא ירדו מאימורין נ"ק
לינות נ"ק
לינה מאברים נ"ק
גירסת הצ"ק דאימורים מבמה לר"י [ד"ה והכי]
נ"ל הכא מבמה ניחא ליה נ"ק

לא תהא פחותה משוחט בחוץ ומעלה בחוץ. דקי"ל ט] ב"השוחט" (לקמן דף קו.) דחייב על שחיטתה ועל עלייתה. השוחט עוף קדשים בפנים והעלהו בחוץ פטור. על העלייתה, דאינו מתקבל בפנים אלא מלוק. שחטו בחוץ והעלהו בחוץ חייב. על שתיהן. דהשוחט עוף קדשים בחוץ חייב, דאיתרבי מ"או אשר ישחט" בפ' "השוחט" (שם דף קז.). וכי העלהו בחוץ חייב, דמרבינן ב"השוחט" (שם) לענין העלאת כל הנשחטין, י] דכי היכי דחייב על שחיטתן – חייב על העלאתן, דכתיב: "ואליהם תאמר" לערב פרשיות. ואמאי השוחטו בפנים והעלהו בחוץ פטור? נימא לא תהא פחותה כו'! מיקטל קטליה. יא] לא שייכא שחיטה בפנים כלל, לא בחולין ולא בקדשים. אבל שחיטת לילה – שחיטה היא בחולין, הלכך בקדשים שחיטה פסולה היא קרויה. שנשפך דמה. לא תרד הבשר, אם עלה. וקא ס"ד דבאימורי קדשים קלים נמי קאי. ומה. נשפך דמה, דהוי עליית בשר לפני זריקה, דהא אין כאן זריקה. וגריעא משאר עולין לפני זריקה, דהתם אם בא לזרוק – יש לו מה לזרוק, והכא אם בא לזרוק – אין לו מה לזרוק, ואפ"ה לא תרד, וכ"ש יב] היכא דלא נשפך. תרגמא אקדשי קדשים. פירוש המשנה הזאת בקדשי קדשים, שקדושת הגוף עליהן לפני זריקה. והרי פסח. שנינו בה, דקתני *סיפא: והפסח והחטאת כו'. וקא ס"ד דאפסולי דקתני ברישא נמי קאי, כגון אם נשפך דמו או יצא. תרגמא אשלא לשמו. פסח לא תנא ליה אלא אפסולא דשלא לשמו, כדקתני בה: ששחטן שלא לשמן יג]. הכי גרסינן: תנן וכולן שעלו חיין לגבי מזבח ירדו הא שחוטין לא ירדו מאי לאו לא שנא קדשי קדשים ל"ש קדשים קלים לא הא שחוטין מהן ירדו ומהן לא ירדו והא כולן קתני כולן אחיין פשיטא לעולם אחיין ובדוקין שבעין כו'. תנן וכולן שעלו חיין. קא סלקא יד] דעתך: הא "כולן" – אכל קדשים קאמר, ואכשרין קאי. ולא אפסולין דתני ברישא קאי, דלא שייך בהו חיין, דבכל הפסולין הנזכרים ב"אם עלו לא ירדו" – אין בהן פסול מחיים. הלכך אכשרין קאי, והאי "כולן" – ע"כ טו] כל הקדשים קאמר, לא שנא קדשי קדשים ולא שנא קדשים קלים. וקאמר: הא שחוטין לא ירדו. ובלאחר זריקת דמים לא איצטריך טז] לאשמועינן, דאמאי ירדו? ומשני: לא תימא הא שחוטין כולן לא ירדו, אלא אימא: הא שחוטין יש מהן ירדו ויש מהן לא ירדו, קדשי קדשים לא ירדו, קדשים קלים ירדו. והא כולן קתני. מאי לאו יז] אדוקיא ד"הא שחוטין לא ירדו" נמי קאי? יח] כולן משום חיין. נקט לה למימר דירדו, דאין מזבח מקדש חיין. פשיטא יט]. דירדו, דהא חוזרין ועולין לאחר שחיטה, הואיל ובכשרין קיימי! לעולם אחיין. נקט "כולן", ולאשמועינן דירדו. ובדוקין שבעין איצטריך לאשמועינן, שפסולין מחיים, וכי מחתינן להו – תו לא כ] מסקי, דקי"ל (לעיל דף פד.) בפסולין, כשם שאם עלו לא ירדו – כך אם ירדו לא יעלו. ואפי' הכי ירדו, דאין מזבח מקדש חיים. ואליבא דר"ע. נקט לה, דאמר במתניתין: בעלי מומין – אם עלו לא ירדו, ומוקמינן לה לקמן בדוקין שבעין, ואשמעינן מתניתין: עלו חיים – ירדו, הא שחוטין – לא ירדו. ונתח אותה. אמרינן בתורת כהנים: כשרה ולא פסולה, שאם נפסלה קודם הפשט – שורפה כא] *בעזרה. והא נמי בראש המזבח, נהי דלא תרד דקדשה מזבח, מיהו לא בעי הפשט ונתוח! סיפא דמתני' אתאן כב] לכשרים. והכי קאמר: וכן עולה חיה כשרה שעלתה כו'. ומאי קא משמע לן? פשיטא דתרד, דהא הדרא סלקא! ומשני: הא קמ"ל, דהיכא דשחטה בראש המזבח לא צריך לאחותה ואסוקה, ואע"ג דהדר סלקא, אלא מפשיטה בראש המזבח. דיש הפשט. בכשרות. אין הפשט. הואיל והדר מצי לאסוקה – לאו אורח ארעא להפשיט שם. הכא במאי עסקינן. לעולם כשעלתה כשרה כג] חיה, ומששחטה בראש המזבח וזרק דמה נפסלה. הלכך יפשיט וינתח במקומה, דאי מחית לה – תו לא סלקא. ודקשיא לך: פסולה לאו בת הפשט היא. כגון דהיתה לו שעת כד] הכושר. לפשט קודם פסולה, בת הפשט ונתוח היא, ואפילו היא למטה, והבשר פסול ונשרף. וכרבי אלעזר בר"ש, דאמר לקמן בפרק "טבול יום" (דף קד.): כיון שנזרק הדם והורצה בשר שעה אחת להקטיר, ונפסלה – יפשיטנה, ועורה לכהנים, ואין עורה נשרף עמה. הילכך, השתא נמי כי איתא בראש המזבח ונקטרת – בעיא הפשט ונתוח. עורה לכהנים גרסינן. כדכתיב (ויקרא ז): "עור העולה אשר הקריב לכהן". אלא הא דקתני ביצד הוא עושה כו'. בברייתא דזבחים גרסינן ליה, גבי עולה שעלתה חיה למזבח ושחטה, וקאמר: יפשיט וינתח במקומה, וקתני סיפא: מוריד את הקרביים למטה ומדיחן. ואי בפסולה, מכי מחית לה תו לא סלקא! ומשני: אלא היכי ליעבד ניקרבינהו לקרביים בפרתייהו. בפרש שלהן, בתמייה. אנן הכי קאמרינן מדיחן למה לי. ומשני: דאי מתרמי כהן אחרינא דלא ידע. שנפסלה, ניסקינהו. ואנן

תורה אור

לא תהא פחותה משוחט בחוץ ומעלה בחוץ. מתיב רב חייא בר אבין: *השוחט עוף בפנים ומעלה בחוץ – פטור, שחט בחוץ ומעלה בחוץ – חייב; א] נימא: לא תהא פחותה משוחט ומעלה בחוץ! *תיובתא. איבעית אימא: שחיטת העוף בפנים – מיקטל קטליה. *אמר עולא: אימורי קדשים קלים שהעלן לפני זריקת דמן – לא ירדו, נעשו לחמו של מזבח. א"ר זירא, אף אנן נמי תנינא: שנשפך דמה ושיצא דמה חוץ לקלעים; ב] ומה התם דאם בא לזרוק – אין לו לזרוק, אמרת: אם עלו – לא ירדו, הכא דאם בא לזרוק זורק – לא כל שכן? תרגמא אקדשי קדשים. ג] הרי פסח, דקדשים קלים הוא! תרגמא ד] בשלא לשמן. תנן: וכולן שעלו חיין לגבי מזבח – ירדו; הא שחוטין – לא ירדו. מאי לאו, ל"ש קדשי קדשים, לא שנא קדשים קלים? לא, הא שחוטין – מהן ירדו מהן לא ירדו. והא "כולן" קתני! "כולם" אחיין. פשיטא! לעולם אחיין, ובדוקין ה] שבעין, *ואליבא דר"ע דאמר: אם עלו – לא ירדו. במאי אוקימתא – בפסולין. אימא סיפא: וכן עולה שעלתה חיה לראש המזבח – תרד, שחטה בראש המזבח – יפשיט וינתח במקומה; ואי פסולה, בת הפשט ונתוח היא? °"ונתח אותה" אמר רחמנא, "אותה" – כשרה ולא פסולה! סיפא אתאן לכשרה. ומאי קמשמע לן. דיש הפשט ונתוח בראש ו] המזבח. ז] ולמאן דאמר: אין הפשט ונתוח בראש המזבח, מאי איכא למימר? הכא במאי עסקינן – כגון שהיתה לו שעת הכושר ונפסלה. ורבי אלעזר ברבי שמעון היא, *דאמר: כיון שנזרק הדם והורצה בשר שעה אחת – יפשיטנה, ועורה לכהנים. ואלא דקתני: כיצד עושה? מוריד את הקרבים למטה ומדיחן, ח] למה לי? היכי נעביד? נקרבינהו *בפרתייהו? °"הקריבהו נא לפחתך הירצך או הישא פניך"! אנן הכי קאמרינן: מדיחן למה לי? דאי מיתרמי כהן אחרינא ולא ידע – נסקינהו. ואנן

לא תהא פחותה משוחט בחוץ ומעלה בחוץ. תימה: אמאי איתותב הכא? לימא: הנא דאמרי כרבי שמעון דפ' "השוחט והמעלה" (לקמן קיא.), דאמר זעירי: שחיטת לילה איכא בינייהו, דלרבי שמעון חייב! וי"ל: *דהכא קאמר אפי' לרבי יהודה. דאי לרבי שמעון דוקא – למה לי טעמא ד"לא תהא פחותה"? תיפוק לי משום כה] דראוי להתקבל בפנים. וא"ת: הא דתניא לקמן בפ' "השוחט והמעלה" (דף קט.): מנין לרבות פסולין כגון הלן והיוצא כו' – ת"ל "לא יביאנו לעשות", כל המתקבל בפתח אהל מועד – חייבין עליו בחוץ. ל"ל קרא? תיפוק לי דלא תהוי פחותה משוחט בחוץ ומעלה בחוץ! וכ"ת דההיא כרבי שמעון דלית ליה האי טעמא – א"כ ליתני שחיטת לילה, ונשפך דמה, ויצא דמה חוץ לקלעים! וי"ל: דבלן ויוצא וטמא לא שייך "לא תהא פחותה משוחט בחוץ". מקטל קטליה. משום דלא מלינו שחיטה בעוף בפנים, הלכך ה"ל כהתיז ראשו, ולא דמי לשחיטת לילה כו]. ומאי קמ"ל דיש הפשט ונתוח בראש המזבח הניחא למ"ד כו'. תימה: דהך קושיא יכול להקשות בלאו הכי, דהיכי דמי? אי בפסולים – "ונתח אותו" אמר רחמנא, ואי בכשרין – הניחא כו'! כז] ומפרש ה"ר חיים: דאם עלתה בראש המזבח – לכ"ע יש הפשט ונתוח. וכשהיא למטה פליגי, מהו להעלותה ולהפשיטה. והכי פירושא: בשלמא אי מיירי רישא בכשרין – ותיהוי סייעתא לעולא, ותנא סיפא לגלויי רישא דבכשרים, אף על גב דסיפא לא אשמועינן מידי, דלכ"ע יש הפשט ונתוח בראש המזבח, ולא תניא אלא לגלויי ארישא. אלא אי אמרת רישא בפסולין – סיפא במאי? אי בפסולין – "ונתח אותה" אמר רחמנא, ואי בכשרין – מאי קא משמע לן? אי קא משמע לן דיש הפשט ונתוח בראש המזבח, כלומר אפילו הורידה יעלנה להפשיטה, הניחא למאן דאמר כו'. והוא

לקמן קיא.
[שבת כ: גיטין כח.]
לעיל פג: [מעילה ז:]
עי' ברטורה ועי' ל"ק
נ"א בתוספתא
לקמן קד.
[עי' חולין דף יח ע"א ממסמס ליה בפרתא וע"ש ברש"י]
נ"ל בעורה

ויקרא א
מלאכי א

א] חייב ואמאי נימא: ב] ומה התם דאם בא לזרוק כו'. לעיל פי' דעולא אמר לא ירדו אפי' לר"י (והכי) [והכא] משמע לכאורה דאליבא דר"ש קאמר מדפריך ליה מנשפך דמה דאי אליבא דר"י הא אמר אם נשפך דמה ירדו מיהו י"ל דפריך שפיר אליבא דר"י וה"ק מדר"ש נשמע לר"י ואליבא דר"ש פריך שפיר מכ"ש ואף לר"י נמי דעד כאן לא קאמר ר"י ירדו אלא בנשפך דמה אבל היכא דיש בידו לזרוק לא דאין לנו לומר דפליגי אלא במאי דחזינן דפליגי ועוד דלא דמי כלל למתני' דהתם אין בידו לזרוק והכא יש בידו לזרוק ונהי דתלמודא מייתי נשפך דמה היינו משום דבעי למיפרך מכ"ש אליבא דר"ש ומ"מ מיניה נשמע לר"י כדפי': ג] קדשים והרי פסח: ד] תרגמא אשלא לשמו: ה] שבעין. פי' אבל מחוסר אבר לא וכן כל מום מגונה משום הקריבהו נא לפחתך: ו] המזבח הניחא למ"ד יש הפשט אלא למ"ד אין הפשט בראש המזבח מאי איכא למימר דאיתמר רב פפא ורב שימא בר אשי חד אמר יש הפשט ונתוח בראש המזבח וחד אמר אין הפשט ונתוח בראש המזבח במאי קא מיפלגי מר סבר לשלחן דמי ומר סבר לבית המטבחים דמי הניחא למ"ד יש הפשט ונתוח בראש המזבח אלא: ז] למ"ד אין אות ו' נמחק: ח] ומדיחן והיכי מצי מסיק להו היכי נעביד ותיבות למה לי ל"ש ונמחק: ט] דקי"ל לקמן בהשוחט: י] הנשחטין בחוץ דכי: יא] קטליה דלא שייכא שחיטה בפנים לעוף כלל לא בחולין ולא בקדשים והו"ל כהתיז את ראשו אבל שחיטת כו' בקדשים נמי שחיטה פסולה: יב] וכ"ש הכא דלא: יג] לשמן דהויא ביה זריקה והוברו אימורין למזבח ואע"ג דזריקה פסולה הואי להכי מיהא אהני דאם עלו לא ירדו הואיל וברוב זבחים אין פסול שלא לשמו נוהג הס"ד ומה"ד הכי: יד] דעתיה האי כולן: טו] ע"כ אכל הקדשים: טז] איצטריך ליה לאשמועינן: יז] לאו אדיוקא דהא: יח] לא כולן: יט] פשיטא. ס"א דמחיים ירדו דאין מזבח מקדש מחיים דאם כשרים הם מה הפסד יש בירידתן הואיל ויכול להעלותן בסוף ואם פסולים הם אינם פסולים אלא ממום או רובע ונרבע או חד מהנך דאין פסולן בקודש וא"כ פשיטא דירדו: כ] לא לסקי דקיי"ל דפסולין כשם: כא] שורפה בעורה והאי נמי דבראש המזבח: כב] אתאן לכשרה: כג] כשרה היתה ותיבת חיה נמחק: כד] הכשר להפשיט: כה] משום דלא ירדו וראוי להתקבל: כו] לילה שהפסול מחמת דבר אחר הוא וחזיא למחר לשחט אבל ליכא לפרש דשחיטת לילה כשרה בחולין שחיטת עוף נמי כשרה בחולין: כז] ומפרש. לשון מהר"פ ומפרש הר"ר חיים דהא דקאמר דאין הפשט ונתוח היינו היכא שירדה למטה ושוב לא יעלנה על המזבח להפשיט אבל אם שחטה בראש המזבח כ"ע לא פליגי דיפשיטנה במקומה קודם שתרד אם ירצה והשתא ניחא לגופיה דמתני' אי לא דאוקימנא בפסולין וה"פ אא"ב בכשרים מיירי רישא וסיפא ניחא ואע"ג דבהאי דתני סיפא אם עלתה חיה תרד ליכא שום חידוש ולא בהא דקאמר יפשיטנה כיון דבכשרה מיירי דבלא ירדה מיירי מ"מ איכא למימר דתני סיפא לגלויי רישא וברישא איכא חידוש לאשמועינן בין בקדשי קדשים בין בקדשים קלים אלא אי אמרת רישא בפסולים סיפא א"כ בכשרים דאי בפסולים בת הפשט ונתוח היא וא"כ סיפא מאי אתא לאשמועינן דהא לא לגלויי לרישא אתיא אלא ע"כ אתא לאשמועינן דאם שחטה בראש המזבח ואפי' אם ירדה יעלנה ויפשיטנה דאל"כ לא הוי בסיפא שום חידוש ושייך שפיר השתא הניחא:

בעי'

כ א מיי' פ"ג מהלכות פסה"מ הלכה יב:
כא ב מיי' פ"ב מהלכות מעילה הלכה ח:
כב ג מיי' פ"ד מהלכות איסורי מזבח הל' ח:
כג ד מיי' פ"ג מהלכות פסה"מ הלכה ט:
כד ה מיי' שם הל' טז:
כה ו מיי' שם ופ"ו מהל' מעה"ק הל' ב:

וַאֲנַן נֵיקוּ *נַעֲבֵיד לְהוּ לַכֹּהֲנִים מִילְּתָא דְּאָתוּ בָּהּ לִידֵי תַקָּלָה! אפ"ה עֲדִיפָא, *שֶׁלֹּא יְהוּ קָדְשֵׁי שָׁמַיִם מוּטָּלִים כִּנְבֵילָה. אָמַר רַבִּי חִיָּיא בַּר אַבָּא, א] בָּעֵי רַבִּי יוֹחָנָן: אֵימוּרֵי קָדָשִׁים קַלִּים שֶׁהֶעֱלָן לִפְנֵי זְרִיקַת דָּמָן — יֵרְדוּ אוֹ לֹא יֵרְדוּ? א"ל רַבִּי אַמִּי: וְתִיבָּעֵי לָךְ מְעִילָה? א"ל: מְעִילָה לָא קָמִיבָּעֲיָא לִי, דִּזְרִיקָה הוּא דְּקָבְעָה לְהוּ בִּמְעִילָה. כִּי קָמִיבָּעֲיָא ב] לֵיהּ — יְרִידָה. וּפָשֵׁיט: לֹא יֵרְדוּ, וְאֵין בָּהֶן מְעִילָה. רַב נַחְמָן בַּר יִצְחָק מַתְנֵי הָכִי: א"ר חִיָּיא בַּר אַבָּא, בָּעֵי רַבִּי יוֹחָנָן: אֵימוּרֵי קָדָשִׁים קַלִּים שֶׁהֶעֱלָן לִפְנֵי זְרִיקַת דָּמָן — יֵשׁ בָּהֶן מְעִילָה אוֹ לֹא? א"ל רַבִּי אַמִּי: וְתִיבָּעֵי לָךְ יְרִידָה? א"ל: יְרִידָה לָא קָא מִיבָּעֲיָ' לִי, דְּנַעֲשׂוּ לַחְמוֹ שֶׁל מִזְבֵּחַ. כִּי קָמִיבָּעֲיָ' לִי — מְעִילָה. וּפָשֵׁיט הָכִי: אלֹא יֵרְדוּ, בוְאֵין בָּהֶן מְעִילָה.§ "וְאִלּוּ לֹא הָיָה ג] פְּסוּלָן" [וכו'].§ א"ר יוֹחָנָן: *לֹא הִכְשִׁיר ר"ע אֶלָּא בְּדוּקִּין שֶׁבָּעַיִן, הוֹאִיל וּכְשֵׁרִים בְּעוֹפוֹת. וְהוּא שֶׁקָּדַם הֶקְדֵּשָׁן אֶת מוּמָן. וּמוֹדֶה ר"ע בְּעוֹלַת נְקֵבָה, דִּכְשֶׁקָּדַם מוּמָהּ לְהֶקְדֵּשָׁהּ דָּמְיָא. בָּעֵי רַבִּי יִרְמְיָה: יֵשׁ נִרְבָּע בְּעוֹפוֹת, אוֹ אֵין נִרְבָּע בְּעוֹפוֹת? מִי אָמַר: "מִן הַבְּהֵמָה" — לְהוֹצִיא אֶת הָרוֹבֵעַ ד] וְהַנִּרְבָּע, כָּל הֵיכָא דְּאִיתֵיהּ בְּרוֹבֵעַ — אִיתֵיהּ בְּנִרְבָּע, כָּל הֵיכָא דְּלֵיתֵיהּ בְּרוֹבֵעַ — לֵיתֵיהּ בְּנִרְבָּע. אוֹ דִּלְמָא הֲרֵי נֶעֶבְדָה בּוֹ עֲבֵירָה? אָמַר רַבָּה, ת"ש: ר"ע מַכְשִׁיר בְּבַעֲלֵי מוּמִין; גוְאִם אִיתָא — נַכְשִׁיר נַמִי בְּנִרְבָּע, הוֹאִיל וְכָשֵׁר בְּעוֹפוֹת. שְׁמַע מִינַּהּ. אָמַר רַב נַחְמָן בַּר יִצְחָק: אַף אֲנַן נַמִי תָּנֵינָא: *הַנִּרְבָּע, וְהַמּוּקְצֶה וְהַנֶּעֱבָד, וְאֶתְנָן, וּמְחִיר, וְטוּמְטוּם, וְאַנְדְּרוֹגִינוֹס — כּוּלָּן מְטַמְּאִין בְּגָדִים אַבֵּית הַבְּלִיעָה. ש"מ.§ "רַבִּי חֲנִינָא סְגַן הַכֹּהֲנִים" כו'.§ מַאי קמ"ל? אִיבָּעֵית אֵימָא: מַעֲשֶׂה קמ"ל. וְאִיבָּעֵית אֵימָא: מַאי "דּוֹחֶה" — כִּלְאַחַר יָד.§ "כְּשֵׁם שֶׁאִם ה] עָלָה" כו'.§ *אָמַר עוּלָּא: דלֹא שָׁנוּ אֶלָּא שֶׁלֹּא מַשְׁלָה בָּהֶן הָאוּר, אֲבָל מָשְׁלָה בָּהֶן הָאוּר — יַעֲלוּ. רַב מָרִי מַתְנֵי אַרֵישָׁא, רַב חֲנִינָא מִסּוּרָא מַתְנֵי אַסֵּיפָא: הָעֲצָמוֹת וְהַגִּידִין, וְהַקַּרְנַיִם וְהַטְּלָפַיִם, בִּזְמַן שֶׁמְּחוּבָּרִין — יַעֲלוּ, פֵּירְשׁוּ — לֹא יַעֲלוּ. אָמַר עוּלָּא: לֹא שָׁנוּ אֶלָּא שֶׁלֹּא מָשְׁלָה בָּהֶן הָאוּר, אֲבָל מָשְׁלָה בָּהֶן הָאוּר — יַעֲלוּ. מַאן דְּמַתְנֵי אַסֵּיפָא — ו] כ"ש אַרֵישָׁא. וּמַאן דְּמַתְנֵי אַרֵישָׁא, אֲבָל אַסֵּיפָא — לָאו בְּנֵי הַקְטָרָה נִינְהוּ.§ **מתני'** הוְאִלּוּ אִם עָלוּ יֵרְדוּ: בְּשַׂר קָדְשֵׁי קָדָשִׁים, וּבְשַׂר קָדָשִׁים קַלִּים, וּמוֹתַר הָעוֹמֶר, וּשְׁתֵּי הַלֶּחֶם, וְלֶחֶם הַפָּנִים, וּשְׁיָרֵי מְנָחוֹת, ז] וְהַקְּטוֹרֶת. יהַצֶּמֶר שֶׁבְּרָאשֵׁי כְבָשִׂים, וְשֵׂעָר שֶׁבִּזְקַן תְּיָשִׁים, וְהָעֲצָמוֹת, וְהַגִּידִים, וְהַקַּרְנַיִם, וְהַטְּלָפַיִם, בִּזְמַן שֶׁהֵם מְחוּבָּרִים — יַעֲלוּ, שֶׁנֶּאֱמַר: °"וְהִקְטִיר הַכֹּהֵן אֶת הַכֹּל". *פֵּירְשׁוּ — לֹא יַעֲלוּ, שֶׁנֶּאֱמַר: °"וְעָשִׂיתָ עוֹלוֹתֶיךָ הַבָּשָׂר וְהַדָּם".§ **גמ'** *ת"ר: °"וְהִקְטִיר הַכֹּהֵן אֶת הַכֹּל הַמִּזְבֵּחָה" — לְרַבּוֹת הָעֲצָמוֹת וְהַגִּידִים, וְהַקַּרְנַיִם וְהַטְּלָפַיִם. יָכוֹל אֲפִילּוּ פֵּירְשׁוּ? תַּלְמוּד לוֹמַר: "וְעָשִׂיתָ עוֹלוֹתֶיךָ הַבָּשָׂר וְהַדָּם". אִי בָּשָׂר וָדָם, יָכוֹל

[ויקרא א] [דברים יב] [ויקרא א]

והוא שקדם הקדשן את מומן. שחלה עליהן קדושת מזבח. אבל קדם מומן להקדשן – לא היו קדשי מזבח מעולם, ואפילו בדוקין שבעין אין המזבח מקדשן. ותימה: דבפ' ב' דבכורות (דף טו.) אמרינן: והשוחטן בחוץ – פטור, רב הונא מתני: "חייב". ומוקי לה בדוקין שבעין, ואליבא דרבי עקיבא, דאמר: אם עלו לא ירדו. ולכאורה לא קאי אמתניתין דהתם, אלא אברייתא דתניא כוותיה דרב ששת, שפירש: כללו של דבר – לאתויי לשוחט בחוץ דפטור. ומיירי דקדם מומן להקדשן, ועלה קאמר דרב הונא מתני "חייב". והשתא אמאי מתני "חייב"? הא אמרינן הכא אפילו בדוקין שבעין ירדו כיון דקדם מומן להקדשן! ובלאו הכי קשה, דהא בכלל *קתני "הרי הן כחולין", והיכי מתני "חייב"? ובקונטרס הגיה שם בסיפא דברייתא דקדם הקדשן למומן והשוחטן בחוץ פטור, ועלה קאי רב הונא ומתני "חייב". וכן נראה, דמייתי בתריה בין לפני פדיון בין לאחר פדיון עושין תמורה – דהיינו סיפא דברייתא.

יש נרבע בעופות או אין נרבע בעופות. הא דדרשינן בסוף פרק קמא דחולין (דף כג.): "מן התורין" למעוטי נרבע – היינו כמסקנא דשמעתין, אבל אם תמצא לומר דאין נרבע בעופות – לא תוקמיה אלא למעוטי מוקצה. **ומותר** העומר. אינו בכלל שירי מנחות, דחלוק הוא מהן, שבא להתיר מן החדש ומן השעורין. יד] שתי הלחם באין חמץ, ולחם הפנים אין נקטר בהם אלא שני בזיכי לבונה. מאן

[נ"ל קתני הרי הן כחולין לכל דבריהם והיכי כו' נ"ק]

וַאֲנַן נֵיקוּ כו'. לְשׁוֹן קוּשְׁיָא הוּא. לידי תַּקָּלָה. לְהַעֲלוֹת פְּסוּלִין שֶׁיָּרְדוּ. מוּטָּלִים כִּנְבֵלָה. הַקְּרָבִים בַּפֶּרֶשׁ שֶׁלָּהֶן. וְתִיבָּעֵי לָךְ מְעִילָה. אִי מְהַנֵּי לְהוּ לְאִיקְּבְעִינְהוּ בִּמְעִילָה. לֹא יֵרְדוּ. דְּנַעֲשׂוּ לַחְמוֹ שֶׁל מִזְבֵּחַ. וּמִיהוּ, מְעִילָה לֵית בְּהוּ, דְּלֹא הוּבְרְרוּ לְחֵלֶק רָאוּי לַגָּבוֹהַּ. הוֹאִיל וּכְשֵׁרִין בְּעוֹפוֹת. דִּכְתִיב (ויקרא כב): "תָּמִים זָכָר" בַּבָּקָר בַּכְּשָׂבִים – תַּמּוּת וְזַכְרוּת בִּבְהֵמָה, וְאֵין תַּמּוּת וְזַכְרוּת בְּעוֹפוֹת. וּמִיהוּ, מְחוּסַּר אֵבֶר – לֹא, מִשּׁוּם "הַקְרִיבֵהוּ נָא לְפֶחָתֶךָ" (מלאכי א), *וְכֵן מוּם מְגוּנֶּה. דוּקִּין. *טיל"א, לְשׁוֹן "הַנּוֹטֶה כַדּוֹק שָׁמַיִם" (ישעיה מ), וְהוּא לְשׁוֹן "דַּק אוֹ תְּבַלּוּל בְּעֵינוֹ" (ויקרא כא). וְהוּא שֶׁקָּדַם הֶקְדֵּשָׁן אֶת מוּמָן. שֶׁחָלָה עֲלֵיהֶן קְדוּשַּׁת מִזְבֵּחַ [קוֹדֶם]. אֲבָל קָדַם מוּמָן לְהֶקְדֵּשָׁן – לֹא הָיוּ קָדְשֵׁי מִזְבֵּחַ מֵעוֹלָם, וְאֵין הַמִּזְבֵּחַ מְקַדְּשָׁן. וּמוֹדֶה רַבִּי עֲקִיבָא בְּעוֹלַת נְקֵבָה. שֶׁעָלְתָה לַמִּזְבֵּחַ – תֵּרֵד, וְאע"פ שֶׁכְּשֵׁרָה בְּעוֹפוֹת. דִּכְמַאן דְּקָדַם מוּמָהּ לְהֶקְדֵּשָׁהּ דָּמְיָא, דְּאֵין לְךָ מוּם גָּדוֹל מִזֶּה. עוֹף. לֹא שַׁיָּיךְ בֵּיהּ רוֹבֵעַ, דְּאֵין עוֹף רוֹבֵעַ אִשָּׁה. וְאִם אִיתָא. דְּעוֹף שֶׁנִּרְבַּע כָּשֵׁר – לִיכַשַּׁר ח] לְרַבִּי עֲקִיבָא נַמִי בִּבְהֵמָה נִרְבַּעַת, אִם עָלְתָה לֹא תֵּרֵד, הוֹאִיל וְכָשֵׁר בְּעוֹפוֹת לְכַתְּחִילָּה! ה"ג: אַף אֲנַן נַמִי תָּנֵינָא הַנִּרְבָּע וְהַמּוּקְצֶה. וְלָא גָּרְסִינַן "הָרוֹבֵעַ", דְּהָא בְּעוֹף קָאֵי, וְאֵין רוֹבֵעַ בְּעוֹף. וְקָתָנֵי דְּיֵשׁ נִרְבָּע. וְטוּמְטוּם וְאַנְדְּרוֹגִינוֹס. וְאע"פ שֶׁלֹּא נֶאֱמַר תַּמּוּת וְזַכְרוּת בְּעוֹפוֹת, קָסָבַר: בְּרִיָּה בִּפְנֵי עַצְמָהּ הִיא, וְאֵינוֹ סָפֵק זָכָר סָפֵק נְקֵבָה. וְרַבִּי אֱלִיעֶזֶר פָּלֵיג עֲלֵיהּ בִּבְכוֹרוֹת (דף מב.), דְּקָתָנֵי סֵיפָא: רַבִּי אֱלִיעֶזֶר אוֹמֵר, כָּל מָקוֹם שֶׁנֶּאֱמַר זָכָר וּנְקֵבָה – חַטָּאָה מוֹצִיא טוּמְטוּם וְאַנְדְּרוֹגִינוֹס מִבֵּינֵיהֶם, וְעוֹף הוֹאִיל וְלֹא נֶאֱמַר בּוֹ זָכָר וּנְקֵבָה – אִי אַתָּה יָכוֹל לְהוֹצִיא מִבֵּינֵיהֶן טוּמְטוּס וְאַנְדְּרוֹגִינוֹס. מַאי קמ"ל. תַּנָּא קַמָּא נַמִי יֵרְדוּ קָאָמַר! כִּלְאַחַר יָד. וְאֵין מוֹרִידָן דֶּרֶךְ בִּזָּיוֹן בְּפַרְהֶסְיָא. מָשְׁלָה בָּהֶן הָאוּר. כָּל דְּהוּ יַעֲלוּ, דְּנַעֲשׂוּ לַחְמוֹ שֶׁל אֵשׁ. אַרֵישָׁא. מַתְנֵי לַהּ לְהָא דְּעוּלָּא אַרֵישָׁא, כִּדְאָמְרַן, אַפְּסוּלִין שֶׁעָלוּ וְיָרְדוּ, דְּקָתָנֵי מַתְנִיתִין: לֹא יַעֲלוּ. פֵּירְשׁוּ. שֶׁחָלְקוּ מִן הַבָּשָׂר לִפְנֵי הַעֲלָאָתָן – לֹא יַעֲלוּ. וְהוּא הַדִּין נַמִי דְּאִם עָלוּ – יֵרְדוּ, כִּדְאָמַר לְקַמָּן בַּבָּרַיְיתָא (דף פו.) אַלִּיבָּא דְּרַבִּי, וּמוֹקְמִינַן מַתְנִיתִין אַלִּיבֵּיהּ. כ"ש אַרֵישָׁא. ט] *דְּהָא עוֹלָה אוֹ אֵימוּרִים בְּנֵי הַקְטָרָה נִינְהוּ אִם לֹא נִפְסְלוּ. וְהָנֵי, כֵּיוָן דְּמָשְׁלָה בָּהֶן הָאוּר – מַקְדְּשִׁינְהוּ כְּמָה שֶׁהֵן פְּסוּלִין. אֲבָל עֲצָמוֹת וְגִידִים לָאו בְּנֵי הַקְטָרָה נִינְהוּ. דְּאָמְרִינַן לְקַמָּן (שם) מ"וְעָשִׂיתָ עוֹלוֹתֶיךָ הַבָּשָׂר וְהַדָּם". הִלְכָּךְ לָא שַׁיְיכָא בְּהוּ י] מָשְׁלָה אוּר לְקַדְּשִׁינְהוּ. **מתני'** וְאֵלּוּ אִם עָלוּ יֵרְדוּ. וְאַף עַל פִּי שֶׁכְּשֵׁרִין, דְּלֹא שַׁיָּיךְ בְּהוּ מִזְבֵּחַ כְּלָל יא]. וְהַקְּטוֹרֶת. שֶׁעָלְתָה עַל מִזְבַּח הַחִיצוֹן, דְּהָא לָאו רָאוּי הוּא יב]. הַצֶּמֶר שֶׁבְּרָאשֵׁי הַכְּבָשִׂים. רֵישָׁא דְּבָבָא אַחֲרִיתִי הִיא, וּבַהֲדֵי עֲצָמוֹת וְגִידִין קָתָנֵי לַהּ, וּכְמִשְׁפָּטָן שֶׁבְּרָאשֵׁי כְּבָשֵׂי שֶׁל עוֹלָה. שֶׁהָרֹאשׁ אֵינוֹ בִּכְלַל הַפְּשֵׁט, וְקָרֵב עִם עוֹרוֹ, כִּדְאָמַר בִּשְׁחִיטַת חוּלִּין בפ"ב (כז.): אֵין לִי אֶלָּא נְתָחִים שֶׁיֶּשְׁנָן בִּכְלַל הַפְּשָׁטָה וְיֶשְׁנָן בִּכְלַל הַקְטָרָה, מִנַּיִן לְרַבּוֹת אֶת הָרֹאשׁ שֶׁכְּבָר הוּתַּז בִּשְׁחִיטָה, שֶׁאע"פ שֶׁאֵינוֹ בְּהַפְשָׁטָה יֶשְׁנוֹ בְּהַקְטָרָה – ת"ל כו' וְיֵשׁ גּוֹמֵר בְּגוּפָהּ יג] עָרְפּוֹ אֵצֶל רֹאשׁוֹ. וְכֵן שֵׂעָר שֶׁבִּזְקַן תְּיָשִׁים. עוֹלָה. גמ'

[פסחים נט:] [שבת קטז:] [נ"ל וכל] [לעיל לה: ע"ש מנחות עט.] [ב"ק מ: בכורות מח. תמורה כח. נדה מ.] יבמות פג: [בכורות מב.] [לעיל מג.] חולין ל. כ"א איברי

[נ"ל הכל המזבחה כ"א במשנה שבמשניות]

שיטה מקובצת

א] בעי ר' יוחנן. מכאן יש להוכיח הא דפי' לעיל דאף לר"י [פריך] דאל"כ הוי ליה למימר לר"י הכי אליבא דר"ש דאמר נשפך דמה לא תרד גבי קדשי קדשים ואימורי קדשים כו': ב] קמיבעיא לי אות ה' נמחק: ג] פסולן וכו': ד] הרובע ונרבע אות ה' נמחק: ה] שאם עלו ואות ה' נמחק: ו] מאן דמתני אסיפא הא דקאמר וכולן שפקעו כו' כ"ש ארישא כך אם ירדו לא יעלו ופ"ה והא דקאמר במתני' לא יחזיר ר"ל אם לא רצה כלומר שאינו צריך והא דקאמר יעלו ר"ל אם רצה ולא נהירא דלא יחזיר משמע בשום ענין אפילו אם רצה ולכך נראה לי דלא יחזיר מיירי כדאמר לקמן בצרידי והכא מיירי דעדיין יש בו לחלוחית: ז] והקטורת פי' קטורת על מזבח החיצון הואיל ואין לו שום ראוית עליו וא"ת והרי דמים הניתנים בפנים שנתנן בחוץ או איפכא דאין להם ראוית זה על זה ואמרינן אם עלו לא ירדו וי"ל דמ"מ שם דמים ראוין על מזבח החיצון אבל אין שום קטורת ראוין על מזבח החיצון: ח] ליכשר ר' עקיבא: ט] ארישא דבשר עולה ותיבת דדם ל"ש ונמחק: י] בהו ממשלת האור לקדושינהו: יא] כלל ס"א ומותר העומר כו' כל אלו נאכלים ולא נקטרים: יב] הוא לו הס"ד: יג] בגובה ראשו אצל ערפו: יד] ושתי הלחם:

רבי

תורה אור

יָכוֹל יַחֲלוֹץ גִּידִין וַעֲצָמוֹת, וְיַעֲלֶה בָּשָׂר לְגַבֵּי מִזְבֵּחַ? ת"ל: "וְהִקְטִיר הַכֹּהֵן אֶת הַכֹּל", הָא כֵּיצַד? מְחוּבָּרִין — יַעֲלוּ. פֵּירְשׁוּ, אֲפִי' הֵן בְּרֹאשׁ הַמִּזְבֵּחַ — יֵרְדוּ. מַאן תַּנָּא דְּשָׁמְעַתְּ לֵיהּ דְּאָמַר: פֵּירְשׁוּ יֵרְדוּ — א] רַבִּי הִיא. דְּתַנְיָא: (ויקרא א) °"וְהִקְטִיר הַכֹּהֵן אֶת הַכֹּל הַמִּזְבֵּחָה" — לְרַבּוֹת הָעֲצָמוֹת וְהַגִּידִין וְהַקַּרְנַיִם וְהַטְּלָפַיִם, אֲפִילּוּ פֵּירְשׁוּ. וְאֶלָּא מָה אֲנִי מְקַיֵּים (דברים יב) °"וְעָשִׂיתָ עוֹלֹתֶיךָ הַבָּשָׂר וְהַדָּם"? לוֹמַר לְךָ: אעִיכּוּלֵי עוֹלָה אַתָּה מַחֲזִיר, וְאִי אַתָּה מַחֲזִיר עִיכּוּלֵי גִּידִין וַעֲצָמוֹת. רַבִּי אוֹמֵר, כָּתוּב אֶחָד אוֹמֵר: "וְהִקְטִיר הַכֹּהֵן אֶת הַכֹּל הַמִּזְבֵּחָה" — רִיבָּה, וְכָתוּב אֶחָד אוֹמֵר: "וְעָשִׂיתָ עוֹלֹתֶיךָ הַבָּשָׂר וְהַדָּם" — מִיעֵט, הָא כֵּיצַד? מְחוּבָּרִין — יַעֲלוּ. פֵּירְשׁוּ, אֲפִי' הֵן בְּרֹאשׁ הַמִּזְבֵּחַ — יֵרְדוּ.§ ב] "פֵּירְשׁוּ לֹא יַעֲלוּ" [וכו'].§ אָמַר רַבִּי זֵירָא: לֹא שָׁנוּ אֶלָּא שֶׁפֵּירְשׁוּ כְּלַפֵּי מַטָּה, אֲבָל כְּלַפֵּי מַעְלָה — קֵרוּבֵי הוּא דְּאִקְּרִיבוּ לְעִיכּוּל. *וַאֲפִילּוּ פֵּירְשׁוּ? אָמַר רַבָּה, הָכִי קָאָמַר: בלֹא שָׁנוּ אֶלָּא שֶׁפֵּירְשׁוּ לְאַחַר זְרִיקָה, אֲבָל פֵּירְשׁוּ קוֹדֶם זְרִיקָה — ג] אֲתַאי זְרִיקָה ד] וְשַׁרְיִיתִנְהוּ, אֲפִי' לְמֶעְבַּד מִינַּיְיהוּ קַתָּא דְּסַכִּינֵי. סָבַר לָהּ כִּי הָא *דְּאָמַר רַבִּי יוֹחָנָן מִשּׁוּם רַבִּי יִשְׁמָעֵאל: נֶאֱמַר (ויקרא ז) °"לוֹ יִהְיֶה" בְּעוֹלָה, וְנֶאֱמַר (שם) °"לוֹ יִהְיֶה" בְּאָשָׁם, מָה אָשָׁם עֲצָמוֹתָיו מוּתָּרִין — אַף עוֹלָה ה] עֲצָמוֹת מוּתָּרִין. מוּפְנֵי, דְּאִי לָא מוּפְנֵי אִיכָּא לְמִיפְרַךְ: מָה לְאָשָׁם שֶׁכֵּן בְּשָׂרוֹ מוּתָּר. "לוֹ יִהְיֶה" יְתֵירָא כְּתִיב. מְתִיב רַב אַדָּא בַּר אַהֲבָה: *עַצְמוֹת קָדָשִׁים, לִפְנֵי זְרִיקָה — מוֹעֲלִין בָּהֶן, *לְאַחַר זְרִיקָה — אֵין מוֹעֲלִין בָּהֶן, וְשֶׁל עוֹלָה — מוֹעֲלִין בָּהֶן לְעוֹלָם! *אֵימָא: גוְשֶׁל עוֹלָה, פֵּירְשׁוּ לִפְנֵי זְרִיקָה — ו] אֵין מוֹעֲלִין בָּהֶן, לְאַחַר זְרִיקָה — מוֹעֲלִין בָּהֶן לְעוֹלָם. וּפְלִיגָא דְּרַ"א, ז] דְּאָ"ר אֶלְעָזָר: פֵּירְשׁוּ לִפְנֵי זְרִיקָה — מוֹעֲלִין בָּהֶם, לְאַחַר זְרִיקָה — לֹא נֶהֱנִין וְלֹא מוֹעֲלִין.§ **מתני'** *דוְכוּלָּן שֶׁפָּקְעוּ מֵעַל גַּבֵּי הַמִּזְבֵּחַ — לֹא יַחֲזִיר. הוְכֵן גַּחֶלֶת שֶׁפָּקְעָה מֵעַל גַּבֵּי הַמִּזְבֵּחַ — לֹא יַחֲזִיר. *אֵיבָרִים שֶׁפָּקְעוּ מֵעַל גַּבֵּי הַמִּזְבֵּחַ, קוֹדֶם חֲצוֹת — יַחֲזִיר, וּוּמוֹעֲלִין בָּהֶן, לְאַחַר חֲצוֹת — לֹא יַחֲזִיר, וְאֵין מוֹעֲלִין בָּהֶם. זכְּשֵׁם שֶׁהַמִּזְבֵּחַ מְקַדֵּשׁ אֶת הָרָאוּי לוֹ — כָּךְ הַכֶּבֶשׁ מְקַדֵּשׁ. ח] חכְּשֵׁם שֶׁהַמִּזְבֵּחַ וְהַכֶּבֶשׁ מְקַדְּשִׁין אֶת הָרָאוּי לָהֶן — כָּךְ הַכֵּלִים מְקַדְּשִׁין.§ **גמ'** ה"ד? טאִי דְּאִית בְּהוּ מַמָּשׁ — אֲפִילּוּ לְאַחַר חֲצוֹת נַמִי, אִי ט] דְּלֵית בְּהוּ מַמָּשׁ — אֲפִי' קוֹדֶם חֲצוֹת נַמִי לָא! לָא צְרִיכָא, בִּשְׁרִירֵי

רש"י

גמ' יָכוֹל יַחֲלוֹץ. מִצְוָה מוּטֶּלֶת עָלָיו. מַאן שָׁמְעַתְּ לֵיהּ כו'. וּמַתְנִי' אַלִּיבֵּיהּ אָתְיָא. כְּלַפֵּי מַטָּה. דֶּרֶךְ יְרִידָה, וּמִתְרַחֲקִי מִן הַמַּעֲרָכָה. כְּלַפֵּי מַעְלָה. לְצַד הַמַּעֲרָכָה — אֵין זוֹ פְּרִישׁוּת, אֶלָּא קְרֵיבָה אֵצֶל הָעִיכּוּל שֶׁל אֵשׁ. וַאֲפִי' פֵּירְשׁוּ. י] נִרְאֶה בְּעֵינַי שֶׁחָסֵר מִן הַגִּירְסָא. וּלְמַאי דְּגָרֵס ה"פ: וַאֲפִי' פֵּירְשׁוּ? בִּתְמִיָּה, וְהָא "מְחוּבָּרִין יַעֲלוּ" הוּא דְּקָאָמַר! לֹא שָׁנוּ. דְּקָאָמַר: פֵּירְשׁוּ יֵרְדוּ, וּמִיהוּ אִיתְנְהוּ בִּכְלַל קָדָשִׁים — אֶלָּא שֶׁפֵּירְשׁוּ לְאַחַר זְרִיקָה. דְּכֵיוָן דְּבִשְׁעַת זְרִיקָה מְחוּבָּרִים הָווּ — יא] קוֹבַעְתָּן זְרִיקָה לַמִּזְבֵּחַ, וְכִי פֵּירְשׁוּ — הָווּ לְהוּ קָדָשִׁים פְּסוּלִין. אֲבָל פֵּירְשׁוּ לִפְנֵי זְרִיקָה. דְּבִשְׁעַת זְרִיקָה לָאו בְּנֵי מִזְבֵּחַ הָיוּ, אֲתַאי זְרִיקָה וְשַׁרְיִיתִנְהוּ לְהֶדְיוֹט. לְמֶיעְבַד קַתָּא דְּסַכִּינֵי. כִּי הֵיכִי דְּשַׁרְיָא בָּשָׂר לְגַבֵּי מִזְבֵּחַ, דִּלְהָכִי קָאֵי — קַשְׁרְיָא נַמִי עֲצָמוֹת לְמַאי דְּקָיְימִי, וְהַיְינוּ הֲנָאַת כֹּהֲנִים, כְּרַבִּי יִשְׁמָעֵאל. לוֹ יִהְיֶה בְּעוֹלָה. "עוֹר הָעוֹלָה אֲשֶׁר הִקְרִיב לַכֹּהֵן לוֹ יִהְיֶה". וְנֶאֱמַר "לוֹ יִהְיֶה" בְּאָשָׁם: "כַּחַטָּאת כָּאָשָׁם תּוֹרָה אַחַת לָהֶם הַכֹּהֵן [וגו'] לוֹ יִהְיֶה". מָה אָשָׁם עַצְמוֹתָיו מוּתָּרִין. שֶׁהֲרֵי אַף בְּשָׂרוֹ מוּתָּר. וְאִי מִשּׁוּם נוֹתָר דִּבְשְׂרֵיפָה — לֹא שַׁיָּיךְ נוֹתָר אֶלָּא בְּמִידֵי דְּבַר אֲכִילָה, כִּדְכְתִיב (ויקרא ז): "וְהַנּוֹתָר מִבְּשַׂר הַזֶּבַח" וגו'. לוֹ יִהְיֶה. יְתֵירָא הוּא, דְּמָצֵי לְמִיכְתַּב: "עוֹר הָעוֹלָה אֲשֶׁר הִקְרִיב לַכֹּהֵן", יב] "לוֹ יִהְיֶה" לָמָּה לִי? עַצְמוֹת קָדָשִׁים הַנֶּאֱכָלִין. כְּגוֹן חַטָּאת וְאָשָׁם — מוֹעֲלִין בָּהֶן, דְּאֵין כָּאן שְׁעַת הֶיתֵּר לַכֹּהֲנִים. וּפְלִיגָא דְּרַ"א. אַדְּרַבָּה. פֵּירְשׁוּ לִפְנֵי זְרִיקָה מוֹעֲלִין בָּהֶן לְעוֹלָם. דְּכֵיוָן דְּפֵירְשׁוּ אֵינְהוּ לָאו בְּנֵי הַקְטָרָה נִינְהוּ — לָא אַהֲנֵי לְהוּ זְרִיקָה, וּבְאִיסּוּרַיְיהוּ קָיְימִי. פֵּירְשׁוּ לְאַחַר זְרִיקָה לֹא נֶהֱנִין. מִדְּרַבָּנַן, וְלָא מוֹעֲלִין — כְּרַבִּי יִשְׁמָעֵאל, דְּגָמַר מִ"לוֹ יִהְיֶה" דְּאָשָׁם, וְאָשָׁם — פֵּירְשׁוּ לְאַחַר זְרִיקָה הוּא, דְּהַהִיא בָּשָׂר יג] אִישְׁתְּרוּ בִּזְרִיקָה לַכֹּהֲנִים. **מתני'** וְכוּלָּן. יד] הָנָךְ פְּסוּלִין שֶׁעָלוּ, דִּתְנַן בָּהֶן לֹא יֵרְדוּ, בֵּין עֲצָמוֹת וְגִידִים שֶׁהֶעֱלָן מְחוּבָּר וְעִכְּלָתָן הָאֵשׁ. שֶׁפָּקְעוּ מֵעַל הַמִּזְבֵּחַ. לָאָרֶץ. לֹא יַחֲזִיר. א"צ לְהַחֲזִיר. קוֹדֶם חֲצוֹת יַחֲזִיר. בַּגְּמָרָא מְפָרֵשׁ טַעְמָא. וּמוֹעֲלִין בָּהֶן. דַּאֲכַתִּי בְּנֵי מִזְבֵּחַ נִינְהוּ. וְאֵין מוֹעֲלִין בָּהֶן. דְּכֵיוָן דְּהָווּ לְהוּ כִּמְעוּכָּלִין, כִּדְמְפָרֵשׁ בַּגְּמָרָא — הָווּ לְהוּ דָּבָר שֶׁנַּעֲשֵׂית מִצְוָתוֹ, וְאֵין מוֹעֲלִין בּוֹ. **גמ'** טו] אִי דְּלֵית בְּהוּ מַמָּשׁ. שֶׁנִּשְׂרְפוּ כּוּלָּן טז].

תוספות

מאן שמעת ליה דאמר פירשו ירדו רבי היא. ופי' רש"י: ומתני' אליביה אתיא. ור"י פי': כרבנן דוקא היא, דמדקתני "לא יעלו" — משמע דאם עלו לא ירדו. והא דאמרי רבנן: "והקטיר" לרבות כו' ואפי' פירשו — היינו פירשו ועודם על גבי המזבח. והא דלא מוקי מיעוטא ד"ועשית עולותיך הבשר והדם" בירדו למטה — משום דניחא ליה למנקט רבותא, דאפי' בעודם ע"ג המזבח ממעט עיכולי גידים. וה"ה דממעטי בלא עיכול אם ירדו למטה ופירשו. עיכולי עולה אתה מחזיר כו'. ולעיל בריש פירקין (דף פג:) דאיצטריך לרבויי פוקעין מ"העולה" — היינו משום דמהכא לא ידעי אלא בעודם על המזבח, אבל למטה — לא. אי נמי: כי היכי דלא נפקא ליה מ"אשר תאכל האש" (ויקרא ו), משום דאיצטריך למעוטי עיכולי קטורת, הכי נמי מקרא דהכא, כיון דאיצטריך למעוטי עיכולי גידים. ולית ליה הא דקאמר לעיל: "לאו ממילא שמעינן ליה". והא דאיצטריך תרי קראי, חד למעוטי קטרת וחד למעוטי גידים — משום דאי מקרא ד"אשר תאכל האש" לא הוה ממעטי' אלא עיכולי [קטורת] דליתיה על המזבח החיצון, אבל עיכולי גידים — לא. ואי מקרא דהכא — לא ממעטי' קטורת, דבר הקרבה הוא, דומיא דבשר ודם, הלכך צריכי. **לא** שנו אלא שפירשו כלפי מטה. פי': לצד חוץ. אבל כלפי מעלה, פי': לצד המערכה. כך גירס' הקונטרס, ואברייתא קאי. ויש ספרים דגרסי: "פירשו לא יעלו", ואמתני' קאי. ולא יז] נהירא, דמה שייך ביה קריבה לעיכול, כיון שהוא למטה בקרקע? *ועוד: דבתר (א) הכי שקיל וטרי בפירושא דברייתא, ומ"ט אפסקיה? **אתיא** זריקה ושריתינהו אפילו למיעבד בהו קתא דסכיני. והא דאמר פ' "ראוהו ב"ד" (ר"ה דף כח.): שופר של עולה לא יתקע — פירש רבינו יח] דאיירי שהפרישו לדמי עולה. וכן של שלמים — שהפרישו לדמי שלמים, ודמי שלמים אין בהם מעילה, כדאמרינן בפסחים פר' שני (דף כו:): הכא בעלי שלמים עסקינן.* מיהו, לא ידענא מאי טעמא אפקי' ממשמעותיה לאוקומה בדמים? דהא איכא לאוקומה בפירש מחיים, או פירש קודם זריקה, כל זמן שלא נזרק הדם. אבל פירש לאחר זריקה — לא מצי לאוקמה, דבשלמים אין חילוק, *ואם זריקה מתרת בפירש מחיים — ה"ה יט] במחובר נמי, כמו שמתרת הבשר, דמ"ש? ואם כן לתקוע נמי שרי. נ"ל. **מה** אשם עצמותיו מותרין. פי' בקונטרס: שהרי אף בשרו מותר, כל שכן עצמותיו. והוא עצמו הקשה על פירוש זה לקמן פרק "דם חטאת" (דף צח.) כ] דאמר מהיקשא ד"זאת התורה": מה אשם עצמותיו מותרין — אף כל עצמותיו מותרין (ולא), ונפיק מ"לו יהיה" (*דעולה), ופירש דמק"ו דבשר לא נפקי עצמות, דאיכא למימר דלא התיר הכתוב אלא בשר הראוי לאכילה. וא"כ, על כרחין הא דפשיטא ליה באשם — היינו משום דכתיב "לו יהיה". והא דנקט אשם טפי מחטאת, אע"ג דבההוא קרא נמי כתיב חטאת, דכתיב "כחטאת כאשם תורה אחת להם לכהן אשר יכפר בו לו יהיה" — משום דעיקרא דקרא באשם נקטיה. ועוד: ד"לו יהיה" כתיב, לשון יחיד, ואיכא לאוקומה באשם דסלק מיניה. ומהיקשא דלקמן לא נפקא עולה, כיון דאיכא לאוקומה בדברים הנאכלים דומיא דאשם. ומיהו, יש להסתפק: למה לי ג"ש בעולה? הא בגופיה נמי כתיב "לו יהיה", ומצי לדרוש למישרי עצמות! ושמא הוה מוקמינא ליה לדרשא אחריתי. ופליגא דר' אלעזר דא"ר אלעזר פירשו לפני זריקה מועלין בהן לעולם. כך גרסת הקונט'. ויש ספרים שגורסין: "מועלין בהם עד זריקה". ולהאי גרסא סיפא דמילתא הוא דפליגא, דקאמר דלאחר זריקה לא נהנין ולא מועלין. וא"ת: לרבנן דאית להו דאפי' פירשו יעלו, אמאי אין מועלין? וי"ל: דהיינו פירשו קודם זריקה, כא] אבל לאחר זריקה — התירתם זריקה אם פירשו. אי נמי: לפי' ר' יצחק דלעיל — אפי' פירשו לאחר זריקה, וכגון שפירשו למטה, דהא מילתיה דרבנן מיתוקמא בעודם על המזבח. כב] וא"ת: דבמסכת תרומות (פי"א מ"ה) אמרי': גרעיני תרומה, בזמן שמכניסן — אסורין, השליכן — מותרין. וכן עצמות קדשים, בזמן שמכניסן — אסורין, השליכן — מותרין! כג] ופירש רבינו דהתם מיירי בעצמות קדשים הנאכלין, דומיא דתרומה, ויש עליהם עדיין בשר. וקאמר דאם מכניסן ומצניען — א"כ הוא מחשבן, ואכתי שם קדשים עליהן ואסורין. אבל משליכן — בטל שם אוכל מינייהו. וכן גרעיני תרומה מיירי שיש עליהם אוכל, ומיפרשא בענין זה. וכולן שפקעו מע"ג המזבח כו'. פירש בקונטרס: דקאי בין אגידים ועצמות. ולפירושו, הא דקתני במתני': לא יחזיר, ובגמ' אמרינן דמשלה בהם האור יעלו — איכא למימר דפקעו דמתני' היינו לאחר שנתעכלו קצת, דומיא דאברים שפקעו דמתני', דמוקמינן בגמרא בשרירי. אבל משלה בהם האור — היינו משלה בהם האור פורתא ולא נעשה מצותן, ולכך יחזירו. ומיהו, לפי מה שפירש בקונטרס "לא יחזיר" — אין צריך להחזיר, לא קשה מידי, דאיכא למימר ד"יעלו" דקאמר היינו אם ירצה, אבל אין חובה להעלותם. ועוד י"ל: ד"פקעו" היינו דפקעו מאליהן, ו"ירדו יעלו" יש במשמע שהורידן. ויש לחלק בין מאליהן לע"י אחרים, כעין ההיא ד"טרף בקלפי" (יומא מו:): המוריד גחלת מע"ג המזבח וכבה — חייב, משום דלא אנתקיה ממצותה, אלמא יכול להעלותה. וכי פקעה תנן במתניתין דלא יחזיר ואין מועלין בה. ואם היינו מפרשים ד"כולן" לא קאי אפסולין — לא היינו מתרצים בזה כלום, דמכל מקום הוה קשה למאן דמתני לה אסיפא.

עין משפט נר מצוה

כו א מיי' פ"ו מהלכות מעה"ק הלכה ג:

כז ב ג מיי' פ"ב מהל' מעילה הלכה יב:

כח ד ה מיי' פ"ו מהל' מעה"ק הלכה ב:

כט ו מיי' פ"ב מהלכות מעילה הלכה יב יג:

ל ז ח מיי' פ"ג מהל' פסה"מ הלכה יח:

לא ט מיי' פ"ו מהל' מעה"ק הלכה ג:

מסורת הש"ס

נ"ל פירשו ירדו רש"ק ועי' ... גרס פירשו אפילו הן ... המזבח ירדו אר"ז ... כו' מעלה אפילו פירשו ... כו' פירשו לא יעלו ... אמר רבה

לקמן קג:

תוספ' דמעילה פ"א ע"ש

נ"א עד שעת זריקה

נ"א אימא ושל עולה פרשו לפני זריקה מועלין בהן עד שעת זריקה לאחר כו' נ"ק

מעילה ט:

יומא כ.

רש"ק גורס אליבא דתוס' פירשו אפי' כו' והוא פיסקא

עיין רש"ק

[וע"ע תוספות בכורות כו. ד"ה התולש]

נ"א דאם זריקה מתרת בפירש מחיים ה"ה במחובר נמי כו' נ"ק

נ"ל דבאשם וע"ש בדף צח ... ברש"י ד"ה אף כל ... סוף העמוד ובתוס' ד"ה מה אשם כו'

הגהות הב"ח

(א) תוס' ד"ה לא שנו וכו' ועוד דבתר הכי שקיל נ"ב דברי התוס' אלו קשים להבנה מ"ש דבתר הכי שקיל כו' ומשמע מדבריהם שאין ר"ל מ"ש] בגמ' אפי' פירשו אמתניתין דהיינו דואפילו פירשו בלשון קושיא כדפרש"י אלא [והיא כמו פיסקא] ואפילו פירשו דקאמרי אברייתא קאי דסברו רבנן אפילו פירשו [יעלו ועל זה] אמר רבה ל"ש דקדישו אלא שפירשו כו' ודלא כפרש"י וכן עיקר דרש"י דחק א"ע לפרש פירשו בלשון בתמיה ואינו מוכרח כלל וכן מבואר בילקוט וכן בכסף משנה משמע דלא גריס הכי קאמר אלא ה"ג אמר רבה לא שנו כו' וק"ל:

שיטה מקובצת

א] רבי היא. פ"ה דקאי נמי אמתני' והאי דקאמר פירשו לא יעלו לאו דוקא דה"נ ר"ל דאם עלו אחר שפירשו דירדו ולא נהירא דאדרבה היה לו להשמיענו דירדו דהוי חידוש יותר וממילא הוי ידעינן דלא יעלו ועוד דבמסכת חולין מייתי לה ולא קאמר הא מני רבי היא אלא (מן) [על] הברייתא לכך נראה דלא קאי אלא על הברייתא אבל מתני' אתיא כרבנן ולא יעלו דוקא אבל אם עלו אפילו אחר שפירשו לא ירדו וא"ת מנא להו לרבנן הני דמתני' דאם פירשו לא יעלו י"ל דנפקא להו מוהבשר והדם וא"ת ולמה לי למימר (הני) הכי עיכולי עולה כו' לשמעינן בהני דמתני' דלא יעלו וי"ל דחידוש הוא יותר לומר דאינו מעלה עיכולי גידים ועצמות אע"פ שהן בראשו של מזבח וא"ת מנלן הא אפיקתיה הבשר והדם לצמר שבראשי הכבשים כו' לומר דפירשו לא יעלו י"ל דתרתי ש"מ דיש לנו להשוות מעוכלין בראשו של מזבח כמו צמר שבראשי הכבשים א) למטה וכולהו למטה כלומר קודם שעלו ומורי פי' דקאי נמי למתני' וא"ת אמאי לא קאמר ירדו וי"ל דאגב דקאמר מחוברין כו' קאמר נמי פירשו לא יעלו אבל ה"ה דאם עלו ירדו. מהר"פ: ב] ירדו אמר מר פירשו ירדו אמר ר"ז כו': ג] עיין בהשמטות בסוף המסכת: ד] ושריתינהו. עיין ברש"י במנחות (דף פג ע"א): ה] עולה עצמותיו מותרין וכו': לאחר זריקה כו' לחנם נקט אין מועלין בהן דהדבר פשוט הוא שהרי הבשר מותר אף באכילה אלא אגב דנקט קודם זריקה מועלין נקט לאחר זריקה אין מועלין: ו] זריקה מועלין בהן עד שעת זריקה לאחר ותיבת אין נמחק: ז] דר"א. עיין בתוס' בכורות (דף כו): ח] מקדש את הראוי לו כשם: ט] עיין בהשמטות בסוף המסכת: י] פירשו ס"א כלומר אמר מר במילתיה דת"ק לרבות עצמות וגידין ואפילו פירשו אמר רבה לא שנו דאמרי רבנן פירשו יעלו אלא כו' ול"ג הכי קאמר: יא] הוו קבעתן זריקה: יב] לכהן יהיה ותיבת לו נמחק ותיבות למה לי ל"ש: יג] בשר משתרו: יד] בין פסולין ותיבת הנך ל"ש ונמחק: טו] מה"ד אי דאית בהו ממש שבשרן ניכר הס"ד ומה"ד אפילו לאחר חצות נמי דבשר היכי הוי עיכול הס"ד ומה"ד אי דלית: טז] כולן. ס"א אפילו קודם חצות נמי לא יחזיר וה"ה דאין מועלין בהן אם פקע למטה דהשתא לא חזי לא לתרומת [הדשן] דלאו דשן הוא ולא (להוצאה) [להקטרה]: יז] נהירא דא"כ מאי קאמר לא שנו כו' לעולם הוא כלפי מטה ועדיין לא עלו. מהר"פ: יח] דאיירי עיין בתוס' בכורות (דף כו): יט] במחובר נמי: כ] חטאת דגמר מהיקשא אות א' נמחק: כא] אבל אם פירשו לאחר זריקה לא התרתה זריקה: כב] המזבח תימה דבמסכת תיבות וא"ת ל"ש: כג] מותרין ובמאי עסקינן אי לפני זריקה כולהו אסירי ואפילו מעילה איכא בקדשי קדשים ואי לאחר זריקה לרבה כולהו שרי ולר"א של עולה כולם אסור ושל אשם וחטאת מותרין ופי' רבינו כו': והרים

א) נראה דצ"ל כמו צמר שבראשי הכבשים וכו' למטה. כלומר קודם שעלו וכו'.

לב א מיי' פ"ב מהל' תמידין ומוספין הלכה יא:

תורה אור

בִּשְׁרִירֵי. מְנָא הָנֵי מִילֵּי? *אָמַר רַב: כָּתוּב אֶחָד אוֹמֵר: °"כׇּל הַלַּיְלָה וְהִקְטִיר", וְכָתוּב אֶחָד אוֹמֵר: ויקרא ו °"כׇּל הַלַּיְלָה וְהֵרִים"; א] חַלְּקֵיהוּ, חֶצְיוֹ לְהַקְטָרָה שם וְחֶצְיוֹ לַהֲרָמָה. מְתִיב רַב כָּהֲנָא: *אבְּכׇל יוֹם ב] תּוֹרֵם אֶת הַמִּזְבֵּחַ מִקְּרוֹת הַגֶּבֶר אוֹ סָמוּךְ לוֹ, מִלְּפָנָיו ג] [אוֹ] מֵאַחֲרָיו; בְּיוֹם הַכִּפּוּרִים — בַּחֲצוֹת; בָּרְגָלִים — בְּאַשְׁמוּרֶת הָרִאשׁוֹנָה. וְאִי סָלְקָא דַּעְתָּךְ מֵחֲצוֹת דְּאוֹרַיְיתָא, הֵיכִי מְקַדְּמִינַן (וְהֵיכִי מְאַחֲרִינַן? אֶלָּא) אָמַר רַבִּי יוֹחָנָן: מִמַּשְׁמַע שֶׁנֶּאֱמַר "כׇּל הַלַּיְלָה", אֵינִי יוֹדֵעַ שֶׁעַד הַבֹּקֶר? מַה תַּלְמוּד לוֹמַר "עַד בֹּקֶר" — תֵּן בֹּקֶר לְבׇקְרוֹ שֶׁל לַיְלָה. הִלְכָּךְ, כׇּל יוֹמָא — מִקְּרוֹת הַגֶּבֶר סַגִּי; בְּיוֹם הַכִּפּוּרִים, מִשּׁוּם חוּלְשָׁא דְּכֹהֵן גָּדוֹל — מֵחֲצוֹת; בָּרְגָלִים, דִּנְפִישִׁי קׇרְבָּנוֹת, דְּקָדְמִי אָתוּ יִשְׂרָאֵל — מֵאַשְׁמוּרֶת הָרִאשׁוֹנָה, כִּדְקָתָנֵי סֵיפָא: לֹא הָיְתָה ד] קְרִיַּית הַגֶּבֶר מַגַּעַת עַד שֶׁהָיְתָה עֲזָרָה מְלֵאָה מִיִּשְׂרָאֵל. אִיתְּמַר, פֵּירְשׁוּ קוֹדֶם חֲצוֹת וְהֶחֱזִירָן אַחַר חֲצוֹת, רַבָּה אָמַר:

חֲצוֹת

בִּשְׁרִירֵי. קָשִׁין, שֶׁנִּתְקַשּׁוּ מֵחֲמַת הָאֵשׁ. ה] שֶׁשָּׁלְטָה בְּכוּלָּן וְנִשְׂרְפוּ, אֶלָּא שֶׁלֹּא נַעֲשׂוּ פֶּחָם, אֶלָּא כְּעֵלִים יְבֵשִׁים הֵם מִתּוֹכָם. מְנָהָנֵי מִילֵּי. דְּבַחֲצוֹת תַּלְיָא מִילְּתָא. כָּתוּב אֶחָד אוֹמֵר כׇּל הַלַּיְלָה וְהִקְטִיר. "עַל מוֹקְדָה עַל הַמִּזְבֵּחַ כׇּל הַלַּיְלָה עַד הַבֹּקֶר" – דְּהַיְינוּ הַקְטָרָה. וְכָתוּב אֶחָד אוֹמֵר כׇּל הַלַּיְלָה. ו] וְסָמֵיךְ לֵיהּ "וְהֵרִים אֶת הַדֶּשֶׁן". וְע"כ אַ"כׇּל הַלַּיְלָה" קָאֵי, דְּהָא לָא כְּתִיב "וְלָבַשׁ הַכֹּהֵן בַּבֹּקֶר מִדּוֹ בַד", אֶלָּא "כׇּל הַלַּיְלָה עַד הַבֹּקֶר וְלָבַשׁ וְהֵרִים". כֵּן שָׁמַעְתִּי בְּסֵדֶר יוֹמָא. חֶצְיוֹ לְהַקְטָרָה. דְּלָא הָוֵי עִיכּוּל אִי לָאו דֶּשֶׁן מַמָּשׁ הוּא. וְחֶצְיוֹ לַהֲרָמָה ז]. אֲפִי' קָשִׁין שֶׁבָּהֶן רְאוּיִין לַהֲרָמָה וּקְרוּיִין דֶּשֶׁן. וּמִיהוּ, בָּשָׂר מַמָּשׁ לֵיכָּא לְמֵימַר דְּמִיקְּרֵי דֶּשֶׁן. מְתִיב רַב כָּהֲנָא. אַדְּרַב, דְּאָמַר: חֶצְיוֹ לַהֲרָמָה, דְּמַשְׁמַע דְּקוֹדֶם חֲצוֹת לָאו שְׁעַת הֲרָמָה הִיא, אֲפִילּוּ מִן הַנַּעֲשִׂין דֶּשֶׁן. הָיוּ תּוֹרְמִין. תְּרוּמַת הַדֶּשֶׁן מְלֹא ח] מַחְתָּה, וְנוֹתְנָהּ בְּמִזְרָחוֹ שֶׁל כֶּבֶשׁ. וּבָרְגָלִים מֵאַשְׁמוּרֶת הָרִאשׁוֹנָה. וּמִשּׁוּם דִּנְפִישֵׁי קׇרְבָּנוֹת, וְנָפֵישׁ דֶּשֶׁן, וְצָרִיךְ ט] לְהַעֲלוֹתָן לַתַּפּוּחַ שֶׁבְּאֶמְצַע הַמִּזְבֵּחַ, וּלְסַדֵּר אֶת הַמַּעֲרָכָה בַּלַּיְלָה שֶׁיּוּכְלוּ לִשְׁחוֹט וּלְהַעֲלוֹת הַתָּמִיד בַּעֲלוֹת הַשַּׁחַר. ה"ג: וְאִי חֲצוֹת דְּאוֹרַיְיתָא הֵיכִי מְקַדְּמִינַן ל"ג *"וְהֵיכִי מְאַחֲרִינַן". א"ר יוֹחָנָן גָּרַס. וְלָא גָּרְסִינַן "אֶלָּא". מִמַּשְׁמַע שֶׁנֶּאֱמַר כו'. כְּלוֹמַר, קְרָאֵי כִּדְרַב מִיתְּרְלֵי, וּלְאַשְׁמוּעִינַן דַּחֲצוֹת עוֹשֶׂה עִיכּוּל בִּשְׁרִירֵי, דְּקוֹדֶם חֲצוֹת הֵן בִּכְלַל הֶקְטֵר, וּמֵחֲצוֹת וְאֵילָךְ רְאוּיִין לַהֲרָמָה כְּדֶשֶׁן מַעַלְיָא. וַהֲרָמָה בִּמְעוּכָּלִין לְגַמְרֵי קוֹדֶם חֲצוֹת נָפְקָא לָן מֵהַאי קְרָא. מִמַּשְׁמַע שֶׁנֶּאֱמַר כׇּל הַלַּיְלָה כו'. אִם לְלַמֵּד בָּא כְּמַשְׁמַע כׇּל הַמִּקְרָא, שֶׁיְּהֵא מַעֲלֶה אֵבָרִים וּמַקְטִירָן עַד הַבֹּקֶר – מִ"כׇּל הַלַּיְלָה" נָפְקָא. מת"ל עַד בֹּקֶר. לֹא נֶאֱמַר אֶלָּא לְעִנְיַן הֲרָמָה, לוֹמַר שֶׁתּוֹרְמִין כׇּל הַלַּיְלָה. וְהָכִי קָאָמַר: "עַד הַבֹּקֶר וְהֵרִים", "לִפְנֵי הַבֹּקֶר וְהֵרִים", וְלֹא נָתַן שִׁיעוּר לַדָּבָר. תֵּן בֹּקֶר לְבׇקְרוֹ שֶׁל לַיְלָה. בּוֹקְרוֹ שֶׁל לַיְלָה, עֲלוֹת הַשַּׁחַר – בֹּקֶר אַחֵר תֵּן לוֹ, הַיְינוּ הַשְׁכָּמָה. וְכֵיוָן דְּאֵין זְמַן לַדָּבָר אֶלָּא שֶׁל הַשְׁכָּמָה – הַכֹּל לְפִי אוֹרֶךְ הַשָּׁעָה יֵשׁ בְּיָדְךָ לַעֲשׂוֹת. הִלְכָּךְ, כׇּל יוֹמָא – בִּקְרוֹת הַגֶּבֶר אוֹ סָמוּךְ לוֹ לְפָנָיו אוֹ לְאַחֲרָיו סַגִּי. בְּיוֹם הַכִּפּוּרִים. שֶׁכׇּל הָעֲבוֹדָה מוּטֶּלֶת עַל כֹּהֵן גָּדוֹל, וְאִיכָּא חוּלְשָׁא, וְצָרִיךְ לְהַקְדִּים יוֹתֵר. וּבָרְגָלִים מֵאַשְׁמוּרֶת הָרִאשׁוֹנָה. כִּדְקָתָנֵי סֵיפָא דְּהַהִיא: וְלֹא הָיְתָה קְרוֹת הַגֶּבֶר מַגַּעַת בָּרְגָלִים, עַד שֶׁהָיְתָה עֲזָרָה מְלֵאָה י] יִשְׂרָאֵל.

חֲלוֹת

וחציו להרמה. פירש בקונטרס: ושיריר נמי ראויין להרמה. מיהו נראה דלאו ראויין להרמה, דלאו דשן נינהו. אלא "חציו להרמה" דקאמר – לא הרמה ממש, אלא כעין הרמה, שאין ראויין להקטרה. וכן משמע פ' שני דמעילה (דף ט:) דדייקא התם: וכן גחלת שפקעה מעל גבי המזבח – לא יחזיר, הא על גבי המזבח – יחזיר. ומקשי מינה לרב, ומשני: שאני גחלת דאית ביה ממשא, הלכך יחזיר, דלא נעשית מלותו. משמע דאין ראוי לתרום מהם, דאי ראוי לתרום מהם – כשתרמו אמאי יחזיר? הרי נעשית מלוותן! ומיהו, היא גופה לא ידענא, מנא ליה דאיירי לאחר תרומת הדשן? דמהאי טעמא מקשה לרב *יא] דאמר לאחר תרומת הדשן איירי, וכי היכי דמתרצינן ליה לאחר תרומת הדשן לר' יוחנן – יתרצה קודם תרומת הדשן לרב, דמודה רב דמועלין! ונראה בעיני: דדומיא דפסולין שפקעו, דאיירי בכל ענין, *דקתני: "וכן גחלת שפקעה". ומינה נמי דייקא דבגחלת אין חילוק בין קודם חצות לאחר חצות, דבכל ענין יב] עיכול, דדומיא דפסולין *שברישא קתני דאפילו קודם חצות לא יחזיר. ועוד: דבסיפא גבי אברים הוא דמפליג, אבל בגחלת לא מפליג, דעיכול חשיבא, ולא שייך לא לשון הקטרה ולא לשון מוקדה, דהא יג] *(בכך מיתוקמא). ומ"מ יחזיר, דלאו ראויה להרמה הויא, דלאו דשן היא ולא נעשית מלוותה. יד] *על גבי המזבח – יחזיר, דאכתי לא נגמרה מלוותה, וכי פקע – לא יחזיר, ד"על מוקדה על המזבח" משמע דדבר שצריך יקידה יהא על המזבח אפילו פקע, אבל דבר שאין צריך יקידה – לא. וא"ת: כשמאספין את האפר להעלותו לתפוח, אין יכולים להזהר שלא יהו הרבה גחלים על האפר. והכא משמע שאסור להוציא הגחלת מן המערכה, כדדייק במעילה (ג"ז שם) דיחזיר, וכל שכן שאסור להוציא. ובמסכת תמיד (דף לג.) נמי משמע שהיה נוטל מן המאוכלות הפנימיות, אלמא גחלים היה נוטל! וצריך לומר: דמאי "מן המאוכלות היה נוטל" – הנהו דלית בהו מששא וחשיבי אפר. אבל גחלת דהכא, דמינה דייק במעילה דיחזיר – איירי בגחלת חיה, דאית ביה מששא. והא דקאמר במעילה: ה"ה דאפילו אפר – לאו דליהוי כגחלת ממש אפי' לענין חזרה, דגחלת מחזירין לעולם אפילו לאחר תרומת הדשן, דאין מעלין אותה לתפוח, אבל אפר מעלין לתפוח. אלא לענין מעילה הוא דקאמר דהויא כגחלת. ואע"פ שלכאורה יש חילוק בין גחלת חיה לשאינה חיה, שאינה חיה בכלל דשן היא, כדתנן: נטל מן המאוכלות הפנימיות. ומ"מ, יש ליישב כפירוש הקונטרס, ד"חציו להרמה" היינו אפילו בשרירי, ולענין זה שהרמת הדשן מתירן לאוספם לתפוח, ולא לענין זה שיעשה מהם *תרומה, דהא "דשן" טו] [כתיב. והיינו] דאמר רחמנא "והרים את הדשן" מחצות – כדי להתיר אפי' שרירי, דמחצות ואילך חשיבי עיכול להקטרה, ואם ירצה – יאספם לתפוח כדי להוציאם מחוץ למחנה. אבל אם רוצה להניחם במקום המערכה כדי למרק מצותם, שיהו הם *ראויין עצמם לתרומת הדשן – עדיין מצוותם עליהם, הלכך יחזיר. דמסתבר למימר דעדיין חסר מהם מירוק מצוה, כיון שעדיין אין ראויין לתרומת הדשן. והשתא ניחא לישנא ד"חציו להרמה", וניחא נמי שבשעה שמאספין את האפר לא היו צריכין להזהר מן הגחלים, ואפי' היו לוחשות. וקצת היה נראה כן במסכת תמיד פרק "ראוהו" (דף כח:) דתנן: נטלו את המגריפות ואת הצינורות ועלו לראש המזבח, האברים והפדרים שלא נתאכלו מבערב סולקין לצדדי המזבח. ובתר הכי קתני התחלו מסלק באפר על גבי התפוח. *וזהו כפי' טז] רש"י, שלא היו מסלקין *אותם שלא נתעכלו. אבל גחלים – עיכול חשיבי ואפילו חיים, כדפי' לעיל דאפילו קודם חצות חשיבי עיכול, *אם כן – לאו בכלל "שלא נתעכלו" נינהו. הלכך נ"ל פירוש הקונטרס עיקר. **אלא** אמר ר' יוחנן. בקונטרס מחק "אלא" בפירושים הראשונים, ופי' דרבי יוחנן מתרץ קראי יז] כרב, חציו להקטרה וחציו להרמה. ומיהו, היינו דוקא בשרירי. והאי יח] דקאמר *(דקמדמי) קודם לחצות – היינו במעוכלין. יט] ומקראי אחרינא נפקא ליה, דכתיב "עד בקר" – תן בקר לבוקרו של לילה. ומוקמינן ליה בהרמה, ומסר המקום הדבר לחכמים להיות *מדמין כל מה שירצו לפי הצורך להם. ומיהו, קשה לפירוש זה: דקרא ד"עד בקר" דכתיב בהקטרה [היכי] מוקמינן ליה בהרמה? ועוד: ד"אלא" גרסינן בכל הספרים. ונראה כגיר' פירושים אחרונים דגרסי "אלא" ופליג רבי יוחנן אדרב, דאמר: חציו להרמה, דאפילו בדשן המעוכל יפה לא מקדמינן. וקאמר רבי יוחנן ד"כל הלילה" קאי אהקטרה וקאי אהרמה, דכל הלילה כשר להקטיר כשאין מעוכלין, וכל הלילה כשר להרמה אם יש דשן מעוכל. וגבי הקטרה כתיב "בקר" מיותר – ליתן בקר לבוקרו של לילה, והיינו בשרירי, דחצות עושה עיכול. והכי מידריש קרא: תן השכמה אחת לבוקרו של לילה. ובוקרו של לילה הוא עמוד השחר, ונתן לו הכתוב בקר אחר, לומר שאין צריך להקטיר מן כ] השחר ואילך, וכיון שלא נתן זמן באותו בקר – על כרחך הוא חצות לילה. שמעינן דבשרירי תלוי בחצות, ובדשן מעוכל דלית ביה מששא – "כל הלילה והרים", אבל אית כא] בהון מששא – "כל הלילה והקטיר". וכך פי' בקונטרס בפ"ק דיומא (דף כ:). וצ"ע במגילה (דף כ:) דקאמר: כל הלילה כשר להקטרה, אמאי לא קאמר נמי להרמה?*. **משום** חולשא דכהן גדול מחצות. כאן משמע שעבודת לילה, כמו תרומת הדשן וסידור המערכה, היו מוטלות עליו. והשתא אתי שפיר "משום חולשא דכהן גדול" – שיוכל לנוח אחר תרומת הדשן, ולהפסיק, כדי לעשות בנחת שחיטת התמיד ועבודת היום. אבל אי עבודת לילה בשאר כהנים – מאי חולשא איכא? וריב"א פירש ביומא (דף כ:) דלא גרס הכא "כהן גדול", דתרומת הדשן לא הויא בכהן גדול, מדלא חשיב טבילת תרומת הדשן בהדי ה' טבילות וי' קידושין שהיה עושה ביום הכפורים. ועוד: דפייס דתרומת הדשן חשיב בסדר יום הכפורים, ואילו היה בכהן גדול – למה ליה להזכיר בסדר יום הכפורים? *וכן יסד הפייט: "הוקמו מחצות כב] אפרה, לבערה בפיס דשן הבערה". ומיהו, רבינו היה מפרש דאין צריך למוחקו, דה"פ: משום חולשא דכהן גדול מקדימין תרומת הדשן וסידור המערכה ושריפת אברים שלא נתעכלו מבערב בשאר כהנים, כדי שעל ידי כן יהא מזומן כה"ג להתחיל מהבקר כשיעלה עמוד השחר עבודת היום, קודם שיהא רעב ותלש*.

אמרי

דלאיירי לאחר כו' הדשן וכי כו' נ"ק

קתני דקתני נ"ק

ספקעו קתני נ"ק

כבר מיתוקדא וקיימא נ"ק

הלכך ע"ג נ"ק

תרומת הדשן נ"ק

עצמם ראויים נ"ק

עיין מהרש"א במסכת יומא שהגיה בדבריהם התם ועיין רש"ק

יומא כ.

שם

שם

והתוס' ביומא גרס לה ומפרשים דפריך אכל יום דהא קי"ל זריזים מקדימין למצות

אלא אברים שלא נתעכלו כו' נ"ק

נ"ל ולא בכלל נ"ק

דקדמינן

נ"ל משכימים

[וביומא כ: סד"ה אלא וכו' כתבו ישוב על זה]

ועיין בזה פלפול ארוך בפ"ב דיומא בספר המאור ובמלחמת ה' ע"ש

[וע"ש תוס' יומא כ: ד"ה משום]

שיטה מקובצת

א] והרים הא כיצד חלקהו: ב] היו תורמין את: ג] מלפניו ומאחריו ביום הכפורים מחצות ברגלים מאשמורה הראשונה: ד] היתה קריאת הגבר אות י' נמחק: ה] האש שליחכה האש כל לחותן ושלטה בכולן אלא שלא נעשו פחם: ו] הלילה והרים דסמיך ליה והרים את הדשן: ז] להרמה דאפי' קשין: ח] מלא המחתה: ט] וצריך להעלותו: י] מליאה מישראל הס"ד: יא] לרב דלמא קודם תרומת הדשן איירי: יב] ענין חשיבא עיכול: יג] דהא כבר מתוקדא וקיימא: יד] מצוותה הלכך על: טו] דשן כתיב והיינו דקאמר רחמנא והרים וכו' דמחצות ולהלן חשיבי עיכול: טז] כפי' [רש"י] שלא היו מסלקין אלא אותם: יז] קראי כדרב: יח] והאי דקמקדמי לחצות ותיבת דקאמר נמחק ותיבת קודם ל"ש: יט] במעוכלין ומקרא אחרינא אות י' נמחק: כ] מן ההשכמה ואילך: כא] אית בהו משש: כב] מחצות דשן אפרה לנערה תיבת לנערה נמחק:

חֲצוֹת שֵׁנִי עוֹכַלְתָּן. רַב חִסְדָּא אָמַר: עַמּוּד הַשַּׁחַר עוֹכַלְתָּן. אָמְרִי בֵּי רַב: מַאי טַעְמָא דְּרַב חִסְדָּא: וּמַה חֲצוֹת שֶׁאֵין עוֹשֶׂה לִינָה — עוֹשֶׂה עִיכּוּל, עַמּוּד הַשַּׁחַר שֶׁעוֹשֶׂה לִינָה — אֵינוֹ דִּין שֶׁעוֹשֶׂה עִיכּוּל? פֵּירְשׁוּ קוֹדֶם חֲצוֹת וְהֶחֱזִירָן לְאַחַר עַמּוּד הַשַּׁחַר, רַבָּה אָמַר: חֲצוֹת שֵׁנִי עוֹכַלְתָּן, רַב חִסְדָּא אָמַר: אֵין בָּהֶן עִיכּוּל לְעוֹלָם. מַתְקִיף לָהּ רַב יוֹסֵף: וּמַאן לֵימָא לָן דַּחֲצוֹת בְּרֹאשׁ הַמִּזְבֵּחַ מְשַׁוְּיָא לְהוּ עִיכּוּל? דִּילְמָא כָּל הֵיכָא דְּמַשְׁכַּחְתָּא לְהוּ מְשַׁוְּיָא לְהוּ עִיכּוּל! א] שָׁלְחוּ מִתָּם: הִלְכְתָא כְּרַב יוֹסֵף. אִיתְּמַר נַמִי, א"ר חִיָּיא בַּר אַבָּא: [א]פֵּירְשׁוּ קוֹדֶם חֲצוֹת וְהֶחֱזִירָן אַחַר חֲצוֹת — לֹא נֶהֱנִין וְלֹא מוֹעֲלִין. וְכֵן תָּנָא בַּר קַפָּרָא: פֵּירְשׁוּ קוֹדֶם חֲצוֹת וְהֶחֱזִירָן ב] לְאַחַר חֲצוֹת — יוֹצְאִין מִידֵי מְעִילָה. א"ל רַב פַּפָּא לְאַבָּיֵי: וְכִי מֵאַחַר דְּשָׁלְחוּ מִתָּם הִילְכְתָא כְּרַב יוֹסֵף, וא"ר חִיָּיא בַּר אַבָּא, וְכֵן תָּנֵי בַּר קַפָּרָא, רַבָּה וְרַב חִסְדָּא בְּמַאי פְּלִיגִי? אֲמַר לֵיהּ: בִּשְׁמֵנִים. בְּעָא מִינֵּיהּ רָבָא מֵרַבָּה: [ב]לִינָה מוֹעֶלֶת בְּרֹאשׁוֹ שֶׁל מִזְבֵּחַ, אוֹ אֵינָהּ מוֹעֶלֶת בְּרֹאשׁוֹ שֶׁל מִזְבֵּחַ? הֵיכִי דָּמֵי? אִילֵימָא דְּלֹא יָרְדוּ, הַשְׁתָּא לָנוּ בָּעֲזָרָה אָמַרְתְּ דְּלֹא יֵרְדוּ, בְּרֹאשׁוֹ שֶׁל מִזְבֵּחַ מִיבַּעְיָא?! וְאֶלָּא דְּיָרְדוּ; לְשֻׁלְחָן מְדַמֵּינַן לָהּ, דִּתְנַן:* [ג]אֲפִילּוּ הֵן עַל הַשֻּׁלְחָן יָמִים רַבִּים אֵין בְּכָךְ כְּלוּם. אוֹ דִּילְמָא לְקַרְקַע מְדַמֵּינַן? א"ל: אֵין לִינָה ג] בְּרֹאשׁוֹ שֶׁל מִזְבֵּחַ. קִיבְּלָהּ מִינֵּיהּ אוֹ לָא? ת"ש, דְּאִיתְּמַר: אֵיבָרִים שֶׁלָּנוּ בָּעֲזָרָה — מְקַטֵּר וְהוֹלֵךְ כָּל הַלַּיְלָה. [ג]לָן בְּרֹאשׁוֹ שֶׁל מִזְבֵּחַ — מְקַטֵּר וְהוֹלֵךְ לְעוֹלָם. יָרְדוּ — רַבָּה אָמַר: יַעֲלוּ, רָבָא אָמַר: [ד]לֹא יַעֲלוּ. ש"מ: לֹא קִיבְּלָהּ מִינֵּיהּ, ש"מ. § "כְּשֵׁם שֶׁהַמִּזְבֵּחַ מְקַדֵּשׁ" כו'. § תָּנוּ רַבָּנַן: °ד] "הַנּוֹגֵעַ בַּמִּזְבֵּחַ" — אֵין לִי אֶלָּא מִזְבֵּחַ, כֶּבֶשׂ מִנַּיִן — ת"ל: ה] "אֶת הַמִּזְבֵּחַ". כְּלֵי שָׁרֵת מִנַּיִן? ת"ל °"כָּל הַנּוֹגֵעַ בָּהֶם יִקְדָּשׁ". *בְּעָא מִינֵּיהּ ר"ל מֵר"י: *כְּלֵי שָׁרֵת מַהוּ שֶׁיְּקַדְּשׁוּ אֶת הַפְּסוּלִין? א"ל, תְּנִיתוּהָ: כְּשֵׁם שֶׁהַמִּזְבֵּחַ וְהַכֶּבֶשׂ מְקַדְּשִׁין אֶת הָרָאוּי לָהֶן — כָּךְ כֵּלִים מְקַדְּשִׁין! ו] א"ל: לְכַתְּחִילָּה לִיקְרַב קָמִיבָּעֵי לִי. [ה]הָא נַמִי תָּנֵינָא: שֶׁקִּבְּלוּ

תורה אור: שמות כט; שם ל

רש"י

חֲצוֹת שֵׁנִי עוֹכַלְתָּן. ו] שְׁרִירֵי דִּידְהוּ, חֲצוֹת שֵׁנִי שֶׁל לֵיל הַמָּחֳרָת. שֶׁאֵינוֹ עוֹשֶׂה לִינָה. ז] לְאוֹתוֹ שֶׁעַל הָאָרֶץ. שֶׁהֲרֵי כָּל הַלַּיְלָה כָּשֵׁר לְהַעֲלוֹתָן מִן הָאָרֶץ ח] וְלַמִּזְבֵּחַ, דִּכְתִיב: "לֹא יָלִין חֵלֶב חַגִּי עַד בֹּקֶר", הָא כָּל הַלַּיְלָה — יָלִין. עוֹשֶׂה עִיכּוּל. לִשְׁרִירֵי דְּמַעֲרָכָה. אֵין בָּהֶן עִיכּוּל לְעוֹלָם. וְכָל ט] שֶׁפּוֹקְעִין — יַחֲזִיר וּמוֹעֲלִין בָּהֶן, עַד שֶׁיֵּעָשׂוּ דֶּשֶׁן. כָּל הֵיכָא דְּמַשְׁכַּחַתְּ לְהוּ כו'. הִלְכָּךְ פֵּרְשׁוּ קוֹדֶם חֲצוֹת נַמִי הֲרֵי הֵן עִיכּוּל בַּחֲצוֹת, וַאֲפִילּוּ הֶחֱזִירָן לְאַחַר חֲצוֹת* אֵין מוֹעֲלִין בָּהֶן י] וְלֹא צָרִיךְ *לְהַחֲזִירָן. "וְיָצְאוּ מִידֵי מְעִילָה" גָּרְסִי', וְלֹא נֶהֱנִין מִדְּרַבָּנַן. וא"ר חִיָּיא בַּר אַבָּא. נַמִי כְּרַב יוֹסֵף. וְכֵן תָּנֵי בַּר קַפָּרָא. כְּרַב יוֹסֵף. רַבָּה וְרַב חִסְדָּא בְּמַאי פְּלִיגִי. לוֹמַר דְּלָא הָוֵי עִיכּוּל בַּחֲצוֹת. בִּשְׁמֵנִים. אֲפִילּוּ הוּקְשׁוּ לָא הָוְיָא עִיכּוּל, דְּשׁוּמָּנָן מְעַכְּבָן מִלֵּיעָשׂוֹת דֶּשֶׁן. אִילֵימָא דְּלֹא יָרְדוּ. אוֹתָן שֶׁמְּלָאן בַּשַּׁחַר בְּרֹאשׁ הַמִּזְבֵּחַ שֶׁלֹּא בַּמַּעֲרָכָה. אֶלָּא דְּיָרְדוּ. מִן הַמִּזְבֵּחַ לְאַחַר עַמּוּד הַשַּׁחַר, מִיבָּעֵי לָךְ: מִי הָוֵי כִּשְׁאָר לָנִים וְנִפְסָלִים בְּעַמּוּד הַשַּׁחַר, וּתְנַן בִּפְסוּלִים: כָּךְ אִם יָרְדוּ לֹא יַעֲלוּ. אוֹ דִּילְמָא אֵין לִינָה מוֹעֶלֶת. וְלֹא נִפְסְלוּ, וְיַחֲזוֹר וְיַעֲלֵם. לְשֻׁלְחָן מְדַמֵּינַן לָהּ. לַמִּזְבֵּחַ, שֶׁאֵין לֶחֶם הַפָּנִים נִפְסָל עָלָיו אִם לָן בּוֹ לְאַחַר זְמַנּוֹ. דִּתְנַן אֲפִי' הָיָה עַל הַשֻּׁלְחָן יָמִים כו'. בִּמְנָחוֹת תְּנַן לָהּ: סִידֵּר אֶת הַלֶּחֶם וְאֶת הַבָּזִיכִין בְּאֶחָד בַּשַּׁבָּת, וְהִקְטִיר אֶת הַבָּזִיכִין יא] [בַּשַּׁבָּת] — פְּסוּלָה, לְפִי שֶׁמְּחוּסָּרִים יב] בַּשַּׁבָּת זְמַן, שֶׁצְּרִיכִין לַעֲמוֹד עָלָיו שִׁבְעַת יָמִים. כֵּיצַד יַעֲשֶׂה זֶה שֶׁסִּידְּרָם בְּאֶחָד בַּשַּׁבָּת? יַנִּיחֶנָּה לַשַּׁבָּת הַבָּאָה, שֶׁאֲפִי' הָיָה כו'. אוֹ דִּילְמָא לְקַרְקַע עֲזָרָה מְדַמֵּינַן לָהּ. דְּהָא רִצְפַּת בִּנְיָן הִיא כְּמוֹתָהּ, וְלֹא כְּלִי שָׁרֵת כְּשֻׁלְחָן. מְקַטֵּר וְהוֹלֵךְ לְעוֹלָם. דַּאֲפִילּוּ אָמְרִינַן לִינָה מוֹעֶלֶת בְּרֹאשׁ הַמִּזְבֵּחַ מַסְּקִינַן לְהוּ בַּמַּעֲרָכָה, שֶׁהֲרֵי פְּסוּלִין שֶׁעָלוּ לֹא יֵרְדוּ. רָבָא אָמַר לֹא יַעֲלוּ. דְּלִינָה מוֹעֶלֶת, וְהָווּ לְהוּ פְּסוּלִין, וְכֵיוָן דְּיָרְדוּ — לֹא יַעֲלוּ. אֶת הַמִּזְבֵּחַ. "וּמָשַׁחְתָּ אֶת הַמִּזְבֵּחַ" — לְרַבּוֹת אֶת הַכֶּבֶשׁ. ה"ג: כְּלֵי שָׁרֵת מִנַּיִן יג] כָּל הַנּוֹגֵעַ בָּהֶן יִקְדָּשׁ. מַהוּ שֶׁיְּקַדְּשׁוּ פְּסוּלִין. הוּא יד] סָבוּר לְעִנְיַן פִּדְיוֹן קָמִיבַּעְיָא לֵיהּ, כְּגוֹן מִנְחָה טְמֵאָה שֶׁקְּדָשָׁהּ בִּכְלֵי שָׁרֵת, מִי קָדְשָׁה קְדוּשַּׁת הַגּוּף וְלָא נָפְקָא טו] לְהוּ לְחוּלִּין, דְּקָדְשָׁה כְּלִי אַע"פ שֶׁהִיא טְמֵאָה. אוֹ לֹא קָדְשָׁה, וּתְנַן:* הַמְּנָחוֹת וְהַנְּסָכִים שֶׁנִּטְמְאוּ — יֵשׁ [לָהֶם] פִּדְיוֹן, וְאִם מִשֶּׁקָּדַשׁ בִּכְלִי נִטְמְאוּ — אֵין לָהֶם פִּדְיוֹן. א"ל תְּנִיתוּהָ. דִּמְקַדְּשִׁין וְאֵין לָהֶם פִּדְיוֹן. א"ל לְכַתְּחִילָּה לִיקְרַב קָמִיבַּעְיָא לִי. וְלֹא לְעִנְיַן פִּדְיוֹן. וְשֶׁקִּבְּלוּ פְּסוּלִין וְזָרְקוּ אֶת דָּמוֹ. אִם עָלָה הַבָּשָׂר לֹא יֵרֵד. מַאי לָאו שֶׁקִּבְּלוּ

תוספות

אמרי בי רב מ"ט דרב חסדא. אע"ג "דאמרי בי רב" – *רב הונא, ורב חסדא תלמידו – *שמא רב הונא נמי אמרה ופי' טעמו, והש"ס קבעיא בלשון זה "מ"ט דרב חסדא". אי נמי, מלינו שרב הונא רגיל לשבח דבריו. כדאמר בגיטין (דף ז.): חסדא שמך וחסדאין מילך. ובמסכת שבת (פב.): מ"ט לא שכיחת גבי רב חסדא, דמחדדן שמעתתיה.

מה חצות שאין עושה לינה כו'. ורבה לטעמיה, דאית ליה בסמוך: אין לינה מועלת בראשו של מזבח. ולית ליה ק"ו דרב חסדא, דאיכא למיפרך: מה לחצות שכן עושה עיכול בראשו של מזבח, דאם פקע לא יחזיר, תאמר בעמוד השחר, שאין לינה פוסלת בראשו של מזבח. כך פי' ה"ר מנחם ז"ל.

ורב חסדא אמר אין בהם עיכול לעולם. וליכא למימר דעמוד השחר שני יעשה עיכול מק"ו טז] דחצות, שהרי אינו עושה לינה אלא לקרבנות היום שלפניו.

הילכתא כרב יוסף. פירוש: יפה אמר. ואין זה פסק הלכה. ולא שייך למיפרך: "הילכתא למשיחא"? דהא לבסוף נמי מוכח דלא פליגי עליה, וא"כ הלכה למה לי?

לא נהנין. רבינו היה מפרש: מן התורה, כיון שהם לחמו של מזבח. ומ"מ יצא מידי מעילה, דכיון דחצות עוכלם – נעשית מצוותם ולא חזרה בהם מעילה.

לשלחן מדמינן לה דתנן אפילו היה על השולחן כו'. תימה: מנא ליה דלא פסול לאחר שבת כשנסדר כהילכתו? יז] וי"ל: דדייק יח] מלישנא יתירא, דקאמר: שאפי' הוא על השולחן כו' – דמשמע שבא להוסיף אפי' בענין זה. *והא ליתא, דהא דוקא משום שנסדר באחד בשבת שלא כהילכתו לא מיפסל, כדאיתא יט] שילהי "שתי הלחם" (מנחות דף ק.) ופרק "אמר להם הממונה" (יומא דף כט:), *דטעמא דכלי שרת אין מקדשין שלא בזמנו, ולא משני התם טעמא דשלחן אינו מקדש ליפסול בלינה כדאמר הכא, דבעי למילף מיניה מזבח. וצ"ע, אי מצי למימר דכי נסדר כהילכתו נעשה לחמו של שלחן טפי – לא יפסל בלינה, זה משמיעגו לישנא יתירא ד"אפילו על השלחן" כו'. והתם דפריך: כיון דלילה אינו מחוסר זמן כ] בי שמשי ליפסול. ומשני: כיון דנסדר שלא כהלכתו – נעשה כמי שסדרו הקוף. משמע: אם סדרו כהלכתו נפסל בלינה! י"ל: דאתא למימר דאם נסדר בלילה, כיון דלילה אין מחוסר זמן – נפסל בלינה. אבל נסדר כהלכתו ממש ביום השבת, אפילו היה שם ימים רבים – אינו נפסל, דנעשה לחמו של *מזבח. מ"מ תימה: למה לא תירץ מתחילה לפי סברתו, כי נמי כלי שרת מקדש שלא בזמנו – שאני שולחן דאינו נפסל עליו כלל בשום ענין. דעל כרחין שום פסוק יש על דבר זה שאינו נפסל אפילו כי נסדר כהלכתו!.

כבש מנין. הגה"ה וא"ת: לרבי יהודה דאמר* עזרה מקדשת כמזבח, אמאי איצטריך "את" לרבויי כבש? הא כיון דירד ע"ג רצפה יעלה, כ"ש כבש! וי"ל: דשמא הא דעזרה מקדשת כמזבח – היינו כשירין להקטיר עליה, אבל פסולין לא, [ה]להכי איצטריך קרא.

כלי שרת מהו שיקדשו את הפסולין. פי' בקונטרס: דלענין פדיון בעי. א"ל: תניתוה כו'. א"ל: לכתחלה ליקרב קמיבעיא לי. כא] ופשיט דמקדש מ"קבלו פסולין וזרקו את דמו", מאי לאו שקבלו פסולין וזרקו פסולין דמשום וזרקו פסולין, אם עלו לא ירדו. הא אם זרקוהו כשרים – לכתחלה יעלו איברים. דזריקה מעלייתא היא, אף על גב דקבלוהו פסולין, דכלי שרת שקבלו בו הדם מקדשת פסולין לכתחלה ליקרב וליזרק. כך פירש בקונטרס. ותימה לפי': דא"כ תיקשי ליה מתני': הלן והיוצא והטמא שנשחט חוץ לזמנו וחוץ למקומו כו' אם עלו – לא ירדו. משמע: הא לכתחלה – לא יעלו, ואע"ג דנתקבל הדם בכשרות בכלי שרת. דהא לא איירי מידי בנתקבל בפסול וזורק בפסול! *ועוד: לן דמה, ויצא דמה, ונטמא דמה – אמאי לא יעלו לר"ש, כיון דכלי שרת מקדשין את הפסולין לכתחלה ליקרב? וצריך לדחות: כל הני – כגון שישנן עתה בכלי חול, דהוה ליה כירדו. וכן נתערב בדם הפסולין, דאמר: ישפך לאמה, ולא אמרינן דיקרב – מיירי בהכי. וכן הא דתנן (מנחות דף ק:): המנחות והנסכים

שיטה מקובצת

א] עיכול ויצאו מידי מעילה ולא נהנין שלחו: ב] אחר חצות: ג] אין לינה מועלת בראשו: ד] ת"ר כל הנוגע: בש"ס דפוס וויניציא כתוב אל המזבח והגיה הגאון רב"א לא יעלו. ס"א את המזבח והיא הגירסא הכתובה בש"ס שלנו: ה] מקדשין. את הראוי להן: ו] עוכלתן לשרירי דידהו: ז] לינה לאותן שעל: ח] הארץ למזבח דכתיב: ט] וכל שעה שפוקעין: י] דלא היה צריך להחזירן: יא] הבזיכין בשבת פסולה: יב] תיבת בשבת נמחק: יג] מנין ת"ל כל: יד] הוא סבר לענין: טו] נפקא תו בפדיון

עין משפט נר מצוה

לג א מיי' פ"ב מהלכות מעילה הלכה יב:
לד ב מיי' פ"ב מהלכות תמידין ומוספין הלכה יג:
לה ג ד מיי' פ"ג מהל' פסולי המוקדשין הלכה יח:
לו ה מיי' שם הל' יח יט:

גליון הש"ס

גמ' לינה מועלת. עיין בב"מ דף קי ע"ב תד"ה יוצא: תום' ד"ה כבש וכו' לאוכי איצטריך קרא. עי' מנחות דף נז ע"ב תוס' ד"ה כבש:

מסורת הש"ס

[סנהדרין יז: ועי"ש] [ועי' תוס' יבמות פז: ושם הגיהו קושיא זו בתמיה ועיין עוד תוס' סנהדרין יז. ד"ה אלא] [נ"ל חצות אין מועלין כו' והכ"ח לכתחזירן הס"ד ואח"כ מה"ד ולא כו'. כ"ה בס"י] [מנחות ז. וחומא כט.] [מנחות ז.] [ועי' תוס' כריתות כז. ד"ה קסבר] [מנחות ק:] [לעיל נט.] [מכאן ועד סה"ד הוא מן הגה"ה. רש"ק ועי' בתוס' מנחות דף ז.] [וטעמא דכלי שרת אין מקדשין שלא בזמנו מלאלה משני התם כו' טפי ולא יפסל בלינה וזה והתם פריך כיון כו' רש"ק] [גי' רש"ק ועוד ולא דמה אמאי תרד לר"ש כיון דכ"ש כו' ומחק השאר. ועי' תוס' מנחות דף ז ע"א ד"ה ואין מקדשין]

לחולין: טו] מק"ו דלינה א"כ אם עמוד השחר עושה לינה א"כ נפסלו בעמוד השחר ראשון. מהר"פ: יז] כהלכתו דהתם איירי שנסדר שלא בזמנו כדמוכח בסוף שתי הלחם דקאמר כלי שרת מקדשין שלא בזמנו מתיב ר' זירא כו' וי"ל דממשנה יתירא קדייק דאי לא אתא אלא להוכיח דאין כלי שרת מקדשין שלא בזמנו לא הוי ליה למיתני אלא יניחנה לשבת הבאה מדקאמר אפי' הן על השולחן ימים הרבה משמע דאין נפסלין על השולחן אפי' סידר בזמנן וא"ת א"כ מאי פריך התם ואי ס"ד כלי שרת מקדשין שלא בזמנן ליקדש וליפסל הרי הכא אמר דשולחן מועיל לענין שלא יפסלו בלינה וי"ל דשאני הכא דסדרו בזמנו אבל התם שסדרו שלא בזמנו אין מועיל השולחן להציל מפסול לינה. מהר"פ: יח] דדייק. עי' תוס' מנחות דף צ': יט] בשילהי: כ] זמן כי מטי בי: כא] קמיבעיא לי. פי' אם כלי שרת מקדש פסולין ליקרב לכתחלה כאילו עלו על המזבח דק"ל דלא ירדו או לא ולא לענין פדיון מבעיא לי (א"ל תניתוה) [הא נמי תנינא] שקבלו פסולין וזרקו את דמו כו' ומדקתני שקבלו פסולים והדר זרקו פסולים (דפסולים לכתחלה) [משמע] דלכתחלה לא יעלו וכשרים בדיעבד ודוקא משום דקבלו פסולין וזרקו פסולים דנגמור בפסול איפסיל ליה בשר בזריקת פסולים דלא יעלו לכתחלה אבל אם קבלו פסולים גרידא וזרקו כשרים דזריקה מעליא הוי לפי שקדשו כלי שרת אע"פ שקבלו פסולים אפי' לכתחלה יעלו כמו כן הדם נזרק לכתחלה לפי שקדשו כלי שרת אע"פ שקבלו פסולים וכמו כן כלי שרת מקדש פסולים לכתחלה ליקרב וקשה מדקאמר לכתחלה ליקרב קא מבעיא לי מכלל לכתחלה נמי קא מבעיא ליה [...] לא ולפ"ה לא היה לו לומר אלא ליקרב קא מבעיא לי וע"ק דהכא משמע דר"י אית ליה דכלי שרת מקדשים לכתחלה ובפ"ק דמנחות משמע דסבר אין מקדשים דבעיא מיניה ר"ל כו' ופ"ה התם [...] אם עלתה לא תרד אבל אם נכנסה לכלי אינה בשביל כך קדושה ליקרב לכתחלה למזבח אלמא דפשיטא התם דאין מקדשין והכא פשיט דמקדשין וע"ק מנלן לדמויי פסול דם לפסול איברים דהתם אין הפסול [...] למזבח ומש"ה אין לאסרו להעלותו לכתחלה בשביל הפסול שבקבלת הדם אבל היכא שהפסול בעולין עצמו אינו דומה להכשירו להעלותו לכתחלה לכן נראה לר"ת דה"פ כלי שרת מהו שיקדשו פסולים לענין [...] לא ירדו כגון מנחה שנטמאת ונתנה בכלי שרת ועלתה ע"ג מזבח וא"ת מאי מבעיא ליה פשיטא דאם עלו לא ירדו תיפוק לי דמזבח עצמו מקדש וי"ל דה"מ באיברים דלא מפסיק מנא והכא קא מבעיא ליה [...] שרת ע"ג המזבח דהכלי מפסיק בינתים ומשום מזבח לא קדשה ומבעיא ליה דאם כלי שרת מקדשה לענין דאם עלו לא ירדו א"נ מבעיא ליה לענין קמצים פסולים שאין המזבח מקדשם אם לא קדשו [...] הכלי מקדשם אין המזבח מועיל להם כלום וא"ת מאי קאמר לכתחלה ליקרב קמבעיא לי פשיטא דלא קדשי לכתחלה דהא אמר לעיל בזבחים נתערב דמם בדם הפסולים ישפך לאמה מת המשתלח ישפך [...] יזרוק אלמא כלי שרת אינו מקדש לכתחלה ליקרב דאי מקדש למה ישפכו וי"ל דכל הני דבמתניתין יכול למדחייה דאיירי שעירן בכלי חול דאבדו קדושתן (תנתוה) [הא נמי תנינא] שקבלו פסולים כו' ודו[...] וזרקו פסולים שכבר נעשית הזריקה מש"ה אם עלו לא ירדו הא אם קבלו פסולים גרידא (ס"א לא שייך דין זה דאם עלו לא ירדו דודאי לא יבאו לידי עלייה דכיון שנתקבל הדם בפסול לא יזרוק אלא ישפ[...] כלי שרת מקדש הדם שנתקבל בפסול להעלותו לכתחלה על המזבח וכיון שאין הדם נזרק על גבי המזבח לא יבאו האימורים לידי עלייה). ושוב לא נזרק פשיטא דאפי' עלו ירדו וטעמא משום דאין האימורים [...] זרק הדם והשתא לא יעשו הזריקה בפסול שהרי אין מקדשים כלי שרת לכתחלה ליקרב ומש"ה כי קבלו פסולים ולא זרקו ירדו ותפשוט מהכא דאין כלי שרת מקדש לכתחלה ליקרב לא שקבלו פסולים כו' ו[...] כלי שרת מקדש הדם ליקרב לכתחלה אבל האימורים לכתחלה לא יעלו ואם עלו לא ירדו אי נמי זרקו פסולים אם עלו אימורים לא ירדו ואין זה [קשה] דקבלו פסולים מקדש ליקרב הדם לכתחלה ובזורקו [...] דאם עלו לא ירדו אבל לכתחלה לא יעלו דהא באימורים קיימינן ובאימורים קבלו וזרקו דלכתחלה לא יעלו ואם עלו לא ירדו ותו לא מידי. אלו הקושיות הקשה הר"ר פטר לר"ת והשיב לו כדפירשית. לשון מהר"פ:

*שֶׁקִּיבְּלוּ פְּסוּלִין וְזָרְקוּ אֶת דָּמוֹ. מַאי לָאו שֶׁקִּיבְּלוּ פְּסוּלִין וְזָרְקוּ פְּסוּלִין? לָא, שֶׁקִּיבְּלוּ פְּסוּלִין, א"נ שֶׁזָּרְקוּ פְּסוּלִין. א] אֲוִיר מִזְבֵּחַ כְּמִזְבֵּחַ דָּמֵי אוֹ לָא? ת"ש: כְּשֵׁם שֶׁהַמִּזְבֵּחַ מְקַדֵּשׁ, כָּךְ ב] כֶּבֶשׁ מְקַדֵּשׁ. וְאִי אָמְרַתְּ אֲוִיר מִזְבֵּחַ לָאו כְּמִזְבֵּחַ דָּמֵי – אֲוִיר כֶּבֶשׁ נַמִי לָאו כְּכֶבֶשׁ דָּמֵי, הֵיכִי מַסֵּיק לֵיהּ מִכֶּבֶשׁ לַמִּזְבֵּחַ? הֲוָה לֵיהּ יָרוּד! דְּנָגֵד לֵיהּ. וְהָא אֲוִיר יֵשׁ בֵּין כֶּבֶשׁ לַמִּזְבֵּחַ! רוּבּוֹ לַכֶּבֶשׁ – כַּכֶּבֶשׁ, רוּבּוֹ לַמִּזְבֵּחַ – כַּמִּזְבֵּחַ. תִּיפְשׁוֹט מֵהָא הָא דְּבָעֵי רָמִי בַּר חָמָא: יֵשׁ חִיבּוּר ג] לְעוֹלִין אוֹ לָא? תִּיפְשׁוֹט דְּיֵשׁ חִיבּוּר! °הָא לָא קַשְׁיָא, תִּיפְשׁוֹט. מַתְקִיף לָהּ רָבָא בַּר רַב חָנָן: וְאִי אָמְרַתְּ אֲוִיר מִזְבֵּחַ כְּמִזְבֵּחַ דָּמֵי, ד] עוֹלַת הָעוֹף דְּפָסְלָה בְּמַחֲשָׁבָה הֵיכִי מַשְׁכַּחַתְּ לָהּ? הָא קָלְטָה מִזְבֵּחַ! מַתְקִיף לָהּ רַב שִׁימִי בַּר אַשִׁי: אַלְּמָה לָא? מַשְׁכַּחַתְּ לָהּ כְּגוֹן דְּאָמַר: "הֲרֵינִי מוֹלְקָהּ עַל מְנָת לְהוֹרִידָהּ לְמָחָר וּלְהַעֲלוֹתָהּ וּלְהַקְטִירָהּ"! הָנִיחָא לְרָבָא, דְּאָמַר: לִינָה מוֹעֶלֶת בְּרֹאשׁ הַמִּזְבֵּחַ אֶלָּא לְרַבָּה דְּאָמַר: אֵין לִינָה מוֹעֶלֶת בְּרֹאשׁ הַמִּזְבֵּחַ? – לֵיתָא לְמַחֲשַׁבְתּוֹ! לְרַבָּה נַמִי מַשְׁכַּחַתְּ לָהּ, כְּגוֹן דְּאָמַר: "הֲרֵינִי מוֹלְקָהּ עַל מְנָת לְהוֹרִידָהּ קוֹדֶם עַמּוּד הַשַּׁחַר וּלְהַעֲלוֹתָהּ לְאַחַר עַמּוּד הַשַּׁחַר". לְהַךְ גִּיסָא מִיהָא תִּיפְשׁוֹט אדַּאֲוִיר מִזְבֵּחַ כְּמִזְבֵּחַ דָּמֵי, דְּאִי ס"ד אֲוִיר מִזְבֵּחַ לָאו כְּמִזְבֵּחַ דָּמֵי,

חַטָּאת

שֶׁקִּיבְּלוּ פְּסוּלִין וַהֲדַר זָרְקוּ פְּסוּלִין וְלָמָּה לִי זָרְקוּ? מִקַּבָּלָה אִיפְסְלָה לָהּ! אִי לָאו לְאַשְׁמוּעִינַן: טַעְמָא דְּזָרְקוּ פְּסוּלִין – הוּא דְּהָווּ אֵיבָרִים בְּתוֹרַת אִם עָלוּ לֹא יֵרְדוּ, וּלְכַתְּחִלָּה לֹא יַעֲלוּ, *דְּתִפָּסֵל בָּשָׂר בִּזְרִיקַת פְּסוּלִין. הָא זָרְקוּ כְּשֵׁרִין – לְכַתְּחִלָּה נַמִי יַעֲלוּ הָאֵיבָרִים, דִּזְרִיקָה מַעֲלְיָא הוּא, וְאע"ג דְּקִיבְּלוּ פְּסוּלִין, מִשּׁוּם ה] דְּקַדְּשֵׁיהּ כְּלִי שָׁרֵת לִיזְרוֹק לְכַתְּחִלָּה. אִי נַמִי שֶׁזָּרְקוּ פְּסוּלִין. וּמִשּׁוּם הִיא גּוּפָא אִיצְטְרִיךְ לְאַשְׁמוּעִינַן: אִם עָלוּ אֵיבָרִים – לֹא יֵרְדוּ, וְאַף עַל פִּי שֶׁנִּפְסְלוּ בִּזְרִיקָה. אֲוִיר הַמִּזְבֵּחַ. אִם תָּלָה אֵיבָרִים פְּסוּלִים בַּאֲוִיר רֹאשׁ הַמִּזְבֵּחַ, כְּמִזְבֵּחַ דָּמֵי וְלֹא יֵרְדוּ? אוֹ לָאו. כְּמִזְבֵּחַ דָּמֵי, וְיֵרְדוּ. הֵיכִי מַסֵּיק לָהּ מִכֶּבֶשׁ לַמִּזְבֵּחַ. הָא כִּי מַגְבַּהּ לֵיהּ בַּאֲוִיר הַכֶּבֶשׁ הֲוָה לֵיהּ יָרוּד, וּתְנַן: כָּךְ אִם יָרְדוּ – לֹא יַעֲלוּ! וּמְשַׁנֵּי: דְּנָגַד לֵיהּ. גּוֹרְרָן עַד הַמִּזְבֵּחַ, וְאֵינוֹ מַגְבִּיהָן. וּפָרְכִינַן: אֲוִיר יֵשׁ בֵּין כֶּבֶשׁ לַמִּזְבֵּחַ. כְּדַאֲמָרַן בְּפֶרֶק "קָדְשֵׁי קָדָשִׁים" (לעיל דף סב:), וְכִי מָטֵי כְּנֶגֶד אוֹתוֹ אֲוִיר – הֲוָה לֵיהּ יָרוּד! וּמְשַׁנֵּי: רוּבּוֹ לַכֶּבֶשׁ כַּכֶּבֶשׁ כו'. מַה שֶּׁכְּנֶגֶד ו] אֲוִיר שָׁדֵינַן לֵיהּ בָּתַר רוּבָּא, אִם רוֹב הָאֵבֶר בַּכֶּבֶשׁ – שָׁדֵינַן לֵיהּ בָּתַר כֶּבֶשׁ, וְאִי ז] רוּבָּן בַּמִּזְבֵּחַ – שָׁדֵינַן לֵיהּ בָּתַר מִזְבֵּחַ. יֵשׁ חִבּוּר בְּעוֹלִין. דְּלָא חָשְׁבִינַן לְהוּ כְּמַאן דְּמִיפְרַת, וְאָזְלִינַן בְּהוּ בָּתַר רוּבָּא. אוֹ אֵין חִיבּוּר? (א) תִּפְשׁוֹט דְּיֵשׁ חִיבּוּר. דְּאִי אֵין חִיבּוּר – קַמָּא קַמָּא דְּמָטָא כְּנֶגֶד אֲוִיר אִיפְסִיל לֵיהּ. וּבִכְרֵיתוֹת (דף יד*.) גָּרְסִינַן לֵיהּ בְּלִישָּׁנָא אַחֲרִינָא: תִּיפְשׁוֹט דְּבָעֵי רָמִי בַּר חָמָא הָלְכוּ בָּאֵיבָרִים אַחַר הָרוֹב אוֹ לֹא הָלְכוּ. עוֹלַת הָעוֹף. שֶׁמְּלִיקָתָהּ בְּרֹאשׁ הַמִּזְבֵּחַ. הֵיכִי מַשְׁכַּחַתְּ לָהּ. דְּפָסַל בָּהּ מַחֲשָׁבָה חוּץ לִזְמַנּוֹ? הָא קַלְטֵיהּ אֲוִיר הַמִּזְבֵּחַ! דְּאִי נַמִי אָמְרִינַן: לִינָה מוֹעֶלֶת בְּרֹאשׁ הַמִּזְבֵּחַ, וְקִיֵּים זֶה אֶת מַחֲשַׁבְתּוֹ וְשָׁהָה עַד לְמָחָר וְהִקְטִירָהּ – בַּת הַקְטָרָה הִיא, דְּהָא פְּסוּלִין שֶׁעָלוּ לֹא יֵרְדוּ. וְכֵיוָן דְּבַת הַקְטָרָה מָחָר לְכַתְּחִלָּה הִיא, אַמַּאי פָּסְלָה בָּהּ מַחֲשֶׁבֶת הַקְטָרַת מָחָר? אַלְמָה לֹא. בִּתְמִיָּה: (ב) וְלָא מַשְׁכַּחַתְּ בָּהּ פְּסוּל מַחֲשָׁבָה? וְהָא מַשְׁכַּחַתְּ, כְּגוֹן שֶׁחִישֵּׁב עָלֶיהָ לְהוֹרִיד לְמָחָר לְאַחַר שֶׁנִּפְסַל, וּלְהַעֲלוֹתָהּ וּלְהַקְטִירָהּ, דְּכֵיוָן ח] דְּאִיקַּיֵּים לֵיהּ מַחֲשַׁבְתּוֹ תּוּ לָא סָלְקָא, דְּהָא אִיפְּסַל לֵיהּ בְּלִינָה, הַשְׁתָּא נַמִי אַהֲנֵי בָּהּ מַחֲשָׁבָה! וּפָרְכִינַן אַאֻתְקַפְתָּא דְּרַב שִׁימִי: הָנִיחָא לְרָבָא דְּאָמַר לִינָה מוֹעֶלֶת. אִיכָּא ט] לְאַשְׁכּוּחָא בְּכִה"ג. אֶלָּא לְרַבָּה. אַפִּי' קַיְימָא לְמַחֲשַׁבְתּוֹ לָא מִיפְסְלָא, וְכָל שֶׁכֵּן דְּמַחֲשָׁבָה לָא י] הָוְיָא! וּמְהַדְּרִינַן: לְרַבָּה נַמִי כו' לְהוֹרִידָהּ קוֹדֶם עַמּוּד הַשַּׁחַר וְכֵיוָן דְּעַמּוּד הַשַּׁחַר *מַשְׁכַּחַתְּ לָהּ אַרְצְפָה פָּסֵיל לָהּ בְּלִינָה, הִילְכָּךְ מְהַנְּיָא לָהּ נַמִי מַחֲשָׁבָה. לְהַךְ גִּיסָא מִיהָא תִּפְשׁוֹט כו'. רַב שִׁימִי מְסַיֵּים בֵּיהּ בְּאֻתְקַפְתֵּיהּ הָכִי: אַתְּ בָּעֵי לְמֵילַף מִינֵּיהּ אֲוִיר מִזְבֵּחַ לָאו כְּמִזְבֵּחַ דָּמֵי. לְאִידָךְ גִּיסָא מָצֵית לְמִיפְשַׁט מִינָּהּ, וּלְמֵימַר דִּכְמִזְבֵּחַ דָּמֵי. דְּאִי לָא כְּמִזְבֵּחַ דָּמֵי.

חַטָּאת

והנסכים שנטמאו, משקדשו בכלי אין להם פדיון, דמשמע: מקרב לא קרבו – יא] *בעורכו לכלי חול איירי. וכן היה מקריב מנחת העומר ונטמאת בידו, אומר לו: "הבא אחרת תחתיה" – בהכי מוקמינן לה. מיהו, אכתי קשה לפי': דאי מעיקרא ס"ד דלענין פדיון קבעי, אם כן לא הוה ליה למימר "לכתחלה ליקרב מיבעיא לי", אלא: "ליקרב מיבעיא לי", ומדקאמר "לכתחלה ליקרב מיבעיא לי" – משמע דמעיקרא נמי הוה ידע דליקרב קמיבעיא ליה, אלא דמיבעיא ליה בדיעבד ועוד הקשה ה"ר פטר לפרש"י, יב] שהשיב ר"י דדוקא משום דזרקוהו פסולין אחרי שקבלו פסולין, אבל קבלו פסולין וזרקוהו כשרים יעלו יג] תחילה ליקרב איברים, דכלי שרת מקדשין לכתחלה ליקרב. דבהדיא אמרינן בפ"ק דמנחות (דף ז.): והא בעי מיניה ריש לקיש מרבי יוחנן: כלי שרת מהו שיקדשו פסולין לכתחלה ליקרב, וא"ל: אין מקדשין! ומשני: אין מקדשין ליקרב אבל מקדשין ליפסל. ש"מ דאין מקדשין ליקרב פשיטא ליה! הילכך נראה פר"ת, שפירש דמעיקרא ס"ד דר' יוחנן דקבעי מיניה אם העלה פסולין לגבי מזבח בכלי שרת ומפסיק הכלי שרת. וקמיבעי ליה: נהי דאין לומר דלא ירדו מטעם דאויר מזבח כמזבח דמי, שהרי תחתית הכלי מפסיק, מיהו, כלי שרת שמא מתוך קדושתו לא הוי חציצה, והוי כאילו הפסולים ע"ג המזבח ממש, דלא ירדו, או הויא חציצה וירדו? אמר ליה, תניתוה: כשם שהמזבח כו' לענין דאם עלו לא ירדו – כך הכלים מקדשין לענין זה. יד] (מכאן ואילך לשון ר"ת). א"ל: לכתחלה ליקרב קמבעיא לי. דסבר ריש לקיש דאיכא לאוקומה מתני' דקתני טו] *הך כלים מקדשים – שאם עלו בכלי ע"ג המזבח לא ירד, דאין כאן לא קדושת המזבח ולא קדושת אויר הואיל והם בכלי. וקבעי שאם לא העלה הקמצין הפסולין בכלי, אלא קדשו בכלי מהו שיעלו לכתחלה? דכי היכי דמזבח מקדש מה שנגע בו ולא ירדו, כך כלי מקדש מה שנגע בו ולא ירדו. או לא, אא"כ העלהו? אמר ליה, תניתוה: שקבלו פסולין וזרקו את דמו, מאי לאו שקבלו פסולין וזרקו פסולין? כלומר, שקבלו פסולין וזרקו בדיעבד. הא אם לא זרקוהו – לכתחלה לא יזרוק. דהכי מיפרשא מתני' הלן והיוצא כו' שזרקו את הדם בדיעבד – לא ירד, הא אם לא זרקוהו – לא יעלה. והא דקאמר "וזרקו פסולין" פי' – דמתני' [כך] הוא, ואינו אלא מסיים לשון המשנה, ולאו טז] מפסולא קדייק. תדע, שלא היה לו לומר רק: לא, שקבלו, אי נמי זרקו. אלמא דריש לקיש דדחי ליה – בפסולין יז] מוקי לה. והיינו דאמר בפ"ק דמנחות (ג"ז שם): והא בעי מיניה ריש לקיש (כו') מר' יוחנן: כלי שרת מהו שיקדשו פסולין [כו'], ואמר ליה: אין מקדשין, *עד לא קבלו פסולין ואי נמי זרקו פסולין. כלומר, שקבלו פסולין, אם עלה הבשר – לא ירד, והדם יעלה ויזרק, דכלי שרת מקדשין לכתחלה ליקרב. אי נמיף אם זרקו פסולין – הבשר אם עלה לא ירד, והדם לא יתקנח. דהא המשנה בכל ענייניס אם עלה לא ירד קתני, בין חומרא בין קולא, *כדמוכח לשון ר"ת. וכל מה שפירשתי לפירוש הקונטרס שהעמדתי יח] *בעודן בכלי חול – צריך לפרש גם לפי' ר"ת, למאי דבעי למימר ר"ל דמקדשין לכתחלה. ומה שפי' הדם לא יתקנח – אין שייך להזכיר כאן, דלאו היינו אם עלו לא ירדו, דאפילו מאן דאית ליה גבי דם אם עלו ירדו – מודה יט] בדם הנזרק דקלטו מזבח. דאי לא הוי אלא לר"ג דוקא, א"כ בסמוך דפריך: חטאת העוף דפסולה היכי מזה מדמה, פירוש: לר"ג דאמר אם עלה לא ירד, כיון דאויר מזבח לאו כמזבח דמי – לעולם הוי ירוד. ומאי קושיא? אימא הא דקתני: אם עלה לא ירד – היינו אם זרק לא יקנחנו, אבל אם עלה בכלי ירד! אלא ודאי לא יקנחנו הוי לכולי עלמא. ואם עלה לא ירד דקאמר – היינו אם עלה בכלי לא ירד, אלא יזרקנו בעל כרחו. ובההיא דמנחות (ג"ז שם) דקדק רבינו חיים, דקאמר התם: אין מקדשין ליקרב, אבל מקדשין ליפסל. וכי לא היה יודע דמקדשין ליפסל? הא מתני' היא, בין לפי' הקונטרס בין לפי' ר"ת, דתנן: כך הכלים מקדשין!. **אויר** יש בין כבש למזבח. אבל אי אויר מזבח כמזבח דמו – לא קשיא ליה מ"כי מטי כנגד אויר (לא) הוה ליה ירוד", דכנגד אותו אויר יש אמה סובב, כ] וסובב חשיב מזבח, דאפילו להקטיר עליו איכא מאן דאמר פרק "קדשי קדשים" (לעיל דף סב:) דמקטירין. כא] מיהו אין נראה לרבינו חיים, שהרי יש אויר מפסיק יותר מכדי אמה סובב, כדי שיהא אויר קרקע כב] מפסיקו, כדאמרינן לעיל: מה דם אויר קרקע מפסיקו – אף בשר אויר קרקע מפסיקו. וא"כ, אכתי מכי מטי כנגד אויר קרקע – ה"ל ירוד.

עולת העוף דפסלה בה מחשבה. תימה: מאי קשיא ליה? הא אמרינן בפרק "קדשי קדשים" (לעיל דף סה.): שאם עשאה למטה מרגליו אפילו אמה אחת כשרה, וא"כ אין כאן אויר מזבח! ולפירוש הקונטרס שפירש למעלה שהיתה שם בליטה – ניחא. אי נמי: פריך לרבי נחמיה דאמר (לעיל דף סה.): היא עצמה אינה נעשת אלא בגופו של קרן.

חטאת

לז א מיי' פ"ג מהלכות פסה"מ הלכה יב:

נ"ל בעירן נ"ק

רש"ק מ"ז

נ"ל כך הכלים

גי' נ"ק ומשני לא שקיבלו כו'

נ"א כן מוכח

נ"ל בעירן נ"ק

נ"ל דאיפסל נ"ק

[לעיל פז.]

ועיין היטב פירש"י ותוס' שם

[נ"ל משכח]

הגהות הב"ח

(א) רש"י ד"ה תיפשוט נ"ל קודם ד"ה יש חיבור: (ב) שם ד"ה אלמא לא בתמיה אלמא לא משכחת:

גליון הש"ס

גמ' הא לא קשיא תפשוט. שבת דף ג ע"ב

שיטה מקובצת

א] פסולין אבעיא להו אויר: ב] הכבש מקדש: ג] בעולין אות ל' נמחק: ד] עולת העוף דפסלה במחשבה. (וא"ת) [הקונטרס פי'] מליקה היתה בראשו של מזבח והא קלטה לה מזבח דאויר מזבח כמזבח ואילו היה מקטירו למחר היה כשר וי"ל דלישנא דקלטה משמע דבר הנפסל שהמזבח קלטתו והכא הרי היא כשרה ממש א"נ (ר"ת אלא נראה) ה"פ [אפי'] אמרת דלינה מועלת בראשו של מזבח מ"מ הא קלטה לה מזבח דהא פסולים שעלו לא ירדו וא"כ למחר נמי בת הקטורה היא. מהר"פ: ה] דקדשו כלי שרת: ו] שכנגד האויר שדינן: ז] ואי רוב אות ן' נמחק: ח] דכיון דאי מקיים ליה: ט] איכא לאשכוחא: י] לא מהניא הס"ד: יא] לא קרבו בעירן לכלי חול: יב] לפרש"י שהשיב לא ירדו דוקא משום ותיבות שהשיב ר"י דדוקא ל"ש: יג] יעלו לכתחלה איברים ליקרב דכלי: יד] תיבות מכאן ואילך לשון ר"ת נמחק: טו] דקתני כך כלים מקדשים שמא מעלו בכלי (ס"א שמשהעלו בכלי) תיבת הך נמחק: טז] ולאו מפסולין קדייק: יז] בפסולין נמי מוקי: יח] שהעמדתי בעירן בכלי תיבת בעודן נמחק: יט] בדם. ע' תוס' מנחות דף ו': כ] סובב דהכבש היה פורח אמה יסוד ואמה סובב: כא] דמקטירין אבל השתא דלאו כמזבח דמי ע"כ הוי כאויר וכי היכי דאויר מזבח לאו כמזבח דמי כמו כן אמה סובב לאו כסובב דמי וא"כ הו"ל ירוד: כב] הקרקע. עיין לעיל בתוס' דף ס"ב:

חַטַּאת הָעוֹף פְּסוּלָה הֵיכִי מַזֶּה מִדָּמָהּ? הָוָה לֵיהּ יָרוּד! שְׁאָר פְּסוּלִים הֵיכִי זָרֵיק לְהוּ מִדָּמָהּ? דְּמַגַּע לְהוּ. הָא הַזָּאָה הִיא? מִיצּוּי הִיא! הָא זְרִיקָה? שְׁפִיכָה הִיא! וְעוֹד: א] דֶּרֶךְ הַזָּאָה בְּכָךְ? דֶּרֶךְ זְרִיקָה בְּכָךְ? אָמַר רַב אַשִׁי: אִי דְּנָקַט לְהוּ בְּרֹאשׁ הַמִּזְבֵּחַ – ה"נ, כִּי ב] קָאָמַר – דְּתַלְנְהוּ בְּקַנְיָא, מַאי? תֵּיקוּ.§ **מתני'** *כְּלֵי הַלַּח מְקַדְּשִׁין אֶת הַלַּח, וּמִדּוֹת יָבֵשׁ מְקַדְּשׁוֹת אֶת הַיָּבֵשׁ. אאֵין כְּלֵי הַלַּח מְקַדֶּשֶׁת אֶת הַיָּבֵשׁ, וְלֹא יָבֵשׁ מְקַדֵּשׁ אֶת הַלַּח. בכְּלֵי הַקּוֹדֶשׁ שֶׁנִּיקְּבוּ, אִם עוֹשִׂין בָּהֶן מֵעֵין מְלַאכְתָּן שֶׁהָיוּ עוֹשִׂין וְהֵן שְׁלֵימִים – מְקַדְּשִׁין, וְאִם לָאו – אֵין מְקַדְּשִׁין. גוְכוּלָּן אֵין מְקַדְּשִׁין אֶלָּא בַּקּוֹדֶשׁ.§ **גמ'** *אָמַר שְׁמוּאֵל: לֹא שָׁנוּ אֶלָּא מִדּוֹת, דאֲבָל מִזְרָקוֹת – מְקַדְּשִׁין, שֶׁנֶּאֱמַר: °"שְׁנֵיהֶם מְלֵאִים סוֹלֶת". א"ל רַב אַחָא מִדִּיפְתִּי לְרָבִינָא: מִנְחָה, לַחָה הִיא! א"ל: לֹא נִצְרְכָה אֶלָּא לַיָּבֵשׁ שֶׁבָּהּ. אִיבָּעֵית אֵימָא: מִנְחָה לְגַבֵּי דָּם – כְּיָבֵשׁ דָּמֵי. אָמַר שְׁמוּאֵל: הכְּלֵי שָׁרֵת אֵין מְקַדְּשִׁין אֶלָּא שְׁלֵימִין, אֵין מְקַדְּשִׁין אֶלָּא מְלֵאִין, אֵין מְקַדְּשִׁין אֶלָּא מִתּוֹכָן. וְאָמְרִי לַהּ: אֵין מְקַדְּשִׁין אֶלָּא שְׁלֵימִין וּמְלֵאִים וּמִבִּפְנִים. מַאי בֵּינַיְיהוּ? אִיכָּא בֵּינַיְיהוּ: ובֵּירוּצֵי מִדּוֹת. בְּמַתְנִיתָא תָּנָא: אֵין מְקַדְּשִׁין אֶלָּא שְׁלֵימִין וּמְלֵאִים, וּמִתּוֹכָן, וּבִפְנִים. א"ר אַסִי א"ר יוֹחָנָן: זלֹא שָׁנוּ אֶלָּא שֶׁאֵין דַּעְתּוֹ לְהוֹסִיף, אֲבָל דַּעְתּוֹ לְהוֹסִיף – רִאשׁוֹן רִאשׁוֹן קוֹדֵשׁ. תַּנְיָא נַמִי הָכִי: "מְלֵאִין" – אֵין מְלֵאִין אֶלָּא שְׁלֵימִין. אָמַר רַבִּי יוֹסֵי: אֵימָתַי – בִּזְמַן שֶׁאֵין דַּעְתּוֹ לְהוֹסִיף, אֲבָל דַּעְתּוֹ לְהוֹסִיף – רִאשׁוֹן רִאשׁוֹן קוֹדֵשׁ.§ "אֵין כְּלֵי הַלַּח מְקַדֵּשׁ" [וכו'].§ אָמַר רַב, וְאִיתֵימָא רַב אַסִי: אֵין מְקַדְּשִׁין לִיקָּרֵב, חאֲבָל מְקַדְּשִׁין לִיפָּסֵל. ג] אִיכָּא דְּמַתְנֵי לַהּ אַהָא: *אֵין טמְבִיאִין מְנָחוֹת וּנְסָכִים וּמִנְחַת בְּהֵמָה וּבִיכּוּרִים מִן הַמְדוּמָּע, וְאֵין צ"ל מֵעָרְלָה וְכִלְאֵי הַכֶּרֶם, וְאִם הֵבִיא – לֹא קִדֵּשׁ. אָמַר רַב, וְאִיתֵימָא רַב אַסִי: ילֹא קִדֵּשׁ לִיקָּרֵב, אֲבָל קִדֵּשׁ לִיפָּסֵל. ד] *ת"ר: כּכְּלֵי קֹדֶשׁ שֶׁנִּיקְּבוּ – אֵין מַתִּיכִין אוֹתָן, וְאֵין מַתִּיכִין לְתוֹכָן אֲבָר. °נִפְגְּמוּ – אֵין מְתַקְּנִין אוֹתָן. לסַכִּין שֶׁנִּפְגַּם – אֵין מַשְׁחִיזִין אֶת פְּגִימָתָהּ, נִשְׁמְטָה – אֵין מַחֲזִירִין אוֹתָהּ. אַבָּא שָׁאוּל אוֹמֵר: סַכִּין מְטָרֶפֶת הָיְתָה בַּמִּקְדָּשׁ, וְנִמְנוּ עָלֶיהָ כֹּהֲנִים וּגְנָזוּהָ. ת"ר: *בִּגְדֵי כְהוּנָּה אֵין עוֹשִׂין אוֹתָם מַעֲשֵׂה מַחַט אֶלָּא מַעֲשֵׂה אוֹרֵג, שֶׁנֶּאֱמַר: °"מַעֲשֵׂה אוֹרֵג". נִתְגָּעֲלוּ – אֵין מְכַבְּסִין ה] לֹא בְּנֶתֶר וְלֹא בְּאָהָל. הָא בְּמַיִם מְכַבְּסִין? אָמַר אַבַּיֵי, ה"ק: °הוּגְעוּ ו] בְּמַיִם – מְכַבְּסִין אוֹתוֹ בְּנֶתֶר וְאָהָל, הוּגְעוּ

[גליון: תורה אור — במדבר ז; שמות כח]

רש"י

חַטַּאת הָעוֹף פְּסוּלָה. שֶׁמְּלָקָהּ בְּרֹאשׁ הַמִּזְבֵּחַ שֶׁלֹּא לִשְׁמָהּ ז] וּפָסַל. דְּאַף עַל גַּב ח] דְּנַעֲשֵׂית לְמַטָּן, הָא אָמַר מַר לְעֵיל (דף סג:): מְלִיקָה בְּכָל מָקוֹם בַּמִּזְבֵּחַ – כְּשֵׁרָה, וְלֹא פָּסוּל *מַעֲלָה דִּידֵיהּ אֶלָּא בְּהַזָּאָה. וְהֵיכָא דִּמְלָקָהּ בְּפָסוּל בְּרֹאשׁ הַמִּזְבֵּחַ, וְקַיְ"ל דְּבְכָל הַפְּסוּלִין אִם עָלוּ לֹא יֵרְדוּ – הֵיכִי שָׁרֵי לֵיהּ מַר לְהַזּוֹת מִדָּמָהּ? הֲרֵי מַגְבִּיהַּ וּמַתִּיז כְּשֶׁאוֹחֵז בָּהּ וּמַזֶּה, וַהֲוָה לֵיהּ יָרוּד! שְׁאָר פְּסוּלִים. דָּמִים (א) ט] בִּבְהֵמָה, לְר"ג דְּאָמַר בְּמַתְנִי': הַדָּם פָּסוּל שֶׁעָלָה – לֹא יֵרֵד. הֵיכִי זָרֵיק מִדָּמָן? הֲרֵי זְרִיקָה מֵרָחוֹק הוּא זוֹרֵק, וַהֲוָה לֵיהּ אֲוִיר הַמִּזְבֵּחַ! וּמְשַׁנֵּי: דְּמַגַּע לְהוּ. לְכוֹתֶל מִזְבֵּחַ כְּשֶׁמַּזֶּה בְּחַטַּאת הָעוֹף, וְכֵן בִּזְרִיקַת דָּם פָּסוּל. וּפָרְכִינַן: הָא הַזָּאָה הִיא. בִּתְמִיָּה, מִיצּוּי הוּא! וּלְעִנְיַן דָּמִים פְּסוּלִים נַמִי, אִי מַגַּע לְהוּ – י] שְׁפִיכָה הָוֵי וְלֹא זְרִיקָה! וְעוֹד: וְכִי דֶּרֶךְ הַזָּאָה וּזְרִיקָה בְּכָךְ? אֶלָּא לָאו – מִשּׁוּם דַּאֲוִיר מִזְבֵּחַ כְּמִזְבֵּחַ דָּמֵי. אָמַר רַב אַשִׁי. לְעוֹלָם בָּעֲיַין מֵהָא לָא תִּפְשׁוֹט, יא] *דְּהָא גַּבְרָא בְּרֹאשׁ הַמִּזְבֵּחַ קָאֵי וְנָקֵיט לְהוּ, וּכְה"ג לָא מִיבָּעֲיָא לָן בַּאֲוִיר מִזְבֵּחַ לְעֵיל, דְּהַנָּחַת גּוּפוֹ בְּרֹאשׁ הַמִּזְבֵּחַ כְּהַנָּחַת קָרְבָּן דָּמֵי. וְכִי קָמִבָּעֲיָא לָן – כְּגוֹן דְּקָאֵי אַאַרְעָא וְתָלֵינְהוּ בְּקַנְיָא בַּאֲוִיר הַמִּזְבֵּחַ. **מתני'** כְּלֵי הַלַּח. קְעָרוֹת וּמִזְרָקוֹת, לְדָם וּלְיַיִן וּלְשֶׁמֶן. מִדּוֹת הַיָּבֵשׁ. שְׁתֵּי מִדּוֹת שֶׁל יָבֵשׁ הָיוּ שָׁם: עִשָּׂרוֹן וַחֲצִי עִשָּׂרוֹן, עִשָּׂרוֹן – לִמְדִידַת כָּל הַמְּנָחוֹת, וַחֲצִי עִשָּׂרוֹן – לַחֲלוֹת בּוֹ מִנְחַת חֲבִיתֵּי כ"ג, יב] מַחֲצִיתָהּ בַּבּוֹקֶר וּמַחֲצִיתָהּ בָּעֶרֶב. לְהָכִי נָקַט גַּבֵּי יָבֵשׁ "מִדּוֹת" – יג] שֶׁאֵין כֵּלִים מְיוּחָדִים לְיָבֵשׁ אֶלָּא אֵלּוּ. דִּכְלִי שֶׁנּוֹתְנִין בּוֹ מִנְחָה כְּלִי לַח הוּא, שֶׁמִּזְרָקוֹת וּקְעָרוֹת רְאוּיִן לְכָךְ. וְאֵין כְּלֵי לַח מְקַדְּשׁוֹת אֶת הַיָּבֵשׁ. בַּגְּמָרָא מְתַרְגֵּם לָהּ אַמִּדּוֹת הַלַּח. שֶׁהָיוּ עוֹשִׂין וְהֵן שְׁלֵימִים. כְּשֶׁהֵן שְׁלֵימִים. אֶלָּא בַּקֹּדֶשׁ. בָּעֲזָרָה. **גמ'** לֹא שָׁנוּ. דְּאֵין כְּלֵי הַלַּח מְקַדְּשִׁין אֶת הַיָּבֵשׁ. אֶלָּא מִדּוֹת. ז' מִדּוֹת הַלַּח שֶׁהָיוּ שָׁם: הִין, וַחֲצִי הִין, וּשְׁלִישׁ הַהִין, וכו'. דְּכֵיוָן דְּהָנָךְ לָא חֲזוּ לְיָבֵשׁ *לְמִידֵי לִמְדּוֹד, וְהֵן לֹא נִמְשְׁחוּ אֶלָּא לִמְדִידָה – לְפִיכָךְ אֵין מְקַדְּשִׁין אֶלָּא ע"י מְדִידָה. אֲבָל מִזְרָקוֹת. אע"ג דִּכְלֵי הַלַּח נִינְהוּ – מְקַדְּשִׁין יָבֵשׁ, דְּכִי הֵיכִי דַּחֲזוּ לְלַח, חֲזוּ לְסֹלֶת שֶׁהוּא יָבֵשׁ. לַחָה הִיא. דְּהָא כְּתִיב "בְּלוּלָה בַשֶּׁמֶן", וְהֵיכִי יָלְפַתְּ מֵהַאי קְרָא דִּמְקַדְּשִׁין יָבֵשׁ? לַיָּבֵשׁ שֶׁבָּהּ. שֶׁאִי אֶפְשָׁר לִיבָּלֵל כּוּלָּהּ שֶׁלֹּא יְהוּ בָּהּ קְרָטִין קְרָטִין שֶׁל יָבֵשׁ שֶׁלֹּא נָגַע בָּהֶן הַשֶּׁמֶן, וְקַדְּשִׁינְהוּ מִזְרָקוֹת (ב). כ"ש. כְּיָבֵשׁ דַּמְיָא. וְשַׁפִּיר תִּפְשׁוֹט מִינָּהּ לְיָבֵשׁ גָּמוּר. אֶלָּא שְׁלֵימִין. לְאַפּוֹקֵי נִקְבוּ. וְאֵין מְקַדְּשִׁין אֶלָּא מְלֵאִין. כְּלוֹמַר, שֶׁיְּהֵא בָּהֶן שִׁיעוּר שָׁלֵם הַצָּרִיךְ לַדָּבָר: אִם יָבֵשׁ הוּא – שֶׁיִּהְיֶה שָׁם עִשָּׂרוֹן שָׁלֵם לְמִנְחָה, וְאִם מִנְחַת נְסָכִים הִיא שֶׁנִּיתְּנָה בִּכְלִי – יְהֵא שָׁם ג' עֶשְׂרוֹנִים לַפָּר, וּשְׁנֵי עֶשְׂרוֹנִים לָאַיִל. אֲבָל אִם חָסֵר הַשִּׁיעוּר – אֵין הַכְּלִי מְקַדְּשָׁן, שֶׁאֵינוֹ רָאוּי לִכְלִי. (ג) כָּךְ שָׁמַעְתִּי בִּמְנָחוֹת (דף ח.). אֶלָּא בִּפְנִים. בָּעֲזָרָה. בֵּירוּצֵי מִדּוֹת אִיכָּא בֵּינַיְיהוּ. לְמַאן דְּתָנֵי אֵין מְקַדְּשִׁין אֶלָּא מִתּוֹכָן, קָסָבַר: בֵּירוּצֵי מִדּוֹת לֹא נִתְקַדְּשׁוּ, אֶלָּא מַה שֶּׁבְּתוֹךְ חֲלָלוֹ שֶׁל כְּלִי. "בֵּירוּצֵי מִדּוֹת" = גּוֹדְשֵׁי מִדּוֹת. וּפְלוּגְתָּא הִיא בִּמְנָחוֹת, בְּפֶרֶק "שְׁתֵּי מִדּוֹת" (דף צ.). לֹא שָׁנוּ. הָא דְּאָמְרִינַן דְּאֵין מְקַדְּשִׁין אֶלָּא מְלֵאִים. אֶלָּא שֶׁאֵין דַּעְתּוֹ לְהַשְׁלִים. וּלְהוֹסִיף עַד כְּשִׁיעוּר. תַּנְיָא נַמִי הָכִי מְלֵאִים. "שְׁנֵיהֶם מְלֵאִים סֹלֶת". אֶלָּא שְׁלֵימִים. *שֶׁהָיוּ עֶשְׂרוֹנִים וְלוּגִין שְׁלֵימִים, לְאַפּוֹקֵי שִׁיעוּר חָסֵר דְּלָא מְקַדְּשֵׁי. אֲבָל מְקַדְּשִׁין כְּלֵי הַלַּח אֶת הַיָּבֵשׁ לִיפָּסֵל. °שֶׁאִם יָצָא חוּץ לַקְּלָעִים אוֹ נָגַע בּוֹ טְבוּל יוֹם – נִפְסָל. דְּאַהֲנֵי לֵיהּ כְּלִי לְהֶכְשֵׁירוֹ לִיפָּסֵל, יד] כִּדְתַנְיָא מְעִילָה (דף י.): הַמְּנָחוֹת מוֹעֲלִין בָּהֶן מִשֶּׁהוּקְדְּשׁוּ, קָדְשׁוּ בִּכְלִי – הוּכְשְׁרוּ לִיפָּסֵל בִּטְבוּל יוֹם וּבִמְחוּסַּר כִּפּוּרִים. מְנָחוֹת וּנְסָכִים וּמִנְחַת בְּהֵמָה מִן הַמְדוּמָּע. וְאע"פ שֶׁמּוּתָּר לַכֹּהֲנִים. דְּבָעֵינַן "מוּתָּר לְכָל יִשְׂרָאֵל", שֶׁנֶּאֱמַר (יחזקאל מה): "מִמַּשְׁקֵה יִשְׂרָאֵל" – מִן הַמּוּתָּר לְיִשְׂרָאֵל. וְאֵין צ"ל מֵעָרְלָה. שֶׁאֲסוּרָה אַף לַכֹּהֲנִים. לִיפָּסֵל. דְּלָא נָפְקֵי *לְחוֹל. וְיִשָּׂרְפוּ, שֶׁקִּדְּשָׁם הַכְּלִי. וְהָא דְּרַב אַסִי לָא מְהַדַּר אַבִּכּוּרִים אֶלָּא אַמְּנָחוֹת, דְּבִכּוּרִים לָאו קְדוּשַּׁת כְּלִי טו] הוּא, וּמַאי לִיפָּסֵל אִיכָּא וּמַאי לִיקָּרֵב אִיכָּא? הָא לָא קָרְבוּ טז]. אֵין מַתִּיכִין אוֹתָן. כְּמוֹ שֶׁעוֹשִׂין יז] לְמִדּוֹת מְנוּקָּבוֹת, שֶׁמַּתִּיכִין אוֹתָן סְבִיבוֹת הַנֶּקֶב וְנִסְתָּם הַנֶּקֶב. וְאֵין מַתִּיכִין לְתוֹכָן אֵבֶר. לִסְתּוֹם הַנֶּקֶב. וְכוּלְּהוּ מִשּׁוּם דְּמִיחְזֵי כַּעֲנִיּוּת, וְלָאו אוֹרַח אַרְעָא. נִפְגְּמוּ. פְּגִימָה גְּדוֹלָה, שֶׁתִּיקּוּן הַשְׁחָזָתָהּ נִיכָּר. סַכִּין מְטָרֶפֶת. שֶׁהָיְתָה רַכָּה לִיפָּגֵם פְּגִימוֹת דַּקּוֹת תָּמִיד, וּמְטָרֶפֶת אֶת הַקֳּדָשִׁים. אֵין עוֹשִׂין אוֹתָן מַעֲשֵׂה מַחַט. לְאוֹרְגָן כְּמִין יְרִיעָה וְלַעֲשׂוֹתָן אַחֲרֵי כֵן לְבוּשׁ תָּפוּר בְּמַחַט. אֶלָּא כְּמִין מַלְבּוּשׁ אוֹרְגִין אוֹתָן בִּכְלֵיהֶם. אָהָל. מִין כִּיבּוּס הוּא שֶׁמַּעֲבִיר אֶת הַגִּיעוּל, וְכֵן נֶתֶר. הָא בְּמַיִם מְכַבְּסִין. בִּתְמִיָּה. כֵּיוָן דְּטַעְמָא מִשּׁוּם דְּמִיחְזֵי כַּעֲנִיּוּת הוּא, מַה לִּי נֶתֶר מַה לִּי מַיִם? הֲרֵי נִתְגַּעֲלוּ וְכִבְּסָן, כָּל שֶׁכֵּן דְּכִי לָא מְחַוַּור לְהוּ שַׁפִּיר גְּרִיעֵי טְפֵי! הוּגְעוּ

תוספות

חטאת העוף פסולה היכי מזה מדמה. פירש בקונטרס: וקי"ל כ"כל הפסולין" (לעיל דף פד.) *דאם עלו – יח] יזרוק הדם לכתחילה. וא"ת: מנא ליה הא דקודם זריקה קאמר דלא ירדו? דילמא היינו לאחר זריקה! ויש קצת ראיה ממליקת חטאת העוף, דאין מטמא בבית הבליעה, שמתרת את האסור. ואם אין יכול לזרוק לכתחילה – במה מתרת את יט] האכילה? דלענין אם זרק את הדם לא יקנחנו – לא קאמר, דאפי' למאן דאמר תרד לא יקנחנו, כדפי' לעיל (דף פז: ד"ה כלי).

מדות היבש. פירש בקונטרס: דלהכי קרי ליה ליבש "מדה" ולא "כלי", שאין שום *כלי מקדש ליבש אלא שתי מדות עשרון וחצי עשרון. ותימה והאיכא ביסא, פרק "הקומץ [רבה]" (מנחות דף כד.), והאיכא מחתה לקטורת, והאיכא כף, והאיכא מכתשת בשבועות (דף יא.), והאיכא בזיכין ושולחן! ופי' ר"ת: דלהכי קרי לי' ליבש "מדה" ולא "כלי" – לפי שיבש יכולין למדוד מחוק או גדוש בכל ענין שירצה, אבל דבר לח לא שייך מדה גביה, שהרי מדת לח אינה שוה, דדבר לח אינו יכול להיות גדוש. ופעמים שמדת לח זה יתירה מזה, כמו מדת יין יתירה ממדת מים לפי שיין עב יותר, וכן שמן מיין – להכי לא קרי ליה "מדה" כ]*.

אלא בפנים. פי' בקונטרס: בעזרה. *ותימה: למה שינה לשון המשנה? הוה ליה למימר "בקדש"! ומפ' רבינו חיים: דמבפנים לכלי קאמר. כא] ואתי למעוטי °חקק מושבו מבחוץ*.

מן המדומע. פירש בקונטרס: מדומע דתרומה. ורבינו חיים פירש: מעורב בערלה וכלאי הכרם. אבל ערלה וכלאי הכרם – לא איצטריך למיתני. ופי' הקונטרס צ"ע, איך יתיישב "ממשקה ישראל" כיון דשרי לכהנים. ומההיא דחגיגה (דף כד:) דקאמר: אם אמר "הפרשתי לתוכה רביעית קדש" נאמן על התרומה – לא שייכא לכאן, דהתם לאו מדומע הוי, שהרי אין מקדיש הרביעית ואין קורא שם על התרומה בעוד שהיא בחבית, אלא יחדה ושמרה בטהרה ליקח ממנה רביעית, אחר שיתרום ויעשה אותה [תרומה].

נשמטה אין מחזירין אותה. לקתה, דאין עניות במקום עשירות. כמחלוקת

מסורת הש"ס

כ"א מעלה גרידא אלא כו'

מנחות ח: יט:

נ"ל דהיכא דגברא בראש המזבח קאי ונקיט להו כה"ג כו' נ"ק

[מנחות ח.]

תוספתא דמנחות ספ"ח ותוספתא דמעילה פ"א

למדה נ"ק

תוספתא דמנחות ספ"ט

[יומא עב:]

[מנחות יט:]

נ"ק

נ"ל שיהיו נ"ק

לחולין נ"ק

הגהות הב"ח

(א) רש"י ד"ה שאר פסולים דמים של בהמה: (ב) ד"ה ליבש וכו' מזרקות הס"ד ותיבת כ"ש נמחק: (ג) ד"ה ואין מקדשין וכו' לכלי הס"ד ותיבות כ"ש במנחות נמחק:

עין משפט נר מצוה

נ"ל דאם עלו לא ירדו ויזרוק הדם כו' נ"ק

לח א מיי' פ"ג מהל' פסה"מ הלי"ט:

לט ב ג מיי' שם הל"כ:

מ ד מיי' שם הלי"ט:

מא ה מיי' שם הל"כ:

מב ו מיי' פ"א מהל' כלי המקדש הלי"ט:

מג ז ח מיי' פ"ב מהל' פסה"מ הל"כ:

נ"ל כלי במקדש נ"ק

מד ט י מיי' פ"ה מהל' איסורי מזבח הל"ט:

מה כ מיי' פ"א מהל' כלי המקדש הלי"ד:

מו ל מיי' שם הלט"ו:

[מנחות יט:]

[וע' תוס' מנחות ח: ד"ה כלי]

ע' בס' פנים מאירות

[ועיין תוס' פסחים סג: ד"ה מידי דהוי ותוספות יומא מט. ד"ה בעי]

גליון הש"ס

גמ' נפגמו אין מתקנין. עיין שבועות דף יא ע"א תוס' ד"ה מ"מ קשיא: **שם** הוגעו במים מכבסים. ע' סוטה דף טו ע"ב תוס' ד"ה נתאכמו: **רש"י** ד"ה אבל מקדשין וכו' שאם יצא. עיין לעיל דף כ ע"ב תוס' ד"ה יניחה: **תוס'** ד"ה אלא וכו' חקק מושבו מבחוץ. עי' פסחים דף סג ע"ב תוס' ד"ה מידי וסוכה דף נ ע"א תוס' ד"ה ואי:

שיטה מקובצת

א] ועוד וכ' דרך: ב] ס"א כי קא מבעיא לן דקאי ארעא' ותלינהו: ג] ליפסל. ס"א איכא דמתני לה אסיפא דמתניתין אין מקדשין אלא בקודש אמר רב ואיתימא רב אסי אין מקדשין ליקרב אבל מקדשין ליפסל: ד] ליפסל: כלי קודש שנקבו כו'. ת"ר כלי קודש: ה] מכבסין אותו לא: ו] הוגעו למים מכבסין אותו בנתר ואהל הוגעו לנתר וכו': ז] לשמה ופסלה: ח] גב דלא נעשית למטן הא אמר מר לעיל מליקה בכל מקום כו' מעלה דידה אלא: ט] דמים דבהמה: י] להו לכותל שפיכה היא ולא זריקה: יא] תפשוט דהכא גברא: יב] כה"ג מחצית בבוקר ומחצית בערב: יג] מדות שאין כלים: יד] ליפסל כדתנן מעילה: טו] כלי אית בהו ומאי: טז] לא קרבי הס"ד: יז] שעושין ליורות מנוקבות: יח] עלו לא ירדו ויזרוק הדם: יט] את האיסור ותיבת האכילה נמחק: כ] מדה א"נ משום דבלח יש כלים שאינן מדות כגון קערות וכיוצא בהם. מהר"פ: כא] קאמר ולמעוטי מגבו וא"ת היינו מתוכן י"ל דאתא למעוטי כו' תיבת ואתי נמחק.

עין משפט נר מצוה

מז א מיי' פ"ח מהל' כלי המקדש הל"ה:
מח ב מיי' שם פ"ט הלכה ג:
מט ג ד מיי' שם הל"ד:

הוּגְעוּ לְנֶתֶר וְאָהָל — אַף בְּמַיִם אֵין מְכַבְּסִים. וְיֵשׁ אוֹמְרִים: אאֵין מְכַבְּסִין אוֹתָן כָּל עִיקָּר, *שֶׁאֵין עֲנִיּוּת בִּמְקוֹם עֲשִׁירוּת.§ ת"ר: במְעִיל כּוּלּוֹ שֶׁל תְּכֵלֶת הָיָה, שֶׁנֶּאֱמַר: °"וַיַּעַשׂ אֶת מְעִיל הָאֵפוֹד כְּלִיל תְּכֵלֶת". שׁוּלָיו כֵּיצַד? א] גמֵבִיא תְּכֵלֶת וְאַרְגָּמָן וְתוֹלַעַת שָׁנִי שְׁזוּרִין, וְעוֹשֶׂה אוֹתָן כְּמִין רִימּוֹנִים שֶׁלֹּא פִּיתְּחוּ פִּיהֶן, וּכְמִין קוֹנָאוֹת שֶׁל ב] קְנָסוֹת שֶׁבְּרָאשֵׁי תִינוֹקוֹת. דוּמֵבִיא שִׁבְעִים וּשְׁנַיִם זָגִין שֶׁבָּהֶן שִׁבְעִים וּשְׁנַיִם עִינְבָּלִין, וְתוֹלֶה ג] בָּהֶן, שְׁלֹשִׁים וְשִׁשָּׁה בְּצַד זֶה וּשְׁלֹשִׁים וְשִׁשָּׁה מִצַּד זֶה. רַבִּי ד] דוֹסָא אוֹמֵר מִשּׁוּם רַבִּי יְהוּדָה: שְׁלֹשִׁים וְשִׁשָּׁה הָיוּ, שְׁמוֹנֶה עָשָׂרָה מִצַּד זֶה וּשְׁמוֹנֶה עֶשְׂרֵה מִצַּד זֶה. אָמַר רַבִּי עִינִינֵי בַּר שָׂשׂוֹן: כְּמַחֲלוֹקֶת כָּאן, כָּךְ מַחֲלוֹקֶת בְּמַרְאוֹת נְגָעִים. *דִּתְנַן: מַרְאוֹת נְגָעִים, רַבִּי דוֹסָא בֶּן הָרְכִּינָס אוֹמֵר: ל"ו, עֲקַבְיָא בֶּן מַהֲלַלְאֵל אוֹמֵר: שִׁבְעִים וּשְׁנַיִם. *וְאָמַר רַבִּי עִינִינֵי בַּר שָׂשׂוֹן: •לָמָּה נִסְמְכָה פָּרָשַׁת קָרְבָּנוֹת לְפָרָשַׁת בִּגְדֵי כְהוּנָּה — לוֹמַר לְךָ: מָה קָרְבָּנוֹת מְכַפְּרִין — אַף בִּגְדֵי כְהוּנָּה מְכַפְּרִין; כְּתוֹנֶת — מְכַפֶּרֶת עַל שְׁפִיכוּת דָּם, שֶׁנֶּאֱמַר: °"וַיִּשְׁחֲטוּ שְׂעִיר עִזִּים וַיִּטְבְּלוּ אֶת הַכֻּתֹּנֶת בַּדָּם". מִכְנָסַיִם — ה] מְכַפֶּרֶת עַל גִּילּוּי עֲרָיוֹת, שֶׁנֶּאֱמַר: °"וַעֲשֵׂה לָהֶם מִכְנְסֵי בָד ו] [לְכַסּוֹת (אֶת) בְּשַׂר עֶרְוָה"] מִצְנֶפֶת — מְכַפֶּרֶת עַל גַּסֵּי הָרוּחַ. מִנַּיִן? אָמַר רַבִּי חֲנִינָא: יָבֹא דָּבָר שֶׁבְּגוֹבַהּ וִיכַפֵּר עַל גּוֹבַהּ. אַבְנֵט — מְכַפֵּר עַל הִרְהוּר הַלֵּב, ז] *הֵיכָא דְּאִיתֵיהּ. חוֹשֶׁן — מְכַפֵּר עַל הַדִּינִין, שֶׁנֶּא': °"וְעָשִׂיתָ חֹשֶׁן מִשְׁפָּט". אֵפוֹד — מְכַפֵּר עַל עֲבוֹדָה זָרָה, שֶׁנֶּאֱמַר: °"אֵין אֵפוֹד וּתְרָפִים". מְעִיל — מְכַפֵּר עַל לָשׁוֹן הָרַע. מִנַּיִן? א"ר חֲנִינָא: יָבֹא דָּבָר שֶׁבְּקוֹל וִיכַפֵּר עַל קוֹל הָרַע. וְצִיץ — מְכַפֵּר עַל עַזּוּת פָּנִים, בְּצִיץ כְּתִיב: °"וְהָיָה עַל מֵצַח אַהֲרֹן", וּבְעַזּוּת פָּנִים כְּתִיב: °"וּמֵצַח אִשָּׁה זוֹנָה הָיָה לָךְ". אִינִי? וְהָא"ר יְהוֹשֻׁעַ בֶּן לֵוִי: שְׁנֵי דְבָרִים לֹא מָצִינוּ לָהֶן כַּפָּרָה בְּקָרְבָּנוֹת, וּמָצִינוּ לוֹ כַּפָּרָה מִמָּקוֹם אַחֵר, וְאֵלּוּ הֵן: שְׁפִיכוּת דָּמִים וְלָשׁוֹן הָרַע. שְׁפִיכוּת דָּמִים — מֵעֶגְלָה עֲרוּפָה, וְלָשׁוֹן הָרַע — מִקְּטֹרֶת, דְּתָנֵי רַב חֲנַנְיָה: מִנַּיִן לַקְּטֹרֶת שֶׁמְּכַפֶּרֶת — שֶׁנֶּאֱמַר: °"וַיִּתֵּן אֶת הַקְּטֹרֶת וַיְכַפֵּר עַל הָעָם", *וְתָנֵי דְּבֵי רַבִּי יִשְׁמָעֵאל: עַל מָה קְטוֹרֶת מְכַפֶּרֶת — עַל לָשׁוֹן הָרַע, יָבֹא דָּבָר שֶׁבַּחֲשַׁאי וִיכַפֵּר עַל מַעֲשֵׂה חֲשַׁאי. קַשְׁיָא לָשׁוֹן הָרַע אַלָּשׁוֹן הָרַע, קַשְׁיָא שְׁפִיכוּת דָּמִים אַשְּׁפִיכוּת *דָּמִים! לָא קַשְׁיָא: הָא — דִּידִיעַ מַאן קַטְלֵיהּ, הָא — דְּלָא יְדִיעַ מַאן קַטְלֵיהּ. אִי דִּידִיעַ מַאן קַטְלֵיהּ, בַּר קְטָלָא הוּא! בְּמֵזִיד וְלָא אַתְרוּ בֵּיהּ. וְלָשׁוֹן הָרַע אַלָּשׁוֹן הָרַע נַמִי לָא קַשְׁיָא; הָא — בְּצִינְעָא, הָא — בְּפַרְהֶסְיָא.§

הדרן עלך המזבח מקדש

רש"י

הוּגְעוּ לְמַיִם. כְּלוֹמַר, אִם הָיָה גִּיעוּלָן מוּעָט, וְלֹא ח] הוּזְקְקָן אֶלָּא לְכִיבּוּס מַיִם — מְכַבְּסִים אוֹתָן אַף בְּנֶתֶר וְאָהָל. הוּגְעוּ לְנֶתֶר וְאָהָל. שֶׁנִּתְגָּעֲלוּ גִּיעוּל רַב, שֶׁהִגִּיעוּ לִיזָּקֵק לְכִיבּוּס נֶתֶר וְאָהָל — תּוּ לָא מְתַקֵּן לְהוּ כְּלָל. אַף בְּמַיִם. לָאו לְרַבּוּתָא הוּא. אֶלָּא לְמֵימְרָא דְּנֶתֶר וְאָהָל דְּנָקַט — לָאו לְעִנְיַן כִּיבּוּס נָקַט, דְּהֵיכָא דְּאָסוּר אָסוּר לְגַמְרֵי, וְהֵיכָא דְּשָׁרֵי שָׁרֵי לְגַמְרֵי. אֶלָּא לְעִנְיַן גִּיעוּל נָקֵיט לֵיהּ, וְה"ק: נִתְגָּעֲלוּ — אֵין מְכַבְּסִין אוֹתוֹ כְּלָל, אִם הוּזְקְקוּ לְנֶתֶר וְאָהָל. נִרְאֶה בְּעֵינַי דְּה"ג: שׁוּלָיו כֵּיצַד הָיָה מֵבִיא כו' דְּבְרִימּוֹנִים נֶאֶמְרוּ שְׁלֹשָׁה צְבָעִים. שֶׁלֹּא נִפְתְּחוּ פִּיהֶם. דֶּרֶךְ רִימּוֹנִים כְּשֶׁשּׁוֹהִין בָּאִילָן אַחַר גְּמַר בִּישּׁוּלָן מִתְפַּתְּחִין מֵאֵילֵיהֶן, כְּדֶרֶךְ שֶׁעוֹשִׂין קְלִיפֵּי אֱגוֹזִים הַחִיצוֹנוֹת. וּכְמִין קוֹנָאוֹת. = *בוטונ"ש, עֲשׂוּיִין כְּמִין תִּיק שֶׁל נְחֹשֶׁת שֶׁעוֹשִׂין ט] [בְּסוֹף] בֵּית יַד הָרוֹמַח, שֶׁקּוֹרִין *אריסטייל, לְשׁוֹן (שמואל ב כא) "וּמִשְׁקַל קֵינוֹ" דְּיִשְׁבִּי בְּנוֹב. וְהַתִּינוֹקוֹת תּוֹלִין אוֹתוֹ בְּרָאשֵׁי כּוֹבְעֵי נְיָרִים שֶׁעוֹשִׂין אוֹתוֹ לְמִלְחַמְתָּן, שֶׁקּוֹרִים *הילמ"ש. י] קְנָסוֹת שֶׁבְּרָאשֵׁי תִּינוֹקוֹת. לְשׁוֹן "וְקַלְּסָא דִּנְחָשָׁא עַל רֵישֵׁיהּ". זָגִין. = *אינגליט"ש. עִינְבָּלִים. מַה שֶּׁתָּלוּי בְּתוֹכָן לְקַשְׁקֵשׁ. וְתוֹלֶה בּוֹ אֵצֶל הָרִמּוֹן. [וְהוּא] פַּעֲמוֹן, כִּדְכְתִיב (שמות לט): "פַּעֲמֹן וְרִמֹּן". יא] וּ"בְתוֹךְ הָרִמֹּנִים" דִּקְרָא — לָאו בְּתוֹךְ הֶחָלָל קָאָמַר, אֶלָּא בֵּינֵיהֶם, דְּפַעֲמוֹן אֶחָד בֵּין שְׁנֵי רִמּוֹנִים. מִצַּד זֶה. מִלְּפָנָיו וּמִלְּאַחֲרָיו. מַרְאוֹת נְגָעִים. לְטַמֵּא, יב] מִפְּתוּכִין שֶׁל לָבָן אֲדַמְדָּם, וּלְבָנִים שֶׁל נִתְקֵי הָרֹאשׁ וְזָקָן וְשֶׁל נִגְעֵי בָתִּים [וּבְגָדִים]. לָמָּה נִסְמְכָה. בְּ"צַו אֶת אַהֲרֹן". "זֹאת תּוֹרַת הָעוֹלָה" "זֹאת תּוֹרַת הַחַטָּאת וְהָאָשָׁם וְזֶבַח הַשְּׁלָמִים", וַהֲדַר "קַח אֶת אַהֲרֹן וְאֶת הַבְּגָדִים". וַיִּטְבְּלוּ אֶת הַכֻּתֹּנֶת. רֶמֶז הוּא לֶעָתִיד, יג] שֶׁיְּכַפֵּר שְׁפִיכַת דָּמִים בִּכְתֹנֶת. טְבִילָה — הַיְינוּ כַּפָּרָה. לְכַסּוֹת יד] אֶת בְּשַׂר עֶרְוָה. לְחַפּוֹת עַל גִּילּוּי עֲרָיוֹת. אַהֵיכָא דְּאִיתֵיהּ. שֶׁהָיוּ חוֹגְרִין כְּנֶגֶד אַצִּילֵי יְדֵיהֶן, דְּהַיְינוּ כְּנֶגֶד הַלֵּב, כִּדְיָלְפִינַן בְּפֶרֶק שֵׁנִי (לעיל דף יט.) מִ"וְלֹא יַחְגְּרוּ בַּיָּזַע". אֵין אֵפוֹד. נִגְלֶה עֲוֹן תְּרָפִים, הָא יֵשׁ אֵפוֹד — אֵין תְּרָפִים. כָּךְ שָׁמַעְתִּי בְּמַסֶּכֶת עֲרָכִין (דף טז.). דָּבָר שֶׁבְּקוֹל. פַּעֲמוֹנִים שֶׁבּוֹ טו] (מְכַפֵּר). [וִיכַפֵּר] עַל הָעָם. בְּמַחְלוֹקֶת קֹרַח, שֶׁהוּא לָשׁוֹן הָרַע טז] [שֶׁנֶּאֱמַר]: "אַתֶּם הֲמִתֶּם" וגו'. שֶׁבַּחֲשַׁאי. שֶׁהָיָה יז] לְבַדּוֹ שָׁם, כִּדְתְנַן: פּוֹרְשִׁין *בֵּין הָאוּלָם וְלַמִּזְבֵּחַ בִּשְׁעַת הַקְּטָרָה, וְכָל שֶׁכֵּן מִן הַהֵיכָל, יח] שֶׁנֶּאֱמַר: "וְכָל אָדָם לֹא יִהְיֶה" וגו', בְּסֵדֶר יוֹמָא (דף מד.). יְדִיעַ מַאן קַטְלֵיהּ. כְּתוֹנֶת מְכַפֶּרֶת עַל הַצִּיבּוּר שֶׁלֹּא יֵעָנְשׁוּ. בַּר קְטָלָא הוּא. וְכָל כַּמָּה דְּלָא קַטְלֵיהּ מִיעָנְשֵׁי, דִּכְתִיב: יט] "[וְלָאָרֶץ] לֹא יְכוּפַּר" וגו' (במדבר לה)!. וּמְשַׁנֵּי: בְּמֵזִיד וְלָא אַתְרוּ בֵּיהּ. דְּלָאו בַּר קְטָלָא הוּא. הִילְכָּךְ צִיבּוּר מִתְכַּפְּרֵי בִּכְתוֹנֶת, וְהוּא כ] נְגָעִים בָּאִים עָלָיו, כִּדְאָמַר בַּעֲרָכִין כא]. בְּצִינְעָא. דַּהֲוָה דָּבָר שֶׁבַּחֲשַׁאי — קְטֹרֶת מְכַפֶּרֶת, שֶׁהוּא מַעֲשֶׂה חַשַּׁאי. בְּפַרְהֶסְיָא. שֶׁהוּא דָּבָר שֶׁבְּקוֹל — קוֹל כב] פַּעֲמוֹנִים מְכַפֵּר עָלָיו.

הדרן עלך המזבח מקדש

תוספות

כמחלוקת כאן כך מחלוקת במראות נגעים. פר"ת: דתלי האי בהאי, דמשום דמעיל בא לכפר על לשון הרע, וכן נגעים באין על לשון הרע, כדאמרינן פרק "יש בערכין" (ערכין דף טז.).

שבעים ושנים. לא פליג כג] התנא אמתניתין דשבועות (דף ב.) דתנן: "שתים שהן ארבע". דהתם איירי בנגעים לבנים, והכא איירי בכל מיני נגעים: ירקרק ואדמדם ופתוכים. ויש להוסיף עוד נגעי בתים ונגעי בגדים.

מכפרים על שפיכות דמים. מה שמפרשים כד] אהא "מיום שחרב בית המקדש אף על פי שבטלו ד' מיתות דין [ארבע] מיתות לא בטלו", דלהכי לא נקט מ' שנה קודם שחרב בית המקדש, שגלתה סנהדרין — דבההיא שעתא אפי' דין ארבע מיתות לא הוה, דבגדי כהונה מכפרין. ולא נהירא, דגבי שמעון בן שטח פריך ליה כה] ב"אחד דיני ממונות" (סנהדרין דף לז:), אף על גב דהוו בגדי כהונה! *ומיהו, הייתי יכול קיים פירוש זה ולומר: דלהכי לא נקט מ' שנה — *משום דאיכא דין מיתות דבטלו, כגון עריות ועבודה זרה שמכפרין עליהם מכנסים ואפוד. אבל דין שפיכות דמים — לא בטל, דכתונת שמכפרת על שפיכות דמים אין מכפרת על ההורג, אלא על ישראל שערדין זה בזה. דומיא דעגלה ערופה, דכתיב (דברים כא): "כפר לעמך ישראל", ואציבור מכפרת ולא על ההורג. וכן משמע הכא דכתנת לא מכפרת אהורג, דאי מכפרת — מאי פריך הכא מעגלה ערופה? והא עגלה ערופה אישראל מכפרה! וכן משמע פ' "יש בערכין" (ערכין דף טז.) דקאמר: על ז' דברים נגעים באים, וקחשיב שפיכות דמים ולשון הרע. ופריך התם ממעיל שמכפר על לשון הרע, ומכתנת שמכפר על שפיכות דמים לא פריך מידי, משום דלא מכפר אהורג אלא אישראל, כדפרישית. אבל מלשון הרע, כו] דלא מצינו לשנויי הכי, דמסתמא אין ציבור נענשין על לשון הרע של זה, כיון דשמא לא יבא לידי תקלה. וכן פירש בקונט' התם. ועוד יש מפרשים בההיא דערכין (גז"ש) דלהכי לא פריך מכתנת, דנהי דמללת מעונש מיתה — מנגעים ויסורין לא מללת. ואם תאמר: הכא משמע דכתנת מכפרת על דידיע מאן קטליה, ובשבועות (דף ח.) מצריך קרא למימר שאין שעיר *המשתלח מכפר על דידיע מאן קטליה. ואמאי צריך קרא? פשיטא, דהא כתנת מכפרת! ומיהו יש לפרש: דיש חילוק בין ציבור לכל ישראל, דכתנת מכפרת אציבור ושעיר *המשתלח על כל ישראל.

מסורת הש"ס

[שבת קב:] מנחות פט. [וכתובות קו: תמיד כט: לח:]

נגעים פ"א משנה ד

ערכין טז. [וע"ע וגם ברש"י דשם]

[נ"ל אהוכא וכ"ג רש"י אבל בשאלתות איתא על היכא]

יומא מד. ערכין טז. [נ"ל מבין]

נ"א דמים שפיכות דמים אשפיכות דמים לא קשיא

[וע"ע תוס' כתובות ל. וכסוטה ח: וכסנהדרין לז: ד"ה מיום]

נ"ל משום דלאע"ג דאיכא דין כו'

גליון הש"ס

גמ' למה נסמכה פרשת קרבנות לפרשת בגדי כהונה. בערכין דף ו איתא למה נסמכה פרשת בגדי כהונה לפ' קרבנות וע' ברש"י כאן והתם. ועיין בדרשות הרא"נ"ח פ' תצוה:

שיטה מקובצת

א] כיצד היה מביא: ב] קולסות שבראשי: ג] ותולה בו שלשים ותיבת בהן נמחק: ד] תיבת דוסא נמחק ס"א ר' דוסא אומר ששה ושלשים היו וכו' תיבות משום ר' יהודה נמחק: ה] מכנסים מכפרים אות ת' נמחק: ו] לכסות בשר ערוה מצנפת ותיבת את ל"ש: ז] אהיכא דאיתיה: ח] ולא הוזקקו אלא: ט] שעושין בסוף בית יד: י] מה"ד קולסות שבראשי: יא] ורמון והא דכתיב וישם פעמונים בתוך הרמונים לאו כו' ותיבת דקרא נמחק: יב] לטמא משנה היא במס' נגעים בפ"ק והני תנאי חשבי בפתוכין של לבן: יג] שכפרת שפיכת תיבת שיכפר ל"ש: יד] תיבת את נמחק: טו] ויכפר על ותיבת מכפר נמחק: טז] דכתיב ביה אתם: יז] שהיה הכהן לבדו: יח] ההיכל דיליף מכל אדם לא יהיה: יט] דכתיב ולארץ לא: כ] והוא כו'. גליון וצ"ע דהא הכא לא קאי אלא אשפיכת דמים ובתוס' כתוב בגליון וז"ל כאן בפרהסיא מעיל ודוקא לציבור אבל איהו לא מכפר ליה אלא בנגעים ושב ורפא לו: כא] בערכין ס"א דנגעים באים על לשון הרע: כב] קול הפעמונים: כג] פליג האי תנא אמתניתין: כד] שמפרשים אהאי דאמרי' מיום: כה] ליה בפ' אחד: כו] לא מצינו:

דתדירא

כָּל הַתָּדִיר *אמֵחֲבֵירוֹ קוֹדֵם אֶת חֲבֵירוֹ: *הַתְּמִידִין קוֹדְמִין לַמּוּסָפִין, *מוּסְפֵי שַׁבָּת קוֹדְמִין לְמוּסְפֵי ר"ח, מוּסְפֵי ר"ח קוֹדְמִין לְמוּסְפֵי ר"ה, שֶׁנֶּאֱמַר: °"מִלְּבַד עוֹלַת הַבֹּקֶר אֲשֶׁר לְעוֹלַת הַתָּמִיד תַּעֲשׂוּ אֶת אֵלֶּה".§ במדבר כח

גמ' מְנָא לָן? מְנָא לָן?! כִּדְקָאָמַר טַעְמָא: "מִלְּבַד עוֹלַת הַבֹּקֶר"! דִּילְמָא תְּמִידִין הֵן דְּקָדְמוּ לְמוּסָפִין מִשּׁוּם דִּתְדִירִי, מוּסָפִין לְמוּסָפִין מנ"ל? א"ר אֶילְעָא, דְּאָמַר קְרָא: °"כָּאֵלֶּה תַּעֲשׂוּ לַיּוֹם שִׁבְעַת יָמִים", אֵלֶּה כָּאֵלֶּה. וְהַאי מִיבְּעֵי לֵיהּ לְגוּפֵיהּ! א"כ נִיכְתּוֹב: "אֵלֶּה תַּעֲשׂוּ לַיּוֹם". אִי כָּתַב "אֵלֶּה תַּעֲשׂוּ לַיּוֹם שִׁבְעַת הַיָּמִים" – ה"א: אֵלֶּה לְשִׁבְעַת הַיָּמִים (אִין, מִידֵי אַחֲרִינָא – לָא)! "לַיּוֹם" כְּתִיב. וְאַכַּתִּי, אֵימָא: אֵלֶּה לַיּוֹם, אֲבָל שְׁאָר יוֹמֵי לָא יָדְעֲנָא כַּמָּה! אָמַר קְרָא: "תַּעֲשׂוּ", שֶׁיְּהוּ כָּל הָעֲשִׂיּוֹת שָׁווֹת. *אַבַּיֵי אָמַר: מִגּוּפֵהּ דִּקְרָא, אִם כֵּן לֵימָא קְרָא: "מִלְּבַד עוֹלַת הַבֹּקֶר" וְתִישְׁתּוֹק, "אֲשֶׁר לְעוֹלַת הַתָּמִיד" ל"ל? לְמֵימַר דְּהָךְ דִּתְדִירָא א] תִּיקְדּוֹם.§ שם

מתני' *בכָּל הַמְקוּדָּשׁ מֵחֲבֵירוֹ קוֹדֵם אֶת חֲבֵירוֹ: גדַּם הַחַטָּאת קוֹדֵם לְדַם הָעוֹלָה, מִפְּנֵי שֶׁהוּא מְרַצֶּה; אֵיבְרֵי עוֹלָה קוֹדְמִין לְאֵימוּרֵי חַטָּאת, מִפְּנֵי שֶׁהוּא כָּלִיל לָאִשִּׁים; ב] חַטָּאת קוֹדֶמֶת לְאָשָׁם, מִפְּנֵי שֶׁדָּמָהּ נִיתָּן ג] לְד' קְרָנוֹת עַל הַיְסוֹד; דאָשָׁם קוֹדֵם לְתוֹדָה וְאֵיל נָזִיר, מִפְּנֵי שֶׁהוּא קָדְשֵׁי קָדָשִׁים; תּוֹדָה וְאֵיל נָזִיר קוֹדְמִים לִשְׁלָמִים, מִפְּנֵי שֶׁהֵן נֶאֱכָלִין לְיוֹם אֶחָד וּטְעוּנִין לֶחֶם; *הַשְּׁלָמִים קוֹדְמִין לִבְכוֹר, מִפְּנֵי שֶׁהֵן טְעוּנִין מַתַּן ד', ד] [וּסְמִיכָה], וּנְסָכִים, וּתְנוּפוֹת חָזֶה וָשׁוֹק; הַבְּכוֹר קוֹדֵם לַמַּעֲשֵׂר, מִפְּנֵי שֶׁקְּדוּשָּׁתוֹ מֵרֶחֶם, וְנֶאֱכָל לַכֹּהֲנִים; הַמַּעֲשֵׂר קוֹדֵם לָעוֹפוֹת, מִפְּנֵי שֶׁהוּא זֶבַח, וְיֵשׁ בּוֹ ה] קוֹדֶשׁ קָדָשִׁים, דָּמוֹ וְאֵימוּרָיו; ו] הָעוֹפוֹת קוֹדְמִין לַמְּנָחוֹת, מִפְּנֵי שֶׁהֵן מִינֵי דָמִים; המִנְחַת חוֹטֵא קוֹדֶם לְמִנְחַת נְדָבָה, מִפְּנֵי ז] שֶׁהוּא בָּא עַל חֵטְא; ח] וחַטַּאת הָעוֹף קוֹדֶמֶת לְעוֹלַת הָעוֹף, וְכֵן בְּהֶקְדֵּישָׁהּ.§

גמ'

רש"י

כָּל הַתָּדִיר. שַׁבָּת תְּדִירָה מֵר"ח, וְכֵן כּוּלָּם. מִלְּבַד עוֹלַת הַבֹּקֶר. ט] הָעֲשׂוּיָה כְּבָר, מַשְׁמַע. אַלְמָא, תְּמִידִין קָדְמִי לְמוּסָפִין. **גמ'** מִשּׁוּם דִּתְדִירִי. דְּתָמִיד בְּכָל יוֹם, הִילְכָּךְ חָשִׁיב י] תְּדִירָתָא דִּידֵיהּ. כָּאֵלֶּה תַּעֲשׂוּ וגו'. בָּתַר הַהוּא קְרָא דְּ"מִלְּבַד עוֹלַת הַבֹּקֶר תַּעֲשׂוּ אֶת אֵלֶּה" כְּתִיב: "כָּאֵלֶּה תַּעֲשׂוּ", מַשְׁמַע – כַּסֵּדֶר שֶׁאָמַרְתִּי לְךָ, כָּאֵלֶּה שֶׁל מַעְלָה, יא] כְּשֵׁם שֶׁהַתָּדִיר קוֹדֵם – כָּךְ סֵדֶר הַמּוּסָפִין, שֶׁאִם יב] יוֹם שֶׁיֵּשׁ ב' מוּסָפִין, כְּגוֹן בְּשַׁבָּת שֶׁבְּתוֹךְ הָרֶגֶל – יְהֵא הַתָּדִיר קוֹדֵם. לְגוּפֵיהּ. לְהַטְעִין מוּסָף לְז' הַיָּמִים. דְּמִקְּרָא קַמָּא יוֹם רִאשׁוֹן הוּא דְּנָפְקָא לָן. אִי כָּתַב אֵלֶּה כו'. לְשׁוֹן קוּשְׁיָא הוּא. אֵלֶּה לְשִׁבְעַת הַיָּמִים. אוֹתָן שִׁבְעָה כְּבָשִׂים הָאֲמוּרִין בָּעִנְיָן יִתְחַלְּקוּ לְשִׁבְעַת הַיָּמִים. אֵלֶּה לַיּוֹם. לְיוֹם רִאשׁוֹן, וַהֲדַר כְּתִיב: "ז' יָמִים יג] אִשֵּׁה רֵיחַ נִיחוֹחַ לַה'" וְלָא יָדְעֲנָא כַּמָּה. לְהָכִי אִיצְטְרִיךְ "כָּאֵלֶּה", דְּעַל כָּרְחָךְ מֵהָשְׁתָּא תּוֹקִים "תַּעֲשׂוּ לַיּוֹם" אַשְּׁאָר יוֹמֵי. מִגּוּפֵיהּ דִּקְרָא. דְּ"מִלְּבַד עוֹלַת הַבֹּקֶר" שָׁמְעִי' דְּמוּסָפִין תְּדִירִין יִקְדְּמוּ. אֲשֶׁר לְעוֹלַת הַתָּמִיד ל"ל. פְּשִׁיטָא דְּעוֹלַת הַבֹּקֶר "עוֹלַת הַתָּמִיד" הִיא! אֶלָּא תָּלָה לְךָ טַעַם הַקְדָּמָתָהּ בִּתְדִירוּת, כְּדֵי שֶׁתִּלְמוֹד לִשְׁאָר תְּדִירִין שֶׁיַּקְדִּימוּ. דְּמִשּׁוּם הִיא גּוּפָא, ל"ל לְפָרוּשֵׁי טַעְמָא?

מתני' כָּל הַמְקוּדָּשׁ מֵחֲבֵירוֹ. שֶׁיֵּשׁ בּוֹ צַד רִיבּוּי קְדוּשָּׁה מִמֶּנּוּ. דַּם חַטָּאת קוֹדֵם לְדַם הָעוֹלָה. אִם שְׁנֵיהֶן שְׁחוּטִין וְעוֹמְדִין לִיזָּרֵק. שֶׁהוּא מְרַצֶּה. מְכַפֵּר עַל חַיָּיבֵי כָּרֵיתוֹת, הָצְרִיךְ רִיצּוּי גָּדוֹל. אֵיבְרֵי עוֹלָה קוֹדְמִין. בְּהַקְטָרָתָן לְאֵימוּרֵי חַטָּאת, אִם נִזְרְקוּ דְּמֵי שְׁנֵיהֶן. מִפְּנֵי שֶׁהוּא יד] כּוּלָּהּ כָּלִיל. וְצַד רִיבּוּי קְדוּשָּׁה הוּא זֶה לַמִּזְבֵּחַ. עַל ד' קְרָנוֹת. וְאָשָׁם – ב' מַתָּנוֹת שֶׁהֵן ד', וְלֹא עַל הַקְּרָנוֹת. וְעַל הַיְסוֹד. שְׁפִיכַת שִׁירַיִם. וּבְאָשָׁם לֹא מָצִינוּ *שֶׁנֶּאֶמְרוּ. מַתַּן אַרְבַּע. ב' מַתָּנוֹת שֶׁהֵן ד'. וּבְכוֹר אֵינוֹ טו] אֶלָּא מַתָּנָה אַחַת, וְאֵינוֹ טָעוּן סְמִיכָה וּנְסָכִים, כִּדְאָמְרִינַן בִּמְנָחוֹת בְּפֶ' "שְׁתֵּי מִדּוֹת" (דף צ:): כָּל הַקָּרְבָּנוֹת כו'. מִפְּנֵי שֶׁהוּא מִין זֶבַח. זְבִיחַת סַכִּין, וְעוֹף בִּמְלִיקָה. וּזְבָחִים חֲשִׁיבֵי מִפְּנֵי שֶׁמִּלְוָתָן מְרוּבָּה, שֶׁכָּל הַקָּרְבָּנוֹת בָּאִין מֵהֶן. וְיֵשׁ בּוֹ קָדְשֵׁי קָדָשִׁים. לְחֵלֶק גָּבוֹהַּ, ב' דְּבָרִים: דָּמוֹ טז] (וְאֵיבָרָיו) וְאֵימוּרָיו. מַה שֶּׁאֵין כֵּן בְּחַטַּאת הָעוֹף, שֶׁאֵין לַמִּזְבֵּחַ אֶלָּא דָּמָהּ. וְכֵיוָן דְּקָדְמָה לְחַטַּאת הָעוֹף – כָּל שֶׁכֵּן לְעוֹלַת הָעוֹף, דְּהָא חַטַּאת הָעוֹף קוֹדֶמֶת לְעוֹלַת הָעוֹף, כִּדְקָתָנֵי וְאָזֵיל. שֶׁהֵן מִינֵי דָמִים. יז] כַּפָּרָתָן מְרוּבָּה. יח] שֶׁהוּא בָּא עַל חֵטְא. וְהַיְינוּ קְדוּשָּׁתוֹ, דִּמְכַפֶּרֶת. חַטַּאת הָעוֹף קוֹדֶמֶת לְעוֹלַת הָעוֹף. מִקְּרָאֵי נָפְקָא לָן בַּגְּמָרָא. וְכֵן בְּהֶקְדֵּישָׁהּ. כְּשֶׁהוּא יט] מְפָרֵשׁ אֶת קִינּוֹ, קוֹרֵא שֵׁם לְחַטָּאת תְּחִילָּה.

גמ'

תוספות

כל התדיר. שנאמר "מלבד עולת הבקר אשר לעולת התמיד". תימה: דבפרק "תמיד נשחט" (פסחים דף נח:) אמרינן: מנין שלא יהא דבר קודם לתמיד – שנאמר "העולה" עולה ראשונה. ל"ל? תיפוק לי מהכא! וכי תימא דההוא לנדרים ונדבות והאי למוספין, כ] *דמוספין קבוע להם זמן, ונדרים ונדבות אפשר בכל יום ותדיר – הא בפרק "התכלת" (מנחות דף מט.) מייתי בהדיא קרא ד"העולה" אמתני' דהתמידין אין מעכבין את המוספין. דקאמר: ה"ד אי דאית ליה כא] [ולקדם] – והתניא: מנין שלא יהא דבר כו'! ועוד קשה טפי: בסוף "הגוזל קמא" (ב"ק דף קיא.) דריש מדכתיב "מלבד איל הכפורים" – מכלל דכסף ברישא. ופריך: אלא מעתה, "מלבד עולת הבוקר" – מכלל דמוספין ברישא? והתניא: מנין שלא יהא דבר כו'. הוה ליה למיפרך ממתני' דהכא דאדרבה, דדריש מדכתיב "מלבד עולת הבוקר" – מכלל דתמידין קודמין! וליכא למימר נמי דאיצטריך קרא דהכא לציבור שאין להם תמידים ומוספין אלא כדי אחד מהם – דמתני' לאו בכי האי גוונא איירי, דומיא דסיפא דקתני: דם חטאת קודם לדם כב] עולה. וליכא למימר דחד למצוה וחד לעכב – דעיכובא ליכא, כג] כדאמר בפ' "התכלת" (מנחות דף מט.)! וי"ל: ד"העולה" עולה ראשונה – להקדמת הקטרה, דבהקטרה איירי. וקרא דהכא – להקדמת שחיטה, ד"תעשו את אלה" – כד] בעשייה דדם [איירי] והשתא ניחא *דמייתי דרבא בפרק "התכלת" (שם), למימר דאפי' בהקטרה דלא תנן – תמיד של שחר קודם. א"נ: משום דלשון "שלא יהא דבר קודם" משמע טפי עיכובא, אתיא טפי מן משנה. והשתא ניחא דלא מייתי ב"הגוזל קמא" (ב"ק דף קיא.) ממתני' לאוכוחי על "מלבד איל הכפורים" דלא הוי כסף ברישא. דלעולם כסף ברישא, כיון דכתיב "כסף" קודם, ואחר כך "איל". אבל הכא איירי בעשיית הדם, וה"ק קרא: "מלבד עולת הבוקר" שעשיתם כבר עבודת הדם "תעשו את אלה". אבל הקטרה דכתיב מקמי קרא ד"מלבד עולת הבוקר" תהיה קודם התמיד, דכולהו קראי דקמיה בהקטרה משתעי, דהא כתיב בהו "אשה ריח". ולהכי איצטריך לאתויי מ"העולה", דאע"ג כה] דהקטרת דמוספין כתיבי מקמי עולת הבקר – הקטרת תמיד קודמת להן. ה"נ הכא, אע"ג ד"כסף" כתיב מקמי "מלבד איל הכפורים" – יכול להיות דאיל קודם. מיהו, קשה: דקראי דקמי "מלבד עולת הבוקר" בעבודות דם [נמי] איירי, כדכתיב לעיל מיניה: "ושעיר חטאת אחד לכפר עליכם", וכפרה בדם היא! ועוד: אמאי לא גמרינן הקטרה ודם מהדדי? ומפרש ה"ר חיים: דקרא "ד"העולה איצטריך לחביתין. דמ"כל התדיר" לא אתי, דבכל יום איתנהו כתמיד. וכן מוכח ביומא בפרק "אמר להם הממונה" (דף לד.) דקאמר: איברים קודמין למנחה, דתניא: מנין שלא יהא דבר כו', ואמר רבא כו'. ובמנחת חביתים איירי, דאי במנחת נסכים – תיפוק לי מדכתיב "עולה ומנחה". וקרא דהכא איצטריך ללמד על כל התדירין שקודמין. מיהו, אין מרויח כלל בזה יותר משאם נאמר דאיצטריך "העולה" לנדרים ונדבות. ויש לתמוה: אמאי לא נפקא לן דתמידים קודמין למוספין מדכתיב בתמיד "בבקר", ויוקדם דבר שנאמר בו "בבוקר" למוסף כו] שכתב בו "ביום", דמשמע: בעילומו של יום. כדדרשינן [התם] (ג"ז שם): "ביום" – לאחר. ואמרינן נמי (פסחים דף נח.): מוספין בשש, ואז אינו "בקר"! והיינו יכולין לדחוק ולומר: דאי לאו קרא ד"העולה" היינו מאחרין הקטרת תמיד עד אחר הקטרת כז] המוסף, כדמשמע ב"הגוזל קמא" (ב"ק ד' קיא.), מדכתיב "מלבד", ו"תעשה בבוקר" – הוה מוקמינא לעבודת הדם. אבל עדיין קשה: כיון דכתיב "העולה" לאפוקי מההיא סברא, ל"ל קרא ד"מלבד" לאשמועי' דתמידין קודמין למוספין לעבודת הדם? תיפוק ליה מדכתיב בתמיד "בבוקר" ובמוספין "ביום"! **מנא** לן כדקתני טעמא. הכא ניחא, שהטעם מפורש במשנה. אבל בשמעתא קמייתא דמגילה (דף ב.) קשה, דקאמר: מנ"ל – כדבעינן למימר קמן, חכמים הקילו כו'. ומה בכך? אטו מש"ה לית ליה למיבעי "מנ"ל"? מאחר שאותו הטעם אינו מפורש במשנה! **אשם** קודם לתודה ואיל נזיר מפני שהוא קדשי קדשים. הא דלא קאמר טעמא מפני שהוא מרצה – משום דאיכא אשם נזיר ואשם מצורע דאין באין לכפר אלא להכשיר, כדאמר בפ"ק דמנחות (ד' ד:). ומיהו, גבי חטאת קאמר טעמא דמרצה, אע"ג דאיכא נמי חטאת נזיר וחטאת מצורע דאין באין לכפר אלא להכשיר, כדקאמר לעיל בפ"ק (דף ט:): הני עולות ניהו. כח] ויש לומר: דלא סגי ליה בטעמא דמרצה, משום דתודה ואיל נזיר מקודשין, דטעונין לחם כדאמר בגמ'. **מעשר** קודם לעופות מפני שהוא מין זבח. ויש בו קדשי קדשים דמו ואימוריו, מה שאין כן בחטאת העוף שאין למזבח אלא דמה. כט] וכיון דקדמה לחטאת העוף – כל שכן לעולת העוף, דהא חטאת העוף קודמת לעולת העוף כדקתני ואזיל, כך פירש בקונטרס. והאי טעמא ניחא בדם, אבל אימורי מעשר דקדמי לעולת העוף מאי טעמא? דאכולה מילתא קאמר דקודמים, כדמוכח בגמרא! ושמא באימורין סגי בטעמא דמין זבח.

דם

שיטה מקובצת

א] דתדירא היא תיקדום: ב] חטאת קודמת לאשם כו' פ"ה ועל היסוד שפיכת שיריים ובאשם לא מצינו שנאמרו וקשה דהא לעיל פרק ב"ש מוכח בהדיא דאשם טעון שפיכת שיריים ליסוד וכ"ת דלא נאמרו ר"ל לא נאמרו בהדיא מה בכך מ"מ איתנהו ביה מה לי אי אתיא מדרשה או דכתיבה ביה בהדיא הא לא קפיד אלא על מאי דיש בזה טפי מבזה לכך נראה דלא יהיב טעמא למילתיה א) אלא (מדמה) [דמה דמדמה] ניתן על הקרנות אבל על היסוד איתיה נמי באשם וא"ת א"כ אמאי אמר על היסוד כיון דאיתיה באשם י"ל דה"ק חטאת מקודשת מאשם מפני שדמה ניתן על הקרנות וג"כ הוא טעון שפיכת שיריים כמו אשם שלא תאמר כשם שחטאת קודם לאשם מפני שדמה ניתן על הקרנות כך נמי אשם מקודש מחטאת מפני שהוא טעון שפיכת שיריים ליסוד לכך קאמר ועל היסוד שטעון שפיכת שיריים על היסוד כמו אשם אבל אין לומר מפני שהוא מרצה כדלעיל גבי עולה מפני שאשם נמי מרצה כך נראה למורי ז"ל: ג] ניתן על ד' קרנות ועל היסוד: ד] ד' וסמיכה ונסכים ותנופת חזה: ה] בו קדשי קדשים: ו] העופות. עי' תוס' מנחות דף מט ע"א: ז] מפני שהיא בא: ח] חטא חטאת בהמה קודם לעולת בהמה חטאת העוף: ט] הבקר עשויה כבר: י] חשיב תדירות דידיה: יא] מעלה שהתדיר ותיבת ששם ל"ש ונמחק: יב] שאם יש שם ב' מוספין: יג] ימים לחם אשה: יד] תיבת כולה נמחק: טו] אינו טעון אלא: טז] תיבת ואיבריו נמחק: יז] דמים ומיני דמים: יח] מה"ד שהוא בא: יט] כשהוא מפריש: כ] למוספין וצריכי דמוספין: כא] וליקדם והתניא: כב] לדם העולה וליכא: כג] ליכא כדאמרי' בפ': כד] בעשיית הדם כתיב והשתא ותיבות דדם איירי ל"ש: כה] דאע"ג דהקטרה דמוספין כתיבי מקמי מלבד עולת: כו] למוסף שכתוב בו: כז] הקטרת המוסף כדמשמע: כח] נינהו אלא ע"כ שם חטאת מרצה ה"נ שם אשם מרצה וי"ל: כט] דמה וא"ת תינח חטאת העוף עולת העוף מאי איכא למימר דהיא כולה כליל וא"כ למה יקדים מעשר ממנה י"ל כיון כו':

א) נראה דצ"ל דלא יהיב טעמא למילתיה אלא מה דבחטאת דמה ניתן על הקרנות וכו'.

עין משפט נר מצוה

א א ב מיי' פ"ט מהל' תמידין ומוספין הל"ב:
ב ג מיי' שם הל"ה:
ג ד מיי' שם הל"ח:
ד ה מיי' שם הל"י:
ה ו מיי' שם הל"ז:

נ"ל ונריכא דמוספין כו' נ"ק

נ"ל דמייתי בפ' התכלת האי קרא דהעולה למימר כו' א"נ משום דס"ד דהמקשה שהוא מעכב הילכך פריך מברייתא' דלשון שלא יהא דבר קודם משמע טפי עיכובא מלישנא דמתניתין והשתא ניחא כו' נ"ק [וכן הוא בתוס' יומא דף לד ע"א ד"ה העולה וע"ש]

מסורת הש"ס

הוריות יב: | [לקמן צ:] | [שם צא.] | [הוריות יב: ע"ש] | [הוריות שם] | [לעיל יא:]

נ"ל שנאמר בו יסוד נ"ק

גליון הש"ס

במשנה דם החטאת קודם לדם עולה. ע' לעיל דף ז ע"ב ובתוס' ד"ה ריצה:

דת"ר

עין משפט נר מצוה

ו א ב ג מיי' פ"ט מהל' תמידין ומוספין הל"ה:
ז ד מיי' שם הל"ח:
ח ה מיי' פ"א מהל' פסה"מ הל' לב:
ט ו מיי' שם הל' לג:
י ז מיי' פ"ב מהל' מעילה הלכה א:

מסורת הש"ס

גמ' מְנָא הָנֵי מִילֵּי? דְּת"ר: א] *°"וּפַר שֵׁנִי בֶן בָּקָר תִּקַּח לְחַטָּאת", ב] אִם בָּא לְלַמֵּד שֶׁהֵן שְׁנַיִם – הֲרֵי כְּבָר נֶאֱמַר: °"וַעֲשֵׂה אֶת הָאֶחָד חַטָּאת וְאֶת הָאֶחָד עוֹלָה", מַה ת"ל "וּפַר שֵׁנִי בֶן בָּקָר תִּקַּח לְחַטָּאת"? שֶׁיָּכוֹל ג] שֶׁיְּהֵא חַטָּאת קוֹדֶמֶת לְכָל מַעֲשֵׂה עוֹלָה – ת"ל: "וּפַר שֵׁנִי בֶן בָּקָר תִּקַּח לְחַטָּאת". אִי "פַּר שֵׁנִי", יָכוֹל תְּהֵא עוֹלָה קוֹדֶמֶת לְחַטָּאת לְכָל מַעֲשֶׂיהָ – ת"ל: "וַעֲשֵׂה אֶת הָאֶחָד חַטָּאת וְאֶת הָאֶחָד עוֹלָה". הָא כֵּיצַד? דַּם חַטָּאת קוֹדֶמֶת לְדַם עוֹלָה, מִפְּנֵי שֶׁמְּרַצָּה.§ אֵיבְרֵי עוֹלָה ד] כו'. (א) וְאַמַּאי? מַתָּנָה קַמַּיְיתָא דִּמְכַפְּרָה – תִּיקְדּוֹם, וְהָנָךְ לָא! ה] אָמַר רָבִינָא: הָכָא בְּחַטַּאת הַלְוִיִּם עָסְקִינַן, וְאע"ג דְּכִי עוֹלָה דָּמֵי, קָאָמַר רַחֲמָנָא ו] הִיא תִּיקְדּוֹם. בְּמַעֲרָבָא אָמְרִי: הוֹאִיל וְהִתְחִיל בְּמַתָּנוֹת – גּוֹמֵר.§ אִיבַּעְיָא לְהוּ: אדַּם חַטָּאת וְאֵיבְרֵי עוֹלָה, אֵיזֶה מֵהֶן קוֹדֵם? דַּם חַטָּאת קוֹדֵם – מִפְּנֵי שֶׁמְּרַצֶּה, אוֹ דִּילְמָא אֵיבְרֵי עוֹלָה קוֹדְמִין – מִפְּנֵי שֶׁהֵן כָּלִיל לָאִשִּׁים? ת"ש: דַּם חַטָּאת קוֹדֵם לְדַם עוֹלָה; לְדַם עוֹלָה הוּא דְּקָדֵים, לְאֵיבְרֵי עוֹלָה לָא קָדֵים. אַדְּרַבָּה, מִסֵּיפָא: אֵיבְרֵי עוֹלָה קוֹדְמִין לְאֵימוּרֵי חַטָּאת; לְאֵימוּרֵי חַטָּאת הוּא דְּקָדְמִי, לְדַם חַטָּאת – לָא קָדְמִי! אֶלָּא, *מֵהָא לֵיכָּא לְמִשְׁמַע מִינָּהּ.§ אִיבַּעְיָא לְהוּ: בדַּם עוֹלָה וְאֵימוּרֵי חַטָּאת, אֵיזֶה מֵהֶן קוֹדֵם? דַּם עוֹלָה קוֹדֵם – דְּקָאָתֵי מִכֹּחַ כָּלִיל, אוֹ דִּילְמָא אֵימוּרֵי חַטָּאת קוֹדְמִין – דְּקָאָתֵי מִכֹּחַ מְכַפֵּר? ת"ש: דַּם חַטָּאת קוֹדֵם לְדַם עוֹלָה; דַּם חַטָּאת הוּא דְּקָדֵים לְדַם עוֹלָה, אֲבָל אֵימוּרֵי חַטָּאת – לָא. אַדְּרַבָּה, מִסֵּיפָא: אֵיבְרֵי עוֹלָה קוֹדְמִין לְאֵימוּרֵי חַטָּאת; אֵיבְרֵי עוֹלָה הוּא דְּקָדְמִי לְאֵימוּרֵי חַטָּאת, אֲבָל דַּם עוֹלָה – לָא! אֶלָּא מֵהָא לֵיכָּא לְמִשְׁמַע מִינָּהּ.§ אִיבַּעְיָא לְהוּ: גדַּם עוֹלָה וְדַם אָשָׁם, אֵיזֶה מֵהֶן קוֹדֵם? דַּם עוֹלָה קוֹדֵם – דְּקָאָתֵי מִכֹּחַ כָּלִיל, אוֹ דִּילְמָא דַּם אָשָׁם קוֹדֵם – ז] (דְּקָאָתֵי מִכֹּחַ) דִּמְכַפֵּר? ת"ש: דַּם חַטָּאת קוֹדֵם לְדַם עוֹלָה; אֲבָל דַּם אָשָׁם – לָא. בְּדִין הוּא דְּאִיבָּעֵי לְמִיתְנֵי דַּם אָשָׁם, וְאַיְּדֵי דִּבְעָא לְמִיתְנֵי סֵיפָא: אֵיבְרֵי עוֹלָה קוֹדְמִין לְאֵימוּרֵי חַטָּאת, דְּאִי תְּנָא לְאֵימוּרֵי אָשָׁם – ה"א: לְאֵימוּרֵי אָשָׁם הוּא דְּקָדְמִי, לְאֵימוּרֵי חַטָּאת לָא קָדְמִי – מש"ה תְּנָא חַטָּאת. ת"ש: חַטָּאת קוֹדֵם לְאָשָׁם; חַטָּאת הוּא דְּקָדְמָה לֵיהּ לְאָשָׁם, אֲבָל עוֹלָה – לָא. מַאי לָאו דָּם? לָא – אַאֵימוּרִים. דַּיְקָא נַמִי, דְּקָתָנֵי: ח] מִפְּנֵי שֶׁדָּמָהּ נִיתָּן, *ש"מ.§ "חַטָּאת קוֹדֶמֶת" כו'.§ אַדְּרַבָּה, אָשָׁם קָדֵים, שֶׁכֵּן יֵשׁ לוֹ קִיצְבָה! אפ"ה, רִיבּוּי דְּמִזְבֵּחַ עָדִיף.§ "אָשָׁם קוֹדֵם לַתּוֹדָה" כו'.§ אַדְּרַבָּה, הַתּוֹדָה וְאֵיל נָזִיר קָדְמִי, שֶׁכֵּן טְעוּנִין לֶחֶם! אפ"ה, קָדְשֵׁי קָדָשִׁים עֲדִיפִי.§ "תּוֹדָה וְאֵיל נָזִיר" כו'.§ אַדְּרַבָּה, שְׁלָמִים קָדְמִי, שֶׁכֵּן יֶשְׁנָן בְּצִיבּוּר כְּבְיָחִיד! אֲפִילּוּ הָכִי, נֶאֱכָלִין לְיוֹם אֶחָד עֲדִיפִי. אִיבַּעְיָא לְהוּ: תּוֹדָה וְאֵיל נָזִיר, אֵיזֶה מֵהֶן קוֹדֵם? תּוֹדָה קָדְמָה – שֶׁכֵּן טְעוּנָה ד' מִינֵי לֶחֶם, אוֹ דִּילְמָא אֵיל נָזִיר קוֹדֵם – שֶׁכֵּן יֵשׁ עִמּוֹ דָּמִים אֲחֵרִים? ת"ש: דזוֹ ט] קוֹדֶמֶת לְזוֹ, שֶׁזּוֹ טְעוּנָה ד' מִינֵי לֶחֶם, וְזוֹ אֵינָהּ טְעוּנָה אֶלָּא שְׁנֵי מִינֵי לֶחֶם.§ "הַשְּׁלָמִים קוֹדְמִין לַבְּכוֹר" כו'.§ אַדְּרַבָּה, בְּכוֹר קוֹדֵם, שֶׁכֵּן קְדוּשָּׁתוֹ מֵרֶחֶם, וְנֶאֱכָל לַכֹּהֲנִים! אפ"ה, מִצְוֹת יְתֵירוֹת עֲדִיפִי.§ "הַבְּכוֹר קוֹדֵם" כו'.§ אַדְּרַבָּה, מַעֲשֵׂר קוֹדֵם שֶׁכֵּן מְקַדֵּשׁ לְפָנָיו וּלְאַחֲרָיו! אפ"ה, קְדוּשָּׁה מֵרֶחֶם עֲדִיפָא.§ "מַעֲשֵׂר קוֹדֵם לָעוֹפוֹת" כו'.§ אַדְּרַבָּה, עוֹפוֹת קָדְמִי, שֶׁכֵּן קָדְשֵׁי קָדָשִׁים! אפ"ה, מִין זֶבַח עָדִיף. אָמַר רָבִינָא בַּר שֵׁילָא: אֵימוּרֵי קָדָשִׁים קַלִּים שֶׁיָּצְאוּ לִפְנֵי זְרִיקַת דָּמִים – פְּסוּלִין. וְתָנָא תּוּנָא: מִפְּנֵי שֶׁהוּא זֶבַח, וְיֶשְׁנוֹ קָדְשֵׁי קָדָשִׁים, דָּמָיו י] וְאֵימוּרִין. בִּשְׁלָמָא אֵימוּרִין לֵיתְנְהוּ בְּעוֹפוֹת, יא] אֶלָּא דָּם מִיהָא אִיתֵיהּ! אֶלָּא לָאו יב] קמ"ל: אֵימוּרִין כִּי דָּמוֹ, מַה דָּמוֹ לִפְנֵי זְרִיקָה – אַף אֵימוּרִין קוֹדֶם זְרִיקָה. וְקָא קָרֵי לְהוּ "קָדְשֵׁי קָדָשִׁים": וּמַה דָּמוֹ מִיפְּסַל בְּיוֹצֵא – אַף אֵימוּרִין מִיפְּסַל בְּיוֹצֵא. נֵימָא מְסַיֵּיעַ לֵיהּ: הבְּשַׂר קָדָשִׁים קַלִּים שֶׁיָּצָא לִפְנֵי זְרִיקַת דָּמִים, רַבִּי יוֹחָנָן אָמַר: הכָּשֵׁר, ר"ל אָמַר: פָּסוּל. רַבִּי יוֹחָנָן אָמַר כָּשֵׁר – יג] הוֹאִיל וְסוֹפוֹ לָצֵאת, ר"ל אָמַר פָּסוּל – *עֲדַיִין לֹא הִגִּיעַ זְמַנּוֹ לָצֵאת. ע"כ לָא פְּלִיגִי אֶלָּא בְּבָשָׂר, אֲבָל בְּאֵימוּרִין – לָא! והוּא הַדִּין דִּבְאֵימוּרִין נַמִי פְּלִיגִי, וְהָא דְּקָא מִיפַּלְגִי בְּבָשָׂר – יד] לְהוֹדִיעֲךָ כֹּחוֹ דְּר"ל, דַּאֲפִילּוּ בָּשָׂר דְּסוֹפָהּ לָצֵאת, טו] אָמַר: עֲדַיִין לֹא הִגִּיעַ זְמַנּוֹ לָצֵאת. לֵימָא כְּתַנָּאֵי: *אֵימוּרֵי קָדָשִׁים קַלִּים שֶׁיָּצְאוּ לִפְנֵי זְרִיקַת דָּמִים, ר"א אוֹמֵר: זאֵין מוֹעֲלִין בָּהֶן, וְאֵין

תורה אור: במדבר ח | שם

[תוספתא פ"א דפרה]

נ"א משום דשם חטאת עלה וה"ה כו' ל"ק

[ועי' היטב תוס' לעיל כו. ד"ה דילמא]

[ברכות כה. וש"נ ועיין נדרים עב.]

[לקמן קז:]

מעילה ו: [מנחות מז:]

גמ' מְנָהָנֵי מִילֵי. דְּדַם חַטָּאת קוֹדֵם לְדַם עוֹלָה, וְאֵיבְרֵי עוֹלָה קוֹדְמִין לְאֵימוּרֵי חַטָּאת. וּפַר שֵׁנִי בֶּן בָּקָר. בְּחִינּוּךְ הַלְוִיִּם כְּתִיב בְּ"בְּהַעֲלוֹתְךָ". טו] כְּבָר נֶאֱמַר. בְּאוֹתָהּ פָּרָשָׁה: "וַעֲשֵׂה אֶת הָאֶחָד חַטָּאת". רֵישֵׁיהּ דִּקְרָא – "וְהַלְוִיִּם יִסְמְכוּ אֶת יְדֵיהֶם" וגו'. יָכוֹל תִּקְדּוֹם חַטָּאת לְעוֹלָה לְכָל מַעֲשֶׂיהָ. כִּדְכְתִיב: "וַעֲשֵׂה אֶת הָאֶחָד חַטָּאת וְאֶת הָאֶחָד עוֹלָה". וּפַר שֵׁנִי. מַשְׁמַע שֶׁיְּהֵא שֵׁנִי לוֹ. מַתָּנָה קַמַּיְיתָא. דְּחַטָּאת מְכַפְּרָה, וּשְׁלֵמָה כַּפָּרָה בְּדִידָהּ, כְּדַאֲמַרַן בְּפֶרֶק "ב"ש" (לעיל דף לח.): "וְכִפֶּר" – אע"פ שֶׁלֹּא יז] נִיתַּן אֶלָּא אַחַת. דְּכִי עוֹלָה דָּמְיָא. שֶׁלֹּא הֱבִיאוּהָ עַל חֵטְא, וַאפ"ה יח] (חַטָּאת) קוֹדֵם לְעוֹלָה *מִשּׁוּם דְּשֵׁם חַטָּאת יט] קוֹדֵם לְעוֹלָה, וְה"ה לְג' מַתָּנוֹת שֶׁבְּחַטָּאת (ב). אֵימוּרֵי חַטָּאת לָא מְכַפְּרֵי. שֶׁאֵין כַּפָּרָה אֶלָּא בְּדָם. דַּם עוֹלָה – לָאו כָּלִיל הוּא, דְּאֵין כָּלִיל אֶלָּא בְּאִישִּׁים, אֲבָל מִכֹּחַ כָּלִיל קָאָתֵי, שֶׁהָאֵיבָרִים יִהְיוּ כָּלִיל. ה"ג: אוֹ דִּילְמָא דַּם אָשָׁם קָדֵים דִּמְכַפֵּר. לְאֵימוּרֵי חַטָּאת לָא קָדְמִי. דְּחַטָּאת חֲמוּרָה מֵאָשָׁם, כִּדְקָתָנֵי מַתְנִי'. שֶׁדָּמָהּ נִיתָּן. אַלְמָא בְּאֵימוּרִין קָאֵי, דְּאִי בְּדָם קָאֵי – "שֶׁהִיא נִיתֶּנֶת" מִיבָּעֵי לֵיהּ. יֵשׁ לוֹ קִיצְבָה. לְדָמָיו, דִּכְתִיב כ] (ויקרא ה): "בְּכֶסֶף שְׁקָלִים". אֲבָל חַטָּאת – כָּל (ג) דְּהוּ. שְׁלָמִים יֶשְׁנָן בְּצִיבּוּר. כִּבְשֵׂי עֲצֶרֶת. דָּמִים אֲחֵרִים. חַטָּאת וְעוֹלָה בָּאִין עִמּוֹ חוֹבָה. זוֹ קוֹדֶמֶת לְזוֹ. לְעֵיל מִינֵּיהּ אַיְּירֵי בְּתוֹדָה וְאֵיל נָזִיר. לְפָנָיו וּלְאַחֲרָיו. דִּתְנַן: קָרָא לְתְשִׁיעִי "עֲשִׂירִי", וְלַעֲשִׂירִי "תְּשִׁיעִי", וּלְאַחַד עָשָׂר "עֲשִׂירִי" – שְׁלָשְׁתָּן מְקוּדָּשִׁין. וְיָלְפִינַן בִּבְכוֹרוֹת (דף ס:) מִקְּרָאֵי. שֶׁכֵּן קָדְשֵׁי קָדָשִׁים. אֲפִילּוּ אֲכִילַת אָדָם שֶׁבָּהֶן קָדְשֵׁי קָדָשִׁים הוּא. פְּסוּלִין. וְאע"ג דִּלְעִנְיַן מְעִילָה לִפְנֵי זְרִיקַת דָּמִים לָא קַדִּישִׁי, לְעִנְיַן אִיפְּסוּלֵי בְּיוֹצֵא קָדְשֵׁי קָדָשִׁים נִינְהוּ. וְתָנָא תּוּנָא. וְתָנָא תַּנָּא דִּידָן סַיְּיעְתָּא לְמִילְּתָא. אֶלָּא דָּם מִיהָא אִיתֵיהּ. וְלָא ה"ל לְמִיתְנֵי אֶלָּא: "וְאֵימוּרָיו קָדְשֵׁי קָדָשִׁים, מַה שֶּׁאֵין כֵּן בְּעוֹפוֹת". אֶלָּא לְהָכִי נְקַט דָּמוֹ בַּהֲדֵי אֵימוּרָיו, לְאַשְׁמוּעִינַן דְּכִי הֲדָדֵי קָדְשֵׁי, בְּשָׁעָה שֶׁזֶּה קָרוּי קָדְשֵׁי קָדָשִׁים – קָרוּי גַּם זֶה קָדְשֵׁי קָדָשִׁים. וּמַה דָּמוֹ מִיפְסִיל בְּיוֹצֵא אַף אֵימוּרָיו כא] מִיפְסְלוּ בְּיוֹצֵא. דְּהָא "קָדְשֵׁי קָדָשִׁים" קָרֵי לְהוּ. ה"ג: בְּשַׂר קָדָשִׁים קַלִּים שֶׁיָּצָא לִפְנֵי זְרִיקַת דָּמִים חוּץ לַקְּלָעִים. הוֹאִיל וְסוֹפוֹ לָצֵאת. שֶׁהֲרֵי אֲכִילָתָן בְּכָל הָעִיר. לֹא הִגִּיעַ זְמַנּוֹ לָצֵאת. דַּאֲכַתִּי לָא אִישְׁתְּרֵי כב] בַּאֲכִילָה. ע"כ לָא פְּלִיגִי אֶלָּא בְּבָשָׂר. בְּהַהוּא הוּא דְּמַכְשַׁר רַבִּי יוֹחָנָן, מִשּׁוּם דְּסוֹפוֹ לָצֵאת. הוּא הַדִּין דִּבְאֵימוּרִין. מַכְשַׁר, שֶׁזְּרִיקָה עוֹשָׂה אוֹתוֹ קָדְשֵׁי קָדָשִׁים. וְהַאי דְּפָרֵישׁ כג] "מִשּׁוּם דְּסוֹפוֹ לָצֵאת" – הַתַּלְמוּד קָמְפָרֵשׁ לֵיהּ, וְלָא מִילְּתֵיהּ דְּרַבִּי יוֹחָנָן הִיא. אֵין מוֹעֲלִין בָּהֶן. אֲפִי' לְאַחַר זְרִיקָה. דְּלָא מְהַנְיָא בְּהוּ זְרִיקָה לְהָכִי, לְמִיקְבְּעִינְהוּ בִּמְעִילָה. וְאֵין

דם חטאת קודם לדם עולה מפני שהוא מרצה. הא דלא קאמר טעמא משום שדמה ניתן על ד' קרנות, כדקאמר גבי אשם – משום דכיון דדם עולה אתי מכח כליל, כדאמר בגמרא – לא סגי בטעמא דארבע קרנות. הכא בחטאת הלוים עסקינן. והא דקאמר "מפני שמרצה" – בחטאת דעלמא.

דם עולה ואימורי חטאת איזה מהן קודם. לא דמיא לבעיין דלעיל, דמיירי במכפר וכליל גופייהו, והכא איירי כד] באותו שבא מכח כליל ומכח מכפר. דם עולה ודם אשם איזה מהן קודם. דם אשם ואיברי דעולה – דם אשם קודם, דאשם מכפר כחטאת. א"נ, פשיטא ליה דאיברי עולה כה] קודמין לדם אשם, מפני שהן כליל. ולא דמי לאיברי עולה ודם חטאת, דחשיב דם חטאת משום דהוי אד' קרנות. אבל עולה לא. דעל כרחין למעוטי עולה אתא. דאי עולה קודמת לאשם – ליתני עולה, וכל שכן חטאת, דהא דם חטאת קודם לדם עולה. לימא מסייע ליה בשר קדשים קלים כו'. תימה: דלא מייתי סייעתא מברייתא דלעיל בפ' ג' (דף כו.), דקתני גבי קדשים קלים: פרכסה ויצאה לחוץ וחזרה – פסולה. ואמרי' עלה: ש"מ, בשר קדשים קלים שיצא לפני זריקת דמים – פסולה. ומשני: דילמא באליה ויותרת הכבד ושתי הכליות*.

והא דקא מיפלגי בבשר להודיעך כחו דר"ל. הוה מצי לאיפלוגי באימורין, להודיעך כח דהיתירא. ואין

הגהות הב"ח

(א) גמ' כו' מפני שהן כליל ואימא מתנה קמייתא:
(ב) רש"י ד"ה דכי עולה וכו' שבחטאת הס"ד ואח"כ מ"ה דקאתי מכח כליל אימורי חטאת:
(ג) ד"ה יש לו וכו' כל דהו הס"ד ואח"כ מ"ה ישנן בצבור שלמים:

ולא קתני מפני שהיא ניתנה כצ"ל

גליון הש"ס

גמ' מהא ליכא למשמע מינה. תמוה לי דילמא שניהם שוים ויכול להקדים למי שירצה ואין הדיוקים סותרים אהדדי וצ"ע:

שיטה מקובצת

א] דת"ר א) רבי אומר ופר: ב] לחטאת מה ת"ל אם ללמד: ג] שיכול שתהא חטאת: ד] עולה קודמין לאימורי חטאת מפני שהן כליל לאישים ואימא מתנה כו': ה] לא ניקדמו אמר: ו] רחמנא תיקדום תיבת היא נמחק: ז] קודם דקאתי מכח מכפר כך גירסת כל הספרים אבל רש"י גרים קדים דמכפר: ח] מפני שדמה ניתן ולא קתני מפני שהיא ניתנת פי' אלמא דבאימורים קאי כלומר דהקטרת אימורים קודמ' מפני שדמה ניתן דאי הוה קאי על מתנות הדם הוי ליה למימר מפני שהיא ניתנת דהוה משמע מתנותיה קודמת מפני שהיא ניתנת: ט] זו קודמה לזו: י] דמיו ואימוריו: יא] אלא דם מיהא איתיה פ"ה ולא הו"ל למיתני אלא כו' והקשה מורי לפי' דאע"ג דאיתא בעוף חשיב ליה שלא תאמר דם של עוף קדשי קדשים מה שאין כן במעשר להכי אמר דמו וה"ק משני דברים מקודש שהוא מין זבח ואימוריו קדשי קדשים וגם דמו קדשי קדשים כמו בעוף כדפי' במתניתין גבי על היסוד וי"ל דא"כ הוה ליה למתנייה לבסוף כמו במתני' השתא דתני ליה באמצע ע"כ צריך לומר דהוא כעין אותו שלפניו או מלאחריו וזה אינו יכול להיות א"כ ע"כ בא להשמיענו כדדייק תלמודא שאם אתה ר"ל כדפי' במתניתין גבי על היסוד לא היה לו להפסיק בין שני דברים הללו דליתנהו בעוף ולמיתני זה בנתיים דאיתנהו נמי בעוף ולא הוי ליה למתנייה [אלא] לבסוף כמו במתני' ואז הוה ניחא דלא הוי אלא גמר טעמא כדפי' במתניתין מדלא תני הכי ש"מ כדפי' ומייתי מורי ראיה דכה"ג איתא בסוף פ' איזהו מקומן דקאמר ואי בעית אימא כי התם ופ"ה דל"ג ליה ור"י פי' דיש ליישבו ואיבעית אימא כי התם כלומר מדלא קתני עד חצות לבסוף אלא תנא ליה באמצע ש"מ דהוי דאורייתא כמו לילה ומינייו וצלי דאיירי ביה לפניו ולאחריו והכא דליכא למימר הכי צריך לומר כדפי': יב] לאו הא קמ"ל דאימורין כו': יג] הואיל וסופו לצאת תימה דאמרינן בפ' התכלת אם משנשחטה יצא לחמה הלחם פסול ואמאי נימא כשר הואיל וסופו לצאת וי"ל דמיירי דיצא חוץ לחומת ירושלים: יד] להודיעך כחו דריש לקיש. וה"ה דמצי לאפלוגי באימורים להודיעך כחו דר"י ואע"ג דתלו טעמא בסופו לצאת תלמודא הוא דמפרש הכי מעיקרא והשתא הדר ביה אבל אינו מדברי ר"י: טו] לצאת אמרי' עדיין: טז] מה"ד והלא כבר: יז] שלא נתן: יח] ואפ"ה כו' משום ותי' חטאת קודם לעולה ל"ש ונמחק: יט] עלה וה"ה ותי' קודם לעולה ל"ש ונמחק: כ] דכתיב ביה כסף שקלים: כא] אימוריו לפני זריקה מיפסל: כב] אישתרי בשר: כג] דפריש טעמא משום: כד] איירי באתו מכח ואות ו' ותיבת שבא נמחק: כה] עולה לא מבעיא ליה דהיינו בעיא דלעיל דם חטאת ואיברי עולה:

א) וכ"ה בתו"כ בפ' ויקרא בפרשה דפר כהן משיח רבי אומר מה ת"ל.

מאי

וְאֵין חַיָּיבִין עֲלֵיהֶן מִשּׁוּם פִּיגּוּל נוֹתָר וְטָמֵא. ר"ע אוֹמֵר: מוֹעֲלִין בָּהֶן, [א]וְחַיָּיבִין עֲלֵיהֶן מִשּׁוּם פִּיגּוּל נוֹתָר וְטָמֵא. א] מַאי לָאו בְּהֶדְהֵר עַיְילִינְהוּ פְּלִיגִי, וּבְהָא פְּלִיגִי, דְּמָר סָבַר: מִיפַּסְלִי בְּיוֹצֵא, וּמָר סָבַר: לָא מִיפַּסְלִי בְּיוֹצֵא? אָמַר רַב פַּפָּא: בְּהֶדְהֵר עַיְילִינְהוּ — כ"ע לָא פְּלִיגִי. [ב]וְהָכָא בְּדְאִיתְנְהוּ אַבָּרַאי פְּלִיגִי, וּבְהָא פְּלִיגִי: דְּמָר סָבַר: *אֵין זְרִיקָה מוֹעֶלֶת לְיוֹצֵא, וּמָר סָבַר: זְרִיקָה מוֹעֶלֶת לְיוֹצֵא. וְהָא *רַב פַּפָּא הוּא דְּאָמַר: בְּדְאִיתְנְהוּ אַבָּרַאי — כ"ע לָא פְּלִיגִי, בְּדְעַיְילִינְהוּ לְגַוַּואי פְּלִיגִי! ה"מ גַּבֵּי [ג]שְׁתֵּי לֶחֶם, דְּלָאו גּוּפֵיהּ דְּזִיבְחָא. ב] אֲבָל אֵימוּרִין, דְּגוּפֵיהּ דְּזִיבְחָא הוּא — בְּדְאִיתְנְהוּ אַבָּרַאי פְּלִיגִי. § "עוֹפוֹת קוֹדְמִין" כו'. § אַדְּרַבָּה, מְנָחוֹת קוֹדְמוֹת, שֶׁכֵּן יֶשְׁנָן בְּצִבּוּר כְּבְיָחִיד! אפ"ה, מִינֵי דָמִים עֲדִיפִי. § "מִנְחַת חוֹטֵא" כו'. § אַדְּרַבָּה, מִנְחַת נְדָבָה קוֹדֶמֶת, שֶׁכֵּן טְעוּנָה שֶׁמֶן וּלְבוֹנָה! אפ"ה, ג] מִנְחַת חוֹטֵא הַבָּאָה עַל חֵטְא עֲדִיפָא, דִּמְכַפֶּרֶת. אִיבַּעְיָא לְהוּ: [ד]מִנְחַת סוֹטָה וּמִנְחַת נְדָבָה, אֵיזוֹ מֵהֶן קוֹדֶמֶת? מִנְחַת נְדָבָה קָדְמָה — שֶׁכֵּן טְעוּנָה שֶׁמֶן ד] (אוֹ) וּלְבוֹנָה, אוֹ דִּלְמָא מִנְחַת סוֹטָה קָדְמָה — שֶׁכֵּן בָּאָה לְבָרֵר עָוֹן? ת"ש: מִנְחַת חוֹטֵא קוֹדֶמֶת לְמִנְחַת נְדָבָה; מִנְחַת חוֹטֵא הוּא דְּקָדְמָה לְמִנְחַת נְדָבָה, הָא מִנְחַת סוֹטָה — לָא. מִי קָתָנֵי "מִפְּנֵי שֶׁהִיא מְכַפֶּרֶת"? "מִפְּנֵי שֶׁהִיא בָּאָה עַל חֵטְא" קָתָנֵי, וְהָא נַמִי בָּאָה עַל חֵטְא! ת"ש: זוֹ קוֹדֶמֶת לְזוֹ, שֶׁזּוֹ בָּאָה מִן הַחִיטִּין וְזוֹ בָּאָה מִן הַשְּׂעוֹרִין; מַאי לָאו מִנְחַת נְדָבָה לְמִנְחַת סוֹטָה? לָא, מִנְחַת חוֹטֵא לְמִנְחַת סוֹטָה. תֵּיפוֹק לִי דְּהָא מְכַפֶּרֶת וְהָא לָא מְכַפֶּרֶת! וְאֶלָּא מַאי, מִנְחַת נְדָבָה? תֵּיפוֹק לִי דְּזוֹ טְעוּנָה שֶׁמֶן וּלְבוֹנָה, וְזוֹ אֵינָהּ טְעוּנָה שֶׁמֶן וּלְבוֹנָה! אֶלָּא, *[ה]חַד מִתְּרֵי טַעֲמֵי ה] [נָקֵיט]. § "חַטַּאת הָעוֹף קוֹדֶמֶת" כו'. § מְנָא ה"מ? דְּת"ר: *°"וְהִקְרִיב אֶת אֲשֶׁר לַחַטָּאת רִאשׁוֹנָה", מַה ת"ל? ו] שֶׁאֵין ת"ל לְלַמֵּד שֶׁתִּקָּרֵב רִאשׁוֹנָה — הֲרֵי כְּבָר נֶאֱמַר: °"וְאֶת הַשֵּׁנִי יַעֲשֶׂה עוֹלָה"! אֶלָּא זֶה בָּנָה אָב לְכָל חַטָּאוֹת שֶׁיִּקָּדְמוּ ז] לָעוֹלָה הַבָּאוֹת עִמָּהֶן, בֵּין חַטַּאת הָעוֹף לְעוֹלַת הָעוֹף, בֵּין חַטַּאת בְּהֵמָה לְעוֹלַת בְּהֵמָה, וַאֲפִי' חַטַּאת הָעוֹף לְעוֹלַת בְּהֵמָה. הִלְכָּךְ, חַטַּאת הָעוֹף לְעוֹלַת הָעוֹף — מִ"וְאֶת הַשֵּׁנִי"; חַטַּאת בְּהֵמָה לְעוֹלַת בְּהֵמָה — מִדְּרַבֵּי ח] רַחֲמָנָא; חַטַּאת הָעוֹף לְעוֹלַת בְּהֵמָה — מִ"זֶה בָּנָה אָב". תָּא שְׁמַע, ר"א אוֹמֵר: כָּל מָקוֹם שֶׁנִּתְחַלְּפָה חַטָּאת — חַטָּאת קוֹדֶמֶת, וְכָאן ט] (בְּיוֹלֶדֶת) עוֹלָה קוֹדֶמֶת. י] כָּל מָקוֹם שֶׁבָּא עַל חֵטְא — חַטָּאת קוֹדֶמֶת, וְכָאן — עוֹלָה קוֹדֶמֶת. יא] וְכָל מָקוֹם שֶׁשְּׁנַיִם בָּאִים *תַּחַת חַטָּאת — חַטָּאת קוֹדֶמֶת, *וְכָאן עוֹלָה קוֹדֶמֶת! *)אָמַר רָבָא: לְמִקְרָאָהּ הִקְדִּימָהּ הַכָּתוּב. § תָּא שְׁמַע: פָּרִים [י]קוֹדְמִין לְאֵילִים, וְאֵילִים קוֹדְמִין לִכְבָשִׂים, כְּבָשִׂים לִשְׂעִירִים. מַאי

*) ערכין כח.

רש"י

וְאֵין חַיָּיבִין עֲלֵיהֶן מִשּׁוּם פִּיגּוּל. יב] דַּהֲוֵי לְהוּ כְּמִי שֶׁלֹּא נִזְרַק עֲלֵיהֶן הַדָּם, וְלֹא קָרְבוּ כָּל מַתִּירֵיהֶן. וּמִשּׁוּם נוֹתָר. דְּאֵין נוֹתָר אֶלָּא *בְּבָשָׂר יג] בַּאֲכִילָה בְּתוֹךְ זְמַנּוֹ, כְּדִכְתִיב (ויקרא יז): "בְּיוֹם זִבְחֲכֶם יֵאָכֵל וּמִמָּחֳרָת" וגו'. וּמִשּׁוּם טוּמְאַת הַגּוּף. כִּדְאָמְרִי' בִּמְנָחוֹת (דף כה:): הַנִּיתָּר לִטְהוֹרִין — חַיָּיבִין עָלָיו מִשּׁוּם טוּמְאָה, שֶׁאֵין נִיתָּר לִטְהוֹרִין — אֵין חַיָּיבִין עָלָיו מִשּׁוּם טוּמְאָה. וְאֵימוּרִין דְּאִיתְרַבּוּ לְטוּמְאָה מֵ"אֲשֶׁר לַה'" — דּוּמְיָא דְּבָשָׂר אִיתְרַבּוּ, דִּלְאַחַר זְרִיקָה הוּא דְּמִחַיֵּיב עֲלַיְיהוּ וְלֹא לִפְנֵי זְרִיקָה. וְהָנֵי, לָא אַהַנְיָא לְהוּ זְרִיקָה. מַאי לָאו יד] בְּהֶדְהֵר עַיְילִינְהוּ. דַּהֲווּ לְגַוַּאי בִּשְׁעַת זְרִיקָה פְּלִיגִי. וְאַפִּי' הָכִי קָאָמַר ר"א דְּלָא אַהַנְיָא לְהוּ זְרִיקָה, מִשּׁוּם דְּאִיפְּסִילוּ בְּיוֹצֵא. בְּדְאִיתְנְהוּ אַבָּרַאי. בִּשְׁעַת זְרִיקָה. וְהָא רַב פַּפָּא הוּא דְּאָמַר. בִּמְנָחוֹת בְּפֶרֶק "הַתְּכֵלֶת" (דף מז:) גַּבֵּי שְׁתֵּי הַלֶּחֶם שֶׁיָּצְאוּ בֵּין שְׁחִיטָה לִזְרִיקָה, דִּפְלִיגִי נַמִי ר"א וְרַבִּי עֲקִיבָא. בְּדְאִיתְנְהוּ אַבָּרַאי כ"ע לָא פְּלִיגִי. דְּלָא מְהַנְּיָא לְהוּ זְרִיקָה. דְּלָאו גּוּפֵיהּ דְּזִיבְחָא הוּא. דְּבִזְרִיקַת כְּבָשִׂים קָא מִישְׁתָּרוּ, דְּלָאו גּוּפַיְיהוּ הוּא. הִלְכָּךְ, כָּל טו] דְּאִיתְנְהוּ אַבָּרַאי — מוֹדֶה ר"ע דְּלָא מְהַנְּיָא לְהוּ זְרִיקָה. מְנָחוֹת יֶשְׁנָן בְּצִבּוּר. מִנְחַת הָעוֹמֶר וּשְׁתֵּי הַלֶּחֶם. עוֹף אֵינוֹ בְּצִבּוּר, דְּתַנְיָא (תמורה דף יד): "וְהִקְרִיב" — הַיָּחִיד מֵבִיא עוֹף, וְאֵין צִבּוּר מְבִיאִין עוֹף. מִנְחַת חוֹטֵא הִיא דְּקוֹדֶמֶת לְמִנְחַת נְדָבָה. מִשּׁוּם דִּמְכַפֶּרֶת, אֲבָל מִנְחַת סוֹטָה — לֹא. וְהָא נַמִי. דְּסוֹטָה, בָּאָה עַל חֵטְא. וְהִקְרִיב אֶת אֲשֶׁר לַחַטָּאת וגו'. בִּשְׁמִיעַת הַקּוֹל כְּתִיב. זֶה בָּנָה אָב. תָּלָה טַעַם הַקְדָּמָתוֹ בִּשְׁבִיל שֵׁם חַטָּאת. חַטָּאת בְּהֵמָה לְעוֹלַת בְּהֵמָה מִדְּרַבֵּי רַחֲמָנָא. דְּתַנְיָא לְעֵיל: "וּפַר שֵׁנִי בֶּן בָּקָר" וגו'. חַטַּאת הָעוֹף לְעוֹלַת בְּהֵמָה. כְּגוֹן יוֹלֶדֶת עֲשִׁירָה, טז] "כֶּבֶשׂ בֶּן שְׁנָתוֹ לְעוֹלָה וּבֶן יוֹנָה אוֹ תוֹר לְחַטָּאת" (ויקרא יב). כָּל מָקוֹם שֶׁנִּתְחַלְּפָה חַטָּאת. וְהָעוֹפוֹת בָּאִין תַּחְתֶּיהָ בְּדַלּוּת, כְּגוֹן בִּמְטַמֵּא מִקְדָּשׁ (ויקרא ה), דְּעִיקָּרוֹ חַטָּאת בְּהֵמָה, וּבְדַלּוּת נִתְחַלְּפָה שְׁתֵּי תוֹרִים. חַטָּאת קוֹדֶמֶת. דִּכְתִיב: "לַחַטָּאת רִאשׁוֹנָה", מִשּׁוּם דְּעִיקַּר חַטָּאת הוּא. וְכָאן. בְּיוֹלֶדֶת, שֶׁהָעוֹף תַּחַת עוֹלָה הוּא בָּא, וְהַבְּהֵמָה עִיקָּר הָיְתָה — עוֹלָה קוֹדֶמֶת, כְּדִכְתִיב בָּהּ: "אֶחָד לְעוֹלָה וְאֶחָד *לְחַטָּאת". וְכָל מָקוֹם שֶׁשְּׁנַיִם בָּאִים תַּחַת אֶחָד חַטָּאת קוֹדֶמֶת. כְּגוֹן בִּמְטַמֵּא מִקְדָּשׁ, שְׁתֵּי הָעוֹפוֹת תַּחַת חַטָּאת אֶחָד הֵן בָּאִין, שֶׁהֲרֵי בָּעֲשִׁירוּת לֹא הָיָה מְחוּיָּיב אֶלָּא חַטָּאת. וְכָאן בְּיוֹלֶדֶת, שֶׁאֵין בָּא תַּחַת הַבְּהֵמָה אֶלָּא עוֹף הָעוֹלָה, דְּאִילּוּ בָּעֲשִׁירוּת נַמִי הֲוָה מַתְיָא עוֹף לְחַטָּאת עִם עוֹלַת בְּהֵמָה. עוֹלָה קוֹדֶמֶת. אַלְמָא יז] עוֹלָה שֶׁל בְּהֵמָה יוֹלֶדֶת קוֹדֶמֶת לְחַטָּאת, שֶׁהֲרֵי אַף חֲלִיפִין קוֹדְמִין לְחַטָּאת. וּמַתְנִיתִין תְּנַן: חַטָּאת הָעוֹף קוֹדֶמֶת לְעוֹלַת בְּהֵמָה! לְמִקְרָאָהּ הִקְדִּימָהּ הַכָּתוּב. שֶׁתְּהֵא נִקְרֵאת בְּעִנְיָן תְּחִלָּה. אֲבָל בַּעֲבוֹדָתָן — חַטָּאת קוֹדֶמֶת, וּכְדְאָמְרַן מִ"זֶה בָּנָה אָב".

תוספות

ואין חייבין עליהן משום פיגול נותר וטמא. הא דאין חייבין משום טומאה, נראה דהיינו טעמא, כדאמר לעיל בסוף "ב"ש" (דף מה:): בהוכשר ליקרב, וזה אין ראוי ליקרב עד אחר זריקה. ובקונטרס פי' טעם אחר. והא רב פפא הוא דאמר בדאיתנהו אבראי דכ"ע ל"פ. מילתיה דרב פפא בפרק "התכלת" (מנחות דף מז:) גבי שתי הלחם שיצאו בין שחיטה לזריקה. וס"ד דאין חילוק בין זה לזה. מנא הני מילי דת"ר כו'. לעיל גבי דם חטאת קודם לדם עולה, ניחא דבעי קרא, אע"ג דמפ' טעמא במתני' — משום דאיכא תרי קראי, חד דמשמע דחטאת קודמת, וחד דמשמע דעולה קודמת. אבל הכא קשה: ל"ל קרא? תיפוק לי משום דחטאת העוף מרצה! ושמא כיון דלית בה הקטרה — לא מהני בה האי טעמא. חטאת בהמה קודמת לעולת בהמה. וא"ת: הא תנא ליה רישא: דם חטאת קודם לדם עולה! וי"ל: דאיצטריך לאשמועי' אפי' בעולה הבאה *לשם חטאת, כדקתני: וכן בהקדישה. חטאת העוף לעולת בהמה מזה בנה אב. והא דאמרי' בפ' "תמיד נשחט" (פסחים נט.): זה בנה אב לכל החטאות שיקדמו לעולות, וקיימא לן דאפילו חטאת העוף לעולת בהמה, קשה קצת הלשון: דמאי קאמר "וקיימא לן" כו'? הא לא יח] משמע מבנין אב טפי אלא הך מילתא לחודה! ועוד קשה הא דקאמר "לכל החטאות". למקראה הקדימה הכתוב. פירש בקונט': שתהא נקראת בענין תחילה. ותימה: מה חידוש הוא זה? יט] ומפרש ה"ר חיים: להקדישה תחילה — שיקדיש העולה קודם החטאת. אבל להקריב — חטאת קודמת. והא דתנן "וכן בהקדישה" — מתני' לא איירי ביולדת. אע"ג דמשמע קצת דאכל מה דתנן חטאת קודמת לעולה בהקרבה, בכל הנהו — "וכן בהקדישה". וקשה לפי' מהא דאמרינן בערכין פרק "האומר משקלי עלי" (דף כא.): חייבי חטאות — אין ממשכנין אותן, חייבי עולות — ממשכנין אותן, ופעמים שחייבי עולות אין ממשכנין אותן. ופריך: מאי ניהו? אי נימא עולת יולדת, פי': דא"צ למשכנה, משום דאי אפשר לה להביא חטאת עד שתביא עולתה — והאמר רבא: למקראה הקדימה הכתוב. כ] ואי כפירוש ה"ר חיים, כיון דצריכה להקדיש עולה קודם לחטאת — א"כ א"צ למשכן כא] ועל כרחה תביא שתיהן!. מאי

שיטה מקובצת

א] מאי לאו בדהדר עיילינהו. וקשה היאך ס"ד דבהדר עיילינהו פליגי הרי כמו כן פליגי ברישא בבשר קדשי קדשים שיצא לפני זריקת דמים וצ"ל דבאימורי קדשים קלים פליגי בדהדר עיילינהו: ב] דזיבחא הוא אבל: ג] תיבות מנחת חוטא נמחק: ד] תיבת או נמחק: ה] טעמי נקיט: ו] מה ת"ל אם ללמד שתקרב חטאת. ותיבות שאין ת"ל נמחק: ז] לעולות הבאות: ח] תיבת רחמנא נמחק: ט] וכאן שנתחלפה עולה עולה קודמת תיב' ביולדת ל"ש ונמחק: י] כל. ס"א אינו זה הבבא: יא] קודמת כל: יב] פיגול. דלא קבע להו הך זריקה בפיגול דהוו להו: יג] בבש' הראוי לאכילה בתוך: יד] לאו בדהדר עיילינהו: טו] כל כמה דאיתנהו: טז] עשירה שיש לה להביא כבש: יז] אלמא עולת בהמה של יולדת: יח] לא אשמעינן הבנין אב ותיבת משמע ואות מ' נמחק: יט] זה דזיל קרי ביה רב הוא: כ] ואי. לשון מהר"פ ואי כפי' הר"ר חיים מאי פריך הא צריך להקדישה קודם חטאת וא"כ נימא דאין צריך למשכן עולת יולדת לכך נראה להר"ר יחיאל דה"פ למקראה לשון מקרה כלומר אם לא נזדמן לה כי אם פרידה אחת והיא רוצה לעשות ממנה עולתה וכשיזדמן לה אחרת תביא חטאת הרשות בידה ולכך הקדימה הכתוב אבל כשהן באות יחד לעולם חטאת קודמת לה ואפי' כשהיא עשירה שהיא מביאה עולת בהמה וחטאת העוף החטאת קודמת לעולה: כא] למשכן דעל כרחה:

עין משפט נר מצוה

יא א ב מיי' פ"א מהל' פסה"מ הלכה לב:
יב ג מיי' שם פי"ז הל' יט וכרבי עקיבא:
יג ד מיי' פ"ט מהל' תמידין ומוספין הל' י:
יד ה מיי' שם הלכה י:
טו ו מיי' שם הל' ז:

מסורת הש"ס

ג"א כבשר לאכילה ובס"י איתא בבשר הראוי לאכילה כו'

[מנחות כה:]

[שם מז:]

עס חטאת ולשם חטאת נ"ק

[לעיל י. יבמות מח: וש"נ]

[פסחים נט. הוריות יג.]

נ"א לחטאת הס"ד ומה"ד כ"ש שבא על חטא כגון שבועת עדות ושבועת ביטוי וטומאת מקדש וקדשיו שכולן הקרבן בא לכפר על החטא חטאת קודמת וכאן ביולדת שאינה באה על חטא אלא לטהרה העולה קודמת

נ"א תחת אחד נ"ק

נ"א וכאן שאין ב' באין תחת חטאת אחת עולה קודמת

מאי לאו דחג? [א] לא, לנדבה; פרים קודמין לאילים — שכן נתרבו בנסכים, [ב] וכן אילים לכבשים; כבשים לשעירים — שכן נתרבו באליה. ת"ש: *פר כהן משיח קודם לפר העלם דבר של צבור, פר העלם דבר של צבור קודם לפר עבודה זרה, פר עבודה זרה קודם לשעירי עבודה זרה. [ג] דאע"ג דפר עבודה זרה — עולה, ושעירי עבודה זרה — חטאת! ואימא מרישא: פר העלם דבר של צבור קודם לפר עבודה זרה! בחד מינא מיהא לא קאמרינן, דחטאת קדמה. כי קאמרינן — בתרי מיני, [ד] אשכחן עולה דקדמה לחטאת! אמרי במערבא משמיה דרבא בר מרי: חטאת עבודה זרה חסר א', °"לחטת" כתיב. *רבינא אמר: "כמשפט" כתיב בהו. השתא דאתית להכי, אפילו תימא פרים דחג נמי — "כמשפטם" כתיב בהו.§ איבעיא להו: חטאת העוף ועולת בהמה ומעשר, איזו מהן קודם? תיקדום חטאת העוף — איכא מעשר דקדים לה, ליקדים מעשר — איכא עולת בהמה דקדמה ליה, תיקדום עולת בהמה — איכא חטאת העוף דקדמה לה! הכא תרגימו: מין זבח עדיף. במערבא אמרי: עיילא בה עולת בהמה בחטאת העוף, ואגבהתה ממעשר.§

מתני' כל החטאות שבתורה קודמות לאשמות, חוץ מאשם מצורע, מפני שהוא בא [ה] על הכשר. *כל האשמות שבתורה באין בני שתים, ובאין בכסף שקלים, חוץ מאשם נזיר ואשם מצורע, שהן באין בני שנתן ואין באין בכסף שקלים. כשם שקודמין בהקרבתן — [ו] קודמין באכילתן. שלמים של אמש ושלמים של [ז] יום — של אמש קודמין [ח] לשל יום. שלמים של אמש, חטאת ואשם של היום — שלמים של אמש קודמין, דברי ר"מ. וחכ"א: חטאת קודמת, מפני שהיא קדשי קדשים. *(א) [ט] וכולן, הכהנים רשאין לשנות באכילתן: לאכלן צלוין, ושלוקין, ומבושלין, [י] לתת לתוכו תבלי חולין ותבלי תרומה, דברי ר"ש. ר"מ אומר: לא יתן לתוכו תבלי תרומה, שלא יביא התרומה לידי פסול.§ **גמ'** איבעיא להו: *תדיר ומקודש, איזה מהם קודם? תדיר קודם — משום דתדיר, או דלמא מקודש קדים — דקדיש? תא שמע: *תמידין קודמין למוספין, ואף

מאי לאו דמוספי החג. דשעירים הוי חטאת, וכבשים — עולה, וקתני: כבשים קודמין! לא [יא] נדבה. ושניהם עולה. וטעמא מאי קדמו פרים לאילים כו' שכן נתרבו בנסכים. פר — שלשה עשרונים, ואיל — שני עשרונים, וכבש — עשרון. שכן נתרבו באליה. לענין אימוריו. ואע"ג דהשתא בעולה קיימינן שכולה כליל, מיהו לגבי ריבוי למזבח אשכחן ביה, גבי שלמים וחטאת. פר כהן משיח קודם לפר העלם דבר. מפורש טעם בהוריות פ"ג (דף יג.): "כאשר שרף הפר הראשון" — ראשון [יב] יהא לפר העדה לכל מעשיו. פר העלם דבר קודם לפר עבודה זרה. שזה חטאת וזה עולה, ואמרן לעיל: חטאת קודמת. פר עבודה זרה קודם לשעיר עבודה זרה. אלמא, יש עולה קודמת לחטאת! ואימא מרישא. כלומר, אדמותבת מסיפא — סייען מרישא, דקתני: פר העלם דבר [יג] [קודם] לפר עבודה זרה! ומשני [יד] לה: בחד מינא לא קאמרי'. דהא ודאי ניחא לי דבחד מינא חטאת קדמה. כי אמרי' בתרי מיני. קשיא לן, דקאמרת מין קטן של חטאת קודם למין גדול של עולה, כדקאמרת: ואפי' חטאת העוף לעולת בהמה. והא הכא, דפר עולה קודם לשעיר חטאת! לחטת כתיב. בפרשת "שלח לך": [טו] "והיה אם מעיני העדה נעשתה בשגגה" וגו', [וכתיב התם: "ושעיר אחד לחטת" חסר א', לומר שאינו כשאר חטאות, שכל חטאת שבתורה הבאה עם עולה — חטאת קודמת, וזו — עולה קודמת]. כמשפט כתיב. בההוא קרא: "ומנחתו ונסכו כמשפט", משמע: כמשפט סדר מקראו כך סדר עבודתו, ופר ברישא כתיב. אפילו תימא פרים וכבשים דמוספי החג. הך [טז] מתניתין דתניא לעיל: כבשים קודמין לשעירים — לא [יז] תקשה, ד"כמשפט" כתיב בהו, ומשמע כסדר האמור בענין, ושעירי' כתובים אחרונים. חטאת העוף ועולת בהמה ומעשר בהמה. שלשתן עומדין. הכא תרגימו. בבבל. מין זבח עדיף. ויקדים מעשר, ואח"כ חטאת ועולה. דאילו עולת בהמה לא מצי קדמה לחטאת העוף, מגזירת הכתוב. עיילא בה חשיבות דעולת בהמה. שבאה עמה. והיא חשובה ממעשר, שהיא [יח] קדש קדשים וכליל. ומגזירת הכתוב החטאת קודמת, ואף על פי שזו מין זבח. ואגבהתה ממעשר. לבטל חשיבות שם מין זבח שבו, דהא בעולה נמי איתיה לאותה חשיבות, ובטיל ליה מגזירת הכתוב. הלכך יקדים חטאת העוף לעולה, ועולה למעשר.

מתני' קודמות לאשמות. אם היה [יט] מקריב חטאת ואשם והביאן* — חטאת קודמת, כדתנן: שדמה ניתן על ד' קרנות ועל היסוד. מפני שהוא בא להכשיר את המצורע. לקדשים ולביאת מקדש. הלכך חשיבות הוא לגביה, שטהרה תלויה בו. ובאין בכסף שקלים. דכתיב (ויקרא ה): "בערכך כסף שקלים" באשם מעילות, ואתי אשם תלוי ואשם גזילות בג"ש "בערכך" "בערכך". ואשם שפחה חרופה גמר "באיל" "באיל", כדאמר ב"איזהו מקומן" (לעיל דף מח.). חוץ מאשם נזיר — דכתיב [כ] "כבש בן שנתו", ומדאיל בן ב' שנים בשתי סלעים — כבש בן שנה לאו בשתי סלעים הוא. כך קודמין באכילתן. אכולהו דבני אכילה קאי, כגון חטאת לאשם, [כא] אשם לתודה, ותודה לשלמים, ושלמים לבכור. שלמים [כב] שבאו אמש. לעזרה ושהו עד היום, ושחטן. וחטאת ואשם של [כג] יום. עומדין להקריב. שלמים של אמש קודמין. דזלזול [כד] להשהותן כל כך, והואיל ובאו ראשון — יקרבו ראשון. וכן מפרש בתוספתא דזבחים. ובכולן. בכל הנאכלין רשאין הכהנים לשנות באכילתן, כגון לאוכלן צלויין שלוקין ומבושלין. לידי פסול. שטעם קדשים הנעשה נותר אוסרה. גמ' תדיר ומקודש. כגון דם עולת תמיד ודם חטאת [כה] עומדין, זה תדיר וזה מקודש ממנו, כדאמרן: דם חטאת קודם לדם עולה, מפני שהוא מרצה. אי נמי, עולות מוספי ראש חדש ופר העדה עומדים, זה תדיר וזה מקודש. ואף

מאי לאו דחג. תימה: מאי קשיא? דלמא לא מיירי בדם אלא באברי עולה דקודמין לאימורי חטאת, כדתנן!

חטאת העוף ועולת בהמה ומעשר איזה מהן קודם. וכעין בעיא זו איכא למיבעי: אבדתו, ואבדת חבירו, וכיבוד אב ואם, למ"ד משל בן, בפ"ק דקדושין (דף לב.), איזה מהן קודם? תקדום אבדתו — איכא כיבוד אב ואם [דקודם], למ"ד דמשל בן. תקדום [כו] אב ואם — איכא אבדת חבירו, [כז] *דאמר ב"אלו מציאות" (ב"מ דף לב.): [כח] אפילו אמר ליה אביו "אל תחזיר" — [כט] לא ישמע לו כו'. תקדום אבידת חבירו — איכא אבידתו, דקודמת לאבידת חבירו*.

תקדום חטאת העוף איכא מעשר דקדים ליה. תימה: תקדום חטאת העוף, מק"ו: ומה עולת בהמה, שהיא חמורה וכולה כליל [ל] ומין זבח, קודמת למעשר — חטאת העוף קודם לה. מעשר [לא] שאינו כליל, ועולת בהמה קודמת לו — אינו דין שחטאת העוף קודם לה? וכי האי ק"ו אמרי' סנהדרין (דף לה:) דרציחה דוחה [לב] שבת מק"ו: ומה עבודה שדוחה שבת — רציחה דוחה אותה, שבת שנידחת מפני עבודה — אינו דין שתהא רציחה דוחה אותה? וי"ל: דחידוש הוא הא דחטאת העוף קודם לעולה, ולא גמרי' מיניה [לג].

חוץ מאשם מצורע מפני שהוא בא להכשיר. ואם תאמר: אדרבה, חטאת מצורע עדיף, דאכשורי ומכפר! וי"ל: כיון דמתן בהונות מדם האשם הוה חשיב ליה, מכשיר טפי. א"נ: האי "כל חטאות שבתורה" דקתני — לאו בחטאת הבאה עם האשם קאמר, אלא בשאר חטאות.

שלמים של אמש וחטאת ואשם של יום שלמים של אמש קודמין. *פי' בקונטרס: דזלזול הוא להשהותם כל כך, שצורת הבשר מתקלקלת. ועל חנם דחק, אלא היינו טעמא: דשלמים של אמש אין להם היתר [לד] *(אנינות) אלא עד הלילה, וחטאת ואשם של יום — עד הבקר, דנאכלין ליום ולילה.

וחכמים אומרים חטאת קודמת. והוא הדין אשם, דקדש קדשים. צלויין שלוקין ומבושלין. אף על גב דקתני שלוקין והדר תני מבושלין — מ"מ [לה] שלוקה הוי טפי מבישול, כדמוכח בפרק "כל הבשר" (חולין דף קיא.) גבי כבד, דקאמר: שלוקה אוסרת ונאסרת*.

תדיר ומקודש איזה מהן קודם. פירש בקונטרס: כגון דם עולת תמיד ודם חטאת. וקשה: דבריש פירקין פרשינן ד"מלבד עולת הבוקר" בעבודת הדם איירי! ונראה כלשון אחר שפי' בקונטרס: עולת מוספי ר"ח [לו] ופר העדה. וא"ת: תפשוט ממתניתין, דתנא: מוספי שבת קודמין למוספי ר"ח. [לז] דמשמע, אפילו עולת מוסף של שבת לחטאת מוסף של שבת ר"ח! וי"ל: כיון דעולת מוסף דשבת קודמת לעולת מוסף דר"ח, משום דתדירה — קודמת נמי לחטאת, [לח] שהשוה הכתוב עולה דמוסף עם החטאת.

תא

טז א ב מיי' פ"ט מהל' תמידין ומוספין הלכה ז:
יז ג ד מיי' שם הל' ח:
יח ה מיי' פ"ד מהל' פסה"מ הל' כב:

צ"ל דקודמת כדאמרינן באלו מציאות כו' צ"ק

יט ו מיי' פ"ט מהל' תמידין ומוספין הלכה יב:

[בקידושין לב. ד"ה רב יהודה אומר פשטוהו ע"ש וכן בתוס' ב"מ לג. ד"ה אבידתו ע"ש]

כ ז מיי' שם הלכה יג:
כא ח ט מיי' פ"י מהל' מעה"ק הלכה י:
כב י מיי' פ"ט מהל' תמידין ומוספין הל' ב:

[עיין רש"ק ותוי"ט]

פ"א אכילה

[לעיל עו.]

[ועיין תוס' פסחים לט: ד"ה ולא שלוקין]

[הוריות יג. ע"ש]

[בהוריות שם איתא רבא]

במדבר טו

[כעין זה במנחות מט.]

[לעיל פט.]

כאחד חטאת כו' צ"ק

תורה אור

הגהות הב"ח

(א) במשנה וכולן הכהנים וכו' לאוין שלוקין כצ"ל ותיבת ר' נמחק:

גליון הש"ס

מתני' כל החטאות. עיין לעיל דף לג ע"א תוס' ד"ה סמיכות: גמ' איבעיא להו תדיר ומקודש. עיין ירושלמי נזיר פ"ז סוף הלכה א:

שיטה מקובצת

א] לא דנדבה פרים: ב] בנסכים אילים לכבשים שכן נתרבו בנסכים כבשים ותיבת וכן ל"ש: ג] ואע"ג דפר: ד] מיני דבתרי מיני מיהא אשכחן: ה] שהוא בא להכשר תיבת על נמחק. אע"ג דחטאת מצורע כמו כן בא להכשיר וגם לכפר מ"מ אינו כל כך עיקר הכשר כמו אשם שהרי מדם האשם היה על גוף המצורע על הבהונות: ו] בהקרבתן כך קודמין: ז] של יום נמחק: ח] של היום: ט] תיבות לשל יום נמחק: ט] ובכולן הכהנים: י] למבושלין ולתת לתוכו: יא] לא דנדבה. ושניהם: יב] ראשון שיהא לפר: יג] דבר קודם לפר: יד] ומשני ליה בחד מינא מיהא לא: טו] לך בההוא קרא והיה: טז] הך מתניתא דתניא: יז] לא תיקשי: יח] שהיא קדשי קדשים: יט] היה מחוייב חטאת ואשם והביאן ותיבת מקריב נמחק: כ] דכתיב ביה כבש: כא] לאשם ואשם לתודה: כב] שלמים. ס"א שלמים שקרבו אמש: וחטאת כו' עומדים לאכול שלמים כו' כ"כ שצורת הבשר מתקלקלת ואע"פ שזמן אכילתן כל היום יקדימו ראשון וכן כו': כג] של היום. עומדין: כד] דזלזול הוא להשהותן: כה] חטאת מוספין שעומדין זה: כו] תקדום כבוד אב: כז] חבירו דאמרי' באלו: כח] יכול אמר לו אבא אל ותיבת אפי' ל"ש: כט] תחזיר ישמע תיבת לא ל"ש ונמחק: ל] כליל וקודמת ותיבות ומין זבח נמחק: לא] מעשר הקל שאינו: לב] דוחה עבודה מק"ו תיבת שבת נמחק: לג] מיניה דהא מין זבח הוא אלא דגזירת הכתוב הוא ולא מחמת חשיבות קודמת וק"ו אינו אלא מכח סברא: לד] היתר אכילה אלא תיבת אנינות נמחק: לה] מ"מ שליקה הוי: לו] ר"ח לפר העדה: לז] ר"ח ואע"ג דמוספי שבת כולן עולות ומוספי ר"ח חד חטאת וחד עולה דמשמע כו': לח] לחטאת שעמה שהשוה הכתוב עולת מוסף עם החטאת:

ואף ע"ג דמוספין קדישי! אטו שבת למוספין א] אהנאי, לתמידין לא אהנאי? ת"ש: *מוספי שבת קודמין למוספי ראש חודש. אטו ראש חודש למוספין דידיה אהני, למוספי שבת לא אהני? תא שמע: מוספי ראש חודש קודמין למוספי ראש השנה, אע"ג דראש השנה קדישה! אטו ראש השנה למוספי דידיה אהני, למוספי ראש חודש לא אהני? ת"ש: ד"א, *ברכת היין אתדירה וברכת היום אינה תדירה, ותדיר ושאינו תדיר – תדיר קודם, אע"ג דברכת היום קדישה! אטו שבת לברכת היום ב] אהנאי, לברכת היין לא אהנאי? תא שמע, *דאמר רבי יוחנן: הלכה, במתפלל אדם של מנחה ואח"כ של מוספין! ג] אטו שבת לתפלת מוספין ד] אהנאי, לתפלת מנחה לא אהנאי? ת"ש: שלמים של אמש, חטאת ואשם של ה] יום – שלמים של אמש קודמין; הא אידי ואידי דיום – חטאת ואשם קדמי, ואע"ג דשלמים תדירי! אמר רבא: מצוי קאמרת? תדיר קמיבעיא לן, מצוי לא קמיבעיא לן. אמר ליה רב הונא בר יהודה לרבא: אטו ו] מצוי לאו תדיר? והתניא אוציא את הפסח שאינו תדיר, ולא אוציא את המילה שהיא תדירה. מאי "תדירה" – תדירה במצות. ואיבעית אימא: מילה לגבי פסח – כי תדיר דמיא. איבעיא להו: תדיר ושאינו תדיר, וקדים ושחט לשאינו תדיר, מאי? מי אמרינן: כיון דשחטיה – גמקריב ליה, או דלמא: יהיב לאחר דממרס בדמו עד דמקריב ליה לתדיר, והדר מקריב לשאינו תדיר? מר רב ז] הונא מסורא: ת"ש, שלמים של אמש, חטאת ואשם של ח] יום – של אמש קודם לשל יום; הא דיום דומיא דאמש, וה"ד – דקדים שחטיה לשלמים – חטאת ואשם קדמי! דלמא שלמים דאמש וחטאת ואשם דיום, היכי משכחת לה – דשחטינהו לתרוייהו, ט] אבל לא שחטינהו לתרוייהו – תיבעי לך. ת"ש: ד"א, ברכת היין תדירה וברכת היום אינה תדירה, ותדיר ושאינו תדיר – תדיר קודם! ה"נ, דכיון י] דאתיין – כמאן דשחיטי תרוייהו דמי. ת"ש, דא"ר יוחנן: הלכה, מתפלל אדם של מנחה ואח"כ של מוספין! ה"נ, כיון דמטי זמן תפלת מנחה – כמאן דשחיטי תרוייהו דמי. אמר ליה רב אחא בריה דרב אשי לרבינא: יא] *דשחטו קודם חצות – פסול, מפני שנאמר בו (שמות יב) °"בין הערבים". קודם הלתמיד – כשר, ויהא ממרס בדמו עד שיזרוק יב] הדם! הכא במאי עסקינן – כגון דקדים שחטיה לתמיד ברישא. אמר ליה רב אחא סבא לרב אשי: מתניתין נמי דיקא, דקתני: "עד שיזרק יג] הדם" (תמיד) ולא קתני: "עד שישחוט ויזרק דם", ש"מ. § "ובכולן כהנים רשאין" כו'. § מאי טעמא? אמר קרא: (במדבר יח) °"למשחה" – *לגדולה, כדרך שהמלכים אוכלין. §

מתני' אמר רבי שמעון: אם ראית שמן שהוא מתחלק בעזרה – אין יד] צריך לשאול מהו, אלא מותר רקיקי ימנחות ישראל, ולוג שמן של מצורע. אם ראית שמן שהוא ניתן על גבי האישים – אין טו] צריך לשאול מהו, אלא מותר חרקיקי מנחת כהנים ומנחת כהן משיח, *שאין מתנדבין שמן. רבי טרפון אומר: טמתנדבין שמן. §

גמ'

ואף על גב דמוספין קדישי. טז] מוספין שם שבת עליהן, שהם באים חובה לה. והתמידין באין אף בחול. לתמידין לא יז] אהנאי. כיון דהאידנא יח] קריבין – *אם כן שם שבת עליהם. מוספי ר"ח. מקודשין משל שבת, דאיקרי "מועד" יט]. ד"א כו'. בפסחים תנינן לה, דקאמרי ב"ה: מברך על היין ואח"כ מברך על היום, שהיין גורם לקידוש שתאמר. דבר אחר כו'. הכי גרסינן: כ] דאע"ג דברכת היום קדישה. שהם שבת עליה, שחובה לשבת היא באה. דאילו ברכת היין – אף בחול היא. הלכה מתפלל של מנחה. במסכת ברכות: כא] היו לפניו שתי תפלות, של מוספין ושל מנחה, ופליגי רבי יהודה ורבנן. וקא"ר יוחנן: הלכה כדברי האומר מתפלל של מנחה ואחר כך מתפלל כו'. שלמים של אמש. הא פרישית לה לעיל כב] (גבי) במתני'. תדירי. שהן מלויין, מתוך שבאין בנדר ובנדבה. מצוי קאמרת. שאין תדירותו חובה, אלא שהוא מלוי תמיד יותר מחבירו. הכי גרס: *מלוי לאו תדיר הוא בתמיה. אוציא את הפסח שאינו תדיר. בת"כ שנויה, גבי חטאת. דקתני: והרי פסח ומילה כג] ענושין כרת, יכול יביא על שגגתן חטאת – ת"ל: "אשר לא תעשינה" – ילאו פסח ומילה שהן מלות עשה. אוציא את הפסח שאינו תדיר ולא אוציא את המילה שהיא תדירה. ת"ל: "אשר לא תעשינה". אלמא מלוי תדיר הוא. תדירה במלות. סדורה במלות, שנכרתו עליה שלש עשרה בריתות ולוויין. כי תדיר דמיא. שמלויה היא כד] הרבה מפסח. אבל מלוי דשלמים לגבי מלוי דחטאת – לאו כתדירה דמי. הא דיום דומיא דאמש והיכי דמי כגון כה] דשחטו שלמים ברישא כו'. וקא ס"ד ה"ק: שלמים שהביאן מאמש ושחטן היום, וחטאת ואשם של יום עומדין לישחט – שלמים של אמש קודמין ליזרק. דאי בשניהם עומדין לישחט – לא אמר כו] דקדמו שלמים. וטעמא דבאו מאמש, הא אידי ואידי כז] דהיום, וקדים שחטינהו לשלמים ברישא – אמרי' שחיטת חטאת ואשם קודמה לזריקת שלמים. אלמא: מקודש ושאינו מקודש, וקדים שחטיה לשאינו מקודש – יהא אחד ממרס בדמו, ויזרוק את המקודש. וה"ה לתדיר ושאינו תדיר. דלמא שלמים של אמש וחטאת של יום. דאשמעינן של אמש קדמו. היכי דמי דשחטינהו לתרוייהו. אע"ג דשחטיה לחטאת אחר השלמים ושניהן עומדין ליזרק – אשמעינן דשלמים של אמש קדמו. ודכותיה כח] דייקא מיניה: הא אידי ואידי דיום, ושחט שלמים ואחר כך חטאת ובא לימלך על הזריקה – אמרי' ליה: חטאת קדמה. אבל לא שחטיה. לחטאת בתר שלמים, ובא לימלך על השחיטה – תיבעי לך אי מזלזלינן בשלמים למרס בדמן, ולהקדים שחיטת חטאת וזריקתה. וכי מיבעיא לן בתדיר ושאינו תדיר – כט] *הך מיבעיא לן: ששחט את שאינו תדיר, והתדיר קיים. ברכת היין תדירה כו' תדיר קודם. ואע"ג דשאינו תדיר קדם ובא, שכבר קדש היום ועדיין יין לא בא. ל] ודומיא קדים שחטיה לשאינו תדיר ברישא! ומשני: ה"נ כיון דאתא השתא יין קמן, ומזומן לברכה – כמאן דשחיטי תרוייהו לגבי קדשים לא] [דמי], ולא תפשוט מינה לבעיין. ואח"כ מתפלל של מוספין. ואף על גב דזמן מוספין אתא ברישא. שחטו קודם חצות. בפסח קאי. קודם לתמיד. של בין הערבים – כשר, ואע"פ שלכתחילה מצוה לאחרו, כדתניא לעיל (דף יג): יאוחר דבר שנאמר בו "בערב" ו"בין הערבים" לדבר שלא נאמר בו אלא "בין הערבים" בלבד. ויהא אחד ממרס בדמו. אלמא, דקדים ושחטיה למאוחר, אמרי ליה לשהות את הזריקה, ולשחוט את הראוי ליקדש ולזרקו! כגון דקדים שחטיה לתמיד. קודם שבא לימלך, ולא נמלך אלא על הזריקה. למשחה. "לך נתתים למשחה" מתרגמינן: "לרבו", והיינו לגדולה. **מתני'** שהוא מתחלק. לאכילת כהנים. מותר רקיקי מנחת ישראל. מנחת מאפה, שבאה חלות לג] ורקיקין, חלות – בוללן, רקיקין – מושחן. ואמר רבי שמעון במנחות (דף עה.): מושחן כמין כ"י, ושאר השמן נאכל לכהנים. מנחת כהנים. כולה כליל. ומותר מנחת כהן משיח – לפי ששמנה מרובה, שלשה לוגין לעשרון, ומתוך שהיא אפויה תחילה – אין שמנה נבלע בפיתיה, וצריך להקטיר המותר לד] בעצמו. שאין מתנדבין שמן. לפיכך לא יעלה על דעתך שיהא שמן המתחלק *מן הנקטר נדבה. ס"א או
גמ'

תא שמע מוספי שבת קודמין כו'. בכל הני "תא שמע" צריך טעם מאי קס"ד, מאחר דבכל שני "אטו שבת למוספין אהני לתמידין לה] לא אהנאי". *וצריך לדקדק בפרק "התכלת" (מנחות דף מט.) גבי התמידין אין מעכבין את המוספין, דאיכא כי הך בעיא דתדיר ומקודש, ולא פשיט מיניה מידי. דלא מייתי הכא ראיות דהתם, והנהו דהכא לא מייתי התם.

דשחטינן לתרוייהו. תימה: אם כן ליתני: שלמים, ושחט קודם לחטאת ואשם, והכל ביום אחד – שלמים קדימי לזרוק. ואמאי נקט "של אמש"? וי"ל: ד"של אמש" נמי, שמא הוי כעין של אמש, והכל ביום אחד, כדאמר בפ' "התערובות" (לעיל עה.): מאי "חיין" – כעין חיין. ברו"ך.
אמר

נ"ל א"כ אף הם שם שבת כו' נ"ק
[לעיל פט.]
ברכות נא: פסחים קיד.
לעיל יב. ברכות כח.
נ"ל אטו מצוי כו' נ"ק
פסחים סא.
[לעיל כח. סוטה טו. חולין קלב:]
מנחות קד: [לעיל עז.]
נ"ל הכי מיבעיא לן נ"ק

עיין בספר פנים מאירות
כג א מיי' פ"ט מהל' שבת הל' ז טוש"ע א"ח סימן רעא סעיף י:
כד ב מיי' פ"ג מהל' תפלה הל' יא טוש"ע א"ח סימן רפו סעיף ד:
כה ג מיי' פ"ט מהל' תמידין ומוספין הלכה ג:
כו ד ה מיי' פ"א מהל' קרבן פסח הלכה ב:
כז ו מיי' פט"ו מהל' מעה"ק הלכה יד:
כח ז מיי' פ"ד מהל' מחוסרי כפרה הלכה ז:
כט ח מיי' פי"ב מהל' מעה"ק הלכה טו:
ל ט מיי' שם פט"ו הלכה יד:
רס"ק מ"ז

שיטה מקובצת
א] אהני לתמידין לא אהני: ב] היום אהני לברכת יין לא אהני: ג] מוספין ואף על גב דתפילת מוספין קדישא אטו: ד] מוספין אהני לתפלת מנחה לא אהני: ה] של היום שלמים: ו] אטו תדיר לאו מצוי הוא והתניא: ז] רב חנינא תיבת הונא נמחק: ח] של היום שלמים של אמש קודם ותיבות לשל יום נמחק: ט] לתרוייהו ודיום דומיא דאמש נמי דשחטינהו לתרוייהו אבל: י] דכיון דאתא: יא] לרבינא ת"ש שחטו: יב] שיורק דם התמיד הכא במאי עסקינן דקדים שחיט לתמיד ברישא: יג] שיזרק דם התמיד: יד] אין אתה צריך: טו] אין אתה צריך: טז] קדישי. שהמוספין שם: יז] לא אהני: יח] קרבי אף הם שם שבת: יט] מועד ויש בהו שעיר חטאת שמכפר על טומאת מקדש וקדשיו הס"ד: כ] גרס' אע"ג דברכת: כא] ברכות אמרינן היו: כב] לעיל גבי מתני' הס"ד: כג] ומילה עונשן כרת: כד] היא תמיד: כה] דשחטי לשלמים ברישא כו'. ס"א שלמים של אמש קודמים באכילה הס"ד ומה"ד הא דיום דומיא דאמש והיכי דמי כגון דקדים ושחטינהו לשלמים ברישא חטאת ואשם דיום קדמי. קדמה זריקתם לזריקת שלמים ויאכלו תחילה כמו כן אלמא מקודש ושאינו מקודש וקדים שחטיה לשאינו מקודש יהא אחר ממרס בדמו וישחוט ויזרוק את המקודש וה"ה לתדיר ושאינו תדיר הס"ד ומה"ד דלמא לא גרסינן ה"ג שלמים של אמש וחטאת ואשם דיום ח"ד דשחטי' לתרוייהו אבל לא שחטינהו לתרוייהו תיבעי לך. ושלמים דאמש וחטאת ואשם דיום דקתני ע"כ היכי משכחת לה דשחטינהו לתרוייהו דהא לענין אכילה איירי וכי תידוק מינה לענין הקרבה נמי הא דיום דומיא דאמש וה"ד כגון דשחטיה לשלמים ברישא חטאת ואשם קדמי כדשחטינהו לתרוייהו תידוק לה שחזר ושחט את החטאת קודם שבא לימלך על הזריקה דהתם אמרינן ליה דחטאת קדמה דכיון דסוף סוף צריך למרס אחד מן הדמים קדשי קדשים קדמי אבל לא שחטיה לחטאת בתר שלמים ובא לימלך על השחיטה תיבעי אי מזלזלינן בשלמים למרס בדמן כו' (כבתוב לקמן ברש"י ד"ה אבל לא כו'): כו] אמר דניקדמו: כז] ואידי דיום יקדים: כח] דוק מיניה: כט] תיבת הך נמחק: ל] בא ודמיא לקדים ושחטיה לשאינו: לא] קדשים דמי ולא תפשוט בעיין מינה הס"ד: לב] אלמא היכא דקדים ושחטיה למאוחר ובא לימלך אמרי' ליה: לג] חלות ורקיקין הס"ד: לד] המותר לעצמו הס"ד: לה] לא אהני:

לא א ב מיי' פט"ז מהלכות מעה"ק הלכה יז:

נ"ל דמפקינן

לב ג מיי' פי"ז מעה"ק הלכה יב:

לג ד מיי' פ"ב מהל' תמידין הלכה ט:

לד ה מיי' פי"ב מהל' שבת הל' ב טוש"ע א"ח סימן שלד סעיף כז:

אמר ליה אי תניא תניא. הא דפליגי רבי ורבנן בסוף "כל המנחות באות מצה" (מנחות סג.) גבי תנופת זבחי שלמי צבור דילפינן מזבחי שלמי יחיד, וקאמר רב פפא דכולי עלמא דון מינה ומינה — ההיא מקמי דשמעה לברייתא דהכא, לג] *דמפקינן גבי מתנדב שמן דפליגי בדון מינה ומינה.
ויש לתמוה: דבפרק "המנחות והנסכים" (שם קד:) תנן, אמר רבי טרפון: מה מלינו ביין שהוא בא חובה — לד] בא בנדבה, אף שמן שהוא בא חובה — בא נדבה. למה לי "מה מלינו", כיון דיליף הכא מקרא, מדכתיב "קרבן"!
המוריד גחלת מעל המזבח וכיבה חייב. וא"ת: אמאי חייב? הא איתעבידא לה מצותה. דהא תנן לה לה] בפרק "המזבח מקדש" (לעיל פו.): וכן גחלת שפקעה מעל גבי המזבח — לא יחזיר! ושמא יש חילוק בין הורידה לפקעה. לו] וההיא דתנן במסכת תמיד (דף לג.): נתפזר ממנה כקב גחלים מכבדן לאמה — ניחא בלאו הכי, משום דאינתיק למצוותה, כדאמר בשלהי "טרף בקלפי" (יומא מו:).
הא רבי יהודה הא רבי שמעון. וא"ת: הא שמעינן ליה לר"ע דסבר ליה כר' שמעון ב"הגוזל בתרא" (ב"ק קיג.), דקאמר רבי שמעון משום ר' עקיבא: לובש אדם י' כלאים זה על גב זה כדי להעביר כו'! ויש לומר: דתרי תנאי ואליבא דר"ע.
אבל

גמ' *אמר שמואל: א] לדברי ר"ט, אהמתנדב שמן — קומצו, ב] ושיריו נאכלין. מאי טעמא? ג] אמר קרא: "קרבן מנחה" — *מלמד שמתנדבין שמן. ד] וכי מנחה: מה מנחה — *קומצה, ושיריה נאכלין, אף שמן — קומצו, ושיריו נאכלין. א"ר זירא: אף אנן נמי תנינא: א"ר שמעון אם ראית שמן שמתחלק בעזרה, אי אתה צריך לשאול מהו, אלא מותר רקיקי מנחות ישראל ולוג שמן של מצורע, שאין מתנדבין; ה] מכלל דמ"ד מתנדבין — מתחלק! אמר ליה אביי: אימא סיפא, אם ראית שמן שניתן על גבי אישים, אי אתה צריך לשאול מהו, אלא מותר רקיקי מנחת כהנים ומנחת כהן משיח, שאין מתנדבין שמן; מכלל דלמ"ד ו] מתנדב — כולן לאישים! לאביי קשיא רישא, לרבי זירא קשיא סיפא. בשלמא לרבי זירא — רישא בשירים, סיפא בקומץ. אלא לאביי קשיא! תנא רישא אטו סיפא. בשלמא סיפא תני משום רישא, אלא רישא משום סיפא מי תני? אין, אמרי במערבא: *תנא רישא משום סיפא.§ *ת"ש: °יין כדברי ר"ע בלספלים, שמן כדברי רבי טרפון לאישים; מאי לאו מדיין כולו לספלים — שמן ז] כולו לאישים? מידי איריא? הא כדאיתא והא כדאיתא. ח] אמר רב פפא, כתנאי: *גשמן — לא יפחות מלוג, רבי אומר: שלשת לוגין. במאי קמיפלגי? אמרוה רבנן קמיה דרב פפא: *דון מינה ומינה, ט] דון מינה ואוקי באתרה איכא בינייהו; *דרבנן סברי: י] מה מנחה מתנדבין — אף שמן מתנדבין, יא] [ומינה: מה מנחה לוג שמן — אף כאן לוג שמן, ומה מנחה — קומצה ושיריה נאכלין, אף שמן — קומצו ושיריו נאכלין. ואידך: ממנחה, מה מנחה מתנדבין — אף שמן מתנדבין, ואוקי באתרה]: כנסכים, מה נסכים שלשת לוגין — יב] [אף שמן שלש לוגין, ומה נסכים כולן לספלין] — אף שמן כולן לאישים. אמר ליה רב פפא *לאביי: אי ממנחה מייתי לה [רבי] — דכ"ע דון מינה ומינה. אלא רבי מ"אזרח" גמר לה. א"ל רב הונא בריה דרב נתן לרב פפא: מי מצית אמרת הכי? והתניא: "קרבן מנחה" — מלמד שמתנדבין שמן, וכמה — שלשה לוגין. ומאן שמעת ליה דאמר שלשה לוגין — רבי היא, וקא מייתי יג] לה מ"קרבן"! א"ל: *אי תניא — תניא. *אמר שמואל: המתנדב יין — מביא ומזלפו על גבי האישים. יד] מ"ט? אמר קרא: °"ויין תקריב לנסך חצי ההין אשה (במדבר טו) ריח ניחוח לה'". והא קא מכבי! כיבוי במקצת לא שמיה כיבוי. איני? *והאמר רב נחמן אמר רבה בר אבוה: יהמוריד גחלת מעל גבי המזבח וכיבה — חייב! דליכא אלא האי. איבעית אימא: כיבוי דמצוה שאני. ת"ש, דתנא ר"א בן יעקב: כלפי שנתנה טו] תורה לתרום, יכול יכבה ויתרום? *אמרת: לא יכבה! שאני התם, אפשר דיתיב ונטר. ת"ש: יין — כדברי ר"ע לספלים, שמן — כדברי רבי טרפון לאישים. ועוד תניא: יין נסך לספלים. או אינו אלא לאישים? אמרת: לא יכבה! *לא קשיא, הא — *רבי יהודה, הא — ר"ש. למימרא, דשמואל כר"ש סבירא ליה? *והאמר שמואל: מכבין יגחלת של מתכת ברה"ר בשביל שלא יזוקו בה רבים, אבל

תורה אור

גמ' אמר שמואל המתנדב שמן טז] לדברי רבי טרפון קומצו. ומקטיר הקומץ, ושיריו נאכלים. קרבן מנחה. יז] דמצי למכתב "כי תקריב", וכתב "קרבן" יתירא לדרשא. אף אנן נמי תנינא. דנאכל, ולא מקטיר ליה יח] כולו. אין אתה צריך לשאול. אם של אלו הוא או של נדבה הוא. ויהיב טעמא למילתיה — שאין מתנדבין שמן. מכלל דמאן דאמר מתנדבין. איכא לספוקי בנדבה. אלמא: שמן נדבה מתחלק. בשלמא לר' זירא. דמתרץ למתני' כשמואל, רישא דמשמע מתחלק — [בשירים], וסיפ' דמשמע נדבה לאישים — דאיכא לאוקמא בקומץ. תנא רישא משום סיפא. רישא דתני גבי שמן המתחלק: "אי אתה צריך לשאל מהו" — כדי נסבה, דאי נמי מתנדבין שמן — אינו מתחלק. אלא משום דבעי למיתני סיפא: אם ראית שמן ניתן על גבי האישים אי אתה צריך יט] לספקה בנדבה, שאין מתנדבין שמן. דדוקא אשמעינן, דאילו למאן דאמר מתנדבין — כ] *נותן, תנא רישא נמי: "אם ראית שמן מתחלק". יין כדברי רבי עקיבא. דאמר במסכת מנחות (דף קד.): מתנדבין יין ואין מתנדבין שמן — אותו יין לספלים הוא נותן לנסך, ולא לזלף על האישים. כא] והוא הדין לרבי טרפון כב] ביין. אלא משום דאיצטריך כג] שמן למיתני [כדברי] רבי טרפון, דלא כד] ליתני לה סתמא, דהא לר' עקיבא אין מתנדבין שמן — תנא נמי יין כדברי רבי עקיבא. שמן של נדבה כדברי רבי טרפון. דאמר: אף מתנדבין שמן — לאישים הוא כה] נותן. הא כדאיתא והא כדאיתא. יין כולו לספלים, ודקתני בשמן לאישים — אקומץ קאי. ה"ג: כתנאי שמן לא יפחות מן הלוג רבי אומר שלשת לוגין. בדון מינה כו'. כל דבר שאתה למד מחבירו בג"ש או בהיקש — הוי כו] למוד ממנו בכל דבריו. דון מינה ואוקי באתרה. מה שהדבר צריך ללמוד מחבירו, שאין יכול ללמוד מגופו — ילמד מחבירו. ולשאר דברים כז] שיכול ללמוד מגופו — העמידהו על מקומו. מה מנחה מתנדבין כו'. דעיקר נדבת שמן מ"קרבן מנחה" נפקא לן. וסתם מנחה צריכה לוג שמן, דכתיב (ויקרא יד): "למנחה ולוג שמן". ומה מנחה קומצה כו'. כלומר, וכיון דאית ליה לתנא קמא "דון מינה ומינה" — לענין הקטרה נמי דיינינן, ומינה: מה מנחה קומצה כו'. בנסכים. *דהא שמן של נדבה לא קרב אלא בפני עצמו, כיין הבא בפני עצמו. הלכך לנסכים דמי. וביין פשיטא לן דשלשת לוגין נינהו, כדנפקא לן במנחות (דף עג:): "אזרח" — מלמד שמתנדבין יין. ומה נסכים כולן לספלים. כלומר, כח] כיון דרבי אוקי באתרה — אית ליה להא נמי אוקי באתרה: ומה יין כולו לספלים — אף שמן דלאו בר ספלים כולו לאישים. וביין פשיטא לן דכולו לספלים ואינו מתחלק לכהנים, דהא מ"אזרח" איתרבי דכתיב בנסכים "כל האזרח יעשה ככה" (במדבר טו), ומנחת נסכים כולה כליל. *רבי מאזרח גמר לה. לנדבת שמן. וכי נמי דיינת "מינה ומינה" — שלשת לוגין הן, שהוא פחות שבנסכים. דנסכים של כבש רביעית ההין כתיב בהו (שם) כט]. ומי מצית אמרת הכי. דרבי מ"אזרח" גמר לה? אשה ריח ניחוח. אלמא: יש יין שהוא לאישים, ואיזה זה — זה יין הבא בפני עצמו. דאילו הבא בגלל זבח — כתיב "הסך נסך שכר" (שם כח) לשון שביעה, לשון שכרות, שיהא נראה על גבי המזבח כשפוקקין את השיתין, כדאמרינן במסכת סוכה (דף מט:). לא שמיה כיבוי. דלא קפיד קרא אלא אה"אש תמיד תוקד על המזבח" (ויקרא ו). כלפי. כלומר, הואיל. לתרום. את הדשן. יכול יכבה. אם מצאן כולן לוחשות, שאינן מאוכלות. אמרת לא יכבה. אלמא, כיבוי דמצוה ל] אסיר. ונטר. וממתין. או אינו אלא לאישים. הא רבי יהודה. דאמר (שבת דף קכ:*): דבר שאין מתכוין — אסור, הוי "לא תכבה" אפילו בלא מתכוין. הלכך עקר ליה למשמעותיה ד"אשה", למדרשיה: נחת רוח הוא לפני כאישים. והכי מסיק לה לברייתא בספרי. הא רבי שמעון. שמואל כרבי שמעון. דכיון דאין מתכוין לכבות — אין "לא תכבה" ראייה לא] עליו לאסור, למיעקר משמעותא ד"אשה" משום קושיא ד"לא תכבה". ואם תאמר: פסיק רישא ולא ימות הוא! אפשר דמזליף ליה בטיפין דקות מאד. הלכך, אי נמי מכבה בטיפים גסות — דבר שאין מתכוין הוא. גחלת של מתכת. לאו בת כיבוי לב] הוא. ואיסורא דרבנן הוא דאיכא, ובמקום היזק רבים לא גזור רבנן.
אבל

[עיין תוי"ט סוף פי"ב דמנחות]
[מנחות קז.]
[שם עד:]
נ"ל ניתן ע"ג האישים תנא כו' נ"ק
[שבת ל. וש"נ]
תוספתא דמנחות פי"ב
מנחות קז. [ושם כל הסוגיא בכמה שינויים]
[יבמות עח: וש"נ]
[במנחות ליתא]
מנחות עד:
[יומא מו:]
נ"א אמרת לא תכבה שאני כו' וכן לקמן נ"ק
נ"ל דהא שמן של נדבה הבא בפ"ע כיין הבא כו' נ"ק
עיין חלופי גרסאות
[וד' כב. כט: מה: ובהא דוכתי אמנם עיקר מילתא דר' יהודה גופיה בכולה כב: במשנה וגמרא]

נ"א דרבנן סברי דון מינה ומינה מה מנחה כו' ושיריו נאכלין ורבי סבר דון מינה ואוקי באתרה מה מנחה כו' אי ממנחה מייתי לה רבי דכ"ע כו' נ"ק
[שבת קטו. וש"נ]
עיין רש"ק [שבת מב. וש"נ] שם מב.

גליון הש"ס
גמ' יין כדברי ר"ע. ע' מנחות דף לא ע"ב תוס' ד"ה למיזיה:

שיטה מקובצת
א] אמר שמואל (מנחות עד ע"ב) תיבת לדברי נמחק ותיבות ר"ט ל"ש: ב] קומצו ומקטיר ושיריו: ג] טעמא. ס"י דתניא ונפש כי תקריב ותיבות אמר קרא נמחק: ד] וכמנחה מה מנחה: ה] מתנדבין שמן מכלל: ו] דלמ"ד מתנדבין שמן אזיל לאישים ותיבת כולן נמחק: ז] שמן נמי כולו: ח] תיבות אמר רב פפא נמחק: ט] ודון מינה: י] סברי דון מינה ומינה מה מנחה מתנדבין אף שמן מתנדבין ומינה מה מנחה לוג אף שמן לוג ומה מנחה קומצה ושיריה נאכלין אף שמן קומצו ושיריו נאכלין ורבי סבר דון מינה ואוקי באתרה דון מינה מה: יא] מתנדבין ואוקי באתרה ומתיבת ומינה כו' עד תיבת כנסכים ל"ש ונמחק: יב] אף שמן שלשה לוגין ומה נסכים כולן לספלים אף שמן כולו לאישים אמר להו רב פפא אי ממנחה ילפי לה דכ"ע ל"פ דדון מינה ותיבות לאביי מייתי דון נמחק: יג] מייתי ליה מקרבן: יד] האישים ודוקא נסכים הבאין בפני עצמן אבל נסכים הבאין בגלל הזבח אינו מזלפן דכתיב בהו הסך נסך שכר דמשמע לשון שביעה ושכרות למזבח וזהו כשנתנו לספלים ומאן דלית ליה מזלפו על גבי האישים מפרש להאי קרא נחת רוח לשם כאישים: טו] התורה רשות לתרום: טז] שמן כדברי רבי טרפון: יז] מנחה מדמצי למכתב כי תקריב מנחה וכתב: יח] כולה הס"ד: יט] צריך לספקו בנדבה: כ] מתנדבין ניתן תנא: כא] האישים וטעמא דר' עקיבא מפרש בגמרא והוא: כב] תיבת ביין ל"ש: כג] דאיצטריך למיתני שמן כדברי ר"ט: כד] דלא מיתני ליה: כה] הוא ניתן הס"ד: כו] הוי למד ממנו בכל: כז] שאתה יכול ללמד: כח] כלומר וכיון דרבי: כט] בהו והין י"ב לוגין: ל] דמצוה נמי אסיר: לא] ראייה לאסור עליו למיעקר: לב] כיבוי היא ואיסורא: לג] דהכא דמפקינן נמחק: לד] חובה ובא בנדבה: לה] לעיל בפרק: לו] לפקעה דפקעה מאליה חשיבא נעשית מצוותה אבל הורידה לא נעשית מצותו והיינו היא ואיסורא: לג] דהכא דמסקינן גבי. תיבת דמפקינן נמחק:

אֲבָל לֹא גַּחֶלֶת שֶׁל עֵץ. וְאִי סָבַר לָהּ כְּר"ש ס"ל – אֲפִילּוּ גַּחֶלֶת שֶׁל עֵץ נַמִּי! *בְּדָבָר שֶׁאֵין מִתְכַּוֵּין – סָבַר לָהּ כְּר"ש, בִּמְלָאכָה שֶׁאֵינָהּ צְרִיכָה לְגוּפָהּ – סָבַר לָהּ כְּרַבִּי יְהוּדָה. אָמַר רַב הוּנָא: [א]נְסָכִים שֶׁנִּטְמְאוּ – עוֹשֶׂה לָהֶן מַעֲרָכָה בִּפְנֵי עַצְמָן וְשׂוֹרְפָן, מִשּׁוּם שֶׁנֶּאֱמַר: א] °"בַּקּוֹדֶשׁ בָּאֵשׁ תִּשָּׂרֵף". תַּנְיָא נַמִּי הָכִי: *הַדָּם וְהַשֶּׁמֶן וְהַמְּנָחוֹת וְהַנְּסָכִים שֶׁנִּטְמְאוּ – עוֹשֶׂה לָהֶן מַעֲרָכָה בִּפְנֵי עַצְמָן וְשׂוֹרְפָן. א"ל שְׁמוּאֵל לְרַב חָנָא בַּגְדָּתָאָה: *אַיְיתִי לִי בֵּי עֲשָׂרָה, וְאֵימָא לָךְ קַמַּיְיהוּ: נְסָכִים שֶׁנִּטְמְאוּ – עוֹשֶׂה לָהֶן מַעֲרָכָה בִּפְנֵי עַצְמָן וְשׂוֹרְפָן.§

הדרן עלך כל התדיר

דַּם [ב]חַטָּאת שֶׁנִּתַּז עַל הַבֶּגֶד – הֲרֵי זֶה טָעוּן כִּיבּוּס. אע"פ שֶׁאֵין הַכָּתוּב מְדַבֵּר אֶלָּא בַּנֶּאֱכָלוֹת, שֶׁנֶּאֱמַר: °"בְּמָקוֹם קָדוֹשׁ תֵּאָכֵל" – [ג]אֶחָד הַנֶּאֱכָלוֹת וְאֶחָד הַפְּנִימִיּוֹת טְעוּנוֹת כִּיבּוּס, שֶׁנֶּאֱמַר: "תּוֹרַת הַחַטָּאת" – תּוֹרָה אַחַת לְכָל [ד]הַחַטָּאוֹת. *חַטָּאת פְּסוּלָה אֵין דָּמָהּ טָעוּן כִּיבּוּס, בֵּין שֶׁהָיְתָה לָהּ שְׁעַת הַכּוֹשֶׁר, וּבֵין שֶׁלֹּא הָיְתָה לָהּ שְׁעַת הַכּוֹשֶׁר. אֵיזוֹ הִיא שֶׁהָיְתָה לָהּ שְׁעַת הַכּוֹשֶׁר – שֶׁלָּנָה, וְשֶׁנִּטְמְאָה, וְשֶׁיָּצָאת. וְאֵיזוֹ הִיא שֶׁלֹּא הָיְתָה לָהּ שְׁעַת הַכּוֹשֶׁר – שֶׁנִּשְׁחֲטָה חוּץ לִזְמַנָּהּ, וְחוּץ לִמְקוֹמָהּ, ב] וְשֶׁקִּיבְּלוּ פְּסוּלִין (וְזָרְקוּ) אֶת דָּמָהּ.§ **גמ'** "דַּם חַטָּאת ג] (*שֶׁמֵּתָה)" כו'. וְאִי תּוֹרָה אַחַת לְכָל חַטָּאוֹת, אֲפִילּוּ חַטַּאת הָעוֹף נַמִּי! אַלְמָה תַּנְיָא: [ה]יָכוֹל תְּהֵא דַּם חַטַּאת הָעוֹף טָעוּן כִּיבּוּס? ת"ל: °"זֹאת"! אָמַר ר"ל מִשּׁוּם בַּר קַפָּרָא: [ו]אָמַר קְרָא: °"תִּשָּׁחֵט" – בְּנִשְׁחָטוֹת הַכָּתוּב מְדַבֵּר. וְאֵימָא: בַּנֶּאֱכָלוֹת הַכָּתוּב מְדַבֵּר, כְּדִכְתִיב: "בְּמָקוֹם קָדוֹשׁ תֵּאָכֵל", אֲבָל פְּנִימִיּוֹת – לָא! רַבֵּי רַחֲמָנָא "תּוֹרַת". אִי הָכִי, אֲפִילּוּ חַטַּאת הָעוֹף נַמִּי! מִיעֵט רַחֲמָנָא "זֹאת". וּמָה רָאִיתָ? מִסְתַּבְּרָא דְּחַטָּאת ד] [בְּהֵמָה] פְּנִימִיּוֹת ה"ל לְרַבּוֹיֵי, שֶׁכֵּן: בְּהֵמָה, (א) שְׁחִיטַת צָפוֹן, וְקַבָּלַת כְּלִי, וְקֶרֶן

רש"י

אֲבָל לֹא שֶׁל עֵץ. דְּהָא כִּיבּוּי הוּא, וְאִיסּוּרָא דְּאוֹרַיְיתָא הוּא. וְאִי כְּר"ש – לָא מַשְׁכַּחַתְּ כִּיבּוּי ה] אֶלָּא דְּמִתְכַּוֵּין לַעֲשׂוֹת פֶּחָמִין בְּכִיבּוּיוֹ וְצָרִיךְ לָהֶם. דְּאָמַר ר"ש: מְלָאכָה שֶׁאֵינָהּ צְרִיכָה לְגוּפָהּ – פָּטוּר עָלֶיהָ. וְכִיבּוּי ו] לָאו לְצוֹרֶךְ גּוּפוֹ הוּא *שֶׁיְּהֵא צָרִיךְ לוֹ, דְּהַלְוַאי שֶׁלֹּא בָּא עָלָיו. וְדָמֵי לְמוֹצִיא אֶת הַמֵּת לְסַלְּקוֹ מֵעַל פָּנָיו, דְּפָטַר עֲלֵיהּ ר"ש בְּמַסֶּכֶת שַׁבָּת בְּפֶרֶק "הַמַּצְנִיעַ" (דף צג:). מַעֲרָכָה. עַל הָרִצְפָּה בָּעֲזָרָה. וְלָא יוֹצִיאֶהָ לַחוּץ, מִשּׁוּם שֶׁנֶּאֱמַר: ז] "בַּקֹּדֶשׁ בָּאֵשׁ תִּשָּׂרֵף". בְּפֶ' שֵׁנִי דִּפְסָחִים (דף כד.) דָּרְשִׁינַן הַאי קְרָא: "וְכָל חַטָּאת אֲשֶׁר יוּבָא" וגו', ח] וּמְרַבִּינַן מִינֵּיהּ כָּל פְּסוּלֵי קָדָשִׁים ט] שֶׁמְּחִילָּתוֹ בָּעֲזָרָה, שֶׁיְּהוּ נִשְׂרָפִים בָּעֲזָרָה, כִּדְכְתִיב: "בַּקֹּדֶשׁ לֹא תֵאָכֵל בָּאֵשׁ תִּשָּׂרֵף". י] וְתָמֵיהַּ אֲנִי: לָמָּה שׂוֹרְפָן לְעַצְמָן, וְאֵינוֹ שׂוֹרְפָן בְּבֵית הַדֶּשֶׁן שֶׁהָיָה בָּעֲזָרָה, שֶׁבּוֹ שׂוֹרְפִין פְּסוּלֵי קָדְשֵׁי קָדָשִׁים? וְנִרְאֶה בְּעֵינַי: יא] שֶׁהוּא דָּבָר לַח שׂוֹרְפָן לְעַצְמָן, שֶׁתְּהֵא שְׂרֵיפָתָן נִיכֶּרֶת לְעַצְמָן שֶׁאִם הָיָה שׂוֹרְפָן עִם בָּשָׂר – אֵין נִיכָּרִין, שֶׁהֲרֵי אֵין בָּהֶן מַמָּשׁ. הַדָּם וְהַשֶּׁמֶן גָּרְסִי'.

הדרן עלך כל התדיר

דַּם חַטָּאת טָעוּן כִּיבּוּס. כִּדְכְתִיב: "וַאֲשֶׁר יִזֶּה מִדָּמָהּ" וגו'. בְּמָקוֹם קָדוֹשׁ תֵּאָכֵל. בְּהַהוּא עִנְיָנָא כְּתִיב. תּוֹרַת הַחַטָּאת. רֵישָׁא דְּעִנְיָנָא הוּא. פְּסוּלָה אֵין יב] טָעוּן דָּמָהּ כִּיבּוּס. דִּכְתִיב: "אֲשֶׁר יִזֶּה" – בִּרְאוּי לְהַזָּאָה הַכָּתוּב מְדַבֵּר. שְׁעַת הַכּוֹשֶׁר. לִזְרִיקָה. שֶׁלָּנָה. לָן דָּמָהּ. וְשֶׁקִּבְּלוּ פְּסוּלִין אֶת דָּמָהּ יג] גָּרְסִי'. וְלָא גָּרְסִי' "וְזָרְקוּ", דְּהָא אֲפִילּוּ כְּשֵׁרָה שֶׁנִּתַּז יד] (אֶת) מִדָּמָהּ לְאַחַר זְרִיקָה עַל הַבֶּגֶד אֵין טָעוּן כִּיבּוּס, כִּדְאָמְרִינַן לְקַמָּן: *פְּרָט לָזֶה שֶׁכְּבָר הוּזָּה. **גמ'** תִּשָּׁחֵט הַחַטָּאת. בְּהַהוּא עִנְיָנָא כְּתִיב, בְּנִשְׁחָטוֹת וְלָא בְּנִמְלָקוֹת. אֲפִילּוּ חַטַּאת הָעוֹף נַמִּי. אע"ג דִּכְתִיב "זֹאת" לְמִיעוּטָא – הָא פְּנִימִיּוֹת נַמִּי אִימְעִיטוּ, דִּבְנֶאֱכָלוֹת הַכָּתוּב מְדַבֵּר, וְקָמְרַבֵּינַן לְהוּ מִ"תּוֹרַת"! וּמָה רָאִיתָ. לְרַבּוֹת פְּנִימִיּוֹת מִ"תּוֹרַת", וּלְמַעֵט עוֹף מִ"זֹאת"? דְּחַטַּאת בְּהֵמָה פְּנִימִיּוֹת ה"ל לְרַבּוֹיֵי. כְּדִין הַחִיצוֹנִים. שֶׁכֵּן בְּהֵמָה כְּמוֹתָהּ, שְׁחִיטָה כְּמוֹתָהּ, טְעוּנָה צָפוֹן כְּמוֹתָהּ, וְקַבָּלַת כְּלִי כְּמוֹתָהּ, וְקַרְנוֹת הַמִּזְבֵּחַ כְּמוֹתָהּ, וּכְנֶגֶד חוּדָהּ שֶׁל קֶרֶן, וּבְאֶצְבַּע, וְאִישִּׁים – אֵימוּרֵיהֶן לָאִישִּׁים. אֲבָל עוֹף אֵינוֹ בְּהֵמָה, וְאֵינוֹ שָׁחוּט, וְאֵינוֹ טָעוּן צָפוֹן וְקַבָּלָה, וְלֹא קֶרֶן. שֶׁהֲרֵי חַטַּאת הָעוֹף לְמַטָּה נַעֲשֵׂית, וְאֵינוֹ טו] נוֹתְנָהּ בְּאֶצְבַּע בְּחוּדָהּ שֶׁל קֶרֶן, וְאֵין מִמֶּנָּה לָאִישִּׁים. יֹאכְלֶנָּה

תוספות

אבל לא גחלת של עץ. תימה: היכי ס"ד דדבר שאין מתכוין טז] שוה למלאכה שאינה צריכה לגופה, דמה ענין זה לזה? ובפ' "כירה" (שבת מב.) ניחא טפי, גבי הא דשרי שמואל אפילו שיעור לצרף. דפריך התם כה"ג. ומצי למימר: דס"ד דלא הוה שרי ר"ש דבר שאין מתכוין לכתחילה – אי לאו משום דאית ביה תרתי, דהוה נמי מלאכה שאינה צריכה לגופה. הלכך, רבי יהודה דמחייב באינה צריכה לגופה – אוסר באין מתכוין, דהא בהא תליא. אבל הכא אי אפשר לפרש כן, דמייתי לה אההיא דהמתנדב יין מביאו ומזלפו על גבי האישים. דלא שייך טעמא דאין צריכה לגופה אלא גבי מלאכות דשבת. ובסוף פרק ראשון דחגיגה (דף י.) מייתי לה גבי הלכות שבת כהררים התלוים בשערה. וצריך לפרש: דמשמע יז] להש"ס דהשתא דכי היכי דמחייב שמואל באינה צריכה יח] לגופה – ה"נ יש לו לחייב אין מתכוין כמתכוין. **במלאכה** שאינה צריכה לגופה סבר לה כרבי יהודה. הקשה בהלכות גדולות: דבשמעתא קמייתא דשבת (דף ג.) קאמר שמואל: כל פטורי דשבת פטור אבל אסור, לבר מהני תלת דפטור ומותר: הצד צבי, והצד נחש, ומפיס מורסא. פי': דשרו רבנן משום צער יט] דגופא. דצד נחש ומפיס מורסא לא מיפטר אלא לר"ש, דפטר מלאכה שאינה צריכה לגופה, כדאיתא בפ' "שמנה שרצים" (שבת קז:)! ודוחק הוא לתרץ בהלכות גדולות. ור"ת תירץ: דהא דחשיב לה שמואל כ] [בהדי] פטור ומותר – (קאמר) לאו משום דס"ל הכי, אלא כלומר: מאן דס"ל שהוא פטור – קסבר דפטור ומותר, כמו שמדקדק שמואל בסוף "האורג" (שם קו.) דודאי פטור ומותר קאמר. מיהו, אנן לא קיימא לן כשמואל במלאכה שאינה צריכה לגופה. כדאשכחן רבא, דהוא בתרא, דסבר כר"ש בריש "נוטל" (שם קמא:), ואמוראי דפרק "כל כתבי הקדש" (שם קכא:) דאמרי: כל המזיקין נהרגין בשבת. ואפילו מאן דאסר – לא פליג אמתני' ד"על עקרב שלא תשוך". הלכך מותר להפיס מורסא בשבת להוציא ממנה ליחה.

הדרן עלך כל התדיר

שלנה ושנטמאה. פירוש: לן דמה ונטמא דמה. ואם תאמר: ונטמא, מ"ט לא בעי כיבוס? הא מדאורייתא זורקו לכתחילה, כדאמרינן (פסחים דף פ:*): דם שנטמא וזרקו בשוגג – הורצה! וי"ל: דמיירי כגון שנשבר הלוך, או אינו על מלאו, למאן דאית ליה [שאינו מרצה] (יומא דף ז:). **ושקבלו** פסולין וזרקו את דמה. *פירש בקונטרס: או זרקו. ואע"ג דאפילו כשרה אם ניתז דמה לאחר זריקה אין טעון כיבוס, כדאמר לקמן: פרט לזה שכבר הוזה – איצטריך לאשמועינן בפסולין, למימר דדם דחוי הוא, ואין הנותר במזרק כשר לזריקה. ולא תימא: יחזור הכשר ויזרוק, ❋דפסול עושה שיריים. ול"ע בפ"ק דמעילה (דף ה.). *) **יכול** תהא דם חטאת העוף טעון כיבוס ת"ל זאת. והוא הדין קדשים קלים מימעטי מזאת. ותימה דבסוף פירקין (דף לח.) מרבי מ"זאת התורה לעולה ולמנחה ולחטאת", מה חטאת מתקדשת בבלוע – אף כל מתקדש בבלוע. והשתא מנ"ל דאתיא היקישא לרבות כל הקדשים כחטאת לענין בלוע, ומיעוטא דהכא לענין כיבוס? אימא איפכא! וי"ל: כיון דאשכחן דכל קדשים טעונין מריקה ושטיפה, מדאיצטריך "אותה" למעוטי תרומה – סברא הוא לאוקומה היקישא לענין להתקדש בבלוע, מאחר דאשכחן דטעונין מריקה ושטיפה מטעם בליעת כלי. ומיתרצא נמי בהכי קושיא אחריתי, דרבי יהודה מפיק לקמן כל קדשים לענין מריקה ושטיפה מ"קדש קדשים", והשתא ל"ל קרא? תיפוק לי מהיקישא דחטאת, דכל קדשים טעונין מריקה ושטיפה כחטאת! אבל למאי דפרישית ניחא, דאי לאו דאשכחן מריקה [ושטיפה] בהדיא – הוה מוקמי היקישא לענין כיבוס, ומיעוטא ד"זאת" למעוטי מריקה ושטיפה ובלוע.

*) שייך לע"ב

וקרן

עין משפט נר מצוה

לה א מיי' פ"ו מהלכות איסורי מזבח הלכה: ב מיי' פ"ח מהלכות מעשה הקרבנות הלכה ח: ג מיי' שם הלכה ג: ד מיי' שם הלכה ג: ה ו מיי' שם הלכה כ:

מסורת הש"ס

צ"ל שאינו צריך לו דהלואי שלא בא עליו ודמי כו' צ"ק

[שבת מב.]

ויקרא ו

תוספתא דתמורה [פ"ד ע"ש]

[יבמות סז. וש"נ]

מעילה ה.

צ"ל אשר יזה פרט כו' צ"ק

[צ"ל שניתז]

שם | שם

ולעיל מה.

הוא לשם גי' אחרת ברש"י רש"ק וגירסת הב"ח הכי פירש בקונטרס דלא גרסינן וזרקו ול"נ דגרסינן או זרקו כו'

הגהות הב"ח

(א) גמ' שכן בהמה כמותה ושחיטת כמותה שחיטת צפון וקבלת כלי וקרן:

גליון הש"ס

תוס' ד"ה ושקבלו כו' דפסול עושה שיריים. ע"ל ד' לד ע"ב תוס' ד"ה פסול:

שיטה מקובצת

א] שנאמר וכל בקודש: ב] ושקבלו פסולים כו' פ"ה או או קתני שקבלו פסולים וזרקו כשרים או זרקו פסולים אבל קבלו כשרים ולא נהירא דא"כ היאך חשיב לא היתה לו שעת הכושר כיון דקבלו כשרים ועוד דבמס' מעילה משמע דחדא קאמר לכך נראה לי דחדא קאמר וה"פ קבלו פסולים וזרקו פסולים משמע דאם קבלו כשרים וזרקו דמה טעון כיבוס דאל"כ למה לי זרקו פסולים וקשה דהא כתיב אשר יזה פרט לשכבר הוזה וי"ל דה"ה אם קבלו כשרים וזרקו כשרים דאין דמה טעון כיבוס דהא כתיב אשר יזה והאי דנקט זרקו פסולים לאשמועינן דפסול עושה שיריים דאי לאו הוי תני אלא קבלו פסולים מ"מ הוה מצי למהוי דדמה טעון כיבוס כגון אם היה דם עוד בצוארה דנימא יחזור הכשר ויקבל ואותו הדם הוי בר הזאה להכי תני זרקו פסולים דהשתא אפילו היה דם בצוארה ויחזור הכשר ויקבל לא הוי טעון כיבוס דפסול עושה שיריים. תוס' מהר"פ: ג] חטאת שניתז כו': ד] דחטאת בהמה: ה] כיבוי מן התורה אלא: ו] וכיבוי זה לאו: ז] שנאמר וכל בקודש: ח] וגו' בקדש לא תאכל באש תשרף ומרבינן: ט] קדשים שמחיצתן בעזרה: י] תשרף תמהני למה שורפן לעצמן: יא] בעיני מפני: יב] אין דמה טעון כיבוס: יג] דמה ס"א או זרקו את דמה ואיצטריך לאשמועינן פסולים ואע"ג דהא אפילו כשרים שניתז דמן לאחר זריקה על

הבגד אין טעון כיבוס כדאמרינן לקמן פרט לזה שכבר הוזה איצטריך לאשמועינן פסולין ולמימר דדם דחוי הוא ואין הנותר במזרק כשר לזריקה ולא תימא יחזור הכשר ויזרוק: יד] תיבת את נמחק: טו] ואינו מתנה באצבע: טז] מתכוין הוי כדבר שאינה צריכה: יז] דמשמע ליה לתלמודא השתא דכי: יח] לגופיה במתכוין ה"נ יש לו: יט] דגופא והשתא כיון דס"ל לשמואל כרבי יהודה דמלאכה שאינה צריכה לגופה חייב עליה מדאורייתא היכי שרו רבנן משום צערא דגופה דצד: כ] שמואל בהדי פטור ומותר ותיבת קאמר נמחק:

ה א מיי' פ"ב מהלכות פסה"מ הלכה יט:
ו ב מיי' שם הלכה יח:
ז ג מיי' פ"א מהלכות פסה"מ הלכה יא:
ח ד מיי' פ"ב שם הלכה כ:
ט ה מיי' פ"ח מהלכות מעה"ק הלכה ט דלא כר"ע:

תורה אור

וקרן, ואצבע, וחודה, ואישים. אדרבה, חטאת העוף הוה ליה לרבויי, שכן חוץ כמותה, ואכילה כמותה! הנך נפישין. רב יוסף אמר: אמר קרא: °"יאכלנה" — א] לזו ולא לאחרת, (ויקרא ו) בנאכלות מיעט הכתוב. ואלא "זאת" ל"ל? אי לאו "זאת" הוי אמינא: "יאכלנה" — אורחיה דקרא, ב] קמ"ל. רבה אמר: אמר קרא: °"אשר יזה" (שם) — ג] בהזאות הכתוב מדבר. ד] (א) *והתניא: אע"פ שאין הכתוב מדבר אלא בנאכלות — ה] לענין מריקה ושטיפה, אבל לענין כיבוס — "אשר יזה" כתיב. אי הכי, "אחד הנאכלות ואחד הפנימיות"? "אחד הפנימיות ואחד הנאכלות" מיבעי ליה! תני: "אחד הפנימיות ואחד הנאכלות". אי הכי, חטאת העוף נמי! מיעט רחמנא "זאת". אי הכי, חיצונה נמי לא! ריבה רחמנא "תורת". ומה ראית? מסתברא, חטאת בהמה הוה ליה לרבויי, שכן: בהמה, שחיטת צפון, וקבלת כלי, וקרן, ואצבע, וחודה, ואישים. אדרבה, חטאת העוף הו"ל לרבויי, שכן הזאה כמותה! הנך נפישין. *בעי רבי אבין: אחטאת העוף שהכניס דמה בצוארה בפנים, מהו? צוארה ככלי שרת דמי — ומיפסיל. או דלמא *כצואר בהמה, ו] "מדמה" אמר רחמנא, ולא בשרה? ז] ת"ש: בפירכסה ונכנסה לפנים וחזרה — כשירה; הא הכניסה — ח] פסולה. וליטעמיך, גבי קדשי קדשים דקתני: *גפירכסה ויצאה לדרום וחזרה — כשרה; הא הוציאה — ט] פסולה? אלא, האי — יצתה לחוץ איצטריכא ליה, ה"נ — יצתה לחוץ איצטריכא ליה. בעי רבי אבין: י] דנשפך על הרצפה ואספה, מהו? אצרוכיה הוא דלא אצרכיה רחמנא כלי שרת, והלכך אוספו וכשר. או דלמא: מיפסל פסל ביה רחמנא כלי שרת, והלכך אוספו ופסול? אמר רבא: ת"ש, יכול יהא דם חטאת העוף טעון כיבוס? תלמוד לומר: "זאת". ואי ס"ד מיפסל פסיל ביה רחמנא — יא] תיפוק לי [מי] דהא אפסיל לה באויר כלי. אמר רב הונא בריה דרב יהושע: במדביק כלי בצוארה. בעא מיניה לוי: יב] *ניתז מבגד לבגד, מהו? המבגד קמא אידחי ליה לכיבוס, או דלמא לא? יג] א"ל: *זו שאלה! טעון כיבוס ממה נפשך: אי אוספו וכשר — הא כשר, ואי אוספו ופסול — אנא יד] כרבי עקיבא ס"ל, דאמר: היתה לו שעת הכושר ונפסלה — דמה טעון כיבוס.
בעא

[נ"ל או תפלוגתא כו' נ"ק] [לעיל ל: ב"ק קטו.]

רש"י

יאכלנה לזו ולא לאחרת. "יאכלנה" חדא משמע. לומר: באחת מן הנאכלות כתבתי לך הענין הזה, ולא בכל הנאכלות. טו] נתמעטה חטאת העוף שהוא נאכלת, מדברים האמורים בענין. טז] ומה אמור בענין — כיבוס מריקה ושטיפה. אורחיה דקרא. שכל הענין בלשון זה נאמר: "תשחט החטאת", "בבשרה" "מדמה". רבה אמר. האי פירכא דפרכת: דלמא פנימיות נתמעטו ממיעוטא ד"זאת" — עיקר כיבוס בפנימיות כתיב, ד"אשר יזה" — בהזאות הכתוב מדבר, והיינו בפנימיות יז] כתיב בהן הזאה על הפרכת, אבל בחיצונות אין יח] כתיב הזאה. וחיצונות הוא דאיתרבו מ"תורת". והא תנא דמתני' אע"פ שאין הכתוב מדבר אלא בנאכלות קאמר. אלמא עיקר קרא בחיצונות הוא דכתיב, ופנימיות מ"תורת" איתרבו!. ה"ק: אף על פי שיש דברים בענין שאינו מדבר אלא בנאכלות, ומאי ניהו — מריקה ושטיפה, דההיא דוקא בנאכלות, דסמיך ליה "כל זכר בכהנים יאכל אותה", מיהו, לענין כיבוס — אחד הנאכלות ואחד הפנימיות. והפנימיות עיקר, ד"אשר יזה" כתיב בהו, וחיצונות מ"זאת תורת החטאת". אי הכי. דעיקר בפנימיות כתיב, אמאי תנא "אחד הנאכלות ואחד הפנימיות", דמשמע: יט] האמורה בנאכלות נוהגת אף בפנימיות? דהכי משמע: האמור בנאכלות הוא הדין האמור בפנימיות. אלמא נאכלות במשמעותא אתו, ופנימיות מריבויא! אי הכי חטאת העוף נמי. תיתי ממשמעותא, שהרי אף היא מן הנזאות, דכתיב: "והזה* (מן) החטאת" וגו' (ויקרא ה) כ]. חטאת העוף שהכניס דמה בצוארה בפנים. בין מליקה להזייה, מהו שתיפסל משום "וכל חטאת אשר יובא"? בכלי שרת דמי. שהרי לא הוזקקה כא] בקבלת כלי, וזהו כלייה, ומיפסל בהכנסת הדם שהכניסה בכלי להיכל. או דלמא כו'. ובהמה שהכניסה לפנים משנשחטה, והוציאה וקיבל דמה — לא מיפסלא, ד"מדמה" אמר רחמנא, ולא שהכניסו עם בשרה. פרכסה ונכנסה לפנים. בחטאת העוף קתני לה. כב] כשרה — וקס"ד משום דמאליה נכנסה ולא הכניסה הוא ע"מ לכפר, וקרא כתיב "לכפר בקדש". ויצתה לדרום וחזרה. לאו דוקא נקט "וחזרה". אלא משום דקתני בה (ב) בההיא: פרכסה ויצאה לחוץ וחזרה — פסולה, דדוקא נקט, לאשמועינן רבותא דאע"ג דחזרה פסולה — נקט נמי גבי כשרה "וחזרה". הא הוציאה הוא פסולה. בתמיה: וכי יש מחילה בצפון ובדרום ליפסל ביוצא? אלא הא דתני פירכסה — יצאת לחוץ איצטריכא ליה, דקתני בה בההיא: פרכסה ויצאת לחוץ, חוץ לעזרה, וחזרה — פסולה, כג] ואפילו פרכסה ויצאת מאליה, דנפסלה ביוצא. ובפ' שני (לעיל כו.) מייתי לה בגמרא. ה"נ. דקתני כד] פרכסה גבי עוף — משום ההיא נקט לה בלשון כה] "פרכסה", דקתני בה נמי: פרכסה ויצאה לחוץ וחזרה פסולה. נשפך על הרצפה. מצואר העוף. אצרוכי הוא דלא אצרכיה רחמנא כלי שרת. וצואר כו] דידיה הוא במקום כלי שרת. *והלכך לאוספו כשר ולהזותו למזבח, דה"ל כנשפך מן הכלי על הרצפה ואספו, דכשר. או דלמא מיפסיל פסיל ביה רחמנא כלי שרת. דדוקא כז] *שייר ולא כתב ביה קבלה, משום דבעי להזותו מן העוף עצמו למזבח, וכ"ש דרצפה פוסלתו. תיפוק לי. דלא בעי כיבוס, בלאו מיעוטא ד"זאת", דהא איפסיל ליה דם מכי מטא לאויר הבגד. ואנן ראוי להזאה בעינן, ואויר כלי ככלי דמי. במדביק כלי בצוארה. דלא היה על אוירו עד שנגע בו, להאי איצטריך "זאת" למעוטי. ניתז מבגד לבגד. בדם בהמה קמיירי. אידחי ליה לכיבוס. וגרע ליה מנשפך מן כח] כלי על הרצפה ואספו, ואחר כך ניתז על הבגד. דהתם, כיון דכשר לזריקה — ראוי להזאה קרינא ביה. אבל על הבגד, דאיזקוקי איזקיק לכיבוס — אדחי כט] *מתורת הזאה, ולא קרינא ביה ראוי להזאה, ולא בעי כיבוס האי אחרון. זו שאלה. בניחותא. יפה שאלת, ואשיבך עליה: ל] *אוספו וכשר. ואע"ג דאיזדקיק לכיבוס — לא בטל מתורת דם כל זמן שלא כיבסו, וה"ל כנשפך מן הכלי על הרצפה. הא כשר. וטעון האחרון כיבוס. ואם תימצי לומר שאם אוספו מן הראשון פסול לא]. כדקא ס"ד, משום דהוזקק לכיבוס בטיל ליה מתורת דם. אנא לב] כר"ע ס"ל. דאמר לקמן (דף צג.): היתה לה שעת הכושר לזריקה ונפסלה — דמה טעון כיבוס. והאי הרי מתחילתו בכלי נתקבל, והיתה לו שעת הכושר, ואח"כ נפסל בנפילתו על בגד ראשון.
ניתז

תוספות

וקרן ואצבע וחודה. תימה: אי חומרי קחשיב — הא לאו הוו אליבא דחד תנא, דמאן דאית ליה חודה — לית ליה קרן, כדמוכח לעיל בפרק "איזהו מקומן" (דף נג.) דפליגי רבי ור"א בר"ש! ויש לומר, דהכי לג] אמר: קרן למאן דאית ליה, וחודה למאן דאית ליה. °וכן צריך לפרש לעיל בפ"ק לד] (דף י:): והאיכא חודה. אי הכי אחד הנאכלות ואחד הפנימיות ואחד הנאכלות מיבעי ליה. שהפשוט יותר יש לו להזכיר תחלה. ובפ"ק דסוכה (דף ב.) גרים רש"י במשנה: אחת קטנה ואחת גדולה. ופריך בגמרא: אחת גדולה ואחת קטנה מיבעי ליה! דהכי משמע: אחת היא הגדולה ואחת היא הקטנה. כלומר, כמוה היא, ואינה חלוקה לדין שני. וכן דרך תנאים בכל מקום, דההיא דפשיטא ליה תני ברישא, ואותו השני כשבא להשמיענו ששוה לו — לה] שונה אחריו. כדאמר בר"ה (דף כט:): אחד יבנה ואחד כל מקום שיש שם ב"ד. ובב"ק (דף נ:): אחד החופר בור ואחד החופר שיח ומערה. ובמסכת סוטה (דף מג.): אחד הבונה ואחד הלוקח ואחד היורש. וטובא תנן התם גבי מערכי המלחמה הכי. וקשה מההיא דפ' ב' דכתובות (דף כ:) דאחד חדשות ואחד ישנות, וישנות פשוט לטומאה יותר מחדשות. ובפ' "החולץ" (יבמות מא.): אחד בתולות ואחד בעולות — אלמא דנקט שאינו פשוט תחילה! ויש לחלק: דהיכא לו] דקאי אקרא *או לז] בפלוגתא דלעיל — התם הוא דרגיל למתני לח] הפשוט תחילה. והא דתנן (סנהדרין דף לג.): אחד דיני ממונות ואחד דיני נפשות בדרישה ובחקירה, אע"ג דקאי אקרא — איידי דאיירי *בפרקא דלעיל בדיני ממונות נקט נמי דיני ממונות ברישא. וה"ר שמעון הקשה מההיא דמנחות פרק "רבי ישמעאל" (מנחות סג.) דקתני: ותכ"א אחד חול ואחד שבת משלש היה בא. וה"ל למיתני שבת ברישא לט] *ובסיפא. ותכ"א: אחד שבת וא' חול בשלש קופות ובשלש מגלות, וה"ל למינקט חול ברישא*.

נ"ל כצואר בהמה דמי ומדמה אמר רחמנא כו' נ"ק

נ"ל בפרקא דלעיל ברישא דיני ממונות כו' נ"ק

וצ"ע שם לפי הגירסא שלפנינו

[וע"ע תוספות מנחות סג: ד"ה רבי ותוס' פסחים פה. קח: ותוס' כתובות כ: ד"ה אחד ותוס' סוכה כ. ד"ה אחת ותוס' שבת כ: ד"ה אחד מבושל ועיין תוס' קדושין יג. ד"ה כשם]

[נ"ל והתנן]

הגהות הב"ח

(א) גמ' והא תנא אע"פ: (ב) רש"י ד"ה ויצאת לדרום וכו' בההיא. נ"ב בקדשי קדשים:

[לעיל יח.]

נ"ל מדם לעיל כו.

גליון הש"ס

תוס' ד"ה וקרן וכו' וכן צריך לפרש. וכן לקמן דף לד ע"ב:

[חסר כאן מי היה הנשאל והמשיב ואפשר דצ"ל מרבי ועיין לעיל ל:]

נ"ל והלכך אוספו וכשר להזותו למזבח כו' נ"ק כ"א צואר

נ"ל מתורת דם כו' נ"ק

נ"ל או אוספו נ"ק

שיטה מקובצת

א] יאכלנה יאכלנה לזו: ב] דקרא הוא קמ"ל: ג] יזה בניזאות הכתוב: ד] והא תנא אע"פ: ה] בנאכלות קאמר ה"ק אע"פ שאין הכתוב מדבר אלא בנאכלות הני מילי לענין: ו] בהמה דמי ומדמה אמר: ז] בשרה אמר רבה ת"ש: ח] הכניסה הוא פסולה: ט] הוציאה הוא פסולה: י] אבין חטאת העוף שנשפך דמה על הרצפה ואספו מהו: יא] רחמנא כלי שרת תיפוק לי דהא איפסל ליה באויר: יב] לוי מרבי ניתז: יג] דילמא לא שנא: יד] אנא כר' יעקב ס"ל: טו] הנאכלות ונתמעטה חטאת: טז] תיבות ומה אמור בענין נמחק: יז] בפנימיות שכתוב בהן הזאה תיבת כתיב נמחק: יח] אין כתוב בהן הזאה: יט] דמשמע האמורה: כ] וגו' הס"ד ומה"ד חטאת בהמה הוי ליה לרבויי חיצונות כפנימיות הס"ד ומה"ד חטאת העוף: כא] הוזקקה לקבלת כלי וזהו כלי ומיפסל בהכנסה כדם: כב] לה בתוספתא בזבחים הס"ד ומה"ד כשרה: כג] פסולה דאפילו פירכסה ויצאת מאליה נפסלה ביוצא: כד] דקתני נכנסה גבי תיבת פירכסה נמחק: כה] לשון נכנסה דקתני תיבת פירכסה נמחק: כו] וצואר דידה הוא במקום כלי שרת והלכך אוספו כשר להזותו למזבח: כז] דדוקא צוואר ולא תיבת שייר נמחק: כח] מן הכלי על: כט] אדחי ליה מתורת דם ותיבת הזאה ל"ש: ל] מה"ד אי אוספו: לא] פסול לזריקה כדקא ס"ד דמשום דהוזקק: לב] אנא כר' יעקב ס"ל: לג] דהכי קאמר קרן: לד] בפ"ק דפריך והאיכא: לה] לו הוא שונה: לו] דקאי עיין בתוס' פסחים (דף פ"ס ע"א): לז] אפלוגתא דלעיל: לח] למיתני מה דפשוט: לט] ברישא ובגמרא ותכ"א ותיבת א' ובסיפא ל"ש:

א) לפנינו הגירסא שם בסיפא דמתני' גופא ותכ"א אחד שבת ואחד חול בשלש קופות וכו' וא"ש הגי' בסיפא ואולי דלפני רבינו היה גירסא אחרת במשנה שם וצ"ע.

בְּעָא מִינֵּיהּ רָמִי בַּר חָמָא מֵרַב חִסְדָּא: נִיתַּז עַל בֶּגֶד טָמֵא, [א]מַהוּ? אָמַר רַב הוּנָא בְּרֵיהּ דְּרַב יְהוֹשֻׁעַ: מִדְּקָמִיבַּעְיָא לֵיהּ הָכִי, שְׁ"מ: א] הָיְתָה לָהּ שְׁעַת הַכּוֹשֶׁר וְנִפְסְלָה אֵין דָּמָהּ טָעוּן כִּיבּוּס – ה"מ בָּזֶה אַחַר זֶה, אֲבָל בְּבַת אַחַת – לָא, אוֹ דִּלְמָא לָא שְׁנָא? א"ל: פְּלוּגְתָּא דְּר"א וְרַבָּנַן אַלִּיבָּא דְּרַבָּה, וְכִדְקָא מְתָרֵיץ אַבָּיֵי. דְּתַנְיָא, ר' אֶלְעָזָר אוֹמֵר: מֵי חַטָּאת שֶׁנִּטְמְאוּ – מְטַהֲרִין, שֶׁהֲרֵי [ב]נִדָּה מַזִּין עָלֶיהָ. ב] וְאָמַר רַבָּה: ר"א בְּשִׁיטַת ר"ע רַבּוֹ אֲמָרָהּ, דְּאָמַר: הַעֲבָרַת כְּלִי עַל גַּבֵּי מָקוֹם טָמֵא – כְּמוּנָּח דָּמֵי. *דִּתְנַן: הָיָה עוֹמֵד חוּץ לַתַּנּוּר וְשֶׁרֶץ בַּתַּנּוּר, וְהוֹשִׁיט יָדוֹ לַחַלּוֹן, וְנָטַל אֶת הַלָּגִין וְהֶעֱבִירוֹ ע"פ תַּנּוּר – ר"ע מְטַמֵּא, וַחֲכָמִים [ג]מְטַהֲרִין. וּבְהָא פְּלִיגִי, דְּר' עֲקִיבָא סָבַר: כְּמוּנָּח דָּמֵי, וְרַבָּנַן סָבְרִי: לָאו כְּמוּנָּח דָּמֵי. וְאֵיתִיבֵיהּ *אַבָּיֵי: מוֹדֶה רַבִּי עֲקִיבָא בְּהַזָּאָה שֶׁהֶעֱבִירָהּ עַל ג] כְּלִי חֶרֶס טָמֵא, עַל גַּבֵּי מִשְׁכָּב וּמוֹשָׁב טָמֵא – שֶׁהִיא [ד]טְהוֹרָה, שֶׁאֵין לְךָ דָּבָר שֶׁמְּטַמֵּא לְמַעְלָה כִּלְמַטָּה אֶלָּא כְּזַיִת מִן הַמֵּת, וּשְׁאָר כָּל הַמַּאֲהִילִין, לְאִיתוֹיֵי אֶבֶן הַמְּנוּגַּעַת! אֶלָּא אָמַר אַבָּיֵי: דְּכ"ע לָאו כְּמוּנָּח דָּמֵי, וְהָכָא בְּהָא קָמִיפַּלְגִי, דְּרַבִּי עֲקִיבָא סָבַר: גָּזְרִינַן שֶׁמָּא ד] יָנוּחַ, וְרַבָּנַן סָבְרִי: לָא גָּזְרִינַן. וּמוֹדֶה רַבִּי עֲקִיבָא בְּהַזָּאָה, ה] כֵּיוָן דִּנְפַק נְפַק. וְרַבִּי אֶלְעָזָר וְרַבָּנַן בְּמַאי קָמִיפַּלְגִי? אָמַר אַבָּיֵי: בְּדָנִין טוּמְאָה קְדוּמָה מִטּוּמְאָה שֶׁבְּאוֹתָהּ שָׁעָה קָמִיפַּלְגִי, מ"ס: דָּנִין, וּמ"ס: אֵין דָּנִין. *רָבָא אָמַר: דְּכ"ע אֵין דָּנִין. וְהָכָא בְּהָא קָמִיפַּלְגִי, *דְּר"א סָבַר: *הַזָּאָה צְרִיכָה שִׁיעוּר ו] וּמִצְטָרְפִין לְהַזָּאוֹת, וְרַבָּנַן סָבְרִי: הַזָּאָה אֵין צְרִיכָה שִׁיעוּר.§ "חַטָּאת פְּסוּלָה" כו'.§ ת"ר: "מִדָּמָהּ" – מִדָּם כְּשֵׁירָה, וְלֹא מִדָּם פְּסוּלָה. ז] *ר"ע אוֹמֵר: הָיְתָה לָהּ שְׁעַת הַכּוֹשֶׁר וְנִפְסְלָה – דָּמָהּ טָעוּן כִּיבּוּס, לֹא הָיְתָה לָהּ שְׁעַת הַכּוֹשֶׁר וְנִפְסְלָה – אֵין דָּמָהּ טָעוּן כִּיבּוּס. וְר"ש אוֹמֵר: [ה]אֶחָד זֶה וְאֶחָד זֶה – אֵין דָּמָהּ טָעוּן כִּיבּוּס. מַאי טַעְמָא דְּרַבִּי שִׁמְעוֹן? כְּתִיב: "אוֹתָהּ" וּכְתִיב: "מִדָּמָהּ", חַד – לְהֵיכָא דְּהָיְתָה לוֹ שְׁעַת הַכּוֹשֶׁר. * ח] וְרַבִּי עֲקִיבָא: "אוֹתָהּ" – פְּרָט לִתְרוּמָה. וְר"ש לְטַעְמֵיהּ, דְּאָמַר: *קָדָשִׁים קַלִּים אֵין טְעוּנִין מְרִיקָה וּשְׁטִיפָה, וְכ"ש תְּרוּמָה.§

מתני' *[ו]נִיתַּז מִן הַצַּוָּאר עַל הַבֶּגֶד – אֵינוֹ טָעוּן כִּיבּוּס, מִן הַקֶּרֶן וּמִן הַיְסוֹד – אֵינוֹ טָעוּן כִּיבּוּס. נִשְׁפַּךְ עַל הָרִצְפָּה וַאֲסָפוֹ – אֵין טָעוּן כִּיבּוּס. [ז]אֵין טָעוּן כִּיבּוּס אֶלָּא דָּם שֶׁנִּתְקַבֵּל בִּכְלִי וְרָאוּי לְהַזָּאָה.§

גמ' ת"ר: יָכוֹל נִיתַּז מִן הַצַּוָּאר עַל הַבֶּגֶד יְהֵא טָעוּן כִּיבּוּס? ת"ל: "אֲשֶׁר יִזֶּה", לֹא אָמַרְתִּי לְךָ אֶלָּא בְּרָאוּי לְהַזָּאָה. תַּנְיָא אִידָךְ: יָכוֹל נִיתַּז מִן הַקֶּרֶן וּמִן הַיְסוֹד יְהֵא טָעוּן כִּיבּוּס? ת"ל: "אֲשֶׁר יִזֶּה", *פְּרָט לָזֶה שֶׁכְּבָר הוּזָּה.§ "נִשְׁפַּךְ עַל הָרִצְפָּה" כו'.§

הָא

רש"י

ניתז על בגד טמא. ונטמא בנגיעתו בו. מי הוי דם פסול כאילו נטמא קודם לכן, ולא בעי כיבוס. או דלמא: כיון דבעידנא דנפל עליה אכתי כשר הוה, והוי פסול דם וטעינת כיבוס לבגד באין כאחד, כדמפרש ואזיל לה רב הונא בריה דרב יהושע. *מדקא מיבעי ליה הכי. מכלל דפשיטא ליה: ט] נטמא קודם לכן – דלא בעי כיבוס, ואע"ג דהיתה לו שעת הכושר, ש"מ: קסבר כו'. ומיהו, היכא דפסול דם וטבילת בגד באין כאחד מיבעי ליה הכי: מי אמרינן ה"מ דפסולה אין דמה טעון כיבוס. בזה אחר זה. שנפסל ואח"כ ניתז. וכדקא מתרץ אביי. למילתיה דרבה, דפריש פלוגתייהו דר' אלעזר ורבנן. מטהרין. את האדם מטומאת מת, כאילו לא נטמא. שהרי נדה. שנטמאה במת, מזין עליה לפני טבילת נדתה, וטובלת לשתי הטומאות בטבילה אחת, שלא מצינו בתורה שהוזקקה לטבול לנדתה תחלה ולקבל הזאה, י]וטהרה כשתטבול. ויש מיכן ראיה למי חטאת שנטמאו קודם הזאתן, כדמפרש רבה ואזיל. (א) ואמר רבה. ר' אלעזר שמביא ראיה מהזאת נדה שאינו דומה לזו, דאילו נדה – הזאה וטומאת המים באין כאחד, ואין זו ראיה לנטמאו קודם הזייה. אלא שאמרה בשיטת רבי עקיבא רבו. דאמר: כל הטומאות מטמאין מי חטאת העוברין על אוירו. הלכך, נטמאו המים משעברו על אויר הנדה, והזאה לא הואי עד שנגעו המים בבשרה. יא]חוץ לתנור. שהיה התנור סמוך לכותל, וחלון בכותל ובו לגין. והאדם עומד חוץ לתנור, כלומר, להלן מן התנור, שהתנור מפסיק בינו לבין הכותל יב]. העברת כלי. של מי חטאת. והעבירו ע"פ התנור. על אויר פיו. שכל תנוריהם פיהם למעלה. יג]ונטל את הלגין. של מי חטאת. ובמסכת פרה תנינן לה, ומעלה היא למי חטאת. ואיתיביה אביי גרסינן. מודה ר' עקיבא. אע"פ שנחלק בלגין של מי חטאת – מודה הוא בהזאה שהעבירה כו'. שהיה מזה על האדם ותנור טמא מפסיקו, ועברה ההזאה על פי התנור. יד] [למעלה כלמטה. באוהל כבנגיעה]. ה"ג: ושאר כל המאהילים לאיתויי אבן המנוגעת. אלמא, בהזאת נדה ליכא למימר לרבי עקיבא: משבאה למעלה באויר על הנדה – נטמאת! אלא אמר אביי דכ"ע אפילו במי חטאת לאו כמונח דמי. אלא לענין לגין הוא דגזר רבי עקיבא, גזירה שמא יניחנה בתוך האויר דרך העברתו. אבל בהזאה, שאינו מעביר אלא זורקה – מודה הוא דטהור. דכיון דנפק מידו – נפק לגמרי, ואין בידו להכניסה לתנור. ורבי אלעזר. דמייתי ראייה למילתיה מהזאת נדה, ורבנן דאמרי: אינה ראייה. בדנין טומאה קדומה. כגון מי חטאת שנטמאו לפני הזאתן, מטומאה שבאותה שעה – כגון הזאת נדה, שטומאת המים והזאה באין כאחד, קמיפלגי. רבי אלעזר סבר דנין ורבנן סברי אין דנין. ולגבי ניתז דם חטאת על בגד טמא, דאיבעיא לן לעיל – נמי פלוגתא דרבי אלעזר ורבנן הוא, דלרבי אלעזר אין טעון כיבוס, דטומאה שבשעת נפילה כטומאה שלפני נפילה, ולרבנן לא דמו אהדדי. והאי דקאמרינן "אליבא דרבה טו]וכדמפרק אביי", ולא אמרינן "אליבא דאביי" (ואע"ג) דהא דרבה טז] ליתיה – משום דאביי תלמידו הוה ולא נחלק עליו, אלא דן לפניו ותירגם הדבר לפניו, והודה לו. דכולי עלמא אין דנין. ורבי אלעזר טומאה קדומה *מטומאה קדומה יליף. דרבי אלעזר סבר: הזאה צריכה שיעור, ומצטרפין להזאות, וכי נפלה הזאה קמייתא עלה – אכתי לאו הזאה היא לטהרה. ואע"ג שנטמאת ההזאה הראשונה, כשנגעה בה חוזרת ומצטרפת עם השנייה להשלים השיעור. אלמא, מי חטאת שנטמאו לפני הזאה – מטהרין. ורבנן סברי אין הזאה צריך שיעור. ומהזאה קמייתא אסתלקא לה הזאה. וליכא למילף מינה טומאה קדומה, דהך דגבי נדה – טומאה שבאותה שעה היא. *מדמה. מיעוטא היא: דמה של זו ולא דמה של אחרת. יז] *)רבי עקיבא ורבי שמעון פליגי בהאי פסולה דמיעט קרא, ולפרושי קאתו. כתיב אותה. בתריה דקרא דכיבוס ומריקה ושטיפה, כתיב: "כל זכר בכהנים יאכל אותה" (ויקרא ו). אותה פרט לתרומה. ואמריקה ושטיפה קאי, כדאמרינן לקמן בפירקין (דף צו:). ורבי שמעון לטעמיה. לקמן במתניתין (דף צה:). **מתני'** ניתז מן הצואר על הבגד כו'. כדמפרש טעמא בגמרא. מן הקרן. של מזבח, ומן היסוד של שירים. יח]ובפרק "בית שמאי" (לעיל לט.) תרגימנא דמן הקרן – מן הקרן ממש, ומן היסוד – מן הראוי ליסוד. דמשניתן מתן דמה – אין שירים טעונין כיבוס. וטעמא מפרש בגמרא. הכי גרסינן במתניתין: נשפך על הרצפה ואספו אין טעון כיבוס ואין טעון כיבוס אלא הדם שנתקבל בכלי כו' יט] ובגמרא פריך: הא תו למה לי? נשפך על הרצפה. מאוחר בהמה. **גמ'** בראוי להזאה. שנתקבל בכלי.

הא

*) [נ"ל ר' יעקב ור"ש כמו דאיתא בתוספתא וכ"ה בס"י]

תוספות

מי חטאת שנטמאו מטהרין. וא"ת: א"כ למה גזרו שלא יעביר אדם מי חטאת ואפר חטאת בנהר ובספינה כמעשה שהיה, כדאיתא ביבמות פרק "האשה שלום" (דף קטז: ובחגיגה כג.)? וי"ל: דהתם קודם קידוש, והכא לאחר קידוש*). *ניתז מן הצואר על הבגד אין טעון כיבוס. מרישא לא שמעינן, דהוה אמינא: הכא שאני, משום דבבת אחת.

*) עיין רש"ק

מה

עין משפט נר מצוה

י א מיי' פ"ח מהלכות מעשה הקרבנות הלכה ט:

יא ב מיי' פי"א מהלכות פרה אדומה הלכה ג:

יב ג ד מיי' פי"ד מהלכות פרה אדומה הלכה ה:

יג ה מיי' פ"ח מהלכות מעה"ק הלכה ג:

יד ו מיי' שם הלכה ו:

טו ז מיי' שם הלכה ז:

מסורת הש"ס

הך ד"ה וד"ה בזה אחר זה הד"א נ"ק

[ובחגיגה כג. ד"ה מת כו' כתבו דהיינו דוקא בשאר טומאות אך בטומאת מת נפסלו]

פרה פ"י [מ"ה ע"ש דבמשנה ליתא וסרך בתנור]

תוספתא דפרה פ"ט ע"ש

עיין רש"ק

[הא דמסיק רבא לעיל פ. דלר"א הזאה אינה צריכה שיעור ר"א דהתם הוא ר' אליעזר בן הורקנוס ור"א דהכא הוא רבי אלעזר בן שמוע כדאיתא ביבמות סב: דהיה תלמידו של רבי עקיבא לכך קאמר רבה ר"א בשיטת ר"ע רבו אמרה ושמחתי שמצאתי אח"כ בפי' הרמב"ם מ"ה פ"ז דעדיות דהכא גרס ר' אלעזר בלא יו"ד ולעיל ר' אליעזר ביו"ד ע"ש]

[לעיל פ. יומא יד. נדה ט.]

[נ"ל ר' יעקב וכ"א בתוספתא פ' כל התדיר]

נ"א וחד ללא היתה לו שעת הכושר

[לקמן לה: נו: לז.]

[לעיל לח.]

[לעיל לח. מעילה ה.]

נ"א מטומאה שבאותה שעה יליף אלא דר"א כו'

מדמה כו' ור' עקיבא כו' הד"א כל"ל נ"ק

הגהות הב"ח

(א) רש"י ד"ה ואמר רבה הד"א עם ד"ה אלא וכו' כשעוברין וכו' בבשרה הס"ד ואח"כ מ"ה העברת כלי של מי חטאת הס"ד ואח"כ מ"ה חוץ וכו' לבין הכותל הס"ד ואח"כ מ"ה ונטל את הלגין וכו' חטאת הס"ד ואח"כ מ"ה והעבירו על פי וכו' למעלה הס"ד ואח"כ מ"ה ואותביה:

שיטה מקובצת

א] ש"מ קסבר היתה: ב] עלי' וטהורה ואמר: ג] על גבי כלי חרס טמא או על גבי: ד] שמא יניח ורבנן: ה] בהזאה דכיון דנפק: ו] שיעור ומצרפין להזאות: ז] פסולה ר' יעקב אומר: ח] הכושר וחד להיכא דלא היתה לה שעת הכושר (ור"ע) [ור' יעקב]: ט] ליה בנטמא קודם: י] הזאה וטהורה כשתטבול: יא] בבשרה הס"ד ומה"ד העברת כלי של מי חטאת הס"ד ומה"ד חוץ: יב] הכותל הס"ד ומה"ד ונטל את הלגין של מי חטאת במס' פרה תנינן לה ומעלה היא במי חטאת הס"ד ודבור המתחיל העברת כלי של מי חטאת נמחק: יג] כל הדבור ונטל כו' עד ד"ה ואיתיביה נמחק מכאן וכתוב למעלה: יד] למעלה כלמטה באהל כבנגיעה: טו] וכדמתרץ אביי תיבת וכדמפרק ל"ש: טז] דרבה ליתא: יז] ר' יעקב ור"ש: יח] שירים ובפרקי קמאי תרגימנא תיבות ב"ש ל"ש: יט] מתיבת ובגמרא עד תיבת בכלי בסוף השיטה כולה נמחק:

תורה אור

הָא תּוּ ל"ל? מַה טַּעַם קָאָמַר; מַה טַּעַם נִשְׁפַּךְ עַל הָרִצְפָּה וַאֲסָפוֹ אֵין טָעוּן כִּיבּוּס — לְפִי שֶׁאֵין טָעוּן כִּיבּוּס אֶלָּא דָּם שֶׁנִּתְקַבֵּל בִּכְלִי וְרָאוּי לְהַזָּיָה.§ "רָאוּי לְהַזָּאָה". לְמַעוּטֵי מַאי? לְמַעוּטֵי קִיבֵּל פָּחוֹת מִכְּדֵי הַזָּיָה בִּכְלִי זֶה, וּפָחוֹת מִכְּדֵי הַזָּיָה בִּכְלִי זֶה. דְּתַנְיָא, *רַבִּי חֲלַפְתָּא בַּר שָׁאוּל א] אוֹמֵר: אקִידֵּשׁ פָּחוֹת מִכְּדֵי הַזָּיָה בִּכְלִי זֶה וּפָחוֹת מִכְּדֵי הַזָּיָה בִּכְלִי זֶה — לֹא קִידֵּשׁ. *אִיבַּעְיָא לְהוּ: בְּדָם מַהוּ? הִלְכְתָא הִיא, וּמֵהִלְכְתָא לָא גָּמְרִינַן. אוֹ דִלְמָא: הָתָם מ"ט — דִּכְתִיב: °"וְטָבַל בַּמַּיִם", ה"נ — כְּתִיב: °"וְטָבַל בַּדָּם"? (במדבר יט) (ויקרא ד) תָּא שְׁמַע, דְּא"ר זְרִיקָא א"ר אֶלְעָזָר: אַף בְּדָם לֹא קִידֵּשׁ. אָמַר רָבָא: *תַּנְיָא, "וְטָבַל" — בוְלֹא *מְסַפֵּג, "בַּדָּם" — עַד שֶׁיְּהֵא בַּדָּם שִׁיעוּר טְבִילָה ב] מֵעִיקָּרוֹ, "מִן הַדָּם" — מִן הַדָּם שֶׁבָּעִנְיָן. וְאִיצְטְרִיךְ לְמִיכְתַּב ג] "בַּדָּם", דְּאִי כָּתַב רַחֲמָנָא "וְטָבַל", ה"א: אע"פ דְּלֵיכָּא שִׁיעוּר טְבִילָה ד] מֵעִיקָּרוֹ — כָּתַב [רַחֲמָנָא] "בַּדָּם". וְאִי כָּתַב רַחֲמָנָא "בַּדָּם", ה"א אֲפִילּוּ מְסַפֵּג — כָּתַב רַחֲמָנָא "וְטָבַל". "מִן הַדָּם שֶׁבָּעִנְיָן" לְמַעוּטֵי מַאי? אָמַר רָבָא: לְמַעוּטֵי שִׁירַיִים שֶׁבָּאֶצְבַּע. מְסַיֵּיעַ לְרַבִּי אֶלְעָזָר, דְּאָר"א: גשִׁירַיִים שֶׁבָּאֶצְבַּע פְּסוּלִין. א"ל רָבִין בַּר רַב אַדָּא *לְרָבָא: (א) אָמְרוּ תַּלְמִידֶיךָ, אָמַר רַב עַמְרָם: תָּנֵינָא, הָיָה מַזֶּה וְנִיתְּזָה הַזָּאָה מִיָּדוֹ, עַד שֶׁלֹּא הִזָּה — טָעוּן כִּיבּוּס, מִשֶּׁהִזָּה — אֵין טָעוּן כִּיבּוּס. מַאי לָאו ה"ק: עַד שֶׁלֹּא גָּמַר מִלְּהַזּוֹת — טָעוּן כִּיבּוּס, מִשֶּׁגָּמַר לְהַזּוֹת — אֵין טָעוּן כִּיבּוּס? לָא, ה"ק: עַד שֶׁלֹּא יָצְתָה הַזָּאָה מִיָּדוֹ — טָעוּן כִּיבּוּס, דמִשֶּׁיָּצְתָה הַזָּאָה מִיָּדוֹ — אֵין טָעוּן כִּיבּוּס. אֵיתִיבֵיהּ אַבַּיֵי: *גָּמַר מִלְּהַזּוֹת — מְקַנֵּחַ יָדוֹ בְּגוּפָהּ שֶׁל פָּרָה. גָּמַר — אִין, לֹא גָּמַר — לָא! א"ל: גָּמַר — מְקַנֵּחַ יָדוֹ בְּגוּפָהּ שֶׁל פָּרָה, לֹא גָּמַר — מְקַנֵּחַ אֶצְבָּעוֹ. בִּשְׁלָמָא גָּמַר מְקַנֵּחַ יָדוֹ הבְּגוּפָהּ שֶׁל פָּרָה — שֶׁנֶּאֱמַר: °"וְשָׂרַף אֶת הַפָּרָה לְעֵינָיו", (במדבר יט) אֶלָּא אֶצְבָּעוֹ בְּמַאי מְקַנֵּחַ? *אָמַר אַבַּיֵי: ובִּשְׂפַת מִזְרָק, כְּדִכְתִיב: °"כְּפוֹרֵי זָהָב".§ (עזרא א)

מתני' זנִיתַּז עַל הָעוֹר, עַד שֶׁלֹּא הוּפְשַׁט — אֵינוֹ טָעוּן כִּיבּוּס, מִשֶּׁהוּפְשַׁט — טָעוּן כִּיבּוּס, דִּבְרֵי רַבִּי יְהוּדָה. רַבִּי אֶלְעָזָר אוֹמֵר: אַף מִשֶּׁהוּפְשַׁט *חאֵינוֹ טָעוּן כִּיבּוּס, (ב) ה] אֶלָּא מְקוֹם הַדָּם, וְדָבָר שֶׁהוּא רָאוּי לְקַבֵּל טוּמְאָה טוְרָאוּי לְכִיבּוּס. יאֶחָד הַבֶּגֶד וְאֶחָד הַשַּׂק וְאֶחָד הָעוֹר טְעוּנִין כִּיבּוּס. כוְהַכִּיבּוּס בְּמָקוֹם קָדוֹשׁ, וּשְׁבִירַת כְּלִי חֶרֶס בְּמָקוֹם קָדוֹשׁ, וּמְרִיקָה וּשְׁטִיפָה בִּכְלִי נְחוֹשֶׁת בְּמָקוֹם קָדוֹשׁ, לזֶה חוֹמֶר בְּחַטָּאת מִקָּדְשֵׁי קָדָשִׁים.§

גמ' מְנָהָנֵי מִילֵּי? דְּת"ר: °"בֶּגֶד", (ויקרא ו) אֵין לִי אֶלָּא בֶּגֶד, מִנַּיִן לְרַבּוֹת עוֹר מִשֶּׁהוּפְשַׁט? ת"ל: °"אֲשֶׁר יִזֶּה עָלֶיהָ תְּכַבֵּס". (שם) יָכוֹל שֶׁאֲנִי מְרַבֶּה עוֹר עַד שֶׁלֹּא הוּפְשַׁט? תַּלְמוּד לוֹמַר: "בֶּגֶד", מַה בֶּגֶד הָרָאוּי לְקַבֵּל טוּמְאָה — אַף כָּל הָרָאוּי לְקַבֵּל טוּמְאָה, דִּבְרֵי ר' יְהוּדָה. רַבִּי אֶלְעָזָר אוֹמֵר: "בֶּגֶד", אֵין לִי אֶלָּא בֶּגֶד, מִנַּיִן לְרַבּוֹת שַׂק וְכָל

הא תו למה לי. למיתני: אין טעון כיבוס אלא שנתקבל בכלי? הא תנא ליה: נשפך על הרצפה! **קיבל פחות מכדי הזייה בכלי זה.** וחזר ועירב. **דתני ר' חלפתא.** לגבי מי חטאת: **קידש.** מי חטאת באפר פרה. **לא קידש.** ו] כדבעי טעמא ואזיל. **בדם מאי.** גבי חטאת הפנימית, קיבל פחות מכדי הזייה כו' וחזר ועירב, מי הואי קבלה או לא? **הלכתא.** ז] גבי מי חטאת. **ומהלכתא לא גמרינן.** מילתא אחריתי. דקי"ל שבת (דף קלב.): אין דנין מהלכה. **וטבל במים.** מדקרינן ח] "במים" ולא קרינן "במים", משמע: במים הנזכרים למעלה לענין קידוש, שיהא ט] בשעת קידוש שיעור טבילה. **ה"נ.** הא כתיב "וטבל הכהן את אצבעו י] בדם" — שיהא בדם הראשון שיעור טבילה מתחילתו. **מספג.** מקנח בשולי הכלי או בדופנותיו. **שיהא בדם שיעור טבילה מעיקרא.** גרסינן. כדפרי': "בדם" – הראשון משמע. **מן הדם.** "והזה מן הדם". **שבענין.** מדם האמור בענין יא] טבילה, שהזה ממנה ראשונה – יזה את כולן. שצריך לחזור ולטבול בו אצבעו, על כל הזייה (ג) *טבילה. ולמעוטי שירים שבאצבע. דהאי "מן הדם" קרא יתירא הוא, דלא צריך למיכתב אלא "והזה ז' פעמים". **אע"ג דליכא שיעור טבילה מעיקרא.** הואיל ואיכא שיעור בשעת טבילה. **להכי איצטריך למיכתב בדם.** דמשמע: בדם שהזכיר לענין קבלה. **אמר רב עמרם תנינא.** תיובתא לר' אלעזר. **היה מזה.** בחטאות הפנימיות, וניתזה הזאה מידו על הבגד. **עד שלא** גמר כל ההזאות. **טעון כיבוס,** ואפי' ניתז בין יב] ההזאה להזאה משירים שבאצבע. אלמא: שירים שבאצבע – כשרין, דאי פסולין – אמאי טעון כיבוס? **עד שלא יצתה מידו.** משטבל – טעון כיבוס. משיצתה הזאה מידו לאחר טבילה, דהוי להו שירים יג] באצבע – אין טעון כיבוס. **גמר מלהזות.** במס' פרה (פ"ג מ"ט) תנן לה: גמר מלהזות ז' הזאות שמזה בהר המשחה כנגד פתחו של היכל, כדכתיב (במדבר יט): "אל נכח פני אהל מועד". **מקנח ידו בגופה של פרה.** שאף דמה טעון שריפה, כדכתיב: "את עורה ואת בשרה ואת דמה על פרשה ישרוף". **אלא אצבעו.** בין הזאה להזאה. **במה יקנח.** בגופה של פרה לא מצית אמרת, שילכלך אצבעו בגוף הפרה וידבקו בו נימין. **כפורי זהב.** גבי כלי שרת כתיב בספר עזרא, והן מזרקין. ועל שם שמקנח בו אצבעו קרי להן "כפורי", לשון "וכפר ידיה" דנירון קיסר (גיטין דף נו.). **מתני' עד שלא הופשט אין טעון כיבוס.** טעמא מפרש בגמרא, דבעינן ראוי לקבל טומאה בלא חסרון מלאכה. **אף משהופשט.** כל זמן שלא נתקן להיות כלי אין טעון כיבוס. דבעינן דבר המקבל טומאה, שאין מחוסר אפילו מחשבה. **אלא מקום הדם.** ולא כל הבגד. **ודבר הראוי לקבל טומאה.** ואע"פ שמחוסר מחשבה. ובלבד שלא יהא מחוסר מלאכה. וסתמא כרבי יהודה. **וראוי לכיבוס.** בגמרא מפרש למעוטי מאי. **במקום קדוש.** בעזרה. **ושבירת כלי חרס.** שבישל בה חטאת, במקום קדוש. ובגמרא יליף לה. **זה חומר.** *אכיבוס קאי. **גמ' מה בגד הראוי לקבל טומאה.** דאין לך בגד קטן ששמו בגד, שאינו ראוי לקבל טומאה אם חישב עליו לכלי כמות שהוא – אף כל כו'. ועור משהופשט ראוי לקבל טומאה אם חישב עליו יד] לעבדה כמו שהיא. אבל כל זמן שלא הופשט – אינו ראוי לכלי. **אין לי אלא בגד.** סתם בגדים שבתורה צמר ופשתים. **שק.** מנוצה של עזים. **וכל**

מה טעם קאמר. מתוך התירוץ משמע דהא דקשיא ליה "הא תו ל"ל" קאי א"לפי שאין טעון כיבוס" כו'. ותימה: ונשפך על הרצפה למה לי? הא שמעינן לה מניתז מן הצואר! **אלא אצבעו במאי מקנח.** בפ"ק דמנחות (דף ז:) פי' בקונטרס: לפי שהיה מזה מדמה בהר המשחה אל נכח פני אהל מועד, ופרה לפניו נשרפת לאחר שיורד מן ההר. והיאך היה יורד בין כל הזאה והזאה מהר המשחה לקנח בגוף הפרה? *וקשה מהא דאמר לקמן בריש פרק בתרא (דף קיג.): שחטה שלא כנגד הפתח – פסולה, שנאמר "ושחט... והזה" מה הזאה כנגד הפתח – אף שחיטה כנגד הפתח. דמשמע שהיה הכל במקום אחד! טו] ונראה כמו שפירש כאן בקונטרס: שלא היה יכול לקנח אצבעו בגוף הפרה, שלא יתלכלך אצבעו מן הנימין. והכי נמי אשכחן דחיישינן לנימין טז] פרק "כל כתבי הקדש" (שבת קטז:) גבי מפשיטין את הפסח עד החזה*. **מנין** לרבות שק וכל מיני בגדים כו'. מדאוקי ריבויא לשק וכל מיני בגדים, משמע דעור אף משהופשט לא בעי כיבוס לרבי אלעזר. וגרסי' במילתיה: יכול שאני מרבה את העור משהופשט, כדפי' בקונטרס. ול"ג "עד שלא הופשט" – דא"כ הוה משמע יז] משהופשט בעי כיבוס, וזה אינו, דר"א לא יח] מביא אלא שק ומיני בגדים, ושמעינן ליה נמי במתני' דאף משהופשט אין טעון כבוס. *זה אינו דיוק, דאדרבה, דעור משהופשט ואינו מחוסר שום דבר, לא תיקון ולא מחשבה לקבל טומאה – טעון כבוס אפילו לר"א. דהא (משהופשט נמי) לא ממעט אלא מטעם דבעינן דבר המקבל טומאה, כדאיתא בברייתא, אלמא: אי מקבל טומאה השתא – טעון כיבוס. ובסמוך נמי קאמר: עולבא שחישב לקלעה איכא בינייהו, דלרבי אלעזר לא בעי כיבוס, משום יט] דאינו מקבל טומאה עד שיקלענה. אבל אם קלעה, או לא חישב לקלעה, *דהשתא אי מקבל העור טומאה – טעון כיבוס. והא דמרבי שק ושאר מיני בגדים – משום דאפילו הני, כ] דאינן בכלל בגד, כי אם צמר ופשתים, כדפרש"י, וצריך יתור כא] *לרבות'. וה"ה דמההוא יתור נמי אתי עור. ואי גרסי' בר"א "משהופשט" – איירי שעדיין צריך מחשבה קודם שיקבל טומאה, כב] *אי צריך שיבטל מחשבתו שחישב העולבא לקלעה. וכן פרש"י, דהשתא אינו מקבל טומאה כג] לא בעי כיבוס. ולרבי יהודה בעי כיבוס, כיון דראוי לקבל בלא מעשה ע"י ייחוד כד] *מודי. אבל ר"א לא איירי בעור שצריך תיקון ומעשה קודם שיקבל טומאה, דההוא אפי' רבי יהודה מודה דלא בעי כיבוס, דהא אינו ראוי לקבל, דהא מחוסר מעשה. אבל קשה: אי גריס "משהופשט" – מאי בעי "מאי בינייהו"? ליבעי פירוש דר"א עור משהופשט דאינו מקבל טומאה השתא, אבל ראוי לקבל ע"י מחשבה היכי משכחת לה? דאי מחוסר מעשה – אפי' רבי יהודה מודה, דהא אינו ראוי. מיהו, היינו נמי "מאי בינייהו" דקאמר, שצריך לעשות הבעיא מכח דברי שניהם. ואי גרסינן אף במילתיה דר"א "עד שלא הופשט" – א"ש, דבעי מאי בינייהו. אבל קשה ממתניתין אי גריס "אף משהופשט". הג"ה: השתא, אפילו גרס "משהופשט" – ע"כ לא פליגי ר"י ור"א, אלא דר"י דריש: מה בגד ראוי לקבל טומאה, ור"א דריש: מה בגד מקבל טומאה. ומשום הכי, ר"י דדריש ראוי – מרבה עור משהופשט, דראוי לקבל טומאה במחשבה, ואין מחוסר מעשה. ור"א דדריש מקבל – ממעט עור שהופשט אע"ג דראוי, משום דבעי דבר המקבל טומאה, שאין מחוסר אפילו מחשבה. אבל לאחר מחשבה – מקבל טומאה בלא שום מעשה. דאי מחוסר מעשה – אפילו ר"י מודה דלא בעי כיבוס

עין משפט נר מצוה

טז א מיי' פ"ט מהלכות פרה הלכה ג:
יז ב מיי' פ"ה מהלכות מעה"ק הלכה ט:
יח ג מיי' שם הלכה ח ופ"ג מהלכות פרה הלכה ב:
[ועי' במנחות שם בתוס' דמתרלי קושיא זו]
יט ד מיי' פ"ח מהלכות מעה"ק הלכה ח:
כ ה מיי' פ"ג מהלכות פרה הלכה ב:
כא ו מיי' פ"ה מהל' מעה"ק הלכה ח:
כב ז מיי' שם פ"ח הלכה ה:
[ועי' היטב תוס' מנחות ז: ד"ה אלא]
נ"א תניא נמי הכי וטבל כו'
כג ח ט מיי' שם הלכה ד:
כד י מיי' שם הלכה ב:
כה כ מיי' שם הלכה יא:
כו ל מיי' שם הלכה א:
נ"א אבל זה כו' ל"ק
ל"ל דהשתא מקבל העור כו' ל"ק
נ"א לרבויי ל"ק
נ"א או
ל"ל למידי ל"ק

מסורת הש"ס

מנחות ז: [כל הסוגיא באיזה שינויים]
[ואיבעיא להו כו' וכ"ה שם במנחות]
[שם לעיל מ:]
טבילה הס"ד ואח"כ ד"ה אע"ג דליכא כו' טבילה הס"ד ואח"כ ד"ה למעוטי שיריים שבאצבעו כו' כצ"ל ל"ק
[צ"ל לרבא]
מנחות ז: פרה פ"ג מ"ט
[לעיל כה.] מנחות שם
[לקמן צו:]
עיין תוי"ט ורש"ק

הגהות הב"ח

(א) גמ' לרב עמרם תלמידי אמר רב עמרם: (ב) במשנה כיבוס אינו טעון כיבוס אלא מקום: (ג) רש"י ד"ה בכענין וכו' הזייה טבילה הס"ד ואח"כ מ"ה אף על גב לליכא וכו' לענין קבלה הס"ד ואח"כ מ"ה למעוטי שיריים וכו' פעמים הס"ד ואח"כ מ"ה אמר רב עמרם:

שיטה מקובצת

א] תיבת אומר ל"ש: ב] טבילה מעיקרא מן: ג] למכתב וטבל ואיצטריך למכתב בדם: ד] טבילה מעיקרא כתב רחמנא: ה] כיבוס אינו טעון כיבוס אלא: ו] קידש כדמפרש טעמא: ז] הלכתא היא גבי: ח] במים ולא קרינן במים: ט] שיהא בהם בשעת: י] בדם: יא] בענין שהזה ממנו טבילה ראשונה יזה את: יב] בין הזאה להזאה: יג] שבאצבע אין: יד] עליו לעוצבא ותיבת לעבדה נמחק: טו] אחד וה"ה לשריפה שהיה שם כמו שפי' כאן בקונטרס נראה שלא היה: טז] לנימין בפ' כל: יז] משמע דמשהופשט: יח] לא מרבה אלא שק: יט] משום דלא מקבל טומאה: כ] הני אינן בכלל: כא] יתור לרבותם וה"ה: כב] טומאה או צריך: כג] טומאה ומ"ה לא: כד] ייחוד מיד ותיבת מודי נמחק:

וְכָל מִינֵי בְגָדִים? תַּלְמוּד לוֹמַר: °"אֲשֶׁר עָלֶיהָ תְּכַבֵּס". יָכוֹל שֶׁאֲנִי מְרַבֶּה עוֹר מִשֶּׁהוּפְשַׁט? ת"ל "בֶּגֶד", מַה בֶּגֶד דָּבָר הַמְקַבֵּל טוּמְאָה – אַף כָּל דָּבָר הַמְקַבֵּל טוּמְאָה. מַאי בֵּינַיְיהוּ? אָמַר אַבַּיֵי: מַטְלִית פְּחוּתָה מִשָּׁלֹשׁ אִיכָּא בֵּינַיְיהוּ; מַאן דְּאָמַר רָאוּי – הָא נַמִּי רָאוּי, °דְּאִי א] בָּעֵי אחָשֵׁיב עֲלֵיהּ; מ"ד דָּבָר הַמְקַבֵּל טוּמְאָה – הָא מִיהָא לָאו בַּת קַבּוֹלֵי טוּמְאָה הִיא. רָבָא אָמַר: בֶּגֶד שֶׁחִישֵּׁב עָלֶיהָ ב] לְצוּרָה אִיכָּא בֵּינַיְיהוּ; מ"ד רָאוּי – הָא נַמִּי רָאוּי, דְּאִי ג] בָּעֵי מְבַטֵּיל לֵיהּ לְמַחֲשַׁבְתֵּיהּ; מ"ד דָּבָר הַמְקַבֵּל טוּמְאָה – הָשְׁתָּא מִיהָא לָאו בַּת קַבּוֹלֵי טוּמְאָה הִיא. *רָבָא אָמַר: עוּצְבָא דְּחָשֵׁיב עֲלָהּ לְקַצְעָהּ אִיכָּא בֵּינַיְיהוּ, מ"ד רָאוּי – הָא נַמִּי רְאוּיָה, מַאן דְּאָמַר דָּבָר הַמְקַבֵּל טוּמְאָה – הָא לָאו מְקַבְּלָה טוּמְאָה עַד דִּמְקַצַּע לָהּ. *וְהַתַנְיָא, רַבִּי שִׁמְעוֹן בֶּן מְנַסְיָא אוֹמֵר: בעוּצְבָא שֶׁחָשַׁב עָלֶיהָ לְקַצְעָהּ – טְהוֹרָה עַד שֶׁיְּקַצִּיעֶנָּה.§ ד] "אֵין טָעוּן כִּיבּוּס" כו'.§ מנה"מ? דת"ר: יָכוֹל נִתַּז עַל מִקְצָת בֶּגֶד יְהֵא כָּל הַבֶּגֶד טָעוּן כִּיבּוּס? °ת"ל: "אֲשֶׁר יִזֶּה" – גלֹא אָמַרְתִּי לְךָ אֶלָּא מְקוֹם דָּם בִּלְבַד.§ "דָּבָר שֶׁהוּא רָאוּי לְקַבֵּל טוּמְאָה" [וכו'].§ סְתָמָא כְּרַבִּי יְהוּדָה.§ ה] "רָאוּי לְכִיבּוּס" – דלְמַעוּטֵי כְּלִי, דְּבַר גְּרִידָה הוּא.§ "אֶחָד הַבֶּגֶד וְאֶחָד הַשַּׂק" כו'.§ לְמֵימְרָא, דְּעוֹר בַּר כִּיבּוּס הוּא. וּרְמִינְהוּ: *ההָיְתָה עָלָיו לִשְׁלֶשֶׁת – מְקַנְּחָהּ בִּסְמַרְטוּט, הָיְתָה *(עַל) שֶׁל עוֹר – נוֹתֵן עָלֶיהָ מַיִם עַד שֶׁתִּכְלֶה! אָמַר אַבַּיֵי: לָא קַשְׁיָא, הָא – רַבָּנַן, הָא – אֲחֵרִים. דְּתַנְיָא: הַבֶּגֶד וְהַשַּׂק – ו] מְכַבְּסוֹ, הַכְּלִי וְהָעוֹר – מְגָרְרוֹ. אֲחֵרִים אוֹמְרִים: הַבֶּגֶד וְהַשַּׂק וְהָעוֹר – ז] מְכַבְּסוֹ, וְהַכְּלִי – מְגָרְרוֹ. כְּמַאן אָזְלָא הָא דְּאָמַר רַב חִיָּיא בַּר אַשִׁי: זִימְנִין סַגִּיאִין הֲוָה קָאֵימְנָא קַמֵּיהּ דְּרַב וְשַׁכְשִׁיכִי לֵיהּ מְסָאנֵיהּ בְּמַיָּא? כְּמַאן – כְּרַבָּנַן. אֲמַר רָבָא: וּמִי אִיכָּא לְמַאן דְּאָמַר עוֹר לָאו בַּר כִּיבּוּס הוּא? וְהָכְתִיב: °"וְהַבֶּגֶד אוֹ הַשְּׁתִי אוֹ הָעֵרֶב אוֹ כָל כְּלִי הָעוֹר אֲשֶׁר תְּכַבֵּס"! אֶלָּא אֲמַר רָבָא: קְרָא וּמַתְנִיתִין – יבְּרַכִּין, ח] כִּי פְּלִיגִי – בְּקָשִׁין. וְהָאָמַר רַב חִיָּיא: זִימְנִין סַגִּיאִין הֲוָה קָאֵימְנָא קַמֵּיהּ דְּרַב, וְשַׁכְשִׁיכִי לֵיהּ מְסָאנֵיהּ בְּמַיָּא! בְּקָשִׁין, וּכְרַבָּנַן. *הֲדַר אֲמַר רָבָא: לָאו מִילְּתָא הִיא דַּאֲמַרִי; נֵיקוּ נֵימָא לֵיהּ לִקְרָא דְּכִי ט] כְּתִיבָן בְּרַכִּין כְּתִיבָן? מִי לָא עָסְקִינַן *)בִּכְלֵי י] *אַכְסַלְגְיָא הַבָּאִים מִמְּדִינַת הַיָּם, יא] וְקָאָמַר רַחֲמָנָא: נִיבְעֵי כִּיבּוּס! אֶלָּא אֲמַר רָבָא: יב] יצָרַעַת, כֵּיוָן דְּמִגּוּפֵיהּ קָא פָּרְחָה – מְחַלְחְלָא לֵיהּ וּמְשַׁוֵּי לָהּ רַךְ. אֲמַר רָבָא: אִי קַשְׁיָא לִי – הָא קַשְׁיָא לִי, יג] כָּרִים

*) חגיגה כו: [וע"ש בתוס' ותוס' מנחות לז. ד"ה כלי]

רש"י

וְכָל מִינֵי בְּגָדִים. הַשִּׁירִים וְהַכָּלָךְ וּסְרִיקִין. יָכוֹל שֶׁאֲנִי מְרַבֶּה עוֹר מִשֶּׁהוּפְשַׁט. גָּרְסִינַן כְּרַבִּי אֱלִיעֶזֶר. מִשֶּׁהוּפְשַׁט מִיָּד, בְּלֹא שׁוּם תִּיקּוּן. מַה בֶּגֶד הַמְקַבֵּל טוּמְאָה. דְּרַבִּי אֱלִיעֶזֶר גָּמַר "בֶּגֶד" דְּהָכָא מִ"בֶּגֶד" הָאָמוּר בִּשְׁרָצִים (ויקרא יא), שֶׁהוּא מְקַבֵּל טוּמְאָה יד] וְאֵינָהּ מְחוּסַּר מַחֲשָׁבָה. מַאי בֵּינַיְיהוּ. בְּמַאי פְּלִיגִי? הֵיכָן מָצִינוּ בֶּגֶד הָרָאוּי לְקַבֵּל טוּמְאָה וְאֵינָהּ מְקַבְּלָה, (א) טו] וְיָלֵיף ר' יְהוּדָה מִינֵּיהּ? דְּאִי טז] [בָּעֵי] חָשֵׁיב עֲלָהּ. לְתַקֵּן חֲלוּקוֹ. רָבָא אָמַר. בֶּגֶד גָּדוֹל נַמִּי מַשְׁכַּחַת לָהּ דְּרָאוּי לְקַבֵּל וְאֵינוֹ מְקַבֵּל, כְּגוֹן שֶׁחִישֵּׁב עָלָיו יז] לְצַיְּירוֹ בְּמַעֲשֵׂה רוֹקֵם, דְּכָל כַּמָּה דְּלָא צַיְּירֵי' יח] אוֹ מְבַטֵּל לְמַחֲשַׁבְתּוֹ – לָאו כְּלִי הוּא. דְּאִי יט] בָּעֵי מְבַטֵּל לֵיהּ לְמַחֲשַׁבְתּוֹ. כ] הָא דְּקַיְימָא לָן: מַחֲשָׁבָה אֵינָהּ מוֹצִיאָה מִידֵי מַחֲשָׁבָה – לְעִנְיַן כא] הוֹצִיאוֹ מִתּוֹרַת טוּמְאָה תְּנַן לָהּ (כלים פרק כה משנה ט), דְּמִשֶּׁיָּרְדוּ לְטוּמְאָתָן בְּמַחֲשָׁבָה, אֵין מַחֲשָׁבָה חוֹזֶרֶת וּמוֹצִיאָתָן. אֲבָל לְהוֹרִידָן לְטוּמְאָה – קי"ל: (שם) כָּל הַכֵּלִים יוֹרְדִין לִידֵי טוּמְאָתָן בְּמַחֲשָׁבָה. עוּצְבָא. שָׁטִיחַ לֶאֱכוֹל עָלָיו אוֹ לִשְׁכַּב עָלָיו. וְרוּבָּן מִן הָעוֹר, וְיֵשׁ שֶׁעוֹשִׂין מִן הַבֶּגֶד. וְקי"ל שֶׁאִם חִישֵּׁב עָלָיו לְעוּגְבָּא – אֵין צָרִיךְ קִיפּוּעַ = *דוויינ"ר בְּלַעַ"ז, כב] לְיַפּוֹתוֹ, דְּבְלָאו קִיפּוּעַ חֲזֵי לְעוּגְבָּא. בְּב"ק מַיְיתֵי לָהּ בְּפֶ' "מְרוּבֶּה" (דף סו:). אֲבָל הֵיכָא דְּחָשֵׁיב עֲלֵיהּ לְקוֹצְעָהּ – אֵינָהּ מְקַבֶּלֶת טוּמְאָה עַד שֶׁיְּקַצְּעֶנָּה, כִּדְאָמְרִינַן לְקַמָּן, אוֹ יְבַטֵּל מַחֲשַׁבְתּוֹ. הִילְכָּךְ, בֶּגֶד שֶׁעוֹמֵד לְעוּגְבָּא וְחִישֵּׁב כג] עָלֶיהָ לְקוֹצְעָהּ – הֲרֵי רָאוּי לְקַבֵּל טוּמְאָה, דְּאִי בָּעֵי מְבַטֵּל לְמַחֲשַׁבְתֵּיהּ, וְאֵינוֹ מְקַבֵּל עֲדַיִין. וּבְהָא פְּלִיגִי: לְרַבִּי יְהוּדָה – כָּל בֶּגֶד בְּמַשְׁמַע, וְיֵשׁ בֶּגֶד שֶׁאֵינוֹ מְקַבֵּל טוּמְאָה אֶלָּא רָאוּי לְטוּמְאָה. וְר' אֱלִיעֶזֶר – כְּ"בֶגֶד" הָאָמוּר בִּשְׁרָצִים בָּעֵינַן. וְהָתַנְיָא. בְּנִיחוּתָא. עַד שֶׁיְּקַצְּעֶנָּה. אוֹ יְבַטֵּל מַחֲשַׁבְתּוֹ. דְּקי"ל (שם): כָּל הַכֵּלִים יוֹרְדִין לִידֵי טוּמְאָתָן בְּמַחֲשָׁבָה. דְּבַר גְּרִידָה הוּא. דְּאֵין מְכַבְּסִים *[אוֹתוֹ], אֶלָּא כד] גּוֹרְדוֹ. הָיְתָה עָלָיו לִשְׁלֶשֶׁת. בְּמַסֶּ' שַׁבָּת תְּנַן לָהּ: הָיְתָה עַל הַכַּר שֶׁל בֶּגֶד גִּיעוּל שֶׁל רוֹק אוֹ שֶׁל צוֹאָה – מְקַנְּחוֹ בִּסְמַרְטוּט בְּשַׁבָּת, וְאֵינוֹ נוֹתֵן עָלֶיהָ מַיִם לְכַלּוֹתָהּ כה] לְהַעֲבִירָהּ, מִפְּנֵי שֶׁהוּא מְכַבֵּס. וְכִיבּוּס אַב מְלָאכָה הוּא, כו] הַיְינוּ מְלַבֵּן. וְאִם הָיְתָה לִשְׁלֶשֶׁת זוֹ עַל כַּר שֶׁל עוֹר – נוֹתֵן עָלֶיהָ מַיִם עַד שֶׁתִּכְלֶה בִּשְׁטִיפַת מַיִם. וּמִיהוּ, שִׁפְשׁוּפֵי בְּיָדַיִם – לָא. וּמִדְּקָתָנֵי: נוֹתֵן עָלֶיהָ מַיִם – ש"מ אֵין כִּיבּוּס בְּעוֹר. כז] מְכַבְּסוֹ. גַּבֵּי דַּם חַטָּאת קָאֵי. מְסָאנֵיהּ. בְּשַׁבָּת. קְרָא. כח] גַּבֵּי נְגָעִים, דִּכְתִיב (ויקרא יג) כִּיבּוּס בְּעוֹר. וּמַתְנִי'. דְּהָכָא, דְּקָתָנֵי: הָעוֹר טָעוּן כִּיבּוּס. בְּרַכִּין. וְדִבְרֵי הַכֹּל, וְכִי פְּלִיגִי אֲחֵרִים וְרַבָּנַן – בְּקָשִׁין. לָאו מִילְּתָא הִיא דְּאָמְרִי. לְאוֹקוּמֵי קְרָא בְּרַכִּין. דְּהָא קְרָא סְתָמָא כְּתִיב, לָא שְׁנָא רַךְ וְלָא שְׁנָא קָשֶׁה. דְּמִי לָא עָסְקִינַן דִּקְרָא אֲפִילּוּ כט] אַכְסַלְגְיָא קָאָמַר, דְּקָשִׁין הֵן? "אַכְסַלְגְיָא" = עוֹר שָׁלוּק וְקָשֶׁה. וּמְשַׁוְיָא לֵיהּ רַךְ. הִילְכָּךְ, קְרָא דְּצָרַעַת – אֲפִילּוּ בְּקָשִׁין, וּמַתְנִיתִין – בְּרַכִּין, וּפְלוּגְתָּא – בְּקָשִׁין. כָּרִים

תוספות

כיבוס, דהא אינו ראוי. וכל שכן אי גרסינן "עד שלא הופשט", שיש הוכחה שלאחר הפשט מקבל טומאה בלא שום מעשה, עד כאן הגה"ה. ותימה: ל] בפ' "במה טומנין" (שבת דף מט:) משמע דאין עור מקבל טומאה עד לאחר עיבוד. דתניא: עורות, בין עבודים בין שאינן עבודים – מותר לטלטלן בשבת. ולא אמרו עבודים אלא לענין טומאה בלבד. ופי' שם בקונטרס: דאין עור מקבל טומאה עד לאחר עיבוד. ושמא יש לפרש: דאחר עיבוד – אפילו מחשבה לא בעי, אבל קודם עיבוד – בעי מחשבה. וה"ר חיים מפרש בשם ריב"א: דהתם מיירי באותם שעורותיהם כבשרם, דתנן בפ' "העור והרוטב" (חולין דף קכב.): וכולן שעיבדן או שהלך בהן כדי עבודה – טהורין. וה"ק: לא אמרו שיש חילוק בין עבודין לשאין עבודין – אלא לענין טומאה, ובאותם שעורותיהן כבשרם, דקודם עיבוד טמאין בכזית, כדין בשר לא] המת ונבלה, ודשרץ בכעדשה. ולאחר עיבוד טהורין עד שיהא בו חמשה על חמשה, כדין עור. וא"ת: דמשמע הכא דעור משהופשט אפילו לא מקבל טומאה במחשבה, דהא דומיא דעור שלא הופשט קמרבי, דהוי לא. ומדחשיב מנא במחשבה לענין טומאה – אם כן מותר לטלטלו בשבת, כדאשכחן בפרק "כל הכלים" (שבת דף קכג.) במחט שאינה נקובה – בגלמי, דכיון דזימנין דמימלך עלה ומשוי לה מנא – שרי לטלטלו. וקשה מכאן לר"ת, דמפרש ב"במה טומנין" (שם דף מט.) גבי טומנין בשלחין ומטלטלין אותן, דמיירי ביבשין, אבל לחין – לא. משום דקשיא ליה ההיא ד"כל כתבי הקדש" (שם דף קטז:) גבי מפשיטין את הפסח עד החזה, דקאמר: לא נטלטל עור אגב בשר, אבל בלא בשר – לא. וכן בפ"ק דביצה (דף יא:) גבי עור לפני הדורסן, דהתירו סופן משום תחילתן, קאמר: מהו דתימא טעמא דב"ה משום דחזי למזגא עליה, ואפילו בעי"ט, קמ"ל כו'! וי"ל: דאע"ג דמקבל טומאה במחשבה, לב] *כאן (דלא שכרה) שייחדה לישיבה בעוד שהוא לח – אסור לטלטל. וכן צ"ל גבי מחט שניטל חררה או עוקצה, דאסרינן לטלטלה, אע"ג דאם איתקנא למתוח – טמאה, כדתנן במס' כלים (פרק יג מ"ה). ובקונטרס פי' בפ' "כל כתבי הקודש" (שבת דף קכ.) דההיא ד"במה טומנין" – דעור בהמת גסה. ולפירושו צריך לאוקומה נמי ההיא דביצה בבהמה דקה, כי ההיא ד"כל כתבי" דגבי פסח. וטעמא, דעור בהמה דקה לא חזיא למזגא כולי האי. והא דתנן בפרק "כל כתבי" (שם): פורסין עור של גדי כו' – צריך להעמידה לג] (כ"ש) כשייחדו לישיבה. אי נמי, בדליקה התירו טפי, כדאמר התם. ולפר"ת אתי שפיר, דמיירי ביבשין, כי ההיא ד"במה טומנין" (שבת דף מט.). **מאי** בינייהו. פירוש: לרבי יהודה על כרחין איירי קרא בבגד דאינו מקבל טומאה, אלא דראוי לקבל. ולרבי אלעזר איירי קרא בבגד דמקבל טומאה, אבל בבגד הראוי ואינו מקבל – לא בעי כיבוס. והשתא איזה בגד הוא זה לד] הראוי ואינו מקבל, ואיכא בינייהו, לרבי יהודה בעי כיבוס ולרבי אלעזר לא בעי כיבוס? **לשלשת**. פירש בערוך: לואת תרנגולין. **מקנחה** בסמרטוט. אבל ליתן מים אסור, משום דשרייתו זהו כיבוסו. והא דאמר לה] בפ"ק דביצה (דף יח.): נדה מערמת וטובלת בבגדיה – אומר ר"ת דלא חשיב כיבוס, משום דהוי דרך לכלוך, ויותר מתלכלכים בגדים כשנכנסה בנהר לבושה ממה שמתכבסין. וכן תיכי חלילתא דברים "במה אשה" (שבת דף נז.), לא אסרינן אלא שמא תטלם ותעבירם ארבע אמות בשבת ברשות

עין משפט נר מצוה

כז א מיי' פכ"ב מהל' כלים הלכה כא:
כח ב מיי' שם פכ"ד הלכה ז:
כט ג ד מיי' פ"ח מהל' מעשה הקרבנות הלכה ז:
ל ה מיי' כ"ב מהל' שבת הל' יח טוש"ע או"ח סי' שב סעיף ט:
לא ו מיי' פ"ח מהל' מעשה הקרבנות הלכה ב:
לב ז מיי' פי"ג מהל' טומאת צרעת הל"ה:

מסורת הש"ס

נ"א א"ד
תוספתא דכלים פ"ד דב"ב ע"ש
שבת קמב:
[בשבת ליתא]
גי' יעב"ץ
[שבת סג: וש"נ]
[גי' הערוך בערך אבלוסמוס מי לא עסקינן בכלי אבלוסמוס פי' כלים של עור קשין ועבין וז"ל הרב המוסף דויחחחות ... וכן תוס' ד"ה כלי וכו' ותוס' מנחות לז. ד"ה כלי כו' גם בשאלתות סי' פ"ח איתא בכלי אבלוסמוס]

הגהות הב"ח

(א) רש"י ד"ה מאי בינייהו וכו' ואינה מקבלה הס"ד והשאר נמחק:

גליון הש"ס

גמ' דאי בעי חשיב עלה. עיין סוכה דף עז ע"א תוס' ד"ה לא חזי. ובנדה דף מ ע"ב תוס' ד"ה במטלטלות:

שיטה מקובצת

א] דאי מחשיב עליה מ"ד דבר המקבל טומאה השתא מיהא: ב] עליה לצורה איכא: ג] דאי מבטל ליה: ד] אינו טעון: ה] וראוי לכיבוס: ו] והעור מגרדו: ז] והעור מכבסן והכלי מגרדן: ח] ברכין וכי פליגי בקשין דאמר רב: ט] דכי כתיבא ברכין כתיבא: י] בכלי אכסלגוס. ס"א אבלוסמים: יא] הים דקשין נינהו וקאמר: יב] רבא כיון דצרעת מגופיה קא פרחה: יג] לי דהא כרים: יד] טומאה ואינו מחוסר: טו] מקבלה דקא יליף: טז] דאי מחשב עליה. לתקן: יז] עליו מתחלתו לציירו: יח] על תיבות או מבטל למחשבתו כתוב מן הצד נ"ל למחוק: יט] תיבת בעי ל"ש: כ] למחשבתו דהא דקיימא: כא] לענין להוציאו מתורת: כב] בלע"ז דהיינו ליפותו: כג] וחשב עליו לקוצעה הוי ראוי לקבל טומאה ואי מבטל למחשבתו: כד] גורדו כגון כלי עץ הס"ד ומה"ד היתה: כה] לכלותה ולהעבירה: כו] דהיינו: כז] מה"ד מכבסן. גבי כיבוס דם חטאת: כח] קרא דגבי נגעים: כט] אפי' כלי אכסלגום: ל] ותימה דבפ' במה: לא] בשר שנתנבלה ודשרץ תיבות המת ונבילה נמחק: לב] במחשבה כיון דלא שכיח שייחדו לישיבה: לג] תיבת כ"ש נמחק: לד] דראוי ואינו מקבל דאיכא בינייהו: לה] דאמר בפ' שני:

גמרא

ברים וכסתות דרכין נינהו, ותנן: היתה א] של עור — נותן עליה מים עד שתכלה! אלא אמר רבא: כל כיבוס דלית ליה כיסכוס — לא שמיה כיבוס. והא דאמר רב חייא בר אשי: זימנין סגיאין הוה קאימנא קמיה דרב ושכשיכי ליה מסאניה במיא, שכשוך — אין, אבל *כבוס — לא; אי ב] ברכין — וכדברי הכל, אי בקשין — וכאחרים. אי הכי, בגד נמי! בגד, שרייתו זהו כיבוסו. ג] [רבא לטעמיה, דאמר רבא: זרק סודר למים — חייב, [כב] זרק ד] *פשתן למים — חייב. בשלמא סודר ה] עביד כיבוס] אלא *זרע פשתן מ"ט? וכ"ת: משום דמקדח — אי הכי, חיטי ושערי נמי! הנך אית להו רירי. א"ה, שלחים נמי! התם קעביד לישה. דרש רבא: מותר לכבס מנעל בשבת. א"ל רב פפא לרבא, והא"ר חייא בר אשי: זימנין סגיאין הוה קאימנא קמיה דרב ושכשיכי ליה מסאני במיא; שכשוך — אין, אבל כיבוס — לא! הדר אוקי רבא אמורא עליה, ודרש: *דברים שאמרתי לפניכם — טעות הם בידי, ברם כך אמרו: שכשוך — מותר, *כיבוס — אסור.§ "הכיבוס במקום קדוש" כו'.§ מנא הני מילי? דת"ר: °"תכבס במקום קדוש". ו] שבירת כלי חרס מניין — ת"ל: °"וכלי חרש אשר תבושל בו ישבר". מריקה ושטיפה בכלי נחשת מניין? ת"ל: °"ואם בכלי נחשת בושלה ומורק ושוטף במים". "זה חומר בחטאת" כו'.§ ותו ליכא? והאיכא: ז] שנכנס דמה (לפני ו)לפנים! בחטאות החיצונות'. ח] שאם נכנס דמה (לפני ו)לפנים פסולה! כר"ע, דאמר: כל דמים שנכנסו להיכל לכפר — ט] פסולה. שכן מכפרין על חייבי כריתות! בחטאת דשמיעת הקול. י] שכן טעונה ארבע מתנות! כר' ישמעאל, דאמר: *כל דמים טעונין ד' מתנות יא] על ד' קרנות. ולטעמיך, האיכא קרן (בדם,) האיכא אצבע, °האיכא חודה! אלא, *חד מתרי *תלתא חומרי נקט.§ **מתני'** *בגד שיצא חוץ לקלעים — נכנס ומכבסו במקום קדוש. נטמא חוץ לקלעים — קורעו, יב] נכנס ומכבסו במקום קדוש. *כלי חרש שיצא חוץ לקלעים — נכנס ושוברו במקום קדוש. נטמא חוץ לקלעים — נוקבו, ונכנס ושוברו במקום קדוש. *כלי נחשת שיצא חוץ לקלעים — נכנס, ומורקו ושוטפו במקום קדוש. נטמא חוץ לקלעים — פוחתו, ונכנס ומורקו ושוטפו במקום קדוש.§ **גמ'** מתקיף לה רבינא: קורעו? "בגד" אמר רחמנא, יג] ולאו בגד הוא! *דמשייר ביה כדי מעפורת. איני? והאמר *רב הונא: ל"ש אלא שלא שייר בה כדי מעפורת, אבל שייר בה כדי מעפורת — חבור הוי! מדרבנן

רש"י

ברים וכסתות דרכין נינהו. דאין עושין אותן אלא מעור רך, שיהא נוח לישכב עליו. כסכוס. משפשף לזו על יד] זה, כדרך המכבס בגדים, אוחז הבגד בשתי ידיו ומשפשף. לא שמיה כיבוס. הילכך "נותן עליו מים עד שתכלה" שרי בעור, ואפילו רך. ולקמן פריך: אי הכי בגד נמי, כיבוס לא [הוי אלא] על ידי כסכוס. בגד נמי. יתן עליו מים, טו] ואמאי תנא מקנחה בסמרטוט? טז] זרע פשתן במים חייב. כדמפרש ואזיל. דמיקדח. לוחש במים, והויא לה זריעה. הכי גרסינן: אי הכי חיטי ושערי נמי הנך אית להו רירא אי הכי שלחים נמי התם קעביד לישה. הנך אית להו רירא. זרע פשתן במים נפקא רירה מינייהו, ומדבקי אהדדי. אי הכי שלחים נמי. אי משום דמדבקי ברירייהו יז] מחייבין להו — בשלחים נמי, עורות שאין עבודין, וניתנין במים — רירה קנפקא מינייהו! ומשני: התם, גבי זרע פשתן, כי מדבקת ברירה דנפקי מינייהו — הוי תולדות לישה. אבל שלחים לא שייכא בדיבוקא דידהו ענין לישה. אמר ליה רב פפא. לאחר שיצא לו המתורגמן. הדר אוקי. באותה שעה חזר ואמר למתורגמן: עמוד והשמע לרבים שאני חוזר בי ממה שדרשתי. וכלי חרס. בתר כיבוס כתיב. והאיכא. בהא חומר בחטאת, שהרי יש בהן יח] דמן נכנס לפנים, מה שאין בשאר קדשים! ומשני: בחטאות החיצונות קאמרינן. ופרכינן: בחטאות החיצונות נמי איכא שאם נכנס דמה לפנים פסולה. כדכתיב (ויקרא ו): "וכל חטאת אשר יובא" וגו'. ומשני: כרבי עקיבא. סבירא ליה לחטאת דידן. דאמר כל דמים כו'. ב"כל הזבחים שנתערבו" (לעיל דף פא:). והאיכא שכן טעונה ארבע מתנות. מפוסקות ושאר קדשים *שתי מתנות שהן ארבע, ואין בהן אלא פיסוק שתי מתנות! כר' ישמעאל. דאמר ב"איזהו מקומן" (לעיל דף נג:): כל הדמים טעונין פיסוק ארבע מתנות לד' קרנות. ופרכינן: לר' ישמעאל יט] איכא חומר בחטאת, שהוא טעון ארבע קרנות! ולטעמיך טובא איכא. שהרי חטאת טעונה קרן, ושאר דמים ניתנין למטה מן החוט. כ] ואיכא שטעונה אצבע, ושאר דמים נזרקין מן הכלי מרחוק למזבח. וטעונה חודה של קרן, מה שאין כן בשאר דמים. **מתני'** בגד. שניתז עליו דם חטאת, ויצא חוץ לקלעים. נכנס. לעזרה, ומכבסו במקום קדוש. נטמא חוץ לקלעים. לאחר שיצא, ואי אפשר להכניס טומאה לעזרה. קורעו. וטהור כא] *מטומאה, ומותר להכניסו, ונכנס ומכבסו במקום קדוש. נוקבו. לטהרו מטומאתו. פוחתו. דכלי מתכות אינו טהור בנקב כל דהו, אלא בנקב גדול. **גמ'** כב] בגד אמר רחמנא. שיהא שם בגד עליו בשעת כיבוסו. דמשייר ביה. שלא יגדיל את הקרע על פני כולו, לחלוק את הבגד לשנים, אלא משייר בו כדי רוחב סודר. דמטומאתו טהור, הואיל ונקרע רובו. וכיון ששייר בו כדי מעפורת — ראוי לחברו, ושמו עליו, ו"בגד" קרינן ביה. והאמר רב הונא. בפרק "העור והרוטב" (חולין דף קכג:): לא שנו דטלית טמאה שהתחיל בה כג] לקורעו, כיון שנקרע רובה — טהורה, אלא שלא שייר באותה מיעוט כדי מעפורת. אבל שייר בה כדי מעפורת חיבור הוי. ועדיין הוא בטומאתו. מדרבנן

תוספות

ברשות הרבים, ולא משום שרייתן זהו כיבוסן, דדרך טינוף הוא. ומהאי טעמא נמי שרי לקנח ידיו במפה בשבת. **אי** הכי שלחים נמי. ה"ר חיים גרים: *שחלים כד]. **אלא** מתרי תלת חומרי נקט. תימה: מ"מ קשה "זה חומר", דמשמע: זה חומר ותו לא. כדדייקינן בפ' "הזהב" (ב"מ דף נז:) [גבי] אלו דברים שאין להם אונאה: בשלמא הדיוט — "זה חומר" ותו לא, אלא הקדש — "זה חומר" ותו לא? ומיהו: בלאו הכי קשה התם, מאי קאמר: בשלמא הדיוט זה חומר ותו לא? אכתי איכא כה] (בעי) תשלומי כפל דליתיה בהדיוט וליתיה בהקדש, ושומר חנם שנשבע להדיוט ואין נשבע להקדש! ואית דלא כו] גרס התם "ותו לא". והכי פירושה: בשלמא בהדיוט — שייך למיתני "זה חומר", לפי שמועטות חומרות של הדיוט משל הקדש, וכשמוצא כז] [חומרה] שייך למיתני "זה חומר" עליה. אבל חומרי דהקדש משל הדיוט נפישן, ואינו שום חידוש למיתני עלה "זה חומר"! ולפירוש זה ניחא הכא. וכן במסכת ערכין בפרק "האומר משקלי עלי" (דף יט:) דקתני: זה חומר בנדרים מבערכין, ובגמ' חשיב טפי מברייתא. ולא גרסינן "ותו לא" — יש לפרש: משום דחומרא כח] באונאה שכיחא, אבל חומרא דחיוב ד' וה' וכפל ושבועת שומר חנם ותשלומי שומר שכר — לא שכיח כט] האי חומרא בהדיוט. אלא הקדש, "זה חומר" ותו לא? אכתי איכא טובא דשכיחי! ולפירוש זה לא מיתרצא הך דשמעתין והיא דערכין*. **לא** שנו אלא שלא שייר בה כדי מעפורת אבל שייר בה כדי מעפורת חיבור. מילתיה דר"ה איתמר ב"העור והרוטב" (חולין דף קכג:) אההיא דטלית שהתחיל בה לקורעה, כיון שנקרע בה רובה — שוב אינו חיבור, וטהורה. ומשמע דטהורה לגמרי. ותימה: אמאי אינה טמאה מגע מדרס? כדאמר בפ' "בהמה המקשה" (שם דף עג:): שלשה על שלשה שנחלק — טהורה מן המדרס, אבל טמא מגע מדרס, דברי רבי מאיר. ומסיק התם: בשלש על שלש הבאות מבגד גדול — לכולי עלמא בשעת פרישתן מאהיהן מקבלות טומאה מאהיהן. ואפי' מיירי הך דטלית בשלא נטמאה מדרס, אלא מגע טומאה בעלמא — מ"מ כל כמה דאשתייר בה שלש על שלש, שהוא שיעור טומאת מגע — לא פקעה מינה טומאת מגע! ואי לאו הך דשמעתין הוה מצינן למימר דטהורה דקתני — מן המדרס קאמר. והא דלא קתני ל] "אבל טמא מגע מדרס" כדקתני ב"בהמה המקשה" — משום דלא נחת להשמיענו חידוש של לא] *טהרה, אלא קמ"ל אע"ג לב] דטלית גדולה (הרבה יותר) עדיין יותר מג' על ג' — אפ"ה טהורה מן המדרס, הואיל ולא חזיא למלאכתו ראשונה *)[להתעטף]. אבל קשה מהך שמעתא: דאי לא פקעה מינה טומאת מגע — היאך מכניסו? הא אכתי טמא הוא! מ"מ

*) כ"ה בס"י

עין משפט נר מצוה

לג א ב מיי' פכ"ב מהל' שבת הל' יח סמג לאוין סה טוש"ע א"ח סי' שב סעיף ט: [בב] [מיי' פ"ח מהלכות שבת הל' טו טוש"ע א"ח סי' שמ סעיף יב וסי' שכ סעיף יח:]

לד ג מיי' פ"ח מהל' מעשה הקרבנות הלכה יט:

לה ד ה מיי' שם הל' כא:

לו ו מיי' שם הל' יט:

ר"ל ירק כתבי דלפירש"י לא מתיישב יפה דלא שייך בשור כיולא. רש"ק

נ"ק מ"ז

ס"א זרק

נ"ק מ"ז

[ועי' תוס' ערכין כ. ד"ה ת"ר חומר]

[לעיל י: יבמות מח: וש"נ]

נ"ל של טומאה אלא קמ"ל דאע"ג דעדיין הטלית גדולה הרבה יותר מג'. ועיין בר"ש בפ"ח דכלים מ"ח

מסורת הש"ס

נ"ל בכסכוסי וכן איתא בשאלתות פרשת מצורע סי' פ"ח

[נ"ל זרע פשתן וכ"ה בשאלתות שם]

[שבת קמ. וש"נ]

[בשאלתות איתא בכסכוסי]

נ"ל שני בפתי מתנות נ"ק

[לעיל י: נג.]

נ"ל ותלתא נ"ק

נ"ל מטומאתו נ"ק

[חולין קכג: ע"ש]

גליון הש"ס

גמ' האיכא חודה. עיין לעיל דף לב ע"ב תוס' ד"ה וקרן:

שיטה מקובצת

א] היתה על של עור: ב] אי בעית אימא ברכין וכדברי הכל אי בעית אימא בקשין: ג] ואזדא רבא: ד] זרק זרע פשתן: ה] סודר שרייתו זהו כיבוסו אלא תיבת עביד כיבוס ל"ש ונמחק: ו] קדוש למדנו לכיבוס במקום קדוש שבירת: ז] האיכא דנכנס: ח] החיצונות קאמרינן חיצונית נמי שאם: ט] פסולים שכן: י] הקול ודשבועת ביטוי שכן: יא] מתנות האיכא על וכו' קרן בדם נמחק: יב] קורעו ונכנס: יג] רחמנא ולא שירי בגד דמשייר ביה תיבות ולאו הוא נמחק: יד] צדו של זה: טו] מים ובלא כיסכוס ואמאי: טז] זרק זרע: יז] מחייבת להו בשלחים נמי היינו עורות: יח] בהן דדמן נכנס לפנים מה שאין כן בשאר קדשים: יט] איכא נמי חומר: כ] החוט והא איכא שטעונה: כא] וטהור מטומאתו: כב] מה"ד קורעו. בתמיהה הס"ד ומה"ד בגד: כג] בה לקורעה כיון: כד] שחלים. פי' והן מין זרעים דאית בהו רירא ולפי' רש"י ז"ל קשה ודקארי לה מאי קארי לה מה ענין שלחים אצל זרעים. מהר"פ ז"ל: כה] איכא כגון תשלומי תיבת בעי נמחק: כו] דלא גרסי התם: כז] וכשמוצא חומרא: כח] דחומרא דאונאה: כט] לא שכיח ולהכי פריך בשלמא הדיוט זה חומר ותו לא דליכא דשכיח אלא כו': ל] דלא קתני אחר כן טמא תיבת אבל ל"ש: לא] של טומאה תיבת טהרה נמחק: לב] דטלית גדולה הרבה עדיין יותר מג':

מִדְּרַבָּנָן א] הוּא.§ "כְּלִי חֶרֶס שֶׁיֵּצֵא" כו'.§ ב] "כְּלִי" אָמַר רַחֲמָנָא, וְלָא כְּלִי הוּא! אשֶׁנִּיקַּב בְּשׁוֹרֶשׁ קָטָן.§ "כְּלִי נְחֹשֶׁת ג] [כו'] פּוֹחֲתוֹ" [וכו'].§ *וְהָא לָאו כְּלִי הוּא! בדְּרָצִיף* ד] מְרְצִיף (הוּא). אָמַר רֵישׁ לָקִישׁ: גמְעִיל שֶׁנִּיטְמָא — מַכְנִיסוֹ בְּפָחוֹת (א) מִשָּׁלֹשׁ עַל שָׁלֹשׁ וּמְכַבְּסוֹ, מִשּׁוּם שֶׁנֶּאֱ': °"לֹא יִקָּרֵעַ". מוֹתִיב רַב אַדָּא בַּר אַהֲבָה: ה] *דהֶעָבִין וְהָרַכִּים אֵין בָּהֶן מִשּׁוּם שָׁלֹשׁ עַל שָׁלֹשׁ! אַגַּב ו] אֲבִיהֶן חֲשִׁיבִי. וְהָא בָּעֵי שִׁבְעָה סַמְמָנִין; דְּא"ר נַחְמָן אָמַר רַבָּה בַּר אֲבוּהּ: הדַּם חַטָּאת ומַרְאוֹת נְגָעִים צְרִיכִין שִׁבְעָה סַמְמָנִין; וְתַנְיָא: *אֶלָּא ישֶׁאֵין מַכְנִיסִין מֵי רַגְלַיִם לַמִּקְדָּשׁ! וְכִי

שמות כח

מִדְּרַבָּנָן. גְּזֵירָה דִּילְמָא לָא אָתְיָא לְמִיקְרַע רוּבָּהּ. אֲבָל מִדְּאוֹרַיְיתָא טְהוֹרָה, וּמוּתָּר לְהַכְנִיסָהּ מִשּׁוּם מִצְוַת כִּיבּוּס. נִרְאֶה ז] בְּעֵינַי שֶׁחָסֵר מִן הַסְּפָרִים, דְּגַבֵּי כְּלִי חֶרֶס לָא שַׁיָּיךְ לְשַׁנּוּיֵי "דִּמְרָצֵף לֵיהּ מִרְצָף", וְהַאי שִׁינּוּיָא גַּבֵּי כְּלִי נְחֹשֶׁת הוּא. וְהָכִי פָּרֵיךְ: פּוֹחֲתוֹ כְּלִי אָמַר רַחֲמָנָא וְהַאי לָאו כְּלִי הוּא בִּשְׁעַת מְרִיקָה וּשְׁטִיפָה. וּמְשַׁנֵּי: תורה אור דְּרָצִיף לֵיהּ מִרְצָף. אַחַר ח] שֶׁפּוֹחֲתוֹ מַכִּין עָלָיו בְּקוּרְנָס, וּמְחַבְּרוֹ, וְחָזַר שֵׁם כְּלִי עָלָיו. וְגַבֵּי כְּלִי חֶרֶס אִיכָּא לְמֵימַר דְּנִיקְבוֹ דְּמַתְנִיתִין *כְּמוֹצִיא מַשְׁקֶה לִיטָּהֵר, וַעֲדַיִין כְּלִי הוּא לְקַבֵּל זֵיתִים. בְּמַסֶּ' שַׁבָּת בְּפֶרֶק "הַמַּצְנִיעַ" (דף צה:). מְעִיל. שֶׁל בִּגְדֵי כְהוּנָּה, שֶׁנִּיתַּז עָלָיו דַּם חַטָּאת, וְיָצָא חוּץ לַקְּלָעִים וְנִטְמָא — מַכְנִיס מְקוֹם הַדָּם לִפְנִים. בְּפָחוֹת מִשָּׁלֹשׁ עַל שָׁלֹשׁ. שֶׁאֵינוֹ מַכְנִיס שִׁיעוּר בֶּגֶד טָמֵא לָעֲזָרָה, לְפִי שֶׁאִי אֶפְשָׁר לְקוֹרְעוֹ וּלְהַכְנִיסוֹ, מִשּׁוּם שֶׁנֶּאֱמַר: "לֹא יִקָּרֵעַ". הֶעָבִים. בֶּגֶד עָב. וְהָרַכִּין. = *פלטר"א, שֶׁאֵינוֹ אָרוּג. אֵין בָּהֶן מִשּׁוּם שָׁלֹשׁ עַל שָׁלֹשׁ. דְּלָאו לִלְבִישָׁה חֲזוּ, וְלָאו לְתַקֵּן בָּהֶן חָלוּק, אֶלָּא לֵישֵׁב עָלָיו. וְצָרִיךְ שְׁלֹשָׁה עַל שְׁלֹשָׁה. וּמְעִיל עָב הוּא, כִּדְקִי"ל בְּסֵדֶר יוֹמָא (דף עא:): חוּטָן כָּפוּל שְׁנֵים עָשָׂר, וְאַפִּי' שָׁלֹשׁ עַל שָׁלֹשׁ יַכְנִיס! אַגַּב אֲבוּהוֹן. כְּשֶׁהוּא מְחוּבָּר בַּבֶּגֶד, חָשׁוּב ג' עַל ג' דִּידֵיהּ. וְהָא בָּעֵי. דַּם חַטָּאת שִׁבְעָה סַמְמָנִים הַשְּׁנוּיִין בְּמַסֶּ' נִדָּה (דף סא:) לְעִנְיַן כְּתָמִים: רוֹק תָּפֵל, ט] וּמֵי רַגְלַיִם, וְנֶתֶר, וּבוֹרִית, וְאָהָל, וְקִמוֹנְיָא, וְאַשְׁלָג. וְהֵיכִי מְעַיְּילִינַן מֵי רַגְלַיִם לַעֲזָרָה? וְאַמַּתְנִי' קָפָרֵיךְ. וּמַרְאוֹת נְגָעִים. שֶׁהִזְקִיק הַכָּתוּב נִגְעֵי בְגָדִים לְכִיבּוּס, דִּכְתִיב: "וְכִבְּסוּ אֵת אֲשֶׁר בּוֹ הַנֶּגַע". וְתַנְיָא. בְּפִיטּוּם הַקְּטֹרֶת [כריתות ו.]: שֶׁאֵין מַכְנִיסִין מֵי רַגְלַיִם לַמִּקְדָּשׁ. הָכִי

[נ"ל כשום משקה נ"ק]
[נ"ל דרציף ליה מרציף]
כלים פכ"ח משנה ח
[כריתות ו.]

מ"מ י"ל דטלית ובגד דשמעתין שאני, שהם כלי ושם כלי עליהן, וכשנקרעו, כיון דאזיל שם כלי מינייהו — טהרו לגמרי. אבל ב"בהמה המקשה" (חולין דף עג:) מיירי בחתיכת בגד דעלמא, ואין שם כלי עליו, ולא טהר ממגע מדרס אע"פ שטהור מן המדרס. ובפ' "העור והרוטב" (שם דף קכג:) פי' בקונטרס: דההיא ד"אבל טמא מגע מדרס" — כשהיה בו ב' טומאות, מדרס החמורה, ומגע זב. ואהני החלוקה לבטל המדרס, דתו לא חזו ליה, ופקא ליה טומאת מגע דחזיא לשלש אצבעות. אבל ב"העור והרוטב" (שם) מיירי דליכא אלא חדא טומאה, או מגע זב בלא הכבדה, או מגע שרץ ונבלה. וחד שמה הוי, וכולה טומאה דשלשה על שלשה היא, וקריעה מהניא לבטולי שמה מינה, ותו לא פש עלה מידי. ואין זו שום סברא לחלק בין טומאה אחת לשתי טומאות, דכיון שנשאר בטלית שלש על שלש, שזהו שיעור טומאת מגע — היאך יהיה טהור? ובתחילת הסוגיא פי' שם בקונטרס: טלית שהתחיל בה לקורעה ולבטלה מתורת טלית, מאחר שאין ראוי למלאכה ראשונה ואין שמה עליה — מיטהרת. אע"פ שיש בשיריה שלש על שלש, ועדיין ראוין לקבל טומאה — י] טהרו מטומאתן ראשונה. דומיא דכלי חרס, דשבירתו מטהרתו, ושבריו מקבלין טומאה, כדאמר ב"אלו טריפות" (שם דף נד:): הן וקרקרותיהן. ואין יא] (זו) משם ראיה, דהתם מיירי כשייחד השברים אח"כ, אבל בלא ייחוד — לא, כדפרישית שם. *ונראה לפרש: דקריעה דבגד וטלית מיירי תרוייהו כשקורע קרעים הרבה ואין בכל אחד רוחב שלשה, ולהכי קאמר טהורה לגמרי. אע"ג שעדיין כל הקריעות מחוברין בסופן — לאו חיבור הוא, כיון שכל קרע *וקרע יב] שקרע עד רובה של טלית (בפחות משלשה על שלשה) הוי כאילו גמר כל אחד ואחד עד סופן. וכגון שלא שייר בטלית באותו מיעוט שלא נקרע כדי מעפורת, דאם שייר — הוי טמא מדרבנן, כדמסקינן הכא. וזהו תימה: מ"מ דלענין טומאה לא מיקרי בגד מן התורה, אע"ג דשייר בה כדי מעפורת, ולגבי* חטאת מקרי בגד? וכמו כן קשה בסמוך, גבי כלי חרס שניטמא יג] [כו' נוקבו כו'], [דפריך]: כלי אמר רחמנא, והאי לאו כלי הוא! ומשני: דנקיב ליה בכדי שורש קטן. והשתא א"כ לאו כלי הוא, שהרי מיטהר יד] מטומאתו! ונראה לפרש: כיון שמועיל לו ייחוד לאותו בגד ששייר בו כדי מעפורת, שלא הבדיל הקרעים על פני כולו, ולאותו כלי שניקב בשורש קטן, שאם היה מיחדו לזיתים או לרימון היה מקבל טומאה מכאן ולהבא — חשיב הוא כלי ובגד לענין דם חטאת, כיון דאין מחוסר מעשה אלא ייחוד בעלמא. והא דקאמר בסמוך גבי כלי נחשת: פוחתו, כלי אמר רחמנא והאי לאו כלי הוא! ומשני: דרציף ליה מרציף — אין לפרש כמו "רצפינהו מרציף" דפ"ק דשבת (דף טז:), *פי': טו] שיתקן הפחיתה, שמכה עליו בקורנוס ומחברו וחזר שם כלי עליו. דא"כ, בגד נמי לישני הכי: שחזר ותפרו לאחר שקרעו. אלא ע"כ הוא חשיב בגד חדש וכלי חדש, וכאילו אינו ראשון. ו"רציף ליה" — היינו שהופך צד פנים לצד חוץ וצד חוץ לצד פנים, ונעשה תוכו גבו וגבו תוכו, ומיטהר בכך מטומאתו. וקצת תימה: מה שייך טז] באותו שיעור דשורש קטן לענין טהרת כלי? שאותו שיעור הוא לענין הכשר זרעים בסוף "המצניע" (שבת דף צה:), ואם הכלי מיוחד לאוכלין — שיעורו בזיתים, אבל בשורש קטן — לא. ואם הוא מיוחד למשקין — שיעורו בכונס משקין! ובקונטרס פירש דשורש קטן איכא למ"ד שזהו שיעור נקיבתו ליטהר. ואי אפשר לומר כן, דהא פלוגתא דאמוראי הוא בסוף "המצניע" (שם דף צה:) דכדי שורש קטן וכדי מוציא רימון, ופי' שם בקונטרס דפליגי לענין הכשר זרעים. דלענין טומאה — משנה היא במסכת כלים (פ"ג) דעשוי לאוכלין — שיעורו כזיתים, ומשקין — בכונס משקה. ומיהו, גם לאותו פי' קשה: דמתני' היא במס' עוקצין (פ"ב מ"י) דלהכשיר זרעים בשורש קטן! ומפרש ר"ת: דלענין נמיד פתיל פליגי, ליחשב פתח בסתם כלים, אבל לענין טומאה לא פליגי. ויש לפרש בדוחק: דהאי כלי חרס עשוי לאוכלין ולמשקין, שהרי מבשלין בו חטאת, ויש בו מרק — ולכך שיעורו בשורש קטן, ואין עליו לא תורת כלי העשוי למשקין ולא תורת כלי העשוי לאוכלין. ולא דמי להא דגרסי' במס' כלים (פ"ג מ"א): העשוי לכך ולכך — מטילין אותו לחומרא יז] כזיתים. היינו בשעה שמניחים בו משקין יח] אין מניחין בו אוכלין, וכשמניחין בו אוכלין אין מניחין בו משקין, אלא שמניחין בו אוכלין בפני עצמן ומשקין בפני עצמן. אבל הכא — בקדירה שמבשלין בה בשר, העשוי להשתמש אוכלין ומשקין על ידי תערובת. והא דאין שיעורה ככונס משקה משום דאכתי ראוי לבשל בה, שיכול להניח בשר כנגד הנקב. יט] וגם המרק,* שהאור מעמיד המרק שלא יצא — לכך שיעורה בשורש קטן. והאי דלא קאמר בסוף "המצניע" (שבת דף צה:) גבי מדות בכלי חרס — משום דמדה זו של שורש קטן קחשיב כ] *(זה) לענין הכשר זרעים. ומיהו קשה: דבהדיא תנן במס' כלים (בפ"ג מ"ב): האילפס והקדירה שיעורן כזיתים! ואי הוה אמינא דשיעור זיתים כא] דבעינן מדרבנן — הוה ניחא, כדקאמר גבי בגד. אבל מדאורייתא, אם ניקב בשורש קטן — טהור.

מעיל שנטמא מכניסו בפחות משלש על שלש ומכבסו. בסוף "כירה" (שבת דף מז.) גבי בגד עניים לעניים, משמע מתוך פירוש הקונטרס בשלש על שלש ביד עשיר דלא מקבל טומאה כלל. והא דתנן (כלים פרק כז מ"ב): שלש על שלש לטמא מת — היינו דוקא בעניים, אבל בעשירים בעי שלשה על שלשה. וקשה לר"ת מתוך דמעיל, דפריך עלה רב אדא מההיא דעבין והרכין. והשתא למה לי לאקשויי מההיא? והא בגדי כהונה בגדי עשירים הם, דאין עניות במקום עשירות, ושיעורן בשלשה על שלשה! ועוד תניא בפ' "במה מדליקין" (שבת דף כו:): שלש על שלש מניין — ת"ל "והבגד". והתם לא מפליג בין עניים לעשירים לא בקרא ולא בשמעתא! ואומר ר"ת: דלענין טומאת מת ושרץ אין חילוק בין עניים לעשירים, אלא לענין מדרס איירי התם, דבעי שלשה על שלשה לעשירים. והיינו טעמא — דמדרס בייחוד תליא מילתא, ואין דרך עשיר לייחד למדרס פחות משלשה על שלשה, ואפילו ייחד בטלה דעתו. ועוד הביא ר"ת ראיה דבטומאת מדרס הוא דמפלגי בין עניים לעשירים, דבמס' כלים (פרק כז מ"ב) תנן דבגד מטמא משום שלשה על שלשה למדרס, משום שלש על שלש לטמא מת. ובעל כרחין בעשירים איירי, דאי בעניים — הא תנן בפ' (כח מ"ח): בגדי עניים, אע"פ שאין בהם שלשה על שלשה — טמאין מדרס. ויש משניות שכ' בהן: "אע"פ שאין בהן שלש על שלש", ודומה שהוא טעות סופר*. **מכניסו** פחות משלש. אפילו למאן דאמר בריש "כל הפסולין" (לעיל דף לב:) ביאה במקצת שמה ביאה — שאני בגד, הואיל ויכול לתותכו לא חשיב כאילו נכנס כולו. **והא** בעי שבעה סממנין. פי' בקונטרס: דאמתניתין פריך. וקשה: דלעיל הוה ליה לאקשויי! ונראה: דלריש לקיש דוקא פריך, דאיירי בבגדי כהונה בהדיא. אבל מתני' — איכא לאוקומה בבגדי הדיוט, שיכול להעביר ולכבס ע"י לפון. אבל מעיל דכהן גדול — אינו יכול לכבסו ע"י לפון, משום דאמרינן במסכת נדה (דף סב.) כב] דאפילו לבעא נמי מעבר. מיהו, אמילתא דרבה בר אבוה גופה, דקאמר: דם חטאת ומראות נגעים צריכין ז' סממנין — [נמי] הוה מצי לאקשויי: הא אין מכניסין מי רגלים למקדש!

עירה

לז א ב מיי' פ"ח מהל' מעשה הקרבנות הלכה כא:
לח ג מיי' שם הלכה כ:
לט ד מיי' פכ"ב מהל' כלים הלכה ב:
מ ה מיי' פ"ח מהל' מעשה הקרבנות הל"י:

[נ"ל כלי אמר רחמנא והא לאו כלי הוא כו' כך גירסת הערוך בערך רצוף וכך איתא ברש"י ותוס' דהכא]

מא ו מיי' פי"ח מהל' טומאת צרעת הל' ה:
מב ז מיי' פ"ח מהל' מעשה הקרבנות הלכה י:

נ"ל ועוד נ"ל לפרש נ"ק

ולא כמו שפירש"י דפי' שיתקן כו' נ"ק

וגם המרק עב והאור כו' נ"ק

הגהות הב"ח

(א) גמ' בפחות משלשה על שלשה כל"ל וכן בסמוך וכן ברש"י:

נ"ל וקרע נקרע עד רובה של טלית בפחות משלש על שלש הוי כו' נ"ק וכ"ה בתוס' חולין דף עג.

[נ"ל דם חטאת]

קחשיב שם לענין כו' נ"ק

[ומנס הר"ש מקיים הגי' ע"ש]

שיטה מקובצת

א] תיבת הוא נמחק: ב] כו'. נוקבו כלי אמר רחמנא ולאו כלי הוא. ס"א דרצף ליה מרצף: שניקב. ס"א במוציא משקה: ג] כלי נחשת שיצא פוחתו כלי אמר רחמנא והא. תיבות כו' פוחתו כו' ל"ש ונמחק: ד] דרציף ליה מרציף אמר תיבת הוא נמחק: ה] העבים והרכין: ו] אגב אבוהון: ז] נראה. (ס"א ה"ג נוקבו כלי אמר רחמנא והאי לאו כלי הוא הס"ד ומה"ד דנקיב ליה בשורש קטן ואיכא למ"ד במס' שבת שזהו שיעור נקיבתו לטהר ומיהו עדיין כלי הוי לקבל זיתים הס"ד ומה"ד פוחתו כלי אמר רחמנא כו' ומשני דרציף ליה מרצף הס"ד ומה"ד מעיל כו'): ח] שפיחתו מקיש עליו תיבת מכין נמחק: ט] תפל ומי גריסין ומי רגלים כו' ובורית וקמוניא כו' תיבת ואהל נמחק: י] טומאה טהורה תיבת טהרו נמחק: יא] ואין מזו שום ראיה: יב] וקרע נקרע עד רובה תיבת שקרע ל"ש ונמחק: יג] שנטמא דפריך נוקבו כלי אמר: יד] מיטהר בכך מטומאתו: טו] שתיקן: טז] אותו שיעור: יז] לחומרא בזיתים דהאיך בשעה תיבת היינו ל"ש: יח] אין. (ס"א א"נ שמניחין): יט] וגם המרק עב והאור מעמיד: כ] קא חשיב ליה לענין תיבת זה נמחק: כא] תיבת דבעינן נמחק: כב] נדה דצפון אפי' צבעא אות ד' נמחק:

תורה אור

וְכִי תֵּימָא, דְּמַבְלַע לְהוּ בַּהֲדֵי שִׁבְעָה סַמְמָנִין, וּמַעֲבַר לְהוּ לְכוּלְּהוּ כְּחַד – וְהָתְנַן: *אהֶעֱבִירָן שֶׁלֹּא כְּסִדְרָן, אוֹ שֶׁהֶעֱבִיר שִׁבְעָתָן כְּאֶחָד – לֹא עָשָׂה וְלֹא כְלוּם! וְכִי תֵּימָא, דְּמִיבְלַע לְהוּ בַּהֲדֵי חַד מִסַּמְמָנִין – וְהָא ב"צָרִיךְ לְכַסְכֵּס שָׁלֹשׁ פְּעָמִים בְּכָל אֶחָד וְאֶחָד" תְּנַן! אֶלָּא דְּמַבְלַע לְהוּ בְּרוֹק תָּפֵל. דְּאָמַר רֵישׁ לָקִישׁ: רוֹק תָּפֵל צָרִיךְ שֶׁיְּהֵא עִם כָּל אֶחָד וְאֶחָד.§ **מתני'** גאֶחָד שֶׁבִּישֵּׁל בּוֹ, וְאֶחָד שֶׁעֵירָה לְתוֹכָהּ רוֹתֵחַ, דאֶחָד קָדְשֵׁי א] הַקֳּדָשִׁים וְאֶחָד קָדָשִׁים קַלִּים טְעוּנִין מְרִיקָה וּשְׁטִיפָה. *ר"ש אוֹמֵר: קָדָשִׁים קַלִּים אֵין טְעוּנִין מְרִיקָה וּשְׁטִיפָה.§ **גמ'** ב] ת"ר: °"אֲשֶׁר תְּבוּשַּׁל בּוֹ" (ויקרא ו) – אֵין לִי אֶלָּא שֶׁבִּישֵּׁל בּוֹ, עֵירָה לְתוֹכוֹ רוֹתֵחַ מִנַּיִן? ת"ל: ג] "וַאֲשֶׁר תְּבוּשַּׁל בּוֹ יִשָּׁבֵר". בָּעֵי רָמִי בַּר חָמָא: התְּלָאוֹ בַּאֲוִיר תַּנּוּר, מַהוּ? אַבִּישּׁוּל וּבִילּוּעַ הוּא דְּקָפֵיד רַחֲמָנָא, אוֹ דִּילְמָא אַבִּישּׁוּל בְּלֹא בִילּוּעַ? אָמַר רָבָא, ת"ש: אֶחָד שֶׁבִּישֵּׁל בּוֹ וְאֶחָד שֶׁעֵירָה לְתוֹכוֹ רוֹתֵחַ. בִּלּוּעַ בְּלֹא בִישּׁוּל לָא קָמִיבָּעְיָא לָן, כִּי קָמִיבָּעְיָא לָן – בִּישּׁוּל בְּלֹא בִילּוּעַ, מַאי? ת"ש, *דְּאָמַר רַב נַחְמָן אָמַר רַבָּה בַּר אֲבוּהּ: ותַּנּוּר שֶׁל מִקְדָּשׁ, שֶׁל מַתֶּכֶת הָיָה. וְאִי ס"ד בִּישּׁוּל (א) בְּלֹא בִלּוּעַ ד] לָא קָפֵיד – נִיעֲבֵיד שֶׁל חֶרֶס! כֵּיוָן דְּאִיכָּא שְׁיָרֵי מְנָחוֹת דַּאֲפִיָּיתָן בַּתַּנּוּר, וְאִיכָּא בִּישּׁוּל ה] וּבִילּוּעַ – עָבְדִינַן שֶׁל מַתֶּכֶת. *הַהוּא תַּנּוּרָא דַּאֲטַחוּ ו] בָּהּ טִיחְיָא, אַסְרָהּ רַבָּה בַּר אֲהִילַאי לְמֵיכְלָהּ לְרִיפְתָּא לְעוֹלָם, וַאֲפִי' בְּמִילְחָא, דִּילְמָא אָתֵי לְמֵיכְלָהּ בְּכוּתְחָא. מֵיתִיבֵי: *זאֵין לָשִׁין אֶת הָעִיסָּה בְּחָלָב, וְאִם לָשׁ – כָּל הַפַּת כּוּלָּהּ אֲסוּרָה, מִפְּנֵי הֶרְגֵּל עֲבֵירָה. כַּיּוֹצֵא בּוֹ: חאֵין *טָשִׁין אֶת הַתַּנּוּר בְּאַלְיָה, וְאִם טָשׁ – כָּל הַפַּת כּוּלָּהּ אֲסוּרָה, עַד שֶׁיַּסִּיק אֶת הַתַּנּוּר. תְּיוּבְתָּא דְּרַבָּה בַּר אֲהִילַאי! תְּיוּבְתָּא. אֲמַר לֵיהּ רָבִינָא לְרַב אַשִׁי: וְכִי מֵאַחַר דְּאִיתּוֹתַב רַבָּה בַּר אֲהִילַאי, אַמַּאי *אָמַר רַב: קְדֵירוֹת בְּפֶסַח יִשָּׁבְרוּ? אֲמַר לֵיהּ: רַב מוֹקֵי לָהּ ז] הַהִיא בְּשֶׁל מַתֶּכֶת. וְאִי בָּעֵית אֵימָא: בְּתַנּוּר שֶׁל חֶרֶס; זֶה – הֶסֵּיקוֹ מִבִּפְנִים, וְזֶה – הֶסֵּיקוֹ מִבַּחוּץ. וְנַעֲבֵיד ח] הַסָּקָה מִבִּפְנִים! טחָיֵים עֲלַיְיהוּ דְּמִתַּבְרִי. הִילְכָּךְ, הַאי *כּוּבְיָא, הֶסֵּיקוֹ מִבַּחוּץ הוּא, וַאֲסִיר. אֶלָּא

הָכִי גָּרְסִי': וְכִי תֵּימָא דְּמִיבְלַע לְהוּ בַּהֲדֵי שִׁבְעָה סַמְמָנִין ט] וּמַעֲבַר לְהוּ לְכוּלְּהוּ כְּחַד. שֶׁלֹּא כְּסִדְרָן. כְּסֵדֶר שֶׁהֵן שְׁנוּיִין בַּמִּשְׁנָה זֶה אַחַר זֶה י] כְּסֵדֶר הַעֲבָרָתָן. צָרִיךְ לְכַסְכֵּס. צָרִיךְ לְשַׁפְשֵׁף הַכֶּתֶם שְׁלֹשָׁה פְּעָמִים בְּכָל אֶחָד, וְהָכִי אָמְרִינַן בְּנִדָּה. **מתני'** ר"ש אוֹמֵר קָדָשִׁים קַלִּים כו'. וּבַגְּמָ' מְפָרֵשׁ טַעְמָא. וְאִם תֹּאמַר: הֲרֵי הַבָּלוּעַ נַעֲשֶׂה נוֹתָר, וּפוֹלְטוֹ בְּהֶיתֵּר לְאַחַר זְמַן! מוֹדֵי רַבִּי שִׁמְעוֹן דְּבָעֵי הַגְעָלָה בְּרוֹתְחִין. וּמְתּוֹרַת מְרִיקָה וּשְׁטִיפָה הוּא דְּמַמְעִיט לֵיהּ, כִּדְמִתָּרְצִינַן בַּגְּמָ' גַּבֵּי תְּרוּמָה: לֹא נִצְרְכָה, לְכִדְאָמַר מָר: "בַּמַּיִם" וְלֹא בְּיַיִן, "בַּמַּיִם" וְלֹא בְּמָזוּג. הָא – אֲפִי' בְּיַיִן וַאֲפִי' בְּמָזוּג. **גמ'** ה"ג בְּתוֹרַת כֹּהֲנִים: עֵירָה לְתוֹכוֹ רוֹתֵחַ מִנַּיִן ת"ל (ב) אֲשֶׁר בּוֹ יִשָּׁבֵר. מִדְּסָמֵיךְ "יִשָּׁבֵר" אֵצֶל "בּוֹ", וְלָא כְּתַב "אִם בִּכְלִי חֶרֶס תְּבוּשַּׁל יִשָּׁבֵר" – לְמִידְרַשׁ: אִם נִבְלַע בּוֹ מ"מ, יִשָּׁבֵר. תְּלָאוֹ. לַשְּׁפוּד שֶׁל חַטָּאת לִצְלוֹתוֹ בַּאֲוִיר תַּנּוּר. יא] דְּנִתְבַּשֵּׁל בּוֹ, אֲבָל לֹא נִבְלַע בּוֹ כְּלוּם יב]. מַהוּ. מִי הָוֵי יג] צָרִיךְ תַּנּוּר שְׁבִירָה, אוֹ לָא? וְאֶחָד שֶׁעֵירָה לְתוֹכוֹ. אַלְמָא אַחֲדָא קָפֵיד, דְּהָא עֵירָה לְתוֹכוֹ – בָּלוּעַ אִיכָּא, בִּישּׁוּל לֵיכָּא. בָּלוּעַ בְּלֹא בִישּׁוּל לָא מִיבָּעְיָא לָן. דְּכֵיוָן דְּהָוֵי נוֹתָר, וְהַתּוֹרָה הֵעִידָה עַל כְּלִי חֶרֶס שֶׁאֵינוֹ יוֹצֵא מִידֵי יד] דּוֹפְיוֹ לְעוֹלָם, וּבָעֵי שְׁבִירָה. שֶׁל מַתֶּכֶת הָיָה. קס"ד: מִפְּנֵי שֶׁצּוֹלִין בּוֹ טו] שִׁפּוּדֵי חַטָּאת, שֶׁלֹּא יִטָּעֵן שְׁבִירָה. בִּישּׁוּל וּבָלוּעַ. טז] שֶׁמֶן הַמִּנְחָה. טַחוּ בֵּיהּ טַחְיָיה. מִין טִיגּוּן הוּא שֶׁעוֹשִׂין מִלֶּחֶם, וְטָשִׁין הַתַּנּוּר בְּאַלְיָה וְאוֹפִין אֶת הַלֶּחֶם אַחַר שֶׁטָּחוּהוּ. וּבְמַסֶּ' שַׁבָּת (דף קיט.) נַמִּי אָמְרִינַן: תְּלָתָא סָאוֵי טָחְיֵי. לְעוֹלָם. וַאֲפִילּוּ הֶסִּיקוּהוּ וְאָפוּ בּוֹ. דְּקָסָבַר: אֵינוֹ יוֹצֵא מִידֵי יז] דּוֹפְיוֹ. מִפְּנֵי הֶרְגֵּל עֲבֵירָה. שֶׁלֹּא יֹאכַל הַפַּת עִם הַבָּשָׂר. אַמַּאי אָמַר רַב כו'. הָא אִית לְהוּ תַּקַּנְתָּא בְּהֶיסֵּק! מוֹקִים לְהַהִיא. דְּקָתָנֵי: "עַד שֶׁיּוּסַּק הַתַּנּוּר", בְּשֶׁל מַתֶּכֶת. יח] כּוּבְיָא. רְעָפִים חֲלוּלִין כְּמִין שְׁפִיתַת קְדֵירָה. וּפְעָמִים שֶׁטָּחִין יט] אוֹתוֹ שֶׁמֶן, וְאוֹפִין בּוֹ לֶחֶם הַקָּרוּי "טִיחְיָא".

עירה לתוכו רותח מנין ת"ל אשר כ] תבושל בו ישבר. מכאן מדקדק ר"ת דעירוי ככלי ראשון, מדחשיב כמבושל. ונראה דאדרבה, קשה מכאן, דהא קרי ליה בסמוך "בלוע בלא בישול"! מיהו י"ל: דחשיב ליה בלוע בלא בישול – לפי שאינו מתבשל מחמת הכלי, דבכלי אחר נתבשל. ורבינו שמואל היה מדקדק דעירוי ככלי שני, מהא דתנן בפרק "כירה" (שבת דף מב:):* האילפס והקדירה שהעבירן מרותחין – לא יתן לתוכן תבלין. דמשמע, הא לערות מהם על התבלין – שרי. ועוד היה מדקדק מהא דקי"ל כשמואל דאמר תתאה גבר, דתניא כוותיה בפ' "כיצד צולין" (פסחים דף עו.). והיה מתיר מתוך כך לערות רותחין מכלי ראשון על התרנגולת כדי למולגה. ור"ת אומר: דאדרבה, דוק מסיפא: אבל נותן לתוך הקערה. הא לערות מאילפס על התבלין – אסור. ועוד: לדבריו קשה ההיא משנה למ"ד עילאה גבר. אלא איידי דתנא רישא: המיחם שפינהו לא יתן לתוכו *מים, אבל נותן לתוך הכוס – תנא סיפא נמי: האילפס והקדירה לא יתן לתוכן (מים) [תבלין], אבל נותן לתוך הקערה. ובירושלמי משמע דעירוי ככלי ראשון. דאמרינן עלה בגמ': מהו ליתן תבלין מלמטה ולערות עליהן מלמעלה? רבי יונה אומר: עירוי ככלי ראשון. חייליה דר' יונה מן הדא: "וכל כלי חרס אשר תבושל בו ישבר", אין לי אלא שבישל בו, עירה לתוכו רותח מניין – ת"ל: "ואשר תבושל בו ישבר", מ"מ. *(וכה אמר הכין) א"ר יוסי: כא] תמן כלי חרס בולע, תבלין אינו מבשל. כב] פירוש: כלי חרס בולע טפי משאר כלים. איתיב רבי יוסי בר' בון: והתני "אף *בכלי נחשת כן". אית לך למימר כלי נחשת בולע? פי': וכי בלע יותר משאר כלים? בתמיה. השתא מדמי התם כמו שבולע על ידי עירוי כמו כן מבשל ע"י עירוי, ש"מ כג] מיתניא כוותיה דרבי יונה, אלמא הילכתא כוותיה. ואע"ג דקי"ל כוותיה דשמואל דאמר תתאה גבר – מודה שמואל דמבשל כדי קליפה. דהא ברייתא דמסייע ליה קתני: חם לתוך צונן – מדיח. ופריך הש"ס: אדמיקר ליה בלע! פירוש: קודם שיצטנן חום שלמעלה, נבלע ממנו מקצת בתחתון! ומשני, אימא: חם לתוך צונן – קולף. ועוד מייתי ר"ת ראיה מהא דקאמר בפרק "כל שעה" (פסחים דף לז:): המעיסה, ב"ש פוטרין וב"ה מחייבין, החליטה, ב"ש מחייבין ובית הלל פוטרין. איזו היא המעיסה ואיזו היא החליטה? המעיסה – קמח על גבי מוגלשין. פירוש "מוגלשין" – מים רותחין. ופריך: מ"ש המעיסה ומאי שנא החליטה? ומשני: תברא, מי ששנה זו לא שנה זו. אלמא מאן דפטר מחלה בקמח על גבי מוגלשין, משום דלאו לחם הוא כיון שנילוש ברותחין – פטר נמי במוגלשין שספכן על גבי קמח, אע"פ שנשפכו לכלי שני. אלמא עירוי ככלי ראשון. מיהו קשה: היכי פטר? הא אינו מבשל אלא כדי קליפה, לשמואל דאמר תתאה גבר, דקי"ל כוותיה! וי"ל: דמיירי כגון דליכא אלא כדי חיוב חלה מצומצם או מעט יותר, דבתר קליפה אין נשאר כשיעור חלה. ועוד מביא ר"ת ראיה מהא דאמר בשילהי ע"ז (דף עד:): נעוה ארתחו. אלמא, עירוי ככלי ראשון. דאין יכול להכשירו אלא בעירוי. ועוד יש לדקדק דמיירי בעירוי, מדתניא התם: רבי יוסי אומר: הרוצה לטהרן מיד – מגעילן ברותחין, או חולטן במי זיתים. והחלטה כד] אינו אלא עירוי, כדמפרש בפסחים (דף לז:): מוגלשין ע"ג קמח. מיהו, אין ראיה משם לשאר דברים, דבכמה דברים מיקל ביין נסך שאין מיקל בשאר איסורין, ד"חולטן במי זיתים" – משמע אפילו צונן, כמו "חלטי לה בחלא" ד"כל הבשר" (חולין דף קיא.) גבי כבדא. וכן עירוי שלשה ימים מעת לעת, וניגוב והנחה מגת לגת – שכל אלו העניינים לא מהני בשאר איסורים. וטעמא – משום דיין נסך אין איסור רותח כלל, אלא שהחמירו בו להרתיחו. ואף ר"ת התיר לשפוך רותחין לתוך החבית שהיה בה יין נסך, ולהפכם מצד זה לצד זה בתוך החבית, אע"פ שכבר היו בכלי שני מיד כה] כששופכן בחבית, ולא נפלו על כל צידי החבית אלא מכלי שני שהופכן מצד זה לצד זה, ואפילו עירוי מכלי ראשון ליכא. ומ"מ עירוי הוא ככלי ראשון לענין שאר איסורין, כו] כמה שהוכחתי. ומה שכתב בסדר של פסח *המתחיל "אדיר דר מתוחים": הכנת קערות ומליחם, בכלי שני שימושיהם כשופכין, מסיר בהן כך שופכין רותחין עליהן. אומר ר"ת דליתיה, דכלי כליס שבעולם מהניא שפיכת רותחין

מג א ב מיי' פ"ט מהל' איסורי ביאה הל' לז:
מד ג מיי' פ"ח מהל' מעשה הקרבנות הלכה יח:
[וע"ש תוס' ד"ה אבל נותן]
מה ד מיי' שם הל' ה:
מו ה מיי' שם:
מז ו מיי' פי"ב מהל' מעשה הקרבנות הלכה כג:
מח ז מיי' פ"ט מהל' מאכלות אסורות הל' כב טוש"ע יו"ד סי' צז סעיף א:
מט ח מיי' שם טוש"ע שם סעיף ב:
נ ט טוש"ע א"ח סי' תנא סעיף א:

נ"ל נותן

נ"ל ודחי ר' יוסי תמן כלי חרס כו' ל"ק

[עי' ר"ה פ' ט פ"ז]

נדה סב. סנהדרין מט:

[לעיל צג. לקמן צו: לז:]

[לקמן צו.]

[פסחים ל.]

שם וש"נ

[עי' תוס' ב"ב קי. ד"ה נשוט]

פסחים שם

[גי' הערוך בוביא ובפסחים איתא בוביא ועי' פרישה ביו"ד סי' נז ס"ק ו]

[ועי' תוס' ע"ז עד: ד"ה דלכן]

שיטה מקובצת

א] קדשי קדשים אות ה' נמחק: ב] ת"ר. [עי' תשובות רשב"א ס' אלפים ע"ז וקע"]: ג] ת"ל אשר בו אות ו' ותיבת תבושל נמחק: ד] בלא בלוע מותר ניעביד נמי של חרס תיבות לא קפיד ל"ש ונמחק: ה] בישול ובלוע עבדינן: ו] דאטחו ביה טחייה: ז] לה להההיא: ח] ונעביד להו הסקה מבפנים חיים עליהו דלא מיתברו הלכך האי בוביא הסיקו: ט] סממנין. ול"נ א"נ מעביר. מהר"ם: י] כך סדר העברתן: יא] ונתבשל בו אות ד' נמחק: יב] כלום. פי' מה שנפל מן הבשר בגחלים שיש בתנור הוא נופל ואינו נבלע כלל בתנור: יג] הוי התנור טעון שבירה תיבת צריך ל"ש: יד] מידי דופנו לעולם בעי שבירה: טו] שפודי חטאות: טז] ובלוע משמן: יז] מידי דופנו הס"ד: יח] מה"ד בוביא רעפים: יט] אותם ואופין בו תיבת שמן נמחק: כ] תיבת תבושל נמחק: כא] תוך כלי תיבת תמן נמחק: כב] מתיבת פי' כו' עד תיבת איתיב ר' יוסי נמחק: כג] ש"מ מדתניא כוותיה: כד] והחלטה היינו עירוי תיבת אינו נמחק ותיבת אלא ל"ש: כה] מיד כששפכן בחבית: כו] איסורין כמו שהוכחתי ומה שכתוב בסדר:

הגהות הב"ח

(א) גמ' ואי ס"ד בישול ובילוע נעביד של חרס: (ב) רש"י ד"ה ת"ג וכו' ת"ל בו נ"ל ותיבת אשר נמחק:

אֶלָּא קְדֵירוֹת שֶׁל מִקְדָּשׁ אַמַּאי (*אָמַר רַחֲמָנָא) יִשָּׁבְרוּ? נַהַדְרִינְהוּ לְכִבְשׁוֹנוֹת! א"ר זֵירָא: לְפִי *שֶׁאֵין עוֹשִׂין אכִּבְשׁוֹנוֹת בִּירוּשָׁלַיִם. אָמַר א] אַבַּיֵי: וְכִי עוֹשִׂין אַשְׁפָּתוֹת בַּעֲזָרָה? אִישְׁתְּמִיטְתֵיהּ הָא דְּתָנֵי ב] *שְׁמַעְיָה בְּקַלְנְבוֹ: *שִׁבְרֵי כְּלֵי חֶרֶס נִבְלָעִין בִּמְקוֹמָן. אֶלָּא הָא *דְּאָמַר רַב נַחְמָן אָמַר רַבָּה בַּר אֲבוּהּ: תַּנּוּר שֶׁל מִקְדָּשׁ שֶׁל מַתֶּכֶת הֲוָה — נַעֲבֵיד דְּחֶרֶס, דְּהֶסֵּיקוֹ מִבִּפְנִים הוּא! דְּכֵיוָן דְּאִיכָּא שְׁתֵּי הַלֶּחֶם וְלֶחֶם הַפָּנִים, דַּאֲפִיָּיתָן בַּתַּנּוּר, וּקְדוּשָּׁתָן בַּתַּנּוּר — הֲוָה לֵיהּ כְּלִי שָׁרֵת, בוּכְלִי שָׁרֵת דְּחֶרֶס לָא עָבְדִינַן. וַאֲפִילּוּ

אֶלָּא קְדֵירוֹת שֶׁל מִקְדָּשׁ אַמַּאי יִשָּׁבְרוּ. הוֹאִיל וְאִית לְהוּ תַּקַּנְתָּא בְּלִיבּוּן. הָא אוֹקִימְנָא דְּטַעְמָא מִשּׁוּם בָּלוּעַ הִיא, וְלָא אַבִּישּׁוּל קָפֵיד קְרָא, דְּיֵימָא: גְּזֵירַת הַכָּתוּב הִיא! וְנִהִי דְּבַמִּשְׁכָּן כְּתִיב "יִשָּׁבֵר" — לְפִי שֶׁלֹּא הָיוּ ג] (לוֹ) קְבוּעִין לִהְיוֹת לָהֶם כִּבְשׁוֹנוֹת לְצָרֵף כְּלֵי חֶרֶס. אֲבָל בַּמִּקְדָּשׁ — נַהַדְרִינְהוּ לַכִּבְשׁוֹנוֹת שֶׁהַיּוֹצֵר צוֹרְפָן בָּהֶם, וְיִתְלַבְּנוּ! אֵין עוֹשִׂים כִּבְשׁוֹנוֹת בִּירוּשָׁלַיִם. מִשּׁוּם קוּטְרָא, כִּדְאָמְרִינַן בְּבָבָא קַמָּא (דף פב:). אַשְׁפָּתוֹת. מִשִּׁבְרֵי כְּלֵי חֶרֶס. בְּקַלְנְבוֹ. שֵׁם מָקוֹם שֶׁנִּקְרָא עַל שֵׁם עֲבוֹדָה זָרָה, כִּדְכְתִיב (ישעיה מו): "קֹרֵס נְבוֹ". וּקְדוּשָּׁתָן בַּתַּנּוּר. שֶׁאֵין נַעֲשִׂין בִּכְלֵי שָׁרֵת, לְפִי שֶׁאֵין טְעוּנִין שֶׁמֶן. כִּדְאָמְרִינַן בְּפֶרֶק "שְׁתֵּי הַלֶּחֶם" (מנחות נה:): לִישָׁתָן וַעֲרִיכָתָן בַּחוּץ, וַאֲפִיָּיתָן בִּפְנִים, דְּתַנּוּר מְקַדֵּשׁ לְהוּ. וַאֲפִילּוּ

רותחין, דעירוי ככלי ראשון. וקשה לרבינו שמואל: נהי דמהני עירוי רותחין מכלי ראשון לתוך קערות ושאר כלים שדרך לערות בהן, היאך יועיל לאותן קערות וכלים שהוכנסו כולן לתוך כלי ראשון ד] ומלואן איסורין מכל צד בכל עובי הכלי, לענין שיוכל לחזור ולהכניסן בתוך אילפס וקדירה מרותחין של היתר? כיון דקיימא לן כשמואל דאמר תתאה גבר, ואינו מבשל אלא כדי קליפה! ואם היינו מפרשים דעירוי ככלי ראשון לגמרי, ומבשל יותר מכדי קליפה, ומאי דאמר שמואל דאינו מבשל אלא בכדי קליפה — זה דוקא בשני דברים יבשים שנוגעין זה בזה. ואפילו בדבר לח — כגון נטף ה] מרוטבו על הסולת, שאותו רוטב אינו כמו עירוי, שהרי נפסקה. אבל עירוי, שאין כח הכלי ראשון נפסק — מבשל לגמרי, לפי זה יתיישב מה שאומר ר"ת דשופכין רותחין עליהן הוא הכשר גמור, אפילו לקערות ו] שנותנן בתוך הסיר והאילפס. ולא תקשי נמי מה שפירשתי לעיל דמוגלשין על גבי קמח היכי פטור מחלה, והלא אינו מבשל אלא כדי קליפה. דאיכא למימר: דמבשל לגמרי, כדפירשתי. מיהו ר"ת לא היה סובר כן, מדאיצטריך ליה למימר דעירוי אינו מבשל אלא כדי קליפה משום קושיא דתתאה גבר. וא"ת: הא דתנן בפ' "חבית" (שבת דף קמה:): כל שבא בחמין מלפני השבת — שורין אותו בחמין בשבת, וכל שלא בא בחמין מלפני השבת — מדיחין אותו בחמין [בשבת], חוץ ממליח הישן וקולייס האיספנין. ואי עירוי ככלי ראשון — אמאי מדיחין? וי"ל: התם בכלי שני איירי, ואפי' הכי, מדיחין — אין, שורין — לא, משום דמיחזי כמבשל. ולא דמי לתבלין דשרי בפרק "כירה" (שם מג:) ליתן לתוך הקערה או לתוך התמחוי — דעשויין למתק את הקדירה, ולא מיחזי כמבשל. אי נמי: לרבותא נקט "מדיחין", דאפי' הדחה אסור במליח ישן וקולייס האיספנין. *ואם טש כל הפת כולה אסורה. וא"ת: מאי שנא מהא דאמרינן בפ' "כל הבשר" (חולין קיא:): דגים שעלו בקערה — מותר לאוכלם בכותח, דנותן טעם בר נותן טעם מותר? ובשם רש"י פירש ה"ר יהודה חתנו: דדוקא עלו — שרו, ז] הא נתבשלו — אסור. ובא מעשה לפניו בבילים שנתבשלו בקדירה שבשלו בה חלב, ואסר לעשות ח] מולייתא על גבי בשר. ואין להביא ראיה לדבריו מקדירה שבישל בה בשר לא יבשל בה חלב, ואם בישל — בנותן טעם (לקמן ע"ב). דהתם לאו נותן טעם בר נותן טעם הוא, שהטעם שני באיסור. אבל כאן הטעם שני בהיתר, וקודם שיבא לידי איסור נתבטל הטעם בדגים, לפי שהוא שני. אבל יש לדקדק מגנון שחתכו בסכין של בשר, דאסור לאוכלו בכותח (חולין דף קיא:), דאגב חורפיה בלע טפי וחשיב כחד טעמא, ולא גרע נתבשל מגנון. מיהו, לפי לשון אחר שפירש שם בקונטרס, ט] היינו טעמא: שיש חילוק בין קערה לסכין, דסתם קערה מקנחין אותה משומן הקרוש עליה משום מיאוס, אבל סכין י] טעמא שהשומן קרוש עליו ואינו ניכר, יא] *כשחותך הוי כגנון טעם הבא מן הממש. ולפי זה אין ראיה מגנון שחתכו בסכין. והך דתנור שטשו באליה נמי מפרש ר"ת: דאי אפשר לו לתנור להתקנח יפה, ונדבק בו השמנונית, והוי בעין עד שיוסק. ומיהו, יש לדקדק דאפי' נתבשלו שרי, מהא דאמר לקמן (דף צז.): דכל יום ויום נעשה גיעול לחבירו, ומותר לבשל האידנא שלמים בקדירה שבישל בה שלמים אתמול, ולא אמרינן דקממעט באכילת שלמים דהאידנא — דטעם שני הוא, ונתבטל קודם שיבוא לידי איסור. *ואפי' יב] למ"ד דשאני התם שהוא טעם שלישי, שיש מים בקדירה שמבשלים בה שלמים — מטעם זה נמי יהו מותרין הבילים שנתבשלו בקדירה האולבת לעשות מהם מולייתא בבשר, שבתוך המים נתבשלו. ועוד: דגבי שפוד ואסכלא מייתי בסוף ע"ז (דף עו.) ההיא דכל יום ויום נעשה גיעול לחבירו. ומיהו, על כרחין אין זו ראיה, דלענין חטאת אין שייך לומר כן, דבסוף ע"ז (שם) קשרי לבשל חטאת והדר שלמים. והרי ממעט באכילתן, דמיתסרי לזרים לנשים ולעבדים, *ואין נאכלין אלא ליום ולילה. גם מיפסלי ביוצא כחטאת. ואין שייך כאן להתיר מכח נותן טעם בר נותן טעם כי אם היכא שיש שני נותני טעם של היתר. אבל האחד של איסור — לא, דהוי כמו קדירה שבישל בה בשר — לא יבשל בה חלב, תרומה — לא יבשל בה חולין. ועל כרחין יש לומר שם משום דמין במינו דאורייתא ברובא בטל, ובכלי המקדש ברגל אוקמיה אדאורייתא. ואע"ג דאסרי לקמן (דף צז.) רקיק שנגע ברקיק, וחתיכה בחתיכה — גבי כלים אקילו רבנן טפי. ותימה: אי נתבשלו נמי מותר, אמאי אמרו רבנן: מזמן אכילה של ראשון טעון מריקה ושטיפה לגבי שלמים דאתמול ושלמים דהאידנא, דשניהם היתר? דאין סברא לומר: גזירת הכתוב היא בדבר שמותר גמור בחולין, אפי' מדרבנן. ברו"ך.

אלא קדירות של מקדש אמאי ישברו. תימה: מאי קשיא ליה? הא טעמא דשבירה לאו משום בליעה הויא, אלא גזירת הכתוב, אי סבירא ליה דתלאו באויר תנור טעון שבירה, אע"ג דליכא אלא בישול בלא בלוע! ור"ת היה אומר: דכשהוסקו נעשו ככלים חדשים. תדע, דאמרינן בכולה התלמוד (פסחים ל: ע"ז לג:): התורה העידה על כלי חרס שאינו יוצא מידי דופיו לעולם. ואמאי? הרי יוצא מידי דופיו ע"י החזרת כבשן! אלא ודאי כשהוסקו נעשו ככלים חדשים, וחשיבי כלים אחרים, דפנים חדשות באו לכאן. יג] ואע"ג [דלגבי] טומאה כלי חרס טעון שבירה, ואמרינן (כלים פ"ה מ"ז): תנור חולקו לשלשה, כדכתיב "תנור וכירים יותץ", ולא אמרינן: אמאי יותץ? והלא כשמסיקו לאפות בו זו היא טהרתו, דחשיב ככלי אחר! וכן תנור שהסיקו בקליפי ערלה, דאמרינן (פסחים דף כו:): חדש יותץ, אמאי? לא דמי כלי חרס לתנור, דכיון דתנור תשמישו ע"י היסק — לא חשיב פנים חדשות. ושמא אף בתנור, אם היה מסיקו בפנים ובחוץ כעין תחילת עשייתו, כשהיוצר עושהו נותנו בכבשן — אפשר שזה היה מועיל. מיהו, קשה מהא דאמרי' בסוטה פרק "היה מביא" (דף טו:) גבי פיילי של חרס חדשה (וגבי כלי חרס של מצורע) אמר רבא: לא שנו אלא שלא נתאכמו, אבל נתאכמו — פסולין, מ"ט — דומיא דמים, מה מים שלא נשתנו — אף כלי שלא נשתנה. בעי רבא: נתאכמו והחזירן לכבשן ונתלבנו, מהו? מי אמרינן: כיון דאידחו — אידחו, או דלמא כיון דהדור — הדור? ולא פשיט מינה מידי. ומאי תיבעי ליה? הא אמרינן: פנים חדשות באו לכאן, וככלי יד] חרס [חדש] דמי. ושפיר הוי האי כלי דומיא דמים שלא נשתנו! ועוד קשה: הא אפי' בחולין קי"ל פסחים (דף ל:): התורה העידה על כלי חרס שאינו יוצא מידי דופיו לעולם. מנא לן? דמחטאת ליכא למילף, דהתם גזירת הכתוב, כדפירש, אם תמצא לומר דבישול בלא בלוע טו] טעון שבירה! ונראה לפרש: דמאחר שהתיר הכתוב כלי נחשת במריקה ושטיפה, ובכלי חרס לא התיר — ש"מ דטעם משום בליעה הוא, דזה יוצא מידי דופיו וזה אינו יוצא מידי דופיו. ובישול בלא בלוע טעון שבירה — בזה סברא לומר לפי שהחמיר בו הכתוב לחושבו כבלוע. ודוקא בהגעלה אינו יוצא מידי דופיו, אבל בהחזרת כבשונות — יוצא. וא"ת: למה הצריך הכתוב שבירה? דלא שייך למימר על הכתוב "דלמא חיים", ולא שאין עושין כבשונות בירושלים! ויש לומר: חידוש הוא שהתירו הכתוב בשבירה. דהוה אמינא דלא מהניא שבירה, כיון דעדיין טעם חטאת בחרס, דלריך שיהא הטעם בטל מן העולם כמו בכלי נחשת שעשו בו מריקה ושטיפה. אבל הא פשיטא דכ"ש החזרת כבשונות דמהניא טפי. טז] *ולא כספרים דגרסי הכא: קדירות של מקדש אמאי אמר רחמנא ישברו, ליהדרו לכבשונות! דמשמע דפריך אקרא, מדקאמר: "אמאי אמר רחמנא".

הכי גרסינן: כיון דאיכא שתי הלחם ולחם הפנים דאפייתן בתנור וקדושתן בתנור. תימה: דשבק מנחת מאפה דכתיב בה תנור בהדיא (ויקרא ב)! וכי תימא משום דר"ש לא בעי הקדש בתנור, כדדריש בסוף "כל המנחות באות מצה" (מנחות סג.) מדכתיב "תנור" "תנור" ב' פעמים, אלא שיהא הקדישן לשם תנור — א"כ שתי הלחם ולחם הפנים נמי ר"ש לא מפליג, כדמוכח התם. ודייק לה מדתנן בפרק "שתי הלחם" (שם נה:), ר"ש אומר: לעולם הוי רגיל לומר שתי הלחם ולחם הפנים כשרות בעזרה וכשרות אבי פאגי! ויש לומר: דלא נקט מנחת מאפה משום דהיא גופה לא ידעינן לרבנן דר"ש אלא משתי הלחם *ולחם יז] הפנימית, שהן גמרא, כדאמר בריש "שתי הלחם" (שם נז.) דרבי יהודה ור"ש בגמרא פליגי. בישל

נא א מיי' פ"ז מהל' בית הבחירה הלכה יד:

נב ב מיי' פ"א מהל' בית הבחירה הלכה יח:

שיטה מקובצת

א] אמר ליה אביי: ב] דתני רב שמעיה: ג] תיבת לו נמחק: ד] ומלאין איסורין מכל: ה] נטף (פסחים דף עה): ו] לקערות שניתנו בתוך: ז] שרו אבל נתבשלו ותיבת הא ל"ש: ח] לעשות מהם מולייתא של בשר ותיבות על גבי נמחק: ט] בקונט' דהיינו: י] סכין פעמים שהשומן תיבת טעמא נמחק: יא] ניכר וכשחותך הוי בצנון טעם: יב] ואפילו נאמר דשאני תיבות למ"ד ל"ש ונמחק: יג] לכאן ולענין טומאה תיבות ואע"ג נמחק: יד] וככלי אחר דמי תיבת חרס נמחק ותיבת חדש ל"ש: טו] בלוע דטעון שבירה: טז] טפי דלספרים דגרסי הכא תיבות ולא כספרים ל"ש: יז] ולחם הפנים שהן:

נ"א ואין לומר דשאני התם כו' צ"ק

[לפרש"י ותוס' ליתא להנך שתי תיבות ועיין שאלתות פ' מטות סימן קלז]

*[חגיגה כו. ב"ק פב:]

נ"א רב שמעיה

יומא כח.

[לעיל לה:]

שייך לעיל

צ"ל וכשחותך הוי בצנון טעם כו' צ"ק

צ"ל ואין נאכלין אלא לזכרי כהונה גם מיפסלי כו'

נ"א ויש ספרים דגרסי הכי כו' צ"ק

[צ"ל ולחם הפנים]

עין משפט נר מצוה

נג א מיי' פ"ח מהל' מעה"ק הלכה יג:
נד ב מיי' פ"ט מהלכות מאכלות אסורות הל' יא טוש"ע י"ד סימן לג:
נה ג ד ה מיי' פט"ו מהלכות תרומות הלכה יט:
נו ו מיי' פ"ח מהלכות מעה"ק הלכה יב:
נז ז מיי' שם הלכה יד:
נח ח מיי' שם הל' יב:

תוספות

בישל במקצת כלי טעון מריקה ושטיפה כל הכלי או אינו טעון. תימה: מאי קמבעיא ליה, ומאי ס"ד דרב יצחק? אי כשמקצת כלי על האש שמבשל בו [חס], ושאר הכלי צונן קמבעיא ליה – אם כן מאי קאמר בישול מפעפע? הא לא מפעפע בכוליה כלי! ואי בשכל הכלי חם – פשיטא דמפעפע בכוליה, ובעי מריקה ושטיפה. ואי קמבעיא ליה אי מפעפע בכוליה כלי או לא – אם כן בשאר איסורים נמי תיבעי ליה.

חומר במריקה ושטיפה כו'. תימה: אמאי לא קאמר שהמריקה ושטיפה היא לאחר זריקה, מה שאין כן בהזאה! וי"ל: דלא חשיב חומרא אלא מה שלפני זריקה קודם כפרה, שתלוי בעבודת הדם.

מדאיצטריך אותה למעוטי תרומה כו'. דמ"קדש קדשים" הוה ממעטינא קדשים קלים וכל שכן תרומה, *הלכך דרשינן "אותה" למעוטי תרומה דוקא מ] ודאי, דאין מיעוט אחר מיעוט אלא לרבות.

לא צריכא מא] מדאמר מר מריקה ושטיפה בצונן. אחר הגעלה, הא אפי' בחמין. פירוש: תרומה סגי בהגעלה, ולא בעיא מריקה ושטיפה בצונן. ופריך: הניחא למאן דאמר מריקה ושטיפה בצונן. פירוש: אחר הגעלה. אלא למ"ד מריקה בחמין ושטיפה בצונן, דמריקה היינו הגעלה, מאי איכא למימר? ומשני: שטיפה יתירתא, דצריך לעשות בקדשים שטיפה יתירתא אחר הגעלה, משא"כ בתרומה. מב] ויש ללמוד מכאן דכלים *האסורין, כשמגעילן – אין צריך לשוטפן בצונן אחרי כן, אף על פי שנוהגין עתה לעשות כן*.

נ"ל הלכך כלדרשינן אותה למעוטי תרומה ע"כ דוקא תרומה ולא קדשים קלים דאין מיעוט כו' נ"ק

נ"א הבלועין

[וע"ע בתוס' ע"ז עו. ד"ה מכאן]

גמרא

וַאֲפִי' *ר' יוֹסֵי בְּרַבִּי יְהוּדָה לָא קָאָמַר אֶלָּא דְּעֵץ, אֲבָל דְּחֶרֶס — לָא. רַב יִצְחָק א] בַּר יְהוּדָה הֲוָה רָגִיל קַמֵּיהּ דְּרָמִי בַּר חָמָא, שַׁבְקֵיהּ וְאָזֵיל ב] לְרַב שֵׁשֶׁת. יוֹמָא חַד פְּגַע בֵּיהּ, אֲמַר לֵיהּ: "אַלְקַפְטָא נַקְטָן — ג] רֵיחָא אָתֵי לָהּ לְיַד"? מִשּׁוּם דַּאֲזַלְתְּ לָךְ ד] לְקַמֵּיהּ דְּרַב שֵׁשֶׁת הֲוֵית לָךְ כִּי רַב שֵׁשֶׁת? א"ל: לָאו מש"ה. מָר, כִּי בָּעֵינָא מִילְּתָא — ה] פָּשֵׁיט לִי מִסְּבָרָא, כִּי מַשְׁכַּחְנָא מַתְנִיתָא — פִּרְכָא ו] לָהּ. רַב שֵׁשֶׁת, כִּי בָּעֵינָא מִילְּתָא מִינֵּיהּ — פָּשֵׁיט לִי מִמַּתְנִיתָא, דְּכִי נַמִּי מַשְׁכַּחְתְּ מַתְנִיתָא וּפִרְכָא — מַתְנִיתָא וּמַתְנִיתָא הִיא. אֲמַר לֵיהּ: בְּעֵי ז] מִינִּי מִילְּתָא, דְּאִיפְשִׁיט לָךְ כִּי מַתְנִיתָא. בְּעָא מִינֵּיהּ: בִּישֵּׁל בְּמִקְצָת ח] כְּלִי, טָעוּן מְרִיקָה וּשְׁטִיפָה ט] אוֹ אֵין טָעוּן? א"ל: אֵינוֹ טָעוּן, מִידֵי דַּהֲוָה אַהֲזָאָה. וְהָא לָא י] תְּנָא הָכִי! א"ל: מִסְתַּבְּרָא, כְּבֶגֶד: מַה בֶּגֶד *אֵינוֹ טָעוּן כִּיבּוּס אֶלָּא יא] מְקוֹם הַדָּם — אַף כְּלִי אֵינוֹ טָעוּן מְרִיקָה וּשְׁטִיפָה אֶלָּא בִּמְקוֹם בִּישּׁוּל. א"ל: מִי דָּמֵי? דָּם — לָא מְפַעְפֵּעַ, בִּישּׁוּל מְפַעְפֵּעַ! וְעוֹד, תַּנְיָא: חוֹמֶר בְּהַזָּאָה מִמְּרִיקָה וּשְׁטִיפָה, וְחוֹמֶר בִּמְרִיקָה וּשְׁטִיפָה מִבְּהַזָּאָה; חוֹמֶר בְּהַזָּאָה — שֶׁהַזָּאָה יֶשְׁנָהּ בַּחַטָּאוֹת הַחִיצוֹנוֹת וּבַחַטָּאוֹת הַפְּנִימִיּוֹת, וְיֶשְׁנָהּ לִפְנֵי זְרִיקָה, מַה שֶּׁאֵין כֵּן בִּמְרִיקָה וּשְׁטִיפָה; חוֹמֶר בִּמְרִיקָה וּשְׁטִיפָה, שֶׁהַמְּרִיקָה וּשְׁטִיפָה נוֹהֶגֶת בֵּין בְּקָדְשֵׁי קָדָשִׁים בֵּין בְּקָדָשִׁים קַלִּים, אבִּישֵּׁל בְּמִקְצָת הַכְּלִי — טָעוּן מְרִיקָה וּשְׁטִיפָה כָּל הַכְּלִי, מַה שֶּׁאֵין כֵּן בְּהַזָּאָה! א"ל: *אִי תַּנְיָא תַּנְיָא. וְטַעְמָא מַאי? אָמַר קְרָא: °"וְאִם בִּכְלִי נְחֹשֶׁת בּוּשָּׁלָה" — וַאֲפִילּוּ בְּמִקְצָת כְּלִי.§ "אֶחָד קָדְשֵׁי (ויקרא ו) קָדָשִׁים" וכו'.§ ת"ר: "חַטָּאת" — אֵין לִי אֶלָּא חַטָּאת, כָּל יב] קָדָשִׁים מִנַּיִן? ת"ל °"קֹדֶשׁ קָדָשִׁים (שם) הִיא". יָכוֹל שֶׁאֲנִי מְרַבֶּה אֶת הַתְּרוּמָה? ת"ל: "אוֹתָהּ" — פְּרָט לִתְרוּמָה, דִּבְרֵי ר' יְהוּדָה. ר"ש אוֹמֵר: קָדְשֵׁי קָדָשִׁים טְעוּנִין מְרִיקָה וּשְׁטִיפָה, קָדָשִׁים קַלִּים אֵינָן טְעוּנִין מְרִיקָה וּשְׁטִיפָה. יג] דִּכְתִיב: "קֹדֶשׁ קָדָשִׁים", קָדְשֵׁי קָדָשִׁים — אִין, קָדָשִׁים קַלִּים — לָא. יד] מ"ט דְּרַבִּי יְהוּדָה? מִדְּאִיצְטְרִיךְ "אוֹתָהּ" לְמַעוּטֵי תְּרוּמָה — מִכְּלָל דְּקָדָשִׁים קַלִּים טְעוּנִין מְרִיקָה וּשְׁטִיפָה. ור"ש אָמַר לָךְ: "אוֹתָהּ" — טו] כִּדְאָמְרִינַן. וּתְרוּמָה לָא בָּעְיָא טז] שְׁטִיפָה וּמְרִיקָה? וְהַתַּנְיָא: *בקְדֵרָה שֶׁבִּישֵּׁל בָּהּ בָּשָׂר לֹא יְבַשֵּׁל בָּהּ חָלָב, וְאִם בִּישֵּׁל — בְּנוֹתֵן טַעַם; יז] גתְּרוּמָה — לֹא יְבַשֵּׁל בָּהּ חוּלִּין, וְאִם בִּישֵּׁל — בְּנוֹתֵן טַעַם! אָמַר אַבַּיֵי: לָא צְרִיכָא אֶלָּא יח] לִדְאָמַר מָר: בִּישֵּׁל בְּמִקְצָת כְּלִי — טָעוּן מְרִיקָה וּשְׁטִיפָה כָּל הַכְּלִי; דהָא תְּרוּמָה — לֹא צָרִיךְ אֶלָּא מְקוֹם בִּישּׁוּל. רָבָא אָמַר: הלָא צְרִיכָא אֶלָּא לִדְאָמַר מָר: "בַּמַּיִם" — וְלֹא בְּיַיִן, "בַּמַּיִם" — וְלֹא יט] בְּמָזוּג; הָא — אֲפִי' בְּיַיִן, וַאֲפִי' בְּמָזוּג. רַבָּה בַּר עוּלָּא אָמַר: לָא צְרִיכָא אֶלָּא כ] לִדְאָמַר מָר: מְרִיקָה וּשְׁטִיפָה בְּצוֹנֵן; הָא — אֲפִי' בְּחַמִּין. הָנִיחָא לְמ"ד: מְרִיקָה וּשְׁטִיפָה בְּצוֹנֵן, אֶלָּא לְמ"ד מְרִיקָה בְּחַמִּין וּשְׁטִיפָה בְּצוֹנֵן, מַאי אִיכָּא לְמֵימַר? שְׁטִיפָה יְתֵירְתָּא.§ **מתני'** רַבִּי טַרְפוֹן אוֹמֵר: כא] *בִּישֵּׁל מִתְּחִלַּת הָרֶגֶל — יְבַשֵּׁל בּוֹ כָּל הָרֶגֶל. וַחכ"א: *זעַד זְמַן אֲכִילָה מְרִיקָה וּשְׁטִיפָה. חמְרִיקָה — כִּמְרִיקַת הַכּוֹס, וּשְׁטִיפָה — כִּשְׁטִיפַת הַכּוֹס. מְרִיקָה* וּשְׁטִיפָה — בְּצוֹנֵן.

הַשַּׁפּוּד

נ"א כל

נ"א בחמין

רש"י

וַאֲפִי' לְרַבִּי יוֹסֵי כו'. בְּמַסֶּכֶת סוּכָּה בְּפֶרֶק "הֶחָלִיל" (דף נ:). אֲבָל דְּחֶרֶס לָא. כִּדְאָמְרִינַן הָתָם: מַאי מִיעֵט – מִיעֵט חֶרֶס. פְּגַע בֵּיהּ. רָמִי בַּר חָמָא בְּרַב יִצְחָק. אֲמַר לֵיהּ. רָמִי לְרַב יִצְחָק. כב] אַלְקַפְטִין נַקְטָן רֵיחַ אָתֵי לָהּ לְיַד מִשּׁוּם דַּאֲזַלְתְּ לָךְ קַמֵּיהּ דְּרַב שֵׁשֶׁת הֲוֵית לָךְ כִּי רַב שֵׁשֶׁת. מָשָׁל הוּא עַל גַּסֵּי תורה אור הָרוּחַ: כג] מִשְׁתַּדְּלִין לַעֲמוֹד בִּמְקוֹם גְּדוֹלִים, [וְאָמַר]: הַדּוּכוּס אֲחָזֵי בְּיָדִי, וְרֵיחַ הַמְּלוּכָה נִקְלַט לְתוֹךְ כד] יָדִי. "אַלְקַפְטָא" – דּוּכוּס, בְּמַסֶּכֶת שְׁבוּעוֹת (דף ו:). א"ל לָאו. לָא לְגַאֲוָה נִתְכַּוַּונְתִּי. כה] מַשְׁכַּחְנָא מַתְנִיתָא. דְּלָא אֲמַרָהּ הָכִי – פִּרְכָא כו] לָהּ לְמִילְּתֵיהּ דְּמָר. דִּשְׁמַעְתָּא דַּאֲמוֹרָא בִּמְקוֹם מַתְנִיתָא לֵיתָא. פָּשֵׁיט כז] מִמַּתְנִיתָא. *שֶׁמִּשְׁנָיוֹת סְדוּרוֹת בְּפִיו, כח] כִּדְאָמְרִינַן בְּעֵירוּבִין (דף סז.): רַב חִסְדָּא *מְרַחֲשַׁן שִׂיפְוָותֵיהּ מִמַּתְנִיתָ' דְּרַב שֵׁשֶׁת. *וְכִי נַמִּי מַשְׁכַּחְנָא כו'. דְּאִיפְשִׁיט לָךְ כִּי מַתְנִיתָא. מִסְּבָרָא אִיפְשׁוּט לָךְ, וְכִי תָּדוּק בְּמַתְנִיתָא – תַּשְׁכַּח כְּוָותַאי. מִידֵי דַּהֲוָה אַהֲזָאָה. דַּם חַטָּאת שֶׁנִּיתַּז עַל הַבֶּגֶד, דִּתְנַן בְּמַתְנִיתִין: אֵין טָעוּן כִּיבּוּס אֶלָּא מְקוֹם הַדָּם. וְהָא לָא תַּנְיָא הָכִי. כט] הָא לָא אַשְׁכַּחַן מַתְנִיתָא דְּקָאֵי כְּוָותָךְ, וְאַתְּ אֲמַרְתְּ דְּתִפְשׁוֹט כִּי מַתְנִי'! ל] [א"ל] מִסְתַּבְּרָא כִּי בֶּגֶד. דְּמַתְנִיתִין הִיא. מְפַעְפֵּעַ. מִתְפַּשֵּׁט בְּכָל הַכְּלִי. חוֹמֶר בְּהַזָּאָה (א) מִבִּמְרִיקָה כו'. בְּדַם חַטָּאת שֶׁנִּיתַּז עַל הַבֶּגֶד. מְרִיקָה וּשְׁטִיפָה אֵינָהּ בַּפְּנִימִיּוֹת וְאֵינָהּ לִפְנֵי זְרִיקָה. שֶׁאֵין הַכָּתוּב מְדַבֵּר אֶלָּא לא] בַּנֶּאֱכָלוֹת, דְּסָמֵיךְ לֵיהּ (ויקרא ו): "כָּל זָכָר בַּכֹּהֲנִים יֹאכַל אוֹתָהּ". הָכִי גָּרְסִי' בְּת"כ: כָּל הַקֳּדָשִׁים מִנַּיִן ת"ל קֹדֶשׁ קָדָשִׁים הִיא לב] וְסָמֵיךְ לֵיהּ: "כָּל זָכָר בַּכֹּהֲנִים יֹאכַל אוֹתָהּ". קֹדֶשׁ קָדָשִׁים הִיא. וּלְקַמָּן מְפָרֵשׁ דְּקֹדֶשׁ קָדָשִׁים לָאו דַּוְקָא, מִדְּאִיצְטְרִיךְ "אוֹתָהּ" לְמַעוּטֵי תְּרוּמָה. דְּאִי קֹדֶשׁ קָדָשִׁים דַּוְקָא – "אוֹתָהּ" לְמַעוּטֵי מַאי אֲתָא? לג] לָאו לְקָדָשִׁים קַלִּים אִיצְטְרִיךְ, וְכ"ש (ב) לִתְרוּמָה! אוֹתָהּ. "יֹאכַל אוֹתָהּ", בָּתַר מְרִיקָה וּשְׁטִיפָה כְּתִיב. אוֹתָהּ כִּדְאָמְרַן. "אוֹתָהּ" – כְּשֵׁרָה וְלֹא פְּסוּלָה, לד] דְּאַפְּקֵיהּ ר' שִׁמְעוֹן לְעֵיל (דף נג.) חַטָּאת שֶׁהָיְתָה לָהּ שְׁעַת הַכּוֹשֶׁר וְנִפְסְלָה. וְאִם בִּישֵּׁל בְּנ"ט. נֶאֱסָרִין הַחוּלִּין לְזָרִים. אַלְמָא: בָּעֵי הַגְעָלָה לִפְלוֹט אִיסּוּר הַנִּבְלָע בַּכְּלִי, שֶׁלֹּא יֶאֱסַר. אָמַר אַבַּיֵי. מוֹדִינַן דְּהַגְעָלָה בָּעֵי, וְלָא נִצְרְכָא הַאי דְּאִימְעִיט מִתּוֹרַת מְרִיקָה וּשְׁטִיפָה. לה] אֶלָּא מְקוֹם בִּישּׁוּל. הָא דְּאָמְרִינַן בְּקָדָשִׁים צָרִיךְ מְרִיקָה כָּל הַכְּלִי – גְּזֵירַת הַכָּתוּב הִיא בְּדַת מְרִיקָה וּשְׁטִיפָה. אֶלָּא לְכִדְאָמַר מָר. בְּתוֹרַת כֹּהֲנִים: "וּמוֹרַק וְשׁוּטַּף בַּמָּיִם" – בַּמַּיִם וְלֹא בְּיַיִן כו'. בְּמָזוּג. מַיִם וְיַיִן כְּאֶחָד, שְׁנֵי חֶלְקֵי מַיִם וְאֶחָד יַיִן. הָא. תְּרוּמָה, אֲפִי' בְּיַיִן וּמָזוּג. דְּלָא קָפְדִינַן אֶלָּא אַהַגְעָלַת אִיסּוּר הַנִּבְלָע בּוֹ לו]. הָכִי גָּרְסִינַן: לָא נִצְרְכָא אֶלָּא לְכִדְאָמַר מָר מְרִיקָה וּשְׁטִיפָה בְּצוֹנֵן הָא אֲפִילּוּ בְּחַמִּין הָנִיחָא לְמַאן דְּאָמַר מְרִיקָה וּשְׁטִיפָה בְּצוֹנֵן אֶלָּא לְמַאן דְּאָמַר מְרִיקָה בְּחַמִּין וּשְׁטִיפָה בְּצוֹנֵן מַאי אִיכָּא לְמֵימַר שְׁטִיפָה יְתֵירְתָּא. לָא נִצְרְכָא אֶלָּא לְכִדְאָמַר מָר. לְקַמָּן (דף צז.). מְרִיקָה וּשְׁטִיפָה בְּצוֹנֵן. בַּר מֵהַגְעָלַת חַמִּין. הָא דִּתְרוּמָה דְּאִימְעִיט מִתּוֹרַת מְרִיקָה וּשְׁטִיפָה – סַגִּי לָהּ בְּהַגְעָלַת חַמִּין לְחוּדַיְיהוּ. אֶלָּא לְמ"ד מְרִיקָה בְּחַמִּין. וְהִיא הַגְעָלָה שֶׁלָּהֶן, מֵהַשְׁתָּא מִמַּאי אִימְעִיט תְּרוּמָה? וּמְשַׁנֵּי: שְׁטִיפָה יְתֵירְתָּא. בְּצוֹנֵן אִיכָּא בְּקָדָשִׁים, בָּתַר מְרִיקָה, לז] דְּהוּא הַגְעָלַת חַמִּין. וּתְרוּמָה לָא בָּעֵי שְׁטִיפַת צוֹנֵן. **מתני'** יְבַשֵּׁל בּוֹ כָּל הָרֶגֶל. בְּלָא מְרִיקָה וּשְׁטִיפָה, וְלִבְסוֹף הָרֶגֶל יִמְרוֹק וְיִשְׁטוֹף. וְטַעְמָא מְפָרֵשׁ בַּגְּמָרָא. זְמַן אֲכִילָה כו'. לח] מְפָרֵשׁ בַּגְּמָרָא מַאי קָאָמַר. מְרִיקָה כִּמְרִיקַת הַכּוֹס. מִבִּפְנִים, כְּכוֹס שֶׁל בְּרָכָה, כִּדְאָמְרִינַן בִּבְרָכוֹת (דף נא.) שֶׁטָּעוּן הֲדָחָה לט] מִבִּפְנִים וּשְׁטִיפָה מִבַּחוּץ.

הָאַסְכַּלָּא

מסורת הש"ס

[סוכה נ: סוטה יז: מנחות כח:]

[נ"ל שהברייתות]

נ"ל מרחשן

נ"ל ואמר לי דתניא כי האי מלתא וכי נמי וכו' נ"ק

[לעיל נג:]

[שבת קטו: וש"נ]

תוספתא דתרומות פ"ח חולין נו. קיא.

[נ"ל אם בישל וכ"ה במשנה שבמשניות]

הגהות הב"ח

(א) רש"י ד"ה חומר בהזאה בדם חטאת וכו' הבגד מבמריקה כו': (ב) ד"ה קדש קדשים וכו' וכ"ש לתרומה נ"ב א"כ נ"ל אותה וק"ל:

שיטה מקובצת

א] רב יצחק בריה דרב יהודה הוה: ב] ואזיל קמיה דרב ששת: ג] נקטן ביד ריחא: ד] קמיה דרב: ה] מילתא מיניה פשיט: ו] פרכא ליה רב: ז] בעי מינאי: ח] כלי. גליון פי' שמקצת האחר הוא חוץ לאש: ט] ושטיפה כל הכלי או: י] לא תניא הכי: יא] אלא במקום הדם: יב] כל הקדשים מנין: יג] ושטיפה מ"ט דרבי יהודה כתיב קדש: יד] תיבות מ"ט דרבי יהודה נמחק: טו] אותה כדאמרן: טז] מריקה ושטיפה והתניא: יז] טעם בישל בה תרומה: יח] אלא לכדאמר מר מתיבת בישל עד תיבות במים אין כאן מקומו: יט] במזוג רבא אמר לא צריכא אלא לכדאמר מר בישל במקצת כלי טעון מריקה ושטיפה כל הכלי הא לא צריך רבה: כ] אלא לכדאמר: כא] אומר אם בישל בו מתחלת: כב] מה"ד אלקפתא נקטן ביד ריחא: כג] הרוח המשתדלין (ס"א להיות אצל גדולים): כד] ידו האלקפתא דוכוס: כה] מה"ד כי משכחנא: כו] פרכה ליה למילתיה: כז] פשיט לי ממתניתא: כח] בפיו ואמר לי ת"ש דתניא כי הא מילתא: כט] תיבת הא נמחק: ל] א"ל מסתברא: לא] אלא בנאכלים דסמיך: לב] היא דסמיך ליה: לג] אתא לא לקדשים: לד] פסולה ואפקיה רבי: לה] כל הדבור המתחיל אלא מקום כו' עד ושטיפה נמחק ואכ"מ: לו] בו הא לא צריך אלא מקום בישול והא דאמרינן בקדשים צריך מריקה ושטיפה כל הכלי גזירת הכתוב היא בדת מריקה ושטיפה: לז] מריקה דהיא הגעלת: לח] בגמרא מפרש מאי: לט] הדחה מבפנים ושטיפה: מ] דוקא ודמי לאין מיעוט: מא] צריכא כדאמר: מב] ויש ללמוד (עיין תוספות ע"ז דף עו):

דר"ט

*השפוד א והאסכלא מגעילן בחמין.§ **גמ'** מאי טעמא דר"ט? א] דאמר קרא: °"ופנית בבקר והלכת לאהלך" (דברים טז) – הכתוב עשאו לכולן בקר אחד. מתקיף לה רב אחדבוי בר אמי: וכי אין פיגול ברגל, ואין נותר ברגל?! וכי תימא: ה"נ – והתניא, ר' נתן אומר: לא אמר ר"ט אלא זו בלבד! אלא כדר"נ אמר רבה בר אבוה. *דאמר ר"נ אמר רבה בר אבוה: כל יום ויום נעשה גיעול לחבירו.§ "וחכ"א עד זמן אכילה" כו'.§ מאי קאמר? אמר ר"נ אמר רבה בר אבוה: ממתין לה ב] עד זמן אכילה, והדר עביד לה מריקה ושטיפה. מנהני מילי? א"ר יוחנן משום אבא יוסי בן אבא, כתיב: °"ומורק ושוטף" (ויקרא ו), וכתיב: °"כל זכר בכהנים יאכל" (שם), הא כיצד? ממתין לה עד זמן אכילה, והדר עביד לה מריקה ושטיפה.§ "מריקה כמריקת הכוס, שטיפה כשטיפת הכוס".§ ת"ר: מריקה ושטיפה בצונן, דברי רבי. וחכמים אומרים: ב מריקה בחמין, ושטיפה בצונן. מ"ט דרבנן? מידי דהוה אגיעולי גוים. ורבי אמר לך: הגעלה לא קאמינא, כי קאמינא – למריקה ושטיפה דבתר הגעלה. ורבנן: א"כ, לכתוב קרא או "מורק מורק" או "שוטף שוטף", מאי "ומורק ושוטף" – ג] ש"מ: מריקה בחמין, ושטיפה בצונן. ורבי: אי ד] כתיב "ומורק מורק" – ה"א: תרי זימני מורק, או תרי זימני שוטף – לכך כתיב "ומורק ושוטף", לומר לך: מריקה כמריקת הכוס, שטיפה כשטיפת הכוס.§ **מתני'** *ג בישל בו קדשים וחולין, או קדשי קדשים וקדשים קלים, אם יש בהן בנותן טעם – הרי הקלים נאכלין כחמורין ה] שבהן, ואינן טעונין מריקה ושטיפה, ד ואינן פוסלים במגע. ה רקיק שנגע ברקיק וחתיכה בחתיכה – לא כל ו] הרקיקין ולא כל החתיכות אסורין, אינו אסור אלא במקום שבלע.§ **גמ'** *מאי קאמר? (א) ז] אם יש בהן בנותן טעם – הרי הקלין נאכלין כחמורין, וטעונין מריקה ושטיפה, ופוסלין במגע. אין בהן בנותן טעם – אין הקלין נאכלין כחמורים, ואין טעונין מריקה ושטיפה, ואין פוסלין במגע. נהי דקדשי קדשים לא בעו, קדשים קלים ח] ניבעי! אמר אביי: ו מאי "אין טעונין" דקאמר – קדשי קדשים, אבל קדשים קלים – טעונין. רבא אמר: הא מני – ר"ש היא, *דאמר: קדשים קלים אין טעונין מריקה ושטיפה. בשלמא לרבא – היינו דקתני: ט] או קדשי קדשים וקדשים קלים, אלא לאביי תרתי למה לי? צריכי, דאי תנא קדשים וחולין – ה"א: חולין הוא י] דמבטלי קדשים דלאו מינייהו, אבל קדשי קדשים וקדשים קלים – אימא לא. ואי תנא קדשי קדשים וקדשים קלים – ה"א: קדשים הוא דאלימי לבטולי קדשים, אבל חולין אימא לא, צריכא. "רקיק יא] *שהגיע ברקיק" כו'.§ ת"ר: "כל אשר יגע", יכול אפי' שלא בלע? ת"ל: "בבשרה" – עד

הָאַסְכְּלָא. *גרדיל"י, וצולין עליו צלי. ובגמ' דמסכת ע"ז פריך: הא ליבון בעי. **גמ'** ופנית בבקר. על כרחך בקר של חול קאמר. וקרי ליה בקר ראשון. אין פיגול ברגל. אם שחט ע"מ לאכול למחר – אינו פיגול? ואין נותר ברגל. אם הותיר בשר חטאת למחר – אינו נותר? דחד יומא הוא לר"ט? אלא זו בלבד. לענין מריקה ושטיפה יב] לחודה, ולא לענין פיגול ונותר. ואי טעמיה מהאי קרא הוא – אפילו לענין פיגול ונותר נמי! נעשה גיעול לחבירו. מתוך שהשלמים מלויין ברגל – אין בלוע שלה נעשה נותר. שהרי זמן שלמים לב' ימים, וכי מבשל ביה שלמים האידנא הדר מבשל ביה שלמים למחר יג] ובולע משלמים שנשחטו ביום המחרת, ופולט מה שבלע אתמול ובולע מן האחרונים – נמצא שאינו בא לידי נותר. *ואם בא לבשל חטאת – יד] זהיר לבשל אחריו שלמים בו ביום. ופולט את החטאת ובולע את השלמים. הא כיצד. כלומר, למה סמכן הכתוב? לומר טו] שממתין [עד] זמן אכילה כו'. מידי דהוה אגיעולי גוים. דחמין בעינן, דכתיב (במדבר לא): "כל דבר אשר יבא באש" טז]. א"כ. דתרווייהו חדא היא, ומריקה לאו היינו הגעלה – לכתוב קרא לשון שוה בשניהם! ה"ג: ומאי מורק ושוטף ש"מ מריקה בחמין שטיפה בצונן. ורבי. אמר לך: מריקה כמריקת הכוס, ושטיפה כשטיפת הכוס – לכך שינה בלשון, שזה מבחוץ וזה מבפנים. **מתני'** הרי הקלים נאכלין כחמורין. לפנים מן הקלעים יז] ליום ולילה. ואין טעונין מריקה ושטיפה. לסוף זמן אכילת חמורים, אלא לסוף זמן אכילת קלים. ובגמ' פריך: מאי קאמר? הרי יש בהן בנותן טעם, ואמר: הרי הקלין נאכלין כחמורין! (ב) ואין פוסלין במגע. אם נפסלו הקלין ונגע בהן בשר ובלע מהן – אין נפסלין. ובגמ' מפרש לה. רקיק. פסול, יח] שהגיע ברקיק כשר, ובלע ממנו. **גמ'** וטעונים מריקה ושטיפה. כדין החמורין. ופוסלין במגע. אם היו החמורין פסולין, והקלים כשרין – נעשו הקלים כחמורין לפסול את הנוגעין בהן, כדכתיב (ויקרא ו): "כל אשר יגע בבשרה יקדש", יט] ואומר לקמן – להיות כמוהו, שאם פסולה (ג) תפסל. כ] (ואם לא הקלין כו') ואין טעונין מריקה. לקמיה פריך: ליטעון מיהא כדין קלין לסוף זמן אכילתן! ואין פוסלין במגע. אם היה החמור שנתבשל עם הקלין פסול, הואיל ומועט ואין בו בנותן טעם בקלין – לא נעשו הקלים כמוהו לפסול את הנוגעין בהן, שהרי אף הם לא נפסלו. ואיידי דתנא רישא "פוסלין", נקט סיפא "אין פוסלין". נהי דקדשי קדשים לא בעו. כלומר, נהי דלא בעו מריקה לסוף זמן אכילת חמורין, דהא מועטין ובטלי – ניבעי מיהא משום קלים, לסוף זמן אכילתן! היינו דתנא או קדשי קדשים וקדשים קלים. לאשמועינן דסתם לן כרבי שמעון, דאמר: קדשים קלים אין טעונין מריקה ושטיפה. אלא לאביי. דאמר: מאי "אין טעונין" דקאמר – כדין חמורין, כא] תרתי למה לי למיתנייה? כיון דתנא קדשים וחולין, ואשמועינן דבטל במיעוטו, מה לי הני מה לי הני? עד

השפוד והאסכלא מגעילן בחמין. אית דלא גרסי "בחמין", משום דבעי רבה למימר בסוף ע"ז (דף עו.): מאי הגעלה דקתני – מריקה ושטיפה. א"ל אביי: מי דמי? מריקה ושטיפה בצונן, הגעלה בחמין. ואי גרסינן במשנה גופה "בחמין", היכי טעי רבה? ונראה דשפיר גרסינן ליה, וקסבר רבה מריקה בחמין. והא דנקט רבה "שטיפה" – אגב מריקה נקט, ושטיפה לאו דוקא. והכי קאמר: מאי הגעלה בחמין דקאמר – היינו מריקה דאיירי בה לעיל, דאיכא למ"ד בגמ' דמריקה בחמין.

ופנית בבקר. פי' בקונטרס: על כרחין בקר של חול קאמר, וקרי ליה בקר ראשון. וקשה: דלמא בי"ט, וכגון שאהלו בתוך התחום! ואפי' כב] תימא לומר דבעי ראיית פנים כג] ביום ראשון שמביא קרבנו, מ"מ י"ל למחרתו שהוא חה"מ, כל ז' מנא ליה? ונראה לפרש: דמשמע ליה כולהו בקר אחד, משום דכולהו ז' תשלומין דראשון, דחגיגה יש לה תשלומים כל ז'. ומכאן קשה ללשון אחר שפירש בקונטרס בפסחים בפרק "מי שהיה טמא" (דף צה:) גבי פסח ראשון טעון לינה פסח שני אין טעון לינה, דראשון טעון יום אחד. והכא מוכח דבעי לינה ז'. וכן בסוכה בפרק "לולב וערבה" (דף מז.) דקתני: כשם ששבעת ימי החג טעונין קרבן שיר וברכה ולינה, כך שמיני טעון קרבן שיר וברכה ולינה. *מאי לאו זמן? לא, ברכת המזון ותפלה. ה"נ מסתברא, דאי ס"ד זמן – זמן כל ז' מי איכא? משמע דקרבן ולינה ניחא ליה דהוה כל ז'! ושמא י"ל: דה"ה דהוה מצי למיפרך מלינה "וליטעמיך". ולשינויא דהתם אתי הכל שפיר, דמשני דזמן כל ז' משכחת לה, אי לא בריך ביומא קמא – בריך באידך יומי. וכן נמי מצי למימר מלינה, דעולת ראייה יש לה תשלומין כל ז', ויום הבאת קרבנו טעון לינה ולא יותר. כד] (הג"ה) והך דשמעתין נמי, מעיקרא ס"ד דהוי כל ז' מטעמא דפרישית, אבל לא קאי הכי. ובספרי מוכח דלא הוי אלא יום אחד, דקתני: אין לי אלא אלו, מנין לרבות המנחות והעופות כו' – ת"ל "ופנית בבקר" – כל פינות שאתה פונה לא יהו אלא כאלו. משמע דלא הויא לינה אלא יום אחד, דומיא דשלמים של כל השנה. וקשיא לי: אי לינה ברגל אינו רק יום א', אמאי פסח שני אין טעון לינה? מי גרע ממביא עוף או מנחה בחול, דטעון לינה יום אחד? אבל אי רגל טעון לינה ז' – אתי שפיר, דקמ"ל דפסח שני אין טעון לינה רק יום אחד. ברו"ך.

ממתין להם כל זמן אכילה והדר עביד מריקה ושטיפה. אין לפרש דמריקה ושטיפה קודם שיעשה נותר, כדי שלא יבואו קדשים לבית הפסול. דהא משמע הכא דלאחר זמן אכילה עביד מריקה ושטיפה. ומיהו, יש ספרים דגרסי: "ממתין להו עד זמן אכילה". ועוד יש קצת לדקדק מדקאמר לעיל: לרבי טרפון כל יום ויום נעשה גיעול לחבירו. ואם קודם כה] שעשה נותר עביד מריקה ושטיפה – ה"נ ליעביד, דכי בשיל ביה שלמים אתמול, כשבא היום והוזקק למריקה ושטיפה – אי כו] בשיל ביה שלמים דהאידנא קודם מריקה ושטיפה – ליתסרו! אלא ודאי לא חייב הכתוב עד אחר שנעשה נותר.

ניחי

נט א ב מיי' פ"ח מהל' מעה"ק הלכה יב:
ס ג מיי' שם הל' יח:
סא ד מיי' שם הלכה טז:
סב ה מיי' שם הלכה יז:
סג ו מיי' שם הלכה יח:

הגהות הב"ח

(א) גמרא מאי קאמר הכי קאמר אם יש בהן: (ב) רש"י ד"ה ואין טעונין וכו' נאכלין כחמורין ולמה לא יטענו מריקה כדין חמורין הס"ד: (ג) ד"ה ופוסלין וכו' תפסל הס"ד ואח"כ מ"ה ואם אין בהן נותן טעם אין הקלין כו':

נ"ל מאי ברכה לאו זמן כו' נ"ק

שיטה מקובצת

א] דר"ט אמר ר' יצחק דאמר קרא עיין תוס' סוכה (דף מז): ב] לה כל זמן תיבת עד נמחק: ג] ושוטף לומר לך מריקה בחמין תיבת ש"מ ל"ש: ד] אי כתב רחמנא ומורק ומורק הו"א תרתי זימנא במריקה כתב רחמנא ומורק ושוטף לומר כי' והשאר ל"ש: ה] תיבת שבהן נמחק: ו] כל הרקיק ולא כל החתיכה אסורין: ז] קאמר ה"ק אם: ח] קלין מיהא ניבעי: ט] דקתני קדשים וחולין או: י] הוא דאלימא לבטולי: יא] רקיק שנגע ברקיק: יב] ושטיפה לחודיה ולא: יג] תיבת ובולע ל"ש ונמחק: יד] חטאת יהא זהיר: טו] לומר לך שממתין זמן ותיבת עד נמחק: טז] באש וגו' הס"ד: יז] הקלעים וליום ולילה: יח] פסול שנגע ברקיק: יט] יקדש ואמר לקמן יקדש להיות: כ] מה"ד אין הקלין כו': כא] תיבת תרתי ל"ש: כב] ואפילו אם תמצא לומר דבעי: כג] בליל יום ראשון ותיבת ביום נמחק: כד] תיבת הג"ה נמחק: כה] קודם שיעשה נותר: כו] אי דבשיל ביה:

ע"ז עו.

ג"ז שם

נ"ל ואם בישל ביה חטאת האידנא הדר מבשל אחריו שלמים בו ביום כו' נ"ק

(ערלה פרק ב)

נ"ל מאי קאמר חסורי מחסרא והכי קתני אם יש בהן כו'. וכן הוא הגירסא בר"ע מברטנורא

[לעיל לג. לה. לו:]

נ"ל שנגע

ועי' בספר קרבן אהרן פרשה ג דף יד ע"א בהבנת הדיבור הזה

סד א מיי' פ"ח מהלכות מעה"ק הל' יז:
סה ב מיי' שם הל' טו:
סו ג מיי' שם הל' טז:
סז ד מיי' פ"ד מהל' מעה"ק הלכה ז:

רש"ק מ"ז

סח ה מיי' פ"י מהל' מעה"ק הלכה ג:

נ"א שבהן כגי' ר"ח בפסחים ובחולין וקאי אחטאת של אמש

נ"ל ועוד נ"ל דהכי פריך דאם איתא דהכא כו' נ"ק

נ"ל תימה בסוף כילד כו' נ"ק

תורה אור

עַד שֶׁיִּבְלַע בִּבְשָׂרָהּ. יָכוֹל נָגַע בְּמִקְצָת חֲתִיכָה יְהֵא כּוּלּוֹ פָּסוּל? ת"ל: "יִגַּע" – הַנּוֹגֵעַ פָּסוּל. הָא כֵּיצַד? אחוֹתֵךְ אֶת מָקוֹם שֶׁבָּלַע. "בִּבְשָׂרָהּ" – וְלֹא בְּגִידִין וְלֹא בַּעֲצָמוֹת, וְלֹא בְּקַרְנַיִם, וְלֹא בִּטְלָפַיִם. * ב"יִקְדָּשׁ" – לִהְיוֹת כָּמוֹהָ. הָא כֵּיצַד? אִם פְּסוּלָה הִיא – תִּפָּסֵל, [וְאִם] כְּשֵׁרָה הִיא – תֵּאָכֵל כְּחוֹמֶר שֶׁבָּהּ. אַמַּאי? וְנֵיתֵי עֲשֵׂה וְלִידְחֵי אֶת לֹא תַעֲשֶׂה! אָמַר רָבָא: אֵין עֲשֵׂה דּוֹחֶה אֶת לֹא תַעֲשֶׂה שֶׁבַּמִּקְדָּשׁ. א] שֶׁנֶּאֱמַר: *°"וְעֶצֶם לֹא תִשְׁבְּרוּ בוֹ", ר"ש בֶּן מְנַסְיָא אוֹמֵר: אֶחָד עֶצֶם שֶׁיֵּשׁ בּוֹ מוֹחַ וְאֶחָד עֶצֶם שֶׁאֵין בּוֹ מוֹחַ; אַמַּאי? נֵיתֵי עֲשֵׂה וְלִידְחֵי אֶת לֹא תַעֲשֶׂה! אֶלָּא, ב] אֵין עֲשֵׂה דּוֹחֶה לֹא תַעֲשֶׂה שֶׁבַּמִּקְדָּשׁ. רַב אַשִׁי אָמַר: "יִקְדָּשׁ" עֲשֵׂה הוּא, ג] וְאֵין עֲשֵׂה דּוֹחֶה אֶת לֹא תַעֲשֶׂה וַעֲשֵׂה. אַשְׁכְּחַן חַטָּאת ד] דְּמִתְקַדֵּשׁ בְּבָלוּעַ, שְׁאָר קָדָשִׁים מְנָלַן? *אָמַר שְׁמוּאֵל מִשּׁוּם ר"א: °ג"זֹאת הַתּוֹרָה לָעֹלָה לַמִּנְחָה וְלַחַטָּאת וְלָאָשָׁם וְלַמִּלּוּאִים וּלְזֶבַח הַשְּׁלָמִים", ה] [לָעוֹלָה] – כִּי עוֹלָה, מָה עוֹלָה טְעוּנָה כְּלִי – אַף כָּל טְעוּנָה כְּלִי. מַאי כְּלִי? אִילֵימָא מִזְרָק – בְּשַׁלְמֵי צִיבּוּר נַמִי כְּתִיב בְּהוּ: °"וַיִּקַּח מֹשֶׁה חֲצִי הַדָּם וַיָּשֶׂם בָּאַגָּנֹת"! אֶלָּא *דדְּסַכִּין. וְעוֹלָה גּוּפָהּ מְנָלַן? דִּכְתִיב: °"וַיִּשְׁלַח אַבְרָהָם אֶת יָדוֹ וַיִּקַּח אֶת הַמַּאֲכֶלֶת"; וְהָתָם עוֹלָה הוּא, דִּכְתִיב: °"וַיַּעֲלֵהוּ לְעֹלָה תַּחַת בְּנוֹ". "מִנְחָה" – מַה מִּנְחָה אֵינָהּ נֶאֱכֶלֶת אֶלָּא לְזִכְרֵי כְהוּנָּה – אַף כֹּל אֵינָם נֶאֱכָלִין אֶלָּא לְזִכְרֵי כְהוּנָּה. מַאי הִיא? אִי חַטָּאת וְאָשָׁם – בְּהֶדְיָא כְּתִיב בְּהוּ: °"כָּל זָכָר בַּכֹּהֲנִים יֹאכְלֶנּוּ". וְאִי ו] שַׁלְמֵי צִיבּוּר – מֵרִיבּוּיָא דִּקְרָא אָתֵי: °"בְּקֹדֶשׁ הַקֳּדָשִׁים תֹּאכְלֶנּוּ כָּל זָכָר יֹאכַל אֹתוֹ" – הלִימֵּד עַל שַׁלְמֵי צִיבּוּר שֶׁאֵינָן נֶאֱכָלִין אֶלָּא לְזִכְרֵי כְהוּנָּה! תַּנָּאֵי הִיא, אִיכָּא

גי' רש"ק לא ניתי עשה וידחה | שמות יב | מנחות פב: | ויקרא ז | שמות כד | בראשית כב | שם | ויקרא ז | במדבר יח

עַד שֶׁיִּבְלַע. כְּגוֹן ז] הַמְהַתֵּךְ שׁוּמַן חַטָּאת וְסָךְ מִמֶּנּוּ כְּלִי שֶׁל שְׁלָמִים וְנִבְלַע בּוֹ. וּמִכָּאן חָנוּ לְמֵידִים (פסחים מה.) הֶיתֵּר מִצְטָרֵף לְאִיסּוּר בְּקָדָשִׁים. ח] *וְאֵין לִלְמוֹד מִכָּאן טַעַם כְּעִיקָּר, שֶׁאֵין זֶה טַעַם אֶלָּא מַמָּשׁ. תֵּאָכֵל כְּחָמוּר שֶׁבָּהּ. שֶׁהֲרֵי יֵשׁ בָּהּ עַכְשָׁיו שְׁנֵי מִינִין, ט] וְכַחוֹמֶר שֶׁבִּשְׁנֵיהֶם תֵּיאָכֵל. אַמַּאי. תִּיפָּסֵל מִשּׁוּם הַאי פּוּרְתָּא? נֵיתֵי עֲשֵׂה. דִּ"וְאָכְלוּ אוֹתָם" דִּכְשֵׁירָה. וְלִידְחֵי לֹא תַעֲשֶׂה. דְּ"לֹא תֵאָכֵל" דִּפְסוּלָה. וְאַע"ג דְּאִיכָּא לֹא תַעֲשֶׂה בַּאֲכִילַת פְּסוּלִין, כִּדְאָמְרִינַן בִּפְסָחִים י] בְּ"כָל שָׁעָה" (דף כד.): כָּל שֶׁבַּקֹּדֶשׁ פָּסוּל – בָּא הַכָּתוּב לִיתֵּן לֹא תַעֲשֶׂה עַל אֲכִילָתוֹ. נֵיתֵי עֲשֵׂה וְלִידְחֵי. נֵיתֵי עֲשֵׂה דַּאֲכִילַת מוֹחַ, דִּכְתִיב: "וְאָכְלוּ אֶת הַבָּשָׂר בַּלַּיְלָה הַזֶּה". זֹאת הַתּוֹרָה. הוּקְשׁוּ כּוּלָּן זֶה לָזֶה, לִלְמוֹד זֶה עַל זֶה. יא] לְכָךְ הוּקְשׁוּ כּוּלָּן לְעוֹלָה – דְּמָה עוֹלָה טְעוּנָה כו'. יב] אִי נֵימָא מִזְרָק. לְקַבָּלַת דָּם. וְיָלֵיף מֵעוֹלַת סִינַי דִּכְתִיב: "וַיִּשְׁלַח אֶת נַעֲרֵי בְּנֵי יִשְׂרָאֵל", וּכְתִיב: יג] "עוֹלָה" הָתָם. וַיָּשֶׂם בָּאַגָּנוֹת. יד] וְכֵיוָן דְּהָדוּר אִיתְקוּשׁ כּוּלְּהוּ לִשְׁלָמִים דִּכְתִיב בֵּיהּ בְּהַאי קְרָא, וְיָלְפִינַן מִינֵּיהּ לְקַמָּן בִּשְׁמַעְתִּין (דף לח.): מה

נ"ע הא בהדיא מוכח במסכת נזיר לז: דילפינן מכאן לטעם כעיקר שם רש"י גופיה מקיים גם הגירסא וכ"כ רש"י במס' חולין לט. ובפסחים מה. נ"ק

פסחים מה. נזיר לז: חולין לט.

פסחים פה. ע"ש

*ניתי עשה ולידחי את לא תעשה. לאו א"תאכל כחמור שבה" פריך, שתיאכל בלילה ולמחר כשלמים. דהאידנא הו"ל נותר ואין עשה דוחה את ל"ת שיש בו כרת (יבמות ח.). אלא א"אם פסולה היא תיפסל" קאי, דניתי עשה דאכילת קדשים ולידחי לאו ד"כל שבקדשים פסול בא הכתוב ליתן ל"ת על אכילתו", [דקאי] (אי) נמי אשאר פסולין דליכא כרת, כגון דנשחטה בלילה ולן דמה וחוץ למקומו (וחוץ לזמנו). וא"ת: ומאי קושיא? דלמא גזירת הכתוב הוא, דאמר קרא "יקדש" להיות כמוה! ויש לומר: דקרא איכא לאוקומי בכשרה, שתיאכל טו] כחומר *שבה עד הלילה. ומיהו קשה: דכי הוי לילה *ניתי עשה ונדחה! ונראה, דקרא איכא לאוקומי בבישול קדשים וחולין, כי מתני'. *ועוד: דאם איתא דהכא לא דחי – מאי חזית דילפת מכלאים בציצית דעשה דוחה את לא תעשה? אדרבה נילף מהכא דלא דחי! ואחד עצם שאין בו מוח ואמאי ניתי עשה כו'. *בסוף "כילד צולין" (פסחים פה.) דריש מדכתיב "ועצם לא טז] ישברו בו" בפסח שני, שאין ת"ל, שהרי כבר נאמר "ככל חוקת הפסח *יעשו אותו". אבל אי לאו קרא דפסח שני ה"א: "ואכלו את הבשר בלילה הזה" – בבשר שבתוך העצם. ומה אני מקיים "ועצם לא תשברו בו" – בעצם שאין בו מוח, אבל עצם שיש בו מוח – שובר ואוכל, דיבא עשה וידחה לא תעשה. *והא דפריך הכא "ואמאי ניתי עשה" כו' – הכי פריך: כלומר, מהכא נגמר דאין עשה דוחה לא תעשה בעלמא כי הכא! אלא ודאי במקדש שאני.* ונ"ל דהכי פריך: ניתי עשה כו' כמו בחולין, ונוקי קרא ד"יקדש", אם כשרה – תיאכל כחומר שבה, דשייך בה כרת אם היא נותר. וקמ"ל דהיתר מצטרף לאיסור, כדאיתא פרק "אלו עוברין" (שם מה.) ובפרק "ג' מינין" (נזיר לז:), ולא נוקים קרא ל"אם פסולה תיפסל", דליכא אלא דלאו! ומשני: גלי קרא גבי קדשים בעצם שיש בו מוח דלא דחי, ולכן נילף קדשים מקדשים ולא נילף קדשים מחולין. כרו"ך. וא"ת: שאני הכא משום דאפשר לקיים שניהם, דמנח גומרתא עילוייה וקליל ליה מוח! וי"ל: *דרבא הכא לטעמיה, דמפרש בסוף "כילד צולין" (פסחים פד:) גבי אין נימנין על מוח שבקולית – דלא אפשר בגומרתא, משום פסידא דקדשים, א"כ לא מקיים עשה ד"ואכלו את הבשר בלילה הזה" דה"א שלא ישרוף הגומרתא מעט מן המוח שבפנים. ואפי' אביי שמפרש התם משום פקע – לאו משום דס"ל דגומרתא אפשר בלא שריפת מוח. אלא קסבר דמשום הפסד קדשים מועט כזה לא חיישינן. יז] מיהא אכתי קשה: *היכי אתי האי עשה ודחי לא תעשה? הא בעידנא דמתעקר לאו דשבירת עלם – לא מיקיים עשה דאכילה!*. והתם עולה הוא כדכתיב ויעלהו לעולה תחת בנו. תימה: דהאי קרא דרשי' ליה לענין חולין בפ"ק דחולין (דף טז.), דאמרינן: מנין לשחיטה שהיא בתלוש – שנאמר: "ויקח את המאכלת"! ואומר ר"ת: דגמרי' נמי חולין, מדכתיב "לשחוט את בנו" ולא כתיב "לשחוט את העולה". אבל כלי לא שייך למילף בחולין אלא בקדשים, כשאר עבודות דבעו כלי שרת. ומדכתיב "ויקח" דמשמע דבר תלוש, ולא כתיב יח] *סכין – דרשינן תלוש בחולין, וכלי בקדשים – מדהזכיר "מאכלת", דהוה מצי למכתב "ויקח המתחך". ואע"ג דהתם בחולין (ג"ז שם) דחי רבי חייא: זריזותיה דאברהם קמ"ל – הכא לא שייך לדחויי הכי. דלענין מה שהביא דבר תלוש ולא סמך על מה שימצא צור וקנה מחובר – שייך למימר יט] דכתב קרא לאשמועינן זריזותיה, אבל לענין מאכלת שהזכיר – למה לי למכתב, אי לאו לאשמועינן דעולה טעונה כלי. מה מנחה אינה נאכלת אלא לזכרי כהונה. ופריך: בחטאת ואשם נמי *כתיב "כל זכר"! אלא לשלמי ציבור. פירש בקונטרס: הא דלא ילפינן זכרי כהונה מחטאת ואשם כדילפינן ממנחה – משום דכתיב בתרוייהו גבי אכילת זכרים "הוא", "קדש קדשים הוא", דמשמע מיעוט – "הוא, ולא אחר. וקשה: כ] דבפרק "איזהו מקומן" (לעיל דף נה.) איכא תנא דיליף מהיקישא דחטאת, מקרא דכתיב: "ועשיתם שעיר עזים [אחד] לחטאת ושני כבשים בני שנה לזבח שלמים" מה חטאת לזכרי כהונה – אף שלמי ציבור לזכרי כהונה! כא] *הא לא קשיא מידי, דההיא היקישא לא איצטריך למילתא אחריתי. כב] ועוד נראה לפרש דהיינו טעמא: הכא דהיקישא דחטאת ואשם איכא לאוקומי למילתא אחריתי, כדמפרש הכא, לא מוקמינן לה לאכילת זכרים, כג] דכיון דאינו שוה בכל הנהו דכתיבי בקרא. אבל מנחה – על כרחין להכי אתיא, דלא משכחת למלתא אחריתי. אף כד] שלמי ציבור אין נאכלין אלא לזכרי כהונה. ושלמים דהאי קרא בכבשי עצרת קאי, דקדש קדשים נינהו כל הכתובין במקרא זה. כה] ונראה דעל כרחין איירי נמי בשלמי נדבה, דהא בפ"ק (לעיל דף ה:) נפקא לן מהאי קרא שלא כו] לשמו. ועוד: בכולהו קרבנות דטעונין כלי מהכא נפקא לן. בקדש הקדשים תאכלנו כל זכר יאכל אותו וגו' לימד על זבחי שלמי ציבור כו'. האי קרא בפרשת קרח כתיב. ואף על גב דזבחי שלמי ציבור לא כתיב התם, כיון דכתיב בהאי קרא "קדש יהיה לך", וגבי כבשי עצרת כתיב בפרשת "אמור אל הכהנים": "קודש יהיו לה' לכהן" – מסתברא דבדידהו איירי. וכן פירש בקונטרס. ועוד כז] ילפינן משום דאיקרו "קדש קדשים", כדילפינן לעיל בפרק "איזהו מקומן" (דף נה.), ובפרק שני דערכין (דף יא:) מדכתיב "על עולותיכם ועל זבחי שלמיכם": מה עולה קדשי קדשים – אף זבחי שלמי ציבור קדשי קדשים. איכא

נ"ל והשתא הא דפריך כו' נ"ק

וגירסת הנ"ק במקדש שאני לפ"ז ועצם לא ישברו בו בפסח שני למה לי וכו' ונ"ל וכ"ה בס"י נ"א מן ונ"ל עד קדשים מחולין מקומו לעיל בד"ה ניתי עשה

נ"ל דרבא לטעמיה נ"ק

גי' הנ"ק היכי ס"ד דאתי

(ועי' בפסקי תוס' סימן סט ישוב על זה ועיין במל"מ פ"י מהל' ק"פ דין ה')

גירסת הנ"ק והכין

נ"ל בהדיא כתיב כל נ"ק

נ"ל ונ"ל לפרש דהא מידי דהיינו טעמא הכא דלא ילפינן מהיקישא דחטאת ואשם לאוכילה אלא לאוקמי כו' נ"ק

שיטה מקובצת

א] דתניא ועצם ותיבת שנאמר נמחק: ב] אלא ש"מ אין: ג] הוא הו"ל עשה ולא תעשה ואין: ד] חטאת דמקדשת בבלוע: ה] השלמים לעולה מה עולה: ו] ואי זבחי שלמי: ז] כגון המחה שומן ותיבת המהתך נמחק: ח] ואין. עיין ברש"י בחולין (דף לט): ט] מינין וכחמור שבשניהם: י] בפרק כל שעה: יא] זה הס"ד ומה"ד לעולה. לכך הוקשו: יב] מה"ד אילימא מזרק: יג] תיבת עולה ל"ש א): יד] באגנות. בשלמי צבור וכיון כו': טו] שתאכל כחמור שבה. עיין בתוס' חולין (דף לט): טז] לא תשברו בו: יז] חיישי' ומיהו אכתי: יח] סכין ס"א ויכין: יט] למימר דכתבי' קרא: כ] וקשה דלעיל בפרק איזהו מקומן: כא] מתיבת הא כו' עד תיבות ועוד נראה מוקף בח"ל: כב] ונראה לפרש היינו טעמא הכא כיון דהיקשא: כג] זכרים כיון דאינו: כד] אף כל אין ותיבות שלמי צבור נמחק: כה] זה כך פירש בקונטרס ונראה: כו] שלא לשמן ועוד דבכולהו קרבנות: כז] ועוד יש לפרש משום ותיבת ילפינן נמחק:

א) נראה דלפני הגהתו נ"ל וכתיב התם יקח באגנות והד"א ומהגהה דבסמוך אות יד לא משמע כן וצ"ע.

חטאת

גמרא

תורה אור

*אִיכָּא דְּנָפְקָא לֵיהּ מֵהָכָא, וְאִיכָּא דְּנָפְקָא לֵיהּ מֵהָכָא. "חַטָּאת" — מַה חַטָּאת (א) א] מִתְקַדֶּשֶׁת בְּבָלוּעַ, אַף כֹּל מִתְקַדֶּשֶׁת בְּבָלוּעַ. "אָשָׁם" — מָה אָשָׁם אֵין שָׁפִיר וְשִׁלְיָא קָדוֹשׁ בּוֹ, אַף כֹּל אֵין שָׁפִיר וְשִׁלְיָא קָדוֹשׁ בּוֹ. קָסָבַר: *וַלְדוֹת קָדָשִׁים — בַּהֲוָיָיתָן הֵן קְדוֹשִׁים, וְדָנִין *אֶפְשָׁר מִשֶּׁאִי אֶפְשָׁר. "מִלּוּאִים" — מַה מִּלּוּאִים מוֹתְרֵיהֶן בִּשְׂרֵיפָה וְאֵין בַּעֲלֵי חַיִּים בְּמוֹתְרֵיהֶן, אַף כֹּל מוֹתְרֵיהֶן בִּשְׂרֵיפָה וְאֵין בַּעֲלֵי חַיִּים בְּמוֹתְרֵיהֶן. "שְׁלָמִים" — *מַה שְּׁלָמִים מְפַגְּלִין וּמִתְפַּגְּלִין, אַף כֹּל מְפַגְּלִין וּמִתְפַּגְּלִין. בְּמַתְנִיתָא תָּנָא מִשְּׁמֵיהּ דְּר"ע: "מִנְחָה" — מַה מִּנְחָה ב] מִתְקַדֶּשֶׁת בְּבָלוּעַ, אַף כֹּל מִתְקַדֶּשֶׁת בְּבָלוּעַ. וְאִיצְטְרִיךְ לְמִכְתַּב מִנְחָה, וְאִיצְטְרִיךְ לְמִכְתַּב חַטָּאת; דְּאִי אַשְׁמְעִינַן מִנְחָה דְּאַיְּידֵי דְּרַכִּיכָא מִיבַלְעָא, אֲבָל חַטָּאת — אֵימָא לָא. וְאִי אַשְׁמְעִינַן חַטָּאת — *מִשּׁוּם דְּקָרֵיר, אֲבָל מִנְחָה — אֵימָא לָא, צְרִיכָא. "חַטָּאת" — *מַה חַטָּאת אֵינָהּ בָּאָה אֶלָּא מִן הַחוּלִּין וּבַיּוֹם וּבְיָדוֹ הַיְמָנִית — אַף כֹּל אֵינָהּ בָּאָה א אֶלָּא מִן הַחוּלִּין ב וּבַיּוֹם ג וּבְיָדוֹ הַיְמָנִית. *וְחַטָּאת מְנָלַן? אָמַר רַב חִסְדָּא, אָמַר קְרָא: °"וְהִקְרִיב אַהֲרֹן אֶת פַּר הַחַטָּאת אֲשֶׁר לוֹ" — מִשֶּׁלּוֹ, וְלֹא מִשֶּׁל צִיבּוּר, וְלֹא מִשֶּׁל מַעֲשֵׂר. בַּיּוֹם — °מִ"בְּיוֹם צַוּוֹתוֹ" נָפְקָא! *כְּדִי נַסְבַהּ. בְּיָדוֹ הַיְמָנִית — מִדְּרַבָּה בַּר בַּר חָנָה נָפְקָא. *דְּאָמַר רַבָּה בַּר בַּר חָנָה אָמַר ר"ל: כָּל מָקוֹם שֶׁנֶּאֱמַר אֶצְבַּע וּכְהוּנָּה — אֵינוֹ אֶלָּא יָמִין! כְּדִי נַסְבַהּ. וְאִיבָּעֵית אֵימָא: סָבַר לָהּ כְּר"ש, *דְּאָמַר: אֶצְבַּע לָא בָּעֲיָא כְּהוּנָּה, כְּהוּנָּה בָּעֲיָא אֶצְבַּע. "אָשָׁם" — *מָה אָשָׁם ד עַצְמוֹתָיו מוּתָּרִין, אַף כֹּל עַצְמוֹתָיו מוּתָּרִין. אָמַר רָבָא: פְּשִׁיטָא לִי,

דַּם

(ויקרא טז) (שם ז)

רש"י

מַה שְּׁלָמִים מְפַגְּלִין וּמִתְפַּגְּלִין — הָא נַמִי תֵּילַף מִשְּׁלָמִים, דְּהָתָם (ב) נַמִי שְׁלָמִים בְּסִינֵי הָווּ! *אֶלָּא סְבִין. לִשְׁחִיטָה. לְאַפּוּקֵי תּוֹר וְקָנֶה, דִּכְלֵי שָׁרֵת בָּעֵינַן ג]. מַאי הִיא. הֵי מִינַּיְיהוּ יָלֵיף ד] לֶאֱכוֹל לְזִכְרֵי כְהוּנָּה מִמִּנְחָה? בְּקֹדֶשׁ הַקֳּדָשִׁים תֹּאכְלֶנּוּ. בְּ"וַיִּקַּח קֹרַח" כְּתִיב. ה] וְ"קֹדֶשׁ יִהְיֶה לָךְ" דִּכְתִיב בְּסֵיפֵיהּ דִּקְרָא — יְתֵירָא הוּא, לְמֵילַף זִבְחֵי שַׁלְמֵי צִיבּוּר ו] וְכִבְשֵׂי עֲצֶרֶת, דִּכְתִיב בְּהוּ "קֹדֶשׁ יִהְיוּ לַה' לַכֹּהֵן"*. מַה חַטָּאת מְקַדֵּשׁ בְּבָלוּעַ כו'. וְאַף עַל גַּב דְּבְמִנְחָה נַמִי כְּתִיב (ויקרא ו): "כֹּל אֲשֶׁר יִגַּע בָּהּ יִקְדָּשׁ", דְּמִקַדֶּשֶׁת בְּבָלוּעַ — אִצְטְרִיךְ לְאַקּוּשִׁינְהוּ לְחַטָּאת. דְּמִמִּנְחָה לָא מָצֵי יָלְפִי, דְּאִיכָּא לְמֵימַר: לָא אִיתְקִישׁ לְמִנְחָה אֶלָּא לְעִנְיַן זִכְרֵי כְהוּנָּה, אֲבָל לְעִנְיַן בָּלוּעַ — דְּמִנְחָה דַּוְקָא, דְּרַכִּיכָא (ג) לְמִיבְלַע, אֲבָל שְׁאָר קָדָשִׁים — לָא. מָה אָשָׁם אֵין שָׁפִיר וְשִׁלְיָא קָדוֹשׁ. ז] דְּהָא זָכָר הוּא. וְאֵין לָךְ לוֹמַר בְּחֵלֶב וּשְׁתֵּי כְלָיוֹת שֶׁלּוֹ, שֶׁאַף שֶׁל שִׁלְיָא שֶׁבְּמֵעָיו מַשְׁמַע. אַף הַבָּאִים נְקֵבוֹת, כְּגוֹן חַטָּאת וּשְׁלָמִים — אֵין שָׁפִיר וְשִׁלְיָא קָדוֹשׁ בָּהֶן, וְאֵין חֵלֶב וּשְׁתֵּי הַכְּלָיוֹת שֶׁל שָׁלִיל שֶׁבְּמֵעֵיהֶן קְרֵיבִין. וּמֵעוֹלָה לָא ה"ל לְמֵילַף — דְּכָלִיל הִיא, (ד) וְ"אַף כֹּל ח] שֶׁאֵין שָׁפִיר וְשִׁלְיָא קָדוֹשׁ בּוֹ" לָא מָצֵי לְמֵימַר, דְּלָאו לְעוֹלָה מְדַמֵּית לְהוּ, שֶׁהֲרֵי אַף שְׁאָר הַבָּשָׂר אֵינוֹ קָרֵב. וַאֲכִילַת זִכְרֵי כְהוּנָּה לָא יָלֵיף מֵחַטָּאת וְאָשָׁם כִּדְיָלֵיף מִמִּנְחָה, דְּתִקְשֶׁה לָךְ: אַמַּאי אַקְשִׁינְהוּ לְמִנְחָה? לֵילְפוּ זִבְחֵי שַׁלְמֵי צִיבּוּר מֵאָשָׁם וְחַטָּאת! מִשּׁוּם דִּכְתִיב בְּתַרְוַיְיהוּ גַּבֵּי אֲכִילַת זְכָרִים "הוּא", ט] "קָדְשֵׁי קָדָשִׁים הוּא", הִלְכָּךְ מֵהָתָם לָא מָצֵי יָלְפִי, אִי לָא מֶהֶיקֵּשָׁא דְּמִנְחָה. וַלְדוֹת בְּהֵמוֹת קָדָשִׁים בַּהֲוָיָיתָן הֵן קְדוֹשִׁים. כְּשֶׁנּוֹלָדִים הֵן קְדוֹשִׁים, וְלֹא בִּמְעֵי אִמָּן. *וְגָמְרִי מֵאָשָׁם. וְדָנִין אֶפְשָׁר מִשֶּׁאִי אֶפְשָׁר. נְקֵבוֹת מִזְּכָרִים. וְלִגְמָרֵי לָא מָצֵי *לְמַעוּטִינְהוּ י] מִקָּדָשִׁים לְהַקְרִיבָם, דִּכְתִיב: "רַק קֳדָשֶׁיךָ אֲשֶׁר יִהְיוּ לְךָ" וְאָמַר מָר בִּכוֹרוֹת (דף יד:): "רַק קֳדָשֶׁיךָ" — אֵלּוּ הַתְּמוּרוֹת, "אֲשֶׁר יִהְיוּ לְךָ" — אֵלּוּ הַוְּלָדוֹת. וּמֵאָשָׁם גָּמְרִינַן דְּבִמְעֵי אִמָּן מִיהָא לָא קָדְשֵׁי, אֶלָּא בַּהֲוָיָיתָן, כְּדִכְתִיב: "אֲשֶׁר יִהְיוּ". מַה מִּלּוּאִים מוֹתְרֵיהֶן בִּשְׂרֵיפָה. וְלֹא הָיוּ בַּעֲלֵי חַיִּים בְּמוֹתְרֵיהֶן דְּמִלּוּאִים. שֶׁהֲרֵי קָרְבַּן צִבּוּר הָיוּ, וְלֹא הוּפְרְשׁוּ שְׁנַיִם לְאַחֲרָיוּת. וְגַם לֹא אָבַד אֶחָד מֵהֶם וְהִפְרִישׁ אַחֵר תַּחְתָּיו וְנִמְצָא הָרִאשׁוֹן. אַף כָּל הַקֳּדָשִׁים יא] מוֹתְרֵיהֶן בִּשְׂרֵיפָה וְאֵין בַּעֲלֵי חַיִּים בְּמוֹתְרֵיהֶן. שֶׁאִם הָיוּ בַּעֲלֵי חַיִּים בְּמוֹתְרֵיהֶן, כְּגוֹן יָחִיד שֶׁהִפְרִישׁ שְׁנֵי קָרְבָּנוֹת לְאַחֲרָיוּת חוֹבָתוֹ, שֶׁאִם יֹאבַד הָאֶחָד יִתְכַּפֵּר בַּשֵּׁנִי, אוֹ אִם הִפְרִישׁ קָרְבָּן וְאָבַד וְהִפְרִישׁ אַחֵר תַּחְתָּיו וְנִמְצָא הָרִאשׁוֹן, וְהִקְרִיב אֶת יב] הָאֶחָד מֵהֶן וְאֶת הַשֵּׁנִי נוֹתָר — אֵין נוֹתָר זֶה בִּשְׂרֵיפָה כְּדִין נוֹתָר שֶׁל מִילּוּאִים. יג] מְפַגְּלִים. אֶת הַנְּסָכִים, שֶׁאִם חִישֵּׁב בַּזֶּבַח — אַף הַנְּסָכִים מְפוּגָּלִין. וּמִשְּׁ"ה יָלֵיף מִשְּׁלָמִים, דְּעִיקַּר פִּיגּוּל יד] כְּתִיב בְּהוּ. דְּקָרִיר. *טריסטטרי"ט בְּלַעַ"ז. מִתּוֹךְ שֶׁהַבָּשָׂר עָב — נִכְנָס בְּתוֹכוֹ הַשּׁוּמָּן בְּעוֹמְקוֹ. חַטָּאת. בָּאָה בַּיּוֹם, דִּכְתִיב טו] (בַּיּוֹם) כִּפֵּר יוה"כ (ויקרא טז): "כִּי בַיּוֹם הַזֶּה יְכַפֵּר עֲלֵיכֶם". וּבְיָדוֹ הַיְמָנִית. דִּכְתִיב טז] אֶצְבַּע וּכְהוּנָּה, וְאָמַר מָר לְעֵיל (דף כד:) כ"מ שֶׁנֶּאֱמַר אֶצְבַּע וּכְהוּנָּה — אֵינוֹ אֶלָּא יָמִין. מִדְּרַבָּה בַּר בַּר חָנָה נָפְקָא כו'. וְקס"ד: אוֹ אֶצְבַּע אוֹ כְּהוּנָּה, וְאֵין לָךְ בְּכָל אֵלּוּ שֶׁלֹּא נֶאֱמַר כֹּהֵן בְּהַקְרָבָתָן. כְּר"ש. בְּפ"ב (שם): כְּהוּנָּה בָּעֵי אֶצְבַּע. וּבְחַטָּאת תַּרְוַיְיהוּ כְּתִיב: "וְלָקַח הַכֹּהֵן מִדַּם הַחַטָּאת בְּאֶצְבָּעוֹ". מָה אָשָׁם עַצְמוֹתָיו מוּתָּרִין. לַעֲשׂוֹת מֵהֶן כֵּלִים. אֲנִי שָׁמַעְתִּי: שֶׁהֲרֵי נֶאֱכָל לַכֹּהֲנִים, וְנוֹתָר בָּעֲצָמוֹת לֹא שַׁיָּיךְ, אֶלָּא בְּדָבָר הַנֶּאֱכָל. אַף כֹּל. וַאֲפִי' עוֹלָה. וּמִיבָּעֵי (ה) לִי: הָא נַמִי מֵחַטָּאת הֲוָה מָצֵי יז] יָלֵיף! וְנִרְאֶה בְּעֵינַי דְּמִ"לוֹ יִהְיֶה" יְתֵירָא נָפְקָא לֵיהּ בְּאָשָׁם, דִּכְתִיב בֵּיהּ (שם ז) "לַכֹּהֵן יח] לוֹ יִהְיֶה".

דַּם

תוספות

איכא דנפקא ליה מהכא כו'. עוד יש תנא שלישי בפרק "איזהו מקומן" (לעיל דף נה.) דאמר: אלא היקישא למאי אתא — מה חטאת לזכרי כהונה, אף זבחי שלמי ציבור לזכרי כהונה. והא דלא מייתי לה הכא — משום דסוגיא דשמעתא היא, ולא משכח לה ברייתא בהדיא.

מה חטאת מקדשת בבלוע כו'. הא דאמרינן בפרק "גיד הנשה" (חולין דף לח:): לא נצרכה [אלא] לטעם כעיקר, דבקדשים אסור והכא שרי. [ופריך]: וליגמר מינה! גלי רחמנא גבי חטאת "כל אשר יגע בבשרה יקדש". משמע דפשיטא ליה דשאר קדשים ילפינן מחטאת — היינו מהיקשא דהכא.

אף כל אין שפיר ושליא קדוש בו. פירש בקונטרס: ואין חלב ושתי כליות של שליל שבמעיה קריבין. וקשה: דהוה ליה לתנא לפרושי: חלב וכליות של שפיר ושליא, כמו שילהי "בהמה המקשה" (חולין דף עה.)!. הג"ה: ועוד, דמשמע מתוך פירושו דדוקא חלב ושתי כליות הוא דאין קדושין ליקרב, אבל הוולדות גופן — קדושין הן. וא"א לומר כן, דתניא תמורה (דף יא.): השוחט את החטאת ומצא בה בן ד' — נאכל לכל אדם ובכל מקום ולעולם. ומוקי לה יט] למאן דאית ליה בהווייתן הן קדושין בריש "כילד מערימין" (שם דף כה:) דהן עצמן חולין במעי אמן! ונראה לפרש: דלענין חולין גמורין קא יליף, דשפיר ושליא הנמצא בבטן חטאת לאחר שחיטה אינן קדושין כלל. ומהכא אית ליה ולדות קדשים בהווייתן הן קדושין. והא דתניא כ] ברייתא "בהמה המקשה" (חולין דף עה.): מה חלב ושתי כליות האמורין באשם מולא מכלל שליל, אף כל מולא מכלל שליל — ההוא תנא סבר במעי אמן קדושין, ולכך אילטריך קרא למעוטי חלב ושתי כליות מהקרבה. ולפי מה שפירשתי לא אתי שפיר הא דלא יליף מעולה, כמו לפי' הקונטרס.

מה שלמים מפגלין כו'. לעיל בסוף פרק ב' (דף כח:) איכא תנא דדריש לה מדכתיב "ואם האכל יאכל מבשר זבח שלמיו" — מה שלמים מפגלים ומתפגלין כו'. וכן בפרק "ב"ש" (לעיל דף מד.) דדריש לה נמי מההוא קרא: מה שלמים מיוחדין שיש להם מתירין בין לאדם בין למזבח מפגלין ומתפגלין. פי' בקונטרס: מפגלין — את הנסכים, אם חישב בזבח. ובתנם דחק, דהוה מצי למימר שהדם מפגל את הבשר, והבשר עצמו מתפגל.

מה חטאת אינה באה אלא מן החולין כו'. תרתי דריש מחטאת. דכבר דרש נמי: מה חטאת מקדשת בבלוע.

כדי נסבה ואי בעית אימא סבר לה כר"ש כו'. הכא מסיק להני תרי שינויי. אבל בסוף "התודה" (מנחות דף פג.) משני: "כדי נסבה" לחודיה. ובפ"ק דחולין (דף כב.) משני: כהונה בעיא אצבע כו', ותו לא. *ונראה דלמאן דאמר לעיל (דף נ.): דבר הלמד בג"ש אינו חוזר ומלמד בהיקש — צ"ל הכא *(ובפ"ק דחולין): "כדי נסבה", דאצבע דחטאת גופיה ילפינן בג"ש דמצורע דהיינו ימין, לעיל בפ' ב' (דף כד:) ובפ"ק דמנחות (דף י.). ואם כן כא] לא מצינו למילף בהיקש שאר קרבנות מחטאת.

מה אשם עצמותיו מותרין כו'. פי' בקונטרס: לעשות מהם כלים. אני שמעתי: באשם פשוט לו שעצמותיו מותרין, שהרי נאכל לכהנים, ונותר בעצמות לא שייך, אלא בדבר הנאכל. אף כל — ואפילו עולה. ומיבעי לי: הא נמי מחטאת הוה מצי יליף! ונראה בעיני דמ"לו יהיה" יתירא נפקא ליה באשם, דכתיב ביה "לכהן אשר יכפר בו לו יהיה". כך פי' בקונטרס. והשתא לפירוש רבותיו, דמסברא ידע דעצמות מותרין בכל קדשים הנאכלין, ולא אצטריך היקישא אלא להתיר עצמות עולה, קשה: משלמים או משאר קדשים הנאכלין נילף, ולמה איכתוב אשם? ועוד: דבפרק "המזבח מקדש" (לעיל דף פו.) דריש מג"ש: נאמר באשם "לו יהיה" ונאמר בעולה "לו יהיה". וקאמר דמופני: מה אשם עצמותיו מותרין — אף עולה כו'. והשתא תיפוק ליה מהיקישא דהכא, ול"ל ג"ש, כיון דלא איצטריכא היקישא דהכא אלא לאגמורי בעולה? ויש לומר: כיון דשאר קרבנות צריכי כל חד למלתיה, כדמפרש הכא — לא נילף מינייהו דבר אחר שאינו צ"ל בכל הקדשים רק בעולה. וכי האי גוונא פירשנו לעיל (דף נז:) גבי מנחה, דילפינן מיניה זכרי כהונה ולא ילפינן מחטאתו אשם. ולפי' זה, האי תנא לית ליה דרשא דשפיר ושליא

שייך לעיל
מנחות פג.
ע"כ שייך לעיל
[לקמן קיד. וש"נ]
[סוכה נ: יבמות מו. סח: הוריות ו: מנחות יט. פב. תמורה עז: יח: נדה לז:]
[מנחות פג.] לעיל כח:
מנחות פג. כל הסוגיא
[ע"ש במנחות]
[עי' תוספות לעיל ג. ד"ה אסו]
יומא ג: חולין כב. מנחות פג.
[ר"ה ה. וש"נ]
וגמרינן מאשם ודנין הד"א נ"ק
נ"א למעוטינהו מקודשתן מלהקריב דכתיב כו' נ"ק
חולין כב. לעיל כד: מנחות י. פג.
ג"ז שם
[לעיל פו.]
[ועי' תוס' סנהדרין סה. ד"ה יאמן] נ"ל ובסוף התודה

הגהות הב"ח

(א) גמ' מה חטאת מקדשת בבלוע אף כל מקדשת: (ב) רש"י ד"ה (בעמוד הקודם) ויקם בתגנות וכו' לקמן במשמעתין מה שלמים וכו' תיפוק משלמים דהתם בסוגי שלמים נמי הוו הס"ד ואח"כ מ"ה אלא סבין: (ג) ד"ה מה חטאת וכו' מיבלע כל"ל ואות ל' נמחק: (ד) ד"ה מה שלמים וכו' לא ה"ל למילף דכליל היא ולא מצינן למימר אף כל שאין שפיר ושליא קדוש בו דלאו לעולה וכו' וגבי אכילת זכרים קדשי קדשים הוא אבל שלמים קדשים קלים הוא הלכך מהתם: (ה) ד"ה אף כל ואפילו עולה ומיבעי כן הא מחטאת נמי הוה מצי כל"ל ותיבת זה נמחק:

גליון הש"ס

גמ' דקריר. לשון זה ג"כ לעיל דף עט ע"ב:

שיטה מקובצת

א] חטאת מקדשת בבלוע אף כל מקדשת בבלוע: ב] מנחה מקדשת בבלוע: ג] בעינן הס"ד ומה"ד אף כל אין נאכלים אלא לזכרי כהונה ושלמים. דהאי קרא בכבשי עצרת קאי דקדשי קדשים נינהו בכל הכתובים במקרא זה הס"ד: ד] יליף ליאכל לזכרי: ה] כתיב ואע"ג דזבחי שלמי ציבור לא כתיב התם אפ"ה וקדש: ו] ציבור דהיינו כבשי עצרת: ז] קדוש בו. דהא: ח] כל אין שפיר: ט] הוא קדש קדשים הוא: י] למעוטינהו מקדושה והקרבה דכתיב רק קדשיך: יא] הקדשים מותר בשרן בשרפה: יב] את אחד מהן: יג] מפגלין ס"א מפגלין את הלחם דהא שאם חשב בזבח אף הלחם מפוגל אף כל שבא דבר אחד עמו הזבח מפגלו כגון איל נזיר שהוא טעון לחם וכן תודה ומשום הכי יליף משלמים משום דעיקר פיגול בהו כתיבי: יד] פיגול בהו כתיב: טו] תיבת ביום נמחק: טז] דכתיב ביה אצבע: יז] מצי למילף ונראה: יח] לכהן אשר יכפר בו לו יהיה: יט] לה כמאן דאית: כ] דתניא בברייתא בפ' בהמה המקשה: כא] וא"כ היכי מצינו ותיבת לא ל"ש:

עג א מיי' פ"ח מהל' מעה"ק הלכה ט:
עד ב ג מיי' פ"ג מהל' מקוואות הלכה ו ז:
א ד מיי' פ"י מהלכות מעה"ק הלכה יט:
ב ה מיי' פ"ב מהלכות שאר אבות הטומאה הלכה טו ופ"ב מהלכות ביאת מקדש הלכה ח:
ג ו מיי' פ"ב מהלכות ביאת מקדש הל' ו:
ד ז מיי' פ"י מהלכות מעה"ק הלכה יט:
ה ח מיי' שם הל' יז ופ"ו מהלכות ביאת מקדש הל' יב ועי' רש"ק:
ו ט מיי' פ"ו מהלכות ביאת מקדש הלכה ח:
ז י מיי' פ"י מהלכות מעה"ק הלכה יד:
ח כ מיי' שם הל' כח:

דַּם חַטָּאת לְמַטָּה וְדַם עוֹלָה לְמַעְלָה — טָעוּן כִּיבּוּס. בָּעֵי רָבָא: דַּם עוֹלָה לְמַטָּה, וְדַם חַטָּאת לְמַעְלָה מַהוּ? מִשּׁוּם נוֹגֵעַ הוּא — וְהָא נוֹגֵעַ, אוֹ דִּלְמָא מִשּׁוּם בְּלוּעַ הוּא — וְהָא לָא בָּלַע א] (הוּא) הֲדַר פַּשְׁטָהּ, דְּאֵין [א]טְעוּנִין כִּיבּוּס. אָמַר רָבָא: פְּשִׁיטָא לִי, דָּם [ב]עַל בִּגְדוֹ — חוֹצֵץ, וְאִם טַבָּח הוּא — אֵינוֹ חוֹצֵץ. רְבָב עַל בִּגְדוֹ — חוֹצֵץ, וְאִם מוֹכֵר רְבָב הוּא — אֵינוֹ חוֹצֵץ. בָּעֵי רָבָא: דָּם וּרְבָב עַל בִּגְדוֹ, מַהוּ? אִם טַבָּח הוּא — תֵּיפּוֹק לִי מִשּׁוּם רְבָב, וְאִי מוֹכֵר רְבָב הוּא — תֵּיפּוֹק לִי מִשּׁוּם דָּם! לָא צְרִיכָא, דְּעָבֵיד הָא וְהָא; אַחֲדָא לָא קָפֵיד, אַתַּרְתֵּי קָפֵיד. אוֹ דִּלְמָא אַתַּרְתֵּי נַמִּי לָא קָפֵיד? [ג]תֵּיקוּ.§

הדרן עלך דם חטאת

טְבוּל [ד]יוֹם וּמְחוּסַּר כִּפּוּרִים אֵינָן חוֹלְקִין בְּקָדָשִׁים לֶאֱכוֹל לָעֶרֶב. אוֹנֵן ב] (אֵינוֹ) [ה]נוֹגֵעַ [ו]וְאֵינוֹ מַקְרִיב, [ז]וְאֵינוֹ חוֹלֵק לֶאֱכוֹל לָעֶרֶב. [ח]בַּעֲלֵי מוּמִין, בֵּין בַּעֲלֵי מוּמִין ג] עוֹבְרִין בֵּין בַּעֲלֵי מוּמִין קְבוּעִין — חוֹלְקִין וְאוֹכְלִין, [ט]אֲבָל לֹא מַקְרִיבִין. [י]כָּל שֶׁאֵינוֹ רָאוּי לַעֲבוֹדָה — אֵינוֹ חוֹלֵק בַּבָּשָׂר, [כ]וְכָל שֶׁאֵין לוֹ בַּבָּשָׂר — אֵין לוֹ בָּעוֹרוֹת. אֲפִילּוּ טָמֵא בִּשְׁעַת זְרִיקַת דָּמִים וְטָהוֹר בִּשְׁעַת הֶקְטֵר חֲלָבִים — אֵינוֹ חוֹלֵק בַּבָּשָׂר, שֶׁנֶּאֱ': ד] °"הַמַּקְרִיב אֶת דַּם הַשְּׁלָמִים ה] [וְאֶת הַחֵלֶב מִבְּנֵי אַהֲרֹן] לוֹ (יִהְיֶה) [תִּהְיֶה שׁוֹק הַיָּמִין לְמָנָה]".§ גמ'

תורה אור [ויקרא ז]

רש"י

דַּם חַטָּאת לְמַטָּה וְדַם עוֹלָה לְמַעְלָה. נָפַל דַּם חַטָּאת תְּחִילָּה עַל הַבֶּגֶד, וְחָזַר וְנִיתַּז דַּם עוֹלָה עַל אוֹתוֹ כֶּתֶם. טָעוּן כִּיבּוּס. דְּהָא דַּם חַטָּאת נוֹגֵעַ בַּבֶּגֶד וּבָלוּעַ בּוֹ. וְהָא נוֹגֵעַ. שֶׁדַּם עוֹלָה נִבְלַע בַּבֶּגֶד, וּכְשֶׁנָּפַל דַּם חַטָּאת עָלָיו — נוֹגֵעַ הוּא בַּבֶּגֶד, אֲבָל אֵינוֹ נִבְלָע, דְּהָא שָׂבַע לֵיהּ בַּבָּלוּעַ דַּם עוֹלָה. חוֹצֵץ. לְעִנְיַן טְבִילָה בְּבֶגֶד שֶׁנִּטְמָא. וְאִם טַבָּח הוּא. שֶׁאֵינוֹ מַקְפִּיד בְּדָם שֶׁעַל בִּגְדוֹ. אֵינוֹ חוֹצֵץ. דַּחֲצִיצָה בִּקְפֵידָא תַּלְיָא ו]. רְבָב. כָּל דָּבָר הַנִּתּוּךְ, כְּגוֹן שׁוּמָּן וְחֵלֶב וְשַׁעֲוָה. וְתֵיפּוֹק לֵיהּ מִשּׁוּם רְבָב. שֶׁאֵינוֹ רָגִיל בּוֹ, וּמַקְפִּיד עָלָיו, וְהָוֵי חֲצִיצָה! אַתַּרְתֵּי קָפֵיד. [וְאַף עַל גַּב] דְּרָגִיל בְּתַרְוַיְיהוּ — גְּנַאי הוּא לוֹ שֶׁיִּרְאוּ שְׁנֵיהֶם עַל בִּגְדוֹ. אוֹ דִּלְמָא לָא קָפֵיד. הוֹאִיל וּבִשְׁנֵיהֶם רָגִיל.

הדרן עלך דם חטאת

טְבוּל יוֹם וּמְחוּסַּר כִּפּוּרִים. הוֹאִיל וְאֵין רְאוּיִן לַאֲכִילָה ז]. אֵין חוֹלְקִין לֶאֱכוֹל לָעֶרֶב. לִכְשֶׁיִּטָּהֲרוּ. וּבַגְּמָרָא מְפָרֵשׁ טַעְמָא. אוֹנֵן אֵינוֹ מַקְרִיב. כִּדְאָמַר בְּפֶרֶק שֵׁנִי (לעיל דף טז.). בַּעֲלֵי מוּמִין חוֹלְקִין. טַעְמָא מְפָרֵשׁ בַּגְּמָרָא. כָּל שֶׁאֵינוֹ רָאוּי לַעֲבוֹדָה כו'. בַּגְּמָרָא פָּרֵיךְ: וַהֲרֵי ח] בַּעַל מוּם. וְטָהוֹר בִּשְׁעַת הֶקְטֵר חֲלָבִים. שֶׁהוּא כָּל הַלַּיְלָה, כְּגוֹן שֶׁטָּבַל וְטִיהֵר בְּהַעֲרֵב שֶׁמֶשׁ. גמ' *מַחֲטָא. זוֹרֵק אֶת הַדָּם. וּכְלָלָא הוּא. רֵישׁ לָקִישׁ גּוּפֵיהּ יָלֵיף וְאָזֵיל לְמִילְּתֵיהּ. וּפָרֵיךְ לִקְרָא עַד דְּמוֹקֵי לָהּ מֵיתּוֹקְמָא בַּחֲלוּקָה. מִשְׁמָרָה

[בייד לקמן קב.]

תוספות

ושליא דלעיל. ומאן דדריש עצמות מותרין מ"לו יהיה" פרק "המזבח מקדש" (לעיל דף פו.) אית ליה היקישא דאשם לגבי שפיר ושליא. ולפרש"י דאמר דבכל הקדשים מן הדין אסורין העצמות, דלא התיר הכתוב אלא בשר הראוי לאכילה, וגילה לנו באשם "לו יהיה" דמשמע שריותא — נילף כמו כן היתר בכל הקדשים ע"פ זה. הגהה: קשה, דההוא קרא כתיבי חטאת ואשם, בפרשת "צו את אהרן": "כחטאת כאשם תורה אחת להם הכהן אשר יכפר בו לו יהיה", ולמה נקט אשם? וי"ל: דעיקר פרשה *באשם. ועוד, ד"לו יהיה" נכתב ל' יחיד, שמא לא קאי רק על האשם דסליק מיניה. ולא תקשי ט] (הכי גרסינן) הא דדרשינן לעיל בפרק "המזבח מקדש" (שם): נאמר "לו יהיה" בעולה — "עור העולה אשר הקריב לכהן לו יהיה", ונאמר "לו יהיה" באשם, מה אשם עצמותיו מותרין — אף עולה עצמותיה מותרין. וקאמר התם: מופני. והשתא, למה לי בעולה "לו יהיה"? תיפוק לי מהיקישא דאשם דשמעתין! וי"ל: דלא גמרינן מהיקישא אלא קרבנות הנאכלין. ומ"מ קשה: אי ממשמעותא ד"לו יהיה" דאשם דרשינן עצמותיו מותרין, וילפינן מיניה שאר קרבנות, שלמים חטאת ותודה, הלא בעולה נמי כתיב "לו יהיה", ול"ל גזירה שוה פרק "המזבח מקדש" (שם) למיגמר מאשם? וי"ל: ד"לו יהיה" דעולה קאי על העור, ולא להתיר עצמות. דהכי כתיב קרא "עור העולה לו יהיה"*. הגהה: "לו יהיה" י] לא דריש אלא מייתורא. ושם פירש בקונטרס דפשיט ליה באשם יותר מעולה, משום דאף בשרו מותר. ואי משום נותר דבשריפה — לא שייך נותר אלא במידי דבר אכילה, כדכתיב "והנותר מבשר הזבח". וא"כ לא צריכא למגמר אלא עולה דכליל, וזהו כמו שפירש בשמעתין בשם רבותיו.. הגה"ה.: ובפרק "כיצד צולין" (פסחים דף פג.) מוכח בהדיא כדבריו, דאין נותר בעצמות. ובמנחות בסוף "התודה" (דף פג.) פירש בקונטרס דהא דפשיטא ליה באשם יותר משאר קרבנות הנאכלין — משום דכתיב באשם "הוא" לאחר הקטרת אימורין, דמשמע: הוא אשם ואין עצמותיו אשם. וצריך לדקדק: ל"ל תרי קראי לעצמות, היקישא דהכא יא] דאתי מ"הוא", וגזירה שוה ד"לו יהיה" בפרק "המזבח מקדש" (לעיל דף פו.)? ותו קשה לי: ד"הוא" דאשם דרשינן פ"ק (לעיל דף ה:) לאשם שניתק לרעייה! מיהו, תרי "הוא" כתיבי באשם בפרשת ויקרא. ברו"ך.

גי' ל"ק לו יהיה ולא דריש אלא מייתורא כו' ועיין רש"ק

נ"ל דאשם נקטיה נ"ק

הדרן עלך דם חטאת

טבול יום ומחוסר כיפורים אינם חולקים בקדשים לאכול לערב. משמע הכא דמחסורי כיפורים שהביאו כפרתן בעו עדיין טבילה והערב שמש. וכן משמע פרק "בכל מערבין" (עירובין דף לב.) דמייתי יב] הא מתניתא: האשה שיש עליה לידה או זיבה — מביאה מעות ונותנת בשופר, וטובלת ואוכלת בקדשים לערב. ובריש "תמיד נשחט" (פסחים דף נט.) נמי אמרינן: אף מחוסר כפרה בשאר ימות השנה שטובל ואוכל יג] לערב. ותימה: דתנא פרק "חומר בקודש" (חגיגה דף כא.) ובשמעתין מייתי לה: האונן והמחוסר כיפורים צריכין טבילה לקדש. ובשמעתין נמי בגמ' משמע דטבילה דוקא בעי, דמייתי הסיא דמחוסר כפרה דחגיגה, ופריך בתר הכי: טמא שרץ טמא מעליא הוא והערב שמש בעי! משמע דעד השתא לא איירי כלל בהערב שמש. ועוד אמרינן בפסחים בפ' "האשה" (דף צ:) שוחטין וזורקין על טבול יום ועל מחוסר כיפורים, ואין שוחטין וזורקין על טמא שרץ. ופריך: מאי שנא טבול יום — דחזי לאורתא, טמא שרץ נמי חזי לאורתא! ומשני: מחוסר טבילה, וחיישינן דלמא פשע. אבל במחוסר כיפורים — לא חיישינן, כשמסר קינו לב"ד. וכדרב שמעיה, דאין ב"ד של כהנים מתעצלין. והשתא מחוסר כיפורים יד] הא בעי טבילה, ניחוש דלמא פשע! אלא ודאי בטמא שרץ דבעי הערב שמש — איכא למיחש דלמא פשע ולא טבל עד לאורתא, אבל הא דלא בעי הערב שמש למאי ניחוש ליה? אפילו בלילה יכול לטבול ויאכל. ועוד אמרינן בפרק שני דביצה (דף יח.): כלי שנטמא באב הטומאה — אין מטבילין אותו ביום טוב, בולד הטומאה — מטבילין אותו בי"ט. ואי בטבילה דרבנן בעי הערב שמש — אם כן לא יוכל להשתמש בו טו] ביום עד הלילה, ולצורך חול הוא מטביל ליה! ועוד, תנן במס' פרה (פי"א מ"ה): כל הטעון ביאת מים מדברי סופרים — מטמא את הקדש, ופוסל את התרומה, ומותר בחולין ובמעשר. לאחר ביאתו — הותר בכולן. ובהדיא אמרינן בירושלמי במס' תרומות פ' שני: נפל דלי לתוך הבור, נפלו כליו לתוך הבור — מערים עליהן ומטבילן. תרין אמוראין, חד אמר: באב הטומאה, וחד אמר: בולד הטומאה. מתיב מ"ד בולד הטומאה למ"ד באב בטומאה: *אף בחול טו] והא צריך הערב שמש! ומשני: ברוצה להשתמש בהן חולין בטהרה. משמע בהדיא דלמ"ד בולד הטומאה ניחא, דלא בעי הערב שמש. ובירושלמי פ' שני דביצה איכא איפכא: מתיב מ"ד באב הטומאה למ"ד בולד הטומאה. ואותה גירסא משובשת, והסיא דמס' תרומות עיקר. ונראה לפרש, דהא דקתני הכא במתניתין "לערב" — לאו משום מחוסר כיפורים, אלא משום טבול יום. ובפ' "בכל מערבין" (עירובין דף לב.) דנקט "לערב" — לאו משום הערב שמש, דאי ידעה שהוקרב קינה — ודאי יז] טובלת ואוכלת לאלתר. אלא התם הוא מטעם חזקה שאין ב"ד של כהנים *מתעצלין עד שיכלו כל מעות שבשופר, ומטעם זה לא תוכל לאכול כל היום. וכי תימא מטעם שמתחילין להקריב את התמיד של בין הערבים תהא טובלת ואוכלת — הא אפשר להקריב את הקינים לאחר תמיד, כיון שאין למזבח אלא דמה. כדאמר בריש "תמיד נשחט" (פסחים דף נט.). ובהמה נמי אמרינן התם מעלה ומלינה. והסיא ד"תמיד נשחט" (שם) דמחוסר כיפורים בשאר ימות השנה שטובל ואוכל בקדשים לערב, איידי דנקט התם גבי פסח שטובל ואוכל פסחו לערב, דפסח אינו נאכל אלא בלילה — נקט נמי בההיא "לערב". והא דאמרינן בפסחים

נ"ל אפילו בחול דהא צריך כו' נ"ק

[נ"ל שמתין עד שיכלו כו' וכ"ה שם]

שיטה מקובצת

א] תיבת הוא נמחק:
ב] תיבת אינו נמחק:
ג] בין בעלי מומין קבועין בין בעלי מומין עוברין:
ד] שנאמר לכהן הזורק את דם השלמים לו יהיה כצ"ל וכן משמע בגמרא (דף קב ע"ב) ואח"כ מצאתי כך בתוס' (דף קג) [מדפוס שלנו מדף לט ע"א] [כפי הנראה דברים אלו מהגאון רב"א זצ"ל]:
ה] השלמים ואת החלב מבני אהרן לו יהיה שוק הימין למנה:
ו] תליא מילתא הס"ד:
ז] הואיל ואין ראוין לאבילה אינן חולקין והד"א: ח] והרי בעלי מומין: ט] תיבות הכי גרסינן נמחק: י] יהיה ולהכי ממשמעות לו לא: יא] תיבות דאתי מהוא נמחק: יב] דמייתי התם מתניתין דהאשה שיש עליה: יג] ואוכל בקדשים לערב ותימה דתנן בפ' חומר בקודש האונן א) תיבות דתוא ובשמעתין מייתי לה נמחק לקדש אבל לא לתרומה ומשמע טבילה אין הערב שמש לא דהכ"ג דייק התם גבי כלים הנגמרים בטהרה צריכין טבילה לקודש ובשמעתין מייתי לה כו': יד] כיפורים נמי הא: טו] בו היום אות ב' נמחק: טז] בחול יהא צריך אות ו' נמחק: יז] ודאי היתה טובלת:

א) נראה דצ"ל האונן והמחוסר כיפורים צריכים טבילה לקודש אבל לא לתרומה ומשמע וכו' טבילה לקודש ובשמעתין נמי בגמ' משמע וכו' ותיבות ובשמעתין מייתי לה נמחק.

Koren Talmud Bavli
THE NOÉ EDITION

ZEVAHIM

Steinsaltz Center

KOREN

תלמוד בבלי

KOREN TALMUD BAVLI

THE NOÉ EDITION

זבחים

ZEVAḤIM

Daf 83a through Daf 98b

COMMENTARY BY

Rabbi Adin Even-Israel Steinsaltz

EDITOR-IN-CHIEF

Rabbi Dr Tzvi Hersh Weinreb

SENIOR CONTENT EDITOR

Rabbi Dr Shalom Z Berger

EXECUTIVE EDITOR

Rabbi Joshua Schreier

STEINSALTZ CENTER

KOREN PUBLISHERS JERUSALEM

MATANEL
FOUNDATION
GRANTED TO GIVE

Supported by the Matanel Foundation

Koren Talmud Bavli, The Noe Edition
Vol. 29e: Tractate Zevaḥim, Daf 83a through Daf 98b
Paperback, ISBN, 978-965-7767-21-4

First Hebrew/English paperback edition, 2021

Koren Publishers Jerusalem Ltd.
PO Box 4044, Jerusalem 91040, ISRAEL
PO Box 8531, New Milford, CT 06776, USA
www.korenpub.com

Steinsaltz Center

Steinsaltz Center is the parent organization of institutions established by Rabbi Adin Even-Israel Steinsaltz

PO Box 45187, Jerusalem 91450 ISRAEL
Telephone: +972 2 646 0900, Fax +972 2 624 9454
www.steinsaltz-center.org

Talmud Commentary © 1965, 2012 Adin Steinsaltz and Steinsaltz Center
Talmud Translation © 2012 Steinsaltz Center
Vocalization and punctuation of the Hebrew/Aramaic text © 2012 Steinsaltz Center
Koren Tanakh & Siddur Fonts © 1962, 1981, 2021 Koren Publishers Jerusalem Ltd.
Talmud Design © 2012 Koren Publishers Jerusalem Ltd.
Original Illustrations © 1965, 2012 Steinsaltz Center
Revised Illustrations © 2012 Koren Publishers Jerusalem Ltd. (except as noted)

This book was published in cooperation with the Israel Institute for Talmudic Publications.
All rights reserved for Rabbi Adin Even-Israel Steinsaltz and Milta Management Ltd.

Considerable research and expense have gone into the creation of this publication.
Unauthorized copying may be considered *geneivat da'at* and breach of copyright law.

No part of this publication (content or design, including use of the Talmud translations and Koren fonts) may be reproduced, stored in a retrieval system or transmitted in any form or by any means electronic, mechanical, photocopying or otherwise, without the prior written permission of the publisher, except in the case of brief quotations embedded in critical articles or reviews.

הִנֵּה יָמִים בָּאִים, נְאֻם אֲדֹנָי יֱהוִה, וְהִשְׁלַחְתִּי רָעָב בָּאָרֶץ,
לֹא־רָעָב לַלֶּחֶם וְלֹא־צָמָא לַמַּיִם, כִּי אִם־לִשְׁמֹעַ אֵת דִּבְרֵי יהוה.

Behold, days are coming – says the Lord God – I will send a hunger to the land, not a hunger for bread nor a thirst for water, but to hear the words of the Lord. (AMOS 8:11)

The Noé edition of the Koren Talmud Bavli
with the commentary of Rabbi Adin Even-Israel Steinsaltz
is dedicated to all those who open its covers
to quench their thirst for Jewish Knowledge,
in our generation of Torah renaissance.

This beautiful edition is for the young, the aged,
the novice and the savant alike,
as it unites the depth of Torah knowledge
with the best of academic scholarship.

Within its exquisite and vibrant pages,
words become worlds.

It will claim its place in the library of classics,
in the bookcases of the Beit Midrash,
the classrooms of our schools,
and in the offices of professionals and business people
who carve out precious time to grapple with its timeless wisdom.

For the Student and the Scholar

DEDICATED BY LEO AND SUE NOÉ

Executive Director, Steinsaltz Center

Rabbi Meni Even-Israel

Managing Editor

Rabbi Jason Rappoport

Senior Content Editor

Rabbi Dr. Shalom Z. Berger

Editors

Rabbi Dr. Joshua Amaru, *Coordinating Editor*
Rabbi Yehoshua Duker, *Senior Editor*
Rabbi Yedidya Naveh, *Content Curator*
Rabbi Avishai Magence, *Content Curator*
Rabbi Yehonatan Eliav, *Hebrew Edition*
Rabbi Gershon Kitsis, *Hebrew Edition*
Menucha Chwat
Rabbi Yonatan Shai Freedman
Rabbi Ayal Geffon
Rabbi Uri Goldstein
Noam Harris
Yisrael Kalker
Rabbi Tzvi Chaim Kaye
Rabbi Yonatan Kohn
Sholom Licht
Catriel Lev
Elisha Loewenstern
Rafi Miller
Rabbi Jonathan Mishkin
Rabbi Eli Ozarowski
Rabbi David Sedley
Rabbi Jonathan Shulman
Rabbi Michael Siev
Avi Steinhart
Rabbi David Strauss

Copy Editors

Aliza Israel, *Coordinator*
Ita Olesker
Debbie Ismailoff
Shira Finson
Ilana Sobel
Deena Nataf
Eliana Kurlantzick Yorav
Erica Hirsch Edvi
Sara Henna Dahan
Oritt Sinclair

Language Consultants

Dr. Stéphanie E. Binder, *Greek & Latin*
Rabbi Yaakov Hoffman, *Arabic*
Dr. Shai Secunda, *Persian*
Shira Shmidman, *Aramaic*

Technical Staff

Tani Bednarsh
Adena Frazer
Yaakov Shmidman
Shaltiel Shmidman
Nava Wieder

Design & Typesetting

Dena Landowne Bailey, *Typesetting*
Tani Bayer, *Jacket Design*
Raphaël Freeman, *Design & Typography*

Images

Eliahu Misgav, *Illustration & Image Acquisition*
Daniel Gdalevich, *Illustration & Image Acquisition*

Introduction by the Publisher

The Talmud has sustained and inspired Jews for thousands of years. Throughout Jewish history, an elite cadre of scholars has absorbed its learning and passed it on to succeeding generations. The Talmud has been the fundamental text of our people.

Beginning in the 1960s, Rabbi Adin Even-Israel Steinsaltz שליט״א created a revolution in the history of Talmud study. His translation of the Talmud, first into modern Hebrew and then into other languages, as well the practical learning aids he added to the text, have enabled millions of people around the world to access and master the complexity and context of the world of Talmud.

It is thus a privilege to present the *Koren Talmud Bavli*, an English translation of the talmudic text with the brilliant elucidation of Rabbi Steinsaltz. The depth and breadth of his knowledge are unique in our time. His rootedness in the tradition and his reach into the world beyond it are inspirational.

Working with Rabbi Steinsaltz on this remarkable project has been not only an honor, but a great pleasure. Never shy to express an opinion, with wisdom and humor, Rabbi Steinsaltz sparkles in conversation, demonstrating his knowledge (both sacred and worldly), sharing his wide-ranging interests, and, above all, radiating his passion. I am grateful for the unique opportunity to work closely with him, and I wish him many more years of writing and teaching.

Our intentions in publishing this new edition of the Talmud are threefold. First, we seek to fully clarify the talmudic page to the reader – textually, intellectually, and graphically. Second, we seek to utilize today's most sophisticated technologies, both in print and electronic formats, to provide the reader with a comprehensive set of study tools. And third, we seek to help readers advance in their process of Talmud study.

To achieve these goals, the *Koren Talmud Bavli* is unique in a number of ways:

- The classic *tzurat hadaf* of Vilna, used by scholars since the 1800s, has been reset for great clarity, and opens from the Hebrew "front" of the book. Full *nikkud* has been added to both the talmudic text and Rashi's commentary, allowing for a more fluent reading with the correct pronunciation; the commentaries of *Tosafot* have been punctuated. Upon the advice of many English-speaking teachers of Talmud, we have separated these core pages from the translation, thereby enabling the advanced student to approach the text without the distraction of the translation. This also reduces the number of volumes in the set. At the bottom of each *daf*, there is a reference to the corresponding English pages. In addition, the Vilna edition was read against other manuscripts and older print editions, so that texts which had been removed by non-Jewish censors have been restored to their rightful place.

- The English translation, which starts on the English "front" of the book, reproduces the *menukad* Talmud text alongside the English translation (in bold) and commentary and explanation (in a lighter font). The Hebrew and Aramaic text is presented in logical paragraphs. This allows for a fluent reading of the text for the non-Hebrew or non-Aramaic reader. It also allows for the Hebrew reader to refer easily to the text alongside. Where the original text features dialogue or poetry, the English text is laid out in a manner appropriate to the genre. Each page refers to the relevant *daf*.

- Critical contextual tools surround the text and translation: personality notes, providing short biographies of the Sages; language notes, explaining foreign terms borrowed from Greek, Latin, Persian, or Arabic; and background notes, giving information essential to the understanding of the text, including history, geography, botany, archaeology, zoology, astronomy, and aspects of daily life in the talmudic era.
- Halakhic summaries provide references to the authoritative legal decisions made over the centuries by the rabbis. They explain the reasons behind each halakhic decision as well as the ruling's close connection to the Talmud and its various interpreters.
- Photographs, drawings, and other illustrations have been added throughout the text – in full color in the Standard and Electronic editions, and in black and white in the Daf Yomi edition – to visually elucidate the text.

This is not an exhaustive list of features of this edition, it merely presents an overview for the English-speaking reader who may not be familiar with the "total approach" to Talmud pioneered by Rabbi Steinsaltz.

Several professionals have helped bring this vast collaborative project to fruition. My many colleagues are noted on the Acknowledgments page, and the leadership of this project has been exceptional.

RABBI MENACHEM EVEN-ISRAEL, DIRECTOR OF THE STEINSALTZ CENTER, was the driving force behind this enterprise. With enthusiasm and energy, he formed the happy alliance with Koren and established close relationships among all involved in the work.

RABBI DR. TZVI HERSH WEINREB שליט״א, EDITOR-IN-CHIEF, brought to this project his profound knowledge of Torah, intellectual literacy of Talmud, and erudition of Western literature. It is to him that the text owes its very high standard, both in form and content, and the logical manner in which the beauty of the Talmud is presented.

RABBI JOSHUA SCHREIER, EXECUTIVE EDITOR, assembled an outstanding group of scholars, translators, editors, and proofreaders, whose standards and discipline enabled this project to proceed in a timely and highly professional manner.

RABBI MEIR HANEGBI, EDITOR OF THE HEBREW EDITION OF THE STEINSALTZ TALMUD, lent his invaluable assistance throughout the work process, supervising the reproduction of the Vilna pages.

RAPHAËL FREEMAN, EXECUTIVE EDITOR OF KOREN, created this Talmud's unique typographic design which, true to the Koren approach, is both elegant and user friendly.

It has been an enriching experience for all of us at Koren Publishers Jerusalem to work with the Steinsaltz Center to develop and produce the *Koren Talmud Bavli*. We pray that this publication will be a source of great learning and, ultimately, greater *avodat Hashem* for all Jews.

Matthew Miller, Publisher
Koren Publishers Jerusalem
Jerusalem 5772

Contents

For the vocalized Vilna Shas layout, please open as a Hebrew book.

Introduction to **Perek IX**

Seven days you shall make atonement for the altar, and sanctify it; so shall the altar be most holy; whatever touches the altar shall be sacred.

(Exodus 29:37)

Command Aaron and his sons, saying: This is the law of the burnt offering: It is the burnt offering on the pyre upon the altar all night until the morning; and the fire of the altar shall be kept burning there.

(Leviticus 6:2)

Following the previous chapter's focus on the *halakhot* of disqualified sacrificial offerings that were intermingled with fit offerings, this chapter will discuss the *halakhot* of disqualified offerings that were improperly offered up on the altar.

The Sages derived from the Torah that the altar sanctifies items that are fit for it, to the extent that even if they have been disqualified and may not ascend the altar, if they did ascend they shall not descend. In addition, the Sages received a tradition that not only does the external altar sanctify items fit for it, the inner golden altar also sanctifies those items fit for it. The majority of the chapter will be devoted to defining which items are considered fit such that they shall not descend if they ascended upon the altar, and which items shall descend.

A number of questions will arise with regard to sacrificial offerings that are fit for the altar. Among them is the question of whether or not there is any distinction between a sacrificial offering and the accompanying libations. If one is disqualified does the other remain fit, or are they both disqualified?

Another uncertainty with regard to this *halakha* is the status of a disqualified offering that shall not descend from the altar if it ascended, but which did in fact descend: Is it returned to the altar or not? Likewise, what is the *halakha* with regard to fit offerings that descended from the altar?

The Sages also derived from the Torah that the Temple's service vessels sanctify that which is fit for them. With regard to these vessels as well there are various points to clarify, e.g., which items are sanctified by the service vessels, and whether there is a distinction between different types of vessels, such as those used for dry items, those used for liquids, those used for measuring, and those used in preparation for the Temple service.

These are some of the issues that this chapter will discuss at length.

מתני׳ הַמִּזְבֵּחַ מְקַדֵּשׁ [אֶת] הָרָאוּי לוֹ.

MISHNA Certain unfit items, once they have been placed on the altar, are nevertheless sacrificed. The mishna teaches: **The altar sanctifies** only items **that are suited to it.** The *tanna'im* disagree as to the definition of suited for the altar.

רַבִּי יְהוֹשֻׁעַ אוֹמֵר: כׇּל הָרָאוּי לָאִישִּׁים, אִם עָלָה – לֹא יֵרֵד, שֶׁנֶּאֱמַר: ״הִיא הָעֹלָה עַל מוֹקְדָה״, מָה עוֹלָה שֶׁהִיא רְאוּיָה לָאִישִּׁים אִם עָלְתָה לֹא תֵּרֵד – אַף כׇּל שֶׁהוּא רָאוּי לָאִישִּׁים אִם עָלָה לֹא יֵרֵד,

Rabbi Yehoshua says: Any item **that is suited to** be consumed by **the fire**[H] on the altar, e.g., burnt offerings and the sacrificial portions of other offerings, which are burned on the altar, **if it ascended** upon the altar, even if it is disqualified from being sacrificed *ab initio*, **it shall not descend.** Since it was sanctified by its ascent upon the altar, it is sacrificed upon it, **as it is stated: "It is the burnt offering on the pyre**[N] upon the altar" (Leviticus 6:2), from which it is derived: **Just as** with regard to **a burnt offering, which is suited to** be consumed by **the fire** on the altar, **if it ascended it shall not descend, so too,** with regard to **any** item **that is suited to** be consumed by **the fire** on the altar, **if it ascended it shall not descend.**

רַבָּן גַּמְלִיאֵל אוֹמֵר: כׇּל הָרָאוּי לַמִּזְבֵּחַ – אִם עָלָה לֹא יֵרֵד, שֶׁנֶּאֱמַר: ״הִיא הָעֹלָה עַל מוֹקְדָה עַל הַמִּזְבֵּחַ״, מָה עוֹלָה שֶׁהִיא רְאוּיָה לַמִּזְבֵּחַ, אִם עָלְתָה לֹא תֵּרֵד – אַף כׇּל דָּבָר שֶׁהוּא רָאוּי לַמִּזְבֵּחַ אִם עָלְתָה לֹא תֵּרֵד.

Rabban Gamliel says: With regard to **any** item **that is suited to** ascend upon **the altar,** even if it is not typically consumed, **if it ascended, it shall not descend,** even if it is disqualified from being sacrificed *ab initio*, **as it is stated: "It is the burnt offering on the pyre upon the altar,"** from which it is derived: **Just as** with regard **to a burnt offering, which is fit for the altar, if it ascended it shall not descend, so too, any** item **that is fit for the altar, if it ascended it shall not descend.**

אֵין בֵּין דִּבְרֵי רַבָּן גַּמְלִיאֵל לְדִבְרֵי רַבִּי יְהוֹשֻׁעַ אֶלָּא הַדָּם וְהַנְּסָכִים, שֶׁרַבָּן גַּמְלִיאֵל אוֹמֵר: לֹא יֵרְדוּ, וְרַבִּי יְהוֹשֻׁעַ אוֹמֵר: יֵרְדוּ.

The mishna comments: **The difference between the statement of Rabban Gamliel and the statement of Rabbi Yehoshua is only** with regard to disqualified **blood and** disqualified **libations,**[N] which are not consumed by the fire but do ascend upon the altar, **as Rabban Gamliel says: They shall not descend,** as they are fit to ascend upon the altar, **and Rabbi Yehoshua says: They shall descend,** as they are not burned on the altar.

רַבִּי שִׁמְעוֹן אוֹמֵר: הַזֶּבַח כָּשֵׁר וּנְסָכִים פְּסוּלִין, הַנְּסָכִים כְּשֵׁרִים וְהַזֶּבַח פָּסוּל, אֲפִילּוּ זֶה וָזֶה פְּסוּלִין – הַזֶּבַח לֹא יֵרֵד, וְהַנְּסָכִים יֵרְדוּ.

Rabbi Shimon says:[N] Whether **the offering**[H] **was fit and** the accompanying **libations** were **unfit,** e.g., if they became ritually impure or they were brought outside their designated area, or whether **the libations were fit and the offering** was **unfit,** rendering the accompanying libations unfit as well, and **even if** both **this and that were unfit, the offering shall not descend,** as it was sanctified by the altar, **but the libations shall descend.**

NOTES

It is the burnt offering on the pyre – הִיא הָעֹלָה עַל מוֹקְדָה: Rashi understands that Rabbi Yehoshua's opinion is based on the word "it" in the verse, whereby the verse means to add that any item that ascends upon the pyre must remain upon the altar and may not descend from it. Accordingly, Rabban Gamliel understands the verse as adding any item that is suited to the altar. *Tosafot* raise the difficulty that the Gemara itself (84a) states that "it" in a verse serves to limit, and not expand, a particular derivation of the *halakha* from a verse. *Tosafot* therefore explain that "it" serves as a limitation of the scope of what may remain on the altar. The previous part of the verse states: "This is the law of the burnt offering" (Leviticus 6:2). The word for burnt offering, *ola*, literally means: That which ascends, so that the verse can be understood to include any item that ascends upon the altar. The subsequent word "it" serves to limit the prohibition against removal of items from the altar, to items that are suited to the altar (see *Tzon Kodashim* and *Likkutei Halakhot*).

Blood and libations – הַדָּם וְהַנְּסָכִים: The blood is presented on the wall of the altar, and the remaining blood is poured over the base of the altar. The libations are poured either over the base or into holes situated in the southwest corner of the altar (see Rambam *Sefer Avoda, Hilkhot Ma'aseh HaKorbanot* 2:1, and Ra'avad and other commentaries there).

Rabbi Shimon says, etc. – רַבִּי שִׁמְעוֹן אוֹמֵר וכו׳: Burnt offerings and peace offerings are always accompanied by libations (see Numbers 15:1–12). Since these libations serve as additions to the offering they accompany, in a case where an offering is disqualified, its libations would be disqualified as well. In Rambam's Commentary on the Mishna it is explained that Rabbi Shimon agrees with Rabbi Yehoshua that only those items meant for burning on the pyre shall not descend. Therefore, libations that became disqualified shall descend, as they are poured, not burned. Rabbi Shimon adds that even libations that became disqualified solely on account of their connection to a disqualified offering shall descend from upon the altar.

According to Rashi, Rabbi Shimon follows Rabban Gamliel's opinion that any item fit to ascend upon the altar shall not descend once it has ascended. Rabbi Shimon understands this *halakha* as pertaining only to the offerings themselves and not to the libations brought in addition to those offerings. Accordingly, libations that are not offered as an addition but as an independent offering shall not descend from the altar (see *Keren Ora*).

HALAKHA

Any item that is suited to be consumed by the fire, etc. – כׇּל הָרָאוּי לָאִישִּׁים וכו׳: Any item that is suited to be consumed by the fire upon the altar, if it ascended upon the altar it shall not descend, as the verse states: "Whatever touches the altar shall be sacred" (Exodus 29:37). One might have thought that even items that are not suited for consumption by the fire shall not descend. Therefore, the verse states: "It is the burnt offering on the pyre" (Leviticus 6:2), indicating that just as with regard to a burnt offering, which is suited to be consumed by the fire on the altar, if it ascended it shall not descend, so too, any item that is suited to be consumed by the fire on the altar, if it ascended it shall not descend. Rambam rules in accordance with the opinion of Rabbi Yehoshua, since Rabbi Akiva and Rabbi Yosei HaGelili (83b), as well as Rabbi Shimon, disagree with Rabban Gamliel (Rambam *Sefer Avoda, Hilkhot Pesulei HaMukdashin* 3:3 and *Kesef Mishne* there).

The offering, etc. – הַזֶּבַח וכו׳: If a disqualified offering or disqualified libations ascended upon the altar, the offering shall not descend and the libations shall descend. This is in accordance with the opinion of Rabbi Shimon, who rules in accordance with the opinion of Rabbi Yehoshua that only items meant for consumption by the fire shall not descend from the altar (Rambam *Sefer Avoda, Hilkhot Pesulei HaMukdashin* 3:14 and *Kesef Mishne* there).

גמ׳ רָאוּי לוֹ – אִין, שֶׁאֵין רָאוּי לוֹ – לָא. לְמַעוּטֵי מַאי? אָמַר רַב פַּפָּא: לְמַעוּטֵי קְמָצִין שֶׁלֹּא קִידְּשׁוּ בִּכְלִי.

GEMARA The mishna teaches that the altar sanctifies items that are suited to it, from which the Gemara infers: Items **suited to** the altar, **yes,** they are sanctified by it, but items **that are not suited to** the altar, **no,** they are not sanctified by it and descend from it even after ascending. The Gemara asks: This inference serves **to exclude what? Rav Pappa said:** It serves **to exclude handfuls**[H] of flour that were removed from meal offerings by a priest in order to be burned on the altar, and **that were not sanctified** by being placed **in** a service **vessel**[N] before they ascended upon the altar. Those handfuls did not yet become suited for the altar and therefore shall descend.

מַתְקִיף לַהּ רָבִינָא: מַאי שְׁנָא מִדְּעוּלָּא, דְּאָמַר עוּלָּא: אֵימוּרֵי קָדָשִׁים קַלִּין שֶׁהֶעֱלָן לִפְנֵי זְרִיקַת דָּמָן – לֹא יֵרְדוּ, נַעֲשׂוּ לַחְמוֹ שֶׁל מִזְבֵּחַ?

Ravina objects to Rav Pappa's assertion: In **what** way **is** this case **different from that of Ulla? As Ulla says: Sacrificial portions of offerings of lesser sanctity**[HBN] **that** one **offered up** on the altar **before the sprinkling of** the offering's **blood,** and are therefore not yet suited for the altar, **shall not descend,** as **they have become the bread of** the **altar,** i.e., they have been sanctified such that they must be burned.

הָנָךְ לָא מִיחַסְּרוּ מַעֲשֶׂה בְּגוּפַיְיהוּ, הָנֵי – מִיחַסְּרוּ מַעֲשֶׂה בְּגוּפַיְיהוּ.

The Gemara responds that there is a difference between the cases: **These** sacrificial portions described by Ulla **do not lack** the performance of **an action with regard to themselves** that will render them fit for the altar; they lack only the sprinkling of the blood, an independent action. By contrast, **these** handfuls mentioned by Rav Pappa **lack** the performance of **an action with regard to themselves,** as they have yet to be sanctified through placement in a service vessel and never became fit for the altar.

״רַבִּי יְהוֹשֻׁעַ אוֹמֵר: כׇּל הָרָאוּי לָאִישִּׁים״ כו׳. וְרַבָּן גַּמְלִיאֵל נָמֵי, הָכְתִיב: ״עֹלָה עַל מוֹקְדָה״! הַהוּא לְאַהֲדוּרֵי פּוֹקְעִין הוּא דַּאֲתָא.

§ The mishna teaches that **Rabbi Yehoshua says: Any** item **that is suited to** be consumed by **the fire** on the altar, if it ascended upon the altar it shall not descend, as it is stated: "It is the burnt offering on the pyre upon the altar" (Leviticus 6:2), from which it is derived that any item suited for burning on the altar shall not descend. The Gemara asks: **And** as for **Rabban Gamliel also,** who holds that any item suited for the altar, whether it is to be burned or not, shall not descend, **isn't it written** in the verse: **"Burnt offering on the pyre"?** The Gemara responds: **That** verse **comes** to teach the mitzva **to restore** to the pyre any parts of the offering that were **dislodged**[HN] from the pyre, and is not discussing unfit items at all.

וְאִידָּךְ, לְאַהֲדוּרֵי פּוֹקְעִין מְנָא לֵיהּ? נָפְקָא לֵיהּ מֵ״אֲשֶׁר תֹּאכַל הָאֵשׁ״.

The Gemara asks: **And the other** *tanna*, Rabbi Yehoshua, **from where does he** derive the requirement **to restore** to the fire sacrificial portions that were **dislodged** from it? The Gemara responds: **He derives it from** the verse: **"That the fire has consumed**[N] of the burnt offering on the altar" (Leviticus 6:3), indicating that items already partially consumed by the fire are restored to it even if they were dislodged from the pyre.

HALAKHA

To exclude handfuls – לְמַעוּטֵי קְמָצִין: With regard to the handful of a meal offering that was not sanctified in a service vessel, and all other items forbidden to ascend upon the altar, if they ascended they shall descend, as they were never suited to be placed on the altar in the first place (Rambam *Sefer Avoda, Hilkhot Pesulei HaMukdashin* 3:5).

Sacrificial portions of offerings of lesser sanctity – אֵימוּרֵי קָדָשִׁים קַלִּין: The sacrificial portions of offerings of lesser sanctity that ascended upon the altar before the presentation of the offering's blood shall not descend, as they have become the bread of the altar (Rambam *Sefer Avoda, Hilkhot Pesulei HaMukdashin* 3:12).

To restore any parts that were dislodged – לְאַהֲדוּרֵי פּוֹקְעִין: Limbs that were dislodged from the altar are returned to it if they have not been entirely consumed, even if they became dislodged after midnight (Rambam *Sefer Avoda, Hilkhot Ma'aseh HaKorbanot* 6:3).

BACKGROUND

Offerings of lesser sanctity – קָדָשִׁים קַלִּין: This category is made up of the various types of individual peace offerings: The thanks offering, the nazirite's ram, the male firstborn of a kosher animal, the animal tithes, and the Paschal lamb. These offerings may be slaughtered anywhere in the Temple courtyard. With the exception of the thanks offering, the nazirite's ram, and the Paschal lamb, they may be eaten during a period of two days and the intervening night from the time they were sacrificed. They may be eaten by the priests and their wives, children, and slaves, and, with the exception of the firstborn offering, by the people bringing the sacrifices and any ritually pure, circumcised individual that they invite. There is no need to consume them within the Temple premises; however, they must be eaten within the walls of Jerusalem.

The prohibition against misuse of consecrated property applies only to those portions of offerings consumed on the altar and only after the blood has been sprinkled on the altar.

NOTES

Handfuls of flour that were not sanctified by being placed in a service vessel – קְמָצִין שֶׁלֹּא קִידְּשׁוּ בִּכְלִי: A suitable meal offering is prepared in the following manner: Flour is first placed in a service vessel, whereupon a priest removes a handful from the flour and places it in a second service vessel, which sanctifies it for burning upon the altar.

Sacrificial portions of offerings of lesser sanctity – אֵימוּרֵי קָדָשִׁים קַלִּין: Such portions are not considered to be the portion of the Most High until after the offering's blood has been presented, and until such time they are not subject to the *halakhot* of misuse of consecrated property (see *Me'ila* 7b). Despite this, if they ascended upon the altar, thereby becoming the bread of the altar (see Leviticus 3:11), they shall not descend from it.

To restore any parts that were dislodged – לְאַהֲדוּרֵי פּוֹקְעִין: Accordingly, the verse is not referring to the *halakha* that unfit items shall not descend from the altar once they have ascended, but rather to sacrificial portions that are fit but that were dislodged from the pyre; even though they have descended from the altar they must ascend again. Rashi explains that this is derived from the words "on the pyre," which is referring to items that were already on the pyre but fell from it.

From the verse: That the fire has consumed – מֵאֲשֶׁר תֹּאכַל הָאֵשׁ: This verse, which discusses the removal of the ashes, states: "And he shall remove the ashes that the fire has consumed of the burnt offering on the altar, and he shall put them beside the altar." Rashi notes that the phrase "that the fire has consumed of the burnt offering on the altar" is seemingly superfluous, and explains that the verse can be interpreted as teaching that items that have already been consumed by the fire of the burnt offering, yet were dislodged from it, are returned to the altar. Others explain that while there is no explicit directive in the verse to return dislodged items to the altar, the verse states that those portions consumed by the fire of a burnt offering must remain on the fire, indicating that if they fell from the fire, they must be returned to it. Accordingly, the portions discussed here are those that have not been entirely consumed, as the verse states: "The burnt offering," which indicates that the portions maintain the status of a burnt offering (Rabbeinu Hillel and Rabbi Shimshon of Saens on *Torat Kohanim*).

וְאִידָךְ? הַהוּא מִיבְּעֵי לֵיהּ לְעִכּוּלֵי עוֹלָה אַתָּה מַחֲזִיר, וְאִי אַתָּה מַחֲזִיר עִכּוּלֵי קְטוֹרֶת. דְּתָנֵי רַבִּי חֲנִינָא בַּר מִנְיוּמִי בְּרַבִּי אֱלִיעֶזֶר בֶּן יַעֲקֹב: "אֲשֶׁר תֹּאכַל הָאֵשׁ אֶת הָעֹלָה עַל הַמִּזְבֵּחַ" – עִכּוּלֵי עוֹלָה אַתָּה מַחֲזִיר, וְאִי אַתָּה מַחֲזִיר עִכּוּלֵי קְטוֹרֶת.

The Gemara asks: **And the other** *tanna*, Rabban Gamliel, what does he derive from that verse? The Gemara responds: Rabban Gamliel **requires that** verse **to** derive that **you return** partially **consumed** parts **of a burnt offering** to the altar, **but you do not return** partially **consumed** parts **of an incense**[B] offering[H] that fell from the golden altar. **As Rabbi Ḥanina bar Minyumi, son of Rabbi Eliezer ben Yaakov, teaches** that the verse **"that the fire has consumed of the burnt offering on the altar"** teaches that **you return** partially **consumed** parts **of a burnt offering** that fell from the pyre, **but you do not return** partially **consumed** parts **of an incense** offering that fell from the pyre.

וְאִידָךְ: לָאו מִמֵּילָא שָׁמְעַתְּ מִינַּהּ דְּעִכּוּלֵי עוֹלָה מַהַדְרִינַן?!

The Gemara asks: **And the other** *tanna*, Rabbi Yehoshua, from where does he derive this distinction? The Gemara responds: Can it **not be learned by itself** from the straightforward meaning of the verse **that we restore** partially **consumed** parts **of a burnt offering** to the altar? Therefore, there is no need for an additional verse, as both *halakhot* can be derived from the same verse.

"רַבָּן גַּמְלִיאֵל אוֹמֵר: כׇּל הָרָאוּי" כּו׳. וְרַבִּי יְהוֹשֻׁעַ נָמֵי, הָכְתִיב "מִזְבֵּחַ"! הַהוּא מִיבְּעֵיָא לֵיהּ: מַאי (טַעְמָא) קָאָמַר רַחֲמָנָא כׇּל הָרָאוּי לַמּוֹקְדָה – מְקַדֵּשׁ מִזְבֵּחַ.

§ The mishna teaches that **Rabban Gamliel says:** With regard to **any** item **that is suited** to ascend upon the altar, even if it is not typically consumed, if it ascended, it shall not descend, even if it is disqualified from being sacrificed *ab initio*, as it is stated: "It is the burnt offering on the pyre upon the altar" (Leviticus 6:2). The Gemara asks: **And** according to **Rabbi Yehoshua as well, isn't it written:** "Upon the **altar**," and not merely: "On the pyre"? The Gemara responds: **That** term **is required** by Rabbi Yehoshua to teach: **What is the reason the Merciful One states** that **any** item **that is suited for the pyre** does not descend from the altar? It is because the **altar sanctifies** it.

וְאִידָךְ: "מִזְבֵּחַ" אַחֲרִינָא כְּתִיב. וְאִידָךְ: חַד לְהֵיכָא דַּהֲוָיָה לַהּ שְׁעַת הַכּוֹשֶׁר, וְחַד לְהֵיכָא דְּלָא הָיְתָה לַהּ שְׁעַת הַכּוֹשֶׁר.

The Gemara asks: **And the other** *tanna*, Rabban Gamliel, from where does he derive that the altar sanctifies the items that ascend upon it? The Gemara responds: It is from the fact that the term **"altar" is written another** time, in the verse: "Whatever touches the altar shall be sacred" (Exodus 29:37). The Gemara asks: **And the other** *tanna*, Rabbi Yehoshua, why does he require two verses to teach the same *halakha*, i.e., that the altar sanctifies items that ascend upon it? The Gemara answers: **One** verse is necessary **for** a case **where** an item **had a time of fitness** for consumption by the fire and was then disqualified, e.g., it became ritually impure; **and one** verse is necessary **for** a case **where** an item **did not have a time of fitness,** e.g., an offering that became disqualified at the moment of its slaughter.

וְאִידָךְ: כֵּיוָן דִּפְסוּלִין נִינְהוּ, וְרַבִּינְהוּ רַחֲמָנָא – לָא שְׁנָא הָיְתָה לוֹ שְׁעַת הַכּוֹשֶׁר, לָא שְׁנָא לֹא הָיְתָה לוֹ שְׁעַת הַכּוֹשֶׁר.

The Gemara asks: **And the other** *tanna*, Rabban Gamliel, why does he not require another verse to teach that even items that had no time of fitness shall not descend from the altar? The Gemara responds: **Once there are disqualified** items **that the Merciful One included** in the *halakha* that they shall not descend from the altar, it **is no different** if the item **had a time of fitness** and it **is no different** if the item **did not have a time of fitness.**

"רַבִּי שִׁמְעוֹן אוֹמֵר: הַזֶּבַח כָּשֵׁר" כּו׳. תַּנְיָא, רַבִּי שִׁמְעוֹן אוֹמֵר: "עֹלָה" – מָה עוֹלָה הַבָּאָה בִּגְלַל עַצְמָהּ – אַף כׇּל הַבָּאִין בִּגְלַל עַצְמָן, יָצְאוּ נְסָכִים הַבָּאִין בִּגְלַל זֶבַח.

§ The mishna teaches that **Rabbi Shimon says:** Whether **the offering was fit** and the accompanying libations were unfit, or whether the libations were fit and the offering was unfit, and even if both this and that were unfit, the offering shall not descend, but the libations shall descend. The Gemara elaborates: **It is taught** in a *baraita* that **Rabbi Shimon says:** The verse that teaches that fit items shall not descend from the altar states: "This is the law of the **burnt offering:** It is the burnt offering on the pyre upon the altar" (Leviticus 6:2). From there it is derived: **Just as a burnt offering,** which is an item **that comes** upon the altar **for its own sake,** shall not descend, **so too, all items that come** upon the altar **for their own sake** shall not descend. **Excluded** are **libations, which come** upon the altar **for the sake of the offering,** not for their own sake; these shall descend.

BACKGROUND

Incense – קְטוֹרֶת: The incense was a mixture of eleven ingredients in fixed proportions, which was burned each morning and each evening before sunset, on the golden altar inside the Sanctuary. As with all other offerings, some salt was added to the incense. An herb was added that would cause the smoke of the incense to rise in a vertical column.

It is prohibited to prepare incense according to the Temple formula for use outside the Temple, and one who does so is liable to receive *karet*.

Burning the incense in the Temple

HALAKHA

Consumed parts of an incense offering – עִכּוּלֵי קְטוֹרֶת: Incense that was dislodged from the altar, even significant pieces of it, is not returned to the altar. This ruling is also in accordance with the opinion of Rabbi Yannai in *Menaḥot* 26b (Rambam *Sefer Avoda, Hilkhot Temidin UMusafin* 3:2).

רַבִּי יוֹסֵי הַגְּלִילִי אוֹמֵר: מִתּוֹךְ שֶׁנֶּאֱמַר ״כָּל הַנֹּגֵעַ בַּמִּזְבֵּחַ יִקְדָּשׁ״, שׁוֹמֵעַ אֲנִי בֵּין רָאוּי וּבֵין שֶׁאֵינוֹ רָאוּי – תַּלְמוּד לוֹמַר: ״כְּבָשִׂים״, מַה כְּבָשִׂים רְאוּיִין, אַף כָּל רָאוּי. רַבִּי עֲקִיבָא אוֹמֵר: ״עֹלָה״ – מָה עוֹלָה רְאוּיָה, אַף כָּל רְאוּיָה.

§ The Gemara cites another *baraita* relating to the mishna. **Rabbi Yosei HaGelili says: From that** which **is stated: "Whatever touches the altar shall be sacred"** (Exodus 29:37), **I would derive** that the altar sanctifies any item that ascends upon it, **whether** it **is fit** for the altar **or whether** it **is unfit.** Therefore, **the verse states:** "Now this is that which you shall offer upon the altar: Two **lambs"** (Exodus 29:38), to teach: **Just as lambs** are **fit** for the altar and are sanctified by it, **so too, all** items **fit** for the altar are sanctified by it. **Rabbi Akiva says** that the verse states: **"Burnt offering,"**[N] to teach: **Just as a burnt offering** is **fit** for the altar and is sanctified by it, **so too, all** items **fit** for the altar are sanctified by it.

מַאי בֵּינַיְיהוּ? אָמַר רַב אַדָּא בַּר אַהֲבָה: עוֹלַת הָעוֹף פְּסוּלָה אִיכָּא בֵּינַיְיהוּ מָר מַיְיתֵי לַהּ מֵ״עֹלָה״ וּמָר מַיְיתֵי לָהּ מִ״כְּבָשִׂים״.

The Gemara asks: **What is** the practical difference **between** these opinions? **Rav Adda bar Ahava said.** The case of **a disqualified bird burnt offering is** the practical difference **between them.** One **Sage,** Rabbi Akiva, who **cites** the *halakha* **from** the term "**burnt offering,"** includes a disqualified bird burnt offering in the *halakha* that the offering shall not descend, as it is a burnt offering. **And** the other **Sage,** Rabbi Yosei HaGelili, who **cites** the *halakha* **from** the term **"lambs,"** does not include a disqualified bird burnt offering in the *halakha*, as it is not similar to a lamb.

וּלְמַאן דְּמַיְיתֵי לַהּ מִ״כְּבָשִׂים״ – הָכְתִיב ״עֹלָה״! אִי כְּתִיב ״כְּבָשִׂים״ וְלָא כְּתִיב ״עֹלָה״ – הֲוָה אָמִינָא אֲפִילּוּ מֵחַיִּים, כָּתַב רַחֲמָנָא ״עֹלָה״.

The Gemara asks: **And according to the one who cites** the *halakha* **from** the term **"lambs," isn't it written: "Burnt offering"?** The Gemara answers: According to Rabbi Yosei HaGelili, **if "lambs"** had been **written and "burnt offering"** had **not** been **written, I would say** that **even** an animal that became disqualified and ascended upon the altar **while alive** shall not descend. Therefore, **the Merciful One writes: "Burnt offering,"** indicating that this *halakha* applies only to animals once they are fit to ascend the altar. Live animals are not fit to ascend the altar.

וּלְמַאן דְּמַיְיתֵי לֵיהּ מֵ״עֹלָה״, הָא כְּתִיב ״כְּבָשִׂים״! אִי כְּתִיב ״עֹלָה״ וְלָא כְּתִיב ״כְּבָשִׂים״ – הֲוָה אָמִינָא: אֲפִילּוּ מִנְחָה, כָּתַב רַחֲמָנָא כְּבָשִׂים.

The Gemara continues: **And according to the one who derives** the *halakha* **from "burnt offering," isn't it written: "Lambs"?** The Gemara explains: According to Rabbi Akiva, **if "burnt offering"** had been **written and "lambs"** had **not** been **written, I would say** that any item fit to ascend the altar is included in the *halakha*, **even a meal offering.** Therefore, **the Merciful One writes: "Lambs,"** indicating that this *halakha* applies only to animal offerings and bird offerings, not to meal offerings.

מַאי אִיכָּא בֵּין הָנֵי תַּנָּאֵי לְהָנֵי תַּנָּאֵי דְּמַתְנִיתִין? אָמַר רַב פָּפָּא: קְמָצִים שֶׁקִּדְּשׁוּ בִּכְלִי אִיכָּא בֵּינַיְיהוּ, לְתַנָּאֵי דִּידָן – לֹא יֵרְדוּ, לְתַנָּאֵי דְּמַתְנִיתָא – יֵרְדוּ.

The Gemara asks: **What** difference **is there between** the opinions of **these** *tanna'im***,** Rabbi Yosei HaGelili and Rabbi Akiva, and the opinions of **these** *tanna'im* **of the mishna? Rav Pappa said:** The difference **between them is** with regard to **handfuls** of flour, removed from meal offerings, **that were sanctified in** a service **vessel** and were then disqualified. According **to our** *tanna'im*, i.e., those in the mishna here, those handfuls **shall not descend,** as they are fit for the altar and for consumption by the fire as well. According **to the** *tanna'im* **of the** *baraita***,** those handfuls **shall descend,** as those *tanna'im* hold that the *halakha* applies only to animal offerings and bird offerings.

רֵישׁ לָקִישׁ אָמַר: מִנְחָה הַבָּאָה בִּפְנֵי עַצְמָהּ, לְדִבְרֵי כּוּלָּן – לֹא תֵּרֵד, לְדִבְרֵי רַבִּי יוֹסֵי הַגְּלִילִי וְרַבִּי עֲקִיבָא

Reish Lakish says in summary: With regard to **a meal offering that comes by itself** and does not accompany another offering, **according to the statements of all** of the *tanna'im* in the mishna, **it shall not descend** once it ascended, either because it is fit to be consumed by the fire, or because it comes by itself. **According to the statements of Rabbi Yosei HaGelili and Rabbi Akiva,**

NOTES

Rabbi Akiva says that the verse states: Burnt offering – **רַבִּי עֲקִיבָא אוֹמֵר עֹלָה:** Rashi and other commentaries explain that Rabbi Akiva is referring to the verse discussing the daily burnt offering (see Exodus 29:42), which appears in the same passage as that cited by Rabbi Yosei HaGelili. Others, including Rabbeinu Hillel in his commentary on *Torat Kohanim*, explain that Rabbi Akiva is referring to the burnt offering mentioned in Leviticus 6:2, the same verse as that expounded by the *tanna'im* of the mishna.

תֵּרֵד; מִנְחָה הַבָּאָה עִם הַזֶּבַח, לְדִבְרֵי רַבָּן גַּמְלִיאֵל וְרַבִּי יְהוֹשֻׁעַ – לֹא תֵּרֵד, לְדִבְרֵי כּוּלָּן – תֵּרֵד;

even that meal offering **shall descend,** as it is not similar to lambs. With regard to **a meal offering that comes with** an animal **offering,** either a burnt offering or peace offering, **according to the statements of Rabban Gamliel and Rabbi Yehoshua, it shall not descend,** as it is meant for consumpion by the fire. **According to the statements of everyone** else, i.e., Rabbi Shimon and the *tannai'im* of the *baraita*, **it shall descend,** as it is neither offered by itself nor is it an animal.

נְסָכִים הַבָּאִין בִּפְנֵי עַצְמָן, לְדִבְרֵי כּוּלָּן – יֵרְדוּ, לְדִבְרֵי רַבָּן גַּמְלִיאֵל וְרַבִּי שִׁמְעוֹן – לֹא יֵרְדוּ; נְסָכִין הַבָּאִין עִם הַזֶּבַח, לְדִבְרֵי כּוּלָּן – יֵרְדוּ, לְדִבְרֵי רַבָּן גַּמְלִיאֵל לְחוּדֵיהּ – לֹא יֵרְדוּ.

Reish Lakish continues: With regard to **libations that come by themselves,**[H] **according to the statements of everyone,** i.e., Rabbi Yosei HaGelili, Rabbi Akiva, and Rabbi Yehoshua, **they shall descend,** but **according to the statements of Rabban Gamliel and Rabbi Shimon, they shall not descend.** With regard to **libations that come with an animal offering, according to the statements of everyone, they shall descend,** while according to **the statement of Rabban Gamliel alone, they shall not descend.**

פְּשִׁיטָא! מִנְחָה הַבָּאָה בִּפְנֵי עַצְמָהּ אִיצְטְרִיכָא לֵיהּ, וְכִדְרָבָא, דְּאָמַר רָבָא: מִתְנַדֵּב אָדָם מִנְחַת נְסָכִים בְּכָל יוֹם.

The Gemara questions the need for such a summary: Isn't it **obvious?** The Gemara answers: It **was necessary for** him to state the *halakha* in the case of **a meal offering that comes by itself, and this is in accordance with** the statement **of Rava. As Rava says: A person** can **volunteer** to bring **a meal offering** that normally accompanies libations,[H] **on any day,**[N] even without offering the libations and animal offering that it normally accompanies. Although the summary is itself obvious, it is nevertheless stated to indicate that it is possible to offer such a meal offering.

וְנַשְׁמְעִינַן כִּדְרָבָא! נְסָכִים הַבָּאִים עִם הַזֶּבַח אִיצְטְרִיכָא לֵיהּ, דְּקָא מְקָרֵב לְהוּ לְמָחָר וּלְיוֹמָא חֲרָא;

The Gemara asks: If the intent of his summary is to express his agreement with the statement of Rava, then **let** Reish Lakish **teach us** explicitly that the *halakha* is **in accordance with** the statement **of Rava.** The Gemara answers: It **was necessary for** the case of **libations that come with** an animal **offering,** as the *halakha* in such a case is **that he may sacrifice** the libations **the next day and on a later** [*ḥara*][L] **day** sometime after sacrificing the animal offering that they accompany.

סָלְקָא דַּעְתָּךְ אָמִינָא, הוֹאִיל וְאָמַר מָר: ״מִנְחָתָם וְנִסְכֵּיהֶם״ – בַּלַּיְלָה, ״מִנְחָתָם וְנִסְכֵּיהֶם״ – לְמָחָר, כִּנְסָכִים הַבָּאִין בִּפְנֵי עַצְמָן דָּמוּ, וּמוֹדֵי רַבִּי שִׁמְעוֹן דְּלֹא יֵרְדוּ, קָא מַשְׁמַע לָן.

Accordingly, it may **enter your mind to say** that **since the Master says** that the verse: "And **their meal offering and their libations**" (Numbers 29:18), indicates that libations may be offered **at night,**[N] and the phrase "and **their meal offering and their libations**" indicates that libations may be offered **the next day** and on a later day, perhaps libations offered on a later date than the animal itself are to be **considered as libations which come by themselves, and Rabbi Shimon** would **concede that they shall not descend.** Reish Lakish therefore **teaches us**[N] the case of libations that accompany an animal offering, to indicate that such libations are still considered as those that accompany an animal offering and that they shall descend from the altar.

HALAKHA

Libations that come by themselves – נְסָכִים הַבָּאִין בִּפְנֵי עַצְמָן: Disqualified libations, whether they were libations that accompany an animal offering or libations that are brought by themselves, shall descend from the altar even if they have already ascended (Rambam *Sefer Avoda, Hilkhot Pesulei HaMukdashin* 3:14).

A person can volunteer to bring a meal offering that normally accompanies libations – מִתְנַדֵּב אָדָם מִנְחַת נְסָכִים: One can volunteer to bring, by itself, a meal offering that normally accompanies libations (Rambam *Sefer Avoda, Hilkhot Ma'aseh HaKorbanot* 14:1).

LANGUAGE

Later [*ḥara*] – חֲרָא: The word is to be understood as if there was an *alef* at the beginning, whereby its meaning is later. It is quite common, especially in the Jerusalem Talmud, for an *alef* that begins a word to be dropped.

NOTES

A meal offering that normally accompanies libations on any day – מִנְחַת נְסָכִים בְּכָל יוֹם: These meal offerings accompany all burnt offerings and peace offerings that are brought from cattle or the flock (see Numbers, chapter 15). They are referred to as the meal offerings that accompany libations because they are the only meal offerings that do this. Even though the Torah does not mention any meal offerings brought by a non-priest that are consumed in their entirety by the fire except those that accompany libations, Rava teaches that one may vow to offer such a meal offering without bringing the libations or animal offerings it normally accompanies (Rashi).

Their meal offering and their libations, indicates that libations may be offered at night – מִנְחָתָם וְנִסְכֵּיהֶם בַּלַּיְלָה: Rashi explains that this *halakha* is derived from the repetitive phrase "and their meal offering and their libations" used throughout the passage discussing the offerings brought on *Sukkot* (see Numbers, chapter 28). Other commentaries offer other explanations (see *Tosafot* on *Menaḥot* 44b).

Reish Lakish teaches us – קָא מַשְׁמַע לָן: The following chart summarizes the various tannaitic opinions in this discussion:

Tanna'im	Which items that ascend the altar shall not descend	Which items that ascend the altar shall descend	Status of an animal	Status of a bird	Meal offering that comes by itself	Meal offering that comes with an animal offering	Meal offering that was not sanctified in a service vessel	Libations that come by themselves	Libations that come with an offering
Rabbi Yehoshua	Items fit to be burned	Items unfit to be burned	Does not descend	Does not descend	Does not descend	Does not descend	Descends	Descend	Descend
Rabban Gamliel	Items fit for the altar	Items unfit for the altar	Does not descend	Does not descend	Does not descend	Does not descend	Descends	Do not descend	Do not descend
Rabbi Shimon	An offering that comes by itself	An item that accompanies another offering	Does not descend	Does not descend	Does not descend	Descends	Descends	Do not descend	Descend
Rabbi Yosei HaGelili	Animal offerings	Meal offerings, birds, and libations	Does not descend	Descends	Descends	Descends	Descends	Descend	Descend
Rabbi Akiva	Living creatures	Meal offerings and libations	Does not descend	Does not descend	Descends	Descends	Descends	Descend	Descend

מתני׳ אֵלּוּ אִם עָלוּ לֹא יֵרְדוּ: הַלָּן, וְהַיּוֹצֵא, וְהַטָּמֵא, וְשֶׁנִּשְׁחַט חוּץ לִזְמַנּוֹ וְחוּץ לִמְקוֹמוֹ, וְשֶׁקִּבְּלוּ פְּסוּלִין וְזָרְקוּ אֶת דָּמוֹ.

MISHNA These are the items that even if they were disqualified, **if they ascended** the altar **they shall not descend:**[H] Blood, sacrificial portions, or limbs of a burnt offering, any of **which were left overnight** off the altar, **or that emerge** from the Temple courtyard, **or that** become **ritually impure, or** that came from an animal **that was slaughtered** with the intent to sacrifice it **beyond its** designated **time or outside its** designated **area, or** an offering **that** people **unfit** to perform the Temple service **collected and** then **sprinkled its blood.**

רַבִּי יְהוּדָה אוֹמֵר: שֶׁנִּשְׁחַט בַּלַּיְלָה, וְנִשְׁפַּךְ דָּמָהּ, וְיָצָא דָּמָהּ חוּץ לַקְּלָעִים – אִם עָלְתָה תֵּרֵד. רַבִּי שִׁמְעוֹן אוֹמֵר: לֹא תֵּרֵד, שֶׁהָיָה פְּסוּלוֹ בַּקֹּדֶשׁ. שֶׁרַבִּי שִׁמְעוֹן אוֹמֵר: כׇּל שֶׁפְּסוּלוֹ בַּקֹּדֶשׁ – הַקֹּדֶשׁ מְקַבְּלוֹ, לֹא הָיָה פְּסוּלוֹ בַּקֹּדֶשׁ – אֵין הַקֹּדֶשׁ מְקַבְּלוֹ.

Rabbi Yehuda says: In the case of a sacrificial animal **that was slaughtered at night,**[H] **or** one **whose blood was spilled** on the floor of the Temple without its being collected in a vessel, **or** one whose **blood emerged outside the curtains,** i.e., outside the Temple courtyard: Even **if it ascended** upon the altar **it shall descend. Rabbi Shimon says:** In all these cases, if it ascended **it shall not descend, because its disqualification** occurred **in sanctity.**[N] **As Rabbi Shimon says:** With regard to **any** unfit offering **whose disqualification** occurred **in sanctity,**[H] i.e., in the course of the Temple service, **the sacred** area **renders** the offering **acceptable,** and if it ascended onto the altar it shall not descend. But with regard to any offering **whose disqualification** did **not** occur **in sanctity** but rather was unfit initially, **the sacred** area **does not render** the offering **acceptable.**

וְאֵלּוּ שֶׁלֹּא הָיוּ פְּסוּלָן בַּקֹּדֶשׁ: הָרוֹבֵעַ וְהַנִּרְבָּע, וְהַמּוּקְצֶה וְהַנֶּעֱבָד, וְהָאֶתְנָן וְהַמְּחִיר, וְהַכִּלְאַיִם וְהַטְּרֵפָה, וְהַיּוֹצֵא דּוֹפֶן וּבַעֲלֵי מוּמִין. רַבִּי עֲקִיבָא מַכְשִׁיר בְּבַעֲלֵי מוּמִין. רַבִּי חֲנִינָא סְגַן הַכֹּהֲנִים אוֹמֵר: דּוֹחֶה הָיָה אַבָּא אֶת בַּעֲלֵי מוּמִין מֵעַל גַּבֵּי הַמִּזְבֵּחַ.

And these are the offerings **whose disqualification** did **not** occur **in sanctity:**[H] **An animal that copulated with a person, and an animal that was the object of bestiality, and** an animal that was **set aside** for idol worship, **and** an animal that was **worshipped** as a deity, **and** an animal that was given as **payment** to a prostitute **or** as **the price** of a dog, **and** an animal born of a mixture of **diverse kinds, and an animal with a wound that will cause it to die within twelve months** [*tereifa*], **and** an animal **born by caesarean section, and blemished** animals.[B] **Rabbi Akiva deems blemished** animals **fit** in the sense that if they ascended they shall not descend. **Rabbi Ḥanina, the deputy High Priest,**[P] **says: My father would reject blemished** animals **from upon the altar.**

כְּשֵׁם שֶׁאִם עָלוּ לֹא יֵרְדוּ, כָּךְ אִם יָרְדוּ לֹא יַעֲלוּ. וְכוּלָּן שֶׁעָלוּ חַיִּים לְרֹאשׁ הַמִּזְבֵּחַ – יֵרְדוּ. עוֹלָה שֶׁעָלְתָה חַיָּה לְרֹאשׁ הַמִּזְבֵּחַ – תֵּרֵד, שְׁחָטָהּ בְּרֹאשׁ הַמִּזְבֵּחַ – יַפְשִׁיט וִינַתְּחָהּ בִּמְקוֹמָהּ.

Concerning those animals that, if they ascended, do not descend, **just as if they ascended**[H] the altar **they shall not descend, so too, if they descended they shall not** then **ascend. And all of them that** if they ascend they do not descend, if **they ascended to the top of the altar alive they descend,** as an animal is fit for the altar only after it is slaughtered. **A burnt offering that ascended to the top of the altar alive**[H] **shall descend,** as one does not slaughter an animal atop the altar *ab initio*. But if **one slaughtered** the animal **at the top of the altar,**[H] **he should flay it and cut it into pieces in its place,** and it is not removed from the altar.

HALAKHA

These, if they ascended the altar they shall not descend – אֵלּוּ אִם עָלוּ לֹא יֵרְדוּ: There are many cases of offerings that became disqualified that nevertheless shall not descend from the altar. Among them are: Sanctified items that were left overnight, whether the flesh of an offering, its blood, or those portions intended for consumption on the altar; a slaughtered animal offering that emerged from the Temple courtyard or became ritually impure; an offering that was slaughtered with the intent to sacrifice it beyond its designated time or outside its designated area or with any other inappropriate intention, thereby disqualifying it; an offering whose blood was either received or presented by ritually impure individuals; an offering whose blood was placed outside its designated area; and offerings of the most sacred order that were slaughtered, or whose blood was received, in the southern part of the Temple courtyard (Rambam *Sefer Avoda, Hilkhot Pesulei HaMukdashin* 3:7).

Slaughtered at night – נִשְׁחַט בַּלַּיְלָה: In the case of an offering that was slaughtered at night, or whose blood was spilled, or whose blood emerged from the Temple courtyard, if it ascended upon the altar it shall descend, in accordance with the opinion of Rabbi Yehuda (Rambam *Sefer Avoda, Hilkhot Pesulei HaMukdashin* 3:6).

Any unfit offering whose disqualification occurred in sanctity – כׇּל שֶׁפְּסוּלוֹ בַּקֹּדֶשׁ: With regard to any unfit offering whose disqualification occurred in sanctity, if it ascended upon the altar it shall not descend (Rambam *Sefer Avoda, Hilkhot Pesulei HaMukdashin* 3:8).

And these are the offerings whose disqualification did not occur in sanctity – וְאֵלּוּ שֶׁלֹּא הָיוּ פְּסוּלָן בַּקֹּדֶשׁ: With regard to any animal that it is prohibited to offer on the altar, if it ascended upon the altar it shall descend, as it was never fit for use as an offering (Rambam *Sefer Avoda, Hilkhot Pesulei HaMukdashin* 3:5).

Just as if they ascended, etc. – כְּשֵׁם שֶׁאִם עָלוּ וכו׳: Just as disqualified offerings shall not descend from the altar if they already ascended, if they in fact descended, they shall not ascend again (Rambam *Sefer Avoda, Hilkhot Pesulei HaMukdashin* 3:8).

A burnt offering that ascended to the top of the altar alive – עוֹלָה שֶׁעָלְתָה חַיָּה לְרֹאשׁ הַמִּזְבֵּחַ: In the case of an animal designated as a burnt offering that ascended upon the altar while still alive, it shall descend from it, as it is not yet fit for the altar (Rambam *Sefer Avoda, Hilkhot Pesulei HaMukdashin* 3:4).

If one slaughtered the animal at the top of the altar – שְׁחָטָהּ בְּרֹאשׁ הַמִּזְבֵּחַ: A burnt offering that was slaughtered atop the altar, or that was slaughtered at the foot of the altar and afterward was placed upon the altar, shall be flayed and cut into pieces atop the altar. The inner organs are then brought down from the altar and washed, after which they are returned to the altar. The hides are brought down from the altar and given to the priests. Similarly, animal offerings that were slaughtered and then placed upon the altar are flayed and cut into pieces in their place, i.e., atop the altar. The inner organs are then brought down from the altar and washed, after which they are returned to the altar. The hides and the meat are brought down from the altar and given to the owner of the offering, after which the remainder of the offering is burned on the altar. And for what reason does the flaying and cutting take place atop the altar in such an instance? Because with regard to any item suited for consumption by the fire, if it ascended upon the altar it shall not descend (Rambam *Sefer Avoda, Hilkhot Pesulei HaMukdashin* 3:2–3).

NOTES

Its disqualification occurred in sanctity – פְּסוּלוֹ בַּקֹּדֶשׁ: Rashi explains that the term: Disqualification occurring in sanctity, refers to an offering that became disqualified after entering the Temple courtyard. The *Panim Meirot* (68b) explains that according to the opinion of Rashi, the term refers to any instance in which a particular disqualification can occur only in the Temple courtyard after the beginning of the sacrificial rite. *Tosafot* (68b) suggest that such disqualifications refer to any item that was sanctified via a service vessel and thereafter became disqualified. Elsewhere, *Tosafot* (*Nidda* 40a) suggest that the mishna is referring to any disqualification that can occur to an item only after it has been sanctified.

BACKGROUND

Blemished animals – בַּעֲלֵי מוּמִין: The blemishes that serve to render an animal prohibited for sacrifice as an offering are enumerated in the Torah (see Leviticus 22:17–25), and explained in detail in tractate *Bekhorot*. A distinction is made between permanent blemishes and temporary blemishes. Permanent blemishes, e.g., when an animal is missing a leg, disqualify the animal from being sacrificed as an offering forever. Temporary blemishes, like some types of boils, disqualify the animal for as long as it suffers that condition. Once the animal recovers it can be brought as an offering.

PERSONALITIES

Rabbi Ḥanina the deputy High Priest – רַבִּי חֲנִינָא סְגַן הַכֹּהֲנִים: Rabbi Ḥanina, or Ḥananya, the deputy High Priest, was one of the Sages who lived through the destruction of the Second Temple. He became a *tanna* while the Temple still stood and continued teaching after it was destroyed. According to one tradition, he was one of the ten martyrs killed by the Roman government in one of its infamous decrees after the destruction of the Temple. As indicated by his title, Rabbi Ḥanina held the prominent position of deputy High Priest. This meant he was active in leading the daily Temple service and was next in line to replace the High Priest in the event that he was unable to serve due to illness or ritual impurity.

Rabbi Ḥanina apparently came from a very distinguished family that maintained close relations with the house of the *Nasi*. Most of his statements concern issues that relate to the Temple service, e.g., offerings, or the *halakhot* of purity and impurity. One of Rabbi Ḥanina's sons, known as Rabbi Shimon, son of the deputy, was also a *tanna*.

גמ׳ תַּנְיָא, רַבִּי יְהוּדָה אוֹמֵר: ״זֹאת...הִיא הָעֹלָה״ – הֲרֵי אֵלּוּ שְׁלֹשָׁה מִיעוּטִין, פְּרָט לְשֶׁנִּשְׁחֲטָה בַּלַּיְלָה, וְשֶׁנִּשְׁפַּךְ דָּמָהּ, וְשֶׁיָּצָא דָּמָהּ חוּץ לַקְּלָעִים – שֶׁאִם עָלְתָה תֵּרֵד.

GEMARA **It is taught** in a *baraita* that **Rabbi Yehuda says:** The verse from which is derived the *halakha* that items that ascended upon the altar shall not descend, states: "**This** is the law of the burnt offering: **It is the burnt offering** on the pyre upon the altar" (Leviticus 6:2). **These are three** terms of **exclusion** used in the verse: "This," "it," and "the," from which it is derived that three instances are **excluded** from this *halakha*: A sacrificial animal **that was slaughtered at night, and** one **whose blood was spilled, and** one **whose blood emerged outside the curtains,** i.e., outside the Temple courtyard. With regard to these cases, the *halakha* is **that if** one of them **ascended** upon the altar **it shall descend.**

רַבִּי שִׁמְעוֹן אוֹמֵר: ״עֹלָה״ – אֵין לִי אֶלָּא עוֹלָה כְּשֵׁרָה, מִנַּיִן לְרַבּוֹת שֶׁנִּשְׁחֲטָה בַּלַּיְלָה, וְשֶׁנִּשְׁפַּךְ דָּמָהּ, וְשֶׁיָּצָא דָּמָהּ חוּץ לַקְּלָעִים, וְהַלָּן, וְהַיּוֹצֵא, וְהַטָּמֵא, וְשֶׁנִּשְׁחַט חוּץ לִזְמַנּוֹ וְחוּץ לִמְקוֹמוֹ, וְשֶׁקִּבְּלוּ פְּסוּלִין וְזָרְקוּ אֶת דָּמוֹ,

Rabbi Shimon says: From the usage of the term **"burnt offering" I have** derived **only** with regard to **a fit burnt offering** that it shall not descend. **From where** is it derived that the verse also **includes** a sacrificial animal that was disqualified, such as one **that was slaughtered at night; or whose blood was spilled; or whose blood emerged outside the curtains,** i.e., outside the Temple courtyard; **or that was left overnight; or that emerged** from the Temple courtyard, **or that** became **ritually impure; or** that came from an animal **that was slaughtered** with the intent to sacrifice it **beyond its** designated **time or outside its** designated **area; or** an offering **that** people **unfit** to perform the Temple service **collected and** then **sprinkled its blood?**

הַנִּיתָּנִין לְמַטָּה שֶׁנְּתָנָן לְמַעְלָה, וּלְמַעְלָה שֶׁנְּתָנָן לְמַטָּה, וְהַנִּיתָּנִין בַּחוּץ שֶׁנְּתָנָן בִּפְנִים, בִּפְנִים שֶׁנְּתָנָן בַּחוּץ,

In addition, from where is it derived that the following are also included in this *halakha*: **Those** offerings whose blood is to be **placed below** the red line that divided between the upper and lower halves of the external altar, i.e., a burnt offering, a guilt offering, or a peace offering, but it **was placed above** the red line; **and** a sin offering, whose blood is to be placed **above** the red line, **that** had its blood **placed below** the red line; **and those** offerings **whose** blood is to be **placed outside,** on the external altar, **that** had their blood **placed inside,** in the Sanctuary; and those offerings whose blood is to be placed **inside that** had their blood **placed outside?**

וּפֶסַח וְחַטָּאת שֶׁשְּׁחָטָן שֶׁלֹּא לִשְׁמָן, מִנַּיִן? תַּלְמוּד לוֹמַר: ״תּוֹרַת הָעֹלָה״, רִיבָּה תּוֹרָה אַחַת לְכׇל הָעוֹלִין שֶׁאִם עָלוּ לֹא יֵרְדוּ.

And in addition, with regard to **a Paschal offering or sin offering that were slaughtered not for their sake, from where** is it derived that if they ascended upon the altar they shall not descend? **The verse states: "The law of the burnt offering,"** which **included** in **one law all** items **that ascend** upon the altar, establishing the principle **that if they ascended** the altar **they shall not descend.**

יָכוֹל שֶׁאֲנִי מְרַבֶּה הָרוֹבֵעַ וְהַנִּרְבָּע, וְהַמּוּקְצֶה וְהַנֶּעֱבָד, וְאֶתְנָן וּמְחִיר, וְכִלְאַיִם וּטְרֵפָה וְיוֹצֵא דוֹפֶן? תַּלְמוּד לוֹמַר: ״זֹאת״.

One **might** have thought **that I** should also **include an animal that copulated with a person, and an animal that was the object of bestiality, and** an animal that was **set aside** for idol worship, **and** an animal that was **worshipped** as a deity, **and** an animal that was given as **payment** to a prostitute **or** as the **price** of a dog, **and** an animal born of a mixture of **diverse kinds, and** an animal that is **a *tereifa*, and** an animal **born by caesarean section.** Therefore, **the verse states: "This,"** to exclude these types of disqualifications, which descend even after they have ascended the altar.

וּמָה רָאִיתָ לְרַבּוֹת אֶת אֵלּוּ וּלְהוֹצִיא אֶת אֵלּוּ? אַחַר שֶׁרִיבָּה

The Gemara asks: **And what did you see** as reason **to include those and exclude these?** The Gemara answers: **After** noting **that** the verse **included**

Perek **IX**
Daf **84** Amud **b**

הַכָּתוּב וּמִיעֵט, מְרַבֶּה אֲנִי אֶת אֵלּוּ שֶׁהָיָה פְּסוּלָן בַּקֹּדֶשׁ, וּמוֹצִיא אֲנִי אֶת אֵלּוּ שֶׁלֹּא הָיָה פְּסוּלָן בַּקּוֹדֶשׁ.

and subsequently **the verse excluded,** I say the following claim with regard to what to include and what to exclude: **I will include those whose disqualification was in sanctity,** i.e., in the course of Temple service, and rule that if they ascended they shall not descend, **and I will exclude these whose disqualification was not in sanctity,** and rule that if they ascended they shall descend.

וְרַבִּי יְהוּדָה מַיְיתֵי לַהּ מֵהָכָא: מִפְּנֵי מָה אָמְרוּ לָן בְּדָם כָּשֵׁר,

And as for **Rabbi Yehuda,** who disagrees with Rabbi Shimon and does not deem it permitted for items whose disqualification occurred in sanctity to remain on the altar, yet agrees that those items listed in the beginning of the mishna, such as sacrificial portions left overnight, shall not descend, **he derives it from here,** as it is taught in a *baraita*: **For what** reason **did** the Sages **say to us** that **in** the case of **blood** left overnight it is **fit,** i.e., if blood of an offering had been left overnight and was then placed on the altar it is not removed?

שֶׁהֲרֵי לָן כָּשֵׁר בְּאֵימוּרִין, לָן בְּאֵימוּרִין כָּשֵׁר – שֶׁהֲרֵי לָן כָּשֵׁר בְּבָשָׂר,

This is **as** the *halakha* is **in** the case of **sacrificial portions,** which if they are **left overnight** are **fit.** From where is it derived that **in** the case of **sacrificial portions** that are **left overnight,** they are **fit?** This is **as** the *halakha* is **in** the case of **meat,** which if it is **left overnight** is **fit,** because the meat of a peace offering may be eaten for two days and one night.

יוֹצֵא – שֶׁהַיּוֹצֵא כָּשֵׁר בְּבָמָה,

From where is it derived that if an offering that **emerges**[N] from the Temple courtyard is then placed on the altar it is not removed? This is derived by comparison, **since** an offering that **leaves** its area is **fit in** the case of an offering brought on a private **altar,**[NB] as the entire notion of sacrifice on such an altar is that it may be performed anywhere.

טָמֵא – הוֹאִיל וְהוּתַּר לַעֲבוֹדַת צִיבּוּר,

From where is it derived that if an offering that has become **ritually impure** is placed on the altar it is not removed? This is derived by comparison, **since** it is **permitted to** offer an impure offering in **the** case of **communal rites,** i.e., communal offerings. In cases of necessity, the communal offerings may be sacrificed even if they are ritually impure.

חוּץ לִזְמַנּוֹ – הוֹאִיל וּמְרַצֶּה לְפִיגּוּלוֹ,

From where is it derived that if an offering that was disqualified due to the intention of the priest who slaughtered it to consume it **beyond its** designated **time** [*piggul*] was placed on the altar, it is not removed? This is derived by comparison, **since** the sprinkling of its blood **effects acceptance** with regard to **its** status as ***piggul.***[N] The status of *piggul* takes effect only if the sacrificial rites involving that offering were otherwise performed properly. This indicates that it still has the status of an offering, so it is not removed from the altar.

חוּץ לִמְקוֹמוֹ – הוֹאִיל וְאִיתְּקַשׁ לְחוּץ לִזְמַנּוֹ,

From where is it derived that if an offering that was disqualified due to the intention of the priest who slaughtered it to consume it **outside its** designated **area** was placed on the altar, it is not removed? This is derived by comparison, **since** it is **juxtaposed to** an offering that was slaughtered with intent to consume it **beyond its** designated **time.**

שֶׁקִּבְּלוּ פְּסוּלִין וְזָרְקוּ אֶת דָּמוֹ – בְּהָנָךְ פְּסוּלֵי דַּחֲזוּ לַעֲבוֹדַת צִיבּוּר.

From where is it derived that if an offering **that** people **unfit** for performing the Temple service **collected and** then **sprinkled its blood** was placed on the altar, it is not removed? This is derived **from** the *halakha* **of these** priests who are generally **disqualified** because they are impure, yet who **are fit to** perform **the communal rites,**[H] i.e., to sacrifice communal offerings, in a case when all the priests or the majority of the Jewish people are impure.

וְכִי דָּנִין דָּבָר שֶׁלֹּא בְּהֶכְשֵׁרוֹ מִדָּבָר שֶׁבְּהֶכְשֵׁרוֹ?

The Gemara questions the derivations of the *baraita*: **But can one deduce** the *halakha* **of a matter that is not fit,**[N] i.e., sacrificial portions that are disqualified due to having been left overnight, **from** the *halakha* **of a matter that is fit,** i.e., the peace offering, which is permitted for eating for two days and one night? Similarly, how can the *baraita* derive the *halakha* of flesh that was removed from the Temple courtyard from the *halakha* of a private altar, which has no halakhic area surrounding it?

NOTES

Emerges, etc. – **יוֹצֵא וכו׳**: This *halakha* was stated only with regard to the flesh or those portions meant for consumption on the altar. It does not apply to the blood, as Rabbi Yehuda states in the mishna that blood that emerged from the Temple courtyard is entirely disqualified and descends from the altar (Rashi).

An offering that leaves its area is fit in the case of a private altar – **הַיּוֹצֵא כָּשֵׁר בְּבָמָה**: The Gemara is referring to private altars, which were permitted before the Tabernacle was erected at Shiloh, as well as during the time period between its destruction and the building of the Temple in Jerusalem.

Since it effects acceptance with regard to its status as *piggul* – **הוֹאִיל וּמְרַצָּה לְפִיגּוּלוֹ**: An offering becomes *piggul* through one's intention, at the time of its slaughter, to present its blood, to burn the offering, or to eat it, outside its designated time. The status of *piggul* takes effect only on an offering that is otherwise fit. Consequently, one who slaughters a sacrificial animal with such intention has effected its acceptance in the sense that he has caused the offering to become *piggul*.

The Meiri (*Nidda* 40a) offers an alternative explanation: Since the intention to sacrifice an offering outside its designated time does not always disqualify an offering, i.e., the intention to sacrifice an offering the day after its slaughter would not disqualify it in the case of a peace offering since it may be eaten for two days, such intention will not disqualify other offerings with regard to the *halakha* that if they ascended upon the altar they shall not descend.

But can one deduce the *halakha* of a matter that is not fit, etc. – **וְכִי דָּנִין דָּבָר שֶׁלֹּא בְּהֶכְשֵׁרוֹ וכו׳**: How is it possible to derive the *halakha* with regard to sacrificial portions, which are disqualified by being left overnight, from the *halakha* with regard to meat, which may be eaten the following day *ab initio*? Likewise, how is it possible to derive the *halakha* with regard to an offering that emerged from the Temple courtyard, which is disqualified, from the *halakha* of a private altar during the times when it was permitted, where one could sacrifice an offering outside the Temple *ab initio*?

BACKGROUND

Private altar – **בָּמָה**: Before the Temple was built, there were periods when sacrificing on private altars was permitted. Any Jew, including a non-priest, was permitted to construct an altar and sacrifice certain offerings, primarily voluntary burnt offerings and peace offerings. During this period, only obligatory offerings and public offerings were brought on a public altar such as the one in Nov or Gibeon. After the building of the Temple in Jerusalem, private altars were prohibited forever. Still, for many generations people continued to unlawfully bring offerings to God upon private altars.

HALAKHA

Who are fit to perform the communal rites – **דַּחֲזוּ לַעֲבוֹדַת צִבּוּר**: With regard to offerings that became ritually impure, or whose blood was received by those disqualified from performing the Temple service, if they ascended upon the altar they shall not descend, since such offerings are fit in the case of communal offerings, which may be brought in a state of ritual impurity (Rambam *Sefer Avoda*, *Hilkhot Pesulei HaMukdashin* 3:7).

תַּנָּא אַ״זֹאת תּוֹרַת הָעֹלָה״ רִיבָּה סָמֵיךְ לֵיהּ.

The Gemara answers: The *tanna* **relied on** the verse: "Command Aaron and his sons, saying: **This is the law of the burnt offering:** It is the burnt offering on the pyre upon the altar all night until the morning; and the fire of the altar shall be kept burning there" (Leviticus 6:2), which **amplified** the application of the *halakha* stated in the verse, teaching that many types of disqualified offerings may be left upon the altar. The derivations written in the *baraita* are mere supports for those two *halakhot*. The explanations cited in the *baraita* for including these disqualifications are mentioned only to clarify why Rabbi Yehuda does not exclude them based on the terms "this," "it," and "that."

אָמַר רַבִּי יוֹחָנָן: הַשּׁוֹחֵט בְּהֵמָה בַּלַּיְלָה בִּפְנִים, (הַמַּעֲלֶה בַּחוּץ – פָּטוּר. בַּחוּץ) וְהֶעֱלָה בַּחוּץ – חַיָּיב.

§ With regard to an offering that was slaughtered at night, which Rabbi Yehuda holds shall descend from the altar even if it ascended, **Rabbi Yoḥanan says: One who slaughters** a sacrificial **animal at night**[H] **inside** the Temple courtyard, **and** then **offers** it **up** on an altar **outside** the Temple courtyard, is **liable**[N] to receive *karet*, which is the punishment for one who sacrifices an offering outside the Temple courtyard. Although one is normally liable for sacrificing an offering outside the Temple courtyard only if it was fit to be offered on the altar within the Temple, and an animal slaughtered at night is disqualified and shall descend from the altar according to Rabbi Yehuda,

HALAKHA

One who slaughters a sacrificial animal at night, etc. – הַשּׁוֹחֵט בְּהֵמָה בַּלַּיְלָה וכו׳: One who slaughtered an animal in the Temple at night and then offered it outside the Temple courtyard is exempt from punishment, since such an animal was unfit for the altar within the Temple (Rambam *Sefer Avoda*, *Hilkhot Ma'aseh HaKorbanot* 18:17, and see *Kesef Mishne* there).

NOTES

And then offers it up on an altar outside the Temple courtyard, is liable – וְהֶעֱלָה בַּחוּץ חַיָּיב: One is liable for offering a sacrifice outside the Temple courtyard only if the offering was fit to be offered on the altar within the Temple, as the verse states: "Any man of the house of Israel, or of the strangers that sojourn among them, that offers a burnt offering or sacrifice, and does not bring it to the entrance of the Tent of Meeting, to sacrifice it to the Lord, that man shall be cut off from his people" (Leviticus 17:8–9). From this verse it is derived that only offerings that were fit to be brought to the entrance of the Tent of Meeting are included in this *halakha*. Accordingly, one who slaughters an animal at night, which according to Rabbi Yehuda disqualifies it absolutely, is not liable if he offered it outside the Temple courtyard.

Perek **IX**
Daf **85** Amud **a**

לֹא תְּהֵא פְּחוּתָה מִשּׁוֹחֵט בַּחוּץ וּמַעֲלֶה בַּחוּץ.

nevertheless, the *halakha* with regard to one who slaughters an animal at night **should not be less** stringent **than** that of one who **slaughters** an animal **outside** the Temple **and offers** it **up outside.** With regard to that case, the mishna (106a) states that such a person is liable, even though an animal slaughtered outside the Temple is not fit to be offered on the altar inside the Temple and shall descend from the altar even if it has ascended.

מְתִיב רַב חִיָּיא בַּר אָבִין: הַשּׁוֹחֵט עוֹף בִּפְנִים וּמַעֲלֶה בַּחוּץ – פָּטוּר, שָׁחַט בַּחוּץ וּמַעֲלֶה בַּחוּץ – חַיָּיב; נֵימָא: לֹא תְּהֵא פְּחוּתָה מִשּׁוֹחֵט וּמַעֲלֶה בַּחוּץ!

Rav Ḥiyya bar Avin raises an objection to the statement of Rabbi Yoḥanan from a mishna (111a): **One who slaughters a bird inside** the Temple courtyard **and** then **offers** it **up** on an altar **outside** the Temple is **exempt**, as a bird offering is supposed to be pinched at the nape of the neck and not slaughtered with a knife. But if he **slaughtered** the bird **outside** the Temple courtyard **and offered** it **up outside** the Temple courtyard, he is **liable** to receive *karet*. According to Rabbi Yoḥanan, **let us say** that the *halakha* with regard to one who slaughters an animal inside the Temple **should not be less** stringent **than** that of one who **slaughters** an animal **and offers** it **up outside** the Temple. Why, then, is such a person exempt?

תְּיוּבְתָּא. אִיבָּעֵית אֵימָא: שְׁחִיטַת הָעוֹף בִּפְנִים – מִיקְטַל קַטְלֵיהּ.

The Gemara responds: This is indeed **a conclusive refutation,**[N] and the statement of Rabbi Yoḥanan is rejected. The Gemara adds a possible explanation: **If you wish, say** that one cannot derive the *halakha* of a bird slaughtered inside the Temple from that of a bird slaughtered outside of it, because in the case of **the slaughter of a bird inside** the Temple, it is considered as if **he killed it.**[N] By contrast, in the case of an animal slaughtered at night within the Temple, although it is disqualified, it is still considered a slaughtered animal, and its status may therefore be derived from that of an animal that is slaughtered outside the Temple.

אָמַר עוּלָּא: אֵימוּרֵי קָדָשִׁים קַלִּים שֶׁהֶעֱלָן לִפְנֵי זְרִיקַת דָּמָן – לֹא יֵרְדוּ, נַעֲשׂוּ לַחְמוֹ שֶׁל מִזְבֵּחַ.

§ Concerning items that were inappropriately placed on the altar, **Ulla says: Sacrificial portions of offerings of lesser sanctity**[N] **that** one **offered up** upon the altar **before the sprinkling of their blood,** which is the act that sanctifies such portions for the altar, **shall not descend,** as **they have become the bread of the altar.**

NOTES

Conclusive refutation – תְּיוּבְתָּא: Ze'eiri explains (111b) that according to Rabbi Yehuda, one who slaughtered an animal at night within the Temple courtyard and offered it outside the Temple is exempt, since such an offering is entirely unfit for the altar inside the Temple, and shall descend if it ascended upon the altar. Additionally, even though one who slaughters an animal outside the Temple is liable for offering it despite the fact that such an offering is entirely unfit for the altar, one may not derive the *halakha* concerning other disqualifications from this case, since the Torah stated explicitly that one is liable for such an offering (see 107b). With regard to all other disqualifications, the principle that one is liable only for those offerings that are fit to be offered inside the Temple must be followed (Rashi on 111a).

It is considered as if he killed it – מִיקְטַל קַטְלֵיהּ: There is no concept of slaughter with regard to a bird inside the Temple, whether sacred or non-sacred. Therefore, one who kills a bird by slaughtering it is considered to have decapitated it (*Tosafot*). In the *Shita Mekubbetzet* it is further explained that the distinction between this case and that of an animal slaughtered inside the Temple at night is that in the latter case, the disqualification is not inherent to the animal itself but is due to an independent factor, and had it been slaughtered during the day it would have been fit. By contrast, the disqualification of a bird that is slaughtered concerns the bird itself. Therefore, one is not liable for sacrificing such a bird outside the Temple courtyard.

Sacrificial portions of offerings of lesser sanctity – אֵימוּרֵי קָדָשִׁים קַלִּים: There is a dispute among the later commentaries as to the precise explanation of Ulla's statement. Some explain that according to Ulla, one may burn such portions on the fire without first sprinkling the blood, as they have already ascended the altar and may no longer descend (*Zevaḥ Toda*; *Ḥazon Ish*). Others explain that while such portions may not descend from the altar, they may be burned only after the blood of the offering is sprinkled (*Keren Ora*; see *Zevaḥ Toda*).

אמר רבי זירא, אף אנן נמי תנינא: שנשפך דמה ושיצא דמה חוץ לקלעים; ומה התם דאם בא לזרוק – אין לו לזרוק, אמרת: אם עלו – לא ירדו, הכא דאם בא לזרוק זורק – לא כל שכן?

Rabbi Zeira said in support of Ulla: **We learn** in the mishna **as well:** The sacrificial portions of an offering **whose blood was spilled, or whose blood emerged outside the curtains,** shall not descend if they ascended. From this one can infer: **And if there, where** the blood was spilled, **if he comes to sprinkle** it **he cannot sprinkle** it, as there is no blood with which to do so, and **you said** that **if they ascended** the altar **they shall not descend,** then **here,** where the blood is intact such **that if he comes to sprinkle** it **he sprinkles** it, which renders the sacrificial portions permitted for sacrifice upon the altar, is it **not all the more so** that if they ascended they shall not descend?

תרגמא אקדשי קדשים.

The Gemara rejects the inference of Rabbi Zeira: **Interpret** the mishna as referring specifically **to offerings of the most sacred order,**[NB] whose sacrificial portions are sanctified for the sake of the altar before their blood is presented. Therefore, such sacrificial portions are considered fit for the altar and shall not descend if they ascended. It may be that the sacrificial portions of offerings of lesser sanctity are entirely unfit for the altar before the presentation of their blood.

הרי פסח, דקדשים קלים הוא! תרגמא בשלא לשמן.

The Gemara challenges: But there is **a Paschal offering, which is an offering of lesser sanctity,** and it is mentioned in the same list of items that shall not descend if they ascended. The Gemara explains: **Interpret** the case of a Paschal offering as referring **to** where it was slaughtered **not for its sake,** but not to where its blood was spilled or emerged outside the curtains.

תנן: וכולן שעלו חיין לגבי מזבח – ירדו; הא שחוטין – לא ירדו. מאי לאו, לא שנא קדשי קדשים, לא שנא קדשים קלים?

We learned in the mishna: **And all of them that** if they ascend they do not descend, if **they ascended to** the top of **the altar alive, they descend. But** it may be inferred from here that **slaughtered** animals **shall not descend,** even if their blood was not presented. **What, is it not** that this inference applies to all offerings, and the *halakha* **is not different** with regard to **offerings of the most sacred order, and it is not different** with regard to **offerings of lesser sanctity?**

לא, הא שחוטין – מהן ירדו מהן לא ירדו. והא "כולן" קתני! "כולם" אחיין.

The Gemara responds: **No,** it is possible to infer as follows: **But** with regard to **slaughtered** animals, some **of them shall descend** and some **of them shall not descend.** The Gemara challenges: **But** the mishna **teaches** that **all of them** shall descend if they ascended alive, in which case it must be inferred with regard to all of them that if they were slaughtered they shall not descend. The Gemara explains: When the mishna states: **All of them** shall descend, it is referring only **to** animals that ascended upon the altar while still **alive,** in order to emphasize that all fit animals that ascended while still alive shall descend and are not slaughtered atop the altar. The mishna did not intend to teach the *halakha* with regard to all slaughtered animals.

פשיטא! לעולם אחיין, ובדוקין שבעין, ואליבא דרבי עקיבא דאמר: אם עלו – לא ירדו

The Gemara asks: Isn't it **obvious** that live animals that ascended upon the altar shall descend? The Gemara answers: **Actually,** the mishna intends to teach the *halakha* **with regard to living** animals[N] but is referring specifically **to** animals blemished **on the cornea of the eye, and** it is **in accordance with** the opinion **of Rabbi Akiva, who says** that in the case of such a small blemish, **if they ascended** the altar **they shall not descend.** The phrase: All of them shall descend, teaches that even Rabbi Akiva agrees that such animals that ascended while still alive shall descend.

במאי אוקימתא – בפסולין. אימא סיפא: וכן עולה שעלתה חיה לראש המזבח – תרד, שחטה בראש המזבח – יפשיט וינתח במקומה; ואי פסולה, בת הפשט ונתוח היא? "ונתח אותה" אמר רחמנא, "אתה" – כשרה ולא פסולה!

The Gemara asks: **To what** case **did you interpret** this *halakha* in the mishna to be referring? You interpreted it as referring **to disqualified** offerings. **Say the latter clause: And likewise, a burnt offering that ascended to the top of the altar alive shall descend.** But if one **slaughtered** the animal **at the top of the altar, he should flay** it **and cut** it **into pieces in its place,** and it is not removed from the altar. **And if** the mishna is referring to **a disqualified** offering one must ask: Is a disqualified offering **fit for flaying and cutting? The Merciful One states:** "And he shall flay the burnt offering, **and cut it** into its pieces" (Leviticus 1:6), and the word **"it"** indicates an exclusion: Only **fit** offerings are flayed and cut, **and not** those that are **disqualified.**

NOTES

Interpret it as referring to offerings of the most sacred order – תרגמא אקדשי קדשים: Although the sacrificial portions of offerings of the most sacred order are not fit for burning on the pyre until after the offering's blood has been presented, such an offering is nevertheless considered the portion of the Most High from the time of its consecration, and is subject to the *halakhot* of misuse of consecrated property. Accordingly, these portions are included in the *halakha* cited at the beginning of the chapter that the altar sanctifies that which is suited to it (see 83b). This is not the case with regard to offerings of lesser sanctity, which are not subject to the *halakhot* of misuse of consecrated property until after their blood has been presented. Consequently, they are entirely unfit for the altar before the presentation of the blood.

Actually, with regard to living animals, etc. – לעולם אחיין וכו׳: Rashi explains as follows: It is obvious that fit animals that ascended the altar while alive shall descend, because there is no loss to the altar in having them descend. This is not so with regard to a blemished animal, since such an animal is neither slaughtered nor offered upon the altar *ab initio*. Accordingly, one may have said that according to Rabbi Akiva, who says that an animal with a small blemish, e.g., in its eye, shall not descend if it ascended, one does not remove a blemished animal from the altar even if it ascended while still alive, because removing it would prevent it from being offered on the altar at all. The mishna therefore teaches that all of them shall descend, to emphasize that even blemished animals shall descend according to Rabbi Akiva.

The *Sefat Emet* understands that the Rambam offers a different explanation, namely that the Gemara initially assumed that the mishna is referring to animals entirely unfit for use as an offering, in which case it is obvious that such animals must descend from the altar if they ascended while still alive, since even if they were slaughtered atop the altar they shall descend. The Gemara then responds that the mishna is actually referring specifically to those disqualifications concerning which it was said that if they were slaughtered upon the altar they shall not descend.

BACKGROUND

Offerings of the most sacred order – קדשי קדשים: This category comprises burnt offerings, sin offerings, guilt offerings, and communal peace offerings. The following regulations apply specifically to these sacrifices: They are slaughtered only in the northern section of the Temple courtyard; those offerings that are eaten may be eaten only on the day the animal is sacrificed and the night following that day; they may be eaten only by male priests and only within the Temple courtyard; the prohibition against misuse of consecrated property applies to these offerings as soon as they are consecrated; and once their blood is sprinkled on the altar, the prohibition against misuse of consecrated property continues to apply to the portions of the offering consumed on the altar, but not to the portions of the offering that are to be eaten.

סֵיפָא אָתָאן לִכְשֵׁרָה. וּמַאי קָמַשְׁמַע לַן, דְּיֵשׁ הֶפְשֵׁט וְנִתּוּחַ בְּרֹאשׁ הַמִּזְבֵּחַ.

The Gemara answers: In **the latter clause we come to** refer to a **fit** offering. The Gemara asks: **And what does** this **teach us?** The Gemara answers: It teaches **that there is flaying and cutting at the top of the altar,**[H] and it is not considered degrading to the altar.

וּלְמַאן דְּאָמַר: אֵין הֶפְשֵׁט וְנִתּוּחַ בְּרֹאשׁ הַמִּזְבֵּחַ, מַאי אִיכָּא לְמֵימַר? הָכָא בְּמַאי עָסְקִינַן – כְּגוֹן שֶׁהָיְתָה לוֹ שְׁעַת הַכּוֹשֶׁר וְנִפְסְלָה. וְרַבִּי אֶלְעָזָר בְּרַבִּי שִׁמְעוֹן הִיא, דְּאָמַר: כֵּיוָן שֶׁנִּזְרַק הַדָּם וְהוּרְצָה בָּשָׂר שָׁעָה אַחַת – יַפְשִׁיטֶנָּה, וְעוֹרָהּ לַכֹּהֲנִים.

The Gemara asks: **But according to the one who says** that **there is no flaying and cutting at the top of the altar, what can be said?** The Gemara answers: According to that opinion, **what are we dealing with here?** We are dealing with a case **where** the animal that ascended while still alive **had a time of fitness,** during which it was slaughtered atop the altar and its blood was presented, **and** thereafter it **became disqualified. And** the last clause of the mishna **is** in accordance with the opinion of **Rabbi Elazar, son of Rabbi Shimon, who says: Since the blood was sprinkled,** thereby **effecting acceptance of the flesh** of the offering for **a moment,** even if the offering then became disqualified, **he shall flay it and its hide** is given **to the priests,** and its flesh is burned.

וְאֶלָּא דְּקָתָנֵי: כֵּיצַד עוֹשֶׂה? מוֹרִיד אֶת הַקְּרָבַיִם לְמַטָּה וּמְדִיחָן, לָמָּה לִי?

The Gemara asks: **But** if the mishna is referring to an offering that became disqualified, then with regard to **that which is taught** in a *baraita* concerning the mishna: **What shall** he **do** with such an offering? He **takes the innards down** from the altar,[H] placing them **below** it, **and** thereafter **rinses them, why do I** need to do so? Since the innards of a disqualified offering may not be returned to the altar once they have been removed from it, why should they be removed from the altar?

הֵיכִי נַעֲבֵיד? נַקְרְבִינְהוּ בְּפִרְתַּיְיהוּ? ״הַקְרִיבֵהוּ נָא לְפֶחָתֶךָ הֲיִרְצְךָ אוֹ הֲיִשָּׂא פָנֶיךָ״!

The Gemara responds: Rather, **what should we do? Should we offer them with their dung?** Doesn't the verse state: **"Present it now to your governor; will he be pleased with you? Or will he accept your person?"** (Malachi 1:8), and isn't it derived from this verse that items considered repulsive to people are not fit for use as an offering for the Most High?

אֲנַן הָכִי קָאָמְרִינַן: מְדִיחָן לָמָּה לִי? דְּאִי מִיתְרְמֵי כֹּהֵן אַחֲרִינָא וְלָא יָדַע – נַסְּקִינְהוּ.

The Gemara clarifies: **This is what we are saying:** Since one removes the innards of a disqualified offering from atop the altar and they may not be returned, **why do I** need to **rinse them?** The Gemara answers: The concern is **that if another priest chances** upon these innards **and does not know** that they are disqualified for the altar, **he will sacrifice them** upon the altar with their dung.

HALAKHA

Flaying and cutting at the top of the altar – **הֶפְשֵׁט וְנִתּוּחַ בְּרֹאשׁ הַמִּזְבֵּחַ**: A burnt offering that was slaughtered atop the altar, or that was slaughtered on the ground and was thereafter brought onto the altar, shall be flayed and cut in its place, i.e., atop the altar. The innards are then removed from the altar to be rinsed, after which they are returned to the altar. The hide is removed from the altar and given to the priests. Similarly, sacrificial animals that were slaughtered and subsequently brought onto the altar are flayed and cut in their place atop the altar. The innards are taken down from the altar for rinsing and are then returned to the altar. The hide and meat are removed and given to the owner, and the remainder of the offering is burned (Rambam *Sefer Avoda, Hilkhot Ma'aseh HaKorbanot* 18:13).

He takes the innards down from the altar – **מוֹרִיד אֶת הַקְּרָבַיִם**: In the case of a burnt offering that was slaughtered atop the altar, or other sacrificial animals that were slaughtered there, their innards are taken down from the altar and rinsed, after which they are returned to the top of the altar (Rambam *Sefer Avoda, Hilkhot Ma'aseh HaKorbanot* 18:13).

Perek **IX**
Daf **85** Amud **b**

וַאֲנַן נֵיקוּ נַעֲבֵיד לְהוּ לַכֹּהֲנִים מִילְּתָא דְּאָתוּ בָּהּ לִידֵי תַקָּלָה! אֲפִילּוּ הָכִי עֲדִיפָא, שֶׁלֹּא יְהוּ קָדְשֵׁי שָׁמַיִם מוּטָלִים כִּנְבֵילָה.

The Gemara asks: **And shall we stand** and **do something for the priests through which they** shall **come to** encounter **a stumbling block?** Were these innards to remain unwashed, no priest would mistakenly sacrifice them upon the altar. The Gemara answers: **Even so,** rinsing disqualified innards is **preferable, so that the sanctified offerings of Heaven shall not be lying as a carcass.**

אָמַר רַבִּי חִיָּיא בַּר אַבָּא, בָּעֵי רַבִּי יוֹחָנָן: אֵימוּרֵי קָדָשִׁים קַלִּים שֶׁהֶעֱלָן לִפְנֵי זְרִיקַת דָּמָן – יֵרְדוּ אוֹ לֹא יֵרְדוּ?

With regard to the matter discussed by Ulla (85a), **Rabbi Ḥiyya bar Abba said** that **Rabbi Yoḥanan raises a dilemma:** In the case of **sacrificial portions of offerings of lesser sanctity that** one **offered up before the sprinkling of their blood,**[H] which is the act which sanctifies such portions for the altar, **shall they descend or shall they not descend?**

HALAKHA

Sacrificial portions of offerings of lesser sanctity that one offered up before the sprinkling of their blood – **אֵימוּרֵי קָדָשִׁים קַלִּים שֶׁהֶעֱלָן לִפְנֵי זְרִיקַת דָּמָן**: The sacrificial portions of offerings of lesser sanctity that ascended upon the altar before the sprinkling of the offering's blood shall not descend, as they have become the bread of the altar. All the more so, the sacrificial portions of offerings of the most sacred order shall not descend if they ascended before the presentation of their blood (Rambam *Sefer Avoda, Hilkhot Pesulei HaMukdashin* 3:12 and Mahari Kurkus there).

אמר ליה רבי אמי: ותיבעי לך מעילה? אמר ליה: מעילה לא קמיבעיא לי, דזריקה הוא דקבעה להו במעילה. כי קמיבעיא ליה – ירידה. ופשיט: לא ירדו, ואין בהן מעילה.

Rabbi Ami said to Rabbi Yoḥanan: Instead of raising the dilemma of whether or not such portions shall descend, **you should raise the dilemma** of whether their ascension upon the altar sanctifies them with regard to the *halakhot* of **misuse** of consecrated property.[B] Rabbi Yoḥanan **said to him:** With regard to the **misuse** of consecrated property **I do not raise the dilemma, as** certainly the rite of **sprinkling** and not their ascension to the altar **determines** their status **with regard to** the **misuse** of consecrated property. **When** Rabbi Yoḥanan **raised the dilemma** it was with regard to their **descent** from the altar. **And** Rabbi Yoḥanan **resolved**[N] his dilemma and ruled: If they ascended **they shall not descend, and they are not subject to** the prohibition of **misuse** of consecrated property.[H]

רב נחמן בר יצחק מתני הכי: אמר רבי חייא בר אבא, בעי רבי יוחנן: אימורי קדשים קלים שהעלן לפני זריקת דמן – יש בהן מעילה או לא? אמר ליה רבי אמי: ותיבעי לך ירידה? אמר ליה: ירידה לא קא מיבעיא לי, דנעשו לחמו של מזבח. כי קמיבעיא לי – מעילה. ופשיט הכי: לא ירדו, ואין בהן מעילה.

Rav Naḥman bar Yitzḥak teaches the discussion in **this** manner: Rabbi **Ḥiyya bar Abba said** that **Rabbi Yoḥanan raises a dilemma:** In the case of **sacrificial portions of offerings of lesser sanctity that** one **offered up** on the altar **before the sprinkling of their blood, are they subject to** the *halakhot* of **misuse or not? Rabbi Ami said to him: And you should raise the dilemma** with regard to their **descent** from upon the altar. Rabbi Yoḥanan **said to him:** With regard to their **descent I do not raise the dilemma, because** after these sacrificial portions ascend the altar **they become the bread of** the **altar** and shall not descend. **When I raise the dilemma** it is with regard to the **misuse** of consecrated property. **And** Rabbi Yoḥanan **resolved** his dilemma in **this** manner: **They shall not descend, and they are not subject to** the prohibition of **misuse** of consecrated property.

"ואלו לא היה פסולן" [וכו'].

§ The mishna teaches: **And these are** the offerings **whose disqualification** did **not** occur in sanctity: An animal that copulated with a person, or an animal that was the object of bestiality… or blemished animals. Such offerings shall descend from the altar if they ascended. Rabbi Akiva deems blemished animals fit in the sense that if they ascended upon the altar they shall not descend.

אמר רבי יוחנן: לא הכשיר רבי עקיבא אלא בדוקין שבעין, הואיל וכשרים בעופות. והוא שקדם הקדשן את מומן. ומודה רבי עקיבא בעולת נקבה, דכשקדם מומה להקדשה דמיא.

Rabbi Yoḥanan says: Rabbi Akiva deemed fit only those animals with small blemishes, such as **on the cornea of the eye,**[N] as such blemishes **are fit with regard to bird** offerings *ab initio*.[N] And **this** is the *halakha* only **when their consecration preceded their blemish,** since such an animal was fit for the altar at the time of its consecration. But if their blemish preceded their consecration, they shall descend, as they were never fit for the altar. **And Rabbi Akiva concedes with regard to a female burnt offering** that it shall descend from the altar. Since only a male animal may be used for a burnt offering, **it is like** a case **where** the animal's **blemish preceded its consecration.**

בעי רבי ירמיה: יש נרבע בעופות, או אין נרבע בעופות? מי אמר: "מן הבהמה" – להוציא את הרובע והנרבע,

The Gemara presents a discussion in which the opinion of Rabbi Akiva is cited: **Rabbi Yirmeya raises the dilemma: Is** the disqualification **of an animal that was the object of bestiality applicable with regard to birds,**[H] **or is there no** disqualification **of an animal that was the object of bestiality with regard to birds? Did** the verse **say:** "When any man of you brings an offering to the Lord, you shall bring your offering **of the animals**" (Leviticus 1:2), where the term "of" serves **to exclude** from being brought as offerings both **an animal that copulated with a person and an animal that was the object of bestiality,** in order to equate the two?

כל היכא דאיתיה ברובע – איתיה בנרבע, כל היכא דליתיה ברובע – ליתיה בנרבע. או דלמא הרי נעבדה בו עבירה?

If so, then derive from it that **anywhere that there is** a disqualification **of an animal that copulated with a person there is** a disqualification **of an animal that was the object of bestiality,** and **anywhere that there is no** disqualification **of an animal that copulated with a person there is no** disqualification **of an animal that was the object of bestiality.** Consequently, since birds cannot be the active party in an act of bestiality, the disqualification of an animal that was the object of bestiality is also inapplicable to birds. **Or perhaps** the disqualification of an animal that was the object of bestiality does apply with regard to birds, as nevertheless **a sin was committed with it?**

BACKGROUND

Misuse of consecrated property – מעילה: The *halakhot* of misuse of consecrated property are stated in the Torah (see Leviticus 5:14–16) and are discussed in greater detail in tractate *Me'ila*. The basic principle is that one who derives benefit from consecrated property unwittingly, i.e., without the knowledge that it was consecrated property, is liable to bring an offering and to pay to the Temple treasury the value of the benefit he derived. In addition, he must pay an additional one-fifth of the value as a fine. After such an item has been used it loses its consecrated status, which is transferred to the money that the person pays to the Temple treasury. The Torah does not discuss the case of one who derives benefit from consecrated property intentionally. Therefore, such a person cannot atone for his transgression by bringing a sacrifice or by paying the additional one-fifth of the value as a fine.

NOTES

And Rabbi Yoḥanan resolved – ופשיט: There are those who understood that Rav Ami resolved the dilemma, not Rabbi Yoḥanan (Mahari Kurkus).

On the cornea of the eye – בדוקין שבעין: Rashi explains in tractate *Bekhorot* (16a) that this refers to a blemish in the eyelids. Rashi explains here that it is a film covering part of the eye, perhaps describing a cataract.

Fit with regard to bird offerings *ab initio* – כשרים בעופות: The phrase: "A male without blemish" (Leviticus 22:19), was stated specifically with regard to livestock offerings. Consequently, neither the requirement to be entirely without blemish nor the requirement to be male applies to bird offerings. Rashi explains that a severe blemish, such as a missing limb, does disqualify a bird, as does any repulsive blemish, as the verse states: "Present it now to your governor; will he be pleased with you? Or will he accept your person?" (Malachi 1:8), from which it is derived that any item considered repulsive by people is unfit as an offering. Others explain that Rabbi Akiva deems blemished animals that are not missing any limbs fit because they are fit for use as an offering by gentiles. Accordingly, the disqualification of blemished animals is not an absolute one (see *Keneset HaRishonim*).

HALAKHA

And they are not subject to the prohibition of misuse of consecrated property – ואין בהן מעילה: One is not liable for the misuse of consecrated property with regard to offerings of lesser sanctity until after their blood is sprinkled. Even if the sacrificial portions of such an offering ascended upon the altar before its blood was sprinkled, one is not liable until after its blood is sprinkled (Rambam *Sefer Avoda, Hilkhot Me'ila* 2:1).

Object of bestiality with regard to birds – נרבע בעופות: Concerning those items that may not ascend upon the altar, there is no difference between animal and bird, and any bird that was the object of bestiality, or that killed a man, or that was designated for worship as a deity, or that was worshipped, is disqualified as an offering (Rambam *Sefer Avoda, Hilkhot Issurei Mizbe'aḥ* 4:1).

אֲמַר רַבָּה, תָּא שְׁמַע: רַבִּי עֲקִיבָא מַכְשִׁיר בְּבַעֲלֵי מוּמִין; וְאִם אִיתָא – נַכְשִׁיר נַמִי בְּנִרְבָּע, הוֹאִיל וְכָשֵׁר בְּעוֹפוֹת. שְׁמַע מִינָּהּ.

Rabba said: Come and hear a proof from the mishna: **Rabbi Akiva deems blemished** animals **fit** when the blemish is on the cornea, since such blemishes are fit with regard to bird offerings *ab initio*. **And if it is so** that a bird that was the object of bestiality is fit as an offering, then **let us also deem fit an animal that was the object of bestiality, since** such an offering is **fit with regard to birds.** From the fact that such animals are not deemed fit, **conclude from** the mishna that the disqualification of an animal that was the object of bestiality applies to birds as well.

אֲמַר רַב נַחְמָן בַּר יִצְחָק: אַף אֲנַן נַמִי תָּנֵינָא: הַנִּרְבָּע, וְהַמּוּקְצֶה וְהַנֶּעֱבָד, וְאֶתְנָן, וּמְחִיר, וְטוּמְטוּם, וְאַנְדְּרוֹגִינוֹס – כּוּלָּן מְטַמְּאִין בְּגָדִים אַבֵּית הַבְּלִיעָה. שְׁמַע מִינָּהּ.

Rav Naḥman bar Yitzḥak said: We learn in the *baraita* **as well:** A bird **that was the object of bestiality, or** that was **set aside** for idol worship, **or** that **was worshipped** as a deity, **or** that was given as **payment** to a prostitute **or** as the **price** of a dog, **or** that was a *tumtum* **or** a **hermaphrodite,**[B] in **all of** those cases, if its nape was pinched, it **renders** the **garments** of one who swallows an olive-bulk from the carcass **ritually impure** when it is **in the throat,**[N] as is the *halakha* with regard to all unslaughtered carcasses of birds. Since the *baraita* lists a bird that was the object of bestiality among those disqualified offerings, **conclude from** the *baraita* that such a bird is in fact disqualified.

״רַבִּי חֲנִינָא סְגַן הַכֹּהֲנִים״ כו׳. מַאי קָא מַשְׁמַע לַן? אִיבָּעֵית אֵימָא: מַעֲשֶׂה קָא מַשְׁמַע לַן. וְאִיבָּעֵית אֵימָא: מַאי ״דּוֹחֶה״ – כִּלְאַחַר יָד.

§ The mishna teaches: **Rabbi Ḥanina, the deputy High Priest,** says: My father would reject blemished animals from upon the altar. The Gemara asks: **What is** Rabbi Ḥanina **teaching us?** The first *tanna* already stated that blemished animals shall descend. The Gemara answers: **If you wish, say** that Rabbi Ḥanina **teaches us an incident,**[N] to express that this *halakha* was not only stated theoretically but applied practically as well. **And if you wish, say** instead: **What** is the meaning of the term: Would **reject?** It means that he would remove blemished animals from the altar **in a backhanded manner,** i.e., privately rather than publicly, so as not to disgrace the honor of the altar.

״כְּשֵׁם שֶׁאִם עָלָה״ כו׳. אָמַר עוּלָּא: לֹא שָׁנוּ אֶלָּא שֶׁלֹּא מָשְׁלָה בָּהֶן הָאוּר, אֲבָל מָשְׁלָה בָּהֶן הָאוּר – יַעֲלוּ.

§ The mishna teaches with regard to those disqualified offerings that shall not descend from the altar if they ascended it: **Just as if it ascended** it does not descend, so too, if it descended it does not then ascend. **Ulla says:** The Sages **taught** this *halakha* **only** in a case **where the fire has not** yet **taken hold of** these offerings.[H] **But** if **the fire has taken hold of** these offerings, then even if they descended from the altar **they shall ascend.**

רַב מָרִי מַתְנֵי אַרֵישָׁא, רַב חֲנִינָא מִסּוּרָא מַתְנֵי אַסֵּיפָא: הָעֲצָמוֹת וְהַגִּידִין, וְהַקְּרָנַיִם וְהַטְּלָפַיִם, בִּזְמַן שֶׁמְּחוּבָּרִין – יַעֲלוּ, פֵּירְשׁוּ – לֹא יַעֲלוּ. אָמַר עוּלָּא: לֹא שָׁנוּ אֶלָּא שֶׁלֹּא מָשְׁלָה בָּהֶן הָאוּר, אֲבָל מָשְׁלָה בָּהֶן הָאוּר – יַעֲלוּ.

Rav Mari teaches that the statement of Ulla is referring **to the first clause,** i.e., to this mishna. **Rav Ḥanina of Sura teaches** that Ulla is referring **to the latter clause,** i.e., to the next mishna, which states: **The bones, and the tendons, and the horns, and the hooves** of a burnt offering; **when they are attached** to the flesh of the offering **they shall ascend** upon the altar and be sacrificed with the offering. If **they separated** from the flesh of the offering **they shall not ascend.** With regard to this **Ulla says:** The Sages **taught** that if they separated from the flesh they shall not ascend **only** in a case **where the fire has not** yet **taken hold of them. But** if **the fire has taken hold of them,** then even if they separated from the flesh of the offering **they shall ascend.**

NOTES

In all of those cases it renders the garments ritually impure when it is in the throat – כּוּלָּן מְטַמְּאִין בְּגָדִים אַבֵּית הַבְּלִיעָה: Any bird that is pinched at the nape of the neck has the status of an unslaughtered carcass, and will render the clothing of one who eats from it ritually impure when it is in his throat. The exception to this *halakha* is a bird offering, which is killed through pinching. Birds that have been disqualified as an offering are included in this exception as well, provided that their disqualification occurred in sanctity, as mentioned previously (see 68b and 84a). The disqualification of those birds listed in the *baraita* occurred before they were consecrated, and accordingly, pinching does impart impurity to them.

Teaches us an incident – מַעֲשֶׂה קָא מַשְׁמַע לַן: The weight of a *halakha* that has been observed practically is greater than that of one stated theoretically. See *Bava Batra* 130b, where this concept is discussed at length. The Rambam, in his Commentary on the Mishna, rules in accordance with the opinion of Rabbi Ḥanina, the deputy High Priest (see *Tosefot Yom Tov*).

BACKGROUND

***Tumtum* and hermaphrodite – טוּמְטוּם וְאַנְדְּרוֹגִינוֹס:** These are two instances in which the primary and secondary sex signs of a person or animal are found in irregular forms, and it is not clear biologically or halakhically what their gender is. A *tumtum* has no external sex signs at all, although whether the individual is male or female might become apparent later in life when certain developmental changes take place. A hermaphrodite has both male and female sexual organs.

HALAKHA

Where the fire has not yet taken hold of these offerings – שֶׁלֹּא מָשְׁלָה בָּהֶן הָאוּר: Those disqualified offerings concerning which it was stated that if they ascended they shall not descend, if they descended they shall not then ascend, as they are unfit. If the fire took hold of them, then even if they descended from the altar they are returned to the top of the altar and burned there, in accordance with the statement of Ulla (Rambam *Sefer Avoda, Hilkhot Pesulei HaMukdashin* 3:9).

מַאן דְּמַתְנֵי אַסֵּיפָא – כׇּל שֶׁכֵּן אַרֵישָׁא. וּמַאן דְּמַתְנֵי אַרֵישָׁא, אֲבָל אַסֵּיפָא – לָאו בְּנֵי הַקְטָרָה נִינְהוּ.

The Gemara elaborates: According to **the one who teaches** Ulla's statement, i.e., if the fire has taken hold of them they still ascend the altar, as referring **to the latter clause,** which discusses items that are not burned on the altar, **all the more so** will Ulla's statement apply **to the first clause,** which discusses items that are burned on the altar but were disqualified. **And** according to **the one who teaches** Ulla's statement as referring **to the first clause,** it applies only to those items that were to be burned on the altar but were disqualified. **But** with regard **to the latter clause** it does not apply, since the bones, tendons, and other items mentioned there **are not subject to burning** at all.

מתני׳ וְאֵלּוּ אִם עָלוּ יֵרְדוּ: בְּשַׂר קׇדְשֵׁי קֳדָשִׁים, וּבְשַׂר קֳדָשִׁים קַלִּים, וּמוֹתַר הָעוֹמֶר, וּשְׁתֵּי הַלֶּחֶם, וְלֶחֶם הַפָּנִים, וּשְׁיָרֵי מְנָחוֹת, וְהַקְּטוֹרֶת.

MISHNA **And these** are the items that **if they ascended** upon the altar **they descend,**[H] because they are completely unfit for the altar: **The meat of offerings of the most sacred order,** i.e., a guilt offering and a sin offering, the meat of which is eaten by priests; **and the meat of offerings of lesser sanctity,** which is eaten by the owners; **and the surplus of the *omer***[B] meal offering brought on the second day of Passover after the handful was removed and burned on the altar; **and the two loaves**[B] meal offering brought on the festival of *Shavuot*; **and the shewbread; and the remainder of the meal offerings** after the handful was removed, which are all eaten by the priests; **and the incense** that ascended upon the external altar and not the golden altar where it should be burned.

הַצֶּמֶר שֶׁבְּרָאשֵׁי כְּבָשִׂים, וְשֵׂעָר שֶׁבִּזְקַן תְּיָשִׁים, וְהָעֲצָמוֹת, וְהַגִּידִים, וְהַקַּרְנַיִם, וְהַטְּלָפַיִם, בִּזְמַן שֶׁהֵם מְחוּבָּרִים – יַעֲלוּ, שֶׁנֶּאֱמַר: ״וְהִקְטִיר הַכֹּהֵן אֶת הַכֹּל״. פֵּירְשׁוּ – לֹא יַעֲלוּ, שֶׁנֶּאֱמַר: ״וְעָשִׂיתָ עֹלֹתֶיךָ הַבָּשָׂר וְהַדָּם״.

With regard to **the wool that is on the heads of the sheep**[H] brought as burnt offerings, **and the hair that is in the beard of goats** that were sacrificed, **and the bones, and the tendons, and the horns, and the hooves: When they are attached** to the flesh of the offering **they shall ascend** upon the altar and be sacrificed with the offering, **as it is stated: "And the priest shall make the whole smoke** on the altar" (Leviticus 1:9). If **they separated** from the flesh of the offering **they shall not ascend,**[N] **as it is stated: "And you shall offer your burnt offerings, the flesh and the blood"** (Deuteronomy 12:27), and nothing else.

גמ׳ תָּנוּ רַבָּנַן: ״וְהִקְטִיר הַכֹּהֵן אֶת הַכֹּל הַמִּזְבֵּחָה״ – לְרַבּוֹת הָעֲצָמוֹת וְהַגִּידִים, וְהַקַּרְנַיִם וְהַטְּלָפַיִם. יָכוֹל אֲפִילּוּ פֵּרְשׁוּ? תַּלְמוּד לוֹמַר: ״וְעָשִׂיתָ עֹלֹתֶיךָ הַבָּשָׂר וְהַדָּם״.

GEMARA **The Sages taught** in a *baraita*: **"And the priest shall make the whole smoke on the altar"** (Leviticus 1:9). The term "the whole" serves **to include the bones and the tendons and the horns and the hooves** among those items that are sacrificed on the altar. One **might** have thought that **even if they separated** from the flesh of the burnt offering they are sacrificed upon the altar. Therefore, **the verse states: "And you shall offer your burnt offerings, the flesh and the blood"** (Deuteronomy 12:27), indicating that only those items and anything attached to them are sacrificed upon the altar.

אִי בָּשָׂר וְדָם,

If one derives the *halakha* with regard to bones and tendons from the phrase **"the flesh and the blood,"**

HALAKHA

And these are the items that if they ascended upon the altar they descend – **וְאֵלּוּ אִם עָלוּ יֵרְדוּ**: Any item that is unsuited for consumption by the fire, even if it ascended upon the altar, shall descend. Included in this *halakha* are the flesh of offerings, the remainder of the *omer* meal offering and of other meal offerings, the two loaves meal offering, the shewbread, and the incense (Rambam *Sefer Avoda*, *Hilkhot Pesulei HaMukdashin* 3:16).

The wool that is on the heads of the sheep, etc. – **הַצֶּמֶר שֶׁבְּרָאשֵׁי כְּבָשִׂים וכו׳**: Concerning the wool on the heads of sheep, the hair in the beards of goats, and the bones, tendons, horns, or hooves of an offering, if they were attached to the flesh of an offering they are burned along with it. If they separated, they shall not ascend (Rambam *Sefer Avoda*, *Hilkhot Ma'aseh HaKorbanot* 6:2).

NOTES

If they separated from the flesh of the offering they shall not ascend – **פֵּירְשׁוּ לֹא יַעֲלוּ**: According to Rashi, the mishna means to say that even if such items ascended they shall descend, and the mishna is continuing its discussion of those items that shall descend even if they ascended. Even so, since the mishna taught that if these items were attached to the flesh they would ascend *ab initio*, the mishna also taught that if such items were separated they would not ascend, contrary to the first *halakha*. By contrast, *Tosafot* explain that the mishna is to be understood literally, i.e., if they were separated from the flesh they shall not ascend. But if they ascended and separated from the flesh upon the altar, they shall not descend.

BACKGROUND

Omer – **עוֹמֶר**: A measure of grain a tenth of an ephah in size. This term is used to refer to the measure of barley brought as a communal offering in the Temple on the sixteenth of Nisan, the second day of Passover. The offering was brought irrespective of whether the sixteenth of Nisan was a Shabbat or a weekday.

The *omer* consisted of newly ripened barley that was prepared as roasted flour. The barley was harvested on the night following the first day of Passover. A handful of the flour was burned on the altar and the rest was eaten by the priests. In addition to the flour offering, a male sheep was sacrificed as a burnt offering, together with a wine libation and two-tenths of an ephah of wheat flour as a meal offering. Once the *omer* had been sacrificed it was permitted to eat grain from the new harvest.

The two loaves – **שְׁתֵּי הַלֶּחֶם**: Two loaves of bread from the new wheat were brought as a communal offering on the festival of *Shavuot* (see Leviticus 23:17). Unlike most other meal offerings, these loaves were leavened. Two lambs, the communal peace offerings, were brought together with these two loaves. Both the loaves and the lambs were first ceremonially waved. Afterward, the loaves were divided among the priests and eaten in the Temple courtyard, and the lambs were sacrificed.

יָכוֹל יַחֲלוֹץ גִּידִין וַעֲצָמוֹת, וְיַעֲלֶה בָשָׂר לְגַבֵּי מִזְבֵּחַ? תַּלְמוּד לוֹמַר: ״וְהִקְטִיר הַכֹּהֵן אֶת הַכֹּל״, הָא כֵּיצַד? מְחוּבָּרִין – יַעֲלוּ. פֵּירְשׁוּ, אֲפִילּוּ הֵן בְּרֹאשׁ הַמִּזְבֵּחַ – יֵרְדוּ.

then one **might** have thought that a priest must first **remove** the **tendons and bones** from an offering **and** then **sacrifice the flesh upon the altar. Therefore, the verse states: "And the priest shall make the whole smoke** on the altar," including the tendons and bones. **How** can **these** texts be reconciled? If they were **attached** to the flesh, **they shall ascend.** If **they separated** from the flesh, then **even** if **they** are already **at the top of the altar, they shall descend.**[H]

מַאן תַּנָּא דִּשְׁמַעְתְּ לֵיהּ דְּאָמַר: פֵּירְשׁוּ יֵרְדוּ – רַבִּי הִיא. דְּתַנְיָא: ״וְהִקְטִיר הַכֹּהֵן אֶת הַכֹּל הַמִּזְבֵּחָה״ – לְרַבּוֹת הָעֲצָמוֹת וְהַגִּידִין וְהַקְּרָנַיִם וְהַטְּלָפַיִם, אֲפִילּוּ פֵּירְשׁוּ.

The Gemara notes: **Who is the *tanna* that you heard that says** if **they separated they shall descend? It is Rabbi** Yehuda HaNasi,[N] **as it is taught** in a *baraita*: **"And the priest shall make the whole smoke on the altar"** (Leviticus 1:9); the term "the whole" serves **to include the bones, and the tendons, and the horns, and the hooves,** among those items that are offered on the altar, **even** if **they separated** from the flesh of the offering.

וְאֶלָּא מָה אֲנִי מְקַיֵּים ״וְעָשִׂיתָ עֹלֹתֶיךָ הַבָּשָׂר וְהַדָּם״? לוֹמַר לָךְ: עִיכּוּלֵי עוֹלָה אַתָּה מַחֲזִיר, וְאִי אַתָּה מַחֲזִיר עִיכּוּלֵי גִּידִין וַעֲצָמוֹת.

But if so, **how do I realize** the meaning of the verse: **"And you shall offer your burnt offerings, the flesh and the blood"** (Deuteronomy 12:27), which indicates that only the flesh and blood of an offering ascend upon the altar? This verse is necessary **to tell you** an additional *halakha*, that **you return** the **consumed** flesh of a **burnt offering** to the fire if it is dislodged from it, **but you do not return** the **consumed tendons and bones** if they are dislodged from the fire.

רַבִּי אוֹמֵר, כָּתוּב אֶחָד אוֹמֵר: ״וְהִקְטִיר הַכֹּהֵן אֶת הַכֹּל הַמִּזְבֵּחָה״ – רִיבָּה, וְכָתוּב אֶחָד אוֹמֵר: ״וְעָשִׂיתָ עֹלֹתֶיךָ הַבָּשָׂר וְהַדָּם״ – מִיעֵט, הָא כֵּיצַד? מְחוּבָּרִין – יַעֲלוּ. פֵּירְשׁוּ, אֲפִילּוּ הֵן בְּרֹאשׁ הַמִּזְבֵּחַ – יֵרְדוּ.

The *baraita* continues: **Rabbi** Yehuda HaNasi **says** that **one verse states: "And the priest shall make the whole smoke on the altar,"** which **included** tendons and bones, **and one verse states: "And you shall offer your burnt offerings, the flesh and the blood,"** which **excluded** any part other than the flesh and the blood. **How** can **these** texts be reconciled? If they were **attached** to the flesh, **they shall ascend.** If **they separated** from the flesh, then **even** if **they** are already **on top of the altar, they shall descend.**

״פֵּירְשׁוּ לֹא יַעֲלוּ״ [וכו׳]. אָמַר רַבִּי זֵירָא: לֹא שָׁנוּ אֶלָּא שֶׁפֵּירְשׁוּ כְּלַפֵּי מַטָּה, אֲבָל כְּלַפֵּי מַעְלָה – קְרוֹבֵי הוּא דְּאַקְרִיבוּ לְעִיכּוּל. וַאֲפִילּוּ פֵּירְשׁוּ?

§ The mishna teaches that items that are not meant for consumption on the altar, such as the bones and tendons, are sacrificed along with the flesh if they are attached to it. But if **they separated they shall not ascend. Rabbi Zeira said:** The Sages **taught** that if they separated from the flesh they shall not ascend **only when they separated** from the offering **downward,** i.e., away from the altar, whereby they became distanced from the pyre when they were separated. **But** if they separated from the offering **upward,** i.e., they became closer to the pyre when they were separated from the offering, **they have become closer to consumption** and shall ascend. The Gemara asks: **And even** if **they separated,** shall they be offered? Doesn't the mishna state that they shall ascend only if they are still attached to the flesh?

אָמַר רַבָּה, הָכִי קָאָמַר: לֹא שָׁנוּ אֶלָּא שֶׁפֵּירְשׁוּ לְאַחַר זְרִיקָה, אֲבָל פֵּירְשׁוּ קוֹדֶם זְרִיקָה – אַתְאִי זְרִיקָה וּשְׁרִיתִינְהוּ, אֲפִילּוּ לְמֶעְבַּד מִינַּיְיהוּ קַתָּא דְּסַכִּינֵי.

Rabba said: This is what Rabbi Zeira **is saying:** It was necessary for the Sages to **teach** the *halakha*, that bones or tendons that separated from the flesh of an offering shall not ascend the altar, **only where they separated after** the **sprinkling** of its blood, since at the time that the flesh itself became permitted for the altar through the sprinkling, the bones and tendons were still attached to the flesh and therefore fit to be offered with it. **But** if **they separated** from an offering **before** the **sprinkling** of its blood[H] they shall certainly not ascend, as they were already separated from the flesh when it became permitted for the altar. Instead, the **sprinkling comes and permits them** for any use, just as the hide of a burnt offering is permitted to the priests upon the sprinkling of its blood. In fact, one may **even** use such tendons or bones **to fashion the handles of knives from them.**

HALAKHA

If they separated then even if they are already at the top of the altar they shall descend – פֵּירְשׁוּ אֲפִילּוּ הֵן בְּרֹאשׁ הַמִּזְבֵּחַ יֵרְדוּ: Concerning the bones, tendons, horns, and hooves of an offering that are not attached to the body of the animal, even if they ascended upon the altar they shall descend, in accordance with the opinion of Rabbi Yehuda HaNasi (Rambam *Sefer Avoda, Hilkhot Pesulei HaMukdashin* 3:16).

If they separated from an offering before the sprinkling of its blood – פֵּירְשׁוּ קוֹדֶם זְרִיקָה: Concerning the bones, tendons, horns, and hooves of an offering of the most sacred order that separated from the flesh before the blood of the offering was sprinkled, one who derives benefit from them is liable for misuse of consecrated property. If they separated after the sprinkling of the blood, one is not liable. In addition, with regard to the bones of a burnt offering that separated from the flesh before the sprinkling of its blood, one is not liable for misuse of consecrated property even after the blood is sprinkled, because the sprinkling permits them for personal benefit. If they separated after the blood was sprinkled, one who derives benefit from them will always be liable for misuse of consecrated property (Rambam *Sefer Avoda, Hilkhot Me'ila* 2:12 and Mahari Kurkus there).

NOTES

Who is the *tanna*…it is Rabbi Yehuda HaNasi – מַאן תַּנָּא...רַבִּי הִיא: According to Rashi, the Gemara teaches that both the mishna and the *baraita* are in accordance with the opinion of Rabbi Yehuda HaNasi. *Tosafot* explain that the Gemara is referring only to the opinion cited in the *baraita*, whereas the mishna is in accordance with the opinion of the Rabbis, who disagree with Rabbi Yehuda HaNasi (see *Shita Mekubbetzet*, citing Rabbeinu Peretz). The Gemara in *Ḥullin* (90a) seems to support the explanation of *Tosafot*.

NOTES

And Rabba disagrees with Rabbi Elazar – ופליגא דרבי אלעזר: Rashi's version of the Gemara states that according to Rabbi Elazar, if the limbs separated before the sprinkling, one who benefits from them is always liable for misuse of consecrated property. According to this version, Rabbi Elazar disagrees with Rabba in the case of bones that separated before the sprinkling as well as in the case of bones that separated after the sprinkling. According to Rabba, bones that separated before the sprinkling are not fit for the altar and become permitted for common use upon the sprinkling of the blood, just as the hide of a burnt offering becomes permitted to the priests at that point. Rabbi Elazar holds that if they separated before the sprinkling, they are no longer considered to be a part of the offering and therefore cannot be permitted through the sprinkling of the blood.

Concerning bones that separated after the sprinkling, Rabba holds that they have already been designated for the altar and never become permitted for common use. According to Rabbi Elazar, the sprinkling of the blood is effective in permitting the bones to the priests if they were to later separate from the flesh, at which time they would cease to be fit for the altar. Rashi explains that Rabbi Elazar derives this from the statement of Rabbi Yishmael, who understands that the phrase "He shall have" stated in the context of a guilt offering teaches that its bones are permitted even if they separated from the flesh after the sprinkling of its blood, since the meat of a guilt offering is itself permitted through the sprinkling.

Based on this, Rabbi Elazar disagrees with Rabba with regard to the opinion of Rabbi Yishmael; according to Rabba, Rabbi Yishmael derived from the phrase "He shall have" only that bones that separated before the sprinkling become permitted (*Kodshei David*). See *Tosafot*, whose version of the Gemara reads: Rabbi Elazar says that if they separated before the sprinkling, one who benefits from them is liable for misuse of consecrated property until the blood is sprinkled. According to this version, Rabba and Rabbi Elazar disagree only with regard to a case where the bones separated after the sprinkling.

סבר לה כי הא דאמר רבי יוחנן משום רבי ישמעאל: נאמר "לו יהיה" בעולה, ונאמר "לו יהיה" באשם, מה אשם עצמותיו מותרין – אף עולה עצמות מותרין.

The Gemara elaborates: Rabba **holds in accordance with that which Rabbi Yoḥanan says in the name of Rabbi Yishmael:** It is **stated: "He shall have** the hide of the burnt offering that he has offered" (Leviticus 7:8), **with regard to a burnt offering, and it is stated:** "The priest that makes atonement, **he shall have it**" (Leviticus 7:7), **with regard to a guilt offering.** The following verbal analogy is derived from here: **Just as** after the blood of **a guilt offering** is presented **its bones** become **permitted** to the priest for any use, since only the portions intended for consumption on the altar are sacrificed whereas the rest of the animal is given to the priests, **so too,** with regard to **a burnt offering, bones** that are not attached to the flesh and therefore are not intended for the altar are **permitted.**

מופני, דאי לא מופני איכא למיפרך: מה לאשם שכן בשרו מותר. "לו יהיה" יתירא כתיב.

The Gemara notes: The phrase "He shall have" is **free,**[B] i.e., superfluous in its context and therefore available for the purpose of establishing a verbal analogy, and there is a principle that such verbal analogies are not refuted. **As, if** these words were **not** considered **free,** the verbal analogy **can be refuted** by saying: **What** is notable **about a guilt offering?** It is notable **in that its meat is permitted** and its bones are therefore permitted as well, while the flesh of a burnt offering ascends upon the altar in its entirety. If so, *halakhot* may not be applied to one based on the other. Consequently, the phrase **"He shall have"** with regard to a burnt offering is considered as having been **written superfluously,** as it would have sufficed to state: The hide of the burnt offering that he has offered, to the priest.

מתיב רב אדא בר אהבה: עצמות קדשים, לפני זריקה – מועלין בהן,

Rav Adda bar Ahava raises an objection to the explanation of Rabba from a *baraita*: With regard to **the bones of sacrificial** animals, specifically sin offerings or guilt offerings, which are offerings of the most sacred order that are intended for consumption, **before** the **sprinkling** of their blood, one who benefits **from them** is liable for **misuse** of consecrated property, similar to the *halakha* with regard to the flesh of offerings of the most sacred order before their blood is sprinkled.

לאחר זריקה – אין מועלין בהן, ושל עולה – מועלין בהן לעולם!

After the **sprinkling** of their blood, one who benefits **from them** is **not** liable for **misuse** of consecrated property, as they are not intended for sacrificing upon the altar. **But** concerning the bones **of a burnt offering,** one who benefits **from them** is **always** liable for **misuse** of consecrated property. This *baraita* contradicts the opinion of Rabba, who said that if the bones separated from a burnt offering before the sprinkling of its blood, it is permitted to derive benefit from them.

אימא: ושל עולה, פירשו לפני זריקה – אין מועלין בהן, לאחר זריקה – מועלין בהן לעולם.

The Gemara answers: **Say** that the *baraita* meant the following: **But** concerning the bones **of a burnt offering,** if **they separated before** the **sprinkling** of its blood and its blood was then sprinkled, then one who benefits **from them** is **not** liable for **misuse** of consecrated property. If they separated **after** the **sprinkling** of its blood, one who benefits **from them** is **always** liable for **misuse** of consecrated property.

ופליגא דרבי אלעזר, דאמר רבי אלעזר: פירשו לפני זריקה – מועלין בהם, לאחר זריקה – לא נהנין ולא מועלין.

And Rabba **disagrees with Rabbi Elazar,**[N] as **Rabbi Elazar says:** If the bones of a burnt offering **separated** from its flesh **before sprinkling,** one who benefits **from them** is liable for **misuse** of consecrated property. If they separated **after sprinkling,** the Sages decreed that one **may not benefit** from them *ab initio*, **but** if one benefitted from them after the fact, he is **not** liable for **misuse,** since by Torah law they were permitted through the sprinkling of the offering's blood.

BACKGROUND

Free – מופני: In the Babylonian Talmud, in order for a verbal analogy to be employed, the key words must be superfluous in at least one of the verses. Rabbeinu Ḥananel describes this as: Words written that are not necessary for the verse. Those words indicate the connection between the *halakhot*. According to Rabbi Yishmael, the superfluity of the key word in one verse is sufficient proof that the Torah intended that this verbal analogy be derived, and it cannot be refuted. The Sages who disagree with him hold that even that type of verbal analogy can be refuted.

מתני׳ וְכוּלָּן שֶׁפָּקְעוּ מֵעַל גַּבֵּי הַמִּזְבֵּחַ – לֹא יַחֲזִיר. וְכֵן גַּחֶלֶת שֶׁפָּקְעָה מֵעַל גַּבֵּי הַמִּזְבֵּחַ – לֹא יַחֲזִיר. אֵיבָרִים שֶׁפָּקְעוּ מֵעַל גַּבֵּי הַמִּזְבֵּחַ, קוֹדֶם חֲצוֹת – יַחֲזִיר, וּמוֹעֲלִין בָּהֶן, לְאַחַר חֲצוֹת – לֹא יַחֲזִיר, וְאֵין מוֹעֲלִין בָּהֶם.

MISHNA And all of those disqualified offerings with regard to which it was taught (84a) that if they ascended they do not descend, in a case **where they were dislodged**[NH] **from upon the altar,** the priest **does not restore** them to the altar.[N] **And likewise,** with regard to **an ember**[H] **that was dislodged from upon the altar,** the priest **does not restore** it to the altar. As for **limbs** of a fit burnt offering **that were dislodged**[H] **from upon the altar,** if they were dislodged **before midnight,** the priest **should restore** them to the altar **and** one is liable for **misusing them.**[H] But if they were dislodged **after midnight,** the priest **does not restore them and** one is **not** liable for **misusing them,** as one is not liable for misuse of consecrated property after it has fulfilled the purpose for which it was designated.

כְּשֵׁם שֶׁהַמִּזְבֵּחַ מְקַדֵּשׁ אֶת הָרָאוּי לוֹ – כָּךְ הַכֶּבֶשׁ מְקַדֵּשׁ. כְּשֵׁם שֶׁהַמִּזְבֵּחַ וְהַכֶּבֶשׁ מְקַדְּשִׁין אֶת הָרָאוּי לָהֶן – כָּךְ הַכֵּלִים מְקַדְּשִׁין.

With regard to unfit items that if they ascended do not descend, **just as the altar sanctifies**[H] items **that are suited to it, so too, the ramp sanctifies** items that are suited to it. **Just as the altar and the ramp sanctify** items **that are suited to them, so too, the** service **vessels sanctify** items that are placed in them.

גמ׳ הֵיכִי דָּמֵי? אִי דְּאִית בְּהוּ מַמָּשׁ – אֲפִילּוּ לְאַחַר חֲצוֹת נַמִי, אִי דְּלֵית בְּהוּ מַמָּשׁ – אֲפִילּוּ קוֹדֶם חֲצוֹת נַמִי לָא! לָא צְרִיכָא,

GEMARA The mishna teaches that limbs of a fit burnt offering that were dislodged from upon the altar before midnight are returned to the altar, but that if they were dislodged after midnight they are not returned. The Gemara asks: **What are the circumstances? If** the limbs **have substance,** i.e., they were not yet consumed in their entirety by the fire, then **even** if they were dislodged **after midnight** the priest must return them to the fire. **If they do not have substance**[N] and have been reduced to ash, then **even** if they were dislodged **before midnight** the priest does **not** return them to the altar. The Gemara answers: **No,** it is **necessary**

NOTES

And all of those, where they were dislodged – וְכוּלָּן שֶׁפָּקְעוּ: The Rambam explains that the mishna is referring specifically to those items about which it was stated that if they were attached to the offering they shall ascend, e.g., the wool on the heads of sheep and the hair in the beards of goats. This is also the explanation given by Rashi and *Tosafot* in *Me'ila* (9b). Rashi here explains that the mishna is referring to all disqualified offerings about which is was stated that if they ascend they shall not descend.

The priest does not restore them to the altar – לֹא יַחֲזִיר: This means only that there is no requirement to return them to the altar, but there is no prohibition against returning them (Rashi). Some commentaries explain that according to *Tosafot*, it is prohibited to return them to the altar (*Tohorat HaKodesh*).

If they do not have substance – אִי דְּלֵית בְּהוּ מַמָּשׁ: Rashi explains that this means they were burned entirely. The *Shita Mekubbetzet* explains that this does not mean they were completely reduced to ash, as ash would not be dislodged from the altar. Additionally, if the limbs were reduced to ash, the *halakhot* concerning misuse of consecrated property would apply to them, since the rite of the removal of the ashes can be performed with them, and the *halakha* is that one who derives benefit from the ashes upon the altar before their removal is liable for misuse of consecrated property.

HALAKHA

And all of those, where they were dislodged, etc. – וְכוּלָּן שֶׁפָּקְעוּ וכו׳: The wool on the heads of sheep, the hairs in the beards of goats, and bones, tendons, horns, and hooves are burned along with an offering if they are still attached to it. If they were dislodged from the altar they shall not be returned to it (Rambam *Sefer Avoda, Hilkhot Ma'aseh HaKorbanot* 6:2).

And likewise an ember – וְכֵן גַּחֶלֶת: Embers that were dislodged from the altar shall not be returned to it (Rambam *Sefer Avoda, Hilkhot Ma'aseh HaKorbanot* 6:2).

Limbs of a fit burnt offering that were dislodged, etc. – אֵיבָרִים שֶׁפָּקְעוּ וכו׳: Concerning the limbs of a burnt offering that were dislodged from the altar, if they still have substance, then even if they were dislodged after midnight they shall be returned to the altar. If they no longer have substance then they are not returned, even if they were dislodged before midnight. With regard to limbs that were scorched and dried by the fire, if they were dislodged from the altar before midnight they shall be returned, and if they were dislodged after midnight they are not returned. This is in accordance with the conclusion of the Gemara on 86b (Rambam *Sefer Avoda, Hilkhot Ma'aseh HaKorbanot* 6:3).

And one is liable for misusing them – וּמוֹעֲלִין בָּהֶן: Concerning the bones of a burnt offering that were dislodged from upon the altar, and all the more so with regard to its limbs, one who derives benefit from them before midnight is liable for misuse of consecrated property. After midnight, one is no longer liable for misuse of consecrated property even if the limbs or bones were initially dislodged before midnight, since after midnight they are all considered to be entirely consumed and reduced to ash (Rambam *Sefer Avoda, Hilkhot Me'ila* 2:12 and Mahari Kurkus there).

Just as the altar sanctifies, etc. – כְּשֵׁם שֶׁהַמִּזְבֵּחַ מְקַדֵּשׁ וכו׳: Just as the altar sanctifies items that are suited to it, so too, the ramp and all other service vessels sanctify that which is suited to them. Therefore, an item that reaches the ramp and is suited to it shall not descend, even if the item was disqualified. Similarly, an item that reaches a service vessel and is suited to it is sanctified and may never be redeemed, even if it was disqualified (Rambam *Sefer Avoda, Hilkhot Pesulei HaMukdashin* 3:18).

בִּשְׁרִירֵי. מְנָא הָנֵי מִילֵּי?

with regard to hardened limbs that were dried by the fire but have not yet been reduced to ash. The mishna teaches that before midnight, such limbs should be returned to the altar. The Gemara asks: **From where is this matter** derived that midnight determines whether or not they shall be returned?

אָמַר רַב: כְּתוּב אֶחָד אוֹמֵר: "כׇּל הַלַּיְלָה וְהִקְטִיר", וּכְתוּב אֶחָד אוֹמֵר: "כׇּל הַלַּיְלָה וְהֵרִים";

Rav says: One verse states:[N] **All night and he shall burn**[N] the burnt offering, which indicates that there is a mitzva to burn the limbs of a burnt offering all night, as the verse states: "It is the burnt offering on the pyre upon the altar all night until the morning" (Leviticus 6:2). **And one verse states: "All night** until the morning… **and he shall remove** the ashes that the fire has consumed of the burnt offering on the altar, and he shall put them beside the altar" (Leviticus 6:2–3), which indicates that one may remove the ashes at any time during the night, including the limbs of a burnt offering that were already hardened by the fire. How can these texts be reconciled?

חַלְקֵיהוּ, חֶצְיוֹ לְהַקְטָרָה וְחֶצְיוֹ לַהֲרָמָה.

Rav explains: **Divide** the night into two parts:[N] **Half of** the night, i.e., until midnight, is designated **for** the mitzva of **burning,** and during this time, that which is dislodged from the altar shall be returned; **and half of** the night, i.e., after midnight, is designated **for removing.**[N]

מְתִיב רַב כָּהֲנָא: בְּכׇל יוֹם תּוֹרֵם אֶת הַמִּזְבֵּחַ מִקְּרוֹת הַגֶּבֶר אוֹ סָמוּךְ לוֹ, מִלְּפָנָיו [אוֹ] מֵאַחֲרָיו; בְּיוֹם הַכִּיפּוּרִים – בַּחֲצוֹת; בָּרְגָלִים – בְּאַשְׁמוֹרֶת הָרִאשׁוֹנָה. וְאִי סָלְקָא דַּעְתָּךְ מֵחֲצוֹת דְּאוֹרָיְיתָא, הֵיכִי מַקְדְּמִינַן וְהֵיכִי מְאַחֲרִינַן?

With regard to Rav's assertion that one may begin to remove the ashes only after midnight, **Rav Kahana raises an objection** from a mishna (*Yoma* 20a): **Every day** the priests would **remove** the ashes from **the altar** and place them on the east side of the ramp **at the rooster's crow or close to** the time of its crowing, whether **before it or after it,** as there was no insistence on a precise time. **On Yom Kippur** they would remove the ashes **at midnight. On the Festivals** the ashes were removed even earlier, **at the end of the first watch.**[H] Rav Kahana concludes his objection: **And if it enters your mind** that the proper time for removing the ashes **by Torah law is from midnight, how do we advance** the removal of the ashes on the Festivals, **and how do we delay**[N] their removal the rest of the year?

HALAKHA

Time of removal of the ashes – זְמַן תְּרוּמַת הַדֶּשֶׁן: On regular days the priests would perform the removal of the ashes starting from dawn. On Yom Kippur they would perform the removal starting from midnight. On the Festivals they would perform the removal starting from the beginning of the second watch (Rambam *Sefer Avoda, Hilkhot Temidin UMusafin* 2:11, and see commentaries there).

NOTES

One verse states, etc. – כְּתוּב אֶחָד אוֹמֵר וכו׳: Ostensibly, there is no contradiction between these two verses, as the mitzva of burning relates to the limbs of a burnt offering before they have been reduced to ash, whereas the mitzva of removing the ashes from upon the altar relates to that which has already become ash. Nevertheless, the Gemara assumes that any item that the fire has taken hold of is included in the mitzva of removing the ashes, even if it has not yet been turned to ash, specifically those limbs that have been hardened by the fire. This is based on the fact that from the verse: "And he shall remove the ashes that the fire has consumed of the burnt offering on the altar," it is derived that dislodged parts must be returned to the altar for burning (see 83b). Consequently, there exists a contradiction between these verses, since on the one hand, one must return hardened limbs to the fire in order that they may be completely consumed by it, yet on the other hand, they are considered part of the ashes that are to be removed during the night (Rashi here and on *Yoma* 20a; see *Tosafot*).

All night and he shall burn – כׇּל הַלַּיְלָה וְהִקְטִיר: In truth, there is no verse that states: All night and he shall burn, or: All night… and he shall remove. Rashi explains that these are not precise quotes, but rather the interpretation of Leviticus 6:2–3. "On the pyre…all night until the morning," is assumed to be referring to burning, and "all night until the morning" is understood as referring to the next verse as well, i.e., "And the priest shall put on his linen garment…and he shall remove the ashes." According to Rabbeinu Ḥananel (*Yoma* 20a), the interpretation of Rav is based on a *baraita* in *Torat Kohanim*, which derives from the verse: "Neither shall the fat of My feast remain all night until the morning" (Exodus 23:18), that one may sacrifice limbs that were dislodged from the altar all night, and that the phrase "until the morning" in Leviticus teaches that the removal of the ashes may be performed all night.

Divide the night into two parts – חַלְקֵיהוּ: Dividing the night is practical only with regard to hardened limbs, since limbs that have been reduced to ash before midnight obviously need not be burned any longer, and limbs that still have substance are not considered ash and must continue burning after midnight (Rashi).

And half of the night is designated for removing – וְחֶצְיוֹ לַהֲרָמָה: One can derive from here that even hardened limbs are fit with regard to the performance of the removal of the ashes (Rashi). *Tosafot*, citing Rabbeinu Yitzḥak of Dampierre, hold that hardened limbs are never fit for the performance of the removal of the ashes, since they are large pieces and cannot possibly be considered ash. Concerning the statement that half of the night should be for removing, they explain that this means to say that the mitzva of burning the limbs does not continue beyond midnight and that the passage of midnight causes such limbs to be considered completely consumed in the sense that they are not returned to the fire if they were dislodged from it. *Tosafot* cite another explanation in which the Gemara means to teach that after midnight, hardened limbs are considered to have been consumed, and consequently, after performing the mitzva of removing actual ashes from the altar, one may then place such limbs on the pile of ash in the center of the altar, from where they may be removed from the Temple.

How do we delay – הֵיכִי מְאַחֲרִינַן: If the time for removal of the ashes commences at midnight by Torah law, it should be preferable to do it as soon after midnight as possible, due to the principle that the vigilant are early in the performance of mitzvot (*Masoret HaShas*, citing *Tosafot* on *Yoma* 20b). Rashi claims these words should be deleted from the text.

אֶלָּא אָמַר רַבִּי יוֹחָנָן: מִמַּשְׁמַע שֶׁנֶּאֱמַר ״כׇּל הַלַּיְלָה״, אֵינִי יוֹדֵעַ שֶׁעַד הַבֹּקֶר? מָה תַּלְמוּד לוֹמַר ״עַד בֹּקֶר״ – תֵּן בֹּקֶר לְבׇקְרוֹ שֶׁל לַיְלָה.

Rather, Rabbi Yoḥanan says: The proper time of the removal of the ashes is based on the following: **From** the fact **that** it **is stated** with regard to the burning of the limbs: **"All night"** (Leviticus 6:2), **don't I know that** he may burn a burnt offering **until the morning?** If so, **what** is the meaning when **the verse states: "Until the morning"?** It means: **Add** another **morning to the morning of the night.**[N] Arise before dawn, as that is the time for the removal of the ashes. Nevertheless, there is no specific hour fixed for performing this removal, and one may remove the ashes from the beginning of the night.

הִלְכָּךְ, כׇּל יוֹמָא – מִקְּרוֹת הַגֶּבֶר סַגִּי; בְּיוֹם הַכִּיפּוּרִים, מִשּׁוּם חוּלְשָׁא דְּכֹהֵן גָּדוֹל – מֵחֲצוֹת; בָּרְגָלִים, דִּנְפִישִׁי קׇרְבָּנוֹת, דְּקָדְמִי אָתוּ יִשְׂרָאֵל – מֵאַשְׁמוֹרֶת הָרִאשׁוֹנָה, כִּדְקָתָנֵי סֵיפָא: לֹא הָיְתָה קְרִיַּית הַגֶּבֶר מַגַּעַת עַד שֶׁהָיְתָה עֲזָרָה מְלֵאָה מִיִּשְׂרָאֵל.

Therefore, every day, performing the removal **at the rooster's crow is sufficient. On Yom Kippur, due to the weakness of the High Priest,** who must perform the entire Temple service on that day, they would hasten to remove the ashes **from midnight. On the Festivals,** during **which** there are **many offerings**[N] on account of the masses of **Jewish people** in Jerusalem on those days, who, in order to offer their sacrifices, would **arrive early** at the Temple, they would remove the ashes beginning **from** the end of **the first watch, as the mishna teaches in the latter clause** (*Yoma* 20a): **The call of the rooster would not arrive** on Festivals **until the Temple courtyard was filled with Jews.**

אִיתְּמַר, פֵּירְשׁוּ קוֹדֶם חֲצוֹת וְהֶחְזִירָן אַחַר חֲצוֹת, רַבָּה אָמַר:

§ The Gemara previously explained the mishna as saying that limbs that were hardened by the fire but not entirely consumed are not returned to the altar if they were dislodged from it after midnight, since the mitzva of burning has been performed and the limbs are considered to have been entirely consumed. It **was stated** that *amora'im* engage in a dispute concerning the following matter: In the case of limbs that **separated** from upon the altar **before midnight and** were **returned after midnight,** whereby the mitzva of burning was not completed by midnight, **Rabba says:**

NOTES

Add morning to the morning of the night – תֵּן בֹּקֶר לְבׇקְרוֹ שֶׁל לַיְלָה: Rashi explains that the phrase: Morning of the night, is a reference to dawn, and: Add morning, is a reference to an unspecified time before dawn, in which case the removal of the ashes may be performed at any point during the night. The commentary on *Torat Kohanim* attributed to the Ra'avad explains that morning of the night is a reference to the second half of the night, whereas add morning is a reference to the first half of the night. A third explanation is offered by Rabbeinu Ḥananel, who says the phrase: Add morning to the morning of the night, is not referring to a specific time at all but to a general assertion that the removal of the ashes may be performed at any point during the night.

On the Festivals, during which there are many offerings – בָּרְגָלִים דִּנְפִישִׁי קׇרְבָּנוֹת: After a priest performed the removal of the ashes, other priests would rake the remaining ashes into a pile in the center of the altar, and only then would they arrange the wood that would be used to offer the daily burnt offering at dawn (see *Tamid* 28b). Accordingly, on the Festivals, when there were many offerings and much accumulated ash upon the altar, this would take longer. *Tosafot Yeshanim* (*Yoma* 20a) question this explanation, as it has little to do with the statement of the mishna: The call of the rooster would not arrive on Festivals until the Temple courtyard was filled with Jews. Therefore, they suggest that the priests would hasten to perform the removal of the ashes on account of the masses congregating in the Temple courtyard, who might have inhibited the proper performance of this rite had it been delayed until closer to dawn (see *Tiferet Yisrael* on *Yoma* 1:8).

חֲצוֹת שֵׁנִי עוֹכַלְתָּן. רַב חִסְדָּא אָמַר: עַמּוּד הַשַּׁחַר עוֹכַלְתָּן.

The **second midnight,** i.e., midnight of the following night, **renders them consumed,** and if they were dislodged from the altar thereafter they are not returned. **Rav Ḥisda says: Dawn** following the first evening **renders them consumed,** and if they were dislodged from the altar thereafter they are not returned.

אָמְרִי בֵּי רַב: מַאי טַעְמָא דְּרַב חִסְדָּא: וּמָה חֲצוֹת שֶׁאֵין עוֹשֶׂה לִינָה – עוֹשֶׂה עִיכּוּל, עַמּוּד הַשַּׁחַר שֶׁעוֹשֶׂה לִינָה – אֵינוֹ דִּין שֶׁעוֹשֶׂה עִיכּוּל?

They say in **the school of Rav: What is the reasoning of Rav Ḥisda,** who says that dawn renders these limbs consumed? It is the following *a fortiori* inference: **And if midnight, which does not cause** the disqualification of being **left overnight** with regard to limbs that were left off the altar until that time, still **causes consumption,** i.e., limbs burned on the altar until midnight are considered entirely consumed, then certainly with regard to **dawn, which causes** the disqualification of being **left overnight**[N] with regard to limbs that were not left off the altar until that time, **isn't it logical that it causes consumption?**[N]

פֵּירְשׁוּ קוֹדֶם חֲצוֹת וְהֶחְזִירָן לְאַחַר עַמּוּד הַשַּׁחַר, רַבָּה אָמַר: חֲצוֹת שֵׁנִי עוֹכַלְתָּן, רַב חִסְדָּא אָמַר: אֵין בָּהֶן עִיכּוּל לְעוֹלָם.

These *amora'im* also dispute the *halakha* in a case where the limbs **separated** from the altar **before midnight and were returned** to the altar **after dawn:**[N] **Rabba says** that the **second midnight renders them consumed,** and if they separated after this time they are not returned. **Rav Ḥisda says:** Since these limbs were not returned to the altar by dawn, **they are never subject to consumption** through the passage of time. Rather, they are returned to the altar and allowed to burn until they are reduced to ash. These two disputes between Rabba and Rav Ḥisda indicate that both agree that limbs not on the altar by midnight are not considered consumed.

NOTES

Dawn, which causes the disqualification of being left overnight – עַמּוּד הַשַּׁחַר שֶׁעוֹשֶׂה לִינָה: The disqualification of being left overnight is derived from the verse: "Neither shall the fat of My feast remain all night until the morning" (Exodus 23:18), indicating that the prohibition takes effect only at the start of the morning (Rashi).

Isn't it logical that it causes consumption – אֵינוֹ דִּין שֶׁעוֹשֶׂה עִיכּוּל: Rabba holds that limbs left overnight upon the altar but off the pyre are not disqualified through being left overnight. Accordingly, he rejects the *a fortiori* inference set forth by the school of Rav (*Tosafot*, citing Rabbeinu Menaḥem).

And were returned after dawn – וְהֶחְזִירָן לְאַחַר עַמּוּד הַשַּׁחַר: Even though limbs left off the altar until dawn are disqualified through being left overnight, the mishna (84a) teaches that items disqualified through being left overnight shall not descend from the altar once they have ascended.

מַתְקִיף לָהּ רַב יוֹסֵף: וּמַאן לֵימָא לָן דַּחֲצוֹת בְּרֹאשׁ הַמִּזְבֵּחַ מְשַׁוְּיָא לְהוּ עִיכּוּל? דִּילְמָא כָּל הֵיכָא דְּמַשְׁכְּחָא לְהוּ מְשַׁוְּיָא לְהוּ עִיכּוּל! שָׁלְחוּ מִתָּם: הִלְכְתָא כְּרַב יוֹסֵף.

Rav Yosef objects to this: And who shall say to us that midnight, specifically when the limbs are **at the top of the altar, effects for them consumption? Perhaps anywhere that** the limbs **are found,** midnight **effects for them consumption.** The Gemara notes: **They sent from there,** i.e., Eretz Yisrael, that **the *halakha* is in accordance with** the opinion of **Rav Yosef,**[H] i.e., the passing of midnight renders all limbs consumed, regardless of their location at that time.

אִיתְּמַר נַמִי, אָמַר רַבִּי חִיָּיא בַּר אַבָּא: פֵּירְשׁוּ קוֹדֶם חֲצוֹת וְהֶחֱזִירָן אַחַר חֲצוֹת – לֹא נֶהֱנִין וְלֹא מוֹעֲלִין. וְכֵן תָּנָא בַּר קַפָּרָא: פֵּירְשׁוּ קוֹדֶם חֲצוֹת וְהֶחֱזִירָן לְאַחַר חֲצוֹת – יוֹצְאִין מִידֵי מְעִילָה.

It **was also stated** that **Rabbi Ḥiyya bar Abba says:** In the case of limbs that **separated** from upon the altar **before midnight and** were **returned** to the altar **after midnight,** one **may not benefit** from them *ab initio*, **but** if one benefited from them after the fact he is **not** liable for **misuse** of consecrated property,[N] since the mitzva of burning is considered fulfilled after midnight has passed. **And bar Kappara also taught:** If **they separated** from upon the altar **before midnight and** were **returned** to the altar **after midnight,** the limbs **are removed from** being subject to liability for **misuse** of consecrated property.

אֲמַר לֵיהּ רַב פַּפָּא לְאַבַּיֵי: וְכִי מֵאַחַר דְּשָׁלְחוּ מִתָּם הִילְכְתָא כְּרַב יוֹסֵף, וְאָמַר רַבִּי חִיָּיא בַּר אַבָּא, וְכֵן תָּנֵי בַּר קַפָּרָא, רַבָּה וְרַב חִסְדָּא בְּמַאי פְּלִיגִי? אֲמַר לֵיהּ: בִּשְׁמֵנִים.

Rav Pappa said to Abaye: And since they sent from there that **the *halakha* is in accordance with** the opinion of **Rav Yosef** that midnight effects consumption even for those items left off the altar, **and Rav Ḥiyya bar Abba says** this as well, **and bar Kappara also teaches** that this is the *halakha*, then **with regard to what do Rabba and Rav Ḥisda disagree?** Abaye **said to him:** They disagree **with regard to fatty** limbs,[N] whose consumption is delayed due to their surrounding fat, and consequently midnight may not effect consumption for these limbs.

בְּעָא מִינֵּיהּ רָבָא מֵרַבָּה: לִינָה מוֹעֶלֶת בְּרֹאשׁוֹ שֶׁל מִזְבֵּחַ, אוֹ אֵינָהּ מוֹעֶלֶת בְּרֹאשׁוֹ שֶׁל מִזְבֵּחַ? הֵיכִי דָּמֵי? אִילֵימָא דְּלֹא יָרְדוּ, הָשְׁתָּא לָנוּ בָּעֲזָרָה אָמַרְתָּ דְּלֹא יֵרְדוּ, בְּרֹאשׁוֹ שֶׁל מִזְבֵּחַ מִיבַּעְיָא?!

§ **Rava raises a dilemma before Rabba:** Is the disqualification **of being left overnight effective** in disqualifying limbs that are situated **at the top of the altar** at dawn but were not placed on the pyre, **or is** it **not effective** in disqualifying limbs that are **at the top of the altar** but were not placed on the pyre? The Gemara clarifies: **What are the circumstances? If we say that** the limbs **have not descended** from the altar, then the *halakha* should be obvious: **Now** that with regard to limbs that were **left overnight in the Temple courtyard, you said** in the mishna (84a) **that** if they ascended upon the altar **they shall not descend,** then with regard to limbs left **on top of the altar,** is it **necessary** to teach that they shall not descend?

וְאֶלָּא דְּיָרְדוּ; לְשֻׁלְחָן מְדַמִּינַן לָהּ, דִּתְנַן: אֲפִילּוּ הֵן עַל הַשֻּׁלְחָן יָמִים רַבִּים אֵין בְּכָךְ כְּלוּם. אוֹ דִּילְמָא לְקַרְקַע מְדַמִּינַן?

But rather, the dilemma is in a case **where** they were left overnight on top of the altar and **descended** from it after dawn. Do **we compare** limbs left overnight on top of the altar **to the Table** of the shewbread, and they are therefore returned, **as we learned** in a mishna (*Menaḥot* 100a): **Even** if loaves of shewbread, which are supposed to be replaced every Shabbat, remained **on the Table**[H] **many days** beyond Shabbat, there is **nothing** wrong **with that,** and the loaves are not disqualified by being left overnight. **Or perhaps we compare** the limbs **to** flesh left on the **ground** of the Temple courtyard, which is disqualified when left there until dawn, and they are not returned.

HALAKHA

The *halakha* is in accordance with the opinion of Rav Yosef – הִלְכְתָא כְּרַב יוֹסֵף: Concerning the bones of a burnt offering that separated from upon the altar before midnight, one who derives benefit from them is liable for misuse of consecrated property. After midnight, one who derives benefit from them is not liable, even if they separated from the altar before midnight, since the passing of midnight effects consumption (Rambam *Sefer Avoda*, *Hilkhot Me'ila* 2:12 and Mahari Kurkus there, and *Hilkhot Ma'aseh HaKorbanot* 6:3).

Even if they remained on the Table, etc. – אֲפִילּוּ הֵן עַל הַשֻּׁלְחָן וכו׳: If the shewbread, along with its accompanying bowls of frankincense, remained on the Table for several weeks, they are not disqualified (Rambam *Sefer Avoda*, *Hilkhot Temidin UMusafin* 5:13).

NOTES

One may not benefit from them but if one benefited he is not liable for misuse of consecrated property – לֹא נֶהֱנִין וְלֹא מוֹעֲלִין: One is not liable for misuse of consecrated property after the item's mitzva has been performed. Accordingly, one who derives benefit from these limbs after midnight is not liable, as the mitzva of burning is considered completed at that time. Even so, the Sages rendered it prohibited to derive benefit from them lest one use these limbs in a disrespectful manner (Rashi). According to *Tosafot*, it is prohibited to derive benefit from these limbs by Torah law, as they have become the bread of the altar.

With regard to fatty limbs – בִּשְׁמֵנִים: As explained at the beginning of the Gemara's discussion, the *halakha* that midnight effects consumption was stated with regard to limbs that have hardened as a result of the fire but have not been entirely consumed. The Gemara explains that the disagreement between Rabba and Rav Ḥisda concerns fatty limbs, which as a result of their surrounding fat have not been properly consumed. According to all opinions, such limbs are not considered consumed with the passing of midnight and must be returned to the altar after midnight (see Rashi).

אֲמַר לֵיהּ: אֵין לִינָה בְּרֹאשׁוֹ שֶׁל מִזְבֵּחַ. קִיבְּלָהּ מִינֵּיהּ אוֹ לָא? תָּא שְׁמַע, דְּאִיתְּמַר: אֵיבָרִים שֶׁלָּנוּ בָּעֲזָרָה – מְקַטֵּר וְהוֹלֵךְ כָּל הַלַּיְלָה. לָן בְּרֹאשׁוֹ שֶׁל מִזְבֵּחַ – מְקַטֵּר וְהוֹלֵךְ לְעוֹלָם.

Rabba **said to him: There is no** disqualification of limbs that are **left overnight at the top of the altar.** The Gemara asks: Did Rava **accept** this response **from** Rabba **or not?** The Gemara suggests: **Come** and **hear** a proof from that **which was stated:** With regard to **limbs that were left overnight in the Temple courtyard,** the priest may place them upon the altar to **burn** them **all night** long provided that they are placed there before dawn. With regard to a limb that was **left overnight at the top of the altar,**[H] the priest may **burn** it **forever,** i.e., no matter how much time has passed.

יָרְדוּ – רַבָּה אָמַר: יַעֲלוּ, רָבָא אָמַר: לֹא יַעֲלוּ. שְׁמַע מִינָּהּ: לָא קִיבְּלָהּ מִינֵּיהּ, שְׁמַע מִינָּהּ.

With regard to limbs that were left overnight on top of the altar and then **descended** from it, **Rabba says** that **they shall ascend,** while **Rava says** that **they shall not ascend. Conclude from it** that Rava **did not accept** the response **from** Rabba, as he holds here that limbs are disqualified when left overnight on top of the altar. The Gemara confirms: Indeed, **conclude from it** that this is so.

"כְּשֵׁם שֶׁהַמִּזְבֵּחַ מְקַדֵּשׁ" כו׳. תָּנוּ רַבָּנַן: "הַנֹּגֵעַ בַּמִּזְבֵּחַ" – אֵין לִי אֶלָּא מִזְבֵּחַ, כֶּבֶשׁ מִנַּיִן – תַּלְמוּד לוֹמַר: "אֶת הַמִּזְבֵּחַ". כְּלֵי שָׁרֵת מִנַּיִן? תַּלְמוּד לוֹמַר "כָּל הַנֹּגֵעַ בָּהֶם יִקְדָּשׁ".

§ The mishna teaches: **Just as the altar sanctifies** items, so too, the ramp and the service vessels sanctify items. With regard to this *halakha*, **the Sages taught:** The verse states: "Whatever **touches the altar** shall be sacred" (Exodus 29:37). From here **I have** derived **only** that the **altar** sanctifies items. **From where** is it derived that the **ramp** sanctifies items as well? **The verse states:** "And you shall anoint… **the altar** [*et hamizbe'aḥ*]" (Exodus 40:10),[N] and the addition of the word *et* serves to include the ramp. With regard to **service vessels, from where** is it derived that they sanctify items? **The verse states** with regard to them: **"Whatever touches them shall be sacred"** (Exodus 30:29).

בְּעָא מִינֵּיהּ רֵישׁ לָקִישׁ מֵרַבִּי יוֹחָנָן: כְּלֵי שָׁרֵת מַהוּ שֶׁיְּקַדְּשׁוּ אֶת הַפְּסוּלִין? אֲמַר לֵיהּ, תְּנִיתוּהָ: כְּשֵׁם שֶׁהַמִּזְבֵּחַ וְהַכֶּבֶשׁ מְקַדְּשִׁין אֶת הָרָאוּי לָהֶן – כָּךְ כֵּלִים מְקַדְּשִׁין!

Reish Lakish raises a dilemma before Rabbi Yoḥanan: What is the *halakha* with regard to **whether service vessels sanctify disqualified** items? Rabbi Yoḥanan **said to him: You learned** in the mishna that **just as the altar**[N] **and the ramp sanctify** items **that are suited to them** even if those items are disqualified, **so too,** the service **vessels sanctify** items placed in them.

אֲמַר לֵיהּ: לְכַתְּחִילָּה לִיקָּרֵב קָמִיבָּעֲיָא לִי. הָא נַמִּי תְּנֵינָא:

Reish Lakish **said to him:** The mishna indicates that service vessels sanctify that which is placed in them in the sense that they may no longer be redeemed even if they become disqualified. **I raise the dilemma** with regard to whether service vessels sanctify disqualified items such that they may be **sacrificed *ab initio*.**[H] Rabbi Yoḥanan said to him: **This also we learn** in a mishna (84a):

HALAKHA

A limb that was left overnight at the top of the altar – לָן בְּרֹאשׁוֹ שֶׁל מִזְבֵּחַ: Limbs, fats, and handfuls of meal offerings that were left overnight atop the altar are considered as if they were left in the Temple courtyard. Accordingly, if they descended from upon the altar they shall not be restored to it. If they did not descend from upon the altar they remain upon it for burning (Rambam *Sefer Avoda, Hilkhot Pesulei HaMukdashin* 3:11).

Such that they may be sacrificed *ab initio* – לְכַתְּחִילָּה לִיקָּרֵב: Disqualified blood that was placed in a service vessel is fit for offering upon the altar *ab initio*. This is in accordance with the opinion of Rabbi Yoḥanan, as the *halakha* follows him when he is in disagreement with Reish Lakish (Rambam *Sefer Avoda, Hilkhot Pesulei HaMukdashin* 3:19 and Mahari Kurkus there; see also 3:20 and the commentaries there).

NOTES

The altar – אֶת הַמִּזְבֵּחַ: Commentaries disagree as to which verse is referred to by the Gemara. The verse cited in the commentary, Exodus 40:10, appears to be the one cited by Rashi, who refers to: And you shall anoint the altar [*umashaḥta et hamizbe'aḥ*]. According to the Rid, the Gemara is citing the verse: "Up for a pleasing aroma on the altar" (Leviticus 2:12). Rabbeinu Hillel, in his commentary on *Torat Kohanim*, quotes the verse: "Upon the altar" (Leviticus 6:2).

You learned in the mishna that just as the altar, etc. – תְּנִיתוּהָ כְּשֵׁם שֶׁהַמִּזְבֵּחַ וכו׳: According to Rashi, Rabbi Yoḥanan understood that Reish Lakish's question was with regard to redemption, i.e., may a disqualified item, e.g., a ritually impure meal offering, be redeemed after it was placed in a service vessel, or is it sanctified by the vessel, in which case it may not be redeemed? Rabbi Yoḥanan answered that since the mishna teaches that service vessels sanctify items as the altar does, it is clear that one may not redeem a disqualified item placed in a service vessel, just as one may not redeem impure flesh that ascended upon the altar. According to Rabbeinu Tam (cited in *Tosafot* on 87b), Rabbi Yoḥanan thought that Reish Lakish was asking as follows: Are disqualified consecrated items that ascended upon the altar in a service vessel considered as if they have ascended upon the altar itself, i.e., does the service vessel serve as an interposition between the items and the altar?

Accordingly, Rabbi Yoḥanan responded that the mishna is addressing such a case when it teaches: Just as the altar sanctifies items, so too, service vessels sanctify items, i.e., they sanctify that which ascended upon the altar and do not serve as an interposition. Consequently, the response of Reish Lakish: I raise the dilemma with regard to whether service vessels sanctify disqualified items such that they may be sacrificed *ab initio*, is understood to mean: Do service vessels sanctify disqualified items such that one may elevate upon the altar disqualified items that were placed in them *ab initio*?

שֶׁקִּיבְּלוּ פְּסוּלִין וְזָרְקוּ אֶת דָּמוֹ. מַאי לָאו שֶׁקִּיבְּלוּ פְּסוּלִין וְזָרְקוּ פְּסוּלִין?

An offering **that** people **unfit** for performing the Temple service **collected and** then **sprinkled its blood** shall not descend from the altar if it ascended. **What, is it not** that the mishna means **that** people **unfit** for performing the Temple service **collected** the blood **and** people **unfit** for performing the Temple service **sprinkled** it as well, which disqualifies it from ascending the altar? But if the collection alone was performed by people unfit for performing the Temple service, although the offering becomes disqualified, those fit to perform the Temple service may sprinkle the blood and sacrifice the offering *ab initio*. The reason, apparently, is that service vessels sanctify disqualified blood such that it may be sprinkled *ab initio*.

לָא, שֶׁקִּיבְּלוּ פְּסוּלִין, אִי נַמִי שֶׁזָּרְקוּ פְּסוּלִין.

Reish Lakish rejects this proof: **No,** the mishna may be referring to two independent cases, i.e., **that** people **unfit** for performing the Temple service **collected** the blood, **or that** people **unfit** for performing the Temple service **sprinkled** the blood after it was collected by people who were fit for performing the Temple service. Accordingly, the mishna teaches only that if such offerings ascended the altar they shall not descend after the fact, but service vessels do not sanctify disqualified items such that they are offered *ab initio*.

אֲוִיר מִזְבֵּחַ כְּמִזְבֵּחַ דָּמֵי אוֹ לָא? תָּא שְׁמַע: כְּשֵׁם שֶׁהַמִּזְבֵּחַ מְקַדֵּשׁ, כָּךְ כֶּבֶשׁ מְקַדֵּשׁ.

§ The Gemara raises a dilemma: Is the **airspace** above the **altar considered as** the **altar** itself, whereby items that enter this airspace shall not descend from the altar, **or** is it **not** considered like the altar? The Gemara suggests: **Come** and **hear** the mishna, which states: **Just as the altar sanctifies** items, **so too,** the **ramp sanctifies** items, and if they ascended upon it they shall be sacrificed upon the altar and shall not descend.

וְאִי אָמְרַתְּ אֲוִיר מִזְבֵּחַ לָאו כְּמִזְבֵּחַ דָּמֵי – אֲוִיר כֶּבֶשׁ נַמִי לָאו כְּכֶבֶשׁ דָּמֵי, הֵיכִי מַסֵּיק לֵיהּ מִכֶּבֶשׁ לַמִּזְבֵּחַ? הָוָה לֵיהּ יָרוּד!

And if you say that the **airspace** above the **altar** is **not considered** as the **altar** itself, then the **airspace** above the **ramp as well** should **not** be **considered as the ramp.** If so, **how** can one **elevate** the disqualified limbs of an offering **from the ramp to the altar?** The moment one elevates a limb from upon the ramp, **it is** considered to have **descended** from the ramp, and all disqualified items that descended shall not be returned.

דְּנָגַד לֵיהּ. וְהָא אֲוִיר יֵשׁ בֵּין כֶּבֶשׁ לַמִּזְבֵּחַ! רוּבּוֹ לַכֶּבֶשׁ – כַּכֶּבֶשׁ, רוּבּוֹ לַמִּזְבֵּחַ – כַּמִּזְבֵּחַ.

The Gemara responds: The mishna is referring to a case **where** the priest **drags** the offering up the ramp, but it never enters its airspace. The Gemara challenges: **But** even if he drags it up the ramp, he must still lift it, as **there is a space between** the **ramp and the altar.** The Gemara responds: Since this gap is small, only a minority of the limb of an offering will be located over the gap as it passes from the ramp to the altar. Therefore, when **a majority of** the limb is **on the ramp,** the minority situated above the gap is considered **as** if it is on **the ramp.** Once **a majority of** the limb is **on the altar,** the minority situated above the gap is considered **as** if it is on **the altar.**

תִּפְשׁוֹט מֵהָא הָא דִּבְעֵי רָמֵי בַּר חָמָא: יֵשׁ חִיבּוּר לְעוֹלִין אוֹ לָא? תִּיפְשׁוֹט דְּיֵשׁ חִיבּוּר! הָא לָא קַשְׁיָא, תִּיפְשׁוֹט.

The Gemara asks: If so, **resolve from this** mishna **the dilemma that was raised by Rami bar Ḥama: Is there a connection of** limbs that **ascend** upon the altar, i.e., is an offering considered a unit such that even those parts that do not ascend the altar shall be considered as if they are upon it, **or** is there **not,** and each part is considered independent? Based on the previous answer, **resolve** the dilemma by saying **that there is a connection** of limbs. The Gemara responds: **This** is **not difficult,** as one may indeed **resolve** Rami bar Ḥama's dilemma from here.

מַתְקִיף לַהּ רָבָא בַּר רַב חָנָן: וְאִי אָמְרַתְּ אֲוִיר מִזְבֵּחַ כְּמִזְבֵּחַ דָּמֵי, עוֹלַת הָעוֹף דְּפַסְלָהּ בְּמַחְשָׁבָה הֵיכִי מַשְׁכַּחַתְּ לַהּ?

Rava bar Rav Ḥanan objects to the assumption that the airspace above the altar is considered as the altar itself: **But if you say** that the **airspace** above the **altar** is **considered as** the **altar** itself, then with regard to **a bird burnt offering that** one **disqualified by** having the **intention** to burn it beyond its designated time, i.e., the day after it was pinched, **how can you find** the circumstances for such a disqualification to take effect?

הָא קָלְטָה מִזְבֵּחַ!

One's intent to burn an offering beyond its designated time disqualifies it only when he intended to burn it during a time that he may not do so. Since a bird burnt offering is pinched in the airspace above the altar, the **altar** has already **accepted it.** Therefore, even if one delayed burning it until the next day, it does not descend from the altar, like all other offerings that are disqualified by being left overnight.

מַתְקִיף לַהּ רַב שִׁימִי בַּר אַשִׁי: אַלְמָה לָא? מַשְׁכַּחַתְּ לַהּ כְּגוֹן דְּאָמַר: ״הֲרֵינִי מוֹלְקָהּ עַל מְנָת לְהוֹרִידָהּ לְמָחָר וּלְהַעֲלוֹתָהּ וּלְהַקְטִירָהּ״!

Rav Shimi bar Ashi objects to the objection raised by Rava bar Rav Ḥanan: **Why** is it **not** possible for a bird burnt offering to be disqualified through the intention to burn it beyond its designated time? **You find it** in a case **where he says: I am hereby pinching it in order to take it down** from the altar **tomorrow and** thereafter **sacrifice it and burn it.** If he takes it down from the altar the next day, he may not subsequently return it there for burning, as all disqualified items that have descended from the altar shall not be returned to it. Accordingly, even if the airspace above the altar is considered as the altar itself, a bird burnt offering can still be disqualified with such intention.

הָנִיחָא לְרָבָא, דְּאָמַר: לִינָה מוֹעֶלֶת בְּרֹאשׁ הַמִּזְבֵּחַ, אֶלָּא לְרַבָּה דְּאָמַר: אֵין לִינָה מוֹעֶלֶת בְּרֹאשׁ הַמִּזְבֵּחַ – לֵיתָא לְמַחְשַׁבְתּוֹ!

The Gemara questions the objection of Rav Shimi bar Ashi: **This works out well according to** the opinion of **Rava, who says** that the disqualification of **being left overnight** is **effective** even when the offering is **at the top of the altar.** Accordingly, if he were to take the bird burnt offering down from the altar the next day, he may not restore it to the altar for burning. **But** this is difficult **according to** the opinion of **Rabba, who says:** The disqualification of **being left overnight** is **not effective** when the offering is **at the top of the altar,** and therefore even if the next day he removed the bird burnt offering from the altar, he must return it there to burn it, as it has not been disqualified. If so, **his intention is not** significant, i.e., he does not disqualify a bird burnt offering with such intention.

לְרַבָּה נַמִי מַשְׁכַּחַתְּ לַהּ, כְּגוֹן דְּאָמַר: ״הֲרֵינִי מוֹלְקָהּ עַל מְנָת לְהוֹרִידָהּ קוֹדֶם עַמּוּד הַשַּׁחַר וּלְהַעֲלוֹתָהּ לְאַחַר עַמּוּד הַשַּׁחַר״.

Rav Shimi bar Ashi responds: **According to** the opinion of **Rabba as well, you find** a case of a bird burnt offering that is disqualified due to one's intention, **such as where he says: I am hereby pinching it in order to take it down** from the altar **before dawn and** to then **sacrifice it after dawn.** In such a case, where the offering is removed from the altar before dawn, even Rabba would agree that one's intention renders a bird burnt offering disqualified by being left overnight.

לְהַךְ גִּיסָא מִיהָא תִּיפְשׁוֹט דַּאֲוִיר מִזְבֵּחַ כְּמִזְבֵּחַ דָּמֵי, דְּאִי סָלְקָא דַּעְתָּךְ אֲוִיר מִזְבֵּחַ לָאו כְּמִזְבֵּחַ דָּמֵי,

Rav Shimi bar Ashi adds: Irrespective of the validity of the proof of Rava bar Rav Ḥanan, **in any event, resolve** the issue **to this side,** i.e., in favor of the claim **that** the **airspace** above the **altar** is **considered as** the **altar** itself. **As if** it **enters your mind** that the **airspace** above the **altar** is **not considered as** the **altar,**

חַטַּאת הָעוֹף פְּסוּלָה הֵיכִי מַזֶּה מִדָּמָהּ? הָוֵה לֵיהּ יָרוּד! שְׁאָר פְּסוּלִים הֵיכִי זָרֵיק לְהוּ מִדָּמָהּ?

then with regard to the case of **a disqualified bird sin offering**[N] that was pinched at the top of the altar, **how does** one **sprinkle from its blood** on the wall of the altar? When the priest raises the bird in his hand in order to sprinkle its blood, the bird **is** considered to have **descended** from upon the altar and he cannot sprinkle its blood, as the *halakha* with regard to all disqualified items is that once they have descended from upon the altar they shall not ascend. Likewise, concerning the blood of **other** offerings that were **disqualified** that ascended upon the altar, **how does** he **sprinkle from their blood,**[N] since it is sprinkled from the airspace above the altar? Rather, it must be that the airspace above the altar is considered as the altar.

NOTES

Disqualified bird sin offering – חַטַּאת הָעוֹף פְּסוּלָה: Although a bird sin offering is pinched with the priest standing on the ground *ab initio*, it is not disqualified if it was pinched with the priest standing on the altar. The Gemara is referring to a different disqualification that took place on the altar, e.g., it was not pinched for the sake of a sin offering. Such a bird shall not descend from the altar, but its blood must still be sprinkled on the lower part of the wall of the altar.

NOTES

Other offerings that were disqualified that ascended upon the altar, how does he sprinkle from their blood – שְׁאָר פְּסוּלִים הֵיכִי זָרֵיק לְהוּ מִדָּמָהּ: This discussion is based on the opinion of Rabban Gamliel in the mishna (83a) that disqualified blood that ascended upon the altar shall not descend. According to the opinion of Rabbi Yehoshua, all disqualified blood descends from the altar (Rashi).

דְּמַגַּע לְהוּ. הָא הַזָּאָה הִיא? מִיצּוּי הִיא! הָא זְרִיקָה? שְׁפִיכָה הִיא!

The Gemara rejects this proof: It is possible that in such cases one does not sprinkle the blood in its normal fashion, but in such a manner **that he presses it** against the wall of the altar immediately without the blood passing through the air. The Gemara rejects this suggestion: **Is this** considered **sprinkling? It is squeezing,** an act that is performed for a bird burnt offering, not for a bird sin offering. Likewise, if one sprinkles the blood of other disqualified offerings in this manner, is **this sprinkling? It is pouring.**

וְעוֹד: דֶּרֶךְ הַזָּאָה בְּכָךְ? דֶּרֶךְ זְרִיקָה בְּכָךְ?

And furthermore, with regard to a disqualified bird burnt offering, is **the manner of sprinkling in such** a fashion?[N] And in the case of other disqualified offerings, is **the manner of sprinkling in such** a fashion? It is not. Rather, the airspace above the altar must be considered as the altar.

אָמַר רַב אַשִׁי: אִי דְּנָקַט לְהוּ בְּרֹאשׁ הַמִּזְבֵּחַ – הָכִי נַמִי, כִּי קָאָמַר – דְּתָלְנְהוּ בְּקַנְיָא, מַאי? תֵּיקוּ.

Rav Ashi said: If the question concerns a case **where** the priest **held** the blood or limbs while standing **at the top of the altar,** they would **indeed** be considered as having ascended the altar, and shall not descend from it. But **when** the dilemma was **stated** with regard to the airspace above the altar, it was with regard to an instance **where he suspended them with a pole** above the altar, while he himself stood on the floor of the Temple courtyard. **What** is the *halakha* in such a case? The Gemara responds that the dilemma **shall stand** unresolved.[H]

מתני׳ כְּלֵי הַלַּח מְקַדְּשִׁין אֶת הַלַּח, וּמִדּוֹת יָבֵשׁ מְקַדְּשׁוֹת אֶת הַיָּבֵשׁ. אֵין כְּלֵי הַלַּח מְקַדֶּשֶׁת אֶת הַיָּבֵשׁ, וְלֹא יָבֵשׁ מְקַדֵּשׁ אֶת הַלַּח. כְּלֵי הַקּוֹדֶשׁ שֶׁנִּיקְּבוּ, אִם עוֹשִׂין בָּהֶן מֵעֵין מְלַאכְתָּן שֶׁהָיוּ עוֹשִׂין וְהֵן שְׁלֵימִים – מְקַדְּשִׁין, וְאִם לָאו – אֵין מְקַדְּשִׁין. וְכוּלָּן אֵין מְקַדְּשִׁין אֶלָּא בַּקּוֹדֶשׁ.

MISHNA The mishna elaborates on the *halakha* taught in the previous mishna (86a) that service vessels sanctify items placed in them. **The** service **vessels** used for **liquids sanctify** only **liquids** used in the service, **and** the service vessels that serve as **dry measures sanctify** only **dry** items used in the service. **The** service **vessels** used for **liquids do not sanctify**[H] **dry** items, **and** the service vessels used for **dry** items **do not sanctify liquids.** With regard to **sacred vessels that were perforated,**[H] **if one** continues to **utilize them** for a use **similar to the use**[N] **for which they would utilize them** previously when **they** were **whole, they** continue to **sanctify** their contents. **And if not, they do not sanctify** their contents. **And all of** these vessels **sanctify** items **only** when they are **in the sacred** area,[H] i.e., the Temple courtyard.

NOTES

And furthermore, is the manner of sprinkling in such a fashion – וְעוֹד דֶּרֶךְ הַזָּאָה בְּכָךְ: Although it appears in the standard version of the Talmud, the word: Furthermore, does not appear in any manuscripts of the Gemara. Instead, the texts states: And is the manner of sprinkling in such a fashion, indicating that this is not an additional question, but an explanation, or clarification, of the previous one. Some commentaries explain the standard version of the text as follows. Pressing the bird to the altar is not sprinkling, but squeezing, and pressing a limb to the altar is not sprinkling, but pouring. And furthermore, even if it is considered neither squeezing nor pouring, it is certainly not considered sprinkling (*Ḥok Natan*).

Similar to the use – מֵעֵין מְלַאכְתָּן: For example, a measure that was once used for measuring one *hin* and is now used to measure one-half of a *hin* is considered a vessel that has a use similar to when it was whole, i.e., it measures (Rabbeinu Hillel, in his commentary on *Torat Kohanim*). Rabbi Shimshon of Saens explains that the mishna is referring to a vessel whose function has not changed as a result of the damage it suffered, e.g., a vessel that was not normally filled to the top and that was perforated at its top, such that it may still be filled to the same level as before.

HALAKHA

The dilemma shall stand unresolved – תֵּיקוּ: The airspace above the altar is considered as the altar itself. There is no difference between a case where the priest held a limb in his hand and a case where he suspended it above the altar with a pole (Rambam *Sefer Avoda, Hilkhot Pesulei HaMukdashin* 3:12, and see *Kesef Mishne* and Mahari Kurkus there).

Vessels used for liquids do not sanctify, etc. – אֵין כְּלֵי הַלַּח מְקַדֶּשֶׁת וכו׳: Vessels used for liquids do not sanctify dry items. Similarly, vessels used for dry items do not sanctify liquids (Rambam *Sefer Avoda, Hilkhot Pesulei HaMukdashin* 3:19).

With regard to sacred vessels that were perforated, etc. – כְּלֵי הַקּוֹדֶשׁ שֶׁנִּיקְּבוּ וכו׳: Service vessels sanctify only when they are whole. In a case where they became perforated, if one continues to utilize them for a use similar to the use for which they would utilize them previously when they were whole, they continue to sanctify their contents. If they are not used for a similar purpose, they do not sanctify their contents (Rambam *Sefer Avoda, Hilkhot Pesulei HaMukdashin* 3:20).

Sanctify only when they are in the sacred area – אֵין מְקַדְּשִׁין אֶלָּא בַּקּוֹדֶשׁ: Service vessels sanctify that which is placed in them when they are inside the Temple (Rambam *Sefer Avoda, Hilkhot Pesulei HaMukdashin* 3:20).

גמ׳ אָמַר שְׁמוּאֵל: לֹא שָׁנוּ אֶלָּא מִדּוֹת, אֲבָל מִזְרָקוֹת – מְקַדְּשִׁין, שֶׁנֶּאֱמַר: ״שְׁנֵיהֶם מְלֵאִים סֹלֶת״.

GEMARA With regard to the statement of the mishna that the vessels used for liquids do not sanctify dry items, **Shmuel says:** The Sages **taught** this *halakha* **only** with regard to **measures** used for liquids, i.e., wine or oil. **But cups,** which are used for collecting the blood of offerings, **sanctify** dry items as well,[H] **as it is stated** in the verse: "One silver cup of seventy shekels, after the shekel of the sanctuary; **both of them full of fine flour** mingled with oil for a meal offering" (Numbers 7:13), indicating that the cups were also fashioned for use with flour, a dry item.

אָמַר לֵיהּ רַב אַחָא מִדִּיפְתִּי לְרָבִינָא: מִנְחָה, לַחָה הִיא! אֲמַר לֵיהּ: לָא נִצְרְכָה אֶלָּא לְיָבֵשׁ שֶׁבָּהּ. אִיבָּעֵית אֵימָא: מִנְחָה לְגַבֵּי דָּם – כְּיָבֵשׁ דָּמֵי.

Rav Aḥa of Difti said to Ravina: The **meal offering** of the verse **is** also considered **a liquid,** as it is mixed with oil, and one cannot derive from it the *halakha* with regard to items that are entirely dry. Ravina **said to him:** The verse cited by Shmuel **was only necessary to** derive the *halakha* of **the dry** portions **of** a meal offering, teaching that even flour that remained dry because it did not get thoroughly mixed with the oil is sanctified by the cups as well. **If you wish, say** instead: **A meal offering,** even though it is mixed with oil, is, **in comparison to blood, considered as a dry** item. Accordingly, one can derive from the verse that the cups sanctify all dry items.

אָמַר שְׁמוּאֵל: כְּלֵי שָׁרֵת אֵין מְקַדְּשִׁין אֶלָּא שְׁלֵימִין, אֵין מְקַדְּשִׁין אֶלָּא מְלֵאִין, אֵין מְקַדְּשִׁין אֶלָּא מִתּוֹכָן. וְאָמְרִי לַהּ: אֵין מְקַדְּשִׁין אֶלָּא שְׁלֵימִין וּמְלֵאִים וּמִבִּפְנִים.

Additionally, **Shmuel says: Service vessels sanctify** items **only** when the vessels are **whole,** i.e., they do not have a hole; **they sanctify only full**[N] measures,[H] i.e., when they contain a measurement fit for offering; and **they sanctify** items **only from within them** and not items that merely touched their exterior. **And some say** there is another version of the statement of Shmuel: Service vessels **sanctify** items **only** when the vessels are **whole, and** when they contain **full** measures, **and from inside.**[N]

מַאי בֵּינַיְיהוּ? אִיכָּא בֵּינַיְיהוּ: בֵּירוּצֵי מִדּוֹת. בְּמַתְנִיתָא תָּנָא: אֵין מְקַדְּשִׁין אֶלָּא שְׁלֵימִין וּמְלֵאִים, וּמִתּוֹכָן, וּבִפְנִים.

The Gemara asks: **What** is the difference **between** these two versions? The Gemara responds: The difference **between them is** with regard to **heaping measures.**[H] According to the first version, that service vessels sanctify only items that are within them, nothing that overflows is included. The Gemara notes that it **was taught in a *baraita*** in accordance with both versions: Service vessels **sanctify** items **only** when they are **whole,** and only **full** measurements, **and from within them, and inside.**

אָמַר רַבִּי אַסִּי אָמַר רַבִּי יוֹחָנָן: לֹא שָׁנוּ אֶלָּא שֶׁאֵין דַּעְתּוֹ לְהוֹסִיף, אֲבָל דַּעְתּוֹ לְהוֹסִיף – רִאשׁוֹן רִאשׁוֹן קוֹדֶשׁ.

With regard to the *halakha* that service vessels sanctify only full measurements, **Rabbi Asi says** that **Rabbi Yoḥanan says: They taught** this *halakha* **only when** the priest's initial **intention** was **not to add** to that which was already placed inside the vessel. **But if his** initial **intention** was **to add,** then **each initial** amount placed in the vessel becomes **sacred,** no matter how small.

תַּנְיָא נַמִי הָכִי: ״מְלֵאִין״ – אֵין מְלֵאִין אֶלָּא שְׁלֵימִין. אָמַר רַבִּי יוֹסֵי: אֵימָתַי – בִּזְמַן שֶׁאֵין דַּעְתּוֹ לְהוֹסִיף, אֲבָל דַּעְתּוֹ לְהוֹסִיף – רִאשׁוֹן רִאשׁוֹן קוֹדֶשׁ.

This distinction **is also taught** in a *baraita*: With regard to the *halakha* that service vessels sanctify **full** measurements, **full** measurements are **nothing other than whole** measurements. **Rabbi Yosei said: When** are full measurements whole ones? It is **at a time that** the priest's **intention** was **not to add. But if his intention** was **to add, each initial** amount **is sacred.**

״אֵין כְּלֵי הַלַּח מְקַדֵּשׁ״ [וכו׳]. אָמַר רַב, וְאִיתֵּימָא רַב אַסִּי: אֵין מְקַדְּשִׁין לִיקְרַב, אֲבָל מְקַדְּשִׁין לִיפָּסֵל.

§ The mishna teaches that **the service vessels** used for **liquids do not sanctify** dry items. With regard to this *halakha*, **Rav says, and some say** that **Rav Asi** says: The service vessels used for liquids **do not sanctify** dry items to permit them **for sacrifice** upon the altar, **but they sanctify** dry items in order for the items **to be disqualified** by them, i.e., dry items placed in such vessels may be disqualified by that which disqualifies only sanctified items, e.g., if they are touched by one who immersed that day, or if they emerged from the Temple courtyard.

HALAKHA

But cups sanctify dry items as well – אֲבָל מִזְרָקוֹת מְקַדְּשִׁין: The *halakha* that service vessels sanctify only those items fit for them was stated only with regard to measures. Cups sanctify both liquids and dry items (Rambam *Sefer Avoda, Hilkhot Pesulei HaMukdashin* 3:19).

Reproduction of a cup used in the Temple

They sanctify only full measures, etc. – אֵין מְקַדְּשִׁין אֶלָּא מְלֵאִין וכו׳: Service vessels sanctify only that which is placed inside them, and they sanctify only when they are full. Measures sanctify incomplete amounts only when one initially intended to fill the entire measure. If one did not intend to fill the measure, that which is placed inside the vessel is sanctified only with regard to disqualifying it. The commentaries explain that even though the statement of Rav concerned the *halakha* that vessels used for liquids do not sanctify dry items, the Rambam's text of the Gemara lacked the introductory phrase indicating that Rav was in fact qualifying that *halakha* and not the preceding *baraita* (Rambam *Sefer Avoda, Hilkhot Pesulei HaMukdashin* 3:20, and Mahari Kurkus and *Leḥem Mishne* there).

Heaping measures – בֵּירוּצֵי מִדּוֹת: Both the interiors and the exteriors of measures used for liquids were anointed and sanctified. With regard to vessels used for dry items, only their interiors were sanctified. Accordingly, the overflow of a measure used for liquids is sanctified, whereas the overflow of a measure used for dry items is not (Rambam *Sefer Avoda, Hilkhot Kelei HaMikdash* 1:19).

NOTES

Full – מְלֵאִין: Rashi explains that this is referring to a full measurement, i.e., one fit for the particular offering currently being prepared, for example, one-tenth or two-tenths of an ephah. If it was filled with an incomplete measurement, the vessel does not sanctify the item placed inside it. Other early commentaries explain that this is referring to a full vessel, i.e., the vessel was filled to its capacity, which is also a complete measurement. Accordingly, if the capacity of the vessel was larger than the measurement of a meal offering, a proper measurement of flour placed inside it is not sanctified by it (commentary on *Torat Kohanim* attributed to Ra'avad; Rid).

And from inside – וּמִבִּפְנִים: According to Rashi, this means that the vessel sanctifies items only when it is inside the Temple courtyard. *Tosafot* object to this understanding, as the fact that the mishna uses the term: In the sacred, indicates that this is not the meaning of the phrase in the Gemara. Accordingly, they explain, citing Rabbeinu Ḥayyim, that the Gemara means that in a case where one fashioned a receptacle in the exterior of a service vessel, items placed inside that receptacle are not sanctified by the vessel, as only the interior of the vessel sanctifies items.

אִיכָּא דְּמַתְנֵי לַהּ אַהָא: אֵין מְבִיאִין מְנָחוֹת וּנְסָכִים וּמִנְחַת בְּהֵמָה וּבִיכּוּרִים מִן הַמְדוּמָּע, וְאֵין צָרִיךְ לוֹמַר מֵעָרְלָה וְכִלְאֵי הַכֶּרֶם, וְאִם הֵבִיא – לֹא קִדֵּשׁ. אָמַר רַב, וְאִיתֵּימָא רַב אַסִּי: לֹא קִדֵּשׁ לִיקָּרֵב, אֲבָל קִדֵּשׁ לִיפָּסֵל.

There are those who teach this statement with regard to this *halakha*: **One may not bring meal offerings, or libations, or meal offerings** accompanying **an animal, or first fruits,**[B] **from a mixture**[HN] containing *teruma*, since that which may not be consumed by all Jews may not be used for an offering. **And needless to say,** one may not bring these items **from** the fruit of a tree that is ***orla***, i.e., a tree during the first three years after its planting, from which it is prohibited to eat, **or** from **diverse kinds** sown **in a vineyard,** both of which are prohibited for consumption to priests as well. **And if he brought** an offering from them, it is **not sanctified.** With regard to this issue, **Rav says, and some say** that **Rav Asi** says: It is **not sanctified for sacrifice** upon the altar, **but** it is **sanctified** in order **to be disqualified.**

תָּנוּ רַבָּנַן: כְּלֵי קֹדֶשׁ שֶׁנִּיקְּבוּ – אֵין מַתִּיכִין אוֹתָן, וְאֵין מַתִּיכִין לְתוֹכָן אֵבָר. נִפְגְּמוּ – אֵין מְתַקְּנִין אוֹתָן. סַכִּין שֶׁנִּפְגַּם – אֵין מַשְׁחִיזִין אֶת פְּגִימָתָהּ, נִשְׁמְטָה – אֵין מַחֲזִירִין אוֹתָהּ. אַבָּא שָׁאוּל אוֹמֵר: סַכִּין מְטָרֶפֶת הָיְתָה בַּמִּקְדָּשׁ, וְנִמְנוּ עָלֶיהָ כֹּהֲנִים וּגְנָזוּהָ.

§ With regard to perforated vessels, **the Sages taught:** In the case of **sacred vessels that were perforated,**[H] **one may not melt**[N] **them** in order to seal the perforation, **and one may not melt lead into them** for such a purpose. If the vessels **were damaged, one may not repair them.** Concerning **a knife that was damaged,**[H] **one may not sharpen** the spot of **its damage.** If the blade **separated** from the handle, **one may not restore it. Abba Shaul says: There was** a certain **knife in the Temple** whose metal was soft and easily damaged, such that when used it would often **render** animals **prohibited,**[N] thereby disqualifying them. Accordingly, the **priests voted concerning it, and** elected to **hide it.**

תָּנוּ רַבָּנַן: בִּגְדֵי כְהוּנָּה אֵין עוֹשִׂין אוֹתָם מַעֲשֵׂה מַחַט אֶלָּא מַעֲשֵׂה אוֹרֵג, שֶׁנֶּאֱמַר: "מַעֲשֵׂה אֹרֵג". נִתְגָּעֲלוּ – אֵין מְכַבְּסִין לֹא בְּנֶתֶר וְלֹא בְּאָהָל.

The Sages taught: Priestly vestments are not fashioned by **needlework,** i.e., by stitching various parts together, but **rather** through **woven work,**[H] whereby the entire garment is initially woven into one entity, **as it is stated: "Woven work"** (Exodus 28:32). If the garments **were soiled one may not launder** them, **neither with natron**[B] **nor with soap,**[B] two common detergents.

BACKGROUND

First fruits – **בִּיכּוּרִים**: The first fruits of the new harvest were given to the priests (see Deuteronomy 26:1–11). When the Temple stood, a farmer would select the first fruits of the seven types of fruit with which Eretz Yisrael is specially favored: Wheat, barley, grapes, figs, pomegranates, olives, and dates (see Deuteronomy 8:8). By rabbinic law, at least one-sixtieth of the harvest must be brought as first fruits. The farmer would bring these fruits to the Temple in a basket, place them before the altar, and recite a prayer of appreciation to God (see Deuteronomy 26:3–10). Afterward, the fruit was given to the priests and eaten under the same provisions that govern *teruma*. The first fruits were brought to the Temple between the festivals of *Shavuot* and *Sukkot*. If they were not brought within this period, an extension was granted until Hanukkah, but in that case the verses were not recited. An entire tractate of the Mishna, *Bikkurim*, is devoted to the *halakhot* and practices governing this mitzva.

Natron – **נֶתֶר**: This word most likely refers to sodium carbonate, which commonly occurs as a clear crystal. While sodium carbonate naturally occurs in desert terrains, in ancient times it was extracted from the ash of algae. It is easily dissolved in water, and when mixed with water causes a strong reaction that dissolves fats. For this reason, this solution was used as a detergent from biblical times.

Soap – **אָהָל**: Several plants found in Eretz Yisrael are referred to as *ahal*. One of them, nicknamed the ice plant, scientifically known as *Mesembryanthemum crystallinum* L., sprouts annually and grows in the coastal plain of Eretz Yisrael, on rocks and walls facing the Mediterranean Sea. It is referred to as the ice plant on account of the sacs that sprout from the plant, which appear like crystals. This plant contains a large amount of soda, and was therefore used for laundering and bathing.

Crystalline ice plant

HALAKHA

Meal offerings or libations or meal offerings accompanying an animal or first fruits, from a mixture – **מְנָחוֹת וּנְסָכִים וּמִנְחַת בְּהֵמָה וּבִיכּוּרִים מִן הַמְדוּמָּע**: One may not bring as a meal offering or as a libation untithed produce, nor produce from the new crop before the *omer* offering is brought, nor produce from a mixture of *teruma* and non-sacred produce. Needless to say, one may not bring meal offerings or libations from the fruit of a tree during the first three years after its planting, nor from diverse kinds sown in a vineyard. If one brought an offering from the aforementioned items, it is not sanctified for offering upon the altar, but it is sanctified in order to disqualify it, and it is considered an offering that was disqualified (Rambam *Sefer Avoda, Hilkhot Issurei Mizbe'ah* 5:9).

Sacred vessels that were perforated – **כְּלֵי קֹדֶשׁ שֶׁנִּיקְּבוּ**: With regard to service vessels that were perforated or cracked, one may not seal them. Instead, they are melted down and new vessels are fashioned from them (Rambam *Sefer Avoda, Hilkhot Kelei HaMikdash* 1:14).

A knife that was damaged, etc. – **סַכִּין שֶׁנִּפְגַּם וכו׳**: With regard to the service vessels, one does not sharpen a damaged knife, as there is no poverty in a place of wealth. Similarly, one does not restore the blade of a knife to its handle if they separated from one another. Instead, these knives are placed in a repository beside the Sanctuary, located between the Sanctuary and the Entrance Hall, on the southern side, known as the Chamber of Knives (Rambam *Sefer Avoda, Hilkhot Kelei HaMikdash* 1:15).

Woven work – **מַעֲשֵׂה אֹרֵג**: Priestly vestments are not fashioned by the work of a needle but by the work of weaving (Rambam *Sefer Avoda, Hilkhot Kelei HaMikdash* 8:19, and see Mahari Kurkus there).

NOTES

From a mixture – **מִן הַמְדוּמָּע**: Rashi explains that the mixture cited in the Gemara is the same as that mentioned in other places throughout the Gemara, i.e., a mixture of *teruma* and non-sacred produce. Even though such a mixture is permitted to the priests for consumption, only items permitted to all Jews may be brought as offerings, as the verse states: "From the well-watered pastures of Israel" (Ezekiel 45:15), from which the Sages derived this *halakha* (see *Pesaḥim* 45a). *Tosafot* reject this understanding, instead explaining that the Gemara is referring to a mixture of permitted items and prohibited ones, such as permitted fruits intermingled with *orla*.

One may not melt, etc. – **אֵין מַתִּיכִין וכו׳**: That is to say, one may not repair them in any fashion, due to the principle of: There is no poverty in a place of wealth; the Temple is a place of wealth, where one must act in a lavish manner. Nevertheless, sacred vessels that are damaged may not be used for any common purpose, as their sanctity is eternal. Instead, they are melted down and fashioned into new sacred vessels (Rambam).

A knife in the Temple that would render animals prohibited – **סַכִּין מְטָרֶפֶת**: Rashi explains that this is referring to a knife whose blade was rather malleable and easily damaged, and after each time it was damaged the priests would smoothen the blade. Even though it is prohibited to repair a damaged knife used in the Temple service, this is only with regard to significant damage whose repair is easily noticed. Since the damage caused to this knife was considered minor and any repairs were not readily noticeable, its repair was permitted (Mahari Kurkus; *Ḥok Natan*). Others explain that it is permitted to repair a damaged knife by heating it in a fire and thereafter cooling it in water (*Hiddushei Batra*).

הָא בְּמַיִם מְכַבְּסִין? אָמַר אַבַּיֵי, הָכִי קָאָמַר: הוּגְעוּ בְּמַיִם – מְכַבְּסִין אוֹתוֹ בְּנֶתֶר וְאָהָל,

The Gemara asks: **But** may it be inferred from this that **with water** one may launder the priestly vestments? **Abaye said: This** is what the *baraita* **is saying:** If the dirtied garments have only **reached** the point where laundering them **with water** alone would suffice, **one may launder them with natron and soap,** as they are not considered soiled.

Perek **IX**
Daf **88** Amud **b**

הוּגְעוּ לְנֶתֶר וְאָהָל – אַף בְּמַיִם אֵין מְכַבְּסִים. וְיֵשׁ אוֹמְרִים: אֵין מְכַבְּסִין אוֹתָן כָּל עִיקָּר, שֶׁאֵין עֲנִיּוּת בִּמְקוֹם עֲשִׁירוּת.

But if the garments became so dirty that they **reached** a point that laundering them would require the use of **natron or soap,** then **one may not launder** them, **even with water. And some say: One may not launder** the priestly vestments **at all,**[H] even if laundering them with water would suffice, **because there is no poverty in a place of wealth,**[B] i.e., only priestly vestments that were clean as new should be worn, as is befitting the Temple service, and those that were laundered should not be worn.

תָּנוּ רַבָּנַן: מְעִיל כּוּלּוֹ שֶׁל תְּכֵלֶת הָיָה, שֶׁנֶּאֱמַר: ״וַיַּעַשׂ אֶת מְעִיל הָאֵפוֹד כְּלִיל תְּכֵלֶת״. שׁוּלָיו כֵּיצַד? מֵבִיא תְּכֵלֶת וְאַרְגָּמָן וְתוֹלַעַת שָׁנִי שְׁזוּרִין, וְעוֹשֶׂה אוֹתָן כְּמִין רִימּוֹנִים שֶׁלֹּא פִּיתְּחוּ פִּיהֶן, וּכְמִין קוֹנָאוֹת שֶׁל קְנָסוֹת שֶׁבְּרָאשֵׁי תִינוֹקוֹת.

§ With regard to the priestly vestments, **the Sages taught** in a *baraita*: **The robe** of the High Priest[H] **was sewn entirely of sky-blue wool,**[B] **as it is stated: "And he made the robe of the ephod** of woven work, **all of sky-blue wool"** (Exodus 39:22). With regard to **its skirts,** concerning which it states: "And they made upon the skirts of the robe pomegranates of sky blue, and purple, and scarlet, twined" (Exodus 39:24), **how were they fashioned?**[H] The tailor **brings sky-blue wool, and purple wool, and scarlet wool,** which are **twined** together, **and fashions them** to appear **as pomegranates that have not opened their mouths,** i.e., they are sewn in the appearance of pomegranates that are not yet ripe enough for the crown on top to open, **and as the cones** [*konaot*][L] **of the helmets** [*kenasot*][L] **that are found on the heads of children.**

HALAKHA

One may not launder the priestly vestments at all – אֵין מְכַבְּסִין אוֹתָן כָּל עִיקָּר: Any priestly vestment that became especially dirty may not be whitened, nor may it be laundered. Instead, its threads are used for preparing wicks, and the priest dons new garments. The *Kesef Mishne* explains that the Rambam rules in accordance with the latter opinion in the *baraita*, that there is no poverty in a place of wealth (Rambam *Sefer Avoda, Hilkhot Kelei HaMikdash* 8:5).

The robe of the High Priest – מְעִיל שֶׁל כֹּהֵן גָּדוֹל: The robe of the High Priest was made entirely from sky-blue wool (Rambam *Sefer Avoda, Hilkhot Kelei HaMikdash* 9:3).

Its skirts, how were they fashioned – שׁוּלָיו כֵּיצַד: How are the skirts of the robe fashioned? A tailor takes sky-blue wool, purple wool, and scarlet wool, each type twisted eightfold for a total of twenty-four threads, and fashions them to appear as pomegranates that have not opened, and thereafter suspends them from the robe. He then takes seventy-two bells and seventy-two clappers, all fashioned of gold, and suspends thirty-six pairs of bells and clappers on either side of the robe, whereby the bells are suspended between the pomegranates (Rambam *Sefer Avoda, Hilkhot Kelei HaMikdash* 9:4).

LANGUAGE

Cones [*konaot*] – קוֹנָאוֹת: Apparently from the Greek word κῶνος, *konos*, which refers to a sharp point or cone.

Helmets [*kenasot*] – קְנָסוֹת: A corruption of *kelasot*, from the Latin term galea, meaning helmet.

Reproduction of a Roman centurion's helmet from the second century CE

BACKGROUND

There is no poverty in a place of wealth – אֵין עֲנִיּוּת בִּמְקוֹם עֲשִׁירוּת: Since the Temple is the splendor of the Jewish people, and the entire community supplies its needs, the Sages applied the principle that the community is not poor. Consequently, it would be denigrating for the Temple to be run on a tight budget, in the economical fashion of the household of a pauper. For this reason, everything for the Temple is performed in an affluent and resplendent manner.

Sky-blue wool – תְּכֵלֶת: This refers to a special sky-blue dye [*tekhelet*] produced from a species of snail. In talmudic times *tekhelet* was already quite rare, and the means of preparing it, including the species of snail used, were eventually forgotten. In recent generations efforts have been made to identify the snail and to resume use of *tekhelet*.

In the Torah (Numbers 15:38) there is a positive mitzva to use wool dyed this color for ritual fringes. One of the four threads of the fringes must be dyed with *tekhelet*, and it is wound around the other threads. Fulfillment of the mitzva to wear fringes is not contingent on one of the threads being dyed, and today the vast majority of ritual fringes are made without the dyed thread. In addition, wool dyed this color was used in the priestly vestments. Some of these, such as the sash, the ephod, and the breastplate, have elements that consist of wool dyed with *tekhelet*, and the robe is woven entirely with wool dyed sky blue.

Reproduction of the High Priest's sky-blue robe

וּמֵבִיא שִׁבְעִים וּשְׁנַיִם זַגִּין שֶׁבָּהֶן שִׁבְעִים וּשְׁנַיִם עִינְבָּלִין, וְתוֹלֶה בָּהֶן, שְׁלֹשִׁים וְשִׁשָּׁה בְּצַד זֶה וּשְׁלֹשִׁים וְשִׁשָּׁה מִצַּד זֶה. רַבִּי דּוֹסָא אוֹמֵר מִשּׁוּם רַבִּי יְהוּדָה: שְׁלֹשִׁים וְשִׁשָּׁה הָיוּ, שְׁמוֹנָה עֶשְׂרֵה מִצַּד זֶה וּשְׁמוֹנָה עֶשְׂרֵה מִצַּד זֶה.

And in order to fulfill that which is stated: "And they made bells of pure gold, and put the bells between the pomegranates" (Exodus 39:25), he **brings seventy-two bells,** i.e., the outer part of bells, made from gold, **that** contain **inside them seventy-two bell clappers, and he suspends** them **on** the skirts:[N] **Thirty-six** of each, i.e., pomegranates and bells, **on this side**[N] of the robe, **and thirty-six** of each **on that side,** as the verse states: "A bell and a pomegranate, a bell and a pomegranate, upon the skirts of the robe around it" (Exodus 39:26). **Rabbi Dosa says in the name of Rabbi Yehuda: There were thirty-six** bells suspended around the skirt, **eighteen from this side and eighteen from that side.**

אָמַר רַבִּי עִינִינִי בַּר שָׂשׂוֹן: כְּמַחְלוֹקֶת כָּאן, כָּךְ מַחְלוֹקֶת בְּמַרְאוֹת נְגָעִים. דִּתְנַן: מַרְאוֹת נְגָעִים, רַבִּי דּוֹסָא בֶּן הָרְכִּינָס אוֹמֵר: שְׁלֹשִׁים וְשִׁשָּׁה, עֲקַבְיָא בֶּן מַהֲלַלְאֵל אוֹמֵר: שִׁבְעִים וּשְׁנַיִם.

Rabbi Inini bar Sason says: Just as there is **a disagreement here** between *tanna'im* with regard to the total number of bells suspended around the skirt of the robe of the High Priest, **so** is there **a disagreement** between *tanna'im* **with regard to** the total number of **shades of** leprous **marks. As we learned** in a mishna (*Nega'im* 1:4): With regard to the total number of **shades of** leprous **marks, Rabbi Dosa ben Harkinas says:** There are **thirty-six,** while **Akavya ben Mahalalel says:** There are **seventy-two.**

וְאָמַר רַבִּי עִינִינִי בַּר שָׂשׂוֹן: לָמָּה נִסְמְכָה פָּרָשַׁת קׇרְבָּנוֹת לְפָרָשַׁת בִּגְדֵי כְהוּנָּה – לוֹמַר לָךְ: מָה קׇרְבָּנוֹת מְכַפְּרִין – אַף בִּגְדֵי כְהוּנָּה מְכַפְּרִין;

§ The Gemara cites another statement of this sage: **And Rabbi Inini bar Sason says: Why** was **the passage** in the Torah that discusses **offerings** (Leviticus, chapters 1–7) **juxtaposed to the passage** that discusses the **priestly vestments** (Leviticus, chapter 8)? It was juxtaposed **to tell you** that **just as offerings effect atonement, so too, priestly vestments effect atonement.**

כְּתוֹנֶת – מְכַפֶּרֶת עַל שְׁפִיכוּת דָּם, שֶׁנֶּאֱמַר: "וַיִּשְׁחֲטוּ שְׂעִיר עִזִּים וַיִּטְבְּלוּ אֶת הַכֻּתֹּנֶת בַּדָּם". מִכְנָסַיִם – מְכַפֶּרֶת עַל גִּילּוּי עֲרָיוֹת, שֶׁנֶּאֱמַר: "וַעֲשֵׂה לָהֶם מִכְנְסֵי בָד [לְכַסּוֹת (אֶת) בְּשַׂר עֶרְוָה"]. מִצְנֶפֶת – מְכַפֶּרֶת עַל גַּסֵּי הָרוּחַ. מְנָלַן? אָמַר רַבִּי חֲנִינָא: יָבֹא דָּבָר שֶׁבְּגוֹבַהּ וִיכַפֵּר עַל גּוֹבַהּ.

The **tunic atones for bloodshed, as it is stated** with regard to the brothers of Joseph after they plotted to kill him: **"And they killed a goat, and dipped the tunic in the blood"** (Genesis 37:31). The **trousers atone for forbidden sexual relations, as it is stated** with regard to fashioning the priestly vestments: **"And you shall make them linen trousers to cover the flesh of their nakedness"** (Exodus 28:42). The **mitre atones for the arrogant. From where** is this derived? **Rabbi Ḥanina says:** It is logical that **an item** that is placed **at an elevation,** i.e., on the head of a priest, **shall come and atone for** the sin of **an elevated** heart.

אַבְנֵט – מְכַפֵּר עַל הִרְהוּר הַלֵּב, הֵיכָא דְּאִיתֵיהּ. חוֹשֶׁן – מְכַפֵּר עַל הַדִּינִין, שֶׁנֶּאֱמַר: "וְעָשִׂיתָ חֹשֶׁן מִשְׁפָּט". אֵפוֹד – מְכַפֵּר עַל עֲבוֹדָה זָרָה, שֶׁנֶּאֱמַר: "אֵין אֵפוֹד וּתְרָפִים".

Rabbi Inini bar Sason continues: The **belt atones for thought of the heart.** The Gemara elaborates: The belt atones for the sins occurring **where it is** situated, i.e., over the heart. The **breastplate** of the High Priest **atones for** improper **judgments, as it is stated: "And you shall make a breastplate of judgment"** (Exodus 28:15). The **ephod** of the High Priest **atones for idol worship, as it is stated:** "And **without ephod or teraphim"** (Hosea 3:4), meaning that when there is no ephod, the sin of teraphim, i.e., idol worship, is found. Therefore, it may be inferred that if there is an ephod, there is no sin of idol worship.

מְעִיל – מְכַפֵּר עַל לָשׁוֹן הָרַע. מְנָלַן? אָמַר רַבִּי חֲנִינָא: יָבֹא דָּבָר שֶׁבְּקוֹל וִיכַפֵּר עַל קוֹל הָרַע. וְצִיץ – מְכַפֵּר עַל עַזּוּת פָּנִים, בְּצִיץ כְּתִיב: "וְהָיָה עַל מֵצַח אַהֲרֹן", וּבְעַזּוּת פָּנִים כְּתִיב: "וּמֵצַח אִשָּׁה זוֹנָה הָיָה לָךְ".

The **robe** of the High Priest **atones for malicious speech. From where** is this known? **Rabbi Ḥanina says:** It is logical that **an item that** produces **sound,** i.e., the robe, which has bells, **shall come and atone for an evil sound. And the frontplate** of the High Priest **atones for brazenness.** This is derived from the fact that **with regard to the frontplate it is written: "And it shall be upon Aaron's forehead"** (Exodus 28:38), **and with regard to brazenness it is written: "And you had a harlot's forehead"** (Jeremiah 3:3).

אִינִי? וְהָא אָמַר רַבִּי יְהוֹשֻׁעַ בֶּן לֵוִי: שְׁנֵי דְבָרִים לֹא מָצִינוּ לָהֶן כַּפָּרָה בְּקׇרְבָּנוֹת, וּמָצִינוּ לוֹ כַּפָּרָה מִמָּקוֹם אַחֵר, וְאֵלּוּ הֵן: שְׁפִיכוּת דָּמִים וְלָשׁוֹן הָרַע.

The Gemara asks: **Is that so,** that the priestly vestments atone for these sins? **But doesn't Rabbi Yehoshua ben Levi say:** There are **two matters that we do not find for them an atonement with offerings, but we find for them an atonement from another place, and they are: Bloodshed and malicious speech.**

NOTES

And he suspends them on the skirts [*vetoleh bahen*] – וְתוֹלֶה בָּהֶן: Rashi explains the word: On them [*bahen*], in the sense of: Next to them, i.e., the bells were suspended in between the pomegranates. According to Rashi, this is the explanation of the phrase "between the pomegranates" used by the Torah, which is explicated in the subsequent verse: "A bell and a pomegranate, a bell and a pomegranate, upon the skirts of the robe around it," and this is the explanation of *Targum Onkelos* as well. In Ramban's Commentary on the Torah it is explained that the bells were placed inside the pomegranates, which also appears to be the straightforward understanding of the *baraita*, as the word *bahen* generally means: In them (*Sefat Emet*; see *Or HaḤayyim*).

Thirty-six on this side, etc. – שְׁלֹשִׁים וְשִׁשָּׁה בְּצַד זֶה וכו׳: According to Rashi, who explains that the priestly robe resembled a tunic, the Gemara is referring to the front and back sides of the robe. According to the Rambam and the Ramban, who hold that the robe was open in the front on the bottom, the *baraita* is referring to the right and left sides of the robe. See also the Radbaz, who understood that according to the Rambam, the robe was open in the back as well.

שְׁפִיכוּת דָּמִים – מֵעֶגְלָה עֲרוּפָה, וְלָשׁוֹן הָרַע – מִקְּטֹרֶת, דְּתָנֵי רַב חֲנַנְיָה: מִנַּיִן לִקְטֹרֶת שֶׁמְּכַפֶּרֶת – שֶׁנֶּאֱמַר: ״וַיִּתֵּן אֶת הַקְּטֹרֶת וַיְכַפֵּר עַל הָעָם״.

With regard to **bloodshed,** its atonement comes **from the heifer whose neck is broken.**[B] This is referring to a case where a murdered body is found but the identity of the murderer is not known. In such an instance, the Torah mandates that the neck of a heifer must be broken as an atonement for the murder. **And** with regard to **malicious speech,** its atonement comes **from incense, as Rav Ḥananya teaches** in a *baraita*: **From where** is it derived that **the incense effects atonement? As it is stated** after the Israelites spoke slanderously against Moses and Aaron and a plague was sent against them: **"And he put on the incense, and made atonement for the people"** (Numbers 17:12).

וְתָנֵי דְּבֵי רַבִּי יִשְׁמָעֵאל: עַל מָה קְטֹרֶת מְכַפֶּרֶת – עַל לָשׁוֹן הָרַע, יָבֹא דָּבָר שֶׁבַּחֲשַׁאי וִיכַפֵּר עַל מַעֲשֵׂה חֲשַׁאי.

The Gemara continues: **And** similarly, **the school of Rabbi Yishmael teaches:**[B] **For what does incense effect atonement?** It effects atonement **for malicious speech,** in order that **an item that** is offered **in private,** i.e., the incense, which is offered by a priest acting alone, **shall come and atone for an action** generally occurring **in private,** i.e., malicious speech.

קַשְׁיָא לָשׁוֹן הָרַע אַלָּשׁוֹן הָרַע, קַשְׁיָא שְׁפִיכוּת דָּמִים אַשְּׁפִיכוּת דָּמִים!

Accordingly, there is **a difficulty** between that which is stated with regard to **malicious speech and** that which is stated with regard to **malicious speech,** as according to Rabbi Inini bar Sason the robe atones for malicious speech, whereas according to the *baraita* it is only the incense that effects atonement for that transgression. Likewise, there is **a difficulty** between that which is stated with regard to **bloodshed and** that which is stated with regard to **bloodshed,** as according to Rabbi Inini bar Sason the tunic effects atonement for bloodshed, whereas according to the *baraita* only the heifer whose neck is broken effects atonement for it.

לָא קַשְׁיָא: הָא – דִּידִיעַ מַאן קַטְלֵיהּ, הָא – דְּלָא יְדִיעַ מַאן קַטְלֵיהּ. אִי דִּידִיעַ מַאן קַטְלֵיהּ, בַּר קְטָלָא הוּא! בְּמֵזִיד וְלָא אַתְרוּ בֵּיהּ.

The Gemara answers: With regard to bloodshed, it is **not difficult,** as **this,** the tunic, effects atonement for bloodshed in an instance **where it is known who killed** the victim, and **this,** the heifer, effects atonement in an instance **where it is not known who killed** the victim. The Gemara challenges: **If it is known who killed** the victim, that man **is deserving of death,** and there is no atonement for the community otherwise, as it is stated: "And no atonement can be made for the land for the blood that is shed within it, but by the blood of him that shed it" (Numbers 35:33). The Gemara responds: It is referring to a case where he murdered **intentionally but** witnesses **did not forewarn him**[N] of the consequences of committing murder. Therefore, the court may not execute him, as no earthly punishment may be administered without forewarning.

וְלָשׁוֹן הָרַע אַלָּשׁוֹן הָרַע נַמִי לָא קַשְׁיָא; הָא – בְּצִינְעָא, הָא – בְּפַרְהֶסְיָא.

And with regard to the contradiction between that which is stated with regard to **malicious speech and** that which is stated with regard to **malicious speech,** it is **also not difficult. This,** the incense, effects atonement for malicious speech spoken **in private,** whereas **this,** the robe, on which the bells that produce noise are placed, effects atonement for malicious speech spoken **in public.**

הדרן עלך המזבח מקדש

BACKGROUND

Heifer whose neck is broken – עֶגְלָה עֲרוּפָה: When a murder victim's corpse is found outside a town and it is not known who caused his death, the following procedure is observed (see Deuteronomy 21:1–9): First, judges who are members of the Great Sanhedrin come to measure the distance between the corpse and the nearest towns, to determine which town must perform the rite of the heifer whose neck is broken. This measurement is carried out even if it is clear which town is closest to the corpse. Afterward, the elders of that town bring a heifer that has never been used for any labor, and they break its neck in a riverbed that has not been tilled. The elders wash their hands and make a statement absolving themselves of guilt. If the murderer is discovered before the heifer has been killed, the rite is not performed.

The school of Rabbi Yishmael teaches – תָּנֵי דְּבֵי רַבִּי יִשְׁמָעֵאל: Even though writing down the Oral Torah was permitted, most of it was not recorded. Some say that the Mishna itself was not written down at the time of its redaction. Therefore, many tannaitic statements, such as the *Tosefta* and other *baraitot*, were preserved and transmitted orally.

Each Sage was expected to commit the entire Mishna, as well as a significant number of other tannaitic statements, to memory. Complete mastery of all of these sources was the province of the *tanna'im*, experts at memorization who memorized massive amounts of material and were capable of reciting it on demand. Often, the most prominent of these *tanna'im* were affiliated with the study hall of one of the Sages, where they served as living anthologies of this material.

NOTES

Intentionally but they did not forewarn him – בְּמֵזִיד וְלָא אַתְרוּ בֵּיהּ: An individual who commits this transgression does not achieve atonement through the tunic. Rather, suffering will find him in other manners (Rashi, citing *Arakhin* 16a; see also *Sanhedrin* 37b and *Tosafot* here).

Summary of **Perek IX**

The primary focus of this chapter was one matter: What is the *halakha* with regard to sacrificial items that are disqualified from ascending the altar and being sacrificed, yet nevertheless they ascended upon the altar?

All agree that only those disqualified items fit for the altar have already been sanctified by the altar and shall not descend. Those items that were never fit, whether because they were never sanctified in a service vessel or because their disqualification deemed them entirely unfit as an offering, shall descend. Likewise, those portions of a fit offering that are themselves not fit to be sacrificed but are instead eaten, e.g., the meat of offerings of the most sacred order or of offerings of lesser sanctity, are not considered fit for the altar and shall descend if they ascended.

The Sages disagreed as to whether an item fit for the altar must be fit for consumption by the fire upon the altar, or must merely be fit for ascending the altar, which would include blood and libations as well. It was concluded that only those items fit for consumption by the fire shall not descend, whereas other disqualified sacrificial items shall descend if they ascended the altar. In addition, those libations accompanying an offering shall descend from the altar, although the offering itself shall remain.

The *halakha* that certain items shall not descend if they ascended the altar applies only where they ascended and remained on the altar. Nevertheless, if they descended they may not be returned to it. In addition, with regard to those items that shall descend from the altar even if they ascended, specific guidelines were given for removing them from the altar so that it would not be done in a dishonorable manner.

It was similarly established that just as the altar sanctifies items that are fit for it, so too, the ramp and service vessels sanctify items that are fit for them. Accordingly, items that ascended upon the ramp and are fit for it shall not descend, and items fit for service vessels that are placed in them are sanctified and may never be redeemed. Several conditions were established as to when vessels sanctify items and which items each vessel can sanctify.

As a result of the chapter's primary discussion relating to the *halakhot* of disqualified items that ascended the altar, other *halakhot* were clarified as well, such as the *halakha* with regard to sacrificial portions that separated from the altar. In this case, the Gemara concluded that if some substance remains to the separated limb it must be returned to the altar to be burned. It was also clarified that the airspace above the altar is considered as the altar itself with regard to the *halakha* that items that ascended upon the altar shall not descend.

The chapter concluded with a discussion concerning the various priestly vestments and the sins for which each one atones.

Introduction to **Perek X**

Besides the burnt offering of the morning, which is for a daily burnt offering, you shall offer these.

(Numbers 28:23)

And he shall bring them to the priest, and he shall offer that which is for the sin offering first, and pinch off its head close by its neck, but shall not divide it asunder. And he shall sprinkle of the blood of the sin offering upon the side of the altar; and the rest of the blood shall be drained out at the base of the altar; it is a sin offering. And he shall prepare the second for a burnt offering, according to the ordinance; and the priest shall make atonement for him as concerning his sin which he has sinned, and he shall be forgiven.

(Leviticus 5:8–10)

And the Lord spoke to Aaron: And I, behold, I have given you the charge of My heave offerings; of all the sacred things of the children of Israel to you I have given them for a consecrated portion, and to your sons, as a due forever.

(Numbers 18:8)

Dilemmas concerning the precedence of one action over another can arise in many instances: Whenever there is an opportunity to fulfill two mitzvot at the same time one must decide which of them to perform first. Such dilemmas are discussed in various places in the Talmud. This chapter focuses on dilemmas that involve the sacrificial rites of the offerings, primarily the order of precedence in the sacrificing of different offerings.

On many occasions, for instance on Festivals, numerous communal offerings must be sacrificed. Some of the various offerings are of different types, and some are of the same type, e.g., the multiple additional offerings brought when the New Year, which is also the New Moon, occurs on Shabbat. With regard to individual offerings as well, one may bring several different offerings concurrently, and the priests regularly deal with numerous individuals bringing offerings at the same time. It is therefore essential to set forth clear principles with regard to the order in which the different offerings are sacrificed. Even when these principles have been established, it may happen that the implementation of the different principles contradict each other in a particular situation, and therefore the Gemara discusses which principle supersedes the other.

The chapter also discusses the principles of precedence with regard to consumption of the offerings. The principles governing the order in which the offerings are consumed are not always identical to those that have to do with the sacrificial rites of the offerings, and therefore they are elucidated separately.

The discussion concerning the principles governing the consumption of the offerings leads to a discussion concerning the manner in which the offerings are eaten: Is there a particular manner in which the flesh of the offerings must be prepared for consumption, or may each priest prepare and cook his portion however he desires?

The chapter concludes with a discussion pertaining to the oil consumed by the priests, and by extension the various usages of oil in the Temple service. Oil is required not only for the lamps of the Candelabrum but also for the meal offerings, libations, and the purification ritual of the leper. The last topic explored in the chapter is whether one may contribute a gift offering of oil, and if he may do so, whether it is eaten by the priests or burned on the altar.

מתני׳ כָּל הַתָּדִיר מֵחֲבֵירוֹ קוֹדֵם אֶת חֲבֵירוֹ: הַתְּמִידִין קוֹדְמִין לַמּוּסָפִין, מוּסְפֵי שַׁבָּת קוֹדְמִין לְמוּסְפֵי רֹאשׁ חֹדֶשׁ, מוּסְפֵי רֹאשׁ חֹדֶשׁ קוֹדְמִין לְמוּסְפֵי רֹאשׁ הַשָּׁנָה, שֶׁנֶּאֱמַר: ״מִלְּבַד עֹלַת הַבֹּקֶר אֲשֶׁר לְעֹלַת הַתָּמִיד תַּעֲשׂוּ אֶת אֵלֶּה״.

MISHNA Any offering **that is** more **frequent than another**[H] **precedes the other** offering. Therefore, **the daily offerings precede the additional offerings,** which are sacrificed only on certain days. When Shabbat and the New Moon coincide, the **additional Shabbat offerings precede** the **additional New Moon offerings.** Likewise, the **additional New Moon offerings precede** the **additional New Year offerings.** The mishna cites the source for the principle that the frequent precedes the less frequent: **As it is stated** with regard to the additional offerings of the first day of Passover: **"Besides the burnt offering of the morning, which is for a daily burnt offering, you shall offer these"** (Numbers 28:23). The verse indicates that the daily offering is sacrificed first, and then the additional offerings are sacrificed.

גמ׳ מְנָא לָן? מְנָא לָן?! כִּדְקָאָמַר טַעְמָא: ״מִלְּבַד עֹלַת הַבֹּקֶר״! דִּילְמָא תְּמִידִין הֵן דְּקָדְמוּ לְמוּסָפִין מִשּׁוּם דִּתְדִירִי, מוּסָפִין לְמוּסָפִין מְנָא לָן?

GEMARA The Gemara asks: **From where do we** derive the principle that the frequent precedes the less frequent? The Gemara expresses puzzlement at this question: **From where do we** derive this? One must say **that the reason is stated** in the mishna, which says that it is derived from the verse: **"Besides the burnt offering of the morning."** The Gemara explains: If that verse is the only source, it could be claimed that **perhaps it is** only the **daily offerings that precede** the **additional offerings, because they are** far more **frequent,**[N] as they are sacrificed daily. With regard to the precedence of a relatively frequent **additional offering over** a relatively less frequent **additional offering,** the question arises: **From where do we** derive this?

אָמַר רַבִּי אֶילְעָא, דְּאָמַר קְרָא: ״כָּאֵלֶּה תַּעֲשׂוּ לַיּוֹם שִׁבְעַת יָמִים״, אֵלֶּה כָּאֵלֶּה.

Rabbi Ile'a said that it is derived from the fact **that the verse states** with regard to the additional offerings of Passover: **"Like these you shall offer daily, for seven days"** (Numbers 28:24). This verse, which immediately follows the one cited previously, indicates that the principle that governs **these** additional offerings shall be **like** the principle governing **those** daily offerings and additional offerings mentioned previously, i.e., the more frequent precedes the less frequent.

וְהַאי מִיבָּעֵי לֵיהּ לְגוּפֵיהּ! אִם כֵּן נִכְתּוֹב: ״אֵלֶּה תַּעֲשׂוּ לַיּוֹם״.

The Gemara challenges: **But that** verse **is required to** teach **its own** *halakha*, that the additional offerings of the first day of Passover recur on each day of Passover. The Gemara answers: **If so, let** the verse **write: These you shall offer daily.** Since the Torah writes: "Like these," both the *halakha* that these additional offerings are brought on each day of Passover and the principle concerning precedence can be derived from this verse.

אִי כָּתַב ״אֵלֶּה תַּעֲשׂוּ לַיּוֹם שִׁבְעַת הַיָּמִים״ – הֲוָה אָמִינָא: אֵלֶּה לְשִׁבְעַת הַיָּמִים (אִין, מִידֵּי אַחֲרִינָא – לָא)! ״לַיּוֹם״ כְּתִיב.

The Gemara rejects this suggestion: **If** the verse **had written** only: **These you shall offer daily for the seven days, I would say** that **these** offerings mentioned in the previous verse are sacrificed in total, over **the seven days.** Therefore, the Torah writes: "Like these," to teach that they are all sacrificed each day. The Gemara counters: That interpretation is not possible, as the phrase: "You shall offer **daily,"** **is written** in the verse, which indicates that these offerings are sacrificed on each of the seven days.

וְאַכַּתִּי, אֵימָא: אֵלֶּה לַיּוֹם, אֲבָל שְׁאָר יוֹמֵי לָא יָדַעְנָא כַּמָּה! אָמַר קְרָא: ״תַּעֲשׂוּ״, שֶׁיְּהוּ כָּל הָעֲשִׂיּוֹת שָׁווֹת.

The Gemara challenges: **And still,** one can **say** that **these** specific offerings are required **for the** first **day; but** with regard to the **other days, I do not know**[N] **how many** offerings are to be sacrificed. Therefore, the term "like these" is needed to teach this, and cannot be used for the principle that relatively frequent additional offerings precede relatively less frequent additional offerings. The Gemara answers: That interpretation is also not possible, as **the verse states: "You shall offer** [*ta'asu*]," indicating **that all** the sacrificial **rites** [*asiyyot*] on all the days of Passover **should be equal.** Therefore, the term "like these" is in fact superfluous and can be cited as the source of the principle of precedence.

HALAKHA

Any offering that is more frequent than another, etc. – **כָּל הַתָּדִיר מֵחֲבֵירוֹ וכו׳**: In what order are the offerings sacrificed? First one sacrifices the additional Shabbat offerings, then the additional New Moon offerings, and then the additional Festival offerings, as any offering that is more frequent than another precedes the other offering (Rambam *Sefer Avoda, Hilkhot Temidin UMusafin* 9:2).

NOTES

Because they are far more frequent – **מִשּׁוּם דִּתְדִירִי**: Since daily offerings are sacrificed every day without exception, one cannot compare this level of frequency to that of additional offerings, which are frequent only relative to other additional offerings (Rashi).

These are for the first day [*layyom*], but with regard to the other days I do not know – **אֵלֶּה לַיּוֹם אֲבָל שְׁאָר יוֹמֵי לָא יָדַעְנָא**: The term *layyom* can be understood as referring to the first day rather than daily. If so, the verse could be read in the following manner: These you shall offer on the first day, and furthermore for seven days you shall sacrifice additional offerings, unspecified in this verse. Therefore, the term "like these" is required in order to teach that the offerings of all seven days are identical. Consequently, it cannot serve as the source of the principle that frequent additional offerings precede less frequent ones (Rashi).

אַבַּיֵי אֲמַר: מִגּוּפָהּ דִּקְרָא, אִם כֵּן לֵימָא קְרָא: "מִלְּבַד עֹלַת הַבֹּקֶר" וְתִישְׁתּוֹק, "אֲשֶׁר לְעֹלַת הַתָּמִיד" לָמָּה לִי? לְמֵימַר דְּהָךְ דִּתְדִירָא תִּיקְדּוֹם.

Abaye said: The application of the principle of precedence to all frequent offerings can be derived **from the verse itself,**[N] cited in the mishna. The reason is that **if so,** that only the daily offering precedes less frequent offerings, **let the verse say** merely: **"Besides the burnt offering of the morning," and remain silent** from the rest of the verse. **Why do I** need the additional phrase: **"Which is for a daily burnt offering"?** This serves **to say that this** offering **that is** more **frequent,** i.e., any more frequent offering, **should precede** any less frequent offering.

מתני׳ כָּל הַמְקוּדָּשׁ מֵחֲבֵירוֹ קוֹדֵם אֶת חֲבֵירוֹ: דַּם הַחַטָּאת קוֹדֵם לְדַם הָעוֹלָה, מִפְּנֵי שֶׁהוּא מְרַצֶּה; אֵיבְרֵי עוֹלָה קוֹדְמִין לְאֵימוּרֵי חַטָּאת, מִפְּנֵי שֶׁהוּא כָּלִיל לָאִישִּׁים;

MISHNA Any offering **that is** more **sacred than another**[H] **precedes the other** offering. The mishna elaborates: If there is blood of a sin offering and blood of a burnt offering to be presented, **the blood of the sin offering precedes the blood of the burnt offering because it effects acceptance,** i.e., atonement, for severe transgressions punishable by *karet*. Likewise, if there are limbs of a burnt offering and portions of a sin offering to be burned on the altar, the burning of **the limbs of** the **burnt offering**[H] **precedes the portions of** the **sin offering, because** the burnt offering **is entirely** burned **in the flames** on the altar, whereas only part of the sin offering is burned.

חַטָּאת קוֹדֶמֶת לְאָשָׁם, מִפְּנֵי שֶׁדָּמָהּ נִיתָּן לְאַרְבַּע קְרָנוֹת עַל הַיְסוֹד; אָשָׁם קוֹדֵם לְתוֹדָה וְאֵיל נָזִיר, מִפְּנֵי שֶׁהוּא קָדְשֵׁי קָדָשִׁים; תּוֹדָה וְאֵיל נָזִיר קוֹדְמִים לִשְׁלָמִים, מִפְּנֵי שֶׁהֵן נֶאֱכָלִין לְיוֹם אֶחָד וּטְעוּנִין לֶחֶם;

Similarly, although both effect atonement, **a sin offering precedes a guilt offering**[H] **due to** the fact **that its blood is placed on** the **four corners** of the altar and the remnants of its blood are poured **on the base** of the altar, whereas the blood of the guilt offering is sprinkled on only two corners of the altar. **A guilt offering precedes a thanks offering and the nazirite's ram**[B] **due to** the fact **that it is an offering of the most sacred order,**[N] and the others are offerings of lesser sanctity. **A thanks offering and a nazirite's ram precede a peace offering due to** the fact **that they are eaten for one day,** like offerings of the most sacred order, whereas a peace offering is eaten for two days, **and** the thanks offering and nazirite's ram **require loaves** to be brought with them, four types with the thanks offering and two types with the nazirite's ram.

NOTES

From the verse itself – מִגּוּפָהּ דִּקְרָא: The phrase "for a daily burnt offering [*le'olat hatamid*]" literally means: For a continual burnt offering. This indicates that the reason the daily burnt offering precedes all other offerings is due to its frequency. If so, it can be derived from here that this principle applies to any offering that is more frequent than another.

A guilt offering precedes…due to the fact that it is an offering of the most sacred order – אָשָׁם קוֹדֵם...מִפְּנֵי שֶׁהוּא קָדְשֵׁי קָדָשִׁים: The main distinctions between offerings of the most sacred order and those of lesser sanctity include the following: Offerings of the most sacred order may be eaten only by male priests, apart from those offerings which are not eaten at all, and they may not be taken outside the Temple courtyard, whereas offerings of lesser sanctity may be eaten by anyone, anywhere within the walls of Jerusalem. Furthermore, if one partakes of the meat of an offering of the most sacred order prior to the presentation of its blood, he is liable for misuse of consecrated property. By contrast, one is not liable for misuse of consecrated property for eating the meat of offerings of lesser sanctity, with the exception of the portions consumed on the altar, and even then only after the presentation of the blood.

HALAKHA

Any offering that is more sacred than another, etc. – כָּל הַמְקוּדָּשׁ מֵחֲבֵירוֹ וכו׳: Any offering that is more sacred than another precedes the other offering (Rambam *Sefer Avoda, Hilkhot Temidin UMusafin* 9:2).

The blood of the sin offering…the limbs of the burnt offering – דַּם הַחַטָּאת...אֵיבְרֵי עוֹלָה: Placing the blood of a sin offering on the altar precedes the sprinkling of the blood of a burnt offering because the former effects atonement. Burning the limbs of the burnt offering on the altar precedes the burning of the portions of the sin offering, as the burnt offering is entirely burned on the altar (Rambam *Sefer Avoda, Hilkhot Temidin UMusafin* 9:5).

A sin offering precedes a guilt offering, etc. – חַטָּאת קוֹדֶמֶת לְאָשָׁם וכו׳: A sin offering precedes a guilt offering due to the fact that its blood is placed on the four corners of the altar and the remainder of its blood is poured on the base of the altar. A guilt offering precedes a thanks offering and the nazirite's ram because it is an offering of the most sacred order. A thanks offering and the nazirite's ram precede a peace offering due to the fact that they are eaten for one day and require loaves to be brought with them. A thanks offering precedes the nazirite's ram, as it requires four types of loaves. A peace offering precedes a firstborn offering due to the fact that the peace offering requires two placements of the blood that are four, placement of hands on the animal's head, waving, and libations. A firstborn offering precedes an animal tithe offering because it is sanctified from the womb and is eaten only by male priests. An animal tithe offering precedes bird offerings because it requires slaughtering. Furthermore, there are two elements of the animal tithe offering that have the status of offerings of the most sacred order: Its blood, which is presented on the altar, and its portions, which are burned on the altar. Finally, bird offerings precede meal offerings, as their blood is presented (Rambam *Sefer Avoda, Hilkhot Temidin UMusafin* 9:8).

BACKGROUND

Nazirite's ram – אֵיל נָזִיר: The nazirite's ram is a peace offering included in the sacrifices brought by the nazirite on the day he completes his term of naziriteship. The nazirite's ram differs in certain respects from other peace offerings in that a special portion, the cooked foreleg, is given to the priest. Also, the offering may be eaten only on the day it is sacrificed and the following night (see Numbers 6:14–21).

Nazirites bringing their offerings in the Temple

הַשְּׁלָמִים קוֹדְמִין לַבְּכוֹר, מִפְּנֵי שֶׁהֵן טְעוּנִין מַתַּן אַרְבַּע, [וּסְמִיכָה], וּנְסָכִים, וּתְנוּפוֹת חָזֶה וָשׁוֹק; הַבְּכוֹר קוֹדֵם לַמַּעֲשֵׂר, מִפְּנֵי שֶׁקְּדוּשָּׁתוֹ מֵרֶחֶם, וְנֶאֱכָל לַכֹּהֲנִים;

Sacrifice of **the peace offering precedes** sacrifice of **the firstborn**[B] offering **due to** the fact **that** the peace offering **requires placing** the blood on the altar, in the form of two placements that are **four, and placing hands** on the head of the offering, **and libations, and the wavings**[B] of the **breast and the thigh**[B] by the priest and the owner; none of which is required for the firstborn offering. **The firstborn** offering **precedes the animal tithe**[B] offering **because it is sanctified from the womb,** i.e., unlike the animal tithe offering it does not require consecration, **and it is eaten by the priests,** whereas everyone may partake of the animal tithe offering.

הַמַּעֲשֵׂר קוֹדֵם לָעוֹפוֹת, מִפְּנֵי שֶׁהוּא זֶבַח, וְיֵשׁ בּוֹ קוֹדֶשׁ קֳדָשִׁים, דָּמוֹ וְאֵימוּרָיו; הָעוֹפוֹת קוֹדְמִין לַמְּנָחוֹת, מִפְּנֵי שֶׁהֵן מִינֵי דָמִים; מִנְחַת חוֹטֵא קוֹדֶמֶת לְמִנְחַת נְדָבָה, מִפְּנֵי שֶׁהִיא בָּאָה עַל חֵטְא; חַטַּאת הָעוֹף קוֹדֶמֶת לְעוֹלַת הָעוֹף, וְכֵן בְּהֶקְדֵּישָׁהּ.

The animal **tithe** offering **precedes bird** offerings **due to** the fact **that** it requires **slaughtering,**[N] whereas the bird's nape is pinched; **and there are** two elements **of** the animal tithe offering that have the status of **offerings of the most sacred order: Its blood** that is presented on the altar **and its portions** that are burned on the altar,[N] whereas with regard to bird offerings only the blood is presented on the altar. **The bird** offerings **precede meal offerings due to** the fact **that they are types** whose **blood** is presented,[N] and atonement is effected by the blood. **The meal offering of a sinner precedes a voluntary meal offering due to** the fact **that it comes** to atone **for a sin.** For the same reason the sacrifice of **the bird sin offering**[H] **precedes** the sacrifice of **the bird burnt offering,**[N] **and likewise with regard to its consecration,** the sin offering takes precedence.

HALAKHA

The bird sin offering, etc. – חַטַּאת הָעוֹף וכו׳: Any sin offering precedes a burnt offering. Likewise, when consecrating one's offerings, one first consecrates the sin offering and then the burnt offering (Rambam *Sefer Avoda, Hilkhot Temidin UMusafin* 9:6).

BACKGROUND

Firstborn – בְּכוֹר: The male firstborn of cattle, sheep, or goats is sanctified from birth and is given to a priest to be offered on the altar in the Temple. Its meat is eaten by the priests and their families (see Numbers 18:17–18). If a firstborn animal developed a blemish that disqualified it from being sacrificed as an offering, it could be slaughtered and eaten like any other non-sacred kosher animal. Nevertheless, it must still be given to a priest. It is prohibited to inflict a disqualifying blemish on a firstborn animal intentionally. Moreover, a firstborn animal may not be used for any mundane purpose even if it is blemished. It is prohibited to work the animal, and its fleece may not be utilized. Since the destruction of the Second Temple the firstborn continues to be sacred. As there is no Temple in which to sacrifice it, and since it may be slaughtered only if it has a marked disqualifying blemish, various halakhic devices are employed to restrict the classification of animals as firstborns.

Wavings – תְּנוּפוֹת: A waving action is performed with peace offerings, thanks offerings, and the nazirite's ram. Following the slaughter of the animal and the sprinkling of its blood upon the altar, its carcass is skinned, its fats, kidneys, and fat tail are removed, and the breast and thigh are separated. These parts are held by the individual bringing the offering, while the officiating priest puts his hands beneath those of the owner. Together they wave the sacrificial parts in the four directions of the compass, and then up and down. In the case of a thanks offering, four different types of bread loaves are placed on the pile of animal parts before the waving commences. In the case of the nazirite's ram, two types of bread loaves and the foreleg are placed on the pile of animal parts before the waving commences.

Breast and thigh – חָזֶה וָשׁוֹק: The breast and thigh are sections of the peace offering that are given to the priests as one of the twenty-four priestly gifts (see Leviticus 7:29–34). Unlike some of the other priestly gifts, which may be eaten only by male priests inside the precincts of the Temple, the breast and thigh may be eaten by male or female members of priestly households throughout the city of Jerusalem. This difference stems from the fact that the breast and thigh come from the portion that belongs to the one who brought the offering, whereas the priest's portion of, e.g., a sin offering, comes from the part that is set aside for God.

Animal tithe – מַעְשַׂר בְּהֵמָה: On three occasions each year the owner of a herd of kosher animals was required to gather all the young born during the preceding period into an enclosure and to let them out one by one. These animals were passed "under the shepherd's rod" (Leviticus 27:32), and every tenth animal was marked with red paint to indicate that it was consecrated. The consecrated calves, kids, and lambs are called animal tithes. All consecrated animals that were fit to be sacrificed were brought to the Temple and sacrificed in a similar manner to a peace offering: Their blood was sprinkled on the altar and their meat was eaten by their owner. The *halakhot* of the animal tithe offering are elucidated in the last chapter of tractate *Bekhorot*.

NOTES

That it requires slaughtering – שֶׁהוּא זֶבַח: The fact that the offering is slaughtered with a knife does not in itself indicate greater sanctity, as pinching the bird's nape is analogous to slaughtering with a knife (Radbaz). Rather, its greater sanctity is due to the fact that most offerings are in fact slaughtered, particularly communal offerings (Rashi). Another aspect of greater sanctity is that blemished animals are disqualified from the altar, whereas blemished birds are not disqualified unless they are missing a limb (*Sefat Emet*).

Its blood that is presented on the altar and its portions that are burned on the altar – דָּמוֹ וְאֵימוּרָיו: In the case of the bird sin offering, only its blood is presented on the altar. Rashi notes that the animal tithe offering also precedes the bird burnt offering, despite the fact that the entire bird burnt offering is sacrificed on the altar, since even a bird sin offering precedes a bird burnt offering, as the mishna will explain.

Due to the fact that they are types whose blood is presented – מִפְּנֵי שֶׁהֵן מִינֵי דָמִים: Their importance is due to the fact that all offerings, except meal offerings, involve presentation of the blood (Rashi). Furthermore, blood is the essence of life and represents the life of the individual requiring atonement, as it is stated: "For it is the blood that makes atonement by reason of the life" (Leviticus 17:11; see *Tiferet Yisrael*).

The sacrifice of the bird sin offering precedes the sacrifice of the bird burnt offering – חַטַּאת הָעוֹף קוֹדֶמֶת לְעוֹלַת הָעוֹף: Although a sin offering effects atonement, and therefore it should be obvious that it precedes a burnt offering, that reason alone is insufficient, as no part of the sin offering other than its blood is sacrificed on the altar (*Tosafot* on 90a). See the Gemara on 90a for the explanation of why a bird sin offering nevertheless precedes a bird burnt offering. Some later commentaries state that the mishna here is referring to a sin offering and a burnt offering which are brought together, in which case the burnt offering is part of the atonement, as in the case of the offering of a poor sinner; or else the sin offering effects ritual purity rather than atonement, as in the case of a poor woman who gave birth. With regard to these examples, it cannot be suggested that the sin offering should take precedence because it effects atonement (see *Tiferet Yisrael* and *Sefat Emet*).

גמ׳ מְנָא הָנֵי מִילֵּי? דְּתָנוּ רַבָּנַן: ״וּפַר שֵׁנִי בֶן בָּקָר תִּקַּח לְחַטָּאת״,

GEMARA The mishna teaches that the placement of the blood of a sin offering precedes the sprinkling of the blood of a burnt offering, whereas the burning of the limbs of a burnt offering precedes the burning of the portions of a sin offering. The Gemara asks: **From where are these matters** derived?[N] The Gemara answers: This is **as the Sages taught** in a *baraita* discussing a verse about the consecration of the Levites: "Then let them take a young bull, and its meal offering, fine flour mingled with oil; **and a second young bull you shall take for a sin offering"** (Numbers 8:8).

אִם בָּא לְלַמֵּד שֶׁהֵן שְׁנַיִם – הֲרֵי כְּבָר נֶאֱמַר ״וַעֲשֵׂה אֶת הָאֶחָד חַטָּאת וְאֶת הָאֶחָד עֹלָה״, מַה תַּלְמוּד לוֹמַר ״וּפַר שֵׁנִי בֶן בָּקָר תִּקַּח לְחַטָּאת״? שֶׁיָּכוֹל שֶׁיְּהֵא חַטָּאת קוֹדֶמֶת לְכָל מַעֲשֵׂה עוֹלָה – תַּלְמוּד לוֹמַר: ״וּפַר שֵׁנִי בֶן בָּקָר תִּקַּח לְחַטָּאת״.

The *baraita* explains: **If** this verse **comes to teach that they are two** bulls, this is superfluous, as it **is already stated: "And offer the one for a sin offering and the other for a burnt offering"** (Numbers 8:12). **Why must the verse state: "And a second young bull you shall take for a sin offering"?** As one **might** have thought **that** the **sin offering should precede all** the rites **of** the **burnt offering,** therefore **the verse states: "And a second young bull you shall take for a sin offering,"** which indicates that the sin offering actually comes second to the burnt offering.

אִי ״פַּר שֵׁנִי״, יָכוֹל תְּהֵא עוֹלָה קוֹדֶמֶת לְחַטָּאת לְכָל מַעֲשֶׂיהָ – תַּלְמוּד לוֹמַר: ״וַעֲשֵׂה אֶת הָאֶחָד חַטָּאת וְאֶת הָאֶחָד עֹלָה״. הָא כֵּיצַד? דַּם חַטָּאת קוֹדֶמֶת לְדַם עוֹלָה, מִפְּנֵי שֶׁמְּרַצָּה, אֵיבְרֵי עוֹלָה כו׳.

The *baraita* continues: **If** the verse had stated only that the sin offering is the **second bull,** one **might** have thought that the **burnt offering precedes** the **sin offering with regard to all its rites.** Therefore, **the verse states: "And offer the one for a sin offering and the other for a burnt offering,"** indicating that the sin offering precedes the burnt offering. **How** can **these** verses be reconciled? The placement of the **blood of** the **sin offering precedes** the sprinkling of the **blood of** the **burnt offering because it effects acceptance,** whereas the burnt offering does not effect atonement. And burning the **limbs of** the **burnt offering** on the altar precedes burning the portions of the sin offering, in fulfillment of the phrase: "And a second young bull you shall take for a sin offering."

וְאַמַּאי? מַתָּנָה קַמַּיְיתָא דִּמְכַפְּרָה – תִּיקְדּוֹם, וְהָנָךְ לָא!

The Gemara asks: **But why** do all four placements of the blood of the sin offering precede the sprinkling of the blood of the burnt offering? **Let** only the **first placement** of blood, **which effects atonement, take precedence, and those** other placements should **not** come before the sprinkling of the blood of the burnt offering.

אֲמַר רָבִינָא: הָכָא בְּחַטַּאת הַלְוִיִּם עָסְקִינַן, וְאַף עַל גַּב דְּכִי עוֹלָה דָּמֵי, קָאָמַר רַחֲמָנָא הִיא תִּיקְדִּים. בְּמַעֲרָבָא אָמְרִי: הוֹאִיל וְהִתְחִיל בְּמַתָּנוֹת – גּוֹמֵר.

Ravina said: In the verse **here, we are dealing with** the **sin offering** brought by **the Levites** for their consecration. **And even though** it does not effect atonement and **is** therefore **comparable to a burnt offering,**[N] **the Merciful One states** that the sin offering **precedes** the burnt offering with regard to the presentation of the blood. This indicates that in general, all four placements of the blood of a sin offering precede the sprinkling of the blood of the burnt offering, despite the fact that only the first placement effects atonement. **In the West,** Eretz Yisrael, **they say** there is another answer: **Once** the priest **commenced with the placements** of the blood of the sin offering, he **completes** all of them before sprinkling the blood of the burnt offering.

אִיבַּעְיָא לְהוּ: דַּם חַטָּאת וְאֵיבְרֵי עוֹלָה, אֵיזֶה מֵהֶן קוֹדֵם? דַּם חַטָּאת קוֹדֵם – מִפְּנֵי שֶׁמְּרַצֶּה, אוֹ דִּילְמָא אֵיבְרֵי עוֹלָה קוֹדְמִין – מִפְּנֵי שֶׁהֵן כָּלִיל לָאִישִּׁים?

§ **A dilemma was raised before** the Sages: If there is **blood of a sin offering and limbs of a burnt offering**[H] to be sacrificed, **which of them precedes** the other? Does the **blood of** the **sin offering take precedence, due to** the fact **that it effects acceptance? Or perhaps** the **limbs of** the **burnt offering take precedence, due to** the fact **that they are entirely** burned **in the flames** of the altar.

תָּא שְׁמַע: דַּם חַטָּאת קוֹדֵם לְדַם עוֹלָה; לְדַם עוֹלָה הוּא דְּקָדֵים, לְאֵיבְרֵי עוֹלָה לָא קָדֵים.

The Gemara suggests: **Come** and **hear,** as the mishna teaches that the **blood of a sin offering precedes** the **blood of a burnt offering.** One can infer from this that the blood of the sin offering does not precede all elements of the burnt offering; it is only **with regard to the blood** of the **burnt offering that it takes precedence,** whereas it does **not take precedence with regard to the limbs of** the **burnt offering.**

NOTES

From where are these matters derived – מְנָא הָנֵי מִילֵּי: Rashi explains that the Gemara is asking why the placement of the blood of a sin offering precedes the sprinkling of the blood of a burnt offering, whereas the burning of the limbs of a burnt offering precedes the burning of the portions of a sin offering. Others explain that the question is more general; the Gemara is inquiring as to the source of the principle that an offering of greater sanctity takes precedence, and that in each case of conflict between offerings their order is determined by a different aspect of sanctity (*Shita Mekubbetzet*, citing *Tosefot Rabbeinu Peretz*).

And is therefore comparable to a burnt offering – דְּכִי עוֹלָה דָּמֵי: In some cases a sin offering is not brought to effect atonement but to render one fit; e.g., the sin offering of the nazirite renders him fit to drink wine. Similarly, the sin offering sacrificed by the Levites as part of their consecration was not brought to atone for a sin. Therefore, its precedence to other offerings must be due to its status as a sin offering. In other words, since a sin offering usually effects atonement, all sin offerings have greater inherent sanctity than other offerings.

HALAKHA

Blood of a sin offering and limbs of a burnt offering, etc. – דַּם חַטָּאת וְאֵיבְרֵי עוֹלָה וכו׳: If there is blood of a sin offering and limbs of a burnt offering to be sacrificed, or blood of a burnt offering to be sprinkled and sacrificial portions of a sin offering to be burned, or blood of a burnt offering and blood of a guilt offering to be sprinkled, one may sacrifice whichever he wishes to first (Rambam *Sefer Avoda*, *Hilkhot Temidin UMusafin* 9:5, and see *Kesef Mishne* and Mahari Kurkus there).

אַדְּרַבָּה, מִסֵּיפָא: אֵיבְרֵי עוֹלָה קוֹדְמִין לְאֵימוּרֵי חַטָּאת; לְאֵימוּרֵי חַטָּאת הוּא דְּקָדֵים, לְדַם חַטָּאת – לָא קָדֵים! אֶלָּא, מֵהָא לֵיכָּא לְמִשְׁמַע מִינָּהּ.

The Gemara rejects this proof: **On the contrary,** the opposite conclusion can be inferred **from the latter clause** of the mishna, which teaches that **limbs of a burnt offering precede the portions of** the **sin offering** consumed on the altar. This indicates that **it is** only **with regard to the portions of** the **sin offering** consumed on the altar **that** the limbs of the burnt offering **take precedence,** but they do **not take precedence with regard to the blood of** the **sin offering.** The Gemara concludes: **Rather, no** inference is **to be learned from this**[B] mishna concerning this matter.

אִיבַּעְיָא לְהוּ: דַּם עוֹלָה וְאֵימוּרֵי חַטָּאת, אֵיזֶה מֵהֶן קוֹדֵם? דַּם עוֹלָה קוֹדֵם – דְּקָאָתֵי מִכֹּחַ כָּלִיל, אוֹ דִּילְמָא אֵימוּרֵי חַטָּאת קוֹדְמִין – דְּקָאָתֵי מִכֹּחַ מְכַפֵּר?

A dilemma was raised before the Sages: If there is **blood of a burnt offering** to be sprinkled **and portions of a sin offering** to be burned,[N] **which of them precedes** the other? Does **the blood of** the **burnt offering take precedence, as it comes from** an offering that is burned in its **entirety** on the altar? **Or perhaps the portions of** the **sin offering** to be burned **take precedence because they come from** an offering that **effects atonement.**

תָּא שְׁמַע: דַּם חַטָּאת קוֹדֵם לְדַם עוֹלָה; דַּם חַטָּאת הוּא דְּקָדֵים לְדַם עוֹלָה, אֲבָל אֵימוּרֵי חַטָּאת – לָא.

The Gemara suggests: **Come** and **hear,** as the mishna teaches that **the blood of** the **sin offering precedes the blood of** the **burnt offering.** One can infer from this that **it is** only **the blood of** the **sin offering that precedes the blood of** the **burnt offering, but the portions** of the **sin offering** to be burned do **not** take precedence.

אַדְּרַבָּה, מִסֵּיפָא: אֵיבְרֵי עוֹלָה קוֹדְמִין לְאֵימוּרֵי חַטָּאת; אֵיבְרֵי עוֹלָה הוּא דְּקָדְמִי לְאֵימוּרֵי חַטָּאת, אֲבָל דַּם עוֹלָה – לָא! אֶלָּא מֵהָא לֵיכָּא לְמִשְׁמַע מִינָּהּ.

The Gemara rejects this proof: **On the contrary,** the opposite conclusion can be inferred **from the latter clause** of the mishna, which teaches that **the limbs of** the **burnt offering precede** the **portions of** the **sin offering** to be consumed on the altar. This indicates that **it is** only **the limbs of** the **burnt offering that precede the portions of** the **sin offering** to be burned, **but the blood of** the **burnt offering** does **not.** The Gemara again concludes: **Rather, no** inference is **to be learned from this** mishna concerning this dilemma.

אִיבַּעְיָא לְהוּ: דַּם עוֹלָה וְדַם אָשָׁם, אֵיזֶה מֵהֶן קוֹדֵם? דַּם עוֹלָה קוֹדֵם – דְּקָאָתֵי מִכֹּחַ כָּלִיל, אוֹ דִּילְמָא דַּם אָשָׁם קוֹדֵם – (דְּקָאָתֵי מִכֹּחַ) דִּמְכַפֵּר?

A dilemma was raised before the Sages: If there is **blood of a burnt offering and blood of a guilt offering** to be sprinkled on the altar, **which of them precedes** the other? Does the **blood of the burnt offering take precedence, as it comes from** an offering that is burned in its **entirety** on the altar? **Or perhaps the blood of a guilt offering takes precedence, as it effects atonement.**

תָּא שְׁמַע: דַּם חַטָּאת קוֹדֵם לְדַם עוֹלָה; אֲבָל דַּם אָשָׁם – לָא.

The Gemara suggests: **Come** and **hear,** as the mishna teaches that **the blood of** the **sin offering precedes the blood of** the **burnt offering.** One can infer from here: **But** the **blood of a guilt offering** does **not** precede the blood of a burnt offering.

בְּדִין הוּא דְּאִיבָּעֵי לְמִיתְנֵי דַּם אָשָׁם, וְאַיְּידֵי דִּבְעָא לְמִיתְנֵי סֵיפָא: אֵיבְרֵי עוֹלָה קוֹדְמִין לְאֵימוּרֵי חַטָּאת,

The Gemara rejects this proof: **By right** the mishna **should have taught** this *halakha* with regard to **blood of a guilt offering.** One could then have inferred that the blood of a sin offering, which takes precedence over the blood of a guilt offering, also precedes blood of a burnt offering. **But since** the mishna **wants to teach the latter clause:** The burning of **the limbs of a burnt offering precedes the portions of a sin offering,** it also mentions a sin offering in the former clause.

דְּאִי תְּנָא לְאֵימוּרֵי אָשָׁם – הֲוָה אָמִינָא: לְאֵימוּרֵי אָשָׁם הוּא דְּקָדְמִי, לְאֵימוּרֵי חַטָּאת לָא קָדְמִי – מִשּׁוּם הָכִי תְּנָא חַטָּאת.

The Gemara explains why the latter clause had to mention a sin offering rather than a guilt offering: **As, had** the mishna **taught** this principle of the latter clause with regard **to the portions of a guilt offering, I would say** that **it is** only **the portions of a guilt offering** over **which** the limbs of a burnt offering **take precedence,** but they **do not take precedence over the portions of a sin offering,** as a sin offering is of greater sanctity than a guilt offering. **Due to this** reason the mishna in the former clause also **taught** this principle with regard to **a sin offering,** and one cannot infer from this that its *halakha* does not apply to the guilt offering.

תָּא שְׁמַע: חַטָּאת קוֹדֵם לְאָשָׁם; חַטָּאת הוּא דְּקָדְמָה לֵיהּ לְאָשָׁם, אֲבָל עוֹלָה – לָא. מַאי לָאו דָּם?

The Gemara suggests: **Come** and **hear,** as the mishna states that **a sin offering precedes a guilt offering.** One can infer from this that **it** is only **a sin offering that precedes a guilt offering, but a burnt offering** does **not. What, is** the mishna **not** referring to the sprinkling of the **blood,** which would indicate that the blood of a burnt offering does not precede the blood of a guilt offering?

BACKGROUND

No inference is to be learned from this – מֵהָא לֵיכָּא לְמִשְׁמַע מִינָּהּ: This expression, found throughout the Gemara, concludes the refutation of an inference. Inference in the Gemara is a method of interpretation used to draw conclusions from tannaitic sources. According to this method, inferences may be drawn not only from what is explicitly stated in a mishna or *baraita*, but also from what is left unsaid. The rejection of the inference is effected by illustrating that another part of the same mishna or *baraita* can lead to the opposite conclusion. In that case the Gemara concludes: No inference is to be learned from this, indicating that this mishna or *baraita* was not composed in a manner that lends itself to drawing conclusions by means of inference. Rather, one should accept it as written, without reading further into it.

NOTES

Blood of a burnt offering to be sprinkled and portions of a sin offering to be burned – דַּם עוֹלָה וְאֵימוּרֵי חַטָּאת: The previous dilemma of the Gemara referred to those elements of offerings which themselves accord the offering greater sanctity, i.e., the blood of the sin offering and the limbs of the burnt offering. This dilemma concerns those elements which are not in themselves the reason for the greater sanctity, but they form part of an offering of greater sanctity than the other.

BACKGROUND

The language of the mishna is also precise – דיקא נמי: Sometimes a careful reexamination of the language of a mishna reveals that it supports the previously cited opinion of an *amora*.

HALAKHA

A thanks offering and a nazirite's ram – תודה ואיל נזיר: The thanks offering precedes the nazirite's ram due to the fact that it requires four types of loaves (Rambam *Sefer Avoda*, *Hilkhot Temidin UMusafin* 9:8).

לא – אאימורים. דיקא נמי, דקתני: מפני שדמה ניתן, שמע מינה.

The Gemara rejects this explanation: **No,** it is referring **to the** precedence of the **sacrificial portions** consumed on the altar. The Gemara adds that the language of the mishna **is also precise**[B] in this regard, **as it teaches** that the sin offering takes precedence **due to** the fact **that its blood is placed** on the four corners of the altar, rather than simply teaching: It is placed on the four corners of the altar, as it would have taught had it been speaking of the blood. One can therefore **conclude from** the statement of the mishna that its subject is the sacrificial portions burned on the altar, not the blood.

״חטאת קודמת״ כו׳. אדרבה, אשם קדים, שכן יש לו קיצבה! אפילו הכי, ריבוי דמזבח עדיף.

§ The mishna teaches: **A sin offering precedes** a guilt offering due to the fact that its blood is placed on the four corners of the altar and the remainder of its blood is poured on the base of the altar. The Gemara challenges: **On the contrary,** the **guilt offering** should **precede** the sin offering, **as it has a fixed** minimal **value** of two shekels, as stated in the Torah (see Leviticus 5:15), whereas the sin offering has no minimal value. The Gemara explains: **Even so,** the fact that the sin offering requires **more** placements of the blood **on the altar** is of **greater** importance.

״אשם קודם לתודה״ כו׳. אדרבה, התודה ואיל נזיר קדמי, שכן טעונין לחם! אפילו הכי, קדשי קדשים עדיפי.

The mishna further teaches: **A guilt offering precedes a thanks offering** and the nazirite's ram due to the fact that it is an offering of the most sacred order. The Gemara challenges: **On the contrary, the thanks offering and** the **nazirite's ram** should **precede** the guilt offering, **as they require loaves** to be brought with them. The Gemara explains: **Even so,** the fact that the guilt offering is an **offering of the most sacred order** is of **greater** importance.

״תודה ואיל נזיר״ כו׳. אדרבה, שלמים קדמי, שכן ישנן בציבור כביחיד! אפילו הכי, נאכלין ליום אחד עדיפי.

The mishna teaches: **A thanks offering and** the **nazirite's ram** precede a peace offering due to the fact that they are eaten for only one day. The Gemara challenges: **On the contrary, peace offerings** should **precede** the thanks offering and the nazirite's ram, **as they are** offered **by the community as well as by the individual.** A communal peace offering is sacrificed on the festival of *Shavuot*, but there is no communal thanks offering or nazirite's ram. The Gemara explains: **Even so,** the fact that the thanks offering and the nazirite's ram **are eaten for** only **one day** is of **greater** importance.

איבעיא להו: תודה ואיל נזיר, איזה מהן קודם? תודה קדמה – שכן טעונה ארבעה מיני לחם, או דילמא איל נזיר קודם – שכן יש עמו דמים אחרים? תא שמע: זו קודמת לזו, שזו טעונה ארבעה מיני לחם, וזו אינה טעונה אלא שני מיני לחם.

A dilemma was raised before the Sages: If there is **a thanks offering and a nazirite's ram**[H] to be sacrificed, **which of them precedes** the other? Does the **thanks offering take precedence, as it requires four types of loaves,** whereas the nazirite's ram requires only two? **Or perhaps** the **nazirite's ram takes precedence, as there are other** offerings whose **blood** is placed on the altar together **with** the nazirite's ram. A nazirite is required to sacrifice a burnt offering and a sin offering, as well as a ram. The Gemara answers: **Come** and **hear** a *baraita* that explicitly discusses this case: **This** offering **precedes that** offering, **as this** offering, i.e., the thanks offering, **requires four types of loaves, and that** offering, the nazirite's ram, **requires only two types of loaves.**

״והשלמים קודמין לבכור״ כו׳. אדרבה, בכור קודם, שכן קדושתו מרחם, ונאכל לכהנים! אפילו הכי, מצות יתירות עדיפי.

The mishna teaches: **And the peace offering precedes the firstborn** offering due to the fact that the peace offering requires two placements of the blood on the altar that are four, and the placement of hands on the animal's head, and libations, and the wavings of the breast and thigh. The Gemara challenges: **On the contrary,** the sacrifice of the **firstborn** offering should **precede** the peace offering, **as it is sanctified from** the **womb and it is eaten** only **by the priests,** whereas the peace offering may be eaten by non-priests. The Gemara explains: **Even so,** the fact that **additional mitzvot** are performed in the case of the peace offering is of **greater** importance.

״הבכור קודם״ כו׳. אדרבה, מעשר קודם שכן מקדש לפניו ולאחריו! אפילו הכי, קדושה מרחם עדיפא.

The mishna further teaches: **The firstborn** offering **precedes** the animal tithe offering because it is sanctified from the womb and is eaten only by the priests. The Gemara challenges: **On the contrary,** the animal **tithe** offering should **precede** the firstborn offering, **as** if one mistakenly called the ninth or eleventh animal that emerged from the pen the tenth, those animals that came out **before or after** the tenth are also **sanctified.** The Gemara explains: **Even so,** the fact that the firstborn is **sanctified from** the **womb** is of **greater** importance.

״מַעֲשֵׂר קוֹדֵם לְעוֹפוֹת״ כו׳. אַדְּרַבָּה, עוֹפוֹת קָדְמִי, שֶׁכֵּן קָדְשֵׁי קָדָשִׁים! אֲפִילּוּ הָכִי, מִין זֶבַח עֲדִיף.

The mishna teaches: The animal **tithe** offering **precedes bird** offerings due to the fact that it requires slaughtering, whereas the bird's nape is pinched; and furthermore, there are two elements of the animal tithe offering that have the status of offerings of the most sacred order: Its blood, which is presented on the altar, and its portions that are burned on the altar. The Gemara challenges: **On the contrary, bird** offerings should **precede** the animal tithe offering, **as** they are **offerings of the most sacred order,**[N] whether they are burnt offerings or sin offerings. The Gemara explains: **Even so,** the fact that the animal tithe is a **type of** offering that requires **slaughtering** is of **greater** importance.

אָמַר רָבִינָא בַּר שֵׁילָא: אֵימוּרֵי קָדָשִׁים קַלִּים שֶׁיָּצְאוּ לִפְנֵי זְרִיקַת דָּמִים – פְּסוּלִין. וְתָנָא תּוּנָא: מִפְּנֵי שֶׁהוּא זֶבַח, וְיֶשְׁנוֹ קָדְשֵׁי קָדָשִׁים, דָּמָיו וְאֵימוּרִין.

§ **Ravina bar Sheila says** with regard to the sacrificial portions that are consumed on the altar: **Sacrificial portions of offerings of lesser sanctity**[N] **that left** the Temple courtyard **before the sprinkling of** the **blood are disqualified. And the** ***tanna*** of the mishna also **taught:** The animal tithe offering precedes bird offerings **due to** the fact **that** it requires **slaughtering, and there are** two elements of the animal tithe offering that have the status of **offerings of the most sacred order: Its blood and its sacrificial portions** consumed on the altar.

בִּשְׁלָמָא אֵימוּרִין לֵיתַנְהוּ בְּעוֹפוֹת, אֶלָּא דָּם מִיהָא אִיתֵיהּ! אֶלָּא לָאו קָא מַשְׁמַע לַן: אֵימוּרִין כִּי דָּמוֹ,

The Gemara explains how Ravina bar Sheila interprets the mishna in support of his opinion: **Granted, there are no sacrificial portions** consumed on the altar **from a bird** offering, **but** its **blood at least is** sprinkled. Why, then, does the mishna mention the blood? **Rather, is it not** mentioned in order to **teach us** that the status of the **sacrificial portions** consumed on the altar from the animal tithe offering and other offerings of lesser sanctity is **comparable to** the status of **its blood?**

מָה דָּמוֹ לִפְנֵי זְרִיקָה – אַף אֵימוּרִין קוֹדֶם זְרִיקָה. וְקָא קָרֵי לְהוּ ״קָדְשֵׁי קָדָשִׁים״: וּמָה דָּמוֹ מִיפְּסַל בְּיוֹצֵא – אַף אֵימוּרִין מִיפְּסַל בְּיוֹצֵא.

The Gemara explains the implications of this comparison. **Just as its blood** referred to in the mishna is blood **before** its **sprinkling** on the altar, as afterward it no longer has any sanctity, **so too, the sacrificial portions** mentioned in the mishna are from **before** the **sprinkling** of the blood, **and** the mishna **calls them** at this stage **offerings of the most sacred order.**[N] **And** therefore one can infer from this that **just as** the animal tithe's **blood is disqualified by leaving** the Temple courtyard, **so too,** the **sacrificial portions** to be burned on the altar **are disqualified by leaving** the courtyard.

נֵימָא מְסַיֵּיעַ לֵיהּ: בְּשַׂר קָדָשִׁים קַלִּים שֶׁיָּצָא לִפְנֵי זְרִיקַת דָּמִים, רַבִּי יוֹחָנָן אָמַר: כָּשֵׁר, רֵישׁ לָקִישׁ אָמַר: פָּסוּל.

The Gemara attempts to prove the opinion of Ravina bar Sheila. **Let us say** that the following dispute between *amora'im* **supports his** statement: With regard to **flesh of offerings of lesser sanctity that left** the Temple courtyard[H] **before the sprinkling of** the **blood, Rabbi Yoḥanan says** that it is fit and **Reish Lakish says** that it is **disqualified.**

רַבִּי יוֹחָנָן אָמַר כָּשֵׁר – הוֹאִיל וְסוֹפוֹ לָצֵאת, רֵישׁ לָקִישׁ אָמַר פָּסוּל – עֲדַיִין לֹא הִגִּיעַ זְמַנּוֹ לָצֵאת. עַד כָּאן לָא פְּלִיגִי אֶלָּא בְּבָשָׂר, אֲבָל בְּאֵימוּרִין – לָא!

The Gemara clarifies this dispute: **Rabbi Yoḥanan says** that it is **fit, since it will ultimately leave** the Temple courtyard, as offerings of lesser sanctity may be eaten anywhere within the walls of Jerusalem. **Reish Lakish says** that it is **unfit,** as **its time to leave** the Temple courtyard **has not yet arrived** because the flesh cannot be taken out until after the sprinkling of the blood. The Gemara infers that these *amora'im* **disagree only with regard to the flesh** of the offering, which will eventually leave the Temple courtyard. **But with regard to the sacrificial portions** of the offering, which will never leave the courtyard, they do **not** disagree, as Rabbi Yoḥanan concedes that those portions are disqualified.

NOTES

Bird offerings should precede the animal tithe offering as they are offerings of the most sacred order – עוֹפוֹת קָדְמִי שֶׁכֵּן קָדְשֵׁי קָדָשִׁים: Rashi explains the reasoning for the precedence of bird offerings over the animal tithe offering as follows: The animal tithe offering is an offering of lesser sanctity; its flesh is eaten anywhere in Jerusalem, by any ritually pure Jew; and only the blood and sacrificial portions consumed on the altar have the status of offerings of the most sacred order. By contrast, all bird offerings, whether they are burnt offerings or sin offerings, are offerings of the most sacred order. It is not only their blood that has this status but also their flesh, as the burnt offerings are consumed on the altar and the sin offerings may be eaten only by priests in the Temple courtyard.

Sacrificial portions of offerings of lesser sanctity – אֵימוּרֵי קָדָשִׁים קַלִּים: In contrast to offerings of the most sacred order, one who benefits from offerings of lesser sanctity prior to the sprinkling of their blood on the altar is not liable for misuse of consecrated property. After the sprinkling of the blood, the portions of the offerings are designated to be consumed on the altar, and therefore at this stage one who benefits from them is liable for misuse of consecrated property. The Gemara discusses the status of the portions of these offerings before they are designated for the altar.

And the mishna calls them offerings of the most sacred order – וְקָא קָרֵי לְהוּ קָדְשֵׁי קָדָשִׁים: Since the blood has not yet been sprinkled, the portions of the animal tithe to be burned do not yet have the status of offerings of the most sacred order, and therefore one who benefits from them is not liable for misuse of consecrated property. The wording of the mishna indicates that even so, if they are taken out of the Temple courtyard they are disqualified, just as offerings of the most sacred order are disqualified by this action.

HALAKHA

Flesh of offerings of lesser sanctity that left the Temple courtyard, etc. – בְּשַׂר קָדָשִׁים קַלִּים שֶׁיָּצָא וכו׳: Flesh of offerings of lesser sanctity that was taken out of the Temple courtyard before the sprinkling of the blood is still fit, even if the blood was sprinkled on the altar while the flesh was outside. The reason is that this flesh will eventually leave the Temple courtyard. The *halakha* is in accordance with the opinions of Rabbi Yoḥanan and Rav Pappa. The sprinkling of the blood renders the flesh that was taken out of the courtyard fit only to be burned, but not fit to be eaten. Some commentaries claim, citing *Me'ila* 8b, that the flesh must be burned only if it is taken out of Jerusalem (Rambam *Sefer Avoda*, *Hilkhot Pesulei HaMukdashin* 1:32, and see Ra'avad there).

NOTES

The same is true with regard to the sacrificial portions, etc. – **הוּא הַדִּין דְּבְאֵימוּרִין וכו׳**: According to the Gemara's refutation, the reason for Rabbi Yoḥanan's opinion is obviously not as previously stated, that the flesh will ultimately leave the Temple courtyard, since this claim does not apply to the portions to be burned. This reason was not in fact stated by Rabbi Yoḥanan himself; rather, the Gemara submitted this explanation of Rabbi Yoḥanan's opinion, and therefore at this stage it can be discarded (Rashi).

הוּא הַדִּין דִּבְאֵימוּרִין נַמִי פְּלִיגִי, וְהָא דְּקָא מִיפַּלְגִי בְּבָשָׂר – לְהוֹדִיעֲךָ כֹּחוֹ דְּרֵישׁ לָקִישׁ, דַּאֲפִילּוּ בָּשָׂר דְּסוֹפָהּ לָצֵאת, אָמַר: עֲדַיִין לֹא הִגִּיעַ זְמַנּוֹ לָצֵאת.

The Gemara rejects this proof: **The same is true with regard to** the **sacrificial portions,**[N] i.e., these *amora'im* **also disagree** in that case, as Rabbi Yoḥanan holds they are fit. **And** the reason **that** they **disagree** explicitly **with regard to** the **flesh is to convey to you the far-reaching nature of** the opinion of **Reish Lakish, as even** with regard to the **flesh, which will ultimately leave** the Temple courtyard, **he says** that it is disqualified, because **its time to leave** the courtyard **has not yet arrived.**

לֵימָא כְּתַנָּאֵי: אֵימוּרֵי קָדָשִׁים קַלִּים שֶׁיָּצְאוּ לִפְנֵי זְרִיקַת דָּמִים, רַבִּי אֱלִיעֶזֶר אוֹמֵר: אֵין מוֹעֲלִין בָּהֶן,

The Gemara suggests: **Let us say** that this dispute between *amora'im* **is parallel to** a dispute between *tanna'im*: With regard to the **sacrificial portions of offerings of lesser sanctity that left** the Temple courtyard **before the sprinkling of** the **blood, Rabbi Eliezer says** that one who benefits **from them** is **not** liable for **misuse** of consecrated property,

Perek **X**
Daf **90** Amud **a**

NOTES

Due to eating *piggul* or *notar* or partaking of the flesh while ritually impure – **מִשּׁוּם פִּיגּוּל נוֹתָר וְטָמֵא**: An offering is rendered *piggul* only if the rest of its rites were performed properly. In this case, as the sacrificial portions had been removed from the Temple courtyard, it is considered as though the blood had not been sprinkled on the altar.

With regard to the ruling that the prohibition against partaking of sacrificial flesh while ritually impure does not apply in this case, Rashi explains that the prohibition applies only to flesh that is permitted for consumption to the ritually pure, whereas *Tosafot* state that the prohibition does not apply to an offering that was disqualified.

As for the prohibition of *notar*, Rashi states that it applies only to flesh that was fit to be eaten at the proper time. This explanation is problematic, as the sacrificial portions are never fit to be eaten, even when the rites are performed properly. *Tosafot* (*Me'ila* 6b) explain that the prohibition of *notar* with regard to the sacrificial portions is derived from the prohibition against partaking of sacrificial flesh while ritually impure (45b), and therefore it is subject to the same exclusion (see *Tosefot Yom Tov* on *Me'ila* 1:2).

Everyone agrees they are fit – **כּוּלֵּי עָלְמָא לָא פְּלִיגִי**: According to Rav Pappa, the claim of Ravina bar Sheila and Reish Lakish that the sacrificial portions are disqualified by leaving the Temple courtyard is in accordance with neither the opinion of Rabbi Eliezer nor that of Rabbi Akiva. *Tosafot* (89b) note that the Gemara (26a) infers from a *baraita* discussing the sacrificial portions of offerings that if they leave the courtyard they are disqualified. Consequently, *Tosafot* on 26a state that Rav Pappa's opinion should be explained differently: Both Rabbi Eliezer and Rabbi Akiva agree that the sacrificial portions are disqualified by leaving the courtyard, and therefore they are not burned on the altar. Their dispute concerns only the applicability in this case of the prohibitions of *piggul*, *notar*, and partaking of the meat while ritually impure (see *Ḥok Natan*).

וְאֵין חַיָּיבִין עֲלֵיהֶן מִשּׁוּם פִּיגּוּל נוֹתָר וְטָמֵא. רַבִּי עֲקִיבָא אוֹמֵר: מוֹעֲלִין בָּהֶן, וְחַיָּיבִין עֲלֵיהֶן מִשּׁוּם פִּיגּוּל נוֹתָר וְטָמֵא.

and one **is not liable** to receive *karet* **for them due to** prohibitions against eating ***piggul*** or ***notar***, **or** for partaking of the flesh while he is **ritually impure.**[N] All these prohibitions apply only if the sacrificial portions are otherwise fit for sacrifice. **Rabbi Akiva says** that one who benefits **from them** is liable for **misuse** of consecrated property,[H] **and** one **is liable** to receive *karet* **for** eating **them due to** the prohibitions of ***piggul, notar,*** **or** partaking of the flesh while he is **ritually impure.**

מַאי לָאו בְּדַהֲדַר עַיְילִינְהוּ פְּלִיגִי, וּבְהָא פְּלִיגִי, דְּמָר סָבַר: מִיפַּסְלִי בְּיוֹצֵא, וּמָר סָבַר: לָא מִיפַּסְלִי בְּיוֹצֵא?

The Gemara explains: **What, is it not** correct to say that they **disagree with regard to** a case **where** after taking the portions to be burned out of the Temple courtyard one **then brought them** back **into** the courtyard before the sprinkling of the blood? **And,** if so, it is **with regard to this** very point that **they disagree: As one Sage,** Rabbi Eliezer, **holds** that the portions **are disqualified by leaving** the courtyard, **and** one **Sage,** Rabbi Akiva, **holds** that the portions **are not disqualified by leaving** the courtyard.

אֲמַר רַב פַּפָּא: בְּדַהֲדַר עַיְילִינְהוּ – כּוּלֵּי עָלְמָא לָא פְּלִיגִי. וְהָכָא בִּדְאִיתְנְהוּ אַבָּרַאי פְּלִיגִי, וּבְהָא פְּלִיגִי: דְּמָר סָבַר: אֵין זְרִיקָה מוֹעֶלֶת לְיוֹצֵא, וּמָר סָבַר: זְרִיקָה מוֹעֶלֶת לְיוֹצֵא.

The Gemara rejects this claim: **Rav Pappa said** that **with regard to** a case **where** after taking these portions out of the Temple courtyard one **then brought them** back **into** the courtyard before the sprinkling of the blood, **everyone agrees** they are fit.[N] **And here** they **disagree with regard to** a case **where** these portions **are outside** the courtyard when the blood is sprinkled on the altar. **And they disagree with regard to this** following matter: **As one Sage,** Rabbi Eliezer, **holds** that the **sprinkling** of the blood **is not effective** with regard **to** those portions that were **taken out** of the courtyard, i.e., it does not render them fit, **and** one **Sage,** Rabbi Akiva, **holds** that the **sprinkling** of the blood **is effective** with regard **to** those portions that were **taken out** of the courtyard, i.e., it renders them fit.

HALAKHA

One who benefits from them is liable for misuse of consecrated property, etc. – **מוֹעֲלִין בָּהֶן וכו׳**: One who derives benefit from offerings of lesser sanctity before the sprinkling of their blood is not liable for misuse of consecrated property. Once the blood has been sprinkled on the altar, he is liable for misuse if he derives benefit from the sacrificial portions. If the sacrificial portions were removed from the Temple courtyard before the blood was sprinkled, one who derives benefit from them after the sprinkling of the blood is still liable for misuse, even if they remained outside the courtyard. If the sacrificial portions are returned to the courtyard, they are burned on the altar. Some commentaries maintain that the portions are disqualified (*Tosafot* on 26a; Ra'avad). Even if the portions were not returned to the Temple courtyard, one is liable to receive *karet* for eating them due to the prohibitions of *piggul* and *notar*, as well as the prohibition against partaking of the meat while ritually impure. This is in accordance with the opinion of Rabbi Akiva, as explained by Rav Pappa (Rambam *Sefer Avoda*, *Hilkhot Pesulei HaMukdashin* 1:33 and *Hilkhot Me'ila* 2:1).

וְהָא רַב פַּפָּא הוּא דַּאֲמַר: בִּדְאִיתְנְהוּ אַבָּרַאי – כּוּלֵּי עָלְמָא לָא פְּלִיגִי, בִּדְעַיְּילִינְהוּ לְגַוַּאי פְּלִיגִי!

The Gemara challenges: **But** Rav Pappa's statement here apparently contradicts his claim concerning the two loaves brought with the two sheep on the festival of *Shavuot*. The sprinkling of the blood of the sheep renders those two loaves fit for consumption by the priests, and the dispute between Rabbi Eliezer and Rabbi Akiva also applies in that case. The Gemara elaborates: **Rav Pappa is** the one **who said** that **with regard to** a situation **where** the two loaves **are outside** the Temple courtyard when the blood of the two sheep is sprinkled on the altar, **everyone,** even Rabbi Akiva, **agrees** that the sprinkling does not render the two loaves fit, and therefore if one eats them he is not liable to receive *karet* due to the prohibition against eating *piggul*. Rather, the *tanna'im* **disagree with regard to** a case **where** one **returned** the loaves **to within** the Temple courtyard before the sprinkling of the blood.

הָנֵי מִילֵּי גַּבֵּי שְׁתֵּי לֶחֶם, דְּלָאו גּוּפֵיהּ דְּזִיבְחָא. אֲבָל אֵימוּרִין, דְּגוּפֵיהּ דְּזִיבְחָא הוּא – בִּדְאִיתְנְהוּ אַבָּרַאי פְּלִיגִי.

The Gemara answers: **This statement** of Rav Pappa applies only **to the two loaves,**[H] as they **are not** part of **the offering itself. But** with regard to the **sacrificial portions, which are** part of **the offering itself,** everyone agrees that they are rendered fit if they are within the Temple courtyard at the time the blood is sprinkled on the altar. Rabbi Eliezer and Rabbi Akiva **disagree** only **with regard to** a case **where they are outside** the Temple courtyard when the blood is sprinkled on the altar.

"עוֹפוֹת קוֹדְמִין" כו׳. אַדְּרַבָּה, מְנָחוֹת קוֹדְמוֹת, שֶׁכֵּן יֶשְׁנָן בְּצִבּוּר כְּבְיָחִיד! אֲפִילּוּ הָכִי, מִינֵי דָמִים עֲדִיפִי.

§ The mishna teaches: The **bird** offerings **precede** meal offerings due to the fact that they are types whose blood is presented, and atonement is effected by the blood. The Gemara challenges: **On the contrary, meal offerings** should **precede** bird offerings, as **they are** sacrificed both as **communal** offerings and **as individual** offerings,[N] whereas there are no communal bird offerings. The Gemara explains: **Even so,** the fact that bird offerings are **types** whose **blood** is sprinkled is of **greater** importance.

"מִנְחַת חוֹטֵא" כו׳. אַדְּרַבָּה, מִנְחַת נְדָבָה קוֹדֶמֶת, שֶׁכֵּן טְעוּנָה שֶׁמֶן וּלְבוֹנָה! אֲפִילּוּ הָכִי, מִנְחַת חוֹטֵא הַבָּאָה עַל חֵטְא עֲדִיפָא, דִּמְכַפֶּרֶת.

The mishna further teaches: **The meal offering of a sinner** precedes a voluntary meal offering. The Gemara challenges: **On the contrary, a voluntary meal offering** should **precede** the meal offering of a sinner, **as it requires oil and frankincense.** The Gemara explains: **Even so, the meal offering of a sinner, which comes due to a sin,** is of **greater** importance, **as it effects atonement.**

אִיבַּעְיָא לְהוּ: מִנְחַת סוֹטָה וּמִנְחַת נְדָבָה, אֵיזוֹ מֵהֶן קוֹדֶמֶת? מִנְחַת נְדָבָה קָדְמָה – שֶׁכֵּן טְעוּנָה שֶׁמֶן (אוֹ) וּלְבוֹנָה, אוֹ דִּלְמָא מִנְחַת סוֹטָה קָדְמָה – שֶׁכֵּן בָּאָה לְבָרֵר עָוֹן?

§ **A dilemma was raised before** the Sages: With regard to **the meal offering of a *sota*,**[B] a woman suspected by her husband of having committed adultery, **and a voluntary meal offering**[H] being brought by someone at the same time, **which of them precedes** the other? Does the **voluntary meal offering take precedence, as it requires oil and frankincense? Or perhaps the meal offering of a *sota* takes precedence, as it comes to clarify** the woman's **transgression,** as part of the rite performed with a *sota*.

תָּא שְׁמַע: מִנְחַת חוֹטֵא קוֹדֶמֶת לְמִנְחַת נְדָבָה; מִנְחַת חוֹטֵא הוּא דְּקָדְמָה לְמִנְחַת נְדָבָה, הָא מִנְחַת סוֹטָה – לָא. מִי קָתָנֵי "מִפְּנֵי שֶׁהִיא מְכַפֶּרֶת"? "מִפְּנֵי שֶׁהִיא בָּאָה עַל חֵטְא" קָתָנֵי, וְהָא נַמִּי בָּאָה עַל חֵטְא!

The Gemara suggests: **Come** and **hear,** as the mishna states that **the meal offering of a sinner precedes a voluntary meal offering.** One can infer from this that **it is** only **the meal offering of a sinner that precedes a voluntary meal offering, but the meal offering of a *sota*** does **not.** The Gemara rejects this proof: **Is** the mishna **teaching** that the meal offering of a sinner takes precedence **due to** the fact **that it effects atonement?** The mishna **teaches: Due to** the fact **that it comes** because **of a sin, and** the meal offering of a *sota* **also comes** because **of a sin,** as she secluded herself with another man.

תָּא שְׁמַע: זוֹ קוֹדֶמֶת לְזוֹ, שֶׁזּוֹ בָּאָה מִן הַחִיטִּין וְזוֹ בָּאָה מִן הַשְּׂעוֹרִין; מַאי לָאו מִנְחַת נְדָבָה לְמִנְחַת סוֹטָה? לָא, מִנְחַת חוֹטֵא לְמִנְחַת סוֹטָה.

The Gemara further suggests: **Come** and **hear** the statement of a *baraita*: **This** meal offering **precedes that** meal offering, **as this** meal offering **comes from wheat, and that** meal offering **comes from barley.**[H] **What, does** this *baraita* **not** refer to the precedence **of a voluntary meal offering to the meal offering of a *sota*?** The Gemara rejects this proof as well: **No,** the *baraita* is referring to the precedence of **the meal offering of a sinner over the meal offering of a *sota*.**

HALAKHA

Two loaves – שְׁתֵּי לֶחֶם: If, on the festival of Shavuot, the two loaves were removed from the Temple courtyard after the two sheep were slaughtered, and the blood of the sheep was subsequently sprinkled upon the altar with the intent to partake of the offering beyond its designated time, then the two loaves acquire the status of *piggul*, despite the fact that they were outside the courtyard at the time. The *halakha* is in accordance with the opinion of Rabbi Akiva in *Menaḥot* 47b, as explained by Rav Pappa (Rambam *Sefer Avoda, Hilkhot Pesulei HaMukdashin* 17:19).

The meal offering of a *sota* and a voluntary meal offering – מִנְחַת סוֹטָה וּמִנְחַת נְדָבָה: If there is a meal offering of a *sota* and a voluntary meal offering to be sacrificed, one may sacrifice whichever of them he chooses to first, as this dilemma is unresolved by the Gemara (Rambam *Sefer Avoda, Hilkhot Temidin UMusafin* 9:10, and see *Kesef Mishne* there).

Meal offerings from wheat and barley – מְנָחוֹת חִטִּים וּשְׂעוֹרִים: A meal offering from wheat precedes a meal offering from barley (Rambam *Sefer Avoda, Hilkhot Temidin UMusafin* 9:10).

NOTES

They are sacrificed as communal and as individual offerings – יֶשְׁנָן בְּצִבּוּר כְּבְיָחִיד: The *omer* offering and the two loaves brought on the festival of *Shavuot* are communal meal offerings, and there are also meal offerings sacrificed with all communal animal offerings. By contrast, there are no communal bird offerings (see *Shevuot* 12b; *Torat Kohanim* on Leviticus 1:14).

BACKGROUND

Meal offering of a *sota* – מִנְחַת סוֹטָה: This is the meal offering brought by a suspected adulteress (see Numbers 5:11–31), whose husband brings her to the Temple to undergo a rite to check her faithfulness to him. She is required to bring a meal offering of barley flour, unlike most meal offerings, which are brought from wheat flour. No oil or incense is added to this offering. A handful of flour is removed from the offering and burned on the altar, and the remainder is eaten by the priests.

Sota ritual in the Temple

HALAKHA

All sin offerings, that they should precede the burnt offering – כָּל חַטָּאוֹת שֶׁיִּקְדְּמוּ לָעוֹלָה: A sin offering precedes a burnt offering. Even the bird sin offering of a woman who gave birth precedes her animal burnt offering (Rambam *Sefer Avoda*, *Hilkhot Temidin UMusafin* 9:10).

תֵּיפּוֹק לִי דְּהָא מְכַפֶּרֶת וְהָא לָא מְכַפֶּרֶת!

The Gemara responds: If the *baraita* is referring to the meal offering of a sinner, why is its precedence to the meal offering of a *sota* derived from the fact that the meal offering of a sinner comes from wheat, whereas the meal offering of a *sota* is brought from barley? **I could derive** the precedence of the meal offering of the sinner **due to** the fact **that** the meal offering of a sinner **effects atonement and** the meal offering of a *sota* **does not effect atonement.**

וְאֶלָּא מַאי, מִנְחַת נְדָבָה? תֵּיפּוֹק לִי דְּזוֹ טְעוּנָה שֶׁמֶן וּלְבוֹנָה, וְזוֹ אֵינָהּ טְעוּנָה שֶׁמֶן וּלְבוֹנָה! אֶלָּא, חַד מִתְּרֵי טַעֲמֵי [נָקֵיט].

The Gemara counters: **Rather, what** is the *baraita* referring to? Is it referring to the precedence of **a voluntary meal offering** over the meal offering of a *sota*? If so, I could **derive** its precedence from the fact **that this** voluntary meal offering **requires oil and frankincense and that** meal offering of a *sota* **does not require oil and frankincense. Rather,** one cannot prove anything from the omission of an alternative explanation, as whichever way one interprets the *baraita* it clearly **cited one of two reasons.**

״חַטַּאת הָעוֹף קוֹדֶמֶת״ כו׳. מְנָא הָנֵי מִילֵּי? דְּתָנוּ רַבָּנַן: ״וְהִקְרִיב אֶת אֲשֶׁר לַחַטָּאת רִאשׁוֹנָה״, מַה תַּלְמוּד לוֹמַר? שֶׁאֵין תַּלְמוּד לוֹמַר לְלַמֵּד שֶׁתִּקְרַב רִאשׁוֹנָה – הֲרֵי כְּבָר נֶאֱמַר: ״וְאֶת הַשֵּׁנִי יַעֲשֶׂה עֹלָה״!

§ The mishna states: The sacrifice of **the bird sin offering precedes** the sacrifice of the bird burnt offering. The Gemara asks: **From where are these matters** derived? The Gemara answers: This is **as the Sages taught** in a *baraita* with regard to the bird sin offering and the bird burnt offering that a poor sinner sacrifices instead of an animal sin offering. The verse states: **"And he shall offer that which is for the sin offering first"** (Leviticus 5:8). **Why** must **the verse state** this? **As** there is **no** need for **the verse to state** this in order **to teach that** the sin offering **is sacrificed first, as** it **is already stated: "And he shall prepare the second for a burnt offering"** (Leviticus 5:10).

אֶלָּא זֶה בָּנָה אָב לְכָל חַטָּאוֹת שֶׁיִּקְדְּמוּ לָעוֹלָה הַבָּאוֹת עִמָּהֶן, בֵּין חַטַּאת הָעוֹף לְעוֹלַת הָעוֹף, בֵּין חַטַּאת בְּהֵמָה לְעוֹלַת בְּהֵמָה, וַאֲפִילּוּ חַטַּאת הָעוֹף לְעוֹלַת בְּהֵמָה.

Rather, this verse **established a paradigm for all sin offerings,** teaching **that they should precede the burnt offering**[H] **that comes with them;**[N] **whether** in the case of a **bird sin offering** taking precedence **over a bird burnt offering, whether** in the case of **an animal sin offering** taking precedence **over an animal burnt offering, and even** with regard to **a bird sin offering** taking precedence **over an animal burnt offering.**

הִלְכָּךְ, חַטַּאת הָעוֹף לְעוֹלַת הָעוֹף – מִ״וְּאֶת הַשֵּׁנִי״; חַטַּאת בְּהֵמָה לְעוֹלַת בְּהֵמָה – מִדְּרַבֵּי רַחֲמָנָא; חַטַּאת הָעוֹף לְעוֹלַת בְּהֵמָה – מִ״זֶּה בָּנָה אָב״.

The Gemara summarizes: **Therefore,** the precedence of **a bird sin offering over a bird burnt offering** is learned **from** the verse: **"And** he shall prepare **the second** for a burnt offering." The precedence of **an animal sin offering over an animal burnt offering** is derived **from** the fact **that the Merciful One extends** the *halakha* derived from the sin offering of the Levites (see 89a). Finally, the precedence of **a bird sin offering over an animal burnt offering** is derived **from** the principle stated in this *baraita*, that **this** verse **established a paradigm** for all sin offerings, teaching that they should precede the burnt offering that comes with them.

תָּא שְׁמַע, רַבִּי אֱלִיעֶזֶר אוֹמֵר: כָּל מָקוֹם שֶׁנִּתְחַלְּפָה חַטָּאת – חַטָּאת קוֹדֶמֶת, וְכָאן (בְּיוֹלֶדֶת) עוֹלָה קוֹדֶמֶת.

The Gemara suggests: **Come** and **hear** a further proof from a *baraita*. The Torah states that a woman who has given birth must bring a sheep as a burnt offering and a bird as a sin offering. If she is poor she may bring two birds: "One for a burnt offering and the other for a sin offering" (Leviticus 12:8). **Rabbi Eliezer says:** In **every** other **instance where** a bird offering **is exchanged** for an animal **sin offering,** the **sin offering precedes** the burnt offering. For example, in the case of the sliding scale sin offering brought for entering the Temple while ritually impure, where a poor person brings two birds, one as a sin offering and the other as a burnt offering, the sin offering comes first. **But here, in** the case of **a woman who gave birth,** the **burnt offering takes precedence,** as it takes the place of an animal burnt offering, mentioned first in the verse: "She shall bring a lamb in its first year for a burnt offering, and a pigeon or a dove for a sin offering (Leviticus 12:6).

NOTES

The burnt offering that comes with them – לָעוֹלָה הַבָּאוֹת עִמָּהֶן: The *baraita* is referring to those instances where a burnt offering is sacrificed together with a sin offering, e.g., the sliding-scale sin offering of a sinner who is poor, the offerings of a woman who gave birth, and the offerings of a leper. This is in accordance with the explanation of Rabbi Shimon on 7b as to why the sin offering comes before the burnt offering. He compares this to an emissary who enters the palace of a king to beseech mercy; the gift bearers enter with the gift only after mercy has been granted.

It should be noted that this explanation does not apply in the case of unrelated sin offerings and burnt offerings, and these cases are not discussed in the *baraita*. Nevertheless, with regard to the *halakha*, the same principle applies to the precedence of a sin offering to an unrelated burnt offering.

כׇּל מָקוֹם שֶׁבָּא עַל חֵטְא – חַטָּאת קוֹדֶמֶת, וְכָאן – עוֹלָה קוֹדֶמֶת. וְכׇל מָקוֹם שֶׁשְּׁנַיִם בָּאִים תַּחַת חַטָּאת – חַטָּאת קוֹדֶמֶת, וְכָאן עוֹלָה קוֹדֶמֶת!

Furthermore, in **every instance where** the sin offering **comes** because **of a sin,** the **sin offering precedes** the burnt offering. **But here,** in the case of a poor woman who gave birth, where the sin offering effects ritual purity rather than atonement, the **burnt offering precedes** the sin offering. **And** in **every instance where two** birds **come instead of** an animal for **a sin offering,** the **sin offering precedes** the burnt offering. **But here,** in the case of a poor woman who gave birth, the bird burnt offering replaces the animal burnt offering of a rich woman, whereas the bird sin offering is sacrificed even by a rich woman who gave birth. Therefore, in this particular case of a woman who gave birth, the **burnt offering precedes** the sin offering.

אֲמַר רָבָא: לְמִקְרָאָה הִקְדִּימָהּ הַכָּתוּב.

The straightforward reading of this *baraita* contradicts the statement of the previous *baraita*, which teaches that a sin offering always precedes a burnt offering. In order to reconcile the two *baraitot*, **Rava said:** The fact that **the verse mentions** the animal burnt offering **first** is only **with regard to reading** it,[N] but in practice the sin offering is sacrificed first.

תָּא שְׁמַע: פָּרִים קוֹדְמִין לְאֵילִים, וְאֵילִים קוֹדְמִין לִכְבָשִׂים, כְּבָשִׂים לִשְׂעִירִים.

The Gemara suggests: **Come** and **hear** another *baraita* which apparently contradicts this principle. When there are different animal offerings to be sacrificed, **bulls precede rams, and rams precede sheep,** and **sheep** precede **male goats.**

NOTES

With regard to reading it – לְמִקְרָאָה: According to Rava, Rabbi Eliezer is explaining why the verse here mentions the burnt offering before the sin offering, but there are no practical halakhic ramifications to this fact because the sin offering is always sacrificed first (Rashi). Other commentaries maintain that there is a halakhic ramification: One should first consecrate the burnt offering and then the sin offering, despite the fact that the sin offering is sacrificed first (*Tosafot*, citing Rabbeinu Hayyim). Alternatively, the verse is teaching that if the woman has at present only one bird, she may sacrifice it as a burnt offering first (*Tosefot Rabbeinu Peretz*, citing Rabbeinu Yeḥiel).

Perek **X**
Daf **90** Amud **b**

מַאי לָאו דְּחַג? לָא, לִנְדָבָה; פָּרִים קוֹדְמִין לְאֵילִים – שֶׁכֵּן נִתְרַבּוּ בִּנְסָכִים, וְכֵן אֵילִים לִכְבָשִׂים; כְּבָשִׂים לִשְׂעִירִים – שֶׁכֵּן נִתְרַבּוּ בְּאַלְיָה.

What, is it not referring to the additional offerings **of the festival** of *Sukkot*? If so, the *baraita* is teaching that bulls, rams, and sheep, which are burnt offerings, precede the sin offerings of male goats. The Gemara answers: **No,** with regard to all these animals the *baraita* is referring **to gift** offerings. The Gemara interprets the *baraita* in accordance with this explanation: **Bulls precede rams,**[H] as they require **a greater** quantity **of libations;**[N] **and likewise rams** precede **sheep** for the same reason. **Sheep** precede **male goats,** although their libations are identical, **as** the portions of the sheep consumed on the altar are **greater;** the sheep's **tail**[B] is burned,[N] whereas the goat's tail is not.

תָּא שְׁמַע: פַּר כֹּהֵן מָשִׁיחַ קוֹדֵם לְפַר הֶעְלֵם דָּבָר שֶׁל צִבּוּר, פַּר הֶעְלֵם דָּבָר שֶׁל צִבּוּר קוֹדֵם לְפַר עֲבוֹדָה זָרָה,

The Gemara suggests: **Come** and **hear** a *baraita* which seems to contradict the principle that a sin offering always precedes a burnt offering: **The bull of** the **anointed priest,** i.e., the High Priest, which he sacrifices if he issues and then acts upon an erroneous halakhic ruling, **precedes** the **bull for an unwitting communal sin,**[HN] sacrificed if the Sanhedrin issues an erroneous halakhic ruling and the community then acts upon it. Similarly, the **bull for an unwitting communal sin precedes** the **bull** sacrificed as a burnt offering to atone **for** an unwitting communal sin involving **idol worship.**

NOTES

As they require a greater quantity of libations – שֶׁכֵּן נִתְרַבּוּ בִּנְסָכִים: Not only are the accompanying wine libations of bulls of greater quantity than those of rams, their accompanying meal offering are also larger. The Talmud often refers to both the libations and the meal offerings with the collective noun: Libations (see Rashi).

The portions of the sheep consumed on the altar are greater, the sheep's tail is burned – נִתְרַבּוּ בְּאַלְיָה: With regard to the burnt offerings discussed in this *baraita*, there is no difference between sheep and goats, as these offerings are entirely consumed on the altar. Nevertheless, as the portions of a sheep that are consumed on the altar in other offerings include the tail, whereas those of the goat do not, this indicates that in general a sheep offering has preference over that of a goat (Rashi).

The bull of the anointed priest precedes the bull for an unwitting communal sin – פַּר כֹּהֵן מָשִׁיחַ קוֹדֵם לְפַר הֶעְלֵם דָּבָר שֶׁל צִבּוּר: Since the High Priest serves to atone for the community, it is fitting that he should atone for himself first (*Tosefta* 10:1).

BACKGROUND

Sheep's tail [*alya*] – אַלְיָה: The *alya* is the long, thick, fatty tail of the breed of sheep that was common in Eretz Yisrael and the surrounding areas during the Temple era. The tail covered the entire back of the sheep to the extent that it was difficult to ascertain the gender of the sheep, particularly in younger animals. The Torah commands that when a sheep is brought as a peace offering, its tail is one of the parts of the animal burned on the altar (see Leviticus 3:9). This applies only to sheep, as other animals that are sacrificed, e.g., goats, do not have this kind of tail.

HALAKHA

Bulls precede rams, etc. – פָּרִים קוֹדְמִין לְאֵילִים וכו׳: If there are different species of animals to be sacrificed, all of the same type of offering, what is the order of precedence? Bulls precede rams, as they require a greater quantity of libations; rams precede sheep, again because they require a greater quantity of libations; sheep precede goats, as the portions of the sheep consumed on the altar are more numerous. This is in accordance with the *baraita*, as explained by the Gemara. Although the Gemara explains the *baraita* as referring to the additional offerings of *Sukkot*, this principle holds true with regard to gift offerings as well (Rambam *Sefer Avoda*, *Hilkhot Temidin UMusafin* 9:9 and Mahari Kurkus there).

The bull of the anointed priest precedes the bull for an unwitting communal sin, etc. – פַּר כֹּהֵן מָשִׁיחַ קוֹדֵם לְפַר הֶעְלֵם דָּבָר שֶׁל צִבּוּר וכו׳: The bull of the anointed priest precedes the bull that atones for an unwitting communal sin. The bull that atones for an unwitting communal sin takes precedence over the bull that atones for an unwitting communal sin involving idol worship. The bull that atones for communal idol worship precedes the male goat that atones for idol worship, despite the fact that the male goat is a sin offering. The reason is that this is the order stated in the Torah, and it is written: "According to their ordinance" (Numbers 15:24). This is in accordance with the *baraita*, as explained by Ravina (Rambam *Sefer Avoda*, *Hilkhot Temidin UMusafin* 9:7).

פַּר עֲבוֹדָה זָרָה קוֹדֵם לִשְׂעִירֵי עֲבוֹדָה זָרָה. דְּאַף עַל גַּב דְּפַר עֲבוֹדָה זָרָה – עוֹלָה, וּשְׂעִירֵי עֲבוֹדָה זָרָה – חַטָּאת!

The *baraita* continues: The **bull** sacrificed as atonement **for** communal **idol worship precedes** the **male goats** that atone **for idol worship,** i.e., the goat sacrificed together with the bull. This is the *halakha* **even though** the **bull** that atones **for idol worship** is **a burnt offering, and** the **male goats** sacrificed as atonement **for idol worship** are **sin offerings.** This *baraita* seems to contradict the statement of the previous *baraita* that a sin offering always precedes a burnt offering.

וְאֵימָא מֵרֵישָׁא: פַּר הֶעְלֵם דָּבָר שֶׁל צִבּוּר קוֹדֵם לְפַר עֲבוֹדָה זָרָה!

The Gemara responds: **But** you can **say** that the opposite conclusion is derived **from the first clause** of that *baraita*, as at least the first clause supports the principle that sin offerings take precedence: The **bull for an unwitting communal sin,** which is a sin offering, **precedes** the **bull** sacrificed to atone **for** an unwitting communal sin involving **idol worship,** which is a burnt offering.

בְּחַד מִינָא מִיהָא לָא קָאָמְרִינַן, דְּחַטָּאת קָדְמָה. כִּי קָאָמְרִינַן – בִּתְרֵי מִינֵי, אַשְׁכְּחַן עוֹלָה דְּקָדְמָה לְחַטָּאת!

The Gemara dismisses this answer: **In any event, with regard to** offerings that are both of **one species** of animal, **we did not say** there is any doubt **that a sin offering takes precedence. When we say** there is a contradiction between the rulings of the *baraitot*, it is **with regard to** offerings of **two species.** According to the earlier *baraita*, even a bird sin offering precedes an animal burnt offering, whereas here **we find a burnt offering that precedes a sin offering.**

אָמְרִי בְּמַעֲרָבָא מִשְּׁמֵיהּ דְּרָבָא בַּר מָרִי: חַטַּאת עֲבוֹדָה זָרָה חָסֵר א׳, ״לְחַטָּת״ כְּתִיב. רָבִינָא אָמַר: ״כַּמִּשְׁפָּט״ כְּתִיב בְּהוּ.

The Gemara answers: **They say in the West,** Eretz Yisrael, **in the name of Rava bar Mari:** The **sin offering** sacrificed to atone **for idol worship is** written **without an** *alef* (see Numbers 15:24). **It is written** ***lamed, ḥet, tet, tav.*** This indicates that it is different from other sin offerings in that it does not precede the burnt offering. **Ravina says** that the term **"according to the ordinance" is written with regard to** the offerings sacrificed to atone for idol-worship, in the verse: "The congregation shall offer one young bull…according to the ordinance, and one goat for a sin offering" (Numbers 15:24). This mention of an ordinance indicates that they must be sacrificed in the precise order stated by the verse.

הַשְׁתָּא דְּאָתֵית לְהָכִי, אֲפִילּוּ תֵּימָא פָּרִים דְּחַג נַמִי – ״כְּמִשְׁפָּטָם״ כְּתִיב בְּהוּ.

The Gemara comments: **Now that you have arrived at this** explanation, the previous *baraita* can be explained in a similar manner: **Even if you say** that the *baraita* is referring to the **bulls** and other offerings **of the festival** of *Sukkot*,[H] there is **also** no difficulty with regard to the burnt offering sheep taking precedence over the sin offering male goats, as the term **"according to their ordinance" is written concerning** these offerings as well (see Numbers 29:33).

אִיבַּעְיָא לְהוּ: חַטַּאת הָעוֹף וְעוֹלַת בְּהֵמָה וּמַעֲשֵׂר, אֵיזוֹ מֵהֶן קוֹדֶם? תִּיקְדּוֹם חַטַּאת הָעוֹף – אִיכָּא מַעֲשֵׂר דְּקָדֵים לָהּ, לִיקְדּוֹם מַעֲשֵׂר – אִיכָּא עוֹלַת בְּהֵמָה דְּקָדְמָה לֵיהּ, תִּיקְדּוֹם עוֹלַת בְּהֵמָה – אִיכָּא חַטַּאת הָעוֹף דְּקָדְמָה לָהּ!

A dilemma ensuing from the conclusion of the previous discussion **was raised before** the Sages: If there is **a bird sin offering, and an animal burnt offering, and** an animal **tithe**[H] offering to be sacrificed, **which of them precedes** the others? If you say that **the bird sin offering should take precedence, there is** the animal **tithe** offering **that** generally **precedes it,** since it requires slaughtering, as stated by the mishna. If you say that the animal **tithe** offering **should take precedence, there is** the **animal burnt offering that precedes it,** as the burnt offering is an offering of the most sacred order. If you say that the **animal burnt offering should take precedence, there is the bird sin offering that precedes it,** as the Gemara previously concluded.

הָכָא תַּרְגִּימוּ: מִין זֶבַח עָדִיף. בְּמַעֲרָבָא אָמְרִי: עַיְּילָא בָּהּ עוֹלַת בְּהֵמָה בְּחַטַּאת הָעוֹף, וְאַגְבַּהְתָּהּ מִמַּעֲשֵׂר.

The Gemara answers: **Here,** in Babylonia, **they explained** that the fact that the animal tithe offering is **a type of** offering that requires **slaughtering** is of **greater** importance than the other factors. Therefore, the animal tithe offering is sacrificed first, followed by the bird sin offering, and finally the animal burnt offering. **In the West,** Eretz Yisrael, **they say:** The **animal burnt offering has an effect on the bird sin offering** sacrificed with it **and raises its** importance **above** that of the animal **tithe**[N] offering. Therefore, the bird sin offering is sacrificed first, followed by the animal burnt offering, and finally the animal tithe offering.

HALAKHA

The bulls and other offerings of the festival of *Sukkot*, etc. – **פָּרִים דְּחַג וכו׳:** The offerings of *Sukkot* are sacrificed in the order stated in the Torah: First bulls, followed by rams, then sheep, and lastly male goats. This is despite the fact that the male goats are sin offerings, as the Torah states: "According to their ordinance" (Rambam *Sefer Avoda*, *Hilkhot Temidin UMusafin* 9:7).

A bird sin offering and an animal burnt offering and an animal tithe – **חַטַּאת הָעוֹף וְעוֹלַת בְּהֵמָה וּמַעֲשֵׂר:** If there are a bird sin offering, an animal burnt offering, and an animal tithe offering waiting to be sacrificed, the bird sin offering is sacrificed first, then the animal burnt offering, and finally the animal tithe offering. The *halakha* is in accordance with the opinion of the Sages of Eretz Yisrael (Rambam *Sefer Avoda*, *Hilkhot Temidin UMusafin* 9:8).

NOTES

The animal burnt offering has an effect on the bird sin offering and raises its importance above that of the animal tithe – **עַיְּילָא בָּהּ עוֹלַת בְּהֵמָה בְּחַטַּאת הָעוֹף וְאַגְבַּהְתָּהּ מִמַּעֲשֵׂר:** Both the animal burnt offering and the animal tithe offering require slaughter and should therefore precede the bird sin offering. Nevertheless, the Torah's edict that a sin offering always precedes a burnt offering overrides this consideration in the case of a burnt offering. Since this consideration is overridden with regard to the burnt offering, it is overridden with regard to the animal tithe offering as well, and a bird sin offering precedes it. The Gemara expresses this idea in its statement that the burnt offering raises the importance of the bird sin offering (Rashi; see Rambam *Sefer Avoda*, *Hilkhot Temidin UMusafin* 9:8, and Radbaz and Mahari Kurkus there).

מתני׳ כָּל הַחַטָּאוֹת שֶׁבַּתּוֹרָה קוֹדְמוֹת לָאֲשָׁמוֹת, חוּץ מֵאֲשַׁם מְצוֹרָע, מִפְּנֵי שֶׁהוּא בָּא עַל הֶכְשֵׁר.

MISHNA **All the sin offerings mandated by the Torah take precedence over the guilt offerings,**[H] as explained in the previous mishna (89a), **except for the guilt offering of a leper, because it comes to** render one **fit.** One who has been cured of leprosy must undergo a process through which he is rendered ritually pure before coming into contact with consecrated items. Although he must also bring a sin offering, his guilt offering is more central to that process of purification and therefore it takes precedence over the sin offering.

כָּל הָאֲשָׁמוֹת שֶׁבַּתּוֹרָה בָּאִין בְּנֵי שְׁתַּיִם, וּבָאִין בְּכֶסֶף שְׁקָלִים, חוּץ מֵאֲשַׁם נָזִיר וַאֲשַׁם מְצוֹרָע, שֶׁהֵן בָּאִין בְּנֵי שְׁנָתָן וְאֵין בָּאִין בְּכֶסֶף שְׁקָלִים.

All the guilt offerings mandated **by the Torah come** as rams **in their second year,**[HN] **and come worth two silver shekels, except for the guilt offering of a nazirite**[B] **and the guilt offering of a leper,**[B] **as they come** from sheep **in their first year, and do not** need to **come worth** two **silver shekels,** as they have no fixed value.

כְּשֵׁם שֶׁקּוֹדְמִין בְּהֶקְרֵבָן – קוֹדְמִין בַּאֲכִילָתָן. שְׁלָמִים שֶׁל אֶמֶשׁ וּשְׁלָמִים שֶׁל יוֹם – שֶׁל אֶמֶשׁ קוֹדְמִין לְשֶׁל יוֹם. שְׁלָמִים שֶׁל אֶמֶשׁ, חַטָּאת וְאָשָׁם שֶׁל הַיּוֹם – שְׁלָמִים שֶׁל אֶמֶשׁ קוֹדְמִין, דִּבְרֵי רַבִּי מֵאִיר. וַחֲכָמִים אוֹמְרִים: חַטָּאת קוֹדֶמֶת, מִפְּנֵי שֶׁהִיא קׇדְשֵׁי קׇדָשִׁים.

Just as the more sacred offerings **precede** other offerings **with regard to their sacrifice,**[H] as taught in the previous mishna (89a), **they** also **precede** the others **with regard to their consumption.** If one has **a peace offering from yesterday and a peace offering from today,**[H] the peace offering **from yesterday precedes** the peace offering **from today.** If one has **a peace offering from yesterday and a sin offering**[N] **or a guilt offering from today, the peace offering from yesterday precedes** the others; this is **the statement of Rabbi Meir. And the Rabbis say:** The **sin offering precedes**[N] the peace offering, **due to** the fact **that it is an offering of the most sacred order.** Likewise, the guilt offering precedes the peace offering, as it is also of the most sacred order.

וְכוּלָּן, הַכֹּהֲנִים רַשָּׁאִין לְשַׁנּוֹת בַּאֲכִילָתָן: לְאׇכְלָן צְלוּיִין, וּשְׁלוּקִין, וּמְבוּשָּׁלִין, לָתֵת לְתוֹכוֹ תַּבְלֵי חוּלִּין וְתַבְלֵי תְרוּמָה, דִּבְרֵי רַבִּי שִׁמְעוֹן. רַבִּי מֵאִיר אוֹמֵר: לֹא יִתֵּן לְתוֹכוֹ תַּבְלֵי תְרוּמָה, שֶׁלֹּא יָבִיא הַתְּרוּמָה לִידֵי פְּסוּל.

And with regard to **all** of the offerings that are eaten, **the priests are permitted to alter**[H] the manner of **their consumption**[N] and eat them as they choose. Therefore, the priests are permitted **to eat them roasted, or boiled,**[N] **or cooked,** and **to place in** the cooking pot **non-sacred spices or *teruma* spices.** This is **the statement of Rabbi Shimon. Rabbi Meir says: One may not place *teruma* spices in it,** so **that he will not bring the *teruma* to** a state **of disqualification.** Consumption of consecrated foods is permitted only for a limited period, after which they are disqualified and burned. Adding *teruma* spices might cause those spices to be similarly disqualified.

NOTES

All the guilt offerings mandated by the Torah come in their second year, etc. – כָּל הָאֲשָׁמוֹת שֶׁבַּתּוֹרָה בָּאִין בְּנֵי שְׁתַּיִם וכו׳: There are six types of guilt offerings: The guilt offering of robbery, the guilt offering for misuse of consecrated property, the guilt offering of an espoused maidservant, the guilt offering of a nazirite, the guilt offering of a leper, and the guilt offering of uncertainty (see 54b). In each case the Torah states that the offering is a ram, except with regard to the nazirite and the leper, whose guilt offerings are sheep. The mishna (*Para* 1:3) teaches that a sheep in its first year is called a sheep, whereas in its second year it is called a ram. The Torah states that the guilt offering for misuse of consecrated property must be worth silver shekels (Leviticus 5:15), which is interpreted as meaning at least two shekels. The Sages derived by verbal analogy from this verse that all ram guilt offerings must be of this value (see Rashi).

A peace offering from yesterday and a sin offering, etc. – שְׁלָמִים שֶׁל אֶמֶשׁ, חַטָּאת וכו׳: According to a straightforward reading of the mishna, this is referring to the consumption of the offerings: The consumption of a peace offering from yesterday precedes the consumption of a sin offering from today. This explains why the mishna does not discuss burnt offerings, as they are not consumed (*Tosefot Yom Tov*). Rashi states here, citing the Gemara on 91a, that the mishna is referring to the sacrifice of the offerings: According to Rabbi Meir, the sacrifice of a peace offering brought to the Temple courtyard yesterday precedes the sacrifice of a sin offering or a guilt offering brought to the Temple courtyard today.

The sin offering precedes, etc. – חַטָּאת קוֹדֶמֶת וכו׳: The Rabbis maintain that offerings of the most sacred order take precedence, notwithstanding the following reason why one should give precedence to yesterday's peace offering: Since yesterday's peace offering may be consumed only until nightfall, whereas the sin offering and the guilt offering are consumed until midnight, there is less time remaining for the consumption of the peace offering. Nevertheless, since the sin offering and the guilt offering are eaten only by priests in the Temple courtyard, whereas the peace offering is eaten by any ritually pure Jew and throughout Jerusalem, the peace offering is less likely to remain after the period of time for its consumption has elapsed (*Or Same'aḥ*).

The priests are permitted to alter the manner of their consumption, etc. – הַכֹּהֲנִים רַשָּׁאִין לְשַׁנּוֹת בַּאֲכִילָתָן וכו׳: The mishna is referring specifically to priests because one might incorrectly think that they should not seek to derive pleasure from the consumption of sacrificial meat or go to any lengths to make the meat tastier, as they are performing the Temple service (*Kesef Mishne*). With regard to non-priests, there is no question that it is permitted for them to consume those parts of offerings permitted to them in any manner of their choice, provided that they do so within the walls of Jerusalem and in a state of ritual purity.

To eat them roasted or boiled, etc. – לְאׇכְלָן צְלוּיִין וּשְׁלוּקִין וכו׳: This *halakha* applies to all offerings with the exception of the Paschal offering, which must be roasted (see Exodus 12:8 and 56b).

HALAKHA

All the sin offerings mandated by the Torah take precedence over the guilt offerings – כָּל הַחַטָּאוֹת שֶׁבַּתּוֹרָה קוֹדְמוֹת לָאֲשָׁמוֹת: All the sin offerings mandated by the Torah precede guilt offerings, except for the guilt offering of a leper, because it serves to render him fit (Rambam *Sefer Avoda, Hilkhot Temidin UMusafin* 9:8).

All the guilt offerings mandated by the Torah come in their second year – כָּל הָאֲשָׁמוֹת שֶׁבַּתּוֹרָה בָּאִין בְּנֵי שְׁתַּיִם: All the guilt offerings mentioned in the Torah come as rams in their second year, and their value must be at least two silver shekels, except for the guilt offering of a nazirite and the guilt offering of a leper. These are sheep in their first year, for which there is no minimum value (Rambam *Sefer Avoda, Hilkhot Pesulei HaMukdashin* 4:22).

Just as the more sacred offerings precede other offerings with regard to their sacrifice, etc. – כְּשֵׁם שֶׁקּוֹדְמִין בְּהֶקְרֵבָן וכו׳: Any offering whose sacrifice precedes another also takes precedence with regard to its consumption (Rambam *Sefer Avoda, Hilkhot Temidin UMusafin* 9:12).

A peace offering from yesterday and a peace offering from today – שְׁלָמִים שֶׁל אֶמֶשׁ וּשְׁלָמִים שֶׁל יוֹם: If one has a peace offering from yesterday and a peace offering from today, the peace offering from yesterday takes precedence, as there is less time left to consume it. If one has a peace offering from yesterday and a sin offering or a guilt offering from today, the sin offering or guilt offering precedes the peace offering, due to the fact that sin offerings and guilt offerings are offerings of the most sacred order. The *halakha* is in accordance with the opinion of the Rabbis (Rambam *Sefer Avoda, Hilkhot Temidin UMusafin* 9:13).

The priests are permitted to alter, etc. – הַכֹּהֲנִים רַשָּׁאִין לְשַׁנּוֹת וכו׳: The priests are permitted to prepare and eat the meat of the offerings however they choose: They may eat them roasted, boiled, or cooked, and they may add non-sacred spices. Nevertheless, they may not add *teruma* spices, so as not to bring the *teruma* to a state of disqualification. The *halakha* is in accordance with the opinion of Rabbi Meir, as indicated by the Gemara on 76a (Rambam *Sefer Avoda, Hilkhot Ma'aseh HaKorbanot* 10:10 and *Mishne LaMelekh* there).

BACKGROUND

Guilt offering of a nazirite – אֲשַׁם נָזִיר: If a nazirite becomes ritually impure by contact with a corpse, whether intentionally or not, he must first purify himself and then bring two birds to the Temple, one as a sin offering and the other as a burnt offering, as well as a lamb for a guilt offering. Afterward, he must start his period as a nazirite afresh.

Guilt offering of a leper – אֲשַׁם מְצוֹרָע: An individual suffering from leprosy is ritually impure. He is sent of out of the Israelite camp, or outside the walls of Jerusalem, until he is cured of his condition. Once cured, he undergoes a special ceremony involving two birds and then waits seven days for purification. On the eighth day he brings a female lamb for a sin offering, a male lamb for a burnt offering, and a second male lamb for a guilt offering, as well as a meal offering. The blood of the guilt offering is used in a purification ritual: Blood from the animal and oil that the leper brings are dabbed on parts of his body.

Purification ceremony of a leper in the Temple

HALAKHA

A frequent offering and an offering of greater sanctity – **תָּדִיר וּמְקוּדָּשׁ**: If there is a frequent offering and an offering of greater sanctity to be sacrificed, one may sacrifice whichever of them he chooses first, as this dilemma is left unresolved (Rambam *Sefer Avoda*, *Hilkhot Temidin UMusafin* 9:2).

גמ׳ אִיבַּעְיָא לְהוּ: תָּדִיר וּמְקוּדָּשׁ, אֵיזֶה מֵהֶם קוֹדֵם? תָּדִיר קוֹדֵם – מִשּׁוּם דְּתָדִיר, אוֹ דִּלְמָא מְקוּדָּשׁ קָדֵים – דְּקָדֵישׁ? תָּא שְׁמַע: תְּמִידִין קוֹדְמִין לְמוּסָפִין,

GEMARA **A dilemma was raised before** the Sages: The *mishnayot* (89a) taught that a frequent offering precedes other offerings, and also that an offering of greater sanctity precedes others. If there is **a frequent** offering **and** an offering **of** greater **sanctity**[H] to be sacrificed, **which of them precedes** the other? Does the **frequent** offering **take precedence, due to** the fact **that** it is **frequent, or perhaps** the offering **of** greater **sanctity takes precedence, as** it is of greater **sanctity?** The Gemara suggests: **Come** and **hear** the ruling of the first mishna in this chapter, that the **daily offerings precede** the **additional offerings** because they are frequent.

Perek **X**
Daf **91** Amud **a**

NOTES

Precede the additional New Moon offerings – **קוֹדְמִין לְמוּסְפֵי רֹאשׁ חוֹדֶשׁ**: The New Moon has an aspect of greater sanctity than Shabbat, as it is called a Festival (see *Pesaḥim* 77a) and it requires a male goat sin offering, neither of which apply to Shabbat (*Shita Mekubbetzet*, citing Rashi).

Does not affect the blessing on the wine – **לְבִרְכַּת הַיַּיִן לָא אַהֲנַאי**: Generally, the blessing over wine is a blessing over the enjoyment of food. On Shabbat its significance is heightened, as it is part of the *kiddush* ritual. Therefore, it is considered a blessing recited due to the sanctity of Shabbat (see *Zivḥei Kodesh*).

וְאַף עַל גַּב דְּמוּסָפִין קַדִּישִׁי! אַטּוּ שַׁבָּת לְמוּסָפִין אַהֲנַאי, לִתְמִידִין לָא אַהֲנַאי?

And even though the **additional offerings** are **of** greater **sanctity,** as they are sacrificed due to the sanctity of Shabbat, the frequent offering precedes the offering of greater sanctity. The Gemara rejects this proof: **Is that to say** that the sanctity of **Shabbat affects** the sanctity of the **additional offerings** but does **not affect** the **daily offerings** brought on Shabbat? Rather, the sanctity of Shabbat elevates the sanctity of the daily offerings as well, and as both are of equal sanctity, the frequent daily offering precedes the additional offerings.

תָּא שְׁמַע: מוּסְפֵי שַׁבָּת קוֹדְמִין לְמוּסְפֵי רֹאשׁ חוֹדֶשׁ. אַטּוּ רֹאשׁ חוֹדֶשׁ לְמוּסָפִין דִּידֵיהּ אַהֲנֵי, לְמוּסְפֵי שַׁבָּת לָא אַהֲנֵי?

The Gemara cites another proof: **Come** and **hear** the continuation of this mishna: The **additional Shabbat offerings precede** the **additional New Moon offerings**[N] because they are more frequent, despite the fact that the New Moon elevates the sanctity of its additional offerings. The Gemara rejects this proof in a similar manner: **Is that to say** that the sanctity of the **New Moon affects** the sanctity of **its additional offerings** but **does not affect the additional offerings of Shabbat?** These additional offerings are also imbued with the sanctity of the New Moon.

תָּא שְׁמַע: מוּסְפֵי רֹאשׁ חוֹדֶשׁ קוֹדְמִין לְמוּסְפֵי רֹאשׁ הַשָּׁנָה, אַף עַל גַּב דְּרֹאשׁ הַשָּׁנָה קַדְּשָׁה! אַטּוּ רֹאשׁ הַשָּׁנָה לְמוּסְפֵי דִּידֵיהּ אַהֲנֵי, לְמוּסְפֵי רֹאשׁ חוֹדֶשׁ לָא אַהֲנֵי?

The Gemara cites another proof: **Come** and **hear** the continuation of this mishna: The **additional New Moon offerings precede** the **additional New Year offerings** because they are more frequent, **even though the New Year** is **of** greater **sanctity.** The Gemara rejects this proof as well: **Is that to say** that the sanctity of **the New Year affects** the sanctity of **its additional offerings** but **does not affect the additional offerings of** the **New Moon?**

תָּא שְׁמַע: דָּבָר אַחֵר, בִּרְכַּת הַיַּיִן תְּדִירָה וּבִרְכַּת הַיּוֹם אֵינָהּ תְּדִירָה, וְתָדִיר וְשֶׁאֵינוֹ תָּדִיר – תָּדִיר קוֹדֵם, אַף עַל גַּב דְּבִרְכַּת הַיּוֹם קַדִּישָׁה! אַטּוּ שַׁבָּת לְבִרְכַּת הַיּוֹם אַהֲנַאי, לְבִרְכַּת הַיַּיִן לָא אַהֲנַאי?

The Gemara cites another proof: **Come** and **hear** a *baraita* (*Tosefta*, *Berakhot* 5:25) that discusses the dispute between Beit Shammai and Beit Hillel with regard to the order of blessings in *kiddush*. After stating one reason for the opinion of Beit Hillel that one recites the blessing on the wine before the blessing of the sanctity of the day, the *Tosefta* adds: **Alternatively,** Beit Hillel say: **The blessing over wine** is recited **frequently,**[H] **and the blessing over the day is not** recited **frequently, and** there is a principle: When **a frequent** practice **and an infrequent** practice clash, the **frequent** practice **takes precedence** over the infrequent practice. This applies **even though the blessing of the day** is **of** greater **sanctity,** as it is recited due to the sanctity of Shabbat. The Gemara rejects this proof as well: **Is that to say** that the sanctity of **Shabbat affects** the sanctity of **the blessing of the day** but **does not affect** the sanctity of **the blessing on the wine?**[N]

HALAKHA

The blessing over wine is recited frequently – **בִּרְכַּת הַיַּיִן תְּדִירָה**: When reciting *kiddush* on Shabbat, the blessing over the wine precedes the blessing over the sanctity of Shabbat, in accordance with the opinion of Beit Hillel (Rambam *Sefer Zemanim*, *Hilkhot Shabbat* 29:7; *Shulḥan Arukh*, *Oraḥ Ḥayyim* 271:10).

תָּא שְׁמַע, דְּאָמַר רַבִּי יוֹחָנָן: הֲלָכָה, מִתְפַּלֵּל אָדָם שֶׁל מִנְחָה וְאַחַר כָּךְ שֶׁל מוּסָפִין! אַטּוּ שַׁבָּת לִתְפִלַּת מוּסָפִין אַהֲנַאי, לִתְפִלַּת מִנְחָה לָא אַהֲנַאי?

The Gemara cites another proof: **Come and hear, as Rabbi Yoḥanan says:** If one did not recite the additional prayer on Shabbat until the time of the afternoon prayer arrived, the ***halakha*** is that **a person prays the afternoon prayer**[H] **and afterward the additional prayer,** as the afternoon prayer is more frequent. This ruling applies despite the fact that the additional prayer is of greater sanctity. Once again the Gemara rejects the proof: **Is that to say** that the sanctity of **Shabbat affects** the sanctity of **the additional prayer** but **does not affect** the sanctity of **the afternoon prayer?**[N]

תָּא שְׁמַע: שְׁלָמִים שֶׁל אֶמֶשׁ, חַטָּאת וְאָשָׁם שֶׁל יוֹם – שְׁלָמִים שֶׁל אֶמֶשׁ קוֹדְמִין; הָא אִידֵי וְאִידֵי דְּיוֹם – חַטָּאת וְאָשָׁם קָדְמִי, וְאַף עַל גַּב דִּשְׁלָמִים תְּדִירִי!

The Gemara cites yet another proof. **Come and hear** the mishna: If one has **a peace offering from yesterday** and **a sin offering or a guilt offering from today, the peace offering from yesterday precedes** the others; this is the statement of Rabbi Meir. One can infer from this that if both **this** offering **and that** offering are **from today,** the **sin offering or guilt offering takes precedence, and** this is the *halakha* **even though the peace offering** is more **frequent,** as people sacrifice voluntary peace offerings more often than sin offerings or guilt offerings.

אָמַר רָבָא: מָצוּי קָאָמְרַתְּ? תָּדִיר קָמִיבַּעְיָא לַן, מָצוּי לָא קָמִיבַּעְיָא לַן.

Rava said in response: **Are you speaking** of **a common** offering? Although peace offerings are sacrificed more often than sin offerings, there is no obligation to sacrifice them at any particular frequency. **We raise the dilemma** only with regard to a clash between **a frequent** offering and one of greater sanctity, but **we do not raise the dilemma** with regard to **a common** offering.

אֲמַר לֵיהּ רַב הוּנָא בַּר יְהוּדָה לְרָבָא: אַטּוּ מָצוּי לָאו תָּדִיר? וְהָתַנְיָא אוֹצִיא אֶת הַפֶּסַח שֶׁאֵינוֹ תָּדִיר, וְלֹא אוֹצִיא אֶת הַמִּילָה שֶׁהִיא תְּדִירָה.

Rav Huna bar Yehuda said to Rava: Is that to say that **a common** obligation is **not** considered tantamount to **a frequent** obligation? **But isn't it taught** in a *baraita* with regard to positive mitzvot whose intentional neglect results in the punishment of *karet* but whose unwitting transgression does not entail the sacrifice of a sin offering: **I should exclude** the neglect of **the Paschal offering** from the obligation to sacrifice a sin offering, **as it is not frequent, and I should not exclude** the neglect of **the** mitzva of **circumcision, as it is frequent?** Circumcision is considered a frequent mitzva, as it is performed more often than the Paschal offering, despite the fact that there is no obligation to perform circumcisions at any particular frequency.

מַאי "תְּדִירָה" – תְּדִירָה בְּמִצְוֹת. וְאִיבָּעֵית אֵימָא: מִילָה לְגַבֵּי פֶּסַח – כִּי תָּדִיר דָּמְיָא.

Rava answers: **What** is the meaning of **frequent** in that context? It means that circumcision is **frequent in** terms of the numerous **mitzvot**[N] commanded with regard to its fulfillment. **And if you wish, say** instead that **circumcision in relation to the Paschal offering is considered like a frequent** obligation, as it occurs far more often, whereas peace offerings are brought only somewhat more often than sin offerings. In sum, one cannot infer from the mishna that an offering of greater sanctity precedes a frequent offering.

HALAKHA

A person prays the afternoon prayer, etc. – **מִתְפַּלֵּל אָדָם שֶׁל מִנְחָה וכו׳**: If one did not recite the additional prayer until the time of the afternoon prayer arrived, one recites the afternoon prayer first, as it is more frequent. If one recited the additional prayer first, he has fulfilled his obligation (Rema, citing Rashba). Others maintain that this ruling applies only if one wishes to recite both prayers at the current time; if one wants to recite the afternoon prayer at a later stage, it is permitted to recite the additional prayer first (Rabbeinu Yitzḥak of Dampierre). The Rosh, citing the Jerusalem Talmud, rules that in any case, if the time of *minḥa ketana* has arrived, i.e., two and a half hours before sunset, one should recite the afternoon prayer first (Rambam *Sefer Ahava, Hilkhot Tefilla* 3:11; *Shulḥan Arukh, Oraḥ Ḥayyim* 286:4).

NOTES

Does not affect the afternoon prayer – **לִתְפִלַּת מִנְחָה לָא אַהֲנַאי**: Unlike the additional prayer, which is recited only on Shabbat and Festivals, the afternoon prayer is recited daily. Nevertheless, the formula of the Shabbat afternoon prayer is unique to Shabbat, and therefore it is also considered to be imbued with the sanctity of Shabbat (*Zivḥei Kodesh*).

Circumcision is frequent in terms of the numerous mitzvot – **תְּדִירָה בְּמִצְוֹת**: Rashi states that in this context the term frequent refers to the numerous mitzvot involved in the fulfillment of the act. This is as taught in the mishna on *Nedarim* 31b, that thirteen covenants were sealed with regard to the mitzva of circumcision. The mitzva of circumcision is therefore considered of greater significance than other mitzvot, including the Paschal offering (see *Shabbat* 133a). Other commentaries explain that the mitzva of circumcision is considered frequent because one remains circumcised for his entire life, and therefore he is constantly fulfilling the mitzva (*Or Same'aḥ*; *Sefat Emet*). Alternatively, the *baraita* does indeed refer to a common obligation as a frequent obligation, yet the Gemara holds that this is an exceptional usage of the term; generally, common is not considered frequent (Rabbeinu Hillel on *Torat Kohanim*).

BACKGROUND

Sura – סוּרָא: Sura was a town in southern Babylonia. It was not an important Jewish community until the great *amora*, Rav, moved there from Eretz Yisrael and established the Sura Yeshiva (c. 220 CE). From then on, until the end of the geonic period (c. 1000 CE), Sura was a major Torah center. The yeshiva of Sura, under the leadership of Rav and his closest disciples, was influenced by the halakhic traditions of Eretz Yisrael, and it was renowned for its unique approach to Torah study. The great scholars and leaders of Sura include Rav, Rav Huna, Rav Ḥisda, Ravina, and Rav Ashi. The main editing of the Babylonian Talmud also took place in Sura.

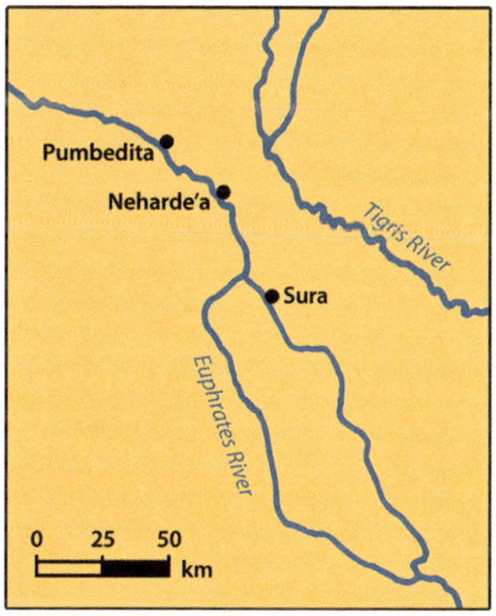

Location of Sura

אִיבַּעְיָא לְהוּ: תָּדִיר וְשֶׁאֵינוֹ תָּדִיר, וְקָדֵים וּשְׁחַט לְשֶׁאֵינוֹ תָּדִיר, מַאי? מִי אָמְרִינַן: כֵּיוָן דִּשְׁחַטֵיהּ – מַקְרִיב לֵיהּ, אוֹ דִּלְמָא: יָהֵיב לְאַחֵר דִּמְמָרֵס בְּדָמוֹ עַד דְּמַקְרִיב לֵיהּ לְתָדִיר, וַהֲדַר מַקְרִיב לְשֶׁאֵינוֹ תָּדִיר?

§ An additional **dilemma** with regard to precedence **was raised before** the Sages: If the priest had two offerings to sacrifice, a **frequent** offering **and an infrequent** offering, **and** although he should have initially sacrificed the frequent offering **he slaughtered the infrequent** offering[H] **first, what** is the *halakha*? **Do we say** that **since** he already **slaughtered** the infrequent offering he also proceeds to **sacrifice it? Or perhaps** he does not yet sacrifice it but **gives** it **to another** priest, **who stirs its blood** to prevent it from congealing, **until** he **sacrifices** the **frequent** offering; **and then** he **sacrifices the infrequent** offering.

אֲמַר רַב הוּנָא מִסּוּרָא: תָּא שְׁמַע, שְׁלָמִים שֶׁל אֶמֶשׁ, חַטָּאת וְאָשָׁם שֶׁל יוֹם – שֶׁל אֶמֶשׁ קוֹדֵם לְשֶׁל יוֹם; הָא דְּיוֹם דּוּמְיָא דְּאֶמֶשׁ,

Rav Huna from Sura[B] **said: Come** and **hear** an answer from the mishna: If one has **a peace offering from yesterday**[N] and **a sin offering or a guilt offering from today,** the peace offering **from yesterday precedes** the sin offering **from today.** It can be assumed that the mishna is not discussing a case where none of the offerings have been slaughtered, as the peace offering would not take precedence in this situation. Rather, it is discussing a peace offering from yesterday that was slaughtered but its blood has not yet been presented. One can infer from this that only a peace offering from yesterday takes precedence in this situation, **but** in the case of a peace offering **from today** that is **similar** in other aspects **to** a peace offering **from yesterday,** the peace offering does not take precedence.

וְהֵיכִי דָּמֵי – דְּקָדֵים שַׁחֲטֵיהּ לִשְׁלָמִים – חַטָּאת וְאָשָׁם קָדְמִי!

The Gemara explains: **And what are the circumstances** of this case? This is a situation **where** one **first slaughtered the peace offering** from today. In this case the **sin offering or guilt offering takes precedence,** although the peace offering is already slaughtered, as both of them are of greater sanctity. The same should apply to an infrequent offering that was slaughtered before a frequent offering: The frequent offering is slaughtered before the blood of the infrequent offering is presented.

דִּלְמָא שְׁלָמִים דְּאֶמֶשׁ וְחַטָּאת וְאָשָׁם דְּיוֹם, הֵיכִי מַשְׁכַּחַת לָהּ – דְּשַׁחֲטִינְהוּ לְתַרְוַיְיהוּ, אֲבָל לָא שַׁחֲטִינְהוּ לְתַרְוַיְיהוּ – תִּיבָּעֵי לָךְ.

The Gemara rejects this answer: **Perhaps** when the mishna makes reference to **a peace offering from yesterday and a sin offering or a guilt offering from today,** the circumstances should be understood differently. **How can you find these** other circumstances? The mishna discusses a case **where** the priest already **slaughtered both of them,**[H] the peace offering and the sin- or guilt offering, and the blood of both awaits presentation on the altar. **But** had he **not** yet **slaughtered both of them,** but only the peace offering, **you** can still **raise the dilemma** of whether the priest should set aside the blood of the peace offering in order to slaughter the sin offering first, due to its greater sanctity.

HALAKHA

Slaughtered the infrequent offering – שָׁחַט לְשֶׁאֵינוֹ תָּדִיר: If a priest had two offerings to sacrifice, a frequent offering and an infrequent offering, and he slaughtered the infrequent offering first, whether intentionally or unwittingly, he should complete the sacrificial rites of the first offering and then slaughter the frequent offering. The same applies if one slaughtered an offering of lesser sanctity before an offering of greater sanctity (Rambam *Sefer Avoda*, *Hilkhot Temidin UMusafin* 9:3).

Already slaughtered both of them – שַׁחֲטִינְהוּ לְתַרְוַיְיהוּ: If a frequent offering and an infrequent offering are slaughtered at the same time, the blood of the infrequent offering is stirred to prevent it from congealing, until the blood of the frequent offering is presented on the altar. The same applies with regard to the case of an offering of greater sanctity and an offering of lesser sanctity (Rambam, *Sefer Avoda*, *Hilkhot Temidin UMusafin* 9:4).

NOTES

A peace offering from yesterday, etc. – שְׁלָמִים שֶׁל אֶמֶשׁ וכו׳: The Gemara understands the mishna as referring to the following situation: The peace offering that was brought yesterday to the Temple courtyard was slaughtered today in the morning, and its blood awaits sprinkling on the altar, while the sin offering has not yet been slaughtered. This exactly parallels the case under discussion with regard to a frequent and an infrequent offering (Rashi). Other commentaries maintain that the mishna is referring to the consumption of the offerings: Consumption of the peace offering slaughtered yesterday precedes the consumption of the sin offering slaughtered today. The Gemara infers from this that if the peace offering was slaughtered today, the sacrifice of the sin offering precedes sprinkling of the blood of the peace offering, so that the flesh of the sin offering can be eaten first (*Shita Mekubbetzet*, citing Rashi; see also *Keren Ora*).

תָּא שְׁמַע: דָּבָר אַחֵר, בִּרְכַּת הַיַּיִן תְּדִירָה וּבִרְכַּת הַיּוֹם אֵינָהּ תְּדִירָה, וְתָדִיר וְשֶׁאֵינוֹ תָּדִיר – תָּדִיר קוֹדֵם!

The Gemara cites another proof: **Come** and **hear** the aforementioned *baraita*: **Alternatively,** Beit Hillel say: With regard to the order of blessings in *kiddush*, **the blessing on wine** is recited **frequently and the blessing of the day is not** recited **frequently, and** there is a principle: When **a frequent** practice **and an infrequent** practice clash, the **frequent** practice **takes precedence** over the infrequent practice. The obligation to recite the blessing of the day is due to the sanctity of Shabbat and applies at the start of Shabbat, before wine is placed on the table. Nevertheless, the blessing on the wine takes precedence due to its frequency. So too, the slaughtering of the frequent offering should take precedence, even if the priest had already commenced the sacrificial rites of the infrequent offering.

הָכָא נַמִי, דְּכֵיוָן דְּאָתְיָין – כְּמַאן דִּשְׁחִיטִי תַּרְוַיְיהוּ דָּמֵי.

The Gemara rejects this proof: **Here too,** with regard to *kiddush*, the circumstances are different, **since** wine is available when one recites *kiddush*, and therefore the obligation of both blessings **come** together. This means that it is **comparable to** a situation **where one** already **slaughtered both** animals.

תָּא שְׁמַע, דְּאָמַר רַבִּי יוֹחָנָן: הֲלָכָה, מִתְפַּלֵּל אָדָם שֶׁל מִנְחָה וְאַחַר כָּךְ שֶׁל מוּסָפִין! הָכָא נַמִי, כֵּיוָן דְּמָטֵי זְמַן תְּפִלַּת מִנְחָה – כְּמַאן דִּשְׁחִיטִי תַּרְוַיְיהוּ דָּמֵי.

The Gemara cites yet another proof: **Come** and **hear, as Rabbi Yoḥanan says:** The ***halakha*** is that **a person prays the afternoon prayer and afterward the additional prayer,** despite the fact that the obligation of the additional prayer applies first, which is similar to an offering slaughtered first. The Gemara rejects this proof: **Here too, since the time of the afternoon prayer has** now **arrived,** one is obligated in both prayers, and again this is **comparable to** a situation **where one** already **slaughtered both** animals.

אֲמַר לֵיהּ רַב אַחָא בְּרֵיהּ דְּרַב אַשִׁי לְרָבִינָא: שְׁחָטוֹ קוֹדֶם חֲצוֹת – פָּסוּל, מִפְּנֵי שֶׁנֶּאֱמַר בּוֹ ״בֵּין הָעַרְבַּיִם״. קוֹדֶם לַתָּמִיד – כָּשֵׁר, וִיהֵא מְמָרֵס בְּדָמוֹ עַד שֶׁיִּזְרוֹק הַדָּם!

Rav Aḥa, son of Rav Ashi, said to Ravina that an answer to this dilemma can be found in a mishna (*Pesaḥim* 61a): If one **slaughtered** the Paschal offering **before midday**[H] it is **disqualified, because it is stated in its regard: "In the afternoon"** (Exodus 12:6). If he slaughtered it **before the daily** afternoon **offering** was slaughtered it is **valid,** even though the daily offering should be sacrificed first, **but** someone **should stir its blood** to prevent it from congealing **until** he slaughters and **sprinkles the blood** of the daily offering. Although the infrequent Paschal offering is already slaughtered, the priest first slaughters the frequent daily offering and then sprinkles the blood of the Paschal offering.

הָכָא בְּמַאי עָסְקִינַן – כְּגוֹן דְּקַדֵּים שַׁחֲטֵיהּ לְתָמִיד בְּרֵישָׁא. אֲמַר לֵיהּ רַב אַחָא סָבָא לְרַב אַשִׁי: מַתְנִיתִין נַמִי דַּיְקָא, דְּקָתָנֵי: ״עַד שֶׁיִּזָּרֵק הַדָּם״ (תָּמִיד), וְלָא קָתָנֵי: ״עַד שֶׁיִּשְׁחוֹט וְיִזְרוֹק דָּם״, שְׁמַע מִינָּהּ.

The Gemara rejects this proof as well: **Here we are dealing with** a case **where** he **gave precedence to the daily offering** and **slaughtered it first,** and then slaughtered the Paschal offering before sprinkling the blood of the daily offering. Since the blood of both offerings requires sprinkling on the altar, the blood of the daily offering takes precedence. **Rav Aḥa the Elder said to Rav Ashi** that the wording of **the mishna is also precise, as it teaches: Until the blood of the daily offering is sprinkled, and does not teach: Until he slaughters and sprinkles the blood.** This indicates that the daily afternoon offering has already been slaughtered. The Gemara affirms: **Conclude from** its wording that this is the meaning of the mishna.

HALAKHA

If one slaughtered the Paschal offering before midday – **שְׁחָטוֹ קוֹדֶם חֲצוֹת**: The Paschal offering is slaughtered after midday on the fourteenth of the Hebrew month of Nisan. If one slaughtered it before midday it is disqualified. Although the Paschal offering should be slaughtered after the daily afternoon offering, if one slaughtered it after midday but before the daily afternoon offering, it is valid. In this case someone should stir its blood to prevent it from congealing until the blood of the daily afternoon offering has been sprinkled on the altar, after which the priest presents the blood of the Paschal offering. If the priest presented the blood of the Paschal offering first, it is valid. This ruling is in accordance with the mishna (*Pesaḥim* 61a) and the conclusion of the Gemara here (Rambam *Sefer Korbanot, Hilkhot Korban Pesaḥ* 1:4).

"וּבְכוּלָּן כֹּהֲנִים רַשָּׁאִין" כו׳. מַאי טַעְמָא? אָמַר קְרָא "לְמָשְׁחָה" – לִגְדוּלָּה, כְּדֶרֶךְ שֶׁהַמְּלָכִים אוֹכְלִין.

§ The mishna teaches: **And with regard to all of** the offerings that are eaten, **the priests are permitted** to alter the manner of their consumption and eat them as they choose. The Gemara asks: **What is the reason** for this *halakha*? The Gemara answers: The **verse states,** with regard to the gifts of the priesthood: "Of all the consecrated items of the children of Israel to you have I given them ***lemoshḥa***" (Numbers 18:8). *Targum Onkelos* renders this term as: **For greatness,** indicating that the flesh of the offerings should be eaten **in the manner that kings eat** their food,[N] i.e., prepared in any way they want.

מתני׳ אָמַר רַבִּי שִׁמְעוֹן: אִם רָאִיתָ שֶׁמֶן שֶׁהוּא מִתְחַלֵּק בַּעֲזָרָה – אֵין צָרִיךְ לִשְׁאוֹל מַהוּ, אֶלָּא מוֹתַר רְקִיקֵי מְנָחוֹת יִשְׂרָאֵל, וְלוֹג שֶׁמֶן שֶׁל מְצוֹרָע.

MISHNA **Rabbi Shimon said: If you saw oil that is being distributed in the Temple courtyard** for consumption by the priests and you seek to ascertain its nature, you **do not need to ask what it is. Rather,** it is **left over** from the oil **of the wafers of the meal offerings of Israelites**[NH] after they smeared a bit of oil on them, **or** it is left over from the ***log*** **of oil of a leper**[H] after a small amount of the oil was placed on him.

אִם רָאִיתָ שֶׁמֶן שֶׁהוּא נִיתָּן עַל גַּבֵּי הָאִישִּׁים – אֵין צָרִיךְ לִשְׁאוֹל מַהוּ, אֶלָּא מוֹתַר רְקִיקֵי מִנְחַת כֹּהֲנִים וּמִנְחַת כֹּהֵן מָשִׁיחַ, שֶׁאֵין מִתְנַדְּבִין שֶׁמֶן. רַבִּי טַרְפוֹן אוֹמֵר: מִתְנַדְּבִין שֶׁמֶן.

If you saw oil that is placed on the flames of the altar in the manner of an offering, you **do not need to ask what it is. Rather,** it is **left over** from the oil **of the wafers of the meal offering of priests,**[H] **or** it is the leftover oil from **the meal offering of the anointed priest,**[N] which requires a great deal of oil and which is burned in its entirety on the altar. The mishna adds: One cannot say that the oil distributed to priests or burned on the altar was brought as a gift offering, **as one may not contribute oil** as a gift offering. **Rabbi Tarfon says: One may contribute oil** as a gift offering.[H]

NOTES

In the manner that kings eat their food – כְּדֶרֶךְ שֶׁהַמְּלָכִים אוֹכְלִין: According to the Rid, the Gemara understands that the meat of the offerings should ideally be eaten roasted, and therefore other methods of preparation are described by the mishna as altering the manner of their consumption. The Gemara asks from where it is derived that the meat should preferably be roasted. The Gemara answers that the term *lemoshḥa* means that the meat is to be eaten in the manner of kings, i.e., roasted, as explained elsewhere (*Ḥullin* 132b).

Left over from the oil of the wafers of the meal offerings of Israelites, etc. – מוֹתַר רְקִיקֵי מְנָחוֹת יִשְׂרָאֵל וכו׳: Every voluntary meal offering includes oil. The preparation of most types of meal offerings involves their entire amount of oil (see *Menaḥot* 74b). The wafers, which are a type of oven-baked meal offering, are not mixed with oil during their preparation; the oil is spread on them only after they are baked (see Leviticus 2:4). According to Rabbi Shimon, the priest spreads a small part of the oil on the wafers in the form of the Greek letter chi, X, and the remaining oil is eaten by the priests. The leper's *log* of oil is also eaten by the priests, as only a few drops of the oil are placed on the leper.

The meal offering of the anointed priest – מִנְחַת כֹּהֵן מָשִׁיחַ: This refers to the griddle-cake offering sacrificed by the High Priest each day. These griddle cakes are brought with a large amount of oil, three *log* instead of the usual one *log* of oil per one-tenth of an ephah of flour. Therefore, much of the oil is left over after the preparation of the meal offering. Furthermore, this meal offering is initially baked and only then fried, which means that the oil is only partially absorbed.

HALAKHA

The wafers of the meal offerings of Israelites – רְקִיקֵי מְנָחוֹת יִשְׂרָאֵל: How is the meal offering of wafers prepared? Fine flour is kneaded with warm water, and after the wafers are baked in the oven, the oil is spread on them in the following manner: One *log* of oil is required per one-tenth of an ephah of flour, and the wafers are spread with the oil repeatedly, until no oil is left. The *halakha* is not in accordance with the opinion of Rabbi Shimon, but in accordance with the dissenting opinion cited in *Menaḥot* 75a (Rambam *Sefer Avoda, Hilkhot Ma'aseh HaKorbanot* 13:8 and *Kesef Mishne* there).

The *log* of oil of a leper – לוֹג שֶׁמֶן שֶׁל מְצוֹרָע: In the purification ritual of a leper, after the priest sprinkles oil toward the Holy of Holies and on the leper, the oil remaining in the flask is distributed to the priests (Rambam *Sefer Korbanot, Hilkhot Meḥusrei Kappara* 4:2).

The wafers of the meal offering of priests, etc. – רְקִיקֵי מִנְחַת כֹּהֲנִים וכו׳: The wafers of the meal offerings of priests and the griddle-cake offering of the High Priest are burned in their entirety on the altar, whereas in the case of other meal offerings only a handful is sacrificed (Rambam *Sefer Avoda, Hilkhot Ma'aseh HaKorbanot* 12:9).

One may contribute oil as a gift offering – מִתְנַדְּבִין שֶׁמֶן: One may contribute oil as a gift offering. The *halakha* is in accordance with the opinion of Rabbi Tarfon, and in accordance with the ruling of an unattributed mishna and the opinion of Rabbi Yehuda HaNasi in *Menaḥot* 107a (Rambam *Sefer Avoda, Hilkhot Ma'aseh HaKorbanot* 16:14).

גמ׳ אָמַר שְׁמוּאֵל: לְדִבְרֵי רַבִּי טַרְפוֹן, הַמִּתְנַדֵּב שֶׁמֶן – קוֹמְצוֹ, וּשְׁיָרָיו נֶאֱכָלִין. מַאי טַעְמָא? אָמַר קְרָא: ״קׇרְבַּן מִנְחָה״ – מְלַמֵּד שֶׁמִּתְנַדְּבִין שֶׁמֶן. וְכִי מִנְחָה: מָה מִנְחָה – קוֹמְצָהּ, וּשְׁיָרֶיהָ נֶאֱכָלִין, אַף שֶׁמֶן – קוֹמְצוֹ, וּשְׁיָרָיו נֶאֱכָלִין.

GEMARA **Shmuel says: According to the statement of Rabbi Tarfon** that oil may be sacrificed as a gift offering, in the case of **one who contributes oil,**[H] a priest **removes a handful of** the oil and sacrifices it on the altar, **and its remainder is eaten** by the priests. **What is the reason** for the ruling of Shmuel? The **verse states:** "And when one brings **a meal offering** [***korban minḥa***]" (Leviticus 2:1). The superfluous word *korban* **teaches that one may contribute oil, and** its status is **like** that of a **meal offering: Just as** with regard to **a meal offering** the priest **removes a handful and its remainder is eaten, so too** with regard to **oil,** the priest **removes a handful and its remainder is eaten.**

אָמַר רַבִּי זֵירָא: אַף אֲנַן נָמֵי תְּנֵינָא: אָמַר רַבִּי שִׁמְעוֹן אִם רָאִיתָ שֶׁמֶן שֶׁמִּתְחַלֵּק בָּעֲזָרָה, אִי אַתָּה צָרִיךְ לִשְׁאוֹל מַהוּ, אֶלָּא מוֹתַר רְקִיקֵי מִנְחוֹת יִשְׂרָאֵל וְלוֹג שֶׁמֶן שֶׁל מְצוֹרָע, שֶׁאֵין מִתְנַדְּבִין; מִכְּלָל דְּמַאן דְּאָמַר מִתְנַדְּבִין – מִתְחַלֵּק!

Rabbi Zeira said that **we learn** this *halakha* in the mishna **as well:**[B] **Rabbi Shimon said: If you saw oil that is being distributed in the Temple courtyard, you do not need to ask what it is; rather,** it is **left over** from the oil **of the wafers of the meal offerings of Israelites, or** it is left over from the ***log*** **of oil of a leper, as one does not contribute** oil as a gift offering. Rabbi Zeira learns **by inference** from the mishna **that** according to **the one who says** that **one may contribute** oil, it is **distributed** to the priests for consumption and it is not sacrificed entirely.

אָמַר לֵיהּ אַבָּיֵי: אֵימָא סֵיפָא, אִם רָאִיתָ שֶׁמֶן שֶׁנִּיתָּן עַל גַּבֵּי אִישִּׁים, אִי אַתָּה צָרִיךְ לִשְׁאוֹל מַהוּ, אֶלָּא מוֹתַר רְקִיקֵי מִנְחַת כֹּהֲנִים וּמִנְחַת כֹּהֵן מָשִׁיחַ, שֶׁאֵין מִתְנַדְּבִין שֶׁמֶן; מִכְּלָל דִּלְמַאן דְּאָמַר מִתְנַדֵּב – כּוּלּוֹ לָאִישִּׁים! לְאַבָּיֵי קַשְׁיָא רֵישָׁא, לְרַבִּי זֵירָא קַשְׁיָא סֵיפָא.

Abaye said to Rabbi Zeira: **Say the last clause** of the mishna: **If you saw oil that is placed on the flames** of the altar, **you do not need to ask what it is; rather,** it is **left over** from the oil **of the wafers of the meal offering of priests or** it is left over from **the meal offering of the anointed priest, as one does not contribute oil** as a gift offering. Abaye learns **by inference** from the mishna **that according to the one who says** that **one may contribute** oil, it is burned in its **entirety in the flames** on the altar. This contradicts Shmuel's statement that according to Rabbi Tarfon only a handful of the oil is burned on the altar. The Gemara comments: **For Abaye** the inference from **the first clause** of the mishna is **difficult,** while **for Rabbi Zeira** the inference from **the last clause** is **difficult.**

בִּשְׁלָמָא לְרַבִּי זֵירָא – רֵישָׁא בְּשִׁירַיִם, סֵיפָא בְּקוֹמֶץ. אֶלָּא לְאַבָּיֵי קַשְׁיָא! תְּנָא רֵישָׁא אַטּוּ סֵיפָא.

The Gemara continues: **Granted,** according **to Rabbi Zeira,** the inference from **the first clause** that the oil is distributed for consumption by the priests can be explained as referring **to the remainder** of the oil, whereas the inference from **the last clause** that the oil is burned on the altar is referring **to the handful** removed from the oil. **But** according **to Abaye,** the contradictory inferences pose **a difficulty.** The Gemara answers: One cannot infer anything from the first clause, as the mishna **taught the first clause due to the last clause.** That is, as the *tanna* of the mishna wishes to teach the last clause in a certain manner, he teaches the first clause in a similar style, despite the fact that one might come to an erroneous conclusion from the wording of the first clause.

בִּשְׁלָמָא סֵיפָא תָּנֵי מִשּׁוּם רֵישָׁא, אֶלָּא רֵישָׁא מִשּׁוּם סֵיפָא מִי תָּנֵי? אִין, אָמְרִי בְּמַעְרְבָא: תְּנָא רֵישָׁא מִשּׁוּם סֵיפָא.

The Gemara asks: **Granted,** a *tanna* may **teach the last clause** of a mishna **due to the first clause,** i.e., a *tanna* might teach in a similar formulation to one he had already used. **But would** a *tanna* **teach the first clause** of a mishna **due to the last clause?** The Gemara answers: **Yes; they say in the West,** Eretz Yisrael, that a *tanna* **taught the first clause due to the last clause.**

HALAKHA

One who contributes oil, etc. – הַמִּתְנַדֵּב שֶׁמֶן וכו׳: If one contributes oil as a gift offering or a vow offering, the priest removes a handful of the oil, salts it, and throws it on the flames of the altar. The remainder is then eaten by the priests, in accordance with the opinion of Shmuel (Rambam *Sefer Avoda, Hilkhot Ma'aseh HaKorbanot* 16:14).

BACKGROUND

We learn this as well – אַף אֲנַן נָמֵי תְּנֵינָא: This expression is used in the Gemara when proof is adduced for the ruling of an *amora* from the statement of a mishna or *baraita*. Typically, the tannaitic quotation will not deal directly with the subject at hand, as *amora'im* do not usually issue halakhic rulings that already appear in a mishna. Instead, the proof is usually more complex, i.e., if one examines the mishna closely he would reach the same conclusion as the *amora*, despite the fact that he did not base his ruling on the mishna.

תָּא שְׁמַע: יַיִן כְּדִבְרֵי רַבִּי עֲקִיבָא לַסְּפָלִים, שֶׁמֶן כְּדִבְרֵי רַבִּי טַרְפוֹן לָאִישִּׁים; מַאי לָאו מִדְּיַיִן כּוּלּוֹ לַסְּפָלִים – שֶׁמֶן כּוּלּוֹ לָאִישִּׁים? מִידֵּי אִירְיָא? הָא כִּדְאִיתָא וְהָא כִּדְאִיתָא.

The Gemara cites a proof: **Come** and **hear** a *baraita*: If one contributes **wine, according to the statement of Rabbi Akiva** that one may contribute wine, it is poured **into the basins**[NH] adjacent to the corner of the altar. If one contributes **oil, according to the statement of Rabbi Tarfon** that one may contribute oil, it is burned **in the flames** of the altar. **What, is it not** possible to infer **from** the fact **that** the **wine** is poured in **its entirety into the basins** that the **oil** is likewise burned in **its entirety in the flames** of the altar, contrary to Shmuel's statement? The Gemara rejects this proof: **Are the cases comparable? This** case is **as it is and that** case is **as it is,** i.e., the donations of wine and the oil are separate cases, and the two statements of the *baraita* need not accord with each other.

אֲמַר רַב פַּפָּא, כְּתַנָּאֵי: שֶׁמֶן – לֹא יִפְחוֹת מִלּוֹג, רַבִּי אוֹמֵר: שְׁלֹשֶׁת לוּגִּין. בְּמַאי קָמִיפַּלְגִי? אֲמַרוּהָ רַבָּנַן קַמֵּיהּ דְּרַב פַּפָּא: דּוּן מִינָּהּ וּמִינָּהּ, דּוּן מִינָּהּ וְאוֹקֵי בְּאַתְרָהּ,

Rav Pappa said: Shmuel's statement is **like** one side of a dispute between *tanna'im*, as it is taught in a *baraita*: One who contributes oil should **not** bring **less than a** *log*.[H] **Rabbi** Yehuda HaNasi **says: Three** *log*.[N] The Gemara asks: **With regard to what** principle **do** the first *tanna* and Rabbi Yehuda HaNasi **disagree? The Sages said this before Rav Pappa:** They disagree with regard to the nature of an inference by means of verbal analogy or juxtaposition: Is the secondary case equated to the primary case in all aspects, in accordance with the exegetical principle: **Infer from it and** again **from it;** or does the comparison extend only to one specific issue derived from the primary case, in accordance with the principle: **Infer from it but interpret** the *halakha* according **to its own place,** i.e., in all other aspects the cases are not equated?

אִיכָּא בֵּינַיְיהוּ; דְּרַבָּנַן סָבְרִי: מַה מִּנְחָה מִתְנַדְּבִין – אַף שֶׁמֶן מִתְנַדְּבִין, [וּמִינָּהּ: מַה מִּנְחָה לוֹג שֶׁמֶן – אַף כָּאן לוֹג שֶׁמֶן, וּמַה מִּנְחָה – קוֹמְצָהּ וּשְׁיָרֶיהָ נֶאֱכָלִין, אַף שֶׁמֶן – קוֹמְצוֹ וּשְׁיָרָיו נֶאֱכָלִין.

The Gemara explains that this **is the** difference **between them, as the Rabbis hold** by the principle: Infer from it and again from it. The Gemara explains the application of this principle: **Just as a meal offering is contributed, so too, oil is contributed,** as inferred from the verse addressing the meal offering. **And** again one infers **from** this source: **Just as a meal offering** requires **a** *log* **of oil,**[N] **so too here,** an offering of oil alone must be **a** *log* **of oil. And just as** with regard to **a meal offering** the priest **removes a handful and its remainder is eaten, so too** with regard to **oil,** the priest **removes a handful and its remainder is eaten.**

וְאִידָךְ: מִמִּנְחָה, מַה מִּנְחָה מִתְנַדְּבִין – אַף שֶׁמֶן מִתְנַדְּבִין, וְאוֹקֵי בְּאַתְרָהּ]: כִּנְסָכִים, מַה נְּסָכִים שְׁלֹשֶׁת לוּגִּין – [אַף שֶׁמֶן שָׁלֹשׁ לוּגִּין, וּמַה נְּסָכִים כּוּלָּן לַסְּפָלִין] – אַף שֶׁמֶן כּוּלָּן לָאִישִּׁים.

And the other, Rabbi Yehuda HaNasi, holds by the principle: Infer from it but interpret the *halakha* according to its own place. The Gemara explains that here too, one infers **from** the case of **a meal offering: Just as a meal offering is contributed, so too, oil is contributed. But** with regard to all other aspects of this *halakha*, **interpret** the *halakha* according **to its own place,** and its status is **like** that of wine **libations,** which are similar to oil in that they are also poured onto the altar: **Just as** one contributes **libations** of **three** *log*,[H] **so too,** when one contributes **oil** one contributes **three** *log*; **and just as libations** are poured in **their entirety into the basins, so too,** the **oil** is burned in **its entirety in the flames** of the altar.

NOTES

Wine…is poured into the basins – יַיִן...לַסְּפָלִים: The *baraita* alludes to the dispute cited in a mishna (*Menaḥot* 104b): One may contribute wine but one may not contribute oil; this is the statement of Rabbi Akiva. Rabbi Tarfon says: One may also contribute oil. Although Rabbi Tarfon agrees that one may contribute wine, the *baraita* attributes the opinion that one may contribute wine to Rabbi Akiva, as Rabbi Akiva does not permit the contribution of oil, only wine. The basins mentioned here are described in a mishna (*Sukka* 48a): There were two silver basins on the altar, adjacent to the southwest corner; one was intended for the wine libations which accompanied the offerings, and the other for the water libation during the festival of *Sukkot*. The wine would flow out of the basins and into a cavity in the ground beneath this corner of the altar (see *Sukka* 49a).

Three *log* – שְׁלֹשֶׁת לוּגִּין: Rabbi Yehuda HaNasi holds that the minimum quantity of oil contributed as a gift offering is equivalent to the minimum quantity of a gift offering of wine, i.e., three *log*. The Gemara derives the minimum quantity of wine from the fact that nowhere does the Torah mention a libation of less than three *log*, which is equivalent to a quarter of a *hin* (Rashi).

A meal offering requires a *log* of oil – מִנְחָה לוֹג שֶׁמֶן: The Sages derived the quantity of oil required for a meal offering from a verse describing the offerings of a leper (Leviticus 14:21): "Fine flour mingled with oil for a meal offering, and a *log* of oil" (see *Menaḥot* 88a).

HALAKHA

Wine…is poured into the basins – יַיִן...לַסְּפָלִים: If one contributes a gift offering of wine by itself, it is salted and poured into the basins, from where it flows into the drainpipes beneath the altar, like all libations (Rambam). This ruling is in accordance with the opinion of Rabbi Akiva, as opposed to Shmuel's opinion that the wine is sprinkled onto the flames of the altar.

The Rambam's ruling is difficult to understand, as the Gemara states that Shmuel's ruling is in accordance with the opinion of Rabbi Shimon with regard to a permitted action from which a prohibited action inadvertently ensues, and concerning that issue the Rambam rules in accordance with the opinion of Rabbi Shimon. Some commentaries suggest that as sprinkling wine on the fire will necessarily extinguish it, albeit unintentionally, the Rambam maintains that even Rabbi Shimon prohibits this act, as Rabbi Shimon concedes that an action is prohibited if it will inevitably result in a prohibited action being done (Mahari Kurkus). Alternatively, the Rambam does not rule in accordance with the opinion of Shmuel here because an unattributed mishna in tractate *Menaḥot* (74b) rules contrary to Shmuel's opinion (Rambam *Sefer Avoda*, *Hilkhot Ma'aseh HaKorbanot* 16:14).

One who contributes oil should not bring less than a *log* – שֶׁמֶן לֹא יִפְחוֹת מִלּוֹג: One may not contribute less than a *log* of oil as a gift offering or a vow offering, in accordance with the opinion of the first *tanna* (Rambam *Sefer Avoda*, *Hilkhot Ma'aseh HaKorbanot* 17:14).

One contributes libations of three *log* – נְסָכִים שְׁלֹשֶׁת לוּגִּין: One may contribute wine by itself as a gift offering or a vow offering. One may not contribute less than three *log*, and his contribution cannot be less than the total amount of wine for the libations of any specific offering or number of offerings. One may not contribute one or two *log*, but only three *log*, or more, provided the quantity is equivalent to the libations of any specific offering or number of offerings (Rambam *Sefer Avoda*, *Hilkhot Ma'aseh HaKorbanot* 17:12).

אֲמַר לֵיהּ רַב פַּפָּא לְאַבַּיֵי: אִי מִמִּנְחָה מַיְיתֵי לָהּ [רַבִּי] – דְּכוּלֵּי עָלְמָא דּוּן מִינָּהּ וּמִינָּהּ. אֶלָּא רַבִּי מֵ״אֶזְרָח״ גָּמַר לָהּ.

Rav Pappa said to Abaye: If Rabbi Yehuda HaNasi **cited** the source of the gift offering of oil **from** the verse addressing the **meal offering** he would not disagree with the Rabbis, **as everyone** employs the principle of: **Infer from it and again from it. Rather, Rabbi** Yehuda HaNasi **derives** the gift offering of oil **from** a verse that deals with libations: "All that are **homeborn** shall do these things after this manner, in presenting an offering made by fire" (Numbers 15:13). Rabbi Yehuda HaNasi derives from here that just as one may contribute wine libations, so too, one may contribute oil. Therefore, Rabbi Yehuda HaNasi compares oil to wine libations: Just as one contributes libations of three *log*, so too, one contributes three *log* of oil.

אֲמַר לֵיהּ רַב הוּנָא בְּרֵיהּ דְּרַב נָתָן לְרַב פַּפָּא: מִי מָצֵית אָמְרַתְּ הָכִי? וְהָתַנְיָא: ״קָרְבַּן מִנְחָה״ – מְלַמֵּד שֶׁמִּתְנַדְּבִין שֶׁמֶן, וְכַמָּה – שְׁלֹשָׁה לוּגִּין. וּמַאן שָׁמְעַתְּ לֵיהּ דְּאָמַר שְׁלֹשָׁה לוּגִּין – רַבִּי הִיא, וְקָא מַיְיתֵי לָהּ מִ״קָּרְבַּן״! אֲמַר לֵיהּ: אִי תַּנְיָא – תַּנְיָא.

Rav Huna, son of Rav Natan, said to Rav Pappa: How can you say that, i.e., that according to Rabbi Yehuda HaNasi the source of the gift offering of oil is not from the meal offering? **But isn't it taught** in a *baraita* with regard to the verse: "And when one brings **a meal offering** [***korban minḥa***]" (Leviticus 2:1), that the superfluous word *korban* **teaches that one may contribute oil?** The *baraita* continues: **And how much** must one contribute? **Three *log*.** The Gemara explains the question: **And whom did you hear who says** the gift offering of oil is **three *log*? This is** the opinion of **Rabbi** Yehuda HaNasi, **and** yet he **cites** the source of the gift offering of oil **from** the word ***korban*,** which is referring to a meal offering. Rav Pappa **said to him: If** this *baraita* **is taught, it is taught**; and I cannot take issue with it.

אָמַר שְׁמוּאֵל: הַמִּתְנַדֵּב יַיִן – מֵבִיא וּמְזַלְּפוֹ עַל גַּבֵּי הָאִישִּׁים. מַאי טַעְמָא? אָמַר קְרָא: ״וְיַיִן תַּקְרִיב לַנֶּסֶךְ חֲצִי הַהִין אִשֵּׁה רֵיחַ נִיחֹחַ לַה׳״. וְהָא קָא מְכַבֵּי! כִּיבּוּי בְּמִקְצָת לָא שְׁמֵיהּ כִּיבּוּי.

§ **Shmuel says: One who contributes wine brings** it **and sprinkles it on the flames** of the altar. **What is the reason** for this? **The verse states: "And you shall present for the libation half a *hin* of wine, for an offering made by fire, of a pleasing aroma to the Lord"** (Numbers 15:10). The verse indicates that there is a type of wine libation which is an offering made by fire. The Gemara challenges: **But he** thereby **extinguishes** the fire on the altar,[N] and the Torah states: "A perpetual fire shall be kept burning on the altar, it shall not go out" (Leviticus 6:6). The Gemara explains: **Extinguishing in a partial** manner **is not called extinguishing;** in other words, this act is not included in the prohibition.

אִינִי? וְהָאָמַר רַב נַחְמָן אָמַר רַבָּה בַּר אֲבוּהּ: הַמּוֹרִיד גַּחֶלֶת מֵעַל גַּבֵּי הַמִּזְבֵּחַ וְכִיבָּהּ – חַיָּיב! דְּלֵיכָּא אֶלָּא הַאי. אִיבָּעֵית אֵימָא: כִּיבּוּי דְּמִצְוָה שָׁאנֵי.

The Gemara asks: **Is that so? But doesn't Rav Naḥman say** that **Rabba bar Avuh says: One who takes down a coal from upon the altar**[H] **and extinguishes it is liable** for violating the prohibition: "It shall not go out"? The Gemara answers: This statement is referring to a situation **where there is only this** coal on the altar, and therefore the fire is entirely extinguished. **If you wish, say** instead that even if partial extinguishing is prohibited, **extinguishing** for the sake **of a mitzva,** as in the case of sprinkling wine on the altar, **is different,** and is permitted.

תָּא שְׁמַע, דְּתָנָא רַבִּי אֱלִיעֶזֶר בֶּן יַעֲקֹב: כְּלַפֵּי שֶׁנָּתְנָה תּוֹרָה לִתְרוֹם, יָכוֹל יְכַבֶּה וְיִתְרוֹם? אָמַרְתָּ: לֹא יְכַבֶּה! שָׁאנֵי הָתָם, אֶפְשָׁר דְּיָתֵיב וְנָטַר.

The Gemara challenges: **Come** and **hear** a *baraita* **that Rabbi Eliezer ben Ya'akov teaches: Since the Torah gave** a mitzva **to remove** the ashes of the offerings from the altar, one **might** have thought that it is permitted to **extinguish** the coals so that they become ashes **and** then to **remove** them. Therefore, **you say: He shall not extinguish,** in accordance with the verse: "It shall not go out." Although this is a case of extinguishing for the sake of a mitzva, the *baraita* deems it prohibited. The Gemara explains: It **is different there,** as it is **possible** for the priest **to sit and wait** until some of the coals become ashes, and then remove them. By contrast, with regard to wine, there is no alternative to sprinkling the wine on the fire, and therefore it is permitted.

HALAKHA

One who takes down a coal from upon the altar – הַמּוֹרִיד גַּחֶלֶת מֵעַל גַּבֵּי הַמִּזְבֵּחַ: One who extinguishes the fire of the altar is flogged, even if he extinguished a single coal, and even if he took down a coal from upon the altar and then extinguished it, in accordance with the statement of Rav Naḥman (Rambam *Sefer Avoda*, *Hilkhot Temidin UMusafin* 2:6).

NOTES

But he thereby extinguishes the fire on the altar – וְהָא קָא מְכַבֵּי: The prohibition against extinguishing the fire on the altar is stated twice (see Leviticus 6:5–6). Rashi, in his commentary on the Torah, maintains that one who extinguishes the fire on the altar transgresses two prohibitions. Others maintain that the first prohibition applies to the priests, as they are obligated to ensure that the fire on the altar never goes out entirely. The second prohibition, which applies to all Jews, prohibits one from even partially extinguishing the fire of the altar (Ramban's Commentary on the Torah).

NOTES

That *baraita* is in accordance with the opinion of Rabbi Yehuda – הָא רַבִּי יְהוּדָה: Since Rabbi Yehuda holds that even the unintentional extinguishing of the fire is prohibited, he maintains that the verse does not require one to sprinkle the wine on the fire, as this act necessarily extinguishes the fire. He therefore explains the phrase: "An offering made by fire" (Numbers 15:10), figuratively: The libation is accepted by the Lord like an offering burned in the fire of the altar (Rashi, citing *Sifrei*).

תָּא שְׁמַע: יַיִן – כְּדִבְרֵי רַבִּי עֲקִיבָא לַסְּפָלִים, שֶׁמֶן – כְּדִבְרֵי רַבִּי טַרְפוֹן לָאִישִּׁים. וְעוֹד תַּנְיָא: יַיִן נֶסֶךְ לַסְּפָלִים. אוֹ אֵינוֹ אֶלָּא לָאִישִּׁים? אָמַרְתָּ: לֹא יִכְבֶּה!

The Gemara challenges: **Come and hear** a *baraita* that prohibits sprinkling wine on the fire of the altar: If one contributes **wine, according to the statement of Rabbi Akiva** that one may contribute wine, it is poured **into the basins** on the altar. If one contributes **oil, according to the statement of Rabbi Tarfon** that one may contribute oil, it is poured **onto the flames** of the altar. **And it is furthermore taught** in a *baraita*: The **wine libation** is poured **into the basins.** The *baraita* suggests: **Or** perhaps it is **not** so; **rather,** it is poured **onto the flames.** Therefore, **you say: He shall not extinguish.**

לָא קַשְׁיָא, הָא – רַבִּי יְהוּדָה, הָא – רַבִּי שִׁמְעוֹן. לְמֵימְרָא, דִּשְׁמוּאֵל כְּרַבִּי שִׁמְעוֹן סְבִירָא לֵיהּ? וְהָאָמַר שְׁמוּאֵל: מְכַבִּין גַּחֶלֶת שֶׁל מַתֶּכֶת בִּרְשׁוּת הָרַבִּים בִּשְׁבִיל שֶׁלֹּא יִזּוֹקוּ בָּהּ רַבִּים,

The Gemara answers: This is **not difficult,** as **that** *baraita* is in accordance with the opinion of **Rabbi Yehuda,**[N] who holds that even an unintentional action, i.e., a permitted action from which a prohibited action inadvertently ensues, is prohibited; and **this** statement of Shmuel is in accordance with the opinion of **Rabbi Shimon,** who maintains that a permitted action from which a prohibited action inadvertently ensues is permitted. The Gemara asks: **Is this to say that Shmuel holds in accordance with** the opinion of **Rabbi Shimon? But doesn't Shmuel say: One may extinguish a piece of white-hot metal**[H] **in a public thoroughfare** on Shabbat **so that the masses will not be injured by it;**

HALAKHA

One may extinguish a piece of white-hot metal – מְכַבִּין גַּחֶלֶת שֶׁל מַתֶּכֶת: It is permitted on Shabbat to extinguish a lump of white-hot metal located in a place where it could cause injury to the masses. Although in general this act of extinguishing is prohibited on Shabbat by rabbinic law, the Sages permitted it in this case, as the lump of metal is a public threat. By contrast, the Rambam prohibits extinguishing a wood coal, as he rules that a labor performed on Shabbat which is not necessary for its own sake is a Torah prohibition. Most authorities permit extinguishing even the wood coal, as they rule that a labor performed on Shabbat which is not necessary for its own sake is a rabbinic prohibition, and the *halakha* is in accordance with that opinion (Rambam *Sefer Zemanim, Hilkhot Shabbat* 12:2; *Shulḥan Arukh, Oraḥ Ḥayyim* 334:27, and see *Mishna Berura* there).

Perek **X**
Daf **92** Amud **a**

אֲבָל לֹא גַּחֶלֶת שֶׁל עֵץ. וְאִי סָלְקָא דַּעְתָּךְ כְּרַבִּי שִׁמְעוֹן סְבִירָא לֵיהּ – אֲפִילּוּ גַּחֶלֶת שֶׁל עֵץ נַמִּי!

but one may **not** extinguish **a wood coal,** because extinguishing it is prohibited by Torah law? **And if it enters your mind** that Shmuel **holds in accordance with** the opinion of **Rabbi Shimon,** it should be permitted to extinguish **even a wood coal.** Rabbi Shimon maintains that extinguishing a coal is prohibited by Torah law only when one intends to use the extinguished coal. Otherwise, this constitutes a labor performed on Shabbat which is not necessary for its own sake, which is not prohibited by Torah law.

בְּדָבָר שֶׁאֵין מִתְכַּוֵּין – סָבַר לַהּ כְּרַבִּי שִׁמְעוֹן, בִּמְלָאכָה שֶׁאֵינָהּ צְרִיכָה לְגוּפָהּ – סָבַר לַהּ כְּרַבִּי יְהוּדָה.

The Gemara answers: Shmuel's statements are not contradictory, as **with regard to an unintentional act,** he **holds in accordance with** the opinion of **Rabbi Shimon.** But **with regard to labor not necessary for its own sake,**[N] **he holds** that it is prohibited by Torah law, **in accordance with** the opinion of **Rabbi Yehuda.**

NOTES

Labor not necessary for its own sake – מְלָאכָה שֶׁאֵינָהּ צְרִיכָה לְגוּפָהּ: Unlike the halakhic concept of an unintentional act, a labor not necessary for its own sake is an action which is performed intentionally, yet one's aim is not to accomplish the typical objective of that action. In this case, the standard goal of the labor of extinguishing fire is preparing charcoal. Extinguishing fire for any other reason constitutes labor not necessary for its own sake. According to Shmuel, an unintentional act does not constitute planned, constructive labor, and therefore is not prohibited by Torah law on Shabbat. Conversely, an intentional act, even if one does not intend to accomplish the main objective of the labor, is prohibited by Torah law.

אָמַר רַב הוּנָא: נְסָכִים שֶׁנִּטְמְאוּ – עוֹשֶׂה לָהֶן מַעֲרָכָה בִּפְנֵי עַצְמָן וְשׂוֹרְפָן, מִשּׁוּם שֶׁנֶּאֱמַר: ״בַּקֹּדֶשׁ בָּאֵשׁ תִּשָּׂרֵף״. תַּנְיָא נַמִּי הָכִי: הַדָּם וְהַשֶּׁמֶן וְהַמְּנָחוֹת וְהַנְּסָכִים שֶׁנִּטְמְאוּ – עוֹשֶׂה לָהֶן מַעֲרָכָה בִּפְנֵי עַצְמָן וְשׂוֹרְפָן.

§ **Rav Huna says:** With regard to wine **libations that became ritually impure,**[H] **one prepares for them an arrangement** of wood **by themselves**[N] **and burns them** there, without removing them from the Temple courtyard. This is **due to** the fact **that it is stated** with regard to a disqualified sin offering: **"In the sacred place…it shall be burned with fire"** (Leviticus 6:23).[N] This requirement of burning in the sacred place applies to all offerings that are meant to be sacrificed on an altar and became disqualified. **This is also taught** in a *baraita*: With regard to **the blood, the oil, the meal offerings, and the libations that became ritually impure, one prepares for them an arrangement** of wood **by themselves and burns them** there.

אֲמַר לֵיהּ שְׁמוּאֵל לְרַב חָנָא בַּגְדָּתָאָה: אַיְיתִי לִי בֵּי עֲשָׂרָה, וְאֵימָא לָךְ קַמַּיְיהוּ: נְסָכִים שֶׁנִּטְמְאוּ – עוֹשֶׂה לָהֶן מַעֲרָכָה בִּפְנֵי עַצְמָן וְשׂוֹרְפָן.

The Gemara relates: **Shmuel said to Rav Ḥana of Baghdad: Bring me an assembly of ten** men **and I will tell you in their presence** this *halakha* that I wish to disseminate: With regard to **libations that became ritually impure, one prepares for them an arrangement** of wood **by themselves and burns them** there.

הדרן עלך כל התדיר

HALAKHA

Libations that became ritually impure – נְסָכִים שֶׁנִּטְמְאוּ: If libations became ritually impure one prepares for them an arrangement of wood of their own and burns them on the altar. This applies to all types of libations (Rambam *Sefer Avoda, Hilkhot Issurei Mizbe'aḥ* 6:5).

NOTES

One prepares for them an arrangement of wood by themselves – עוֹשֶׂה לָהֶן מַעֲרָכָה בִּפְנֵי עַצְמָן: It is prohibited to remove disqualified offerings of the most sacred order from the Temple courtyard; they must be burned within the Temple courtyard, in the place of the ashes (see 104b; *Pesaḥim* 24a). Since wine and oil are liquids, if they were burned together with other disqualified offerings their presence would go unnoticed. Therefore, they are burned on a separate pile of wood on the ground, inside the Temple courtyard (Rashi).

Others explain that the disqualified libations are burned on a separate arrangement of wood on the altar (Rambam). This accounts for the usage of the phrase: An arrangement of wood, which generally refers to the arrangements upon the altar. According to this explanation, the Gemara here is referring to libations that had already ascended the altar, and therefore they do not descend even if disqualified (Radbaz). Some suggest that the Gemara is stressing that even those who prohibit sprinkling wine on the fire of the altar permit this in the case of the fire intended for burning disqualified wine (*Ḥazon Yeḥezkel*).

In the sacred place…it shall be burned with fire – בַּקֹּדֶשׁ בָּאֵשׁ תִּשָּׂרֵף: The verse is apparently expounded in the following manner: The verse in full states: "And any sin offering, from which any of the blood is brought into the Tent of Meeting to make atonement in the sacred place, shall not be eaten; it shall be burned with fire." The Gemara singles out certain words from this phrase, creating the adapted phrase: In the sacred place…it shall be burned with fire. This new phrase indicates that any item that became impure in the sacred place in the Temple must be burned with fire (Maharam Ḥalawa, *Pesaḥim* 24a).

Summary of **Perek X**

The chapter detailed several principles with regard to the order of precedence of different offerings. An offering that is more frequent than another precedes the other offering. Therefore, the daily offering precedes the additional offerings of Shabbat and those of the New Moon. Next, an offering of greater sanctity comes before one of lesser sanctity. This principle in turn necessitates the determination of the relative sanctity of each type of offering, and the chapter outlined the criteria by which this is established.

First, the different types of offerings are divided into two categories of sanctity: Offerings of the most sacred order, which include the sin offering, burnt offering, guilt offering, and the communal peace offering; and offerings of lesser sanctity, including the thanks offering, nazirite's ram, peace offering, Paschal offering, firstborn offering, and animal tithe offering.

Additional criteria are employed to determine the relative sanctity of offerings within each category. For example, placing the blood of a sin offering on the altar precedes sprinkling the blood of a burnt offering, as the blood of a sin offering effects atonement for severe transgressions punishable by *karet*, whereas the blood of a burnt offering atones only for the neglect of positive mitzvot.

The more numerous the parts of the offering sacrificed on the altar, the greater its sanctity. Therefore, burning the limbs of the burnt offering precedes burning the sacrificial portions of the sin offering, as the burnt offering is burned in its entirety on the altar. Likewise, placing the blood of the sin offering on the altar precedes sprinkling the blood of the guilt offering on the corners of the altar, as in the case of a sin offering four placements of the blood are required, whereas only two sprinklings are performed in the case of a guilt offering.

In some instances, an offering has greater sanctity than a different offering in one regard, but lesser sanctity in another. Presenting the blood of the sin offering precedes the presentation of the blood of the burnt offering because it effects atonement, but the burning of the limbs of the burnt offering precedes the burning of the limbs of the sin offering, because a greater part of the burnt offering is sacrificed on the altar.

The chapter detailed a third principle that applies to the order of precedence of offerings: An offering that completes the purification process of an individual precedes other offerings. As a result, although sin offerings generally precede guilt offerings due to their greater sanctity, the guilt offering of a leper precedes his sin offering because it completes his purification process and facilitates his partaking of consecrated foods and entering the Temple.

In general, these principles of precedence also apply to the consumption of the offerings. There are additional considerations with regard to their consumption: If

the allotted time remaining for the consumption of one offering is less than the time remaining for the consumption of a second offering of the same type, the offering with less time remaining takes precedence. This means that eating a peace offering from yesterday, whose allotted time is two days, precedes eating a peace offering from today. When the principle of giving precedence of consumption to an offering of greater sanctity conflicts with the principle of giving precedence to an offering with less time remaining for its consumption, the Sages disagree as to which offering is eaten first. This occurs, for example, in the case of a sin offering from today, which may be consumed until midnight, and a peace offering from yesterday, which may be consumed only until sunset.

The continuation of the chapter discussed the way in which the offerings are prepared for consumption: The priests are permitted to cook, season, and eat the meat of the offerings in any manner they desire. They may not use *teruma* spices, as this might bring the *teruma* to a state of disqualification.

The last mishna in this chapter discussed which oil is distributed to the priests. All agree that the leftovers from the oil of the wafers of the meal offerings of Israelites and the leftovers from the *log* of oil of the leper are distributed to the priests for consumption, whereas the leftover oil of the meal offerings of priests is placed on the flames of the altar. The gift offering of oil is subject to halakhic disputes in the mishna and the Gemara; the conclusion is that one may contribute a gift offering of oil, and its status is comparable to that of a meal offering: A handful of the oil is removed and sacrificed on the altar, and the remainder is eaten by the priests.

The Gemara also discussed a gift offering of wine. The conclusion is that one may contribute a gift offering of wine; it is poured into the basins on the altar rather than sprinkled onto the fire of the altar.

Introduction to **Perek XI**

Speak to Aaron and to his sons, saying: This is the law of the sin offering; in the place where the burnt offering is slaughtered shall the sin offering be slaughtered before the Lord; it is most sacred.

(Leviticus 6:18)

Whatever shall touch its flesh shall be sacred; and when any of its blood shall be sprinkled on a garment, you shall launder that on which it shall be sprinkled in a sacred place. But the earthenware vessel in which it is cooked shall be broken; and if it be cooked in a copper vessel, it shall be scoured and rinsed in water.

(Leviticus 6:20–21)

The Torah states that when an item absorbs matter from the flesh or the blood of a sin offering, it becomes sanctified and acquires characteristics of a sin offering. The Torah also explains how to treat items which have absorbed matter from a sin offering, as the matter absorbed must generally be expelled from the item in order to continue using it. The method for dealing with the matter absorbed differs according to the type of item that has absorbed it. A garment must be laundered to expel matter absorbed in it, and a metal vessel must be scoured and rinsed, but an earthenware vessel that cannot expel all that it has absorbed must be broken. The Sages also had a tradition that these *halakhot* apply, to a certain degree, to other offerings besides a sin offering.

In this chapter, the Gemara engages in the fundamental determination of which sacrificial items sanctify other items when those other items absorb substances from the sacrificial items. This determination also involves resolving which *halakhot* from the realm of a sin offering also apply to other consecrated items, and which *halakhot* are unique to the sin offering.

Details of the treatments applied to the absorbing items are also clarified in this chapter. These include the manner by which a garment is laundered; the materials used for this procedure; and what distinguishes scouring and rinsing.

Since the Torah states that when one cleanses the absorbed substances, this must be done within the Temple courtyard, the question arises as to the appropriate procedure for items that have been removed from the courtyard and rendered ritually impure before they have been properly cleansed. It is necessary to present a method of performing the cleansing that does not entail desecrating the Sanctuary by bringing impure items into it.

In this chapter, there are also a number of practical questions about vessels in which various types of sacrificial food were cooked, as well as questions about the status of food that was cooked in such vessels. There is also a discussion surrounding a vessel in which two or more offerings were cooked in close succession. What is the *halakha* if one cooked an offering, and during the period in which eating that offering is permitted, someone cooks another offering in the same vessel? Does the vessel gain the status of a vessel used for sacrificial meat whose time has expired from the end of the period during which the first meat may be eaten, or does this status set in only after the end of the period during which the last item cooked may be eaten?

Clarification of these questions of principle and practice constitutes the primary aim of this chapter.

מתני׳ דַּם חַטָּאת שֶׁנִּתַּז עַל הַבֶּגֶד – הֲרֵי זֶה טָעוּן כִּיבּוּס. אַף עַל פִּי שֶׁאֵין הַכָּתוּב מְדַבֵּר אֶלָּא בַּנֶּאֱכָלוֹת, שֶׁנֶּאֱמַר: ״בְּמָקוֹם קָדוֹשׁ תֵּאָכֵל״ – אֶחָד הַנֶּאֱכָלוֹת וְאֶחָד הַפְּנִימִיּוֹת טְעוּנוֹת כִּיבּוּס, שֶׁנֶּאֱמַר: ״תּוֹרַת הַחַטָּאת״ – תּוֹרָה אַחַת לְכָל הַחַטָּאוֹת.

MISHNA In the case of **the blood of a sin offering** designated for presentation **that was sprayed on a garment,**[H] that garment **requires laundering,** as is stated with regard to a sin offering: "And when any of its blood shall be sprinkled on a garment, you shall launder that on which it shall be sprinkled in a sacred place" (Leviticus 6:20). **Although the verse is speaking only of** sin offerings **that are eaten** and whose blood is presented on the outer altar, **as it is stated: "In a sacred place shall it be eaten"** (Leviticus 6:19), the principle is not exclusive to eaten sin offerings. With regard to the blood of **both** the sin offerings **that are eaten and the** sin offerings that are wholly burned and not eaten and whose blood is presented on the **inner** altar,[H] garments sprayed with blood from each of these offerings **require laundering. As it is stated** at the start of that passage: "This is **the law of the sin offering"** (Leviticus 6:18), it is understood: There is **one law for all the sin offerings.**

חַטָּאת פְּסוּלָה אֵין דָּמָהּ טָעוּן כִּיבּוּס, בֵּין שֶׁהָיְתָה לָהּ שְׁעַת הַכּוֹשֶׁר, וּבֵין שֶׁלֹּא הָיְתָה לָהּ שְׁעַת הַכּוֹשֶׁר. אֵיזוֹ הִיא שֶׁהָיְתָה לָהּ שְׁעַת הַכּוֹשֶׁר – שֶׁלָּנָה, וְשֶׁנִּטְמְאָה, וְשֶׁיָּצָאת. וְאֵיזוֹ הִיא שֶׁלֹּא הָיְתָה לָהּ שְׁעַת הַכּוֹשֶׁר – שֶׁנִּשְׁחֲטָה חוּץ לִזְמַנָּהּ, וְחוּץ לִמְקוֹמָהּ, וְשֶׁקִּיבְּלוּ פְּסוּלִין (וְזָרְקוּ) אֶת דָּמָהּ.

That is the *halakha* with regard to sin offerings fit for sacrifice. With regard to **a disqualified sin offering, its blood does not**[H] cause a garment to **require laundering whether** the offering **had a period of fitness** when its blood was fit for presentation **or whether it did not have a period of fitness. Which** offering **is** the disqualified sin offering **that had a period of fitness?** It is one **that was left overnight** and then became disqualified; **or** it is one **that became ritually impure; or** it is one **that emerged** from of the Temple courtyard. **Which** offering **is** the disqualified sin offering **that did not have a period of fitness?** It is one **that was slaughtered** with the intent to eat it or present its blood **beyond its** designated **time or outside its** designated **area; or** it is one whose blood was **collected** by people **disqualified** for Temple service **and they sprinkled its blood.**[N]

גמ׳ ״דַּם חַטָּאת (שֶׁמֵּתָה) [שֶׁנִּתַּז]״ כו׳. וְאִי תּוֹרָה אַחַת לְכָל חַטָּאוֹת, אֲפִילּוּ חַטַּאת הָעוֹף נַמִי! אַלְמָה תַּנְיָא: יָכוֹל תְּהֵא דַּם חַטַּאת הָעוֹף טָעוּן כִּיבּוּס? תַּלְמוּד לוֹמַר: ״זֹאת״!

GEMARA The mishna teaches: In the case of **the blood of a sin offering that was sprayed** on a garment, the garment must be laundered, and this is the *halakha* concerning the blood of sin offerings that are eaten and sin offerings that are wholly burned, as it is stated: "This is the law of the sin offering"; there is one law for all sin offerings. The Gemara asks: **And if** there is **one law for all sin offerings, even** the blood of **a bird sin offering** should **also** require laundering. If so, **why is it taught** in a *baraita*: One **might** have thought that the **blood of a bird sin offering requires laundering.** To counter this, **the verse states: "This** is the law of the sin offering." The word "this" teaches that the *halakha* is to be restricted to the blood of an animal sin offering and it does not apply to the bird sin offering.

אֲמַר רֵישׁ לָקִישׁ מִשּׁוּם בַּר קַפָּרָא: אָמַר קְרָא: ״תִּשָּׁחֵט״ – בְּנִשְׁחָטוֹת הַכָּתוּב מְדַבֵּר.

Reish Lakish said in the name of bar Kappara: The verse states: "This is the law of the sin offering … **shall** the sin offering **be slaughtered"** (Leviticus 6:18). **The verse is speaking** specifically **of** sin offerings **that are slaughtered** and not of bird offerings, which are killed by pinching the nape of the neck, rather than slaughtering with a knife.

וְאֵימָא: בְּנֶאֱכָלוֹת הַכָּתוּב מְדַבֵּר, כְּדִכְתִיב: ״בְּמָקוֹם קָדוֹשׁ תֵּאָכֵל״, אֲבָל פְּנִימִיּוֹת – לָא! רַבֵּי רַחֲמָנָא ״תּוֹרַת״.

The Gemara challenges: **And I** might **say** that the *halakha* is to be learned in another manner, and **the verse is speaking** specifically **of** sin offerings **that are eaten, as it is written: "In a sacred place shall it be eaten"** (Leviticus 6:19); **but internal** sin offerings, which are not eaten, should **not** be included. The Gemara explains: **The Merciful One amplifies** the *halakha* by stating: "This is **the law of** the sin offering," which includes all sin offerings, even those that are not eaten.

אִי הָכִי, אֲפִילּוּ חַטַּאת הָעוֹף נַמִי! מִיעֵט רַחֲמָנָא ״זֹאת״.

The Gemara suggests: **If so,** then **even** the blood of **the bird sin offering**[H] should be included. The Gemara explains: **The Merciful One restricts** the *halakha* by stating: "**This** is the law," which excludes bird offerings.

HALAKHA

Blood of a sin offering designated for presentation that was sprayed on a garment – **דַּם חַטָּאת שֶׁנִּתַּז עַל בֶּגֶד**: If the blood of an animal sin offering sprays from a vessel onto a garment before it has been sprinkled on the altar, the garment must be laundered in the Temple courtyard, and this does not apply to the blood of any other offering of the most sacred order (Rambam *Sefer Avoda, Hilkhot Ma'aseh HaKorbanot* 8:1).

Both the sin offerings that are eaten and the sin offerings that are presented on the inner altar – **אֶחָד הַנֶּאֱכָלוֹת וְאֶחָד הַפְּנִימִיּוֹת**: The laundering requirement applies to every animal sin offering, those that are eaten and those that are wholly burned on the altar (Rambam *Sefer Avoda, Hilkhot Ma'aseh HaKorbanot* 8:2).

Disqualified sin offering, its blood does not, etc. – **חַטָּאת הַפְּסוּלָה אֵין דָּמָהּ וכו׳**: One is not required to wash out the blood of a disqualified sin offering, whether the offering had a period of fitness, such as if it was left overnight, became ritually impure, or emerged from the Temple courtyard; or whether it did not have a period of fitness, such as if it was rendered disqualified during its slaughtering or during the presentation of its blood (Rambam *Sefer Avoda, Hilkhot Ma'aseh HaKorbanot* 8:3).

Bird sin offering – **חַטַּאת הָעוֹף**: One is not required to wash out the blood of a bird sin offering, as the verse states: "Shall the sin offering be slaughtered" (Leviticus 6:18). The verse speaks specifically of sin offerings, which are slaughtered, and not of bird offerings, which are killed by pinching the nape of the neck (Rambam *Sefer Avoda, Hilkhot Ma'aseh HaKorbanot* 8:2).

NOTES

Or one whose blood was collected by people disqualified for Temple service and they sprinkled its blood – **וְשֶׁקִּיבְּלוּ פְּסוּלִין (וְזָרְקוּ) אֶת דָּמָהּ**: Rashi's text does not include the term: And they sprinkled its blood. Once the blood has been sprinkled, even if it is a valid sin offering, sprayed blood does not need to be washed out, as the Gemara derives from a verse (93a).

NOTES

As each variety is a large animal, each variety is subject to slaughter on the north – שֶׁכֵּן בְּהֵמָה שְׁחִיטַת צָפוֹן: A bird sin offering must be slaughtered beside the southwest corner of the altar *ab initio*; nevertheless, it remains valid if slaughtered anywhere in the Temple courtyard (see 63a). Also, its blood is not collected in a vessel, but rather, the priest grasps its body and presents the blood directly from it.

וּמָה רָאִיתָ? מִסְתַּבְּרָא דְּחַטָּאת [בְּהֵמָה] פְּנִימִיּוֹת הֲוָה לֵיהּ לְרַבּוּיֵי, שֶׁכֵּן: בְּהֵמָה, שְׁחִיטַת צָפוֹן, וְקַבָּלַת כְּלִי,

The Gemara asks: **And what did you see** that indicated that the verse is to be understood as including internal sin offerings and excluding bird offerings, and not the opposite? The Gemara answers: **It stands to reason that internal animal sin offerings should have been included** by the inclusive language of the verse, **as** internal sin offerings resemble eaten animal sin offerings in several ways: Each variety is a large **animal** and not a bird; each variety is subject to **slaughter on the north**[N] side of the Temple courtyard; **and** the blood of each requires **collection** in **a vessel;**

Perek **XI**
Daf **92** Amud **b**

NOTES

And parts of each are consumed in flames – וְאִישִּׁים: With regard to the bird sin offering, there are no portions designated for the flames of the altar. Only the blood reaches the altar, and the rest is given to the priests to eat.

To the matter of scouring and rinsing – לְעִנְיַן מְרִיקָה וּשְׁטִיפָה: Accordingly, the mishna is interpreted as teaching that some of the matters mentioned in the verses, such as scouring and rinsing, apply only to eaten sin offerings; nevertheless, when the verse speaks of the requirement of laundering, this applies to both internal sin offerings and eaten sin offerings. The language of the verse teaches that the requirement applies to internal sin offerings, and interpreted amplifications teach that laundering applies to eaten sin offerings, as explained later in the Gemara.

וְקֶרֶן, וְאֶצְבַּע, וְחוּדָּה, וְאִישִּׁים.

and their blood is placed on the **corner** of the altar; **and** the blood is placed with a priest's **finger; and** the blood is placed on **the edge of** the corner of the altar; **and** parts of each are consumed in **flames**[N] upon the altar. None of these apply to bird sin offerings.

אַדְּרַבָּה, חַטַּאת הָעוֹף הֲוָה לֵיהּ לְרַבּוּיֵי, שֶׁכֵּן חוּץ כְּמוֹתָהּ, וַאֲכִילָה כְּמוֹתָהּ! הָנָךְ נְפִישִׁין.

The Gemara raises an objection: **On the contrary, the bird sin offering should have been included** and likened to the eaten animal sin offerings, **as** the blood of bird sin offerings is presented on the **outer** altar **like** an animal sin offering that is eaten, **and** the bird sin offering has portions set aside for **eating, like it.** The Gemara rejects the reasoning for including bird offerings: **Those** features that are common to internal sin offerings and eaten animal sin offerings **are more numerous** than the features common to bird sin offerings and eaten animal sin offerings.

רַב יוֹסֵף אָמַר: אָמַר קְרָא: ״יֹאכְלֶנָּה״ – לְזוֹ וְלֹא לְאַחֶרֶת, בַּנֶּאֱכָלוֹת מִיעֵט הַכָּתוּב.

Rav Yosef said: There is another way to prove that the blood of a bird sin offering is not required to be laundered out if it is sprayed on a garment. With regard to laundering, **the verse states:** "The priest that offers it for sin **shall eat it**" (Leviticus 6:19); the obligation described applies **to it,** i.e., the eaten animal sin offering, **and not to another** similar sin offering. Consequently, **the verse is excluding** a case **within** the broad category of **eaten** sin offerings, and one is not required to launder out the blood of a bird sin offering.

וְאֶלָּא ״זֹאת״ לָמָּה לִי? אִי לָאו ״זֹאת״ הֲוֵי אָמִינָא: ״יֹאכְלֶנָּה״ – אוֹרְחֵיהּ דִּקְרָא, קָא מַשְׁמַע לַן.

The Gemara asks: **But** if the exclusion of bird offerings is derived from this verse, then **why do I** need the derivation from the verse: "**This** is the law of the sin offering"? The Gemara answers: **If not** for the derivation from **"this," I would say** that the term **"shall eat it"** is simply **the manner** of speech **of the verse,** so that it does not indicate any exclusion. Therefore, the word "this" **teaches us** that a sin offering is excluded, and the term "shall eat it," demonstrates that the excluded sin offering is one that is eaten.

רַבָּה אָמַר: אָמַר קְרָא: ״אֲשֶׁר יִזֶּה״ – בְּהַזָּאוֹת הַכָּתוּב מְדַבֵּר.

Rabba said that there is a different explanation. Internal sin offerings cannot be excluded from the requirement of laundering sprayed garments, as the verse speaks specifically of internal sin offerings, as **the verse states: "It shall be sprinkled"** (Leviticus 6:20). **The verse is speaking of** sin offerings that require **sprinklings,** and sprinkling is mentioned specifically with regard to internal sin offerings (see Leviticus 4:6), unlike eaten animal sin offerings, with regard to which the Torah uses a term of placing to describe the presenting of its blood (see Leviticus 4:25).

וְהָתַנְיָא: אַף עַל פִּי שֶׁאֵין הַכָּתוּב מְדַבֵּר אֶלָּא בַּנֶּאֱכָלוֹת – לְעִנְיַן מְרִיקָה וּשְׁטִיפָה, אֲבָל לְעִנְיַן כִּיבּוּס – ״אֲשֶׁר יִזֶּה״ כְּתִיב.

The Gemara raises a difficulty: Can one say that the passage about laundering applies specifically to internal sin offerings? **But isn't it taught** in the mishna: **Although the verse is speaking only of** sin offerings **that are eaten,** indicating that the passage certainly applies to sin offerings that are eaten? The Gemara answers: The mishna's statement pertains **to the matter of scouring and rinsing**[N] copper vessels in which a sin offering was cooked (see Leviticus 6:21), which is relevant only to sin offerings that are eaten. **But in the matter of laundering:** "You shall launder that on which **it shall be sprinkled**" (Leviticus 6:20) **is written,** and the term "it shall be sprinkled" indicates only internal sin offerings. By contrast, eaten sin offerings are included only through the amplification in the verse: "The law of the sin offering" (Leviticus 6:18).

אִי הָכִי, "אֶחָד הַנֶּאֱכָלוֹת וְאֶחָד הַפְּנִימִיּוֹת"? "אֶחָד הַפְּנִימִיּוֹת וְאֶחָד הַנֶּאֱכָלוֹת" מִיבָּעֵי לֵיהּ! תְּנֵי: "אֶחָד הַפְּנִימִיּוֹת וְאֶחָד הַנֶּאֱכָלוֹת".

The Gemara asks: **If so,** that the verses prescribing laundering are primarily discussing internal sin offerings, and eaten sin offerings are included only through a derivation, then with regard to the statement in the mishna: **Both** the sin offerings **that are eaten and the internal** sin offerings, is this statement not misleading? Rather, the *tanna* **should have** stated: **Both the internal** sin offerings **and** the sin offerings **that are eaten,** first mentioning the offerings most clearly indicated in the verse. The Gemara answers: **Teach** it as: **Both the internal** sin offerings **and the** sin offerings **that are eaten.**

אִי הָכִי, חַטַּאת הָעוֹף נַמִּי! מִיעֵט רַחֲמָנָא "זֹאת". אִי הָכִי, חִיצוֹנָה נַמִּי לָא! רִיבָּה רַחֲמָנָא "תּוֹרַת".

If so, that the requirement of laundering applies to those sin offerings with regard to which the Torah uses the term sprinkling, the blood of **a bird sin offering** should require laundering **as well,** as sprinkling is also mentioned with regard to it (see Leviticus 5:9). The Gemara answers: **The Merciful One excludes** bird offerings by stating: **"This** is the law of the sin offering." The Gemara challenges: **If so,** that the function of this verse is to be understood as a restriction, **an external** sin offering **also** should **not** require laundering. The Gemara responds: **The Merciful One amplified** the *halakha* to include external sin offerings by stating: **"The law of."**

וּמָה רָאִיתָ? מִסְתַּבְּרָא, חַטַּאת בְּהֵמָה הֲוָה לֵיהּ לְרַבּוּיֵי, שֶׁכֵּן: בְּהֵמָה, שְׁחִיטַת צָפוֹן, וְקַבָּלַת כְּלִי, וְקֶרֶן, וְאֶצְבַּע, וְחוּדָּה, וְאִישִּׁים.

The Gemara asks: **And what did you see** that convinced you to exclude bird offerings and include external sin offerings? The Gemara answers: **It stands to reason** that the eaten **animal sin offering should have been included, as** the eaten animal sin offering resembles the internal sin offering in several respects: Each is a large **animal;** each is subject to **slaughter on the north** side of the courtyard; **and** the blood of each requires **collection in a vessel; and** their blood is placed on the **corner** of the altar; **and** the blood is placed with a priest's **finger; and** the blood is placed on **the edge of** the corner of the altar; **and** parts of each are consumed in **flames** upon the altar. None of these apply to bird sin offerings.

אַדְּרַבָּה, חַטַּאת הָעוֹף הֲוָה לֵיהּ לְרַבּוּיֵי, שֶׁכֵּן הַזָּאָה כְּמוֹתָהּ! הָנָךְ נְפִישִׁין.

The Gemara raises an objection: **On the contrary,** the **bird sin offering should have been included** in the requirement for laundering, **as** the offering of the blood of the bird sin offering is termed **sprinkling,** just **like it** is in the case of the internal sin offering. The Gemara answers: **Those** features common to internal sin offerings and eaten animal sin offerings **are more numerous** than the features common to internal sin offerings and bird sin offerings.

בָּעֵי רַבִּי אָבִין: חַטַּאת הָעוֹף שֶׁהִכְנִיס דָּמָהּ בְּצַוָּארָהּ בִּפְנִים, מַהוּ? צַוָּארָהּ כִּכְלִי שָׁרֵת דָּמֵי – וּמִיפְסִיל.

§ The Gemara indicated that the blood of the bird sin offering is not received in a vessel, unlike that of animal sin offerings. With regard to this *halakha*, **Rabbi Avin asks:** When the blood of an eaten animal sin offering is brought into the Sanctuary in a vessel, this disqualifies it. In the case of **a bird sin offering,** which is killed by pinching the nape of its neck, **whose blood** a priest **brought inside** the Sanctuary **in its neck,**[H] **what is** the *halakha*? Is **its neck comparable to a service vessel,** since it is from its neck that the blood is presented, **and** therefore it is **disqualified** if brought into the Sanctuary this way?

אוֹ דִּלְמָא כְּצַוַּאר בְּהֵמָה, "מִדָּמָהּ" אָמַר רַחֲמָנָא, וְלֹא בְּשָׂרָהּ? תָּא שְׁמַע: פִּירְכְּסָה וְנִכְנְסָה לִפְנִים וְחָזְרָה – כְּשֵׁירָה; הָא הִכְנִיסָהּ – פְּסוּלָה.

Or perhaps is its neck **comparable to the neck of** a large **animal** offering, about which **the Merciful One states** in the Torah: **"Of whose blood** is brought into the Tent of Meeting" (Leviticus 6:23), which teaches that its blood is disqualified when brought inside in a service vessel, **but** the blood is **not** disqualified when the animal's **flesh** is brought inside. What is the status of the bird's neck? The Gemara suggests: **Come** and **hear** a *baraita*: If, after its nape is pinched, a bird sin offering **convulsed and** consequently **entered inside** the Sanctuary[H] **and** then it **returned** to the courtyard, it remains **valid;** its blood may be sprinkled and its meat eaten. It can be inferred that the bird offering remains valid if it has entered on its own, **but** if a priest has **brought it in,** it is **disqualified** because of the blood in its neck.

HALAKHA

Bird sin offering whose blood a priest brought inside in its neck – חַטַּאת הָעוֹף שֶׁהִכְנִיס דָּמָהּ בְּצַוָּארָהּ בִּפְנִים: The question of whether the neck of a bird sin offering is tantamount to a service vessel is left unresolved in the Gemara. Therefore, if the blood of a bird sin offering is brought inside the Sanctuary in the bird's neck, the offering is to be burned in the manner of all bird sin offerings whose statuses are uncertain (Rambam *Sefer Avoda, Hilkhot Pesulei HaMukdashin* 2:19–20 and *Kesef Mishne* there).

If a bird sin offering convulsed and entered inside the Sanctuary – פִּירְכְּסָה וְנִכְנְסָה לַהֵיכָל: If, after its nape is pinched, a bird sin offering convulsed and consequently entered the Sanctuary, its blood may still be presented (Rambam *Sefer Avoda, Hilkhot Pesulei HaMukdashin* 2:18).

וְלִיטַעֲמֵיךְ, גַּבֵּי קָדְשֵׁי קָדָשִׁים דְּקָתָנֵי: פִּירְכְּסָה וְיָצְאָה לַדָּרוֹם וְחָזְרָה – כְּשֵׁרָה; הָא הוֹצִיאָהּ – פְּסוּלָה?

The Gemara rejects the proof: **But according to your reasoning,** one might draw a faulty inference from the *halakha* of a convulsing offering, as follows. **With regard to** an animal **offering of the most sacred order,** about **which it is taught** in a *baraita*: If, after being slaughtered appropriately on the north side of the courtyard, the animal **convulsed, and** consequently it **went out to the south**[H] side of the courtyard **and** then **returned** to the north side, it remains **valid;** should it be inferred: **But** if a priest **took it out** to the south side it becomes **disqualified?** The sacrifice is certainly not disqualified by being taken to the south side of the courtyard, and the inference is incorrect.

אֶלָּא, הַאי – יָצְתָה לַחוּץ אִיצְטְרִיכָא לֵיהּ, הָכָא נַמִי – יָצְתָה לַחוּץ אִיצְטְרִיכָא לֵיהּ.

Rather, it must be assumed that **this** *halakha,* that of the convulsing animal that moved from the northern side to the southern side, is taught for another purpose. It **was necessary for** the *baraita* to teach this *halakha* in order to establish a contrast with an animal that **went out to the outside** beyond the courtyard, which is disqualified even if it goes out by itself. **Here, too,** with regard to the bird sin offering, the *halakha* of the convulsing animal that moved into the Sanctuary is taught for another purpose. This *halakha* **was necessary for** establishing a contrast with a bird offering that **went out to the outside** beyond the courtyard, which is disqualified even if it goes out by itself. Accordingly, this may not be used to resolve Rabbi Avin's dilemma.

בָּעֵי רַבִּי אָבִין: נִשְׁפַּךְ עַל הָרִצְפָּה וַאֲסָפָהּ, מַהוּ?

§ **Rabbi Avin asks** another question about the blood of a bird offering, which is sprinkled directly from the body of the bird and not collected in a service vessel. With regard to the blood of a large animal, which spills on the floor before it is received in a service vessel, it becomes disqualified for presentation (see 25a), but if it spills after it is received in a vessel, it may be collected from the floor and presented (see 32a). If the blood of a bird offering **spilled onto the floor and** the priest **collected it**[H] from the floor in order to sprinkle it, **what is** the *halakha*?

אַצְרוּכֵיהּ הוּא דְּלָא אַצְרְכֵיהּ רַחֲמָנָא כְּלִי שָׁרֵת, וְהִלְכָּךְ אוֹסְפוֹ וְכָשֵׁר. אוֹ דִּלְמָא: מִיפְסָל פָּסַל בֵּיהּ רַחֲמָנָא כְּלִי שָׁרֵת, וְהִלְכָּךְ אוֹסְפוֹ וּפָסוּל?

Is it simply that **the Merciful One did not require a service vessel** for the collection of the bird's blood, **and therefore** a priest **may collect it** from the floor **and** it remains **fit** for sprinkling on the altar? **Or perhaps the Merciful One rendered a service vessel unfit for** sprinkling **it** in any case, and the blood must be sprinkled directly from the bird's body, **and therefore,** if it spills on the floor and the priest **collects it,** it is **unfit** for sprinkling.

אֲמַר רָבָא: תָּא שְׁמַע, יָכוֹל יְהֵא דַּם חַטַּאת הָעוֹף טָעוּן כִּיבּוּס? תַּלְמוּד לוֹמַר: "זֹאת". וְאִי סָלְקָא דַּעְתָּךְ מִיפְסָל פָּסִיל בֵּיהּ רַחֲמָנָא – תֵּיפוֹק לִי דְּהָא אִפְסִיל לָהּ בַּאֲוִיר כְּלִי.

Rava said: Come and **hear** a proof, deduced from a *baraita*: One **might** have thought that **the blood of a bird sin offering would require laundering** if sprayed on a garment. Therefore, **the verse states: "This** is the law of the sin offering" (Leviticus 6:18), which excludes the bird sin offering. **But if it enters your mind** that **the Merciful One rendered** a vessel **unfit for** sprinkling the blood of a bird, this interpretation is unnecessary. **I will deduce** the *halakha* that a bird's blood does not require laundering **because** the blood **becomes disqualified** even by merely passing **into the airspace of a vessel.**[N] Consequently, the blood is disqualified when coming into the airspace of the garment, which is considered a vessel, and, as disqualified blood, it does not subsequently require laundering.

אֲמַר רַב הוּנָא בְּרֵיהּ דְּרַב יְהוֹשֻׁעַ: בְּמַדְבִּיק כְּלִי בְּצַוָּארָהּ.

Rav Huna, son of Rav Yehoshua, said: The *baraita* provides no decisive proof, as even if a bird's blood is disqualified by passing into the airspace of a vessel, the word "this" must still be interpreted to exclude the blood of a bird sin offering from the requirement of laundering. The interpretation of the verse accounts for cases in which the blood reaches the vessel without first passing into its airspace, as **in** a case when the priest **affixes a vessel to** the bird's **neck.** Consequently, no resolution can be derived for Rav Avin's question.

HALAKHA

The animal convulsed and consequently went out to the south – פִּירְכְּסָה וְיָצְאָה לַדָּרוֹם: If the animal convulsed after it was slaughtered and consequently it went from the north side of the courtyard to the south side before returning to the north side, it remains valid. This is the *halakha* even if one brought it out to the south side (Rambam *Sefer Avoda, Hilkhot Pesulei HaMukdashin* 1:11 and Mahari Kurkus there).

If the blood of a bird offering spilled onto the floor and the priest collected it – נִשְׁפַּךְ עַל הָרִצְפָּה וַאֲסָפָהּ: The question of whether a service vessel disqualifies the blood of a bird sin offering is left unresolved in the Gemara. Therefore, if the blood of a bird offering spilled on the floor and the priest collected it, the offering is to be burned in the manner of all bird sin offerings whose statuses are uncertain (Rambam *Sefer Avoda, Hilkhot Pesulei HaMukdashin* 2:20).

NOTES

Because the blood becomes disqualified by passing into the airspace of a vessel – דְּהָא אִפְסִיל לָהּ בַּאֲוִיר כְּלִי: This is the *halakha* because the airspace of a vessel, i.e., the open space above the vessel, is considered to have the same status as the vessel (see 25b).

בְּעָא מִינֵּיהּ לֵוִי: נִיתַּז מִבֶּגֶד לְבֶגֶד, מַהוּ? מִבֶּגֶד קַמָּא אִידְּחֵי לֵיהּ לְכִיבּוּס, אוֹ דִּלְמָא לָא?

§ The Gemara returns to the primary subject of the mishna, the requirement of laundering garments from the sprayed blood of a sin offering. **Levi asked** Rabbi Yehuda HaNasi: If the blood of an offering **sprayed from** one **garment to** another **garment,**[H] **what is** the *halakha*? By contact with the **first garment,** is the blood thereby **dismissed** with regard to the requirement **of laundering,**[N] such that a subsequent garment would not require laundering? **Or perhaps not.**

אֲמַר לֵיהּ: זוֹ שְׁאֵלָה! טָעוּן כִּיבּוּס מִמַּה נַּפְשָׁךְ: אִי אוֹסְפוֹ וְכָשֵׁר – הָא כָּשֵׁר, וְאִי אוֹסְפוֹ וּפָסוּל – אֲנָא כְּרַבִּי עֲקִיבָא סְבִירָא לִי, דְּאָמַר: הָיְתָה לוֹ שְׁעַת הַכּוֹשֶׁר וְנִפְסְלָה – דָּמָהּ טָעוּן כִּיבּוּס.

Rabbi Yehuda HaNasi **said to him: This** is an excellent **question;** and the answer is: The garment **requires laundering whichever** way **you** look at it. **If** the *halakha* is that with regard to blood that sprayed onto a garment the priest **may collect it and** it is still **fit** for presentation on the altar, then **this** blood is also **fit.** Consequently, even the second garment must be laundered. **And if** you say that with regard to blood that sprayed onto a garment if **he collects it, it is unfit** for presentation, **I hold in accordance with** the opinion of **Rabbi Akiva, who says:** If the offering **had a period of fitness and** then **was disqualified, its blood requires laundering.** Accordingly, since the blood upon the second garment was initially collected in a service vessel, it too had a period of fitness.

NOTES

By contact with the first garment, is the blood dismissed with regard to the requirement of laundering – **מִבֶּגֶד קַמָּא אִידְּחֵי לֵיהּ לְכִיבּוּס**: The following issue underlies Levi's dilemma: If blood sprays from a service vessel onto a garment, which then must be laundered, does that automatically disqualify that blood from being presented upon the altar? If so, as disqualified blood, if it is subsequently sprayed on another garment, that garment does not require laundering, as explained in a later mishna (93a). Alternatively, when blood sprays on a garment, although the garment must be laundered, does the blood remain valid for presentation, like blood that is collected from the floor after falling from a service vessel? If so, blood that sprays upon a second garment remains valid for presentation, and that garment also must be laundered (Rashi).

HALAKHA

If the blood sprayed from garment to garment – **נִיתַּז מִבֶּגֶד לְבֶגֶד**: If the blood of a sin offering sprayed from one garment to another garment, one is not required to launder the second garment. This is because a *tanna* teaches an unattributed mishna (93a) opposing the opinion of Rabbi Akiva, and from the ensuing discussion in the Gemara, it appears that the *amora'im* do not adopt Rabbi Akiva's opinion. In addition, there is no clear resolution with regard to whether the blood collected from the first garment is fit for presentation. Because of this uncertainty, this blood is considered unfit for presentation, and the garment it lands on does not require laundering (Rambam *Sefer Avoda, Hilkhot Ma'aseh HaKorbanot* 8:9 and Mahari Kurkus there).

Perek **XI**
Daf **93** Amud **a**

בְּעָא מִינֵּיהּ רָמִי בַּר חָמָא מֵרַב חִסְדָּא: נִיתַּז עַל בֶּגֶד טָמֵא, מַהוּ? אֲמַר רַב הוּנָא בְּרֵיהּ דְּרַב יְהוֹשֻׁעַ: מִדְּקָמִיבַּעְיָא לֵיהּ הָכִי, שְׁמַע מִינָּהּ: הָיְתָה לָהּ שְׁעַת הַכּוֹשֶׁר וְנִפְסְלָה אֵין דָּמָהּ טָעוּן כִּיבּוּס.

§ In a related matter, **Rami bar Ḥama asked of Rav Ḥisda:** If the blood of a sin offering **sprayed onto a ritually impure garment,**[H] so that the blood became impure and unfit for presentation, **what is** the *halakha*? Does the garment require laundering? **Rav Huna, son of Rav Yehoshua, said: From** the fact **that** Rami bar Ḥama **asked** the question in **this** manner, with regard to ritually pure blood that sprayed onto an impure garment, and not with regard to blood that was already impure that sprayed onto a garment, **conclude from it** that he holds that even if the sin offering **had a period of fitness and** then **was disqualified,** a garment onto which **its blood** sprayed **does not require laundering.**

HALAKHA

Sprayed onto a ritually impure garment – **נִיתַּז עַל בֶּגֶד טָמֵא**: The Rambam rules that if the blood of a sin offering sprayed onto a ritually impure garment, the garment does not require laundering. Many commentaries find this ruling surprising, as the Gemara concludes that, according to the opinion of Rava, all the *tanna'im* agree that the *halakha* of impurity incurred at that very moment cannot be derived from impurity incurred earlier. Since the *halakha* is usually in accordance with the opinion of Rava, the sprayed blood should not be viewed as having become impure before reaching the garment, and the garment must therefore be laundered. Consequently, Mahari Kurkus writes that perhaps the Rambam's opinion is based upon a different version of the Gemara's discussion or that the Rambam's opinion as recorded here must be emended (Rambam *Sefer Avoda, Hilkhot Ma'aseh HaKorbanot* 8:9, and see *Leḥem Mishne* there).

הָנֵי מִילֵּי בָּזֶה אַחַר זֶה, אֲבָל בְּבַת אַחַת – לָא, אוֹ דִּלְמָא לָא שְׁנָא? אֲמַר לֵיהּ: פְּלוּגְתָּא דְּרַבִּי אֶלְעָזָר וְרַבָּנַן אַלִּיבָּא דְּרַבָּה, וְכִדְקָא מְתָרֵיץ אַבָּיֵי.

His question, therefore, is: Does **this statement** apply only when **one** event, the spraying of the blood, occurs **after the other** event, i.e., the disqualification of the blood? **But** if the spraying and the disqualification occur **simultaneously,** as in this case, perhaps the principle does **not** apply, and the garment must be laundered. **Or, perhaps** there **is no difference** whether the events occur this way or that way, and even if the offering becomes unfit only as the blood touches the garment, it still does not require laundering? Rav Ḥisda **said to** Rami bar Ḥama: The matter is subject to **the dispute between Rabbi Elazar and the Rabbis, in accordance with** the explanation **of Rabba, and as Abaye resolves** it.

דְּתַנְיָא, רַבִּי אֶלְעָזָר אוֹמֵר: מֵי חַטָּאת שֶׁנִּטְמְאוּ – מְטַהֲרִין, שֶׁהֲרֵי נִדָּה מַזִּין עָלֶיהָ.

The Gemara elaborates: **As it is taught** in a *baraita*: **Rabbi Elazar says:** With regard to **water of purification,**[B] **which** has been sanctified by the ashes of the red heifer, even if the water is **rendered impure** it nevertheless performs its function and **purifies** a person from the ritual impurity imparted by a corpse. This is evident **because** those performing the rite would **sprinkle** water of purification even **on a menstruating woman**[H] who has been rendered impure by a corpse. Although her menstruation impurity renders the water of purification impure when it touches her, it is effective in removing the ritual impurity imparted by a corpse. Rabbi Elazar's opinion is in opposition to that of the Rabbis.

BACKGROUND

Water of purification – מֵי חַטָּאת: This is water mixed with the ashes of the red heifer, which was used to purify people and objects that had contracted ritual impurity imparted by a corpse. Specifically, potable, running spring water was placed in a container, and a small amount of ashes from the red heifer was added. The resulting mixture, called water of purification, or water of sprinkling, was sprinkled on the people or items to be purified. The process of mixing the ashes with water is called sanctification of the water of purification. Although this water purifies those who are ritually impure, a ritually pure person who touches or carries the water becomes ritually impure for one day. The ceremony of purification involves taking a bundle of three hyssop branches and using it to sprinkle the purification water upon the ritually impure person on the third and the seventh day after he became ritually impure.

Preparation of the water of purification

HALAKHA

Would sprinkle water of purification even on a menstruating woman – נִדָּה מַזִּין עָלֶיהָ: The water of purification is sprinkled on all types of ritually impure people, e.g., a man who experiences a gonorrhea-like discharge [*zav*], a woman who experiences a discharge of uterine blood after her menstrual period [*zava*], a menstruating woman, and one who has given birth. Water of purification may be sprinkled upon any of these people if they contract ritual impurity imparted by a corpse. On the third and seventh days after they contract impurity imparted by a corpse, the water is sprinkled on them and they are purified of the ritual impurity imparted by the corpse, although they remain with any ritual impurity that they acquired from other sources. This is the opinion of both Rabbi Elazar and the Rabbis (Rambam *Sefer Tahara, Hilkhot Para Aduma* 11:3 and *Kesef Mishne* there).

וְאָמַר רַבָּה: רַבִּי אֱלִעֶזֶר בְּשִׁיטַת רַבִּי עֲקִיבָא רַבּוֹ אֲמָרָהּ, דְּאָמַר: הַעֲבָרַת כְּלִי עַל גַּבֵּי מָקוֹם טָמֵא – כְּמוּנָּח דָּמֵי.

And concerning this dispute, **Rabba says:** Although it would seem that the water of purification applied to a menstruating woman does not become impure until it touches her, the case may still provide precedent for all water of purification that has become impure, as follows: **Rabbi Elazar stated** his opinion **in accordance with the opinion of his teacher Rabbi Akiva, who says that passing a vessel** containing water of purification **over the place** where **a ritually impure** item is renders the vessel **considered as if resting** there, so that the water becomes impure. Consequently, just as the water of purification is effective for the menstruating woman although it has become impure when hovering above her, water of purification always remains effective after having contracted ritual impurity.

דִּתְנַן: הָיָה עוֹמֵד חוּץ לַתַּנּוּר וְשֶׁרֶץ בַּתַּנּוּר, וְהוֹשִׁיט יָדוֹ לַחַלּוֹן, וְנָטַל אֶת הַלָּגִין וְהֶעֱבִירוֹ עַל פִּי תַנּוּר – רַבִּי עֲקִיבָא מְטַמֵּא, וַחֲכָמִים מְטַהֲרִין. וּבְהָא פְּלִיגִי, דְּרַבִּי עֲקִיבָא סָבַר: כְּמוּנָּח דָּמֵי, וְרַבָּנַן סָבְרִי: לָאו כְּמוּנָּח דָּמֵי.

That is Rabbi Akiva's opinion, **as we learned** in a mishna (*Para* 10:5): There is a dispute with regard to the case of a ritually pure person who **was standing beyond an oven,**[H] which stood between him and the wall, **and** a carcass of a **creeping animal,**[B] which imparts impurity, was **in the oven; and** the person **stretched out his hand to the window and took the jug** [***halagin***][LB] containing water of purification **and passed it over the opening of the oven.**[B] **Rabbi Akiva deems** the water of purification **impure,** although the jug has merely passed over the oven's opening and has not come to rest on it, **and the Rabbis deem** the water **pure. And** according to Rabba, **in this** manner **do they disagree: That Rabbi Akiva holds** that the jug is **considered as** if **resting** on the opening of the oven, **and the Rabbis hold** that the jug is **not considered as** if **resting** there.

HALAKHA

Ritually pure person who was standing beyond an oven – הָיָה עוֹמֵד חוּץ לַתַּנּוּר: If a ritually pure person was standing beyond a ritually impure oven, and he stretched out his hand to a window and took a container containing water of purification from there and passed it over the opening of the oven, the water of purification remains pure, in accordance with the opinion of the Rabbis (Rambam *Sefer Tahara, Hilkhot Para Aduma* 14:5).

LANGUAGE

Jug [*lagin*] – לָגִין: The source of the word is apparently the Greek **λάγυνος**, *lagunos*, or the Latin lagena, meaning a container similar to a bottle or small jug.

BACKGROUND

Creeping animal – שֶׁרֶץ: There are eight creeping animals, i.e., small mammals and lizards, whose carcasses impart ritual impurity upon contact (see Leviticus 11:29–30). There is no clear oral tradition with regard to the identity of the animals listed in the Torah. Consequently, the determination of their identity involves educated conjecture. Among the suggestions offered are that *ḥoled* is a rat; *akhbar* is a mouse; *tzav* is a dabb lizard; *anaka* is a gecko; *koaḥ* is a monitor; *leta'a* is a lizard; *ḥomet* is a skink; and *tinshemet* is a chameleon.

Dabb lizard

Jug – לָגִין: A jug was a vessel, usually made from earthenware, that served as a container for beverages and was kept on the table and used to pour into the cups of those dining there, similar to the use of a pitcher or bottle in modern times. The volume held by such jugs was at most two to three liters.

Jug from the talmudic period

Opening of the oven – פִּי תַנּוּר:

Traditional bread oven with opening on the top

וְאֵיתִיבֵיהּ אַבַּיֵי: מוֹדֶה רַבִּי עֲקִיבָא בְּהַזָּאָה שֶׁהֶעֱבִירָהּ עַל כְּלִי חֶרֶס טָמֵא, עַל גַּבֵּי מִשְׁכָּב וּמוֹשָׁב טָמֵא – שֶׁהִיא טְהוֹרָה, שֶׁאֵין לְךָ דָּבָר שֶׁמְּטַמֵּא לְמַעְלָה כִּלְמַטָּה אֶלָּא כְּזַיִת מִן הַמֵּת, וּשְׁאָר כׇּל הַמַּאֲהִילִין, לְאֵיתוּיֵי אֶבֶן הַמְנוּגַּעַת!

And Abaye raised an objection to Rabba's interpretation from a *baraita* (*Tosefta, Para* 10:6): Although he deems the water of purification impure in the previous case, **Rabbi Akiva concedes** that **in** the act of **sprinkling,**[N] in **which** the person **passed** the water of purification **over an impure earthenware vessel**[H] or **over an** impure item designated for **lying or sitting,** the water remains **pure.** This is so **because there is nothing that renders impure** all that is in the airspace directly **above** it, **like** anything **below** that touches it, **other than an olive-bulk from a corpse and all other** items which impart ritual impurity to those items **which overlie** them, **including a stone marked** with leprosy.[B] Such a stone also imparts overlying impurity, rendering impure anything under the same roof or, if there is no roof, in the airspace directly above it up to the sky.

אֶלָּא אֲמַר אַבַּיֵי: דְּכוּלֵּי עָלְמָא לָאו כְּמוּנָּח דָּמֵי, וְהָכָא בְּהָא קָמִיפַּלְגִי, דְּרַבִּי עֲקִיבָא סָבַר: גָּזְרִינַן שֶׁמָּא יָנוּחַ, וְרַבָּנַן סָבְרִי: לָא גָּזְרִינַן. וּמוֹדֶה רַבִּי עֲקִיבָא בְּהַזָּאָה, כֵּיוָן דִּנְפַק נְפַק.

Rather, Abaye said: Everyone agrees that a vessel containing water of purification passing over an item that is ritually impure **is not considered as** if it is **resting** on it. **And here,** with regard to the jug being taken over the oven, **they disagree about this: Rabbi Akiva holds** that **we decree** that the vessel contracts impurity by rabbinic law, since **perhaps** a vessel carried above an impure item **will** come to **rest** directly on that impure item. **And the Rabbis hold: We do not decree** that the vessel contracts impurity in such a case. **And Rabbi Akiva concedes** that **in** the act of **sprinkling,** while the water passes over an impure item, **once it has set forth** into the air, **it has set forth.** Since the water has left the person's hand, the person cannot leave it to rest upon an impure item.

וְרַבִּי אֱלִעָזָר וְרַבָּנַן בְּמַאי קָמִיפַּלְגִי? אֲמַר אַבַּיֵי: בְּדָנִין טוּמְאָה קְדוּמָה מִטּוּמְאָה שֶׁבְּאוֹתָהּ שָׁעָה קָמִיפַּלְגִי,

The Gemara asks: If so, Rabbi Akiva and the Rabbis would agree that the water of purification does not become impure before touching a menstruating woman. **And,** if so, then **Rabbi Elazar and the Rabbis,** who disagree as to whether impure water of purification renders one pure, **with regard to what** case **do they disagree? Abaye said: They disagree with regard to** whether one may **derive** the *halakha* of **impurity** rendered **earlier,** before sprinkling the water of purification, **from** the *halakha* of **impurity** rendered **at that** very **moment** that the purification occurs, as in the case of the menstruating woman.

מָר סָבַר: דָּנִין, וּמָר סָבַר: אֵין דָּנִין.

One **Sage,** Rabbi Elazar, **holds:** One **derives** the *halakha* in this manner, and, therefore, the water effects purification even if the water has become impure first. **And** one **Sage,** the Rabbis, **holds** that one does **not derive** this *halakha*. Therefore, Rav Ḥisda's answer to Rami bar Hama is that, according to the opinion of Rabbi Elazar, if the impurity occurs in the moment that the sin offering's blood touches the impure garment, the *halakha* is the same as it is when the blood has become impure before reaching the garment. In both cases, the garment is exempt from laundering. According to the opinion of the Rabbis, the *halakha* is not the same in both cases: If the blood becomes impure at the very moment it reaches the garment, laundering is required.

רָבָא אֲמַר: דְּכוּלֵּי עָלְמָא אֵין דָּנִין.

Rava said: The case of sprinkling water of purification upon a menstruating woman has no bearing upon the case of the sprayed garment, **as everyone** holds that one does **not derive** the *halakha* of impurity incurred earlier from the *halakha* of impurity incurred at that very moment.

NOTES

Rabbi Akiva concedes that in the act of sprinkling, etc. – **מוֹדֶה רַבִּי עֲקִיבָא בְּהַזָּאָה וכו׳**: With regard to the jug of water, there are specific factors that lead Rabbi Akiva to deem the water impure, as the Gemara explains. With regard to passing the airborne water in the act of sprinkling, the *halakha* accords with the basic principle: Water of purification does not become impure by passing over a ritually impure item. Accordingly, because Rabbi Elazar's teacher, Rabbi Akiva, does not himself hold that the airborne water of purification becomes impure merely by passing over an impure item, Rabba's interpretation would seem untenable.

HALAKHA

Sprinkling in which the person passed the water of purification over an impure earthenware vessel – **הַזָּאָה שֶׁהֶעֱבִירָהּ עַל כְּלִי חֶרֶס טָמֵא**: Water of purification that, when sprinkled, passed over an item that is ritually impure, such as an impure surface designated for lying on or sitting on, remains pure (Rambam *Sefer Tahara*, *Hilkhot Para Aduma* 14:5).

BACKGROUND

Stone marked with leprosy – **אֶבֶן הַמְנוּגַּעַת**: By Torah law (see Leviticus 14:33–57), if a mark that may be leprosy appears upon the wall of a house, a priest is brought to examine the house. If the priest confirms that there is evidence of leprosy, the house is left uninhabited for a week, after which it is reexamined by the priest. If the mark has darkened or disappeared, the house is declared ritually pure. If the mark is unchanged, the house is quarantined for a second week. If the mark has then darkened, the house undergoes a purification process and is declared ritually pure. But if the mark is unchanged or has spread, the affected parts of the house are removed and replaced with new materials, after which the house is quarantined a third time. If the mark reappears, the entire house must be destroyed, and its stones are disposed of in a ritually impure place. With the exception of items in hermetically sealed earthenware containers, a leprous house renders ritually impure all the people and items inside it. Therefore, all the items in the house are removed before the initial examination by the priest in order to prevent them from becoming ritually impure. Once the house is declared free of leprosy, it must be purified by a process involving birds, cedar wood, hyssop, and red thread, parallel to the purification process by which a leprous person is purified.

וְהָכָא בְּהָא קָמִיפַּלְגִי, דְּרַבִּי אֶלְעָזָר סָבַר: הַזָּאָה צְרִיכָה שִׁיעוּר וּמִצְטָרְפִין לְהַזָּאוֹת, וְרַבָּנַן סָבְרִי: הַזָּאָה אֵין צְרִיכָה שִׁיעוּר.

Rava continues: **But here,** with regard to the precedent of the menstruating woman, **they disagree about this: Rabbi Elazar holds** that **sprinkling** the water of purification **requires** a specific **measure** of the water, **but** sprinklings of small quantities **combine to** constitute **sprinklings** of the required measure. Therefore, if the initial sprinkling on the woman does not contain a sufficient measure of water, the small quantity of water of purification first becomes impure, but it later combines with the subsequent sprinkling to purify her. Consequently, water of purification that has already become impure may effect purification. **But the Rabbis hold** that **sprinkling** of the water **does not require a measure.**[H] Accordingly, the woman is purified by the initial sprinkling, although the purification water becomes impure at the very moment that it reaches her; and this does not have any bearing on a case in which the purification water is impure before it touches the person upon whom it is sprinkled.

"חַטָּאת פְּסוּלָה" כו׳. תָּנוּ רַבָּנַן: "מִדָּמָהּ" – מִדַּם כְּשֵׁירָה, וְלֹא מִדַּם פְּסוּלָה. רַבִּי עֲקִיבָא אוֹמֵר: הָיְתָה לָהּ שְׁעַת הַכּוֹשֶׁר וְנִפְסְלָה – דָּמָהּ טָעוּן כִּיבּוּס, לֹא הָיְתָה לָהּ שְׁעַת הַכּוֹשֶׁר וְנִפְסְלָה – אֵין דָּמָהּ טָעוּן כִּיבּוּס.

§ The mishna teaches: With regard to **a disqualified sin offering,** a garment on which its blood is sprayed does not require laundering, whether the offering had a moment of qualification when its blood was fit for sprinkling or whether it did not have a moment of qualification. **The Sages taught** in a *baraita*: With regard to a garment on which the blood of a sin offering sprayed, the verse states: "And when any **of its blood** shall be sprinkled on a garment" (Leviticus 6:20), teaching that laundering is required when some **of the blood of a fit** sin offering is sprayed on the garment, **but** this is **not** so in the case **of the blood of a disqualified** sin offering.[H] **Rabbi Akiva says:** If the sin offering **had a period of fitness and** then **was disqualified,** a garment onto which **its blood** sprayed still **requires laundering.** If it **did not have a period of fitness** at all **and was** then **disqualified,** a garment onto which **its blood** sprayed **does not require laundering.**

וְרַבִּי שִׁמְעוֹן אוֹמֵר: אֶחָד זֶה וְאֶחָד זֶה – אֵין דָּמָהּ טָעוּן כִּיבּוּס. מַאי טַעְמָא דְּרַבִּי שִׁמְעוֹן? כְּתִיב: "אוֹתָהּ" וּכְתִיב: "מִדָּמָהּ", חַד – לְהֵיכָא דְּהָיְתָה לוֹ שְׁעַת הַכּוֹשֶׁר.

And Rabbi Shimon says: With regard to **both this** sin offering that had a period of fitness **and that** sin offering that did not, a garment onto which **its blood** sprayed **does not require laundering. What is the reasoning of Rabbi Shimon?** The Gemara answers: **It is written** in the Torah with regard to laundering the blood of a sin offering: "Every male among the priests may eat **it**" (Leviticus 6:22), and only it. **And it is written** earlier in that same section: **"Of its blood"** (Leviticus 6:20), but not all its blood. Therefore, there are two exclusionary terms; **one** excludes laundering **for** the situation **where** the unfit offering **had a period of fitness,** and the other excludes a situation in which the offering did not have a period of fitness.

וְרַבִּי עֲקִיבָא: "אוֹתָהּ" – פְּרָט לִתְרוּמָה. וְרַבִּי שִׁמְעוֹן לְטַעְמֵיהּ, דְּאָמַר: קָדָשִׁים קַלִּים אֵין טְעוּנִין מְרִיקָה וּשְׁטִיפָה, וְכָל שֶׁכֵּן תְּרוּמָה.

The Gemara asks: **And** how does **Rabbi Akiva** interpret these verses? From the term "of its blood" he derives that the offering that has no period of fitness is excluded. The exclusion indicated by the word **"it"** teaches that the requirement for scouring and rinsing a copper vessel in which sacred food was cooked **excludes** ***teruma***, i.e., scouring and rinsing is not required for a vessel in which *teruma* was cooked. **And** rejecting Rabbi Akiva's understanding, **Rabbi Shimon** conforms **to his** line of **reasoning, as he says: Offerings of lesser sanctity do not require scouring and rinsing**[H] as explained on 96b, **and all the more so** does ***teruma*** not require this. Consequently, Rabbi Shimon does not need a verse to exclude *teruma*, and he interprets the verse to exclude both a sin offering that had a period of fitness and a sin offering that did not have a period of fitness.

HALAKHA

Sprinkling does not require a measure – הַזָּאָה אֵין צְרִיכָה שִׁיעוּר: When one sprinkles water of purification upon several people or several items at once, any amount of water touching them is enough to purify them (Rambam *Sefer Tahara, Hilkhot Para Aduma* 10:8).

Some of the blood of a fit sin offering but not of the blood of a disqualified sin offering – מִדַּם כְּשֵׁירָה וְלֹא מִדַּם פְּסוּלָה: One is not required to launder a garment onto which the blood of a disqualified sin offering sprayed, whether or not the offering had a period of fitness. This ruling is in accordance with the opinion of Rabbi Shimon, which is the unattributed opinion in the mishna (Rambam *Sefer Avoda, Hilkhot Ma'aseh HaKorbanot* 8:3).

Scouring and rinsing – מְרִיקָה וּשְׁטִיפָה: The process of scouring and rinsing is required for any vessel which is used with heat for any consecrated items or offerings, in accordance with the unattributed opinion in the mishna on 96b (Rambam *Sefer Avoda, Hilkhot Ma'aseh HaKorbanot* 8:14).

HALAKHA

If the blood of a sin offering sprayed from the neck – נִיתַּז מִן הַצַּוָּאר: If the blood of a sin offering sprayed from the neck of the animal, or from the corner of the altar, onto a garment; or if the blood spilled onto the floor, and the priest collected it, and it sprayed on a garment; the garment does not require laundering (Rambam *Sefer Avoda, Hilkhot Ma'aseh HaKorbanot* 8:6).

מתני׳ נִיתַּז מִן הַצַּוָּאר עַל הַבֶּגֶד – אֵינוֹ טָעוּן כִּיבּוּס, מִן הַקֶּרֶן וּמִן הַיְסוֹד – אֵינוֹ טָעוּן כִּיבּוּס. נִשְׁפַּךְ עַל הָרִצְפָּה וַאֲסָפוֹ – אֵין טָעוּן כִּיבּוּס. אֵין טָעוּן כִּיבּוּס אֶלָּא דָּם שֶׁנִּתְקַבֵּל בִּכְלִי וְרָאוּי לְהַזָּאָה.

MISHNA If the blood of a sin offering **sprayed from the neck**[H] of the animal **onto a garment,** the garment **does not require laundering.** If the blood was collected in a vessel and sprinkled on the altar and sprayed **from the corner or from the base** of the altar onto the garment, the garment **does not require laundering,** as the blood was already sprinkled and its mitzva was fulfilled. If the blood **spilled** from the neck **onto the floor** before it was collected in a vessel, **and** the priest **collected** the blood and it sprayed on a garment, the garment **does not require laundering.** It is **only** with regard to **blood that was received in** a sacred **vessel and is fit for sprinkling** that the garment **requires laundering.**

גמ׳ תָּנוּ רַבָּנַן: יָכוֹל נִיתַּז מִן הַצַּוָּאר עַל הַבֶּגֶד יְהֵא טָעוּן כִּיבּוּס? תַּלְמוּד לוֹמַר: ״אֲשֶׁר יִזֶּה״, לֹא אָמַרְתִּי לְךָ אֶלָּא בְּרָאוּי לְהַזָּאָה. תַּנְיָא אִידַּךְ: יָכוֹל נִיתַּז מִן הַקֶּרֶן וּמִן הַיְסוֹד יְהֵא טָעוּן כִּיבּוּס? תַּלְמוּד לוֹמַר: ״אֲשֶׁר יִזֶּה״, פְּרָט לָזֶה שֶׁכְּבָר הוּזָּה.

GEMARA The Gemara cites sources for the *halakhot* mentioned in the mishna. **The Sages taught** in a *baraita*: One **might** have thought that if blood **sprayed from the neck** of the animal **onto a garment,** the garment **should require laundering.** Therefore, **the verse states:** "On **which it shall be sprinkled**" (Leviticus 6:20), which teaches: **I told you** that a garment requires laundering **only with regard to** blood which is **fit for sprinkling,** which must be collected in a vessel directly from the neck of the animal. **It is taught** in **another** *baraita*: One **might** have thought that if blood **sprayed from the corner or from the base** of the altar, the garment **should require laundering.** Therefore, **the verse states:** "On **which it shall be sprinkled," excluding that** blood **that was already sprinkled.**

״נִשְׁפַּךְ עַל הָרִצְפָּה״ כו׳.

§ The mishna teaches: If the blood **spilled** from the neck **onto the floor** before it was collected in a vessel, and the priest collected the blood and it sprayed on a garment, the garment does not require laundering. It is only with regard to blood that was received in a sacred vessel and is fit for sprinkling that the garment requires laundering.

Perek **XI**
Daf **93** Amud **b**

HALAKHA

The case where a priest received less blood than is sufficient for sprinkling in this vessel – קִיבֵּל פָּחוֹת מִכְּדֵי הַזָּיָה בִּכְלִי זֶה: With regard to all animal offerings, if an amount of blood that is insufficient for the required sprinklings is collected, the blood does not become sanctified for sprinkling on the altar, in accordance with the conclusion of the Gemara (Rambam *Sefer Avoda, Hilkhot Ma'aseh HaKorbanot* 4:8 and *Mishne LaMelekh* there).

הָא תּוּ לָמָּה לִי? מַה טַּעַם קָאָמַר; מַה טַּעַם נִשְׁפַּךְ עַל הָרִצְפָּה וַאֲסָפוֹ אֵין טָעוּן כִּיבּוּס – לְפִי שֶׁאֵין טָעוּן כִּיבּוּס אֶלָּא דָּם שֶׁנִּתְקַבֵּל בִּכְלִי וְרָאוּי לְהַזָּיָה.

With regard to the statement that only blood that was collected in a vessel and is fit for sprinkling requires the laundering of the garment on which it sprayed, the Gemara asks: **Why do I also** need **this?** After all, it was already taught that if blood spilled from the neck onto the floor before it was collected in a vessel, and it sprayed on a garment, the garment does not require laundering. The Gemara answers: This is not an additional *halakha*, but rather the mishna **is saying: What is the reason? What is the reason** that if the blood **spilled** from the neck **onto the floor** before it was collected in a vessel, **and** the priest **collected it** and it sprayed on a garment, the garment **does not require laundering?** This is **because** it is **only** with regard to **blood that was received in** a sacred **vessel and is fit for sprinkling** that the garment **requires laundering.**

״רָאוּי לְהַזָּאָה״. לְמַעוּטֵי מַאי? לְמַעוּטֵי קִיבֵּל פָּחוֹת מִכְּדֵי הַזָּיָה בִּכְלִי זֶה, וּפָחוֹת מִכְּדֵי הַזָּיָה בִּכְלִי זֶה.

§ The mishna teaches: It is only with regard to blood that was received in a sacred vessel and is **fit for sprinkling** that the garment **requires laundering.** The Gemara asks: As it was already taught that when disqualified blood is sprayed on a garment, it does not require laundering, this reiteration serves **to exclude what?** The Gemara answers: It serves **to exclude** the case where a priest **received less** blood **than is sufficient for sprinkling in this vessel,**[H] **and less than** is **sufficient for sprinkling in that vessel,** and then he mixed together the blood from the two vessels. In such a case, even though the combined amount is now enough for sprinkling, the blood did not become fit for sprinkling.

דְּתַנְיָא, רַבִּי חֲלַפְתָּא בַּר שָׁאוּל אוֹמֵר: קִידֵּשׁ פָּחוֹת מִכְּדֵי הַזָּיָיה בִּכְלִי זֶה וּפָחוֹת מִכְּדֵי הַזָּיָיה בִּכְלִי זֶה – לֹא קִידֵּשׁ.

This is **as it is taught** in a *baraita*: With regard to the sanctification of water of purification, **Rabbi Ḥalafta bar Shaul says:** If a priest **sanctified less than** is **sufficient for sprinkling**[H] **in this vessel and less than** is **sufficient for sprinkling in that vessel,** and he then mixed together the water from the two vessels, he **has not sanctified** it to become water of purification.

אִיבַּעְיָא לְהוּ: בְּדָם מַהוּ? הִלְכְתָא הִיא, וּמֵהִלְכְתָא לָא גָּמְרִינַן.

In a related issue, **a dilemma was raised before** the Sages: If a priest did this **for** the **blood** of an internal sin offering, collecting less than is sufficient for sprinkling in each vessel and then mixing all the blood together, **what is** the *halakha*? **Is** Rabbi Ḥalafta's statement about the water of purification **a *halakha*** transmitted to Moses from Sinai, **and we do not learn from** such **a *halakha*** an application to a different matter?

אוֹ דִּלְמָא: הָתָם מַאי טַעְמָא – דִּכְתִיב: "וְטָבַל בַּמַּיִם", הָכָא נַמִי – כְּתִיב: "וְטָבַל... בַּדָּם"?

Or, perhaps: What is the reason there, that the combined water of purification is not fit for sprinkling? It may be **because it is written** about sprinkling the water: **"And dip it in the water"** (Numbers 19:18), stressing that it is to be dipped in precisely the same water that was first placed in the vessel. This indicates that from the outset there must be an amount sufficient for sprinkling. If so, then **here also** there is comparable language employed with regard to the blood of a sin offering. **It is written: "And** the priest shall **dip** his finger **in the blood,** and sprinkle of the blood" (Leviticus 4:6). Does this prove that from the outset there must be sufficient blood for sprinkling?

תָּא שְׁמַע, דְּאָמַר רַבִּי זְרִיקָא אָמַר רַבִּי אֶלְעָזָר: אַף בְּדָם לֹא קִידֵּשׁ.

The Gemara suggests: **Come** and **hear** a proof, **as Rabbi Zerika says** that **Rabbi Elazar says: Even in** the case of the **blood** of a sin offering, if one collected two insufficient amounts and then mixed them together, he **did not sanctify** the blood to make it fit for sprinkling on the altar, and therefore, if it sprays on a garment, one is not required to launder the garment.

אָמַר רָבָא: תַּנְיָא, "וְטָבַל" – וְלֹא מְסַפֵּג, "בַּדָּם" – עַד שֶׁיְּהֵא בַּדָּם שִׁיעוּר טְבִילָה מֵעִיקָּרוֹ, "מִן הַדָּם" – מִן הַדָּם שֶׁבָּעִנְיָן.

§ **Rava says: It is taught** in a *baraita* with regard to the internal sin offering, whose blood is sprinkled in the Sanctuary: The verse states: "**And** the priest **shall dip** his finger in the blood, and sprinkle of the blood" (Leviticus 4:6); **and** there must be enough blood in the vessel for the priest to dip his finger in it so that he does **not** need to **wipe**[H] blood from the sides or the bottom of the vessel onto his finger. The verse states: **"In the blood,"** teaching that the blood is unfit for sprinkling **unless there is a measure of the blood** fit for **dipping** in the vessel **from the outset,** and the blood is disqualified if more blood is added to a vessel that initially contained less than the required measure. The verse states: "Sprinkle **of the blood,"** which teaches that he must sprinkle **of the blood that is** mentioned **in** this **matter,** which is the blood in the vessel.

וְאִיצְטְרִיךְ לְמִיכְתַּב "בַּדָּם", דְּאִי כָּתַב רַחֲמָנָא "וְטָבַל", הֲוָה אָמִינָא: אַף עַל פִּי דְּלֵיכָּא שִׁיעוּר טְבִילָה מֵעִיקָּרוֹ – כָּתַב [רַחֲמָנָא] "בַּדָּם".

And it was necessary for the Torah **to write** the term: **"In the blood,"** as well as the term: "And the priest shall dip." **As, had the Merciful One written** only: **"And the priest shall dip," I would say** that if there is sufficient blood at the time of dipping, **even though there was not a measure** of blood fit for **dipping** in the vessel **from the beginning,** it is nevertheless fit for dipping. Therefore, **the Merciful One writes: "In the blood,"** to teach that there must be sufficient blood from the beginning.

HALAKHA

If a priest sanctified less than is sufficient for sprinkling – קִידֵּשׁ פָּחוֹת מִכְּדֵי הַזָּאָה: To be sanctified through the addition of red heifer ashes, the water of purification in a container must be of a sufficient amount to be sprinkled on a ritually impure person or item. That is, there must be sufficient water for the dipping of the top of a hyssop stalk. If one placed red heifer ashes on less than this amount of water in one container and on a similar amount of water in a second container, they are not sanctified. This ruling is in accordance with the statement of Rabbi Ḥalafta bar Shaul (Rambam *Sefer Tahara, Hilkhot Para Aduma* 9:3, 15:1).

And the priest shall dip and there must be enough blood so that he does not need to wipe – וְטָבַל וְלֹא מְסַפֵּג: When the priest dips his finger in the blood of a sin offering held in a service vessel in order to sprinkle that blood, the vessel must contain sufficient blood for the priest to dip his finger into it, and it must not contain such a small amount that he must wipe up blood with his finger (Rambam *Sefer Avoda, Hilkhot Ma'aseh HaKorbanot* 5:9; see *Kesef Mishne, Mishne LaMelekh*, and *Ḥiddushei HaGriz* there).

וְאִי כְּתַב רַחֲמָנָא ״בַּדָּם״, הֲוָה אָמֵינָא: אֲפִילּוּ מְסַפֵּג – כְּתַב רַחֲמָנָא ״וְטָבַל״.

And if the Merciful One had written only: **"In the blood," I would say** that if at the beginning there was an appropriate measure of blood, it is not necessary for the vessel to retain a measure of enough blood throughout the whole rite, and **even** if he eventually **wipes**[N] blood off of the vessel onto his finger, it is sufficient for sprinkling. Therefore, **the Merciful One writes: "And** the priest **shall dip,"** to teach that there must remain enough blood to dip his finger each time.

״מִן הַדָּם שֶׁבָּעִנְיָן״ לְמַעוּטֵי מַאי? אֲמַר רָבָא: לְמַעוּטֵי שִׁירַיִים שֶׁבָּאֶצְבַּע. מְסַיַּיע לְרַבִּי אֶלְעָזָר, דְּאָמַר רַבִּי אֶלְעָזָר: שִׁירַיִים שֶׁבָּאֶצְבַּע פְּסוּלִין.

The cited *baraita* states: The verse states: "Sprinkle of the blood," which teaches that he must sprinkle **of the blood that is** mentioned **in** this **matter,** which is the blood in the vessel. The Gemara asks: In order **to exclude what** was this mentioned? **Rava said:** This serves **to exclude the remainder** of the blood **that is on the** priest's **finger** after sprinkling, which may not be used for further sprinkling, as he must dip his finger in the blood again for each sprinkle. Rava continues: This **supports** the opinion **of Rabbi Elazar, as Rabbi Elazar says: The remainder** of the blood **that is on the** priest's **finger** after sprinkling is **unfit**[H] for further sprinkling.

אֲמַר לֵיהּ רָבִין בַּר רַב אַדָּא לְרַב: אָמַר תַּלְמִידָךְ, אָמַר רַב עַמְרָם: תָּנֵינָא, הָיָה מַזֶּה וְנִיתְּזָה הַזָּאָה מִיָּדוֹ, עַד שֶׁלֹּא הִזָּה – טָעוּן כִּיבּוּס, מִשֶּׁהִזָּה – אֵין טָעוּן כִּיבּוּס.

Ravin bar Rav Adda said to Rav, i.e., Rava: **Your student says** that **Rav Amram**[P] **says:**[N] **We** already **learn** a *baraita* opposing Rabbi Elazar's opinion: If a priest **was sprinkling** the blood of an internal sin offering, **and a sprinkle sprayed from his hand** onto a garment, the *halakha* depends on the circumstances. If it sprayed **before he sprinkled,** the garment **requires laundering,** but if it sprayed **once he has sprinkled,** it **does not require laundering.**

מַאי לָאו הָכִי קָאָמַר: עַד שֶׁלֹּא גָּמַר מִלְּהַזּוֹת – טָעוּן כִּיבּוּס, מִשֶּׁגָּמַר לְהַזּוֹת – אֵין טָעוּן כִּיבּוּס? לָא, הָכִי קָאָמַר: עַד שֶׁלֹּא יָצְתָה הַזָּאָה מִיָּדוֹ – טָעוּן כִּיבּוּס, מִשֶּׁיָּצְתָה הַזָּאָה מִיָּדוֹ – אֵין טָעוּן כִּיבּוּס.

Ravin bar Rav Adda explains: **What, is it not this** that the *baraita* **is saying:** If the blood sprayed on a garment **before** the priest **concluded sprinkling,** the garment **requires laundering,** even if it sprayed from the remainder on his finger; but if it sprayed **once** the priest **has concluded sprinkling, it does not require laundering?** This indicates that blood sprayed from the remainder on his finger requires laundering, so it must be fit for sprinkling. Rava replied: **No, this** is what the *baraita* **is saying:** If the blood sprayed on a garment **before** the **sprinkling has left his hand, it requires laundering,** but if it sprayed **once** the **sprinkling has left his hand,**[H] the remainder on his finger **does not require laundering** if it then sprays onto a garment.

אֵיתִיבֵיהּ אַבָּיֵי: גָּמַר מִלְּהַזּוֹת – מְקַנֵּחַ יָדוֹ בְּגוּפָהּ שֶׁל פָּרָה. גָּמַר – אִין, לֹא גָּמַר – לָא! אֲמַר לֵיהּ: גָּמַר – מְקַנֵּחַ יָדוֹ בְּגוּפָהּ שֶׁל פָּרָה, לֹא גָּמַר – מְקַנֵּחַ אֶצְבָּעוֹ.

Abaye raised an objection to Rabbi Elazar's opinion from what is taught about sprinkling the blood of the red heifer in a mishna (*Para* 3:9): When the priest has **concluded sprinkling** the blood, **he wipes his hand on the body of** the red **heifer.**[NH] Evidently, if he **concluded** sprinkling, **yes,** he does wipe his hand; but if he **did not conclude** sprinkling, he does **not** wipe his hand, even though a remainder is left on his finger. Evidently, this remainder is fit for sprinkling. Rava **said to him:** The mishna is to be understood otherwise: If he **concluded** sprinkling, **he wipes his** entire **hand on the body of the** red **heifer;** but if he **has not concluded** sprinkling, **he wipes** only **his finger** after each sprinkling.

בִּשְׁלָמָא גָּמַר מְקַנֵּחַ יָדוֹ בְּגוּפָהּ שֶׁל פָּרָה – שֶׁנֶּאֱמַר: ״וְשָׂרַף אֶת הַפָּרָה לְעֵינָיו״, אֶלָּא אֶצְבָּעוֹ בְּמַאי מְקַנֵּחַ? אֲמַר אַבָּיֵי: בִּשְׂפַת מִזְרָק, כְּדִכְתִיב: ״כְּפוֹרֵי זָהָב״.

The Gemara asks: **Granted,** if he **concluded** sprinkling, **he wipes his hand on the body of** the red **heifer, as it is stated: "And the heifer shall be burned in his sight;** its skin, and its flesh, and its blood" (Numbers 19:5), indicating that the remaining blood must be incinerated together with the flesh. **But on what does he wipe his finger** after each sprinkling, since he must not wipe it on the body of the heifer, which might cause hair to stick to his finger, interfering with the sprinkling? **Abaye said:** He wipes his finger **on the lip of** the **bowl** holding the blood for sprinkling, **as it is written: "Atoning bowls [*keforei*] of gold"** (Ezra 1:10). The atoning bowls are so named because the priest wipes his finger on them, and the word *keforei* indicates cleansing by way of wiping (see *Ḥullin* 8b).

NOTES

And if the Merciful One had written: In the blood, I would say that even if he wipes – וְאִי כְּתַב רַחֲמָנָא בַּדָּם הֲוָה אָמֵינָא אֲפִילּוּ מְסַפֵּג: Some explain that the emphasis of: In the blood, is insufficient to determine how much blood must be in the vessel from the outset. One might assume that even enough blood to wipe is sufficient. Therefore, the verse must also mention dipping to teach that from the outset there must be sufficient blood for dipping (*Shita Mekubbetzet*; see Rambam and 40b).

Your student says that Rav Amram says – אָמַר תַּלְמִידָךְ אָמַר רַב עַמְרָם: To preserve the proper honor and respect of Rava, his student, Ravin bar Rav Adda, did not want to contradict Rava's opinion directly by citing the statement of Rav Amram, who was Rava's contemporary. Therefore he used this indirect formulation, which humbly refers to himself as Rava's student. According to another version of the text, he used an even more indirect formula, saying: Your students say that Rav Amram says, anonymously presenting the question in the name of others.

He wipes his hand on the body of the red heifer – מְקַנֵּחַ יָדוֹ בְּגוּפָהּ שֶׁל פָּרָה: The verse mentions burning its blood along with its skin, flesh, and dung. Accordingly, the priest wipes the animal's blood, which remains upon his hand, back onto the body of the animal, so that it too will be burned (Rashi).

HALAKHA

The remainder that is on the priest's finger is unfit – שִׁירַיִים שֶׁבָּאֶצְבַּע פְּסוּלִין: When the priest sprinkles the blood of a sin offering, he must dip his finger in the blood for each sprinkling on a specific corner of the altar. When he finishes sprinkling the blood on a corner, he wipes his finger on the edge of the bowl that holds the blood. Before he sprinkles on another corner, he dips his finger in the blood again. This ruling is in accordance with the statements of Rava and Rabbi Elazar (Rambam *Sefer Avoda*, *Hilkhot Ma'aseh HaKorbanot* 5:8).

Once the sprinkling has left his hand – מִשֶּׁיָּצְתָה הַזָּאָה מִיָּדוֹ: If blood from a sin offering sprays from the priest's hand onto a garment after the sprinkling onto the altar has left his hand, he is not required to launder the garment, in accordance with Rava's statement (Rambam *Sefer Avoda*, *Hilkhot Ma'aseh HaKorbanot* 8:8).

On the body of the red heifer – בְּגוּפָהּ שֶׁל פָּרָה: The remainder of the blood on the priest's finger from the previous sprinkling is unfit for further sprinkling. Therefore, he wipes his finger on the body of the red heifer after each sprinkling. This contradicts the statement of Abaye, and some explain that the Rambam had a different version of the text in tractate *Menaḥot* (*Shita Mekubbetzet* on 7b there), or that Rambam ruled in accordance with the *Sifrei* (*Ma'aseh Roke'aḥ*). The *Leḥem Mishne* explains that the Rambam's statement does not necessarily mean that the requirement is to wipe the blood specifically on the body of the red heifer (Rambam *Sefer Tahara*, *Hilkhot Para Aduma* 3:2).

PERSONALITIES

Rav Amram – רַב עַמְרָם: Two people named Rav Amram are mentioned in the Talmud. The first belonged to the second generation of *amora'im* and was a student of Rav. The second, who is referred to here, belonged to the third and fourth generations of Babylonian *amora'im* and was a student of Rav Sheshet and Rav Naḥman. There are also descriptions of him holding discussions with Abaye.

מתני׳ נִיתַּז עַל הָעוֹר, עַד שֶׁלֹּא הוּפְשַׁט – אֵינוֹ טָעוּן כִּיבּוּס, מִשֶּׁהוּפְשַׁט – טָעוּן כִּיבּוּס, דִּבְרֵי רַבִּי יְהוּדָה.

MISHNA Apropos laundering the blood of a sin offering from garments onto which it sprayed, the mishna discusses what is considered a garment. If the blood of a sin offering **sprayed onto the hide** of an animal[H] **before it was flayed** from the animal, the hide **does not require laundering,** because its status is not that of a garment, which is susceptible to ritual impurity. If the blood sprayed onto the hide **after it was flayed, it requires laundering;** this is **the statement of Rabbi Yehuda.**

רַבִּי אֶלְעָזָר אוֹמֵר: אַף מִשֶּׁהוּפְשַׁט אֵינוֹ טָעוּן כִּיבּוּס, אֶלָּא מְקוֹם הַדָּם, וְדָבָר שֶׁהוּא רָאוּי לְקַבֵּל טוּמְאָה וְרָאוּי לְכִיבּוּס.

Rabbi Elazar says: Even if the blood sprayed onto the hide **after it was flayed, it does not require laundering**[H] until it is crafted into a vessel or garment that is actually susceptible to ritual impurity. This is the principle with regard to laundering: A garment must be laundered **only** in the **place** where **the blood** was sprayed, **and** only if it is **an item that is fit to become ritually impure, and** only if it is an item **fit for laundering.**

אֶחָד הַבֶּגֶד וְאֶחָד הַשַּׂק וְאֶחָד הָעוֹר טְעוּנִין כִּיבּוּס. וְהַכִּיבּוּס בְּמָקוֹם קָדוֹשׁ, וּשְׁבִירַת כְּלִי חֶרֶס בְּמָקוֹם קָדוֹשׁ, וּמְרִיקָה וּשְׁטִיפָה בִּכְלִי נְחוֹשֶׁת בְּמָקוֹם קָדוֹשׁ, זֶה חוֹמֶר בְּחַטָּאת מִקָּדְשֵׁי קָדָשִׁים.

With regard to **the garment** mentioned explicitly in the Torah, **and the sackcloth,**[H] **and the hide, all** of these **require laundering. And the laundering** must be performed **in a sacred place,**[H] the Temple courtyard, **and the breaking of an earthenware vessel** in which a sin offering was cooked must be performed **in a sacred place, and scouring and rinsing of a copper vessel** in which a sin offering was cooked[H] must be performed **in a sacred place.** With regard to **this** matter, **a stringency** applies **to a sin offering** more **than** it applies to **offerings of the most sacred order.**[N]

גמ׳ מְנָהָנֵי מִילֵּי? דְּתָנוּ רַבָּנַן: ״בֶּגֶד״, אֵין לִי אֶלָּא בֶּגֶד, מִנַּיִן לְרַבּוֹת עוֹר מִשֶּׁהוּפְשַׁט? תַּלְמוּד לוֹמַר: ״אֲשֶׁר יִזֶּה עָלֶיהָ תְּכַבֵּס״.

GEMARA With regard to blood sprayed on a flayed hide, **from where are these matters,** i.e., the divergent opinions of Rabbi Yehuda and Rabbi Elazar, derived? The Gemara explains: They are derived **as the Sages taught** in a *baraita*: It is stated with regard to laundering: "And when any of its blood shall be sprinkled on **a garment**" (Leviticus 6:20). **I have** derived **only a garment; from where** do **I include** an animal's **hide after it was flayed? The** same **verse states: "You shall launder that on which it shall be sprinkled,"** to include any item on which the blood sprayed.

יָכוֹל שֶׁאֲנִי מְרַבֶּה עוֹר עַד שֶׁלֹּא הוּפְשַׁט? תַּלְמוּד לוֹמַר: ״בֶּגֶד״, מַה בֶּגֶד הָרָאוּי לְקַבֵּל טוּמְאָה – אַף כָּל הָרָאוּי לְקַבֵּל טוּמְאָה, דִּבְרֵי רַבִּי יְהוּדָה.

One **might** have thought **that I** would **include a hide** even **before it was flayed.** To counter this, **the verse states: "Garment."** Consequently, **just as** any manner of **garment** is an item **fit to become ritually impure**[N] if one intends to use it, e.g., making it a patch for his clothing, **so too** the requirement of laundering applies to **any** item **that** becomes **fit to become ritually impure** when one intends to use it as is. A hide is fit to become ritually impure after it has been flayed, when one intends to use it for a rug or the like; this is **the statement of Rabbi Yehuda.**

רַבִּי אֶלְעָזָר אוֹמֵר: ״בֶּגֶד״, אֵין לִי אֶלָּא בֶּגֶד, מִנַּיִן לְרַבּוֹת שַׂק

Rabbi Elazar holds that, even after it is flayed, the hide does not require laundering. In interpreting the verse, he **says:** The verse states: **"Garment,"** and from this **I have** derived **only a garment; from where** do **I include sackcloth**[N]

HALAKHA

Sprayed onto the hide of an animal – **נִיתַּז עַל הָעוֹר:** If the blood of a sin offering sprayed onto the hide of an animal before it was flayed, the hide does not require laundering; but if it sprayed onto the hide after it was flayed, it requires laundering. Even though it is not yet susceptible to ritual impurity, it will be fit to be susceptible to ritual impurity after it is processed. This ruling is in accordance with the opinion of Rabbi Yehuda, which is stated as an unattributed opinion later in the mishna (Rambam *Sefer Avoda, Hilkhot Ma'aseh HaKorbanot* 8:5, and see commentaries there).

It does not require laundering – **אֵינוֹ טָעוּן כִּיבּוּס:** A garment sprayed with the blood of a sin offering must be laundered only where the blood was sprayed. Moreover, this applies only to an article that is fit to become ritually impure, and it applies only if it is an item fit for laundering (Rambam *Sefer Avoda, Hilkhot Ma'aseh HaKorbanot* 8:4).

The garment mentioned explicitly in the Torah and the sackcloth – **אֶחָד הַבֶּגֶד וְאֶחָד הַשַּׂק:** A garment, a soft hide, and sackcloth all must be laundered when sprayed with the blood of a sin offering (Rambam *Sefer Avoda, Hilkhot Ma'aseh HaKorbanot* 8:2).

And the laundering must be performed in a sacred place – **וְהַכִּיבּוּס בְּמָקוֹם קָדוֹשׁ:** A garment onto which the blood of an animal sin offering was sprayed must be laundered in water within the Temple courtyard (Rambam *Sefer Avoda, Hilkhot Ma'aseh HaKorbanot* 8:1).

Vessel in which a sin offering was cooked – **כְּלִי שֶׁנִּתְבַּשְּׁלָה בּוֹ חַטָּאת:** With regard to an earthenware vessel in which the meat of a sin offering that is eaten by priests was cooked, the vessel must be broken in the Temple courtyard; if it is a metal vessel, it must be scoured and rinsed in water in the Temple courtyard. Although the Torah does not explicitly state that these actions must be performed in a sacred place, their status is the same as that of the requirement for laundering a garment on which blood sprayed (Rambam *Sefer Avoda, Hilkhot Ma'aseh HaKorbanot* 8:11).

NOTES

With regard to this matter a stringency applies to a sin offering more than to offerings of the most sacred order – **זֶה חוֹמֶר בְּחַטָּאת מִקָּדְשֵׁי קָדָשִׁים:** Which *halakha* is this referring to? Rashi posits that this is the requirement of laundering a garment on which blood sprayed, which applies only in the case of a sin offering.

The Rambam suggests that a stringency is also apparent in the requirement to break the earthenware vessels, as for other offerings of the most sacred order, scouring and rinsing is sufficient for the earthenware vessels in which they were cooked. While the earthenware vessels used for all sacred offerings all absorb the tastes of the offerings, and therefore one may not cook in them, it is only with regard to the vessels of sin offerings that there is a specific mitzva to break the vessels (Ḥazon Ish). Others disagree and contend that the vessels used to cook sacred offerings do not become forbidden through contact with their contents, because at the time the meat was cooked in them, the meat was still permitted (Rashash).

Just as any manner of garment is an item fit to become ritually impure – **מַה בֶּגֶד הָרָאוּי לְקַבֵּל טוּמְאָה:** According to some early commentaries, Rabbi Yehuda holds that a flayed animal hide is subject to the requirement to be laundered so long as it is lacking only the owner designating it mentally for a useful purpose. Even according to Rabbi Yehuda, if the hide is also missing a physical act in order to render it useful, as in the case when the hide is not yet flayed, then it is not yet fit to become ritually impure (Rashi and *Tosafot*, and see *Keren Ora*).

In the opinion of the Rambam and other early commentaries, once the hide is flayed, it already assumes the status of a garment that is fit to become ritually impure. Even if the hide is missing a physical act in order to become useful, the hide is subject to the requirement to be laundered, according to the opinion of Rabbi Yehuda (Rambam, commentaries of Rabbi Shimshon of Saens and Rabbeinu Hillel on *Torat Kohanim*).

Include sackcloth – **לְרַבּוֹת שַׂק:** Rashi explains that when the Torah employs the generic term garment, this refers only to either wool or linen (see Leviticus 13:47). Therefore, a garment made of sackcloth, fashioned of goat hair, is not presumed to be included. Similarly, when the Gemara refers to the expanded category: All types of garments (see 94a), this means other woven articles, excluding those made of wool or linen.

וְכָל מִינֵי בְגָדִים? תַּלְמוּד לוֹמַר: ״אֲשֶׁר עָלֶיהָ תְּכַבֵּס״. יָכוֹל שֶׁאֲנִי מְרַבֶּה עוֹר מִשֶּׁהוּפְשַׁט? תַּלְמוּד לוֹמַר ״בֶּגֶד״, מַה בֶּגֶד דָּבָר הַמְקַבֵּל טוּמְאָה – אַף כָּל דָּבָר הַמְקַבֵּל טוּמְאָה.

and all types of garments made of other materials in the requirement of laundering? **The verse states: "You shall launder that on which** it shall be sprinkled." One **might** have thought **that I include** an animal's **hide after it was flayed.**[N] That **verse states: "Garment,"** to teach that **just as a garment is an item that is susceptible to ritual impurity** as is, **so too any** comparable **item that is** a ready utensil and therefore **susceptible to impurity** must be laundered. Accordingly, Rabbi Elazar holds that merely flaying a hide is insufficient to render it an item that must be laundered.

מַאי בֵּינַיְיהוּ? אֲמַר אַבַּיֵי: מַטְלִית פְּחוּתָה מִשָּׁלֹשׁ אִיכָּא בֵּינַיְיהוּ; מַאן דְּאָמַר רָאוּי – הָא נַמִי רָאוּי, דְּאִי בָּעֵי חָשֵׁיב עֲלֵיהּ; מַאן דְּאָמַר דָּבָר הַמְקַבֵּל טוּמְאָה – הָא מִיהָא לָאו בַּת קַבּוּלֵי טוּמְאָה הִיא.

The Gemara asks: **What** is the practical difference **between** the opinions[N] of Rabbi Yehuda and Rabbi Elazar? Is there an item that is fit to become ritually impure, but is not actually susceptible to impurity? **Abaye said: A patch** of cloth **less than three** by three fingerbreadths[H] presents a practical difference **between** the two opinions. **According to the one who says** that any garment **fit** to become ritually impure must be laundered, **this** patch of cloth **is also fit** to become ritually impure, **as if** the owner **wants, he can intend it** for a specific use, as in patching his garment. According to **the one who says** that only **an object** already **susceptible to impurity** must be laundered, **this,** patch, **in any event, is not** yet **susceptible to impurity** so it does not require laundering.

רָבָא אֲמַר: בֶּגֶד שֶׁחִישֵּׁב עֲלֵיהּ לְצוּרָה אִיכָּא בֵּינַיְיהוּ; מַאן דְּאָמַר רָאוּי – הָא נַמִי רָאוּי, דְּאִי בָּעֵי מְבַטֵּיל לֵיהּ לְמַחֲשַׁבְתֵּיהּ; מַאן דְּאָמַר דָּבָר הַמְקַבֵּל טוּמְאָה – הָשְׁתָּא מִיהָא לָאו בַּת קַבּוּלֵי טוּמְאָה הִיא.

Rava said: A garment upon which an individual initially **intended to** place **an image** constitutes a practical difference **between** the two opinions. Since the garment was initially intended to have an adornment, the garment is considered incomplete and not yet susceptible to impurity until the image is added. According to **the one who says** that any garment **fit** to become ritually impure requires laundering, **this** garment **is also fit** to become ritually impure, **as if** the owner **wants** to, **he can void his intention** to add the image, and the garment will be automatically susceptible to impurity. According to **the one who says** that only **an item** already **susceptible to impurity** requires laundering, **now, at least,** this garment **is not susceptible to impurity** and does not require laundering.

רָבָא אֲמַר: עוּצְבָא דְּחָשֵׁיב עֲלָהּ לְקַצְעָהּ אִיכָּא בֵּינַיְיהוּ, מַאן דְּאָמַר רָאוּי – הָא נַמִי רְאוּיָה, מַאן דְּאָמַר דָּבָר הַמְקַבֵּל טוּמְאָה – הָא לָאו מְקַבְּלָה טוּמְאָה עַד דִּמְקַצַּע לָהּ. וְהָתַנְיָא, רַבִּי שִׁמְעוֹן בֶּן מְנַסְיָא אוֹמֵר: עוּצְבָא שֶׁחָשַׁב עָלֶיהָ לְקַצְעָהּ – טְהוֹרָה עַד שֶׁיְּקַצִּיעֶנָּה.

According to a different version, **Rava said: An unfinished hide** [*utzeva*][L] **that one intended to trim** in a precise manner constitutes a practical difference **between** the two opinions. According to **the one who says** that any garment-like item **fit** to become ritually impure must be laundered, **this** hide must be laundered, since it **is also fit** to be susceptible to impurity if he voids his intention. According to **the one who says** that only **an item** already **susceptible to impurity** must be laundered, **this** hide does not require laundering since it **is not susceptible to impurity until he trims it.** This explanation may be corroborated, as **it is taught** in a *baraita*: **Rabbi Shimon ben Menasya says: An unfinished hide that** one **intended to trim is ritually pure until he trims it.**

NOTES

Animal's hide after it was flayed – עוֹר מִשֶּׁהוּפְשַׁט: The textual version accepted by Rashi and the majority of the early commentaries reads: After it was flayed. There is another version that reads: Before it was flayed (see *Tosafot*).

What is the difference between the opinions – מַאי בֵּינַיְיהוּ: According to Rashi, the phrase: What is the difference between the two opinions, is to be understood: About what do they disagree? This interpretation is related to Rashi's version of the text of the Gemara, according to which Rabbi Elazar interprets the verse to exclude even a flayed hide from the requirement of laundering until it is completely ready for use. Consequently, there is a clear differentiation between the opinions of Rabbi Yehuda and Rabbi Elazar: Rabbi Yehuda holds that once the hide is flayed it must be laundered, and Rabbi Elazar holds that it does not require laundering until it is susceptible to ritual impurity. Therefore, Rashi understands that the Gemara is asking about the fundamental principle that differentiates between the opinions of the two Sages instead of seeking a singular instance in which they disagree.

Accordingly, the dispute is easily defined. Rabbi Elazar understands that the word "garment" indicates an item that is already susceptible to ritual impurity when the blood sprays on it, and Rabbi Yehuda understands the word as also including an item that is only fit to become ritually impure in the future.

In the alternative version, according to which the verse is interpreted to exclude a hide that has not yet been flayed, both Sages state an apparently identical ruling, and it is necessary to search for a practical application of their disagreement.

HALAKHA

Patch of cloth less than three by three fingerbreadths – מַטְלִית פְּחוּתָה מִשָּׁלֹשׁ: Patches of cloth less than three by three handbreadths are not susceptible to ritual impurity. If one designates a smaller patch of cloth and prepares it for use, it is susceptible to ritual impurity unless it measures less than three by three fingerbreadths. Below that measure, it is not susceptible to ritual impurity at all (Rambam *Sefer Tahara*, *Hilkhot Kelim* 22:21 and Ra'avad there, 23:3).

LANGUAGE

Unfinished hide [*utzeva*] – עוּצְבָא: The source of this word is unclear, and although many suggestions have been offered, none of them are convincing. Rashi explains that the Gemara speaks of a hide that is spread out so that one can eat or lie upon it, and others explain that it is a cover for a bed or for a horse (commentaries of *Ge'onim*; Rambam).

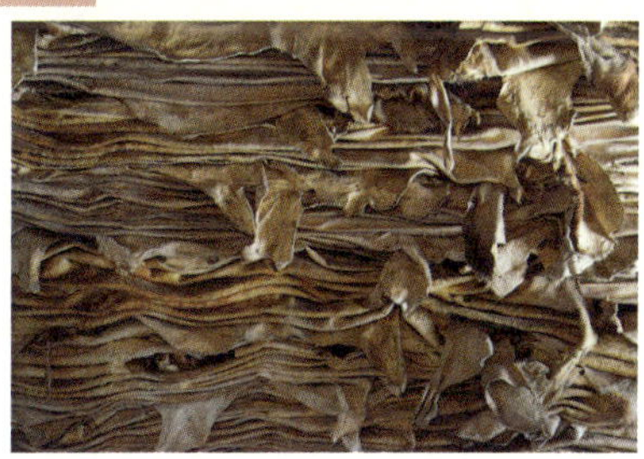

Stack of unfinished cowhides

״אֵין טָעוּן כִּיבּוּס״ כו׳. מְנָא הָנֵי מִילֵּי? דְּתָנוּ רַבָּנַן: יָכוֹל נִתַּז עַל מִקְצָת בֶּגֶד יְהֵא כָּל הַבֶּגֶד טָעוּן כִּיבּוּס? תַּלְמוּד לוֹמַר: ״אֲשֶׁר יִזֶּה״ – לֹא אָמַרְתִּי לְךָ אֶלָּא מְקוֹם דָּם בִּלְבַד.

§ The mishna teaches: A garment **requires laundering** only in the place that the blood was sprayed; but the entire garment does not require laundering. The Gemara asks: **From where are these matters** derived? They are derived from a verse, **as the Sages taught:** The verse states: "And when any of its blood shall be sprinkled on a garment." One **might** have thought that even if the blood **sprayed** only **on part of a garment, the entire garment should require laundering.** To counter this, **the** same **verse states:** "That on **which it shall be sprinkled.**" This is to be understood: **I told you** that laundering is required **only** in **the place** that the **blood** was sprayed.

״דָּבָר שֶׁהוּא רָאוּי לְקַבֵּל טוּמְאָה״ [וכו׳]. סְתָמָא כְּרַבִּי יְהוּדָה.

The mishna also teaches: A garment must be laundered only if it is **an item that is fit to become ritually impure,** and only if it is an item fit for laundering. The Gemara observes: Evidently, **the unattributed** portion of the mishna is taught **in accordance with** the opinion of **Rabbi Yehuda.** This statement is unlike the opinion of Rabbi Elazar, who holds that only an item that is presently susceptible to impurity requires laundering.

״רָאוּי לְכִיבּוּס״ – לְמַעוּטֵי כְּלִי, דְּבַר גְּרִידָה הוּא.

The mishna also teaches: Only an item **fit for laundering** must be laundered. The Gemara observes: This qualification serves **to exclude a vessel** from the requirement of laundering, **as it is suitable for scraping**[H] blood off of it. Laundering is necessary only for material or fabric into which blood is absorbed.

״אֶחָד הַבֶּגֶד וְאֶחָד הַשַּׂק״ כו׳. לְמֵימְרָא, דְּעוֹר בַּר כִּיבּוּס הוּא. וּרְמִינְהוּ: הָיְתָה עָלָיו לִשְׁלֶשֶׁת – מְקַנְּחָהּ בִּסְמַרְטוּט, הָיְתָה עַל שֶׁל עוֹר – נוֹתֵן עָלֶיהָ מַיִם עַד שֶׁתִּכְלֶה!

§ The mishna teaches: With regard to **the garment** mentioned explicitly in the Torah, **and the sackcloth,** and the hide, all of these must be laundered. Apparently, **that is to say that a hide,** i.e., leather, **is suitable for laundering. And** the Gemara **raises a contradiction** between that assumption and a mishna that discusses laundering on Shabbat (*Shabbat* 142b): If **there were bird droppings** [*lishleshet*][L] **on** the cushion,[H] one **wipes it with a** dry **rag,** but one may not rinse it with water because of the prohibition against laundering. If **it was on** a cushion **of leather, he applies water to it until** the filthy substance **dissolves.** Evidently, cleaning leather with water is not considered laundering.

אֲמַר אַבַּיֵי: לָא קַשְׁיָא, הָא – רַבָּנַן, הָא – אֲחֵרִים. דְּתַנְיָא: הַבֶּגֶד וְהַשַּׂק – מְכַבְּסוֹ, הַכְּלִי וְהָעוֹר – מְגָרְרוֹ. אֲחֵרִים אוֹמְרִים: הַבֶּגֶד וְהַשַּׂק וְהָעוֹר – מְכַבְּסוֹ, וְהַכְּלִי – מְגָרְרוֹ.

Abaye said: This contradiction is **not difficult. That** mishna in tractate *Shabbat* is in accordance with the opinion of **the Rabbis,** and **this** mishna is in accordance with the opinion of **others. As it is taught** in a *baraita* about the blood of a sin offering: If blood sprays onto **a garment or** onto **sackcloth, he launders it;** but if it sprays onto a **vessel or** onto **leather, he scrapes it** off. **Others say:** If it sprays onto **a garment, or** onto **sackcloth, or** onto **leather, he launders it; but** if it sprays onto **a vessel, he scrapes it** off. According to this *baraita*, the Rabbis hold that laundering is not applicable to leather, and the opinioned attributed to: Others say, holds that it is applicable.

כְּמַאן אָזְלָא הָא דַּאֲמַר רַב חִיָּיא בַּר אַשִׁי: זִימְנִין סַגִּיאִין הֲוָה קָאֵימְנָא קַמֵּיהּ דְּרַב וְשַׁכְשִׁיכֵי לֵיהּ מְסָאנֵיהּ בְּמַיָּא? כְּמַאן – כְּרַבָּנַן.

The Gemara asks: **In accordance with whose** opinion **is that which Rav Ḥiyya bar Ashi said: Many times I would stand before Rav** on Shabbat **and place water on his** leather **shoes,**[B] which he did not consider laundering on Shabbat? **In accordance with whose** opinion is it? It is **in accordance with** the opinion of **the Rabbis** in this *baraita*.

LANGUAGE

Bird droppings [*lishleshet*] – לִשְׁלֶשֶׁת: The source of this word is unclear. With regard to its definition, one authority claims that this refers to chicken droppings (*Arukh*), and another claims that this word may indicate any repulsive substance, such as spittle or excrement (Rashi).

BACKGROUND

Place water on his shoes – שַׁכְשִׁיכֵי לֵיהּ מְסָאנֵיהּ בְּמַיָּא: Laundering clothes constitutes one of the thirty-nine primary categories of labor prohibited on Shabbat. This prohibition derives from the action of cleaning sheep wool used to make materials during the Tabernacle's construction.

HALAKHA

To exclude a vessel as it is suitable for scraping – לְמַעוּטֵי כְּלִי, דְּבַר גְּרִידָה: If blood of a sin offering sprayed onto a wooden or metal vessel, it does not require laundering; rather, one simply scrapes it off, in accordance with the Gemara's interpretation of the mishna (Rambam *Sefer Avoda, Hilkhot Ma'aseh HaKorbanot* 8:4 and Mahari Kurkus there).

If there were bird droppings on the cushion – הָיְתָה עָלָיו לִשְׁלֶשֶׁת: If there is excrement or filth on a cushion or blanket on Shabbat, one may wipe it with a moist rag, but one may not wipe forcefully, so as not to squeeze out any moisture. If it is a leather cushion or blanket, water may be poured on it until the dirty material dissolves (Rambam *Sefer Zemanim, Hilkhot Shabbat* 22:18; *Shulḥan Arukh, Oraḥ Ḥayyim* 302:9).

אֲמַר רָבָא: וּמִי אִיכָּא לְמַאן דְּאָמַר עוֹר לָאו בַּר כִּיבּוּס הוּא? וְהָכְתִיב: ״וְהַבֶּגֶד אוֹ הַשְּׁתִי אוֹ הָעֵרֶב אוֹ כָל כְּלִי הָעוֹר אֲשֶׁר תְּכַבֵּס״! אֶלָּא אֲמַר רָבָא: קְרָא וּמַתְנִיתִין – בְּרַכִּין, כִּי פְּלִיגִי – בְּקָשִׁין.

§ **Rava said: And is there anyone who says that leather is not suitable for laundering? But isn't it written** with regard to leprosy: **"And the garment, or the warp, or the woof, or any article of leather that you shall wash"** (Leviticus 13:58)? **Rather, Rava said: The verse** that speaks of leprosy **and the mishna** that speaks of the sin offering are ruling **with regard to soft** leather,[H] which is considered subject to laundering. In the *baraita*, **when** the Rabbis and the others **disagree,** it is **with regard to** an item that is made of **hard** leather; as the Rabbis hold that laundering does not apply to hard leather.

וְהָאֲמַר רַב חִיָּיא: זִימְנִין סַגִּיאִין הֲוָה קָאֵימְנָא קַמֵּיהּ דְּרַב, וְשַׁכְשִׁיכִי לֵיהּ מְסָאנֵיהּ בְּמַיָּא! בְּקָשִׁין, וּכְרַבָּנַן.

The Gemara challenges Rava's explanation: **But didn't Rav Ḥiyya** bar Ashi **say: Many times I would stand before Rav** on Shabbat **and place water on his** leather **shoes,** which he did not consider laundering on Shabbat? Since shoes are normally made of soft leather, according to Rava's explanation, this should have constituted laundering on Shabbat. The Gemara resolves the difficulty: It was a case **of hard** leather shoes, **and** Rav acted **in accordance with** the opinion **of the Rabbis,** that laundering does not apply to hard leather.

הֲדַר אֲמַר רָבָא: לָאו מִילְּתָא הִיא דַּאֲמַרִי; נֵיקוּ נֵימָא לֵיהּ לִקְרָא דְּכִי כְּתִיבָן בְּרַכִּין כְּתִיבָן? מִי לָא עָסְקִינַן בִּכְלֵי אַכְסַלְגִּיָּא הַבָּאִים מִמְּדִינַת הַיָּם, וְקָאָמַר רַחֲמָנָא: נִיבְעֵי כִּיבּוּס!

Rava then said: That **which I said,** that the verse about leprosy relates to soft leather, **is not correct. Shall we stand** and **say of the verse that when** leather articles **are written,** it is only **of soft** leather articles that the Torah **writes?** A verse cannot be constrained in such a manner. **Are we not** also **dealing with articles of hard leather** [*aksilgiyya*][L] **that come from overseas, and yet the Merciful One says** in the verse that **they require laundering?**

אֶלָּא אֲמַר רָבָא: צָרַעַת, כֵּיוָן דְּמִגּוּפֵיהּ קָא פָּרְחָה – מְחַלְחֲלָא לֵיהּ וּמְשַׁוְּיָא לֵיהּ רַךְ. אֲמַר רָבָא: אִי קַשְׁיָא לִי – הָא קַשְׁיָא לִי:

Rather, Rava said: Although the verse also relates to hard leather, this does not mean that all opinions must agree that laundering is always applicable to hard leather. The hard leather in the verse is an exception, because in the case of **leprosy, since** leprosy **sprouts from** within the garment **itself,**[HB] **it loosens it and renders it soft** so that its halakhic status is that of soft leather. **Rava said:** Nevertheless, **if** something poses **a difficulty for me,** according to my opinion that everyone agrees that the *halakha* with regard to laundering applies to soft leather, **this** is what poses **a difficulty for me:**

HALAKHA

The mishna with regard to soft leather – מַתְנִיתִין בְּרַכִּין: Soft leather on which the blood of a sin offering sprayed must be laundered; but hard leather is like wood, and the blood is simply scraped off of it. This ruling is in accordance with the opinion of Rava (Rambam *Sefer Avoda, Hilkhot Ma'aseh HaKorbanot* 8:2).

Leprosy sprouts from within the garment itself – מִגּוּפֵיהּ קָא פָּרְחָה: The ritual impurity of leprosy applies only to a garment of wool or linen, or a leather garment, whether of hard or soft leather, in accordance with the opinion of Rava (Rambam *Sefer Tahara, Hilkhot Tumat Tzara'at* 13:1).

LANGUAGE

Hard leather [*aksilgiyya*] – אַכְסַלְגִּיָּא: There are various versions of this word, and it appears that its source is the Greek ἀξιόλογος, *axiologos*, meaning important or noteworthy. If so, this word refers not to a specific type of leather product, but to notable products made of hardened leather, perhaps adorned with engravings or gilding.

According to an alternative text, the Gemara here speaks not of *aksilgiyya*, but of *avlomos*, or *avlosmos* (*Arukh*), and according to the Renaissance Hebrew grammarian Rabbi Eliyahu Baḥur, these are variants of the Greek ἐμβόλισμα, *embolisma*, which means patches of fabric, particularly those used for clothing.

Engraved and gilded hard leather book binding, Persia, sixteenth century

BACKGROUND

Leprosy since it sprouts from within the garment itself – צָרַעַת כֵּיוָן דְּמִגּוּפֵיהּ קָא פָּרְחָה: By Torah law, if bright red or green marks appear on clothing, the clothing must be brought to a priest to determine whether or not the spots indicate leprosy of clothing (see Leviticus 13:47–59). The affected garment is then put aside for a week, after which it is reexamined by the priest. If the mark spread, the clothing is immediately declared ritually impure by the priest and burned. If the mark does not spread, the clothing is laundered and then put aside for another week, after which the priest reexamines it. If the mark has disappeared, the garment is immersed in a ritual bath, after which it is considered ritually pure. Otherwise, the affected part, and sometimes the entire garment, must be burned. A leprous garment may not be used, and it renders people and items that touch it ritually impure in the same way a leprous person does. The *halakhot* of leprosy of clothing apply only to leather, wool, and linen garments that have not been dyed.

כָּרִים וּכְסָתוֹת דְּרַכִּין נִינְהוּ, וּתְנַן: הָיְתָה שֶׁל עוֹר – נוֹתֵן עָלֶיהָ מַיִם עַד שֶׁתִּכְלֶה! אֶלָּא אֲמַר רָבָא: כָּל כִּיבּוּס דְּלֵית לֵיהּ כִּיסְכּוּס – לָא שְׁמֵיהּ כִּיבּוּס.

Cushions and blankets that are of **soft** leather, and for which the *halakha* with regard to laundering should be relevant, **and** yet **we learned** about them in the mishna (*Shabbat* 142b): If the filth **was** on a cushion **of leather, he applies water to it until** the filth **dissolves,** which indicates that the *halakha* with regard to laundering is not applicable even to soft leather. **Rather, Rava said:** With regard to **any laundering that does not include rubbing, it is not considered laundering.** Consequently, one may apply water to a soft leather cushion, but soft leather remains subject to laundering, so long as there is rubbing.

וְהָא דַּאֲמַר רַב חִיָּיא בַּר אַשִׁי: זִימְנִין סַגִּיאִין הֲוָה קָאֵימְנָא קַמֵּיהּ דְּרַב וְשַׁכְשִׁיכִי לֵיהּ מְסָאנֵיהּ בְּמַיָּא, שִׁכְשׁוּךְ – אִין, אֲבָל כִּבּוּס – לָא; אִי בְּרַכִּין – וּכְדִבְרֵי הַכֹּל, אִי בְּקָשִׁין – וְכַאֲחֵרִים.

And that statement **that Rav Ḥiyya bar Ashi said: Many times I would stand before Rav** on Shabbat **and place water on his** leather **shoes,** may be explained accordingly. With regard to **placing** water on leather, **yes,** that is permitted, **but** with regard to **laundering,** which includes rubbing, it is **not** permitted. This may be explained as follows: **If** Rav Ḥiyya bar Ashi spoke **of soft** leather shoes, then **all agree** that only placing water is permitted. And **if** Rav Ḥiyya bar Ashi spoke **of hard** leather shoes, the distinction between placing and rubbing **accords with** the opinion of **the others,** who hold that the requirement of laundering sprayed blood applies even to hard leather.

אִי הָכִי, בֶּגֶד נַמִּי! בֶּגֶד, שְׁרִיָּיתוֹ זֶהוּ כִּיבּוּסוֹ.

The Gemara asks: **If that is so,** that placing water upon something is not considered laundering so long as one does not also rub the item, then with regard to a non-leather **garment as well,** one should be allowed to place water upon it on Shabbat. Why does the cited mishna state that one may wipe it only with a dry rag? The Gemara answers: With regard to **a garment, its soaking is its laundering,**[H] and merely placing water on it is forbidden.

[רָבָא לְטַעְמֵיהּ, דְּאָמַר רָבָא: זָרַק סוּדָר לַמַּיִם – חַיָּיב, זָרַק פִּשְׁתָּן לַמַּיִם – חַיָּיב. בִּשְׁלָמָא סוּדָר עָבֵיד כִּיבּוּס], אֶלָּא זֶרַע פִּשְׁתָּן מַאי טַעְמָא?

The Gemara comments: **Rava** conforms **to his** standard line of **reasoning; as Rava says:** If one **cast a cloth into water** on Shabbat, he is **liable** for laundering on Shabbat, as it is made of fabric like any garment; and if **one cast flax seeds into water,**[H] he too is **liable.** The Gemara analyzes this statement: **Granted,** if he casts **a cloth** into water, he **performs laundering; but** with regard to **flaxseed, what is the reason** that one may not cast it into water on Shabbat?

וְכִי תֵּימָא: מִשּׁוּם דְּמִקְדַּח – אִי הָכִי, חִיטֵּי וְשַׂעֲרֵי נַמִּי! הָנָךְ אִית לְהוּ רִירֵי. אִי הָכִי, שְׁלָחִים נַמִּי! הָתָם קָעָבֵיד לִישָׁה.

And if you would say that it is prohibited **because it sprouts** in the water and constitutes the prohibited act of planting, **if so,** with regard to **wheat and barley,**[H] it should **also**[N] be forbidden to place them into water. The Gemara explains: Casting the flax into the water is not prohibited because of planting but because **these** flax seeds **have discharges** when soaked. **If so,** with regard to **hides,** it should **also**[N] be prohibited to place them into water, because they too produce discharges in water. The Gemara answers: **There,** with regard to flaxseed, it is prohibited because it **effects kneading,** as the discharges cause the seeds to combine together, which is not true of hides.

HALAKHA

With regard to a garment its soaking is its laundering – בֶּגֶד שְׁרִיָּיתוֹ זֶהוּ כִּיבּוּסוֹ: If a garment is dirty, it is prohibited to apply water to it on Shabbat, as this is its laundering, in accordance with the statement of Rava. The Rema comments that if a garment has no dirt on it, it is permitted to apply a small amount of water to it, as soaking in water is considered laundering only when the intention is to clean the garment. But even in this case one may not place a large amount of water on it, lest he violate the prohibition against squeezing; and there are those who prohibit putting water on it in any case (*Shulḥan Arukh*, *Oraḥ Ḥayyim* 302:9).

If one cast flax seeds into water – זָרַק פִּשְׁתָּן לַמַּיִם: If one places flaxseed, sesame seeds, or the like into water on Shabbat, he is liable for violating the prohibition against kneading, as the seeds intermingle and become attached to one another (Rambam *Sefer Zemanim*, *Hilkhot Shabbat* 8:16; *Shulḥan Arukh*, *Oraḥ Ḥayyim* 340:12).

Wheat and barley – חִיטֵּי וְשַׂעֲרֵי: If one soaks wheat, barley, or the like in water on Shabbat, he is liable for soaking even the smallest amount, as this is a subcategory of the prohibition against planting (Rambam *Sefer Zemanim*, *Hilkhot Shabbat* 8:2, and *Maggid Mishne* there; *Shulḥan Arukh*, *Oraḥ Ḥayyim* 336:11).

NOTES

Wheat and barley also – חִיטֵּי וְשַׂעֲרֵי נַמִּי: Ostensibly, it would appear from the Gemara that casting seeds into water, whether flax, wheat, or barley, does not constitute planting on Shabbat; only by burying seeds in the ground does one violate this prohibition. Yet the Rambam writes that one who soaks wheat or barley in water on Shabbat is in violation of the prohibition against planting. Therefore, some later authorities explain that only soaking seeds in water for a prolonged period, which triggers sprouting, is a violation of the prohibition against planting on Shabbat, and merely casting them into water for a short time, as in the case here, does not constitute planting. This act is prohibited for flaxseed alone because it precipitates kneading (*Magen Avraham*).

Some offer an alternative explanation of the Gemara. If the referenced prohibition was a function of planting on Shabbat, Rava would not have specified that this is the *halakha* in the case of flaxseed. Being that this *halakha* applies to other seeds, he could have easily used the examples of wheat and barley as well. Therefore, it is clear that the transgression is not planting at all, but kneading. This prohibition is relevant only for flaxseed because of the discharge it issues in the water (*Ḥok Natan*).

Hides also – שְׁלָחִים נַמִּי: According to an alternative version of the text, the Gemara asks not about hides [*shelaḥim*], but about cress [*sheḥalim*], a plant whose seeds are often used for medicinal purposes. It should be prohibited to place cress in water, since it also produces discharges (*Tosafot*). Some claim that the alternative version appears more correct, since it would seem strange for the Gemara to challenge a *halakha* with regard to seeds by citing the case of hides (*Shita Mekubbetzet*, citing Rabbeinu Peretz).

דָּרֵשׁ רָבָא: מוּתָּר לְכַבֵּס מִנְעָל בְּשַׁבָּת. אֲמַר לֵיהּ רַב פָּפָּא לְרָבָא, וְהָא אֲמַר רַב חִיָּיא בַּר אַשִׁי: זִימְנִין סַגִּיאִין הֲוָה קָאֵימְנָא קַמֵּיהּ דְּרַב וְשַׁכְשִׁיכִי לֵיהּ מְסָאנֵי בְּמַיָּא; שִׁכְשׁוּךְ – אִין, אֲבָל כִּיבּוּס – לָא! הֲדַר אוֹקֵי רָבָא אָמוֹרָא עֲלֵיהּ, וְדָרַשׁ: דְּבָרִים שֶׁאָמַרְתִּי לִפְנֵיכֶם – טָעוּת הֵם בְּיָדִי, בְּרַם כָּךְ אָמְרוּ: שִׁכְשׁוּךְ – מוּתָּר, כִּיבּוּס – אָסוּר.

The Gemara relates: **Rava taught** in public: It is **permitted to launder a shoe on Shabbat. Rav Pappa said to Rava: But didn't Rav Ḥiyya bar Ashi say: Many times I would stand before Rav** on Shabbat **and place water on his** leather **shoes?** Evidently, **placing** water upon leather, **yes,** that is permitted, **but laundering,** which includes rubbing, is **not** permitted. **Rava went back and placed**[N] **an interpreter before him** so that he could tell the public that he had been wrong, **and taught** in public: The **statements that I said**[N] **before you** earlier **are my error. Truly,** the Sages **said like this: Placing** water upon shoes is **permitted,** but **laundering** them is **prohibited.**[H]

״הַכִּיבּוּס בְּמָקוֹם קָדוֹשׁ״ כו׳. מְנָא הָנֵי מִילֵּי? דְּתָנוּ רַבָּנַן: ״תְּכַבֵּס בְּמָקוֹם קָדֹשׁ״. שְׁבִירַת כְּלִי חֶרֶס מִנַּיִן – תַּלְמוּד לוֹמַר: ״וּכְלִי חֶרֶשׂ אֲשֶׁר תְּבֻשַּׁל בּוֹ יִשָּׁבֵר״. מְרִיקָה וּשְׁטִיפָה בִּכְלִי נְחֹשֶׁת מִנַּיִן? תַּלְמוּד לוֹמַר: ״וְאִם בִּכְלִי נְחֹשֶׁת בֻּשָּׁלָה וּמֹרַק וְשֻׁטַּף בַּמָּיִם״.

§ The mishna teaches: **The laundering** must be performed **in a sacred place,** and the breaking of an earthenware vessel must be performed in a sacred place, and the scouring and rinsing of a copper vessel must be performed in a sacred place. **From where are these matters** derived? **As the Sages taught** in a *baraita*: Concerning a garment on which blood was sprayed, the verse states: **"You shall launder** that on which it shall be sprinkled **in a sacred place"** (Leviticus 6:20). **From where** is the *halakha* with regard to **the breaking of an earthenware vessel** in which a sin offering was cooked derived? **The** subsequent **verse states: "And the earthenware vessel**[N] **in which it is cooked shall be broken"** (Leviticus 6:21). **From where** is the *halakha* with regard to the **scouring and rinsing of a copper vessel** in which a sin offering was cooked derived? **The verse states** immediately thereafter: **"And if it be cooked in a copper vessel, it shall be scoured, and rinsed in water."**

״זֶה חוֹמֶר בְּחַטָּאת״ כו׳. וְתוּ לֵיכָּא? וְהָאִיכָּא: שֶׁנִּכְנַס דָּמָהּ לִפְנַי וְלִפְנִים! בְּחַטָּאוֹת הַחִיצוֹנוֹת.

§ The mishna teaches: With regard to **this** matter, **a stringency** applies **to a sin offering** more than it applies to offerings of the most sacred order. The Gemara asks: **And are there no more** *halakhot* specific to a sin offering? **But there is** this *halakha*: **That its blood enters the innermost sanctum** to be sprinkled. The Gemara answers: The mishna is dealing **with external sin offerings,** and this *halakha* applies only to internal sin offerings.

שֶׁאִם נִכְנַס דָּמָהּ (לִפְנַי וְ)לִפְנִים פְּסוּלָה! כְּרַבִּי עֲקִיבָא, דְּאָמַר: כׇּל דָּמִים שֶׁנִּכְנְסוּ לַהֵיכָל לְכַפֵּר – פְּסוּלָה.

The Gemara challenges: But there is the stricture **that if its blood enters into** the Sanctuary it becomes **disqualified.** The Gemara explains: This mishna is **in accordance with** the opinion **of Rabbi Akiva, who says: Every** offering's **blood,** not only that of a sin offering, **that enters the Sanctuary to atone** becomes **disqualified;** therefore, this is not a *halakha* specific to a sin offering.

שֶׁכֵּן מְכַפְּרִין עַל חַיָּיבֵי כָּרֵיתוֹת! בְּחַטַּאת דִּשְׁמִיעַת הַקּוֹל.

The Gemara challenges: But there is the *halakha* **that** external sin offerings **atone for those who are liable to** receive excision, ***karet***,[B] through unintentional sins. The Gemara explains: The mishna includes an offering that does not have that *halakha*, as its principles also apply **to a sin offering** brought **for hearing the voice,**[B] i.e., for falsely taking an oath that one is unable to testify in another's case. This transgression is not punishable by *karet*.

NOTES

Rava went back and placed – הֲדַר אוֹקֵי רָבָא: Rashi explains that Rava did not wait until his next lecture, but rather he immediately enlisted an interpreter to inform the public of his error.

Statements that I said – דְּבָרִים שֶׁאָמַרְתִּי: The commentaries discuss this incident at length, in an attempt to reconcile it with Rava's statements mentioned previously. According to one of the *ge'onim*, the text of Rava's ruling here is consistent with his statement: Placing water upon leather shoes may be done on Shabbat, but rubbing may not be done on Shabbat. In accordance with this, Rava made the statement cited above after the incident recorded here (*She'iltot deRav Aḥai Gaon* 88).

Other commentaries maintain that with this statement Rava retracts from his earlier statement, in which he has permitted laundering without rubbing. Here, he declares that even laundering without rubbing is prohibited, at least by rabbinic law (see *Beur Halakha* on *Shulḥan Arukh*, *Oraḥ Ḥayyim* 302:9).

Alternatively, some infer from Rava's pronouncement: The statements that I said, that his correction is more a clarification than a retraction. He abides by his initial statement, but he enlists the interpreter to make a clearer and more detailed statement so that no one should be excessively lenient (*Keren Ora*).

The subsequent verse states: And the earthenware vessel – תַּלְמוּד לוֹמַר וּכְלִי חֶרֶשׂ: According to one interpretation, this derivation is based on the specific use of the conjunction "and" in the verse, which connects the *halakha* for the earthenware vessel to the previous verse, which specifies: "In a sacred place" (*Kesef Mishne*).

Rabbeinu Hillel, in his commentary on *Torat Kohanim*, writes that since the first verse concludes with the words: "In a sacred place," and the successive words at the beginning of the next verse are: "And the earthenware vessel," this juxtaposition is a sufficient basis for the derivation, even disregarding the conjunction. Some add that if the *halakha* about an earthenware vessel was being taught without any connection to the previous verse, the verse should have stated: And if it be cooked in an earthenware vessel, just as the verse describes a copper vessel immediately thereafter: "And if it be cooked in a copper vessel." As the verse begins: "And the earthenware vessel," the Torah connects this case to the "sacred place" mentioned immediately previously (*Korban Aharon*).

HALAKHA

Placing water upon shoes is permitted but laundering is prohibited – שִׁכְשׁוּךְ מוּתָּר כִּבּוּס אָסוּר: One may place water on a shoe on Shabbat in order to clean it. It is prohibited to launder it by rubbing one side against the other, or even to rub it in another manner (*Mishna Berura*). This ruling is in accordance with the opinion of Rava, and the statement that, with regard to leather, laundering is defined by rubbing. The Rambam does not mention rubbing. Some have suggested that a number of early commentaries, including the Rambam, maintain that placing water upon leather is permitted, and laundering, i.e., cleaning even without rubbing, is prohibited (Rambam *Sefer Zemanim*, *Hilkhot Shabbat* 22:18; *Shulḥan Arukh*, *Oraḥ Ḥayyim* 302:9 and *Beur Halakha* there).

BACKGROUND

Karet – כָּרֵת: *Karet* is a divine punishment for serious transgressions. The precise nature of this punishment is a matter of dispute among the commentaries. The various interpretations include premature or sudden death, barrenness and the death of the sinner's children, and excision of the soul from the World-to-Come. *Karet* applies only to one who intentionally commits a transgression. If one transgresses a prohibition that is punishable by *karet* in the presence of witnesses, he is subject either to the penalty of lashes or execution by an earthly court, depending upon the prohibition. One who inadvertently transgresses one of the prohibitions punishable by *karet* must bring a sin offering as atonement. Thirty-six transgressions punishable by *karet* are listed in tractate *Karetot*. All of these are violations of prohibitions, with two exceptions: Neglecting to sacrifice the Paschal offering and failure to ensure that one is circumcised.

Hearing the voice – שְׁמִיעַת הַקּוֹל: The *halakhot* of an oath of testimony are mentioned in the Torah (see Leviticus 5:1) and are explored in depth in tractate *Shevuot*. If a litigant claims that a witness has information supporting his case and requests that he testify on his behalf, and the potential witness refuses to testify and denies that he has this information, an oath may be imposed upon him. This is referred to in the verse as one who "heard the voice." If the oath of testimony is taken falsely, the potential witness is required to bring a sin offering as atonement. This *halakha* is unusual in that the penalty is the same for both unwitting and intentional violations.

שֶׁכֵּן טְעוּנָה אַרְבַּע מַתָּנוֹת! כְּרַבִּי יִשְׁמָעֵאל, דְּאָמַר: כׇּל דָּמִים טְעוּנִין אַרְבַּע מַתָּנוֹת עַל אַרְבַּע קְרָנוֹת.

The Gemara challenges: But there is the stricture **that** the blood of a sin offering **requires four placements** on the altar, unlike other offerings of the most sacred order. The Gemara explains: This mishna is composed **in accordance with** the opinion of **Rabbi Yishmael, who says** that **all blood** of offerings **requires four placements,** one **upon** each of the **four corners** of the altar; accordingly, this is not a *halakha* limited to the sin offering.

וְלִיטַעְמֵיךְ, הָאִיכָּא קֶרֶן בְּדָם, הָאִיכָּא אֶצְבַּע, הָאִיכָּא חוּדָהּ! אֶלָּא, חַד מִתְּרֵי תְּלָתָא חוּמְרֵי נָקֵט.

The Gemara asks: **And** even **according to your reasoning,** can it be said that there is only one *halakha* that applies to a sin offering but does not apply to other offerings? **Isn't there** the requirement to place a sin offering's **blood** on the **corner** at the top of the altar? **Isn't there** the requirement that a priest place a sin offering's blood on the altar with his **finger? Isn't there** the requirement to place it on **the edge of** the altar? Therefore, it should not be assumed that this is the only *halakha* unique to a sin offering, but **rather** that the mishna simply **cited one of two** or **three stringencies.**

מתני׳ בֶּגֶד שֶׁיָּצָא חוּץ לַקְּלָעִים – נִכְנָס וּמְכַבְּסוֹ בְּמָקוֹם קָדוֹשׁ. נִטְמָא חוּץ לַקְּלָעִים – קוֹרְעוֹ, נִכְנָס וּמְכַבְּסוֹ בְּמָקוֹם קָדוֹשׁ. כְּלִי חֶרֶס שֶׁיָּצָא חוּץ לַקְּלָעִים – נִכְנָס וְשׁוֹבְרוֹ בְּמָקוֹם קָדוֹשׁ. נִטְמָא חוּץ לַקְּלָעִים – נוֹקְבוֹ, וְנִכְנָס וְשׁוֹבְרוֹ בְּמָקוֹם קָדוֹשׁ.

MISHNA With regard to **a garment** upon which the blood of a sin offering was sprayed **that went outside the curtains,**[NH] i.e., the Temple courtyard, before being laundered, the garment **reenters** the courtyard **and** one **launders it in a sacred place.** If the garment **became ritually impure outside the curtains,** one **tears** the garment[N] in order to render it ritually pure, **enters** the courtyard with it, **and launders it in a sacred place.** With regard to **an earthenware vessel** in which a sin offering was cooked **that went outside the curtains,**[H] the vessel **reenters** the courtyard **and** one **breaks it in a sacred place.** If the vessel **became ritually impure outside the curtains,** one **punctures** the vessel to render it ritually pure, **and** one **enters** the courtyard with it **and breaks it in a sacred place.**

כְּלִי נְחֹשֶׁת שֶׁיָּצָא חוּץ לַקְּלָעִים – נִכְנָס, וּמוֹרְקוֹ וְשׁוֹטְפוֹ בְּמָקוֹם קָדוֹשׁ. נִטְמָא חוּץ לַקְּלָעִים – פּוֹחֲתוֹ, וְנִכְנָס וּמוֹרְקוֹ וְשׁוֹטְפוֹ בְּמָקוֹם קָדוֹשׁ.

With regard to **a copper vessel** in which a sin offering was cooked **that went outside the curtains,**[H] the vessel **reenters** the courtyard, **and** one **scours it and rinses it in a sacred place.** If the vessel **became ritually impure outside the curtains, one breaks** the vessel by boring a large hole in it to render it ritually pure **and enters** the courtyard with it **and scours and rinses it in a sacred place.**

גמ׳ מַתְקִיף לַהּ רָבִינָא: קוֹרְעוֹ? ״בֶּגֶד״ אָמַר רַחֲמָנָא, וְלָאו בֶּגֶד הוּא!

GEMARA The mishna teaches: If the garment became ritually impure outside the curtains, one tears the garment in order to render it ritually pure, enters the courtyard with it, and launders it in a sacred place. **Ravina objects to this:** How can the mishna say that **one tears it? The Merciful One states** in the Torah that one must launder **"a garment"** (Leviticus 6:20), **and** once this article is torn, **this is no** longer **a garment,** but only a scrap of cloth.

דִּמְשַׁיֵּיר בֵּיהּ כְּדֵי מַעֲפוֹרֶת. אִינִי? וְהָאָמַר רַב הוּנָא: לֹא שָׁנוּ אֶלָּא שֶׁלֹּא שִׁיֵּיר בָּהּ כְּדֵי מַעֲפוֹרֶת, אֲבָל שִׁיֵּיר בָּהּ כְּדֵי מַעֲפוֹרֶת – חִבּוּר הָוֵי!

The Gemara answers: The mishna describes a scenario **when he leaves** untorn a fragment **of** the garment that is size **enough for a small cloth.**[H] **Is that so?** If he leaves such a portion intact, is he still permitted to bring the garment back into the courtyard? **But doesn't Rav Huna say:** The Sages **taught** that an impure garment, most of which has been torn, loses its impurity **only when** one **did not leave of it enough for a small cloth, but if he left enough of it** untorn **for a small cloth, it is** considered **a joining** of the pieces, and the garment remains ritually impure. Accordingly, leaving a piece that size would not serve any purpose with regard to ritual impurity.

NOTES

Outside the curtains – חוּץ לַקְּלָעִים: Even though the Temple courtyard was surrounded by a wall, not by curtains, the mishna uses language borrowed from the Tabernacle in the wilderness, where the courtyard was surrounded by curtains. In addition, curtains were used in the initial construction phases of the Second Temple, before the wall was built (see 107b).

One tears the garment – קוֹרְעוֹ: The *halakha* is the same if a garment becomes ritually impure in the Temple courtyard, as one may not keep an impure garment in the courtyard (*Sefat Emet*).

HALAKHA

Garment that went outside the curtains – בֶּגֶד שֶׁיָּצָא חוּץ לַקְּלָעִים: If a garment upon which the blood of a sin offering was sprayed was taken outside the Temple courtyard, it is returned to the courtyard and laundered there. If it contracted ritual impurity outside the courtyard, it is torn in order to purify it, brought back into the courtyard, and laundered there (Rambam *Sefer Avoda, Hilkhot Ma'aseh HaKorbanot* 8:19).

Earthenware vessel that went outside the curtains – כְּלִי חֶרֶס שֶׁיָּצָא חוּץ לַקְּלָעִים: If an earthenware vessel in which a sin offering was cooked was taken outside the Temple courtyard, it is returned to the courtyard and broken there. If it contracted ritual impurity outside the courtyard, it is punctured in order to purify it, brought back into the courtyard, and broken there (Rambam *Sefer Avoda, Hilkhot Ma'aseh HaKorbanot* 8:21).

Copper vessel that went outside the curtains – כְּלִי נְחֹשֶׁת שֶׁיָּצָא חוּץ לַקְּלָעִים: If a metal vessel in which a sin offering was cooked was taken outside the Temple courtyard, it is returned to the courtyard and scoured and rinsed there. If the vessel contracted ritual impurity outside the courtyard, it is broken in order to purify it, brought back into the courtyard, and scoured and rinsed there (Rambam *Sefer Avoda, Hilkhot Ma'aseh HaKorbanot* 8:21).

When he leaves untorn a fragment of the garment that is size enough for a small cloth – דִּמְשַׁיֵּיר בֵּיהּ כְּדֵי מַעֲפוֹרֶת: If a garment upon which the blood of a sin offering was sprayed then contracted ritual impurity outside the Temple courtyard, it is torn in order to purify it. A fragment large enough for a small scarf must be left whole. Then, even though it is still ritually impure by rabbinic law, it is pure by Torah law, since the majority has been torn. Consequently, it may be brought back into the Temple in order to launder it there (Rambam *Sefer Avoda, Hilkhot Ma'aseh HaKorbanot* 8:19).

מִדְּרַבָּנַן הוּא.

The Gemara answers that Rav Huna's statement means that **it is** ritually impure **by rabbinic law,** since the Sages decreed the small cloth impure lest one fail to tear a garment enough to render it truly pure. By Torah law, this small cloth is torn enough to be ritually pure, so that one may bring it back into the Temple courtyard to launder it.

״כְּלִי חֶרֶס שֶׁיָּצָא״ כו׳. ״כְּלִי״ אָמַר רַחֲמָנָא, וְלָא כְּלִי הוּא! שֶׁנִּיקַּב בְּשׁוֹרֶשׁ קָטָן.

§ The mishna teaches: With regard to **an earthenware vessel** in which a sin offering was cooked **that went outside** the curtains and became ritually impure outside the curtains, one punctures the vessel to render it ritually pure, brings the vessel back into the courtyard, and breaks it there. The Gemara asks: Why is there a need to break the earthenware vessel after puncturing it? **The Merciful One states:** "The earthenware **vessel…** shall be broken" (Leviticus 6:21), **and,** once it is punctured, **it is not a vessel.** The Gemara explains: **When it is punctured** with a hole only the size **of a small root,**[H] the earthenware vessel is purified from the ritual impurity it contracted, but it remains a vessel for other purposes, such as holding fruit.

״כְּלִי נְחֹשֶׁת [כו׳] פּוֹחֲתוֹ״ [וכו׳]. וְהָא לָאו כְּלִי הוּא! דְּרָצֵיף מְרַצֵּיף הוּא.

The mishna teaches: With regard to **a copper vessel** in which a sin offering was cooked that went outside the curtains and became ritually impure outside the curtains, **one breaks** the vessel by boring a large hole in it to render it ritually pure, brings the vessel back into the courtyard, and scours and rinses it there. The Gemara asks: Why should the copper vessel be scoured and rinsed? After all, once the hole is bored, **this is not a vessel** anymore. The Gemara explains: **When he hammers** it[H] and refashions it into a vessel, he must scour and rinse it.

אָמַר רֵישׁ לָקִישׁ: מְעִיל שֶׁנִּטְמָא – מַכְנִיסוֹ בְּפָחוֹת מִשָּׁלֹשׁ עַל שָׁלֹשׁ וּמְכַבְּסוֹ, מִשּׁוּם שֶׁנֶּאֱמַר: ״לֹא יִקָּרֵעַ״.

§ Earlier (94b–95a), the Gemara discusses a garment upon which the blood of a sin offering has sprayed; if it has contracted ritual impurity outside of the Temple courtyard, it must be torn before it is brought back into the courtyard to be laundered. **Reish Lakish says:** If the **robe** of the High Priest upon which the blood of a sin offering has sprayed **has contracted ritual impurity**[H] outside of the Temple courtyard, one does not tear it; rather, **he brings it in** to the courtyard gradually, in portions **less than** the measure of a garment susceptible to impurity, which is **three by three** fingerbreadths, **and** he **launders it** section by section as the robe crosses the threshold. The ritually impure robe must be brought into the courtyard in this manner **because it is stated** with regard to the High Priest's robe: **"It shall not be torn"** (Exodus 28:32).

HALAKHA

When it is punctured with a hole the size of a small root – שֶׁנִּיקַּב בְּשׁוֹרֶשׁ קָטָן: With regard to an earthenware vessel in which a sin offering was cooked that went outside the curtains and became ritually impure there, one punctures the vessel with a hole the size of a small root in order to render it ritually pure. Then, he brings the vessel back into the courtyard and breaks it there. If one punctures it with a larger hole, he does not break it in the courtyard because it is no longer a vessel, and only vessels are broken in the courtyard (Rambam *Sefer Avoda, Hilkhot Ma'aseh HaKorbanot* 8:21).

When he hammers it – דְּרָצֵיף מְרַצֵּיף: With regard to a copper vessel in which a sin offering was cooked that went outside the curtains and became ritually impure there, one bores a large hole in it in order to render it ritually pure before bringing it back into the courtyard. Then, he presses it until the hole is sealed so that it may be considered a vessel again, and he scours and rinses it in the courtyard (Rambam *Sefer Avoda, Hilkhot Ma'aseh HaKorbanot* 8:21).

If the robe has contracted ritual impurity – מְעִיל שֶׁנִּטְמָא: If the robe of the High Priest, upon which the blood of a sin offering has sprayed, has contracted ritual impurity outside of the Temple courtyard, one does not tear it; rather, he brings it into the courtyard gradually, in portions less than three by three fingerbreadths, and he launders it inside. After all the blood has been laundered in this piecemeal fashion, one takes it out of the courtyard and then immerses it in a ritual bath (Rambam *Sefer Avoda, Hilkhot Ma'aseh HaKorbanot* 8:20).

מוֹתִיב רַב אַדָּא בַּר אַהֲבָה: הָעָבִין וְהָרַכִּים אֵין בָּהֶן מִשּׁוּם שָׁלֹשׁ עַל שָׁלֹשׁ!

Rav Adda bar Ahava raises an objection based upon a mishna (*Kelim* 28:8): **The** particularly **thick** garments **and the soft** garments **are not subject to** the standard measure of **three by three** fingerbreadths, with regard to determining their susceptibility to becoming ritually impure. Because of their particular qualities, such garments are useful only when they are larger and are not considered significant items when they measure three by three. Since the High Priest's robe is a thick garment, why must one bring it into the courtyard only in portions of less than three by three?

אַגַּב אֲבִיהֶן חֲשִׁיבִי.

The Gemara answers: With regard to the whole robe of the High Priest, which is a garment of particular significance, even the small portions of the robe **are significant due to their source** garment, and are susceptible to impurity in portions measuring three by three fingerbreadths.

וְהָא בָּעֵי שִׁבְעָה סַמְמָנִין; דְּאָמַר רַב נַחְמָן אָמַר רַבָּה בַּר אֲבוּהּ: דַּם חַטָּאת וּמַרְאוֹת נְגָעִים צְרִיכִין שִׁבְעָה סַמְמָנִין; וְתַנְיָא: אֶלָּא שֶׁאֵין מַכְנִיסִין מֵי רַגְלַיִם לַמִּקְדָּשׁ!

§ The Gemara asks a fundamental question with regard to the procedure for laundering a garment upon which the blood of a sin offering has sprayed: **But isn't it** so that laundering **requires seven** abrasive **substances? As Rav Naḥman says** that **Rabba bar Avuh says: Blood of a sin offering** that has sprayed on a garment, **and shades of** leprous **marks**[H] on garments, which are subject to laundering (see Leviticus 13:54), **require** the **seven** abrasive **substances**[HN] used as laundering agents; and these substances include urine (*Nidda* 61b). **And it is taught** in a *baraita*: **But urine**[N] **is not brought into the Temple,** because it is inappropriate for the Temple, although urine is theoretically suitable for use in the preparation of the incense spices. Accordingly, how is a garment laundered in the Temple?

HALAKHA

Shades of leprous marks – מַרְאוֹת נְגָעִים: When one launders garments afflicted with leprosy, one must apply to them the seven abrasive substances that are used to cleanse a menstrual stain (Rambam *Sefer Tahara, Hilkhot Tumat Tzara'at* 12:5).

Blood of a sin offering…requires the seven abrasive substances – דַּם חַטָּאת...שִׁבְעָה סַמְמָנִין: When one launders the blood of a sin offering that has sprayed onto a garment, one must launder it well with water and apply the seven abrasive substances that are used to cleanse a menstrual stain. Of the seven substances, urine is not used, since urine may not be brought into the Temple. The Rambam's ruling does not accord with the Gemara's conclusion here. Therefore, it appears that the Rambam understands that Rav Naḥman is not dictating an absolute principle; rather, he is prescribing the optimal method. Accordingly, the ensuing discussion in the Gemara applies only with regard to this optimal recommendation (Rambam *Sefer Avoda, Hilkhot Ma'aseh HaKorbanot* 8:10 and Radbaz there).

NOTES

Seven abrasive substances – שִׁבְעָה סַמְמָנִין: According to a mishna (*Nidda* 61b), only the use of seven substances cleanses menstrual blood from a garment, such that after immersion in a ritual bath, the garment no longer conveys ritually impurity. The substances are: Tasteless saliva, which comes from one who has not eaten since waking; liquid from Cilician beans; urine; natron; lye; cimolian earth; and potash.

Urine [*mei raglayim*] – מֵי רַגְלַיִם: Ostensibly, this term refers to actual urine, which was often used as a cleansing agent because of its acidity. Some maintain that this term refers to a plant known by the same name as is urine; simply because of its degrading name, the plant is not brought into the Temple (*Shita Mekubbetzet* on *Karetot* 6a). Others offer another suggestion: The term *mei raglayim* refers to water of the *Ein Rogel* spring (*Kolbo*).

וְכִי תֵּימָא, דְּמַבְלַע לְהוּ בַּהֲדֵי שִׁבְעָה סַמְמָנִין, וּמַעֲבַר לְהוּ לְכוּלְּהוּ כְּאַחַד – וְהָתְנַן: הֶעֱבִירָן שֶׁלֹּא כְּסִדְרָן, אוֹ שֶׁהֶעֱבִיר שִׁבְעָתָן כְּאֶחָד – לֹא עָשָׂה וְלֹא כְּלוּם!

The Gemara rejects a solution: **And if you would say that** the urine **is absorbed together with** the rest of the **seven** abrasive **substances** used as laundering agents, **and one applies all of them at once** to the garment, such that the urine is not discernable separately, that is difficult: **But didn't we learn** in a mishna that this method is invalid? The mishna states (*Nidda* 62a): If one **applied them not according to their** prescribed **order,**[H] **or** if one **applied all seven** substances **simultaneously, he has done nothing,** and the laundering has not been effective.

וְכִי תֵּימָא, דְּמִיבְלַע לְהוּ בַּהֲדֵי חַד מִסַּמְמָנִין – וְהָא ״צָרִיךְ לְכַסְכֵּס שָׁלֹשׁ פְּעָמִים בְּכָל אֶחָד וְאֶחָד״ תְּנַן! אֶלָּא דְּמַבְלַע לְהוּ בְּרוֹק תָּפֵל. דְּאָמַר רֵישׁ לָקִישׁ: רוֹק תָּפֵל צָרִיךְ שֶׁיְּהֵא עִם כָּל אֶחָד וְאֶחָד.

The Gemara rejects another solution: **And if you would say that** the urine **is absorbed together with** only **one of the** cleansing **substances,** that is difficult: **But didn't we learn** in that mishna: **One must rub**[H] the garment **three times with each and every one** of those substances independently? The Gemara resolves: **Rather,** it must be explained **that** the urine **is absorbed in tasteless saliva,** which comes from one who has not eaten since waking; **as Reish Lakish says: Tasteless saliva must accompany each and every one** of the substances applied to the garment.

מתני׳ אֶחָד שֶׁבִּישֵּׁל בּוֹ, וְאֶחָד שֶׁעֵירָה לְתוֹכָהּ רוֹתֵחַ, אֶחָד קׇדְשֵׁי הַקֳּדָשִׁים וְאֶחָד קֳדָשִׁים קַלִּים טְעוּנִין מְרִיקָה וּשְׁטִיפָה. רַבִּי שִׁמְעוֹן אוֹמֵר: קֳדָשִׁים קַלִּים אֵין טְעוּנִין מְרִיקָה וּשְׁטִיפָה.

MISHNA **Whether** with regard to a copper vessel **in which** one **cooked**[H] the meat of an offering **or whether** with regard to one **into which** one **poured** the **boiling** meat of an offering, **whether** the meat is from **offerings of the most sacred order**[H] **or whether** it is from **offerings of lesser sanctity,** such vessels **require scouring and rinsing. Rabbi Shimon says:** Vessels in which **offerings of lesser sanctity** were cooked or poured **do not require scouring and rinsing.**[N]

גמ׳ תָּנוּ רַבָּנַן: ״אֲשֶׁר תְּבֻשַּׁל בּוֹ״ – אֵין לִי אֶלָּא שֶׁבִּישֵּׁל בּוֹ, עֵירָה לְתוֹכוֹ רוֹתֵחַ מִנַּיִן? תַּלְמוּד לוֹמַר: ״וַאֲשֶׁר תְּבֻשַּׁל בּוֹ יִשָּׁבֵר״.

GEMARA Concerning the statement in the mishna that these *halakhot* also apply to a vessel into which a boiling cooked dish was poured, the Gemara notes that **the Sages taught** in a *baraita*: With regard to a sin offering, the verse states: **"In which it is cooked"** (Leviticus 6:21). **I have** derived **only that** this applies to a vessel **in which** one **cooked** the sin offering. **From where** do I derive that it applies also to a vessel **into which** one **poured a boiling** cooked dish? **The verse states** more fully: **"But the earthenware vessel in which it is cooked shall be broken."** Since the verse employs the phrase: "In which it is…shall be broken," that teaches that if the hot meat is in the vessel, whether cooked or poured into the vessel, these *halakhot* apply to it, and if it is an earthenware vessel it must be broken.

בָּעֵי רָמִי בַּר חָמָא: תְּלָאוֹ בַּאֲוִיר תַּנּוּר, מַהוּ? אַבִּישּׁוּל וּבִילּוּעַ הוּא דְּקָפֵיד רַחֲמָנָא, אוֹ דִילְמָא אַבִּישּׁוּל בְּלֹא בִּילּוּעַ?

§ **Rami bar Ḥama raises a dilemma:** If one **suspended** the meat of a sin offering **in the airspace of** an earthenware **oven**[HN] in order to roast it, **what is** the *halakha*? When the verse requires the breaking of the earthenware vessel, **is it** only **with regard to** both **cooking and** the resultant **absorption** of the offering's flavor into the vessel **that the Merciful One is particular?** If so, an oven would not need to be broken simply because an offering has been roasted within its airspace. **Or perhaps,** is the Merciful One particular even **about cooking** in the vessel **without absorption** of the flavor, and therefore, if meat is roasted while suspended in this oven, the vessel must still be broken?

אֲמַר רָבָא, תָּא שְׁמַע: אֶחָד שֶׁבִּישֵּׁל בּוֹ וְאֶחָד שֶׁעֵירָה לְתוֹכוֹ רוֹתֵחַ.

Rava said: Come and **hear** a proof, deduced from the mishna: **Whether** with regard to a copper vessel **in which** one **cooked** the meat of an offering **or whether** with regard to one **into which** one **poured** the **boiling** meat of an offering, the earthenware vessel must be broken. Therefore, the vessel must be broken even if the meat was not cooked in it but only absorbed in its walls, indicating that even if cooking and absorption do not occur together, just one of the two should suffice to require the breaking of the vessel.

HALAKHA

If one applied them not according to their prescribed order – הֶעֱבִירָן שֶׁלֹּא כְּסִדְרָן: If a stain is found on a woman's garment, and it is undetermined whether the stain is menstrual blood or simply red coloring of some sort, the seven abrasive substances used as laundering agents are applied to test it. If the stain vanishes or fades, it is menstrual blood, and the woman is ritually impure. If it remains as is, then it is determined to be a dye, and she is ritually pure. These seven laundering agents must be applied in the order prescribed for them, and if they are applied in another order, it is as if the stain has not been tested (Rambam *Sefer Kedusha, Hilkhot Issurei Bia* 9:36–37 and Ra'avad there).

One must rub – צָרִיךְ לְכַסְכֵּס: When one applies the seven abrasive substances used as laundering agents to test a garment, he must rub the garment three times with each substance (Rambam *Sefer Kedusha, Hilkhot Issurei Bia* 9:37).

Whether a vessel in which one cooked – אֶחָד שֶׁבִּישֵּׁל בּוֹ: With regard to a vessel in which a sin offering has been cooked, if it is an earthenware vessel it must be broken, and if it is a metal vessel it must be scoured and rinsed. The same *halakha* applies to a vessel into which a sin offering was poured while boiling, even without being actually cooked in the vessel (Rambam *Sefer Avoda, Hilkhot Ma'aseh HaKorbanot* 8:11).

Whether the meat is from offerings of the most sacred order – אֶחָד קׇדְשֵׁי הַקֳּדָשִׁים: Metal vessels used to cook all varieties of sacrificial meat must be scoured and rinsed after the offerings are eaten. According to the Rambam this applies to earthenware vessels with regard to all offerings, with the exception of the earthenware vessels used for sin offerings, which must be broken. The Ra'avad disagrees and holds that earthenware vessels used for all varieties of sacrificial meat must be broken (Rambam *Sefer Avoda, Hilkhot Ma'aseh HaKorbanot* 8:14).

If one suspended the meat in the airspace of an earthenware oven – תְּלָאוֹ בַּאֲוִיר תַּנּוּר: Even if the meat of a sin offering is roasted in such a way that it does not touch the earthenware oven itself, nevertheless, the oven must be broken. This is because the dilemma with regard to sacrificial meat roasted in this manner is left unresolved in the Gemara (Rambam *Sefer Avoda, Hilkhot Ma'aseh HaKorbanot* 8:14, and see *Leḥem Mishne* there).

NOTES

Do not require scouring and rinsing – אֵין טְעוּנִין מְרִיקָה וּשְׁטִיפָה: Rabbi Shimon agrees that after the permitted time for eating offerings of lesser sanctity, at which point the portions of these offerings absorbed in vessels become categorically forbidden leftover consecrated meat, these vessels must be purged in boiling water. Rabbi Shimon holds that the vessels are not subject to the unique requirement of scouring and rinsing, as the Gemara explains (96b).

If one suspended the meat in the airspace of an earthenware oven – תְּלָאוֹ בַּאֲוִיר תַּנּוּר: Normally, the juices of roasting meat drip onto the walls of an oven. Since the oven described here is heated by wood and ashes from within the oven, in this case, the juices are absorbed in the wood and do not touch the walls of the oven itself (*Shita Mekubbetzet*, citing *Tosefot Rabbeinu Peretz*).

בְּלוּעַ בְּלֹא בִּישּׁוּל לָא קָמִיבַּעְיָא לָן, כִּי קָמִיבַּעְיָא לָן – בִּישּׁוּל בְּלֹא בִּילּוּעַ, מַאי?

The Gemara rejects the proof: The *halakha* in a case of the **absorption** of flavor into an earthenware vessel **without cooking** the meat in that vessel, as in the case of pouring, **was not raised as a dilemma to us.** If the boiling offering has been poured into a vessel, the vessel certainly must be broken, since earthenware never fully emits all that it absorbed. **When** a scenario **was raised as a dilemma to us,** it was with regard to **cooking** meat in the vessel **without absorption**[N] of the flavor by that vessel, as in the case of roasting suspended meat. In such a case, **what** is the *halakha*?

תָּא שְׁמַע, דְּאָמַר רַב נַחְמָן אָמַר רַבָּה בַּר אֲבוּהּ: תַּנּוּר שֶׁל מִקְדָּשׁ, שֶׁל מַתֶּכֶת הָיָה. וְאִי סָלְקָא דַּעְתָּךְ בִּישּׁוּל בְּלֹא בְּלוּעַ לָא קְפִיד – נִיעֲבֵיד שֶׁל חֶרֶס! כֵּיוָן דְּאִיכָּא שְׁיָרֵי מְנָחוֹת דַּאֲפִיָּיתָן בַּתַּנּוּר, וְאִיכָּא בִּישּׁוּל וּבִילּוּעַ – עָבְדִינַן שֶׁל מַתֶּכֶת.

The Gemara suggests: **Come and hear** a proof, deduced from **that which Rav Naḥman says** that **Rabba bar Avuh says: The oven of the Temple**[H] was fashioned **of metal. And if it enters your mind** that with regard to **cooking** in a vessel **without absorption,** the Merciful One **is not particular** and does not require the breaking of a vessel used in such a fashion, then the oven **should be made of earthenware.** The Gemara rejects this proof: **Since there are the remainders of meal offerings, whose baking** is performed **in the oven, and there is** both **cooking and absorption** into the oven, as the remains of the meal offerings would be baked directly on the walls of the oven, for this reason alone the oven would have to be broken if it were fashioned of earthenware. Consequently, **we fashion** it **of metal.**

הַהוּא תַּנּוּרָא דְּאַטְחוּ בֵּהּ טִיחַיָּיא, אַסְרָהּ רַבָּה בַּר אָהִילַאי לְמֵיכְלֵהּ לְרִיפְתָּא לְעוֹלָם, וַאֲפִילּוּ בְּמִילְחָא, דִּילְמָא אָתֵי לְמֵיכְלֵהּ בְּכוּתָחָא.

§ The Gemara relates: There was **a certain oven that was smeared with** animal **fat** all over its walls and floor. **Rabba bar Ahilai prohibited eating bread** baked in that oven **forever, and** he prohibited **even** eating the bread **with salt** alone, **lest one come to eat it with *kutaḥ*,** a dish made from milk, water, salt, and bread crumbs. According to Rabba bar Ahilai, the oven will never fully eliminate the fat.

מֵיתִיבֵי: אֵין לָשִׁין אֶת הָעִיסָּה בְּחָלָב, וְאִם לָשׁ – כָּל הַפַּת כּוּלָּהּ אֲסוּרָה, מִפְּנֵי הֶרְגֵּל עֲבֵירָה.

The Gemara **raises an objection** to this from a *baraita*: With regard to baking bread, **one may not knead the dough with milk,**[H] **and if one** nevertheless **kneaded** the dough with milk, **all of the bread** made from that dough is **forbidden, because** one might become **accustomed to sin.** As one habitually eats bread with meat, he might also eat this bread with meat and unwittingly transgress the prohibition against eating meat with milk.

כַּיּוֹצֵא בּוֹ: אֵין טָשִׁין אֶת הַתַּנּוּר בְּאַלְיָה, וְאִם טָשׁ – כָּל הַפַּת כּוּלָּהּ אֲסוּרָה, עַד שֶׁיַּסִּיק אֶת הַתַּנּוּר. תְּיוּבְתָּא דְּרַבָּה בַּר אָהִילַאי! תְּיוּבְתָּא.

The *baraita* continues: **Similarly,** one may **not smear** [*tashin*][L] **the** inside of **an oven**[H] **with the fat of a sheep's tail,** because the fat of the tail has the *halakha* of meat. **And if** one nevertheless **smeared** the oven with the fat of the tail, **all of the bread** baked in it is **forbidden, until** one **kindles the oven** and burns off this fat. Evidently, the bread baked after the oven is kindled again is permitted, because the oven is considered cleansed of the meat fat. Therefore, **the refutation of** the opinion of **Rava bar Ahilai,** who says that the oven never fully eliminates the fat, is indeed a **conclusive refutation.**

NOTES

Was raised as a dilemma to us with regard to cooking without absorption – **קָמִיבַּעְיָא לָן בִּשּׁוּל בְּלֹא בִּילּוּעַ**: Rashi explains the dilemma as follows: Why does the Torah require the earthenware vessel to be broken? Is it, as indicated by the inference from the verse made in the *baraita*: "In which it is…shall be broken," because such a vessel never completely releases that which it has absorbed, and scouring and rinsing are insufficient to cleanse it? Or, is the requirement to break the earthenware vessel simply a Torah edict, according to which any earthenware vessel must be broken if the meat of a sin offering is cooked in it even if there was no absorption?

LANGUAGE

Smear [*tashin*] – **טָשִׁין**: This word apparently derives from the unique verb *tosh*, which, like the word *toaḥ*, means to smear something with a partially liquefied substance. The purpose of smearing an oven with various substances is to prevent dough from adhering to the oven and to make it easier to remove the pastries from the oven once they are baked. Some commentaries indicate that this smearing may also be intended, in certain cases, to add a particular flavor to the dough.

HALAKHA

The oven of the Temple – **תַּנּוּר שֶׁל מִקְדָּשׁ**: The oven in the Temple was fashioned of metal, as stated by Rav Naḥman (Rambam *Sefer Avoda, Hilkhot Ma'aseh HaKorbanot* 12:23).

One may not knead the dough with milk – **אֵין לָשִׁין אֶת הָעִיסָּה בְּחָלָב**: One may not knead bread dough with milk, lest one come to eat it with meat; and if one did knead it with milk, it is prohibited to eat the bread even by itself. It is permitted to bake only a small amount, i.e., the amount that can be eaten in one sitting. One may also bake such bread in an altered shape so that it is evident that it is not ordinary bread, such that a person will realize that it may not be eaten with meat (Rambam *Sefer Kedusha, Hilkhot Ma'akhalot Assurot* 9:22; *Shulḥan Arukh, Yoreh De'a* 97:1).

One may not smear the inside of an oven – **אֵין טָשִׁין אֶת הַתַּנּוּר**: One may not smear an oven with animal fat; and if one did smear it with fat, bread may not be baked in it, unless it is first kindled from the inside to the degree that the oven becomes white hot. Even in the case of an earthenware tile oven, which is heated from underneath it for the purpose of baking cakes upon it, which was smeared with meat fat, such an oven does not become permitted for the purpose of bread baking by kindling it only from the outside (Rambam *Sefer Kedusha, Hilkhot Ma'akhalot Assurot* 9:22; *Shulḥan Arukh, Yoreh De'a* 97:2).

אֲמַר לֵיהּ רָבִינָא לְרַב אַשִׁי: וְכִי מֵאַחַר דְּאִיתּוֹתַב רַבָּה בַּר אֲהִילַיי, אַמַּאי אָמַר רַב: קְדֵירוֹת בְּפֶסַח יִשָּׁבְרוּ? אֲמַר לֵיהּ: רַב מוֹקֵי לָהּ הַהִיא בְּשֶׁל מַתֶּכֶת.

Ravina said to Rav Ashi: Since the statement of **Rava bar Ahilai was conclusively refuted, why does Rav say** that **pots** that were used for leavened bread **must be broken** before **Passover?** Presumably, the leavened bread could be burned out of them through kindling instead. Rav Ashi **said to him: Rav construes that** ruling of the *baraita*, according to which the fat can be burned out of the oven, as referring **to** an oven fashioned **of metal,** which cleanses the fat when kindled. In the case of earthenware vessels, additional kindling is insufficient, because the flavor absorbed within it cannot be cleansed by fire.

וְאִי בָּעֵית אֵימָא: בְּתַנּוּר שֶׁל חֶרֶס; זֶה – הֶסֵּיקוֹ מִבִּפְנִים, וְזֶה – הֶסֵּיקוֹ מִבַּחוּץ.

Or if you wish, say instead that the *baraita* is also referring **to an earthenware oven,** and there is another distinction. **This** oven **is kindled from the inside,** and a fire kindled inside the oven suffices to cleanse absorbed flavor. **But that** pot **is kindled from the outside** while it rests on the stove, and the heat absorbed in that manner is insufficient to cleanse absorbed flavor.

וְנַעֲבֵיד הַסָּקָה מִבִּפְנִים! חָיֵיס עֲלַיְיהוּ דְּמִתַּבְרִי. הִילְכָּךְ, הַאי כּוּבְיָא, הֶסֵּיקוֹ מִבַּחוּץ הוּא, וַאֲסִיר.

The Gemara suggests: **And let us** also **perform** the **kindling** of the pot **from the inside,** in order to cleanse that which has been absorbed. The Gemara answers: This solution is not feasible; the owners of such pots might be **concerned for them,**[H] **as they** are apt to **break**[N] if the heat becomes too great. Consequently, the owners will not apply sufficient heat to ensure that the absorbed flavor will be completely cleansed. The Gemara concludes: **Therefore,** with regard to **this earthenware tile** [***kuvya***],[HL] which is used on the fire as a baking pan and **its kindling is from the outside,** it becomes **prohibited** for subsequent use by the flavors absorbed within, which cannot be cleansed.

HALAKHA

The owners might be concerned for them – חָיֵיס עֲלַיְיהוּ: Earthenware pots that are used for leaven during the year are cleaned and stored over the duration of Passover, so that they may be used thereafter. This ruling is in accordance with the opinion of Shmuel, who disagrees with Rav (*Pesaḥim* 30a). In any case, a leaven-infused earthenware vessel cannot be made permitted for Passover use through kindling, because even if one fills it with coals, there is concern that one will not heat it to the proper degree, out of concern that the vessel will break (*Shulḥan Arukh*, *Oraḥ Ḥayyim* 451:1).

This earthenware tile [*kuvya*] – הַאי כּוּבְיָא: A *kuvya* is an earthenware vessel composed of tiles and clay; it is kindled from underneath, and food is baked or fried in it. Even if one kindles this vessel from the outside in order to prepare it for Passover, it is nevertheless prohibited for use on Passover, as the leaven absorbed within it cannot be cleansed from the vessel in this manner. But if it is filled with coals and kindled from the inside, it becomes permitted for use on Passover, in accordance with the Gemara in *Pesaḥim* 30b (*Shulḥan Arukh*, *Yoreh De'a* 97:2).

NOTES

Might be concerned for them as they are apt to break – חָיֵיס עֲלַיְיהוּ דְּמִתַּבְרִי: Rabbeinu Ḥananel and Rashi (on *Pesaḥim* 30b) explain that the vessels are broken because of the concern that the owners will not kindle them from the inside at all, out of concern that the vessels will break. Some explain that the concern is that the owners will not heat it up sufficiently from the inside, and therefore even if the kindling is done, it is inadequate (see Rosh on *Pesaḥim* 30b).

LANGUAGE

Tile [*kuvya*] – כּוּבְיָא: There are a number of different versions of this word, including *kukhya*, *buvya*, and *bukhya*, and the word's origin is unclear. Rabbeinu Ḥananel maintains that this vessel is a specialized frying pan whose heat source is beneath it and which is used for baking bread. Rashi explains that the vessel is a hollow earthenware tile; the dough is fixed inside of it and is baked by an external fire.

Perek **XI**
Daf **96** Amud **a**

אֶלָּא קְדֵירוֹת שֶׁל מִקְדָּשׁ אַמַּאי אָמַר רַחֲמָנָא יִשָּׁבְרוּ? נַהַדְרִינְהוּ לְכִבְשׁוֹנוֹת! אֲמַר רַבִּי זֵירָא: לְפִי שֶׁאֵין עוֹשִׂין כִּבְשׁוֹנוֹת בִּירוּשָׁלַיִם.

The Gemara challenges: **But** according to the opinion that earthenware vessels can be cleansed of their absorbed substances by the process of kindling, with regard to **pots** used in **the Temple,**[N] **why does the Merciful One state** in the Torah that **they should be broken? Let us** simply **return them to** the **kilns**[N] in which pots are made to be sure that the pots will be cleansed by the extreme heat of the kilns. **Rabbi Zeira said:** The pots cannot be returned to kilns **because,** as taught in a *baraita* (see *Bava Kamma* 82b), **kilns are not built in Jerusalem**[H] because of the great quantity of smoke they produce.

HALAKHA

Kilns are not built in Jerusalem – אֵין עוֹשִׂין כִּבְשׁוֹנוֹת בִּירוּשָׁלַיִם: The Sages instituted various ordinances concerning Jerusalem beyond those ordinances that they instituted concerning the other cities in Eretz Yisrael. One of those ordinances is that kilns may not be built there in order to prevent excessive smoke in the city (Rambam *Sefer Avoda*, *Hilkhot Beit HaBeḥira* 7:14).

NOTES

But with regard to pots used in the Temple – אֶלָּא קְדֵירוֹת שֶׁל מִקְדָּשׁ: According to Rashi, the Gemara asks this question under the premise that Rami bar Ḥama's dilemma has been resolved, and earthenware vessels must be broken only because of the flavor absorbed within them (see *Ḥok Natan* and *Ḥiddushei Rabbi Akiva Eiger*). Accordingly, the Gemara asks: Perhaps the breaking of earthenware vessels was necessary only in the Sanctuary in the wilderness, where, because they had no permanent dwelling place, they could not build kilns. Is it also necessary in the Temple?

The Rambam writes that Rami bar Ḥama's dilemma was not resolved; and according to this explanation, the Gemara asks about the pots in the Temple as a continuation of Rami bar Ḥama's question, as follows: It would seem that the Torah's directive applies not only to absorbed flavor, but also to vessels in which sacred meat has merely been cooked, because if this were not so, why should pots used in the Temple not be cleansed by returning them to the kilns? The Gemara then explains that there are other reasons the pots were not returned to the kilns, and therefore there is no proof that the breaking of earthenware vessels is a Torah edict, even in the absence of absorbed flavors (*Zevaḥ Toda*; see *Tosafot* and *Sefat Emet*).

Let us simply return them to the kilns – נַהַדְרִינְהוּ לְכִבְשׁוֹנוֹת: Earlier, the Gemara mentions that one may not cleanse his earthenware vessels by kindling them from the inside, because the vessels are apt to break from the intense heat. Consequently, the owner might not apply sufficient heat to effect the cleansing. That concern does not apply in the case of kilns, for two reasons. Practically speaking, since the entire vessel is heated evenly within the kiln, there is no concern that it will develop cracks. In addition, by placing the vessel in the kiln, one actively demonstrates that he is not concerned that it will be ruined. One commentary notes that, in fact, that this causes the opposite effect: As a rule, vessels are strengthened, not broken, in a kiln (*Roke'aḥ*).

Some early commentaries add that the aforementioned concern, that the owner will fail to heat an earthenware vessel sufficiently out of concern that it will break, is relevant only to privately owned vessels. This is particularly so with regard to poor people, who most frequently tend to use earthenware vessels. With regard to the property of the Temple, which commands an abundance of resources and funds, there is no concern about possible breakage of vessels (see commentary of Rabbeinu David to *Pesaḥim* 30b and Meiri there).

אָמַר אַבָּיֵי: וְכִי עוֹשִׂין אַשְׁפָּתוֹת בָּעֲזָרָה? אִישְׁתְּמִיטְתֵּיהּ הָא דִּתְנֵי שְׁמַעְיָה בְּקַלְנְבוֹ: שִׁבְרֵי כְלֵי חֶרֶס נִבְלָעִין בִּמְקוֹמָן.

The Gemara presents an objection to Rabbi Zeira's answer. **Abaye said: But** if, as the *baraita* teaches, there are no kilns in Jerusalem, **are scrap heaps** of earthenware **assembled in the Temple courtyard?** The same *baraita* also teaches that there are no scrap heaps in Jerusalem. What, then, is done with the shards of earthenware vessels that must be broken in the courtyard? The Gemara dismisses the question: Abaye raised that objection only because **that which Shemaya taught in Kalnevo**[B] **escaped him;** Shemaya taught there: In the Temple, **shards of earthenware vessels were** miraculously **absorbed in their place.**

אֶלָּא הָא דְּאָמַר רַב נַחְמָן אָמַר רַבָּה בַּר אֲבוּהּ: תַּנּוּר שֶׁל מִקְדָּשׁ שֶׁל מַתֶּכֶת הָיָה – נַעֲבֵיד דְּחֶרֶס, דְּהֶסֵּיקוֹ מִבִּפְנִים הוּא!

The Gemara returns to the topic of kindling earthenware vessels and asks: **But** if kindling from within cleanses everything absorbed in an earthenware oven, what is the reason for **that which Rav Naḥman says** that **Rabba bar Avuh says: The oven in the Temple was** fashioned **of metal? Let us fashion** it **of earthenware,** as an oven's **kindling is from the inside,** and, accordingly, it would be possible to cleanse it?

דְּכֵיוָן דְּאִיכָּא שְׁתֵּי הַלֶּחֶם וְלֶחֶם הַפָּנִים, דַּאֲפִיָּיתָן בַּתַּנּוּר, וְקִדּוּשָׁתָן בַּתַּנּוּר – הָוֵה לֵיהּ כְּלִי שָׁרֵת, וּכְלִי שָׁרֵת דְּחֶרֶס לָא עָבְדִינַן.

The Gemara answers: The reason the oven must be fashioned of metal is **because there are the two loaves,** i.e., the public offering on *Shavuot* of two loaves from the new wheat, **and the shewbread,** i.e., the bread baked each week in a special form and displayed for the duration of one whole week on the table in the Sanctuary, **whose baking is** done **in the oven, and** also **whose sanctification** occurs **in the oven.** Because these offerings are not kneaded in a service vessel, they are sanctified only by being placed in the oven, and therefore the oven **is a service vessel; and we do not make a service vessel of earthenware.**[H]

BACKGROUND

Kalnevo – קַלְנְבוֹ: This is the name of a city, which appears to have been near Meḥoza. Some maintain that this city's name was originally Karnevo, or *Kiryat Nevo*, the City of Nevo, named for Nevo, one of the primary deities in traditional Babylonian worship.

HALAKHA

Service vessel of earthenware – כְּלִי שָׁרֵת דְּחֶרֶס: The sacred vessels in the Temple are fashioned exclusively of metal. If they have been fashion of wood, bone, stone, or glass, and all the more so, if they have been fashioned of earthenware, they are unfit for service in the Temple (Rambam *Sefer Avoda*, *Hilkhot Beit HaBeḥira* 1:18).

Perek **XI**
Daf **96** Amud **b**

וַאֲפִילּוּ רַבִּי יוֹסֵי בְּרַבִּי יְהוּדָה לָא קָאָמַר אֶלָּא דְּעֵץ, אֲבָל דְּחֶרֶס – לָא.

And even Rabbi Yosei, son of Rabbi Yehuda, says only that a service vessel may be fashioned **of wood,** which is a somewhat significant material, **but** with regard to a service vessel fashioned **of earthenware,** he holds that this is **not** valid.

רַב יִצְחָק בַּר יְהוּדָה הֲוָה רָגִיל קַמֵּיהּ דְּרָמֵי בַּר חָמָא, שַׁבְקֵיהּ וְאָזֵיל לְרַב שֵׁשֶׁת. יוֹמָא חַד פְּגַע בֵּיהּ, אֲמַר לֵיהּ: ״אַלְקַפְטָא נְקָטַן – רֵיחָא אֲתֵי לָהּ לְיָד״? מִשּׁוּם דַּאֲזַלְתְּ לָךְ לְקַמֵּיהּ דְּרַב שֵׁשֶׁת הֲוֵית לָךְ כִּי רַב שֵׁשֶׁת?

§ The Gemara relates an incident related to the *halakha* of scouring and rinsing. **Rav Yitzḥak bar Yehuda was** initially **accustomed** to study Torah **before Rami bar Ḥama.**[P] After some time, **he left him and went to** study before **Rav Sheshet.**[P] **One day** Rami bar Ḥama **met him** and **said to him** colloquially: Did you assume, as many do, that when **the chief of taxes** [*alkafta*][L] **grasped me** by the hand, **the fragrance** of his hand **came to my hand?** Do you think that **because you went** away from me in order to study **before Rav Sheshet, have you become like Rav Sheshet** merely by association?

LANGUAGE

Chief of taxes [*alkafta*] – אַלְקַפְטָא: This term is derived from the title of a high Sasanian official known as the hargbed, the head of taxes. There is also a similar word in Greek, the word ἀργαπέτης, *argapetēs*, meaning commander of a fort.

PERSONALITIES

Rami bar Ḥama – רָמִי בַּר חָמָא: Rami, a contraction of the name Rav Ami, bar Ḥama was an important fourth-generation Babylonian *amora*.

Even in his youth he was a preeminent disciple of Rav Ḥisda, and he also studied under Rav Naḥman and Rav Sheshet and deliberated with them in matters of *halakha*. He had an especially close relationship with his younger study partner, Rava. After Rami bar Ḥama's death, Rava married his widow, who was the daughter of Rav Ḥisda.

Rami bar Ḥama was known for his sharp intellect and cleverness. He was criticized for overlooking certain details in discussing dilemmas raised in the study hall due to his quick mind. The daughter of Rami bar Ḥama's wife was the mother of the *amora* Ameimar.

Rav Sheshet – רַב שֵׁשֶׁת: A prominent third-generation Babylonian *amora*, Rav Sheshet was a preeminent disciple of Rav Huna, although he also studied under other Sages of his generation. In his time, Rav Sheshet was famous for his unsurpassed expertise in *baraitot*. Due to his comprehensive familiarity with even the most obscure areas of Oral Law, he was nicknamed Sinai. Many of the Sages of the generation came to study with him, primarily because it was assumed that his statements were always based on early sources.

In his later years, Rav Sheshet became blind, but he remained knowledgeable about all aspects of life and was a frequent visitor to the house of the Exilarch. He was characteristically extremely forceful and hard as steel, and he did not defer even to the greatest Sages of his generation. Apparently, Rav Sheshet supported himself as a garment merchant and lived comfortably from his earnings.

In most of Rav Sheshet's disputes with his colleagues, especially Rav Naḥman, related to ritual law, the *halakha* has been decided in accordance with his opinion. Rav Sheshet had no sons, but he had one daughter and several grandchildren.

HALAKHA

If one cooked a sin offering in only part of a vessel – בִּישֵּׁל בְּמִקְצָת כְּלִי: Even if one cooked sacrificial meat in only part of a vessel, the entire vessel must be scoured and rinsed (Rambam *Sefer Avoda, Hilkhot Ma'aseh HaKorbanot* 8:13).

אֲמַר לֵיהּ: לָאו מִשּׁוּם הָכִי. מָר, כִּי בָּעֵינָא מִילְּתָא – פָּשֵׁיט לִי מִסְּבָרָא, כִּי מַשְׁכַּחְנָא מַתְנִיתָא – פָּרְכָא לַהּ. רַב שֵׁשֶׁת, כִּי בָּעֵינָא מִילְּתָא מִינֵּיהּ – פָּשֵׁיט לִי מִמַּתְנִיתָא, דְּכִי נָמֵי מַשְׁכַּחַתְּ מַתְנִיתָא וּפָרְכָא – מַתְנִיתָא וּמַתְנִיתָא הִיא.

Rav Yitzḥak bar Yehuda **said to him:** It is **not due to that** reason that I went to study before Rav Sheshet, but for another reason. As for you, **Master, when I ask** with regard to any **matter,** Master **resolves** the question **for me through reasoning.** Consequently, **when I find a mishna** that opposes that reasoning, it **refutes** Master's proposed resolution. As for **Rav Sheshet, when I ask of him** a question concerning any **matter,** he **resolves** the question **for me by** citing **a mishna.** Consequently, **when I also find a mishna, and** that mishna **refutes** the proposed resolution, **it is** a dispute between one **mishna and** another **mishna,** which does not necessarily refute the mishna that he cited.

אֲמַר לֵיהּ: בְּעִי מִינִּי מִילְּתָא, דְּאִיפְשׁוֹט לָךְ כִּי מַתְנִיתָא. בְּעָא מִינֵּיהּ: בִּישֵּׁל בְּמִקְצָת כְּלִי, טָעוּן מְרִיקָה וּשְׁטִיפָה אוֹ אֵין טָעוּן? אֲמַר לֵיהּ: אֵינוֹ טָעוּן, מִידֵּי דַּהֲוָה אַהֲזָאָה.

Rami bar Ḥama **said to him: Ask me** about **a matter, which I** will **resolve for you in accordance with a mishna.** Rav Yitzḥak bar Yehuda **asked him:** If one **cooked** a sin offering **in** only **part of a vessel,**[H] **does** the entire vessel **require scouring and rinsing, or does it not require** scouring and rinsing? Rami bar Ḥama **said to him:** The entire vessel **does not require** scouring and rinsing, **just as it is** taught concerning **sprinkling** the blood of a sin offering upon a garment. In the latter case, the mishna teaches (93b) that one must launder only the part of the garment on which the blood sprayed.

וְהָא לָא תְּנָא הָכִי! אֲמַר לֵיהּ: מִסְתַּבְּרָא, כְּבֶגֶד: מָה בֶּגֶד אֵינוֹ טָעוּן כִּיבּוּס אֶלָּא מְקוֹם הַדָּם – אַף כְּלִי אֵינוֹ טָעוּן מְרִיקָה וּשְׁטִיפָה אֶלָּא בִּמְקוֹם בִּישּׁוּל.

Rav Yitzḥak bar Yehuda replied: **But the *tanna* does not teach this** explicitly. Rami bar Ḥama **said to him:** Nevertheless, **it stands to reason** that the scouring and rinsing of a vessel in which sacred meat was cooked should be **like** the laundering of **a garment,** as follows: **Just as a garment requires laundering only** in the **place** where **the blood** was sprayed, **so too,** it must be that **a vessel requires scouring and rinsing only in the place** where the meat underwent the process of **cooking.**

אֲמַר לֵיהּ: מִי דָּמֵי? דָּם – לָא מְפַעְפֵּעַ, בִּישּׁוּל מְפַעְפֵּעַ! וְעוֹד, תַּנְיָא: חוֹמֶר בְּהַזָּאָה מִמְּרִיקָה וּשְׁטִיפָה, וְחוֹמֶר בִּמְרִיקָה וּשְׁטִיפָה מִבְּהַזָּאָה;

Rav Yitzḥak bar Yehuda **said to him: Are** the situations **comparable? Blood does not spread** and penetrate all parts of the garment, but in the case of **cooking,** the flavor of the meat **spreads** throughout the entire vessel. **Additionally,** your reasoning opposes that which **is taught** in a *baraita* (*Tosefta* 10:15): A certain **stringency** applies **to sprinkling** more **than** it applies to **scouring and rinsing; and** a certain **stringency** applies **to scouring and rinsing** more **than** it applies to **sprinkling.**

חוֹמֶר בְּהַזָּאָה – שֶׁהַזָּאָה יֶשְׁנָהּ בַּחַטָּאוֹת הַחִיצוֹנוֹת וּבַחַטָּאוֹת הַפְּנִימִיּוֹת, וְיֶשְׁנָהּ לִפְנֵי זְרִיקָה, מַה שֶּׁאֵין כֵּן בִּמְרִיקָה וּשְׁטִיפָה;

The *baraita* continues: The **stringency** that applies **to sprinkling** is **that** the *halakha* of the **sprinkling** of blood on a garment **applies to external sin offerings,** brought on the altar in the Temple courtyard, **and to internal sin offerings,** whose blood is sprinkled on the altar in the Sanctuary; **and** the *halakha* of blood sprayed onto a garment **applies** if it sprays **before** the required **sprinkling** of the offering's blood on the altar; **which is not so in** the case of **scouring and rinsing.** Scouring and rinsing are required only for external sin offerings, whose meat is eaten and therefore cooked; and it applies only after the sprinkling of blood on the altar, after which the meat may be eaten.

חוֹמֶר בִּמְרִיקָה וּשְׁטִיפָה, שֶׁהַמְּרִיקָה וּשְׁטִיפָה נוֹהֶגֶת בֵּין בְּקָדְשֵׁי קָדָשִׁים בֵּין בְּקָדָשִׁים קַלִּים, בִּישֵּׁל בְּמִקְצָת הַכְּלִי – טָעוּן מְרִיקָה וּשְׁטִיפָה כָּל הַכְּלִי, מַה שֶּׁאֵין כֵּן בְּהַזָּאָה!

The *baraita* continues: The **stringency** that applies **to scouring and rinsing** is **that the scouring and rinsing** of vessels **is practiced both for offerings of the most sacred order and for offerings of lesser sanctity;** and even if one **cooked in** only **part of the vessel, the entire vessel requires scouring and rinsing, which is not so in** the case of errantly **sprinkling** blood onto a garment, for which one must launder only the place on which the blood sprayed.

אֲמַר לֵיהּ: אִי תַּנְיָא תַּנְיָא. וְטַעְמָא מַאי? אָמַר קְרָא: ״וְאִם בִּכְלִי נְחֹשֶׁת בֻּשָּׁלָה״ – וַאֲפִילּוּ בְּמִקְצָת כְּלִי.

Rami bar Ḥama **said to him: If** this *baraita* **is taught, it is taught,** and I cannot take issue with it. The Gemara then clarifies: **And what is the reason** that an entire vessel requires scouring and rinsing even if one cooked the meat of an offering in only part of the vessel? The reason is that **the verse states: "And if it be cooked in a copper vessel,** it shall be scoured and rinsed in water" (Leviticus 6:21). From the phrase "in a copper vessel" it is derived that **even** if the meat is cooked **in** only **part of a vessel,** the entire vessel must be scoured and rinsed.

"אֶחָד קָדְשֵׁי קָדָשִׁים" וכו׳. תָּנוּ רַבָּנַן: "חַטָּאת" – אֵין לִי אֶלָּא חַטָּאת, כָּל קָדָשִׁים מִנַּיִן? תַּלְמוּד לוֹמַר "קֹדֶשׁ קָדָשִׁים הִיא".

§ The mishna teaches: **Whether** the meat is from **offerings of the most sacred order** or whether it is from offerings of lesser sanctity, the vessels in which it is cooked must be scoured and rinsed. The Gemara cites a related *baraita*: **The Sages taught:** The Torah introduces the mitzva of scouring and rinsing with the qualifying statement: "This is the law of the **sin offering**" (Leviticus 6:18). From this verse **I have** derived **only** that the *halakha* with regard to scouring and rinsing applies to vessels in which **a sin offering** was cooked. **From where** do I derive that this *halakha* applies to vessels used for **all sacrificial** meat? **The verse states:** "Every male among the priests may eat of it; **it is most sacred**" (Leviticus 6:22), to teach that this *halakha* applies to vessels used for all of the sacrificial meat that the priests eat.

יָכוֹל שֶׁאֲנִי מְרַבֶּה אֶת הַתְּרוּמָה? תַּלְמוּד לוֹמַר: "אוֹתָהּ" – פְּרָט לִתְרוּמָה, דִּבְרֵי רַבִּי יְהוּדָה. רַבִּי שִׁמְעוֹן אוֹמֵר: קָדְשֵׁי קָדָשִׁים טְעוּנִין מְרִיקָה וּשְׁטִיפָה, קָדָשִׁים קַלִּים אֵינָן טְעוּנִין מְרִיקָה וּשְׁטִיפָה. דִּכְתִיב: "קֹדֶשׁ קָדָשִׁים", קָדְשֵׁי קָדָשִׁים – אִין, קָדָשִׁים קַלִּים – לָא.

The *baraita* continues: One **might** have thought **that I** should **include** vessels used for cooking ***teruma***, the portion of the produce designated for the priest, as well, as it is also sacred and may be eaten only by a priest (see Leviticus 22:14). To counter this, **the verse states:** "Every male among the priests may eat **of it**; it is most sacred" (Leviticus 6:22). The emphatic qualifier "of it" **excludes *teruma***; this is **the statement of Rabbi Yehuda. Rabbi Shimon says: Offerings of the most sacred order require scouring and rinsing,** but **offerings of lesser sanctity do not require scouring and rinsing, as it is written: "Most sacred."** Accordingly, with regard to **offerings of the most sacred order, yes,** scouring and rinsing is required; but for **offerings of lesser sanctity, no,** it is not required.

מַאי טַעְמָא דְּרַבִּי יְהוּדָה? מִדְּאִיצְטְרִיךְ "אוֹתָהּ" לְמַעוּטֵי תְּרוּמָה – מִכְּלָל דְּקָדָשִׁים קַלִּים טְעוּנִין מְרִיקָה וּשְׁטִיפָה. וְרַבִּי שִׁמְעוֹן אָמַר לָךְ: "אוֹתָהּ" – כִּדְאָמְרִינַן.

The Gemara asks: The *baraita* explains Rabbi Shimon's reasoning; **what is the reasoning of Rabbi Yehuda?** The Gemara answers: **Since** the qualifying term **"of it" was necessary to exclude *teruma*, by inference,** it must be **that** vessels used for **offerings of lesser sanctity require scouring and rinsing.** If even offerings of lesser sanctity are excluded from the *halakha* of scouring and rinsing, it would be self-evident that the vessel used for *teruma* is exempt from scouring and rinsing. Accordingly, the direct exclusion of *teruma* indicates that the vessels used for offerings of lesser sanctity are not excluded. **And Rabbi Shimon** could have **said to you:** The term **"of it"** teaches a different *halakha* and excludes a disqualified sin offering from the *halakha* of scouring and rinsing, **as we say** earlier in this chapter (93a).

וּתְרוּמָה לָא בָּעֲיָא שְׁטִיפָה וּמְרִיקָה? וְהָתַנְיָא: קְדֵירָה שֶׁבִּישֵּׁל בָּהּ בָּשָׂר לֹא יְבַשֵּׁל בָּהּ חָלָב, וְאִם בִּישֵּׁל – בְּנוֹתֵן טַעַם; תְּרוּמָה – לֹא יְבַשֵּׁל בָּהּ חוּלִּין, וְאִם בִּישֵּׁל – בְּנוֹתֵן טַעַם!

The Gemara asks: **And** is it correct that with regard to a copper vessel used to cook ***teruma*, it does not require rinsing and scouring?**[N] **But isn't it taught** in a *baraita* (*Tosefta*, *Terumot* 8:16): With regard to **a pot in which** one **cooked meat,**[H] one **may not cook milk in it; and if** one **cooked** milk in it, the meat absorbed in the pot renders the milk forbidden if it **imparts flavor**[B] to it. Similarly, if one cooked ***teruma*** in a pot, one **may not cook non-sacred** food **in it;**[H] **and if** one **cooked** non-sacred food in it, the absorbed *teruma* renders the mixture sacred if it **imparts flavor** to it. Therefore, a pot requires purging with boiling liquid in order to expel the flavor of *teruma* from it.

אֲמַר אַבַּיֵי: לָא צְרִיכָא אֶלָּא לִדְאָמַר מָר: בִּישֵּׁל בְּמִקְצָת כְּלִי – טָעוּן מְרִיקָה וּשְׁטִיפָה כָּל הַכְּלִי; הָא תְּרוּמָה – לֹא צָרִיךְ אֶלָּא מְקוֹם בִּישּׁוּל.

Three *amora'im* address the apparent inconsistency that while the Torah excludes vessels used for *teruma* from the *halakha* of scouring and rinsing, the *baraita* teaches that these vessels must be purged. **Abaye said:** When the verse excludes *teruma* from the *halakha* of scouring and rinsing, this **is necessary only for** that **which the Master said:** If one **cooked in** only **part of** the **vessel, the entire vessel requires scouring and rinsing.** By contrast, in **this** case, if ***teruma*** was cooked in only part of a vessel, one **must** perform scouring and rinsing **only** in **the place of** the **cooking,**[H] and not in the whole vessel.

NOTES

And *teruma*, it does not require rinsing and scouring – וּתְרוּמָה לָא בָּעֲיָא שְׁטִיפָה וּמְרִיקָה: Evidently, the Gemara's discussion here is predicated upon the presumption that one must purge all the tastes absorbed in a vessel in which *teruma* was cooked. Accordingly, some challenge the ruling of the Rambam that rinsing is sufficient for a vessel in which *teruma* was cooked.

HALAKHA

With regard to a pot in which one cooked meat – קְדֵירָה שֶׁבִּישֵּׁל בָּהּ בָּשָׂר: With regard to a pot in which one cooked meat, one may not cook milk in it. If one did cook milk in the pot within twenty four hours of having cooked meat, the absorbed meat flavor renders the milk forbidden (Rambam *Sefer Kedusha*, *Hilkhot Ma'akhalot Assurot* 9:11; *Shulḥan Arukh*, *Yoreh De'a* 93:1).

If one cooked *teruma* in a pot one may not cook non-sacred food in it – תְּרוּמָה לֹא יְבַשֵּׁל בָּהּ חוּלִּין: If one cooked *teruma* in a pot, he may not cook non-sacred food in it. If he did cook non-sacred food in it, the mixture becomes forbidden for non-priests if the *teruma* imparts flavor to the non-sacred food. The Rambam rules that if one rinsed the pot, it is permitted to cook in it. The Ra'avad objects that according to the Gemara here, the pot first requires purging in boiling water, and only thereafter is it to be rinsed (Rambam *Sefer Zera'im*, *Hilkhot Terumot* 15:19).

If *teruma* was cooked one must perform scouring and rinsing only in the place of the cooking – תְּרוּמָה לֹא צָרִיךְ אֶלָּא מְקוֹם בִּישּׁוּל: In accordance with the opinion of Abaye, the Rambam rules that if one cooked *teruma* in only part of a vessel, he does not need to rinse the entire vessel, but only the place in which the cooking actually occurred. The Ra'avad objects and asserts that in addition to rinsing, purging in boiling water is also required.

The more stringent opinion of the Rashba is adopted in the *Shulḥan Arukh*: Any vessel that has absorbed prohibited substances must be purged with boiling water in its entirety. The Rema comments, citing the *Tur*, that if one knows that only part of the vessel was used, only that part need be purged, due to the principle: As it absorbs it, so it emits it. The *Shakh* comments that the Rema concedes that the entire vessel should be purged with boiling water, *ab initio*. The Rashba also concedes that if the vessel absorbed a substance that is not presently forbidden but could cause a prohibition in the future, such as milk or meat, it is sufficient to purge only the part of the vessel that directly absorbed the substance (Rambam *Sefer Zera'im*, *Hilkhot Terumot* 15:19; *Shulḥan Arukh*, *Yoreh De'a* 121:6).

BACKGROUND

Imparts flavor – נוֹתֵן טַעַם: Usually, when forbidden food is mixed with permitted food, and the flavor of the forbidden food can no longer be detected, the mixture is permitted. A mixture of this kind may be fed to a gentile cook to determine whether or not the flavor of the problematic ingredients is noticeable. The Gemara here does not discuss a mixture of forbidden food with permitted food, but a case in which non-sacred food was cooked in a pot previously used to prepare *teruma*. One may not cook in this manner, but if one does so, and the non-sacred food absorbs the taste of the *teruma*, the food may be eaten only by a priest.

רָבָא אֲמַר: לָא צְרִיכָא אֶלָּא לְדְאָמַר מָר: ״בַּמָּיִם״ – וְלֹא בְּיַיִן, ״בַּמָּיִם״ – וְלֹא בְּמָזוּג; הָא – אֲפִילּוּ בְּיַיִן, וַאֲפִילּוּ בְּמָזוּג.

Rava said: When the verse excludes *teruma* from the *halakha* of scouring and rinsing, that **is necessary only for that which the Master said:** The verse specifies: "It shall be scoured and rinsed **in water**" (Leviticus 6:21), **but** the vessel is **not** to be scoured and rinsed **in wine.** It must be scoured and rinsed **"in water," but not in diluted** wine.[H] By contrast, in **this** case, i.e., the vessel in which *teruma* was cooked, it may be scoured and rinsed **even in wine, and even in diluted** wine.[H]

רַבָּה בַּר עוּלָּא אֲמַר: לָא צְרִיכָא אֶלָּא לְדְאָמַר מָר: מְרִיקָה וּשְׁטִיפָה בְּצוֹנֵן; הָא – אֲפִילּוּ בְּחַמִּין.

Rabba bar Ulla said: When the verse excludes *teruma* from the *halakha* of scouring and rinsing, this **is necessary only for** that **which the Master said:** One must perform **scouring and rinsing with cold** water, in addition to purging a vessel of its absorbed flavors with boiling water. By contrast, in **this** case, i.e., with regard to the vessel in which *teruma* was cooked, one may cleanse the vessel **even** by performing only the purging **with boiling** water, which removes the residue of the forbidden food, and omitting the cold water processes entirely.

הָנִיחָא לְמַאן דְּאָמַר: מְרִיקָה וּשְׁטִיפָה בְּצוֹנֵן, אֶלָּא לְמַאן דְּאָמַר מְרִיקָה בְּחַמִּין וּשְׁטִיפָה בְּצוֹנֵן, מַאי אִיכָּא לְמֵימַר? שְׁטִיפָה יְתֵירְתָּא.

The Gemara asks: **This works out well according to the one who says** that **scouring and rinsing** are performed **with cold** water; **but according to the one who says** that **scouring** is done by purging **with hot** water, **and rinsing** is a different procedure performed **with cold** water, **what can be said?** According to this opinion, the verse is also referring to purging; and if the verse excludes vessels used for *teruma*, how does the *baraita* teach that such vessels must be purged? The Gemara answers: According to the opinion that differentiates scouring, which is done with boiling water, from rinsing, which is done with cold water, the Torah excludes vessels used for *teruma* only from **the additional rinsing**[HN] that the Torah requires after the scouring.

מתני׳ רַבִּי טַרְפוֹן אוֹמֵר: בִּישֵּׁל מִתְּחִילַּת הָרֶגֶל – יְבַשֵּׁל בּוֹ כׇּל הָרֶגֶל. וַחֲכָמִים אוֹמְרִים: עַד זְמַן אֲכִילָה מְרִיקָה וּשְׁטִיפָה. מְרִיקָה – כִּמְרִיקַת הַכּוֹס, וּשְׁטִיפָה – כִּשְׁטִיפַת הַכּוֹס. מְרִיקָה וּשְׁטִיפָה – בְּצוֹנֵן.

MISHNA Rabbi Tarfon says: If one **cooked** a sin offering in a copper vessel **from the beginning of the** pilgrimage **Festival,**[N] one **may cook in it** for **the entire** pilgrimage **Festival;** he need not scour and rinse the vessel after every use. **And the Rabbis say:** One may not continue using it in this manner; rather, one must perform **scouring and rinsing before** the end of the **period** during which **partaking**[N] of the particular cooked offering is permitted.[H] **Scouring** is **like the scouring of** the inside of **a cup,**[N] the cleaning done when wine sticks to the cup, **and rinsing** is **like the rinsing of** the outside of **a cup.**[H] **Scouring and rinsing** are both performed **with cold** water.

HALAKHA

But not in wine...but not in diluted wine – וְלֹא בְּיַיִן...וְלֹא בְּמָזוּג: Scouring and rinsing sacred vessels is performed with water and not with wine, diluted wine, or other liquids (Rambam *Sefer Avoda, Hilkhot Ma'aseh HaKorbanot* 8:12).

Even in wine and even in diluted wine – אֲפִילּוּ בְּיַיִן וַאֲפִילּוּ בְּמָזוּג: If one cooked *teruma* in a pot and then rinsed it, whether with water or wine, it is permitted to cook non-sacred food in it. The Ra'avad holds that the pot must be purged. With regard to other forbidden substances, the Rema comments that purging is not performed with any liquid other than water, *ab initio*, but after the fact such purging is effective (Rambam *Sefer Zera'im, Hilkhot Terumot* 15:19; *Shulḥan Arukh, Oraḥ Ḥayyim* 452:5, in the comment of Rema).

Additional rinsing – שְׁטִיפָה יְתֵירְתָּא: The Rambam writes that after one purges vessels for Passover use, the vessels must be rinsed in cold water, and this is in accordance with the Gemara here (*Maggid Mishne*). This practice is also cited in the *Shulḥan Arukh* as a custom. Accordingly, after the fact, the purging is considered effective even if the vessel is not rinsed immediately thereafter (Rambam *Sefer Zemanim, Hilkhot Ḥametz UMatza* 5:23; *Shulḥan Arukh, Oraḥ Ḥayyim* 452:7, and *Mishna Berura* there).

Before the end of the period during which partaking is permitted – עַד זְמַן אֲכִילָה: All vessels used for cooking sacrificial meat in hot water must be scoured and rinsed immediately after the meal, and one may not leave them until the next mealtime. It is permitted to cook with the vessels, and then to recook in them, as long as one scours and rinses them immediately upon the conclusion of the meal. Others hold that the mishna indicates that it is permitted to cook in the vessels repeatedly, up until the time at which the food become forbidden as leftover meat. At that point, the vessel must be scoured and rinsed (Rambam *Sefer Avoda, Hilkhot Ma'aseh HaKorbanot* 8:12, 14, and see Ra'avad and *Leḥem Mishne* there).

Scouring is like the scouring of a cup and rinsing is like the rinsing of a cup – מְרִיקָה כִּמְרִיקַת הַכּוֹס וּשְׁטִיפָה כִּשְׁטִיפַת הַכּוֹס: Scouring is performed with hot water, and rinsing is performed with cold water. The scouring and rinsing of a cooking vessel are like the scouring and rinsing of a cup (Rambam *Sefer Avoda, Hilkhot Ma'aseh HaKorbanot* 8:12).

NOTES

Additional rinsing – שְׁטִיפָה יְתֵירְתָּא: Some understand the expression: The additional rinsing, in its plainest sense: With regard to vessels used for cooking *teruma*, as in the case of forbidden foods, these must be rinsed in cold water after they undergo purging in boiling water. In the case of absorptions from sin offerings, the vessels must be rinsed an additional time. This passage is cited in support of an ancient custom, from the times of the *ge'onim*, according to which every vessel must be rinsed in cold water after undergoing purging. In this regard, some explain, citing Rashi, that this rinsing serves to prevent the vessel from reabsorbing the forbidden substances that have just been purged from it (Ra'avya).

By contrast, according to the commentary of Rashi here, and in accordance with the majority of the early commentaries, when the Gemara speaks of an additional rinsing, this is a reference to a unique rinsing required for vessels used for sin offerings. This rinsing is in addition to that which is required of vessels used for other forbidden foods, which is purging alone.

If one cooked in a copper vessel from the beginning of the Festival – בִּישֵּׁל בּוֹ מִתְּחִילַּת הָרֶגֶל: As explained in the Gemara, Rabbi Tarfon holds that since one cooks frequently during a Festival, the flavor of the sacrificial meat within the vessels is expunged when the vessel is next used for cooking, before it becomes forbidden as the taste of leftover meat. Therefore, scouring and rinsing is required only after the Festival, when the vessel is not being used for frequent cooking. In the commentary to *Torat Kohanim* attributed to Ra'avad, it is stated that this principle applies to any time of the year when frequent cooking occurs, but that in practice, this most often occurs during a pilgrimage Festival.

The Rambam offers a different explanation in his Commentary to the Mishna. He maintains that the Rabbis hold that one must scour and rinse a vessel after every time he eats, but according to Rabbi Tarfon, one may wait until the end of each day, because he is occupied with the celebration of the Festival.

One must perform scouring and rinsing before the end of the period of partaking – עַד זְמַן אֲכִילָה מְרִיקָה וּשְׁטִיפָה: Some explain that the Rabbis hold that one must scour and rinse the vessel immediately after the period for partaking of the offering (*Tosafot* on 97a). According to one interpretation, the Rabbis' rationale is that the food from the later cooking may not reach every spot within the vessel that has absorbed food from the earlier cooking. If so, some of the flavor of the earlier cooking will remain in the vessel until it becomes forbidden as the taste of leftover meat. Alternatively, there is a concern that people may learn to neglect the *halakha* of scouring and rinsing (commentary to *Torat Kohanim* attributed to Ra'avad).

An additional explanation is cited in *Tosafot*: One need not scour and rinse the vessel immediately, but he must do so before the period of partaking ends so that nothing remains in the vessel such that it becomes forbidden as it is leftover.

Others explain the Rabbis' opinion as follows: One must perform scouring and rinsing during the period in which the people actually partake of the meat, on that very day when the partakers finish eating (Rambam) or immediately thereafter (Rabbi Ovadya Bartenura). This is regardless of the time frame in which one is technically permitted to partake of the offering.

Scouring is like the scouring of a cup – מְרִיקָה כִּמְרִיקַת הַכּוֹס: According to Rashi, the mishna means to explain the difference between scouring and rinsing. Scouring is performed within the vessel, and rinsing is performed on the outside. This combination of actions corresponds to that which is stated with regard to a cup of blessing: Rinsing is from the inside of the cup, and washing is from the outside of the cup (*Berakhot* 51a). In the Rambam's opinion, the mishna assumes that it is understood that the difference between them is that scouring is a thorough cleansing and rinsing is simply pouring water over the vessel. Therefore, the mishna states: Scouring is like the scouring of a cup, which is to say that the thorough cleaning need not ensure that the vessel is left spotless and like new; rather, one must simply cleanse the vessel as well as one does for a cup.

הַשַּׁפּוּד וְהָאַסְכְּלָא מַגְעִילָן בְּחַמִּין.

With regard to **the spit and the** metal **grill** [*askela*],[HL] one **purges**[B] **them in hot water.**

גמ׳ מַאי טַעְמָא דְּרַבִּי טַרְפוֹן? דְּאָמַר קְרָא: ״וּפָנִיתָ בַבֹּקֶר וְהָלַכְתָּ לְאֹהָלֶיךָ״ – הַכָּתוּב עֲשָׂאוֹ לְכוּלָּן בֹּקֶר אֶחָד.

GEMARA The mishna teaches that Rabbi Tarfon says: If one cooked a sin offering in a vessel from the beginning of the Festival, one may cook in it for the entire Festival without scouring and rinsing the vessel after every use and without being concerned that he is eating forbidden leftover meat. The Gemara asks: **What is the reasoning of Rabbi Tarfon?** The Gemara answers: It is **as the verse states** with regard to the Paschal offering: "And you shall roast and eat it in the place that the Lord your God shall choose; **and you shall turn in the morning,**[N] **and go to your tents**" (Deuteronomy 16:7). Although one does not leave Jerusalem on the first morning of Passover, **the verse has rendered all of those** days over which one remains there equal to **one morning.**

מַתְקִיף לַהּ רַב אַחַדְבוֹי בַּר אַמִּי: וְכִי אֵין פִּיגּוּל בָּרֶגֶל, וְאֵין נוֹתָר בָּרֶגֶל?!

Rav Aḥadvoi bar Ami objects to this: Can it be that all of the days of the Festival are considered a single day? **But is there no** prohibition against bringing **an offering that was sacrificed with the intent to consume it after its appointed time** [*piggul*] **during a pilgrimage Festival? And is there no** prohibition of ***notar***, consuming sacrificial meat beyond its appointed time, **during a pilgrimage Festival?** Both these prohibitions are based on the premise that each offering may be eaten over a limited time far less than the duration of the entire Festival.

וְכִי תֵּימָא: הָכִי נַמִּי, וְהָתַנְיָא, רַבִּי נָתָן אוֹמֵר: לֹא אָמַר רַבִּי טַרְפוֹן אֶלָּא זוֹ בִּלְבַד!

And if you would say: Indeed, neither *piggul* nor *notar* apply during a Festival, that is difficult: **But it is taught** in a *baraita* that **Rabbi Natan says: Rabbi Tarfon said** that an entire Festival is considered a single day **only** with regard to **this,** the *halakhot* of scouring and rinsing, **alone,** and not with regard to other *halakhot*, including *piggul* and *notar*. Evidently, his opinion is not based on the cited verse.

אֶלָּא כִּדְרַב נַחְמָן אָמַר רַבָּה בַּר אֲבוּהּ. דְּאָמַר רַב נַחְמָן אָמַר רַבָּה בַּר אֲבוּהּ: כָּל יוֹם וְיוֹם נַעֲשֶׂה גִּיעוּל לַחֲבֵירוֹ.

The Gemara continues: **Rather,** one must explain that Rabbi Tarfon's opinion accords **with that which Rav Naḥman says** citing **Rabba bar Avuh. As Rav Naḥman says that Rabba bar Avuh says:** Scouring and rinsing does not need to be done every day in order to avoid eating the taste of forbidden leftover meat, because while the vessels are used for repeatedly cooking various types of sacrificial meat, the meat of **each and every day becomes a purging agent for the other** food,[N] that which is already absorbed in the vessel from the prior day. Therefore, only after the Festival, when the vessel is not being used, must the pot be scoured and rinsed.

HALAKHA

The spit and the metal grill – הַשַּׁפּוּד וְהָאַסְכְּלָא: With regard to a spit or a metal grill used for roasting on an open fire, unlike other metal utensils, scouring with hot water is insufficient. Rather, they must be purged in boiling water and then rinsed (Rambam *Sefer Avoda, Hilkhot Ma'aseh HaKorbanot* 8:12).

LANGUAGE

Grill [*askela*] – אַסְכְּלָא: The source of this word appears to be the Greek ἐσχάρα, *eskhara*, with the *r* phoneme becoming an *l*, and the word refers to a utensil used for roasting. Some maintain that the word is related to the Latin scala, which means a ladder; in that case, the meaning would be: A ladder-shaped utensil used for roasting (Rabbi Ovadya Bartenura).

Metal grill similar to those used in talmudic times

BACKGROUND

Purging – הַגְעָלָה: The term purging refers to the ritual cleansing of utensils in boiling water, a process by which forbidden cooking or eating utensils may be rendered fit for use according to the requirements of *halakha*. If a utensil or dish is used to cook or serve forbidden food while it is hot, it is presumed that the utensil absorbs a residue of that food. This residue is removed by placing the utensil in boiling water. Most wood and metal utensils are rendered fit for use in this manner.

NOTES

And you shall turn in the morning – וּפָנִיתָ בַבֹּקֶר: This verse speaks of the mitzva of staying overnight, according to which one may not return home from the Temple before the morning after he brings his offering. Rashi explains that the verse, which necessarily speaks of a weekday, refers to the morning following the Festival as the first morning. According to this interpretation, it is only then that one may leave Jerusalem.

Others challenge this interpretation for various reasons and offer an alternative one: The Torah considers the entire Festival one day because although the first day of the Festival is the optimal time to bring the Festival peace offering, if one failed to bring it then, he may still bring it on any other day of the Festival. Therefore, the requirement of staying overnight extends through the entire Festival, which is an extension of the first day in this regard, and one returns home only the day after the Festival (*Tosafot*).

According to another interpretation, since the obligation for all males to visit the Temple applies during all seven days of the Festival, when the verse describes a person leaving Jerusalem, it can only be speaking of the day following the Festival. This interpretation relates to the dispute as to whether the mitzva to remain overnight is connected to the obligation to bring an offering, or to the obligation to visit the Temple (*Tosefot Rid* on *Ḥagiga* 16a; see commentaries on *Sukka* 47a).

The meat of each and every day becomes a purging agent for the other food – כָּל יוֹם וְיוֹם נַעֲשֶׂה גִּיעוּל לַחֲבֵירוֹ: One day's cooking purges the vessel, expelling the absorbed substance from the previous day, before the absorbed substance becomes forbidden as the taste of leftover meat. This formulation, according to which the cooking purges the previous day's substances, is appropriate only with regard to a peace offering. For such an offering, the meat does not become forbidden as leftover meat until the night following the day after the offering was sacrificed, and the cooking on the following day expels it before it becomes forbidden. But if one cooks a sin offering, or any offering that may be eaten only for a single day, he must be careful to cook a peace offering in the same pot on the same day before the first meat becomes forbidden and requires the pot to be scoured and rinsed (Rashi, citing *Avoda Zara* 76a).

״וַחֲכָמִים אוֹמְרִים עַד זְמַן אֲכִילָה״ כו׳. מַאי קָאָמַר? אָמַר רַב נַחְמָן אָמַר רַבָּה בַּר אֲבוּהּ: מַמְתִּין לָהּ עַד זְמַן אֲכִילָה, וַהֲדַר עָבֵיד לָהּ מְרִיקָה וּשְׁטִיפָה.

§ The mishna teaches: **And the Rabbis say:** One may not continue using it in this manner; rather, one must perform scouring and rinsing **before** the end of the **period** during which **partaking** of the particular cooked offering is permitted. **What is the mishna saying? Rav Naḥman said** that **Rabba bar Avuh said: One waits for** the copper vessel **so long as** it remains **the period of partaking,**[N] **and then** he **performs scouring and rinsing on it.**

מְנָהָנֵי מִילֵּי? אָמַר רַבִּי יוֹחָנָן מִשּׁוּם אַבָּא יוֹסֵי בֶּן אַבָּא: כְּתִיב ״וּמֹרַק וְשֻׁטַּף״, וּכְתִיב: ״כָּל זָכָר בַּכֹּהֲנִים יֹאכַל״, הָא כֵּיצַד? מַמְתִּין לָהּ עַד זְמַן אֲכִילָה, וַהֲדַר עָבֵיד לָהּ מְרִיקָה וּשְׁטִיפָה.

From where are these matters derived? **Rabbi Yoḥanan says in the name of Abba Yosei bar Abba: It is written** about a copper vessel in which a sin offering was cooked: **"It shall be scoured and rinsed** in water" (Leviticus 6:21); **and it is written** in the following verse: **"Every male among the priests may eat it." How so,** i.e., what are the verses teaching through this juxtaposition? One **waits with it until** the end of **the period of partaking and then performs scouring and rinsing on it.**

״מְרִיקָה כִּמְרִיקַת הַכּוֹס, שְׁטִיפָה כִּשְׁטִיפַת הַכּוֹס״. תָּנוּ רַבָּנַן: מְרִיקָה וּשְׁטִיפָה בְּצוֹנֵן, דִּבְרֵי רַבִּי. וַחֲכָמִים אוֹמְרִים: מְרִיקָה בְּחַמִּין, וּשְׁטִיפָה בְּצוֹנֵן.

§ The mishna teaches: **Scouring** is **like the scouring of a cup,** and **rinsing** is **like the rinsing of a cup;** and scouring and rinsing are both performed with cold water. **The Sages taught** in a *baraita*: **Scouring and rinsing** are both performed **with cold** water; this is **the statement of Rabbi** Yehuda HaNasi. **And the Rabbis say: Scouring** is performed **with hot** water, **and rinsing** is performed **with cold** water.[H]

מַאי טַעְמָא דְּרַבָּנַן? מִידֵּי דַּהֲוָה אַגִּיעוּלֵי גּוֹיִם. וְרַבִּי אָמַר לָךְ: הַגְעָלָה לָא קָאָמִינָא, כִּי קָאָמִינָא – לִמְרִיקָה וּשְׁטִיפָה דְּבָתַר הַגְעָלָה.

What is the reasoning of the Rabbis? They hold that this *halakha* is **just as it is with** regard to **purging** the used vessels acquired from **gentiles,** for which purging the forbidden absorptions must be performed with hot water. **And Rabbi** Yehuda HaNasi could have **said to you: I do not say** this statement about **purging,** which must certainly be performed with hot water. Rather, **when I say** my opinion, it is **with regard to** the mitzva of **scouring and rinsing, which is** performed **after purging.**

וְרַבָּנַן: אִם כֵּן, לִכְתּוֹב קְרָא אוֹ ״מֹרַק מֹרַק״ אוֹ ״שֻׁטַּף שֻׁטַּף״, מַאי ״וּמֹרַק וְשֻׁטַּף״ – שְׁמַע מִינַּהּ: מְרִיקָה בְּחַמִּין, וּשְׁטִיפָה בְּצוֹנֵן.

And the Rabbis could reply: **If so,** that scouring and rinsing are both performed in the same manner, **let the verse write** the same verb to describe both processes, namely **either:** It shall be **scoured** and **scoured** in water, **or:** It shall be **rinsed** and **rinsed** in water. **What** is meant by the formula: **"It shall be scoured and rinsed** in water"? **Conclude from** the use of two verbs that **scouring** is performed **with hot** water, **and rinsing** is performed **with cold** water.

וְרַבִּי: אִי כְּתִיב ״וּמֹרַק מֹרַק״ – הֲוָה אָמֵינָא: תְּרֵי זִימְנֵי מֹרַק, אוֹ תְּרֵי זִימְנֵי שֻׁטַּף – לְכָךְ כְּתִיב ״וּמֹרַק וְשֻׁטַּף״, לוֹמַר לָךְ: מְרִיקָה כִּמְרִיקַת הַכּוֹס, שְׁטִיפָה כִּשְׁטִיפַת הַכּוֹס.

And Rabbi Yehuda HaNasi could reply: **If it were written: It shall be scoured** and **scoured,** or: It shall be rinsed and rinsed, **I would say** that the vessel must be **scoured two times, or** that it must be **rinsed two times. Therefore, it is written: "It shall be scoured and rinsed," to tell you** that even if both are performed with cold water, there are two distinct actions: **Scouring is like the scouring of** the inside of **a cup,** and **rinsing** is **like the rinsing of** the outside of **a cup.**

מתני׳ בִּישֵּׁל בּוֹ קָדָשִׁים וְחוּלִּין, אוֹ קָדְשֵׁי קָדָשִׁים וְקָדָשִׁים קַלִּים, אִם יֵשׁ בָּהֶן בְּנוֹתֵן טַעַם – הֲרֵי הַקַּלִּים נֶאֱכָלִין כַּחֲמוּרִין שֶׁבָּהֶן, וְאֵינָן טְעוּנִין מְרִיקָה וּשְׁטִיפָה, וְאֵינָן פּוֹסְלִים בְּמַגָּע.

MISHNA If one **cooked in** one vessel **sacrificial** meat **and non-sacred** meat,[H] **or** the meat of **offerings of the most sacred order and** the meat of **offerings of lesser sanctity,** the status of the food depends upon the taste of the stringent substance. **If there is** enough of the more sacred meat **to impart flavor** to the less sacred or non-sacred meat, then **the lenient** components of the mixtures must **be eaten in accordance with** the restrictions of **the stringent** components **therein,** insofar as who may partake of them, as well as the time when and the place where they may be eaten. **And** the copper vessels in which the lenient components were cooked **do not require scouring and rinsing, and** the lenient components **do not disqualify** pieces of meat **through contact.**[N] With regard to these principles, the lenient components do not assume the status of the stringent components.

NOTES

One waits for it so long as it remains the period of partaking – מַמְתִּין לָהּ עַד זְמַן אֲכִילָה: The version of the Gemara quoted in *Tosafot*, corroborated in numerous manuscripts and the texts of other early commentaries, perhaps including that of Rashi, reads: One waits for it for the entire period of partaking. That indicates that scouring and rinsing is performed only after the conclusion of the period during which partaking of the sin offering is permitted. By contrast, the commentaries explain that according to the standard version of the text, scouring and rinsing must be performed before the end of the period during which partaking of the sin offering is permitted.

And the lenient components do not disqualify pieces of meat through contact – וְאֵינָן פּוֹסְלִים בְּמַגָּע: With regard to a sin offering, the verse states: "Whatever shall touch its flesh shall be sacred" (Leviticus 6:20), which means: That which touches a sin offering acquires its status, as follows. With regard to eating it, it may be eaten by male priests in the Temple courtyard for one day and one night; and if the offering may not be eaten, that which it touches may not be eaten either. If it is a disqualified offering, that which touches it also becomes disqualified. The Sages also extend this *halakha* to all other sacrificial meat, as is clarified in the Gemara further on.

HALAKHA

Scouring is performed with hot water and rinsing is performed with cold water – מְרִיקָה בְּחַמִּין וּשְׁטִיפָה בְּצוֹנֵן: Scouring is performed with hot water, and rinsing is performed with cold water, in accordance with the opinion of the Rabbis. Though the opinion of Rabbi Yehuda HaNasi is presented in the mishna as an unattributed opinion, and an unattributed opinion is usually accepted as *halakha*, this principle does not apply when it is the redactor of the Mishna, Rabbi Yehuda HaNasi, who cites his own opinion as unattributed (Mahari Kurkus). Alternatively, perhaps in the version of the Gemara text possessed by the Rambam, the unattributed opinion is that of the Rabbis (Mahari Kurkus, and see also *Likkutei Halakhot*). In any case, Rashi and other early commentaries maintain that when the Gemara mentions scouring with hot water, this refers to cleansing in the form of purging in boiling water, and not simply washing (Rambam *Sefer Avoda*, *Hilkhot Ma'aseh HaKorbanot* 8:12).

If one cooked in one vessel sacrificial meat and non-sacred meat – בִּישֵּׁל בּוֹ קָדָשִׁים וְחוּלִּין: If one cooked sacrificial meat and non-sacred meat in a single vessel, when there is a sufficient quantity of substance that is subject to greater stringency to impart flavor to the other substance, then everything in the vessel must be eaten according to the *halakhot* of the substance that is subject to greater stringency. The same *halakha* applies if meat of offerings of the most sacred order and meat of offerings of lesser sanctity are cooked in a single vessel. Additionally, the vessel in which the mixture was cooked must be scoured and rinsed, in accordance with the restrictions of the stringent components therein.

If the measure of the more sacred meat is not sufficient to impart flavor to the less sacred or non sacred meat, while the lenient components do not assume the status of the stringent components, the vessel nevertheless must be scoured and rinsed. This is in accordance with Rava's explanation that the mishna is in accordance with the opinion of Rabbi Shimon, and the *halakha* is not in accordance with his opinion (Rambam *Sefer Avoda*, *Hilkhot Ma'aseh HaKorbanot* 8:18 and Radbaz there).

רָקִיק שֶׁנָּגַע בְּרָקִיק וַחֲתִיכָה בַּחֲתִיכָה – לֹא כָּל הָרְקִיקִין וְלֹא כָּל הַחֲתִיכוֹת אֲסוּרִין, אֵינוֹ אָסוּר אֶלָּא בִּמְקוֹם שֶׁבָּלַע.

In the case of a fit **wafer that touched** an unfit wafer[H] **or a piece** of sacrificial meat that touched an unfit **piece** of sacrificial meat, **neither all the wafers nor all the pieces** of meat **are forbidden. No** part **is forbidden other than** that which is **in the place where** the item **absorbed** taste from the unfit wafers or pieces.

גמ׳ מַאי קָאָמַר? אִם יֵשׁ בָּהֶן בְּנוֹתֵן טַעַם – הֲרֵי הַקַּלִּין נֶאֱכָלִין כַּחֲמוּרִין, וּטְעוּנִין מְרִיקָה וּשְׁטִיפָה, וּפוֹסְלִין בְּמַגָּע.

GEMARA According to the mishna, if the more sacred meat imparts flavor to the less sacred or non-sacred meat, then the lenient meat is to be treated in the same manner as the more sacred meat. Concurrently, their vessels do not require scouring and rinsing, and the lenient components do not disqualify pieces of meat through contact. The Gemara asks: **What is the mishna saying?** Is this not inconsistent? The Gemara answers: The mishna must be understood otherwise: **If there is** enough **of** the more sacred meat **to impart flavor** to the less sacred or non-sacred meat, then **the lenient** components of the mixtures must **be eaten in accordance with** the restrictions of **the stringent** components. Moreover, the copper vessels in which the lenient components were cooked do **require scouring and rinsing, and** the lenient components do **disqualify** pieces of meat **through contact.**

אֵין בָּהֶן בְּנוֹתֵן טַעַם – אֵין הַקַּלִּין נֶאֱכָלִין כַּחֲמוּרִים, וְאֵין טְעוּנִין מְרִיקָה וּשְׁטִיפָה, וְאֵין פּוֹסְלִין בְּמַגָּע.

The Gemara continues: **If** the more sacred meat **is not sufficient to impart flavor** to the less sacred or non-sacred meat, then **the lenient** components of the mixtures **are not eaten in accordance with** the restrictions of **the stringent** components. Moreover, the copper vessels in which the lenient components were cooked **do not require scouring and rinsing, and** the lenient components **do not disqualify** pieces of meat **through contact.**

נְהִי דְּקָדְשֵׁי קָדָשִׁים לָא בָּעוּ, קָדָשִׁים קַלִּים נִיבְעֵי!

The Gemara asks: If the offerings of the most sacred order do not impart taste to the offerings of lesser sanctity, **granted,** the vessels **do not require** scouring and rinsing commensurate with vessels used to cook **offerings of the most sacred order.** But isn't it so that the vessels **should** nevertheless **require** scouring and rinsing by virtue of having been used for **offerings of lesser sanctity?**

אֲמַר אַבַּיֵי: מַאי ״אֵין טְעוּנִין״ דְּקָאָמַר – קָדְשֵׁי קָדָשִׁים, אֲבָל קָדָשִׁים קַלִּים – טְעוּנִין. רָבָא אֲמַר: הָא מַנִּי – רַבִּי שִׁמְעוֹן הִיא, דְּאָמַר: קָדָשִׁים קַלִּים אֵין טְעוּנִין מְרִיקָה וּשְׁטִיפָה.

Abaye said: What is the meaning of: **Do not require,**[N] **which** the mishna **states?** It means only that the vessels do not require scouring and rinsing commensurate with vessels used to cook **offerings of the most sacred order, but** they **do require** scouring and rinsing as vessels used to cook **offerings of lesser sanctity. Rava said:** In accordance with **whose** opinion **is this** mishna? **It is** in accordance with the opinion of **Rabbi Shimon, who says:** Vessels used to cook **offerings of lesser sanctity do not require scouring and rinsing** at all.

בִּשְׁלָמָא לְרָבָא – הַיְינוּ דְּקָתָנֵי: אוֹ קָדְשֵׁי קָדָשִׁים וְקָדָשִׁים קַלִּים, אֶלָּא לְאַבַּיֵי תַּרְתֵּי לָמָּה לִי?

The Gemara analyzes: **Granted,** according **to** the opinion of **Rava, this** explanation is consistent with **that which** the mishna **teaches:** If one cooked in one vessel sacrificial meat and non-sacred meat, **or** the meat of **offerings of the most sacred order and** the meat of **offerings of lesser sanctity.** The mishna provides a second scenario in order to teach that vessels used to cook offerings of lesser sanctity do not require scouring and rinsing, in accordance with the opinion of Rabbi Shimon. **But** according **to Abaye, why do I** need **two** cases to teach the single principle that a substance is nullified if its presence is insufficient to impart flavor?

צְרִיכִי, דְּאִי תְּנָא קָדָשִׁים וְחוּלִּין – הֲוָה אָמִינָא: חוּלִּין הוּא דִּמְבַטְּלִי קָדָשִׁים דְּלָאו מִינַּיְיהוּ, אֲבָל קָדְשֵׁי קָדָשִׁים וְקָדָשִׁים קַלִּים – אֵימָא לָא.

The Gemara answers: Even according to Abaye, both cases **are necessary,** in order to teach a *halakha* with regard to nullification. **As,** had the mishna **taught** only the case of **sacrificial** meat **and non-sacred** meat, **I would say** that **it is non-sacred** meat **that can nullify sacrificial** meat, as sacrificial meat is **not its type. But** with regard to **offerings of the most sacred order and offerings of lesser sanctity, I would say:** The offerings of lesser sanctity do **not** nullify those other offerings, because they are of the same type.

HALAKHA

A fit wafer that touched an unfit wafer – רָקִיק שֶׁנָּגַע בְּרָקִיק: If meat of a sin offering, or other sacrificial meat, touched a wafer, such that that part of the wafer absorbed the flavor of the other substance, this does not sanctify the entire wafer. Only the place that absorbed from the meat must be cut off (Rambam *Sefer Avoda, Hilkhot Ma'aseh HaKorbanot* 8:17).

NOTES

What is the meaning of do not require, etc. – מַאי אֵין טְעוּנִין וכו׳: This means to say that scouring and rinsing is not required after one day and the night that follows, in accordance with the timeline of the minority components in the vessel, which are offerings of the most sacred order. Scouring and rinsing is required after two days due to the majority of the meat in the vessel, which is from offerings of lesser sanctity (Rashi).

וְאִי תְּנָא קָדְשֵׁי קָדָשִׁים וְקָדָשִׁים קַלִּים – הֲוָה אָמֵינָא: קָדָשִׁים הוּא דְּאַלִּימִי לְבַטּוֹלֵי קָדָשִׁים, אֲבָל חוּלִּין אֵימָא לָא, צְרִיכָא.

And had the mishna **taught** only the case of **offerings of the most sacred order and offerings of lesser sanctity, I would say** that **it is sacrificial** meat **that is strong** enough **to nullify** other **sacrificial** meat; **but** with regard to **non-sacred** meat, **I would say:** It is **not** strong enough to nullify sacrificial meat. Therefore, it is **necessary** for the mishna to teach both cases.

״רָקִיק שֶׁהִגִּיעַ בְּרָקִיק״ כו׳. תָּנוּ רַבָּנַן: ״כֹּל אֲשֶׁר יִגַּע״, יָכוֹל אֲפִילּוּ שֶׁלֹּא בָּלַע? תַּלְמוּד לוֹמַר: ״בִּבְשָׂרָהּ״.

§ The mishna teaches: In the case of a fit **wafer that reached** an unfit **wafer** or a piece of sacrificial meat that touched an unfit piece of sacrificial meat, neither all the wafers nor all the pieces are forbidden. No part is forbidden other than that which is in the place where the item absorbed taste from the unfit wafers or pieces. In relation to this *halakha*, **the Sages taught** in a *baraita*: With regard to a sin offering, the verse states: "**Whatever shall touch** its flesh shall be sacred" (Leviticus 6:20). One **might** have thought that this applies to all contact, **even** if the other piece **did not absorb** any flavor from the meat of the sin offering. To counter this, **the** same **verse states:** "**With its flesh** [*bivsarah*]" which can also be translated: In its flesh.

Perek **XI**
Daf **97** Amud **b**

עַד שֶׁיִּבָּלַע בִּבְשָׂרָהּ.

This teaches that this *halakha* does not apply **unless** the other food **absorbs**[H] something of the sin offering **into its meat.**

יָכוֹל נָגַע בְּמִקְצַת חֲתִיכָה יְהֵא כּוּלּוֹ פָּסוּל? תַּלְמוּד לוֹמַר: ״יִגַּע״ – הַנּוֹגֵעַ פָּסוּל. הָא כֵּיצַד? חוֹתֵךְ אֶת מְקוֹם שֶׁבָּלַע. ״בִּבְשָׂרָהּ״ – וְלֹא בְּגִידִין וְלֹא בַּעֲצָמוֹת, וְלֹא בַּקְּרָנַיִם, וְלֹא בַּטְּלָפַיִם.

One **might** have thought that **if** the sin offering **touched part of a piece** of something that absorbed flavor from the sin offering, **the entire** piece **should become disqualified.** To counter this, **the verse states:** "Whatever **shall touch** its flesh shall be sacred" (Leviticus 6:20), to teach that only the section **that touches** the sin offering is **disqualified. How so?** What can be done with an item when a section of it is disqualified? **One slices off the section** of the piece **that absorbed** the disqualified matter. Additionally, the verse states: "Whatever shall touch **its flesh,**" **but** an item is **not** disqualified if it touches the sin offering's **sinews, nor** its **bones, nor** its **horns, nor** its **hooves.**

״יִקְדָּשׁ״ – לִהְיוֹת כָּמוֹהָ. הָא כֵּיצַד? אִם פְּסוּלָה הִיא – תִּפָּסֵל, [וְאִם] כְּשֵׁרָה הִיא – תֵּאָכֵל כְּחָמוּר שֶׁבָּהּ.

§ The *baraita* continues to interpret the same verse. "Whatever shall touch its flesh **shall be sacred,**" teaches: Whatever touches it **becomes like it,**[H] with regard to its status. **How so? If** the sin offering **is disqualified,** due to any disqualification, whatever touches it **becomes disqualified. And if it is fit,** whatever touches it must **be eaten in accordance with the stringent** regulations **that** apply **to** the sin offering. Therefore, a piece of meat that touches the meat of a sin offering may be eaten only in accordance with the terms of the consumption of a sin offering, e.g., it may be eaten only by male priests, and only for one day and one night.

אַמַּאי? וְנֵיתֵי עֲשֵׂה וְלִידְחֵי אֶת לֹא תַּעֲשֶׂה! אָמַר רָבָא: אֵין עֲשֵׂה דּוֹחֶה אֶת לֹא תַּעֲשֶׂה שֶׁבַּמִּקְדָּשׁ.

The Gemara asks: If sacrificial meat touched the meat of a disqualified sin offering, **why** should the sacrificial meat become forbidden? **Should** not the **positive mitzva** of eating the sacrificial meat **come and override** the **prohibition** against eating the disqualified substance that was absorbed in it? **Rava said: A positive mitzva does not override a prohibition that** relates **to the Temple.**

שֶׁנֶּאֱמַר: ״וְעֶצֶם לֹא תִשְׁבְּרוּ בוֹ״, רַבִּי שִׁמְעוֹן בֶּן מְנַסְיָא אוֹמֵר: אֶחָד עֶצֶם שֶׁיֵּשׁ בּוֹ מוֹחַ וְאֶחָד עֶצֶם שֶׁאֵין בּוֹ מוֹחַ; אַמַּאי? נֵיתֵי עֲשֵׂה וְלִידְחֵי אֶת לֹא תַּעֲשֶׂה! אֶלָּא, אֵין עֲשֵׂה דּוֹחֶה לֹא תַּעֲשֶׂה שֶׁבַּמִּקְדָּשׁ.

Rav's opinion relates to that which is taught in a *baraita*: **As it is stated** in a verse concerning the Paschal offering: "**Nor shall you break a bone of it**" (Exodus 12:46). **Rabbi Shimon ben Menasya says: Both a bone that contains marrow and a bone that does not contain marrow** are included in the prohibition. This statement is analyzed: If one means to break a bone in order to eat its marrow, **why** would that be prohibited? **Should** not the **positive mitzva** of eating the edible parts of the offering, including the marrow, **come and override** the **prohibition** of not breaking a bone of the Paschal offering? **Rather,** it must be that **a positive mitzva does not override a prohibition that** relates **to the Temple.**

HALAKHA

Unless the other food absorbs – עַד שֶׁיִּבָּלַע: If the meat of a sin offering touches another item, the item becomes sacred like the meat only if it absorbs flavor from the meat. If the meat touches a wafer and some of its flavor is absorbed within part of the wafer, only that part becomes sacred (Rambam *Sefer Avoda*, *Hilkhot Ma'aseh HaKorbanot* 8:16–17).

Shall be sacred teaches whatever touches it becomes like it – יִקְדָּשׁ לִהְיוֹת כָּמוֹהָ: With regard to the sin offering, the verse states: "Whatever shall touch its flesh shall be sacred," meaning that whatever touches the sin offering becomes like it. This means that if the offering is disqualified, then what touches it becomes disqualified; if it is fit, whatever touches it must be eaten according to the constraints and standard of sanctity of the sin offering (Rambam *Sefer Avoda*, *Hilkhot Ma'aseh HaKorbanot* 8:15).

רַב אַשִׁי אָמַר: ״יִקְדָּשׁ״ עֲשֵׂה הוּא, וְאֵין עֲשֵׂה דּוֹחֶה אֶת לֹא תַעֲשֶׂה וַעֲשֵׂה.

Rav Ashi said: If sacrificial meat touches a disqualified sin offering, this is not simply a case of a positive mitzva in conflict with a prohibition. Because the verse states: "Whatever shall touch its flesh **shall be sacred**" (Leviticus 6:20), treating the item as consecrated **is itself a positive mitzva.** Consequently, both a positive mitzva and a prohibition stand in opposition to eating that sacrificial meat, **and a positive mitzva does not override** both **a prohibition and a positive mitzva.**

אַשְׁכְּחַן חַטָּאת דְּמִתְקַדֵּשׁ בְּבָלוּעַ, שְׁאָר קָדָשִׁים מְנָלַן? אָמַר שְׁמוּאֵל מִשּׁוּם רַבִּי אֱלִיעֶזֶר: ״זֹאת הַתּוֹרָה לָעֹלָה וְלַמִּנְחָה וְלַחַטָּאת וְלָאָשָׁם וְלַמִּלּוּאִים וּלְזֶבַח הַשְּׁלָמִים״,

§ With regard to a sin offering, the verse states: "Whatever shall touch its flesh shall be sacred." The Gemara asks: **We found** a source teaching **that** with regard to **a sin offering,** whatever it touches **becomes sanctified through that which is absorbed** from the sin offering. **From where do we** derive that this is also the *halakha* concerning **the rest of the sacred** offerings?[H] **Shmuel says in the name of Rabbi Eliezer:** It is stated: **"This is the law of the burnt offering, of the meal offering, and of the sin offering, and of the guilt offering, and of the inauguration offering, and of the sacrifice of peace offerings"** (Leviticus 7:37). This verse connects all of the specified offerings, such that individual aspects of each offering are applicable to all of the offerings.

[״לָעֹלָה״] – כִּי עוֹלָה, מָה עוֹלָה טְעוּנָה כְּלִי – אַף כֹּל טְעוּנָה כְּלִי. מַאי כְּלִי? אִילֵימָא מִזְרָק – בְּשַׁלְמֵי צִיבּוּר נַמִּי כְּתִיב בְּהוּ: ״וַיִּקַּח מֹשֶׁה חֲצִי הַדָּם וַיָּשֶׂם בָּאַגָּנֹת״!

The Gemara details these aspects. The verse states **"of the burnt offering"** to teach that all of the offerings are **like a burnt offering** in that **just as a burnt offering requires a utensil** in its preparation, **so too do all** animal offerings **require a utensil. What is the utensil? If we say** it is **a bowl,** a utensil used for collecting the blood, as were used in the burnt offerings that were sacrificed at Mount Sinai, that cannot be correct, since the source for a vessel for collecting blood does not need to be derived from the use of one in a burnt offering. **With regard to communal peace offerings it is also written of them:** "And they offered burnt offerings, and they sacrificed peace offerings… **And Moses took half of the blood, and put it in basins"** (Exodus 24:5–6).

אֶלָּא דְּסַכִּין. וְעוֹלָה גּוּפָהּ מְנָלַן? דִּכְתִיב: ״וַיִּשְׁלַח אַבְרָהָם אֶת יָדוֹ וַיִּקַּח אֶת הַמַּאֲכֶלֶת״; וְהָתָם עוֹלָה הוּא, דִּכְתִיב: ״וַיַּעֲלֵהוּ לְעֹלָה תַּחַת בְּנוֹ״.

Rather, the term: Utensil, must be stated **of a knife,**[HN] as the slaughtering may be performed only with a knife and not with a sharp stone or reed. The Gemara asks: **And** with regard to **a burnt offering itself, from where do we** derive that it must be slaughtered with a knife? This is learned from **that which is written: "And Abraham stretched forth his hand, and took the knife** to slaughter his son" (Genesis 22:10); **and there,** Abraham was offering **a burnt offering, as it is written: "And offered it up for a burnt offering instead of his son"** (Genesis 22:13).

״מִנְחָה״ – מַה מִּנְחָה אֵינָהּ נֶאֱכֶלֶת אֶלָּא לְזִכְרֵי כְהוּנָּה – אַף כֹּל אֵינָם נֶאֱכָלִין אֶלָּא לְזִכְרֵי כְהוּנָּה. מַאי הִיא? אִי חַטָּאת וְאָשָׁם – בְּהֶדְיָא כְּתִיב בְּהוּ: ״כָּל זָכָר בַּכֹּהֲנִים יֹאכְלֶנּוּ״.

The Gemara continues to expound the aforementioned verse (Leviticus 7:37). When the verse mentions **a meal offering,** it teaches that **just as a meal offering is eaten only by males of** the **priesthood** (see Leviticus 6:9–11), **so too are all** of the offerings mentioned in this verse **eaten only by males of** the **priesthood.** The Gemara asks: With regard to **what** offering **is it** that this *halakha* must be derived? **If** one suggests it is with regard to the **sin offering and** the **guilt offering,** this *halakha* **is explicitly written of them.** With regard to the sin offering, it is stated: "Every male among the priests may eat it" (Leviticus 6:22); and with regard to the guilt offering, it is stated: **"Every male among the priests may eat of it"** (Leviticus 7:6).

וְאִי שַׁלְמֵי צִיבּוּר – מֵרִיבּוּיָא דִּקְרָא אָתֵי: ״בְּקֹדֶשׁ הַקֳּדָשִׁים תֹּאכְלֶנּוּ כָּל זָכָר יֹאכַל אֹתוֹ״ – לִימֵּד עַל שַׁלְמֵי צִיבּוּר שֶׁאֵינָן נֶאֱכָלִין אֶלָּא לְזִכְרֵי כְהוּנָּה!

And if one suggests that the *halakha* must be derived with regard to **communal peace offerings,** i.e., the two lambs that were sacrificed as communal offerings on *Shavuot* together with the offering of the two loaves (see Leviticus 23:19), this *halakha* **is derived from** the **amplification of the verse** that is stated with regard to meal offerings, sin offerings, and guilt offerings. The verse states: **"In a most sacred place shall you eat of it; every male may eat it"** (Numbers 18:10), and it is taught in a *baraita*: The verse **teaches with regard to communal peace offerings**[H] **that they are eaten only by males of priestly** families.

תַּנָּאֵי הִיא,

The Gemara explains: **It is** a dispute between ***tanna'im.***

HALAKHA

From where do we derive that this is the *halakha* concerning the rest of the sacred offerings – שְׁאָר קָדָשִׁים מְנָלַן: When a food item absorbs flavor from a sin offering or from all other varieties of sacrificial meat, whether from offerings of the most sacred order or from offerings of lesser sanctity, that food item becomes sacred, in accordance with the sanctity of the absorbed substance (Rambam *Sefer Avoda, Hilkhot Ma'aseh HaKorbanot* 8:16).

Rather, the term utensil must be stated of a knife – אֶלָּא דְּסַכִּין: All offerings are slaughtered with a knife, which is a service vessel, *ab initio.* If one slaughtered with any item fit for slaughtering, even the stalk of a reed, the offering is valid. This ruling is in accordance with the discussion of the Gemara on *Ḥullin* 3a. Accordingly, Rambam interprets the discussion here as referring to how one should act *ab initio* (Rambam *Sefer Avoda, Hilkhot Ma'aseh HaKorbanot* 4:7 and Mahari Kurkus there).

Teaches with regard to communal peace offerings – לִימֵּד עַל שַׁלְמֵי צִבּוּר: The sin offering, the guilt offering, and the remainder of a meal offering are eaten only by the males of a priestly family and only in the Temple courtyard. The communal peace offering has the same halakhic status as the sin offering and the guilt offering (Rambam *Sefer Avoda, Hilkhot Ma'aseh HaKorbanot* 10:3).

NOTES

Rather, the term utensil must be stated of a knife – אֶלָּא דְּסַכִּין: According to Rashi, this excludes slaughter performed with a flint stone or a sharp reed, because the slaughter must be performed with a service vessel (Rashi on 98a; see *Tosafot* on 47a).

אִיכָּא דְּנָפְקָא לֵיהּ מֵהָכָא, וְאִיכָּא דְּנָפְקָא לֵיהּ מֵהָכָא.

There is one *tanna* **who derives it,** the *halakha* that only males of priestly families may eat of the communal peace offering, **from here,** i.e., the precedent mentioned explicitly with regard to the meal offering; **and there is** one *tanna* **who derives it from there,** i.e., the amplification of the verse stated with regard to meal offerings, sin offerings, and guilt offerings.

״חַטָּאת״ – מָה חַטָּאת מִתְקַדֶּשֶׁת בְּבָלוּעַ, אַף כֹּל מִתְקַדֶּשֶׁת בְּבָלוּעַ.

The Gemara continues expounding the verse: "This is the law of the burnt offering, of the meal offering, and of the sin offering, and of the guilt offering, and of the inauguration offering, and of the sacrifice of peace offerings." **"Sin offering"** teaches: **Just as** with regard to **a sin offering,** whatever it touches **is sanctified through** the substance that becomes **absorbed, so too** for **all** offerings mentioned in this verse, whatever they touch **is sanctified through** the **absorbed** portions.

״אָשָׁם״ – מָה אָשָׁם אֵין שָׁפִיר וְשִׁלְיָא קָדוֹשׁ בּוֹ, אַף כֹּל אֵין שָׁפִיר וְשִׁלְיָא קָדוֹשׁ בּוֹ. קָסָבַר: וַלְדוֹת קָדָשִׁים – בַּהֲוָיָיתָן הֵן קְדוֹשִׁים, וְדָנִין אֶפְשָׁר מִשֶּׁאִי אֶפְשָׁר.

"Guilt offering" teaches: **Just as** with regard to **a guilt offering, a fetal sac and a placenta are not sacred within it,** because a guilt offering is always male and as such never holds a fetal sac or a placenta, **so too** for **any** of the offerings mentioned in the verse, **a fetal sac and a placenta are not sacred** if found **within it.**[NH] The Gemara notes: Evidently, this *tanna* **holds** that with regard to the **offspring of sacrificial** animals,[H] **they are sanctified** only **as they are** from the moments of their births, but not in utero. **And** he also holds that **one derives** the **possible from** the **impossible,** so that the *halakha* of a fetal sac and of a placenta concerning female animals may be derived from the *halakha* of a male animal.

״מִלּוּאִים״ – מָה מִלּוּאִים מוֹתְרֵיהֶן בִּשְׂרֵיפָה וְאֵין בַּעֲלֵי חַיִּים בְּמוֹתְרֵיהֶן, אַף כֹּל מוֹתְרֵיהֶן בִּשְׂרֵיפָה וְאֵין בַּעֲלֵי חַיִּים בְּמוֹתְרֵיהֶן.

"Inauguration offering" teaches: **Just as** with regard to the **inauguration offering,** the rams and the bread of that offering, which were brought during the seven days of inauguration of the Tabernacle and which the priests ate, **their leftovers** were disposed of **by incineration,** as is stated: "And if any of the flesh of the inauguration offering, or of the bread, remain until the morning, then you shall burn the remainder with fire" (Exodus 29:34), **and no living animals** were **among their leftovers** designated for incineration; **so too** for **all** offerings mentioned, **their leftovers are** disposed of **by incineration, and there are no living animals** counted **among their leftovers** to be incinerated. Accordingly, if one sanctifies two animals so that either one may be brought if the other is lost, when one animal is sacrificed, the surviving animal is not killed and incinerated.

NOTES

A fetal sac and a placenta are not sacred within it – אֵין שָׁפִיר וְשִׁלְיָא קָדוֹשׁ בּוֹ: Some commentaries explain, in accordance with the literal meaning of this phrase, that an unborn fetus does not become sacred while still within the mother's body, and therefore, if a fetus is found within the body of an offering after it has been slaughtered, the status of the fetus is non-sacred (*Tosafot* here, Rashi on *Menaḥot* 83a).

By contrast, Rashi explains here, in accordance with a *baraita* cited in *Ḥullin* 75a, that the fetus of a consecrated animal is not categorically non-sacred. Rather, this is teaching with regard to the fetus's fat and kidneys, which are parts of an offering normally consumed on the altar, that these are not brought on the altar together with the corresponding parts of the mother. This is so because just as with regard to a guilt offering, which is always a male, those parts of a fetus can never be consumed on the altar, so too, with regard to a peace offering, which may also be a female animal, those parts of its fetus are never consumed on the altar.

HALAKHA

A fetal sac and a placenta are not sacred within it – אֵין שָׁפִיר וְשִׁלְיָא קָדוֹשׁ בּוֹ: If an animal consecrated as an offering is pregnant, one does not offer the fat of the fetus along with the fat of the consecrated animal upon the altar, even if the fetus is grown to full-term, and even if it is found alive when the mother is slaughtered. This ruling is in accordance with a *baraita* (*Ḥullin* 75a) and with Rashi's interpretation here (Rambam *Sefer Avoda*, *Hilkhot Ma'aseh HaKorbanot* 1:19).

Offspring of sacrificial animals – וַלְדוֹת קָדָשִׁים: If one slaughters a sin offering and finds a live fetus within it, the fetus may be eaten in accordance with the restrictions that apply to the meat of a sin offering, as the offspring of consecrated animals are sanctified within the mother's body. This ruling is in accordance with a *baraita* in *Temura* 11a (Rambam *Sefer Korbanot*, *Hilkhot Temura* 4:3).

”שְׁלָמִים“ – מַה שְּׁלָמִים מְפַגְּלִין וּמִתְפַּגְּלִין, אַף כֹּל מְפַגְּלִין וּמִתְפַּגְּלִין.

“Peace offering” teaches: **Just as** with regard to the **peace offering,** its components can **render** an animal disqualified as **an offering that was sacrificed with the intent to consume it after its appointed time** [***piggul***] **and** can be **rendered** ***piggul***;[N] **so too** with regard to **all** offerings mentioned in this verse, their components **render** an animal disqualified as ***piggul*** **and** can be **rendered** ***piggul***.[H]

בְּמַתְנִיתָא תָּנָא מִשְּׁמֵיהּ דְּרַבִּי עֲקִיבָא: ”מִנְחָה“ – מַה מִּנְחָה מִתְקַדֶּשֶׁת בְּבָלוּעַ, אַף כֹּל מִתְקַדֶּשֶׁת בְּבָלוּעַ.

§ With regard to the verse at the center of the prior exchange (Leviticus 7:37), the Gemara states: **It was taught in a** ***baraita*** **in the name of Rabbi Akiva:** From the term **“meal offering,”** it is derived: **Just as** with regard to **a meal offering,** whatever it touches **is sanctified through** the substance that becomes **absorbed,** as it is stated: “Whatever shall touch them shall be sacred” (Leviticus 6:11); **so too** for **all** offerings mentioned in this verse, whatever they touch **is sanctified through** the **absorbed** portions.

וְאִיצְטְרִיךְ לְמִכְתַּב מִנְחָה, וְאִיצְטְרִיךְ לְמִכְתַּב חַטָּאת; דְּאִי אַשְׁמְעִינַן מִנְחָה – דְּאַיְּידֵי דְּרַכִּיכָא מִיבַּלְעָא, אֲבָל חַטָּאת – אֵימָא לָא. וְאִי אַשְׁמְעִינַן חַטָּאת – מִשּׁוּם דְּקָדֵיר, אֲבָל מִנְחָה – אֵימָא לָא, צְרִיכָא.

The Gemara notes: **And it was necessary to write** the *halakha* of absorption with regard to **a meal offering, and it was necessary to write** the *halakha* of absorption with regard to **a sin offering. As,** had the Torah **taught us** this *halakha* only with regard to **a meal offering,** I would say **that since it is soft, it is absorbed** and, therefore it sanctifies what it touches. **But** with regard to the meat of **a sin offering, I would say** that it does **not** sanctify what it touches. **And had it** had **taught us** this *halakha* only with regard to **a sin offering,** I would say that **because,** on account of its fattiness, it **oozes** into whatever it touches, it sanctifies it. **But** with regard to **a meal offering, I would say** that it does **not** sanctify what it touches. Therefore, it is **necessary** for the Torah to write both.

”חַטָּאת“ – מָה חַטָּאת אֵינָהּ בָּאָה אֶלָּא מִן הַחוּלִּין וּבַיּוֹם וּבְיָדוֹ הַיְמָנִית – אַף כֹּל אֵינָהּ בָּאָה אֶלָּא מִן הַחוּלִּין וּבַיּוֹם וּבְיָדוֹ הַיְמָנִית. וְחַטָּאת מְנָלַן? אֲמַר רַב חִסְדָּא, אָמַר קְרָא: ”וְהִקְרִיב אַהֲרֹן אֶת פַּר הַחַטָּאת אֲשֶׁר לוֹ“ – מִשֶּׁלּוֹ, וְלֹא מִשֶּׁל צִיבּוּר, וְלֹא מִשֶּׁל מַעֲשֵׂר.

The cited *baraita* continues: **“Sin offering”** teaches: **Just as a sin offering is brought only from non-sacred** animals **and** is sacrificed specifically **in the daytime, and** its service must be performed **with** the priest’s **right hand; so too all** offerings mentioned **are brought only from non-sacred** animals,[H] **and** are sacrificed specifically **in the daytime,**[H] **and** each one’s service must be performed **with** the priest’s **right hand.**[H] **And** with regard to **a sin offering, from where do we** derive that it is brought only from non-sacred animals? **Rav Ḥisda said: The verse states: “And Aaron shall present the bull of the sin offering, which is his”** (Leviticus 16:11). This teaches that the animal must come **from his** cattle, **and not from communal** property, **and not from** money upon which the second **tithe** has been redeemed.

בַּיּוֹם – מִ”בְּיוֹם צַוֺּתוֹ“ נָפְקָא! כְּדִי נַסְבַהּ.

The Gemara asks: Why is it necessary to derive from the *halakha* of a sin offering that an offering is sacrificed **in the daytime?** Is this principle not **derived from** the conspicuous expression: **“On the day of His commanding”** (Leviticus 7:38), which is understood to be referring to all offerings? The Gemara answers: Indeed, the *baraita* **cited** the principle from the model of a sin offering **for no reason** [***kedi***],[L] and it was mentioned here on account of the other principles.

NOTES

Just as with regard to the peace offering its components render *piggul* and can be rendered *piggul* – מַה שְּׁלָמִים מְפַגְּלִין וּמִתְפַּגְּלִין: According to some, this statement simply means that the *halakha* of *piggul* applies to a peace offering. After all, the *halakha* of *piggul* is stated in the Torah explicitly with regard to the peace offering (*Tosafot*). Rashi explains, as does Rabbeinu Gershom Meor HaGola (*Menaḥot* 83a), that this statement indicates a different *halakha*: If the peace offering becomes *piggul*, it also renders its accompanying libations *piggul* (see 28b).

LANGUAGE

For no reason [*kedi*] – כְּדִי: This word means for naught, needlessly. Some maintain that it is an abbreviated form of the Aramaic *kediv*, and the Hebrew *kazav*, meaning falsehood. Others say that it is an abbreviated form of *kedehi*, meaning: As it is. Accordingly, the term would indicate: The matter was cited as it is, although it is unnecessary for the matter at hand.

HALAKHA

Their components render an animal *piggul* and can be rendered *piggul* – מְפַגְּלִין וּמִתְפַּגְּלִין: With regard to the penalty of *karet*, which one incurs for eating consecrated parts disqualified as *piggul*, one is liable for eating only those items that are rendered permitted for consumption by the offering of another item, whether for human consumption or consumption by burning on the altar. But with regard to consecrated items that are not rendered permitted by another item, such as meal offerings burned in their entirety or the flesh of the sin offerings burned in their entirety, these cannot be rendered *piggul*. For such items, as in the case of items that render permitted other sacred items, one who eats them is liable for having eaten disqualified sacred items, but he is not subject to *karet* (Rambam *Sefer Avoda, Hilkhot Pesulei HaMukdashin* 18:7).

Only from non-sacred animals – אֶלָּא מִן הַחוּלִּין: With regard to one who takes a vow to bring an offering, he may not purchase it with second tithe money, as through the vow he incurs a new obligation to bring the offering (Rambam *Sefer Avoda, Hilkhot Ma’aseh HaKorbanot* 16:15; see also *Sefer Korbanot, Hilkhot Ḥagiga* 2:8, 10).

And in the daytime – וּבַיּוֹם: All offerings in the Temple are brought only during the daytime, as is stated (Leviticus 7:38): “On the day of His commanding” (Rambam *Sefer Avoda, Hilkhot Ma’aseh HaKorbanot* 4:1).

And with the priest’s right hand – וּבְיָדוֹ הַיְמָנִית: Temple service must always be performed with the right hand. If it was performed with the left hand, the service is not valid but no lashes are incurred (Rambam *Sefer Avoda, Hilkhot Biat Mikdash* 5:18).

NOTES

Just as with regard to a guilt offering its bones are permitted – מָה אָשָׁם עַצְמוֹתָיו מוּתָּרִין: Citing his teachers, Rashi explains that all of the meat, including the bones, is given to the priests, and the prohibition against leftover sacrificial meat does not apply to the bones (see 35a). Consequently, the bones are the property of the priests in all respects. Although this is the *halakha* with regard to all offerings whose meat is given to priests or Israelites, the derivation is necessary with regard to a burnt offering to teach that although it is burned completely, its bones are permitted.

HALAKHA

Its bones are permitted – עַצְמוֹתָיו מוּתָּרִין: With regard to all offerings that are eaten, except for the Paschal offering, the leftover bones are permitted for use and one may make of them any utensil he wishes. In the case of bones containing marrow or bones to which flesh is still attached, these must be burned (Rambam *Sefer Avoda, Hilkhot Ma'aseh HaKorbanot* 10:10 and *Hilkhot Pesulei HaMukdashin* 19:9).

בְּיָדוֹ הַיְמָנִית – מִדְּרַבָּה בַּר בַּר חָנָה נָפְקָא. דְּאָמַר רַבָּה בַּר בַּר חָנָה אָמַר רֵישׁ לָקִישׁ: כׇּל מָקוֹם שֶׁנֶּאֱמַר אֶצְבַּע וּכְהוּנָּה – אֵינוֹ אֶלָּא יָמִין! כְּדִי נַסְבַהּ.

The Gemara asks: Why must the *baraita* teach that *halakha* of the sin offering teaches that the rites of an offering must be performed **with** the priest's **right hand?** Is this not **derived from** the statement **of Rabba bar bar Ḥana? As Rabba bar bar Ḥana says** that **Reish Lakish says:** In **any place** in the Torah **that it is stated** that an action is performed with **a finger, or** that it is performed by **priesthood,** the *halakha* is that the rite is performed **only** with the **right** hand. This is derived from the Torah's statement with regard to the leper: "And the priest shall dip his right finger" (Leviticus 14:16). The Gemara answers: The *baraita* **cited** the principle from the model of a sin offering **for no reason,** since it is actually derived from Rabba bar bar Ḥana's statement.

וְאִיבָּעֵית אֵימָא: סָבַר לַהּ כְּרַבִּי שִׁמְעוֹן, דְּאָמַר: אֶצְבַּע לָא בָּעֲיָא כְּהוּנָּה, כְּהוּנָּה בָּעֲיָא אֶצְבַּע.

The Gemara suggest: **And if you wish, say** that the *tanna* of the *baraita* **holds in accordance with** the opinion of **Rabbi Shimon, who says:** Where the verse mentions **a finger,** it **is not necessary** for the verse to mention **priesthood;** but where it mentions **priesthood,** it **is necessary** for the verse to mention **a finger,** in order to teach that the rite must be performed with the right hand, which is not self-evident. With regard to the assorted offerings itemized in the verse (Leviticus 7:37), the Torah does not mention a finger; therefore, they must be derived from the *halakha* of a sin offering.

"אָשָׁם" – מָה אָשָׁם עַצְמוֹתָיו מוּתָּרִין, אַף כׇּל עַצְמוֹתָיו מוּתָּרִין.

The cited *baraita* continues: **"Guilt offering"** teaches: **Just as** with regard to **a guilt offering, its bones** have no sanctity and **are permitted**[NH] for any use, **so too** with regard to **any** mentioned offering, **its bones are permitted.**

אֲמַר רָבָא: פְּשִׁיטָא לִי,

§ **Rava said:** It is **obvious to me** that

Perek **XI**
Daf **98** Amud **b**

דַּם חַטָּאת לְמַטָּה וְדַם עוֹלָה לְמַעְלָה – טָעוּן כִּיבּוּס.

when the **blood of a sin offering is below**[H] **and the blood of a burnt offering is above,** in a case in which the blood of a burnt offering is sprayed as a second layer on top of the blood of a sin offering that has already been sprayed and absorbed into a garment, the garment **requires laundering.**

בָּעֵי רָבָא: דַּם עוֹלָה לְמַטָּה, וְדַם חַטָּאת לְמַעְלָה מַהוּ? מִשּׁוּם נוֹגֵעַ הוּא – וְהָא נוֹגֵעַ, אוֹ דִּלְמָא מִשּׁוּם בְּלוּעַ הוּא – וְהָא לָא בָּלַע (הוּא)? הֲדַר פַּשְׁטָהּ, דְּאֵין טְעוּנִין כִּיבּוּס.

Rava asks: When the **blood of a burnt offering is below and** the **blood of a sin offering is above, what is the** *halakha*? **Is** one required to launder a garment to remove the blood of a sin offering **because** the blood **touches** his garment, **and** in this case, **this** blood **is touching** the garment? **Or perhaps is** one required to launder it **because of** the **absorption** of the blood into the garment, **and,** in this case, since the garment has already absorbed the other blood, **this** garment **did not absorb** the blood? Rava **then resolves** his dilemma, ruling **that** such garments **do not require laundering.**

HALAKHA

Blood of a sin offering is below – דַּם חַטָּאת לְמַטָּה: If the blood of a sin offering sprayed onto a garment, and then non-sacred blood sprayed on top of it, the garment must be laundered. If non-sacred blood, or even the blood of a burnt offering, sprayed onto the garment first, and then the blood of a sin offering sprayed onto that blood, the garment does not require laundering, since the sin offering blood is not absorbed into the garment. This ruling is in accordance with Rava's conclusion here (Rambam *Sefer Avoda, Hilkhot Ma'aseh HaKorbanot* 8:9).

אֲמַר רָבָא: פְּשִׁיטָא לִי, דָּם עַל בִּגְדוֹ – חוֹצֵץ, וְאִם טַבָּח הוּא – אֵינוֹ חוֹצֵץ. רְבָב עַל בִּגְדוֹ – חוֹצֵץ, וְאִם מוֹכֵר רְבָב הוּא – אֵינוֹ חוֹצֵץ. בָּעֵי רָבָא: דָּם וּרְבָב עַל בִּגְדוֹ, מַהוּ?

§ In a similar manner, with regard to the immersion of a garment that has become impure, **Rava said:** It is **obvious to me** that if there is **blood on** one's **garment,** it **interposes**[H] between the water of immersion and the garment, such that the immersion is ineffective. **But if he is a butcher,** used to having blood on his garments, a bloodstain **does not interpose,** and the immersion is effective, since a substance is not considered an interposition if the one immersing is not particular about it. Similarly, if there is a stain of **fat** [*revav*][L] **on one's garment,** it **interposes. But if he is a fat seller,** such a stain **does not interpose. Rava asks:** If there is both **blood and fat on** one's **garment**[H] when he immerses it, **what is** the *halakha*?

אִם טַבָּח הוּא – תֵּיפוֹק לִי מִשּׁוּם רְבָב, וְאִי מוֹכֵר רְבָב הוּא – תֵּיפוֹק לִי מִשּׁוּם דָּם! לָא צְרִיכָא, דְּעָבֵיד הָא וְהָא; אַחֲדָא לָא קָפֵיד, אַתַּרְתֵּי קָפֵיד. אוֹ דִּלְמָא אַתַּרְתֵּי נַמִי לָא קָפֵיד? תֵּיקוּ.

The Gemara challenges the question: **If he is a butcher, let me derive** that the stain interposes **due to** the **fat** that he is not used to having on his garments; **and** conversely, **if he is a fat seller, let me derive** that the stain interposes **due to** the stain of **blood** that he is not used to having on his garments. The Gemara explains: **No,** this question is not superfluous; it is **necessary** with regard to a person **who works** both as **this,** a butcher, **and** as **that,** a fat seller. In such a case, the question is: Is it that **he is not particular with regard to one** stain, but **he is particular with regard to two** stains,[N] so that the immersion is ineffective? **Or, perhaps,** is it that he is **not particular** even with regard **to two** stains, as neither is unusual for him? The Gemara provides no answer, and the question **shall stand** unresolved.

הדרן עלך דם חטאת

HALAKHA

Blood on one's garment interposes – דָּם עַל בִּגְדוֹ חוֹצֵץ: Blood on a garment interposes between the water of immersion and a garment when it is immersed in a ritual bath. In the case of a butcher, blood is not considered an interposition on his garment, because he is not particular about it. Similarly, in the case of a fat seller, a fat stain is not considered an interposition on his garment. This is in accordance with Rava's opinion (*Kesef Mishne*).

Similar logic applies to an interposition on a person's body. If there is blood on one's skin, even while it is moist, it is considered an interposition. But in the case of a ritual slaughterer, or a butcher, or the like, whose hands are constantly stained with blood, blood on the skin is not considered an interposition, as most people employed in these professions are not particular about blood on the skin. Similarly, in the case of a painter, paint is not considered an interposition. In a similar manner, the Rashba rules that the dyes, shading, and polish used by women on their hair, faces, and hands are not considered an interposition (Rambam *Sefer Tahara, Hilkhot Mikvaot* 2:2, 3:6; *Shulḥan Arukh, Yoreh De'a* 198:16–17, and in the comment of the Rema; see also *Oraḥ Ḥayyim* 161:2).

Blood and fat on one's garment – דָּם וּרְבָב עַל בִּגְדוֹ: Fat is not considered an interposition on a fat seller's garment, and the same is true of all similar situations. The *halakha* remains uncertain in the case of an individual who works as both a butcher and a fat seller, when he has both blood and fat on his garment. Perhaps, since there are two stains and not merely one, the garment may be thought of as having an interposition; alternatively, it may be that he would not be particular even about two stains, as both are related to his trade, and he is used to them. Therefore, in matters involving Torah law, such as the immersion of a woman who has completed a menstruation cycle, stringency is exercised. In matters involving rabbinic law, such as ritual hand washing before eating, leniency is exercised (Rambam *Sefer Tahara, Hilkhot Mikvaot* 3:7, and see *Shulḥan Arukh, Oraḥ Ḥayyim* 161:2 and *Magen Avraham* there).

LANGUAGE

Fat [*revav*] – רְבָב: Although there are those who liken this word to certain Persian words, its source remains unclear. In any case, the word refers to a greasy substance, such as oil or fat, and the like. Sometimes it refers to a stain produced by the greasy substance on a garment or on meat.

NOTES

He is particular with regard to two stains – אַתַּרְתֵּי קָפֵיד: It may be personally degrading to walk around wearing a garment with more than one stain, as he presents himself as sloppy and dirty.

Summary of **Perek XI**

The Torah states that if blood from a sin offering is sprayed on a garment, that garment must be laundered in a sacred place, which is the Temple courtyard. In this chapter it is explained that the requirement of laundering applies only to a garment onto which the blood of a sin offering was sprayed, not the blood of another offering. Even though the Torah mentions this requirement of laundering explicitly only with regard to those sin offerings that are eaten, which are the external sin offerings, the Sages derived from certain verses that the requirement applies to all sin offerings, including the internal sin offerings, which are not eaten.

Nevertheless, there is a requirement of laundering only with regard to the blood of those sin offerings that are subject to be slaughtered, excluding the blood of bird sin offerings, which are killed by pinching rather than slaughtering. Also, even among the sin offerings that are slaughtered, the requirement of laundering applies only to those fit for sacrifice, but not to those which have been disqualified, whether they have become disqualified before or after their blood has been collected in a service vessel for sprinkling on the altar.

The Torah states in a general way that blood of a sin offering must be washed out of the garment onto which it sprayed, without specifying that this is so only at a particular juncture of the sacrificial process. The Sages derived that, in order for the requirement of laundering the garment to take effect, the blood must have already been collected in a service vessel for the purpose of sprinkling, and the blood must be fit for sprinkling. Therefore, if blood sprayed on a garment directly from the neck of the animal, or if the blood has already reached the altar, then the garment does not require laundering. Similarly, if the amount of blood in the service vessel is less than the minimum quantity necessary for sprinkling, if it sprays on a garment, the garment does not require laundering.

In this chapter, the Gemara also deliberated as to the definition of the term garment, and the Gemara concludes that, for the purpose of these *halakhot*, the category of garment includes not only an item fashioned of wool or linen, but also an item made of sackcloth or hide. With regard to hide, there is a dispute among the Sages as to whether it is considered a garment as soon as it is detached from the animal, or only after it has been processed enough to become susceptible to ritual impurity in its current state. In any case, this definition of a garment includes only items fit for laundering, i.e., a cleansing process that expels absorbed dirt. Therefore, a wooden vessel, which is not fit for laundering, is not included in this definition.

Laundering a garment upon which the blood of a sin offering has sprayed requires the application of the seven abrasive substances used as laundering agents, and the

garment must be rubbed three times with each of those substances. Only the spot in which the blood was absorbed, and not the entire garment, must be laundered.

The Torah states that if the meat of a sin offering was cooked in an earthenware vessel that cannot expel all that it has absorbed, the vessel must be broken. If the meat was cooked in a copper vessel, the vessel must be scoured and rinsed. In addition, pouring a hot substance into a pot is considered the same as cooking in that pot.

With regard to scouring and rinsing, the following principles apply: Scouring is performed with hot water and rinsing with cold water. No liquid other than water, not even wine diluted in water, may be used for scouring and rinsing. Unlike laundering a garment, scouring and rinsing must be performed for the entire vessel even if the matter was absorbed in only part of the vessel.

In this chapter, the Gemara also examined complex situations, such as those in which sacrificial meat is cooked together with non-sacred meat, or meat of a sin offering is cooked with meat of a peace offering. In certain cases, the vessel in which the mixture is cooked must be broken, such as if the vessel is made of earthenware, or it must be scoured and rinsed, if it is of copper. Ultimately, the *halakha* for the vessels, and for the food cooked within them, depends on various factors, including whether the components of the most stringent substances are present in sufficient quantity to impart some flavor.

The Gemara also concluded that scouring and rinsing must be performed for all metal vessels in which any sacrificial meat is cooked, not just the meat of a sin offering. With regard to the breaking of earthenware vessels, the majority of the commentaries hold that it is required only after cooking the meat of a sin offering.

Although the Torah specifies that the procedure must be done in a sacred place only with regard to laundering garments upon which the blood of a sin offering has sprayed, the Sages derived that the breaking of earthenware vessels and the scouring and rinsing of metal vessels are also performed in that place. In addition, the specified place is identified as the Temple courtyard.

Several circumstances may complicate matters with regard to those garments or vessels that must be treated in the Temple courtyard. If the relevant garments or vessels have been removed from the courtyard, they can simply be brought back into the courtyard to be handled in the appropriate manner. If they have been rendered ritually impure while outside of the courtyard, they must first be rendered defective in a way that cancels their ritual impurity. Only then may they be brought back into the Temple courtyard for the appropriate treatments.

Image **Credits**

All images are copyright © Koren Publishers Jerusalem Ltd., except:

p99 © courtesy of the Temple Institute; **p121** © courtesy of the Temple Institute; **p122** © Stickpen; **p123** left image © courtesy of the Temple Institute; **p123** right image © MatthiasKabel; **p132** © courtesy of the Temple Institute; **p139** © courtesy of the Temple Institute; **p143** © courtesy of the Temple Institute; **p164** © courtesy of the Temple Institute; **p165** left image © Miroslav. vajdic; **p165** center image © Clara Amit, Yoram Lehman, Yael Yolovitch, Miki Koren, and Mariana Salzberger, courtesy of the Israel Antiquities Authority; **p165** right image © James (Jim) Gordon; **p172** © Annette Teng; **p174** © Fæ; **p187** © Linda Spashett (Storye book).

My Notes

My Notes